《尚书》简史

从秦始皇到晋元帝

刘志浩◎著

新华出版社

图书在版编目（CIP）数据

《尚书》简史：从秦始皇到晋元帝 / 刘志浩著.
--北京：新华出版社，2023.1
ISBN 978-7-5166-6642-5

Ⅰ.①尚… Ⅱ.①刘… Ⅲ.①《尚书》－研究 Ⅳ.①K221.04

中国版本图书馆CIP数据核字（2022）第238441号

《尚书》简史：从秦始皇到晋元帝

作　　者：刘志浩	
出 版 人：匡乐成	出版统筹：许　新
责任编辑：徐文贤	封面题字：刘伟樑
特约校对：许晓徐　张宇妍	封面设计：刘宝龙

出版发行：新华出版社
地　　址：北京石景山区京原路8号　　邮　　编：100040
网　　址：http://www.xinhuanet.com/publish
经　　销：新华书店、新华出版社天猫旗舰店、京东旗舰店及各大网店
购书热线：010－63077122　　中国新闻书店购书热线：010－63072012

照　　排：六合方圆
印　　刷：三河市君旺印务有限公司

成品尺寸：148mm×210mm　1/32
印　　张：16　　　　　　　字　　数：510千字
版　　次：2023年6月第一版　　印　　次：2023年6月第一次印刷

书　　号：ISBN 978-7-5166-6642-5
定　　价：80.00元

目 录

第 1 章 古籍的第一次劫难

1.1 秦始皇焚书

公元前 221 年，秦始皇统一六国，秦朝建立。此时，"尚书"这个名字还没有形成，它的名称就叫"书"，更没有"四书"和"五经"的概念。"五经"是《诗》《书》《礼》《春秋》《周易》，"四书"指《论语》《孟子》《大学》和《中庸》，其中的《大学》和《中庸》还只是属于《礼记》中的两篇文章，《礼记》是"五经"中《礼经》的解说书籍，它们和《论语》《孟子》都还没有上升到和"五经"相同的地位。直到北宋末年，王安石、程颢和程颐兄弟等学者抬高了"四书"的学术地位后，才形成了"四书"学，最终在南宋初期，大儒朱熹将《大学》和《中庸》这两篇从《礼记》中单独抽了出来，才建立起由"四书"精神为支柱的经学体系，使"四书"成为掌握"五经"的阶梯，"四书"学和"五经"学从此珠联璧合①。

"五经"原来是"六经"，在春秋时期还有一部研究音乐的经文叫《乐经》，它不仅仅是有关乐理和乐器的描述，更多的是论述音乐在施行礼仪和协调当时不同尊卑等级中的作用。只是它的传授需要更多身体力行的实际练习，所以到了战国后期就逐渐失传了，只剩下了"五经"，《诗》《书》《礼》《周易》和《春秋》。

《诗》《礼》《周易》《春秋》这四部经文都有他们自己独特的内容和文体结构，"书"这个名称在春秋时期也指称《春秋》经文，而对大量从夏、商、周各个王朝流传下来的文献篇章，也称作"夏书""商书"和"周书"。

---

① 《朱子大传》，束景南，上海复旦大学出版社，2016 年版。

这些文献的主要内容包括了重要历史事件的记载，古代君王向臣下或民众发表的训令，发起战争前向军队发出的誓言，君王和大臣之间的劝谏，以及部分古代的传说等，可以大致理解为现今政府的各类公文。这些篇章的内容和题材与《诗》《礼》《易》《春秋》都不相似，所以从春秋到战国，就逐渐把《书》专门用于指称这类篇章的名称，泛指除《诗》《礼》《易》《春秋》之外，其他从夏、商、周流传下来的政府文献，可以大致借鉴为今天的"历史公文档案汇总"。

这些夏、商、周的"公文档案"成为《书》形成的基础。目前史学界主流的意见是，《书》是孔子把在他之前的历朝历代流传下来的朝廷各类公文，进行甄选和汇编后，形成了《书》的最初版本，我们在此称为"孔子版"的《尚书》。孔子去世后，又历经后代战国时期几代学者的增益删减，才最终逐步形成了秦始皇时期的《书》，我们称它为"秦宫版"。

在孔子时期和之前的周朝，在朝廷政府之外的社会上是没有教育的，所有的教育只存在于皇家或高官贵族的宫廷家府中，有机会接受教育的子弟也只是这些皇亲贵胄的后代。正是孔子开启了私人的教育，接受普通民众为学生，私教从此开始。就《书》而言，如上文所述，对于众多的前代文献篇章，孔子仔细地甄选了其中的一部分，从这部分古代篇文中，孔子提炼出深一层的义理，这些义理正是符合孔子治世思想的。孔子以此来教授他的学生，这些篇文就形成了后代《书》最初的雏形，"孔子版"的《尚书》。通俗地说，"孔子版"的《书》就是孔子汇编的教科书。

秦朝建立后，秦始皇在朝廷设置了"博士"这一职位，秦朝的博士和现在的博士并不是一回事儿，并非是现今的一种学位而是秦朝政府中的一个官职。在古代文献中最早提到"博士"一词的是《战国策·赵策》，"郑同北见赵王。赵王曰：'子，南方之傅士（"傅士"作"博士"）也，何以教之？'"这里讲的"博士"是指博学或辩博之士，不是指官职。历史学家钱穆考证认为在战国后期的鲁国和齐国已经有了"博士"这个官职，但博士作为官职有正式记录的，正是从秦朝开始的。不难想象，其中自有精通《书》的博士。

秦始皇统一中国后，重新制定了官制，也就是政府部门的组织结构。他对战国时期各国的制度进行分析总结，采长去短，形成一个更加系统的统治机构。其中最大的变化是将过去的封建制度改为了中央集权制度，皇族成员不再被赐封领地和百姓，而成为一方诸侯。中央集权制度的组织原则也是权力分立，互不统摄，政府、军队、监察，这三种权力互相独立，以避免形成权力独大的大臣，从而皇权不会被削弱，这就是秦朝的三公九卿。

皇帝下面设立相国、国尉和御史大夫三个最高级别的职位，史称"三公"。"相国"负责国家治理，在秦朝真正称谓是"相邦"，到刘邦建立西汉后，要避讳"邦"字，而改为"国"，以后就一直沿用下去了。"国尉"负责掌管军队和战争事务。"御史大夫"实际是副相国的职位，其下设有两位御史中丞，共同领导十五位侍御史。朝中的侍御史的主要职责有二：一是负责监察百官和全国各地的监御史，按照制度检举弹劾不法的官员；二是负责掌管皇家的图书秘籍。

三公下面设立九卿，即朝廷负责具体事务的九个部门，相应的职能如下：

奉常：管理国家祭祀和礼仪、思想文化和教育。

郎中令：负责宫殿内安全的最高长官，管理各种郎官。

卫尉：负责皇宫宫城安全的最高军事长官。

太仆：掌管皇宫的所有服务人员和车马。

廷尉：管理司法，即刑狱诉讼和判案。

典客：管理外交事宜。

宗正：管理皇帝家族事宜。

治粟内史：管理粮食、货币。

少府：管理皇室财政。

每个部门都还有各自的下属官职，其中奉常有太乐、太祝、太宰、太卜令和博士。在秦朝以前的西周和东周，奉常是掌管朝廷祭祀礼仪的官职。

"常"是"尝"字的借声，指祭祀[①]。"尝"和"烝"都是春秋战国时期一种祭祀的名称，都是指在谷物成熟后对先祖的常规祭祀。尝指"尝新"，是每年七月新谷成熟后献给宗庙的祭祀。烝是每年十月，所有谷物都成熟之后献给宗庙的祭祀。

在春秋战国时期，"国之大事，在祀与戎"，国家最大的事情就是祭祀和战事，可见负责祭祀礼仪的"奉常"在当时是极其重要的职位。到了西汉，

---

① 《国史新论》，钱穆，九州出版社，2011 年版。

"奉常"被改称"太常"，但博士这个职位始终是在奉常这个部门。秦朝额定博士人员为七十人。人数定位七十的原因，根据史学家钱穆先生推测，是因为孔子相传有七十个弟子，是对古代的效法。

博士的主要职能有三：一、通古今，能担任博士的人都是在各个方面最有学问的学者，相当于国家最高级的智囊。二、辨然否，就是运用自己的学识与皇帝和大臣们一起商议各项国家事宜。三、教育事务。

在秦朝建立的初期，大约在公元前221年到公元前213年，秦始皇采用一种集议制度。在这八年中，对不能简单定夺的事宜，无论大小，则必定交给群臣和博士商议讨论，在经过各抒己见，各自上奏后，再由秦始皇权衡利弊，定夺采行。

其中大的事情，比如公元前221年称帝时，"秦始皇"这个称号本身的选定，皇位继承人的人选；公元前219年的泰山封禅、祭望山川事宜。小的事，比如在公元前219年，秦始皇前往泰山祭祀，路经湘山祠的时候，遇到大风而无法渡过长江，秦始皇也让博士商议此事。

这个时期的秦朝博士，学术性质比较杂乱，因为是继承战国诸子百家之后，所以七十个博士包括了各种各样的学术，其中主要的学术有道家、儒家和法家，而占梦博士和卜筮博士也不为少数。在商议政事的时候，博士们自然都按照自己的学术发表议论。

秦始皇统一六国后，秦始皇的各项政策是基于国家的大一统，治理的对象是一个包含了战国时期六国各种传统习俗和风土人情的综合性大国，而儒学博士仍然只崇尚古代的国家治理方法，这种尚古的治国方法的主要载体就是各国的史书、《尚书》和《诗经》，这是秦朝儒学博士和秦始皇、相国李斯之间的最根本矛盾。大致地看，对当时儒家的博士来说，国家的政策都要借鉴古代的理念，如相同则对，不同则非，这就是"以古非今"，这是当时丞相李斯对儒家的最根本的抨击。

公元前213年，三公之相国李斯上书给秦始皇："私学乃相与非法教之制，闻令下，即各以其私学议之，入则心非，出则巷议，非主以为名，异趣以为高，率群下以造谤。如此不禁，则主势降乎上，党与成乎下"，意思是，社会上的私学竟然非议国家以法律进行管理的制度。国家一有法令颁布，他们就根据自己学术的观点评头论足，在朝堂上则从内心非议法令，在朝堂外，就在街头巷尾议论纷纷，以批评君主博得名声，认为和朝廷的意见不一样为高明，更有甚者带领下层民众制造诽谤。

李斯认为，五帝时代的制度都各自不相重复，尧、舜、禹三代的制度也不是代代承袭，但各自都得到了治理，并非是一定要变换制度，而是各朝的时代形势都发生了变化。现在陛下创建了宏伟大业，这哪是愚笨的儒家学者所能体会和知道的事情。这些儒生不但不研究当今的形势，却只是一味地模仿古代，指责当今的各种政策法令，蛊惑民众。——《史记·秦始皇本纪》

李斯的政见非常清晰，完全反对简单的模仿古代和"以古非今"。在此，我们要注意李斯提到的"私学"，秦朝初建，战国时代的学术和教育机制基本直接延传了下来。从春秋孔子时代开始，教育进入民间，到战国时期，私教已经极其盛行。诸子百家，"家"即为私家之学，学识渊博的学者会招徒授业，比如战国时齐国稷下学宫的道家大师田骈（公元前370年至公元前291年），就有学徒上百人。

到了秦朝，各个学派都有自己创建的学术和理论，所以对朝廷要商议的事宜，自然都是从自家的学术理论出发，加以理解和阐述，各有各的评议。因此不免有不谙世事、脱离实际的议论，而有些评议又难于实施，这就渐渐地被秦始皇所唾弃。而这些博士不但自己不反省，有时甚至变本加厉对秦始皇加以讥讪，秦始皇对此早已萌生厌弃的心理。这种矛盾的发展，终于在公元前213年达到了高峰。

公元前213年，秦始皇在咸阳宫摆设酒宴，七十位博士上前献酒颂祝寿辞，仆射周青臣走上前去颂扬说："从前秦国土地不过千里，仰仗陛下神灵明圣，平定天下，驱逐蛮夷，凡是日月所照耀到的地方，没有不臣服的。把诸侯国改置为郡县，人人安居乐业，不必再担心战争，功业可以传之万代。您的威德，自古及今无人能比。"始皇十分高兴。博士齐人淳于越上前说："我听说殷朝、周朝统治天下达一千多年，分封子弟功臣，给自己当作辅佐。如今陛下拥有天下，而您的子弟却是平民百姓，一旦出现像齐国田常、晋国六卿之类谋杀君主的臣子，没有辅佐，靠谁来救援呢？凡事不师法古人而能长久的，还没有听说过。刚才周青臣又当面阿谀，以致加重陛下的过失，这不是忠臣。"秦始皇让丞相李斯负责把淳于越的意见交给群臣议论。　　——《史记·秦始皇本纪》

仆射这个官职相当于现在的"经理""组长"类似的职位称呼，可以用在各种事务部门。

仆射，为秦朝设置的官职，侍中、尚书、博士、郎官等职务均设置有仆射的岗位，仆射即首领的意思。古代重视武官，以主要的射箭手来监督军中各种事务，如军屯中的低级吏、军马等各种事务。宫廷中宫女住宿的永巷也有仆射设置，以仆射作为领事负责人。 ——《汉书·百官公卿表》

在博士中也设有仆射，周青臣就是当时博士的仆射。

始皇三十四年，在咸阳宫设宴招待群臣，博士仆射周青臣颂称始皇帝威德。 ——《史记·李斯列传》

那么博士仆射周青臣就是博士淳于越的顶头上司，也就是说，博士齐人淳于越当众在秦始皇的面前批评了自己的顶头上司周青臣。对此，秦始皇并未当场反驳，而是让相国李斯"集体议事"并裁定，但李斯正是"中央集权制"政策的发起人。实际上，在8年前一统天下的公元前221年，秦始皇已经把"中央集权制还是分封制"交由群臣讨论，当时的丞相是王绾，李斯的职位还只是九卿之廷尉。

丞相王绾等进言说："诸侯刚刚被打败，燕国、齐国、楚国地处偏远，不给它们设王，就无法镇抚那里。请封立各位皇子为王，希望皇上恩准。"始皇把这个建议下交给群臣商议，群臣都认为这样做有利。廷尉李斯发表意见说："周文王、周武王分封子弟和同姓亲属很多，可是他们的后代逐渐疏远了，互相攻击，就像仇人一样，诸侯之间彼此征战，周天子也无法阻止。现在天下靠您的神灵之威获得统一，都划分成了郡县，对于皇子功臣，用公家的赋税重重赏赐，这样就很容易控制了。要让天下人没有邪异之心，这才是使天下安宁的好办法啊！设置诸侯没有好处。"始皇说："以前，天下人都苦于连年战争无止无休，就是因为有那些诸侯王。现在我依仗祖宗的神灵，天下刚刚安定如果又设立诸侯国，这等于是又挑起战争，想要求得安宁太平，岂不困难吗？廷尉说得对。" ——《史记·秦始皇本纪》

秦始皇支持李斯的"中央集权制"是非常清楚的，但8年后的此时，齐人博士淳于越再次提出反对，说明一些儒家博士一直在反对着国家的根本大政"中央集权制"，并在秦朝已经划分了36郡，实行了中央集权制的8年后，仍然坚持己见。中央集权制度，是丞相李斯的最大最关键的政策，是国家的根本，何以能被一介博士的议论所动摇。

　　至此，博士淳于越直接批评顶头上司已经只是一件小事了，大事是他在大庭广众之下，当着秦始皇的面，反对皇帝支持的、国家已经执行了8年的立国政策，而且是国家的根本政策，也是让李斯能够立于丞相之位的根本政策。

　　从另一方面看，淳于越有如此胆量提出反对，笔者推测，可能有三种因素在起作用：第一，淳于越自身对自己的学识和封建政策确实有坚定的信念。第二，背后可能有皇族的政治力量支持他，毕竟如果采用分封制，秦始皇的宗亲是最大的受益者。第三，当时朝廷确实有"集体商议"的氛围，能够容纳不同的反对意见，因为淳于越在事后并没有受到任何处罚，只是离开了朝廷，回到了故乡的临淄。

　　淳于越离开了权力中枢，秦始皇随即在丞相李斯的建议下，决定扼杀这种"以古事今"的风气，具体的行动就是闻名于中国几千年的"焚书"和"禁止私学"。丞相李斯迅速上书说出了自己整治的意见：

　　丞相李斯冒死罪进言："古代天下散乱，没有人能够统一，所以诸侯并起，说话都是称引古人，为害当今，矫饰虚言，扰乱名实，人们只欣赏自己私下所学的知识，指责朝廷所建立的制度……如果让这种风气继续发展，却不加禁止的话，在上面君主的威势就会下降，在下面朋党的势力就会形成。臣以为禁止这些是合适的。我请求让史官把不是秦国的典籍全部焚毁。除博士官署所掌管的书籍之外，天下敢有收藏《诗》《书》和诸子百家著作的，当地的郡守和郡尉都要前往奉旨将书籍烧毁。有敢相互私下谈论《诗》《书》的处以死刑示众，以古非今的满门抄斩。官吏如果知道而不举报的，以同罪论处。命令下达三十天仍不烧书的，处以脸上刺字的黥刑，处以城旦之刑四年（城旦之刑是发配到边疆，白天防御贼寇，夜晚修筑城墙）。所不取缔的，是医药、占卜、种植之类的书。如果有人想要学习法令，就以政府的官吏为'师'。"秦始皇下诏说："可以。"　　　　——《史记·秦始皇本纪》

　　从以上记录我们可以看到，第一，"让史官把不是秦国的典籍全部焚毁"，这是"焚书"造成的最巨大的损失，除了秦朝，战国六国记录历史的主要文献简册，无论是皇宫所藏，还是私家所藏，大部分都在这时期被焚毁。对现今而言，这种损失才是不可估量的，毕竟朝廷官府收藏的文献简册才是相对最正确和完整的，虽然民间也会有散落零星的收藏，但绝不能和政府相提并论。

第二，禁止民间私自收藏《诗》和《书》，但仍然会有学者偷偷地把书藏起来，这是比较难以完全禁绝的。另外，朝廷宫中的博士官署仍然保存收藏着完备的版本，所以《诗》《书》至少没有被禁绝。诸子百家的书籍因为没有被重视，所以没被严格查禁。因为焚书的最大目的是禁绝"以古非今"，而"古"基本都在儒家的《诗》《书》之中，尤其是《书》。第三，全面禁止"私学"。

如前所述，当时私学盛行，而师传各异，所以思想言论不可能一致，一人一议，十人十议，对于统一的政策，实为不利。而想要思想言论统一，那么最有效的方法就是毅然决然地查禁"私学"，于是秦始皇收回了教育的权力，只有政府官家才能教人授业，如李斯所言的"若有想学习法令的，以官吏为老师"，"官吏"就是老师。只有朝廷的官吏才能够授徒传业，比如当时还只是普通百姓的刘交，他是汉高祖刘邦的弟弟，正在儒学大家浮丘伯门下学习《诗经》，"焚书"发生后，也只能自行解散，相互道别而去，可见其查禁之严格。①

由此可见，秦始皇在公元前213年的这次无人不知的"焚书"事件中，对《尚书》流传的影响，"焚书"不是最大的因素，因为并未被禁绝，"禁止私学"才是最大的。由李斯规定的"如果有人想要学习法令，就以官吏为师"可知，即使允许的政府教育，也只是以"法令"为主，《书》和《诗》的教授已经被绝对禁止了。而当时《书》和《诗》的教授，几乎全部依靠口头传授，因为《诗》《书》简册只有经文原文和稍许的传解，对这些经文的理解才是真正需要老师教授的。朝廷禁止《诗》《书》，无人再敢公开学习《诗》《书》，但传承累积了几百年的儒家教育，自然还会有偷偷想学习的子弟，但这时"私教"又被禁止。于是懂《书》的人不能教，想学《书》的人无处学，逐渐成为当时普遍的情况，这种对《诗》《书》传承的双重打击，才真正是《诗》《书》，尤其是《书》，出现传承断档的最重要原因。

对于《尚书》经文本身而言，这时在秦朝皇宫中收藏的《诗》和《书》仍然是完整的，只是和精通它的博士，如淳于越，被秦始皇一起全面禁止。"焚书"后，淳于越失去了博士的官职，离开了秦朝朝廷。而其他专习《诗》《书》的博士也必然有被革去职务的，根据钱穆先生的推测，这其中就有闻名于后世

---

① 《汉书·楚元王传》，（汉）班固，中华书局，2012年版。

的《尚书》博士伏生，他正好是淳于越的同乡，齐国临淄人，因此钱穆推测伏生和淳于越有同样的政见，而一同离去。但唐朝学者孔颖达在他编著的《〈尚书〉正义》中描述伏生是秦二世的博士，这样的话，钱穆先生的推测就并不成立了，而笔者倾向相信孔颖达的叙述，首先《〈尚书〉正义》是唐太宗李世民诏命编著的，作为国家经文解释标准的书籍，编著者不会无故臆造。其次，孔颖达在当时仍然有我们已经见不到的史料文献可供参阅，应该是有根据的叙述。

伏生，姓伏，名胜。"生"是当时对儒家学者的称呼。在孔子的弟子中有一位叫"宓不齐"的学生，比孔子小三十岁，在《史记·仲尼弟子列传》中有记载。台湾学者程元敏经过考证认为伏生就是孔子弟子"宓不齐"的后代。

伏生回到家乡后，把《尚书》藏在墙壁里。后来战乱大起，伏生出走流亡，汉朝平定天下后，他返回找出所藏的《尚书》，已丢失了几十篇，只得到二十九篇，于是他就在齐鲁一带教授残存的《尚书》。自此学者们都很会讲解《尚书》，崤山以东诸位著名学者无不涉猎《尚书》来教授学生了。

——《史记·儒林列传》

伏生所藏的就是"秦宫版"《尚书》的誊抄本，因为伏生已经不是博士了，自然也不可以私自藏书。我们不知道伏生是如何冒险夹带着《尚书》，逃回齐国临淄老家的。伏生把书藏在家里的墙壁中，这是不幸中的万幸，台湾学者程元敏感叹道："过去贤人学者崇拜伏生传授经文有功，但保存经文没有被毁灭的功劳更大，哪里仅仅就是讲业授徒而已。"可是，伏生自己如何能预料得到，比"焚书"更大的灾难就要来临了。

1.2 项羽火烧长安

四年后，公元前209年，秦始皇在出巡归来的途中，走到沙丘时（今天的河北广宗），一病而亡。在继续的归途中，随秦始皇出巡的第十八子胡亥和宦官赵高，先逼迫宰相李斯同意，然后一起发起夺位阴谋，把遗诏摧毁，另外写了两份假的遗诏，第一封命令真正的皇位继承人扶苏自杀，第二封命胡亥继任皇帝，也就是秦二世皇帝。同年，陈胜、吴广起义，随即点燃了全国的反秦势力，项羽、刘邦走进了历史舞台。公元前208年，宦官赵高继任相国，他对二世皇帝隐瞒起义战情，刘邦军队已经打到武关，二世皇帝方才清醒，但为时已晚。赵高担心被处罚，在公元前207年年底，让自己的女婿，咸阳令阎乐杀掉了二世皇帝胡亥，然后迎立扶苏的儿子嬴婴继位。

公元前206年，刘邦逼近咸阳，嬴婴只能投降。刘邦的军队进入咸阳城，来到了咸阳皇宫。刘邦随即想想留住在秦宫中，但在樊哙、张良劝阻后，才下令把秦宫中的贵重宝器财物和库府都封好，退回霸上驻扎。沛公刘邦想留在宫中的理由不难想象。

沛公刘邦进入秦宫，那里的宫室、帐幕、狗马、贵重的宝物、宫女数以千计，沛公的意图是想留下住在宫里。樊哙劝谏沛公出去居住，沛公不听。张良说："秦朝正因暴虐无道，所以沛公才能够来到这里。替天下铲除凶残的暴政，应该以清廉朴素为本。现在刚刚攻入秦都，就要安享其乐，这正是人们说的'助桀为虐'。况且'忠言逆耳利于行，良药苦口利于病'，希望沛公能够听进樊哙的意见。"沛公这才回车驻扎在霸上。　　——《史记·留侯世家》

由此我们可以推测，这时秦朝宫室内收藏的文献简册没有遭到兵勇的损毁。樊哙、张良立了大功，如果不是他们的劝阻，皇宫的藏书很有可能会被兵勇破坏。但刘邦的另外的一位重臣萧何，却带走了部分秦宫藏书。

刘邦进了咸阳，将领们都争先奔向府库，分取金帛财物，唯独萧何首先进入宫室收取秦朝丞相及御史掌管的图书文献资料，并将它们珍藏起来。刘邦做了汉王，任命萧何为丞相。项羽和诸侯军队进入咸阳屠杀焚烧了一番就离去了。刘邦之所以能够详尽地了解天下的险关要塞，家庭、人口的多少，各地的强弱，民众的疾苦等，就是因为萧何完好地得到了秦朝的文献档案的缘故。　　——《史记·萧相国世家》

从这条记载可以知道，萧何搬走并"珍藏"了秦宫的图书，但是否包含儒家的经籍典册，比如我们关心的《尚书》，我们只能推测，这种可能性是有的，但是不大。根据前文描述的秦朝官制，皇宫的藏书，是由御史大夫下辖的侍御史负责保管，但博士的官署也同样保存有书籍。笔者认为，侍御史负责保存的图书是以朝廷各类公文法典性质为主，而博士官署的书籍才以学术性质为主。但是最主要的原因还是秦始皇的"禁书"政策。

除博士官署所掌管的书籍之外（原文：非博士官所职），天下敢有收藏《诗》《书》、诸子百家著作的，当地的郡守和郡尉都要奉旨将书籍烧毁。　　——《史记·秦始皇本纪》

　　这可以明确说明当时御史掌管的书籍中不大可能会有《尚书》，《尚书》只可能收藏在博士官署。然而，在当时纷乱的情况下，萧何应该没有时间去仔细分辨书籍的种类，而是一股脑儿地全部搬走。所以对博士官署的书，派一队兵夫也一起搬走，也不是没有可能。司马迁在撰写《史记》时，一来他自己也不一定知道其中的细节；二来在秦宫中何处搬走书籍也绝不会是《史记》当时所关心的。

　　相传 6 年后，公元前 200 年，萧何建造西汉宫殿长乐宫时，一同建造了石渠阁和后来的天禄阁，他把这些秦朝的图书典籍和档案收藏在这两座楼阁中，成为西汉的皇宫藏。但石渠阁和天禄阁中是否有"秦宫版"的《尚书》，如果有，是否是萧何从秦宫博士官署搬来的"秦宫版"，还是汉朝建立后由大臣献上的，都无法推测了。

　　但是在 20 年之后，在汉朝皇宫有很大的可能存在一部分零散的《尚书》篇文。在公元前 180 年，孝文帝继位后不久，就向民间征召能精通《尚书》的学者。

　　孝文帝时，天下无治《尚书》者，独闻济南伏生故秦博士，治《尚书》，年九十余，老不可徵，乃诏太常使人往受之。

——《史记·袁盎晁错列传第四十一》

　　从这句记录，我们可以揣摩到，当时宫中是有《尚书》篇章的，只是没有人能深知和贯通其大义，在后文中我们还会详细介绍。笔者推测，在西汉建国初期，皇宫中没有完整的"秦宫版"的《尚书》收藏。原因可能有两种情况：第一，萧何搬走了"秦宫版"的《尚书》，但只注重法律、军防、产经等简册，对《尚书》并不重视，以致在汉初的转运收藏时，"秦宫版"的《尚书》流失了一部分。第二，萧何当时没有搬走博士官署的《尚书》，文帝时宫中的《尚书》篇文是在建国二十多年中大臣献上的。如果《尚书》仍然收藏在博士官署，不出多久，当时博士官署收藏的《尚书》的命运将逃不过它第一次劫难。

　　刘邦这时拥兵十万，号称二十万，但霸王项羽拥兵三十万，号称百万。无论从军事的实力和打仗的能力，刘邦都无法和项羽相提并论。不久，项羽大军也浩浩荡荡来到咸阳城，本来项羽就对刘邦先自攻入咸阳抢得大功劳而心有不满，疑心刘邦要反叛他并自立为王，再加上项羽身边势利小人的挑拨，于是项羽就准备进攻刘邦。刘邦得知后，立刻就表示臣服，夜赴鸿门宴，虽有"项庄舞剑，意在沛公"的惊险，但项羽最终还是决定不杀刘邦。随后，项羽进入咸阳。历史对项羽有着各种评价，其中有一条是"对自己人仁慈，对敌人残暴"。项羽在进攻咸阳的路上，在途经一个叫新安的地方时，为了没有后顾之忧，一次性活埋了二十万已经投降的秦军士兵。接下来，我们也不难想象《史记》中记载的项羽进入咸阳城的情景。

鸿门宴后，项羽率兵西进，屠戮咸阳城，杀了已经投降的秦王子婴，烧了秦朝的宫室，大火三个月都没熄灭；劫掠了秦朝的财宝、妇女，随后向东回去了。有人劝项王说："关中这块地方，有山河为屏障，四方都有要塞，土地肥沃，可以建都成就霸业。"但项王看到秦朝宫室都被火烧得残破不堪，又思念家乡，就想回去了。

——《史记·项羽本纪》

看到这样的景象，读者们也能推测到，已经流传了几百年的经籍典册，从秦始皇"焚书"中幸存下来的那一点点遗存，也被这把烧了3个月的大火摧毁得一简不剩了。到了这时，官方完备的收藏已经完全丧失了，博士官署收藏的"秦宫版"《尚书》就在这场大火中灰飞烟灭。中国过去一千多年的思想和历史，和借以保存的简册，现在只能依靠四散的博士和民间的学者了。

如《史记》所记载，"伏生把《尚书》藏在墙壁里。后来战乱大起，伏生出走流亡，汉朝平定天下后，他返回找回所藏的《尚书》"，项羽在咸阳城燃烧的三个月大火，继续向东方燃烧着，对已经逃离咸阳回到故乡的伏生来说，这只是"战乱大起"的开始。

公元前206年，刘邦臣服，项羽建立了西楚王国，定都彭城（今江苏徐州）。正如历史对项羽的评价，"毫无政治头脑"。自从公元前209年陈胜、吴广起兵造反时，秦朝才统治了短短的12年，以前被秦国消灭的六国的旧有势力仍有残存，所以各地反秦的民众领袖纷纷使用已经消失了12年的六个国家的名称，或自称为王，或拥立六国王族的后裔为王。其中在齐国自立为王的是田荣。当项羽一路进关，攻向咸阳时，田荣派遣了他的大将田都和项羽并同作战，但田荣自己并未参加，还多次背叛项羽的叔父项梁。所以项羽在论功行赏、分封新王之际，对田荣不予分封，而把他原来的部将田都分封为新齐王。

田荣听说项羽改封齐王市到胶东，而立齐将田都为齐王，非常愤怒，不肯把齐王迁往胶东，就占据了齐地，起而反楚，迎头攻击田都。于是西楚王国刚建立两个月，战争就在原来的齐国再次爆发。项羽开始向北进攻，烧平了齐国的城市房屋，全部活埋了田荣手下投降的士兵，掳掠了齐国的老弱妇女。项羽夺取齐地直到北海，杀死了许多人，毁灭了许多地方。

——《史记·项羽本纪》

　　这就是身处齐国的伏生遭遇的"战乱大起"。接着就是刘邦和项羽争夺天下的战争，直到公元前202年，项羽战败，刘邦建立汉朝，定都长安。

　　从公元前213年到公元前202年这11年，先是焚书和禁止私学，紧接着多年战乱，致使政府的学术活动也处于荒废状态，造成了很大的影响，首先是能够教授经学的学者老师大量减少；其次是对中国历史文献最大的一次打击，六国古史中绝大部分的历史记录丧失殆尽。儒家的《尚书》，遭遇的是一种普遍性的禁毁，从此以后再无完整的《尚书》，即我们称作的"秦宫版"《尚书》，以致我们至今都不知道，"孔子版"的《尚书》和"秦宫版"的《尚书》到底由多少篇组成。这些远古典籍的传承曾经源远流长，就这样被阻断了，后代的学者只能依靠汉魏期间民间的学者，比如伏生，他们私藏的书籍，依靠残存于其他似真又似伪的古书中的信息，来补集《尚书》中的各个篇章，以此汇集、推测和猜想古代统治者和学者们的历史和思想。

1.3 马上得天下，马上能治天下吗？

　　西汉王朝初建，朝廷的主要制度仍然是沿用秦朝的旧制，并没有过多改革。最主要的原因是，刘邦君臣此时正忙于平定反叛，还根本无心国家治理，何谈学术教化事宜。

　　当时天下战乱尚未止息，皇上忙于平定四海，还无暇顾及兴办学校之事。

——《史记·儒林列传》

　　天下未稳，哪有心治理天下。《史记·历书》中也写道"汉朝兴起后，当时天下刚刚平定，正着力在大的方面建纲设纪，此后的高后，女子主政，都顾不及此，所以沿袭了秦朝的历法和服色"，当时历法是一个新朝的象征，连历法都沿袭秦朝的，就更谈不上治国理政的学术领域了。

　　其次，刘邦君臣都是社会底层出生，完全不通晓国家治理所需的学术思想，而且大多是不喜欢读书研习的人，在短短的几年中就得到了国家大业，自然没有能力推出自己治国理政的主张。所以秦朝的"禁书和禁私教"的法令，形式上仍然处于实行中。同时，乱世成就的刘邦，他自身对儒家学说也没有好感，"竖儒"（司马贞《〈史记〉索隐》注："竖"是奴仆的称呼，是刘邦轻视儒者的称呼）、"腐儒"（司马贞《〈史记〉索隐》注：像腐败的东西一样无用的儒者），都是刘邦轻辱儒生的用词。

刘邦想贬低随何的功劳，称他是腐儒，又说到"为天下，安用腐儒"。

——《史记·黥布列传第三十一》

起初，刘邦不学习经学，而秉性聪明通达，善于思考谋划，能听取别人的意见，博采众议……天下平定之后，命萧何整理法律与条令，命韩信健全军队法纪，命张苍统一历法与度量衡等法式，令叔孙通制定各种礼节与仪式，令陆贾作总结历史兴亡之鉴的《新语》。　　　　——《汉书·高帝记》

尽管刘邦轻视和讨厌儒家学者，但如果他们能去除部分儒者拘泥繁复、夸夸其谈等缺点，刘邦也一样会倾听儒者的建言。灵活变通的儒者仍然可以得到刘邦的青睐，叔孙通就是这样一位在西汉初建之时被刘邦重用的儒家学者，他在秦朝就以精通经文被任命为博士，在战乱中最终投靠了刘邦。

公元前203年年底，刘邦在击败项羽之后，随即回师韩信驻扎的定陶（今山东菏泽定陶区），收取了韩信的兵权。公元前202年2月，刘邦在氾水北岸的定陶县即位皇帝，在此两个多月中，正是叔孙通为刘邦即位皇帝做了基本的仪礼和君臣称号的准备，因为隆重正式的登基大典还未有条件举行。随后刘邦回到洛阳，想把洛阳定为都城，但在张良等人劝说后，才改变主意建都长安。当年6月，刘邦在长安大赦天下。登基大典还未举行，刘邦自己分封的一些诸侯就开始发生反叛了。

公元前202年10月，燕王臧荼反叛，高祖亲自率兵征讨。

公元前202年这年秋天，利几反叛，高祖亲自率兵征讨。

——《史记·高祖本纪》

刘邦在外平叛，在长安的长乐宫也在建造之中。到公元前201年，刘邦平叛回到长安后，最让刘邦放不下心的就是韩信了，最终在当年12月，吕后与萧何用计将韩信捕获，但并未杀他。最大的担忧刚刚解决，公元前200年年初，在太原的韩王信和匈奴又一起反叛，刘邦再次亲自率兵征讨，但这次平叛并未成功，刘邦在平城外的白登山被匈奴骑兵包围了十多天，用计才逃出包围，公元前 200 年 2 月，刘邦留下樊哙继续平叛，自己回到了长安，暂时有了一个短暂的喘息时间，此时离刘邦称帝已经过去了两年左右。刘邦回到长安时，萧何已经建好了长乐宫，笔者推测，正是此时，刘邦终于可以准备实施他心中一直念想的正式的登基大典仪式。

刘邦曾经在咸阳服徭役，看到秦始皇出巡的威仪，不禁叹息道："大丈夫当如此也。"

——《史记·高祖本纪》

但有个状况却让刘邦很头疼，让他担心这个登基大典是否能顺利举办。过去攻城略地时，那些功臣大将们和他称兄道弟，可现在，他已经是和秦始皇一样的皇帝了，他们还是称兄道弟。

群臣在朝堂上饮酒作乐，争论功劳，喝醉后有人狂呼乱叫，有人甚至拔出剑来砍削庭中立柱，刘邦为这些事感到非常头疼。

此时叔孙通揣摩到刘邦的这个担忧，于是上奏刘邦说道："儒生很难为您攻城略地，可是能够帮您保住成果。我希望征召鲁地的一些儒生，跟我的子弟们一起制定朝廷上的仪礼。"刘邦答道："会像过去那样烦琐难行吗？"叔孙通答："五帝有不同的乐曲，三王有不同的礼仪。礼，就是按照当时的世事人情，给人们制定出节制性情的方法，所以夏、殷、周三代的礼节有所沿袭，但也有增减，所以说，不同朝代的礼节是不相重复的。我想结合古代和秦朝的礼仪制定新的礼节。"刘邦答："可以试着办一下，但要让它容易通晓，要考虑到我能够做到。"

——《史记·叔孙通传》

于是叔孙通奉命征召了鲁地儒生三十多人来到长安，他们和皇帝左右有学问的侍从以及叔孙通的弟子一百多人开始准备登基大典仪式。他们在郊外拉起绳子表示施礼的处所，立上茅草代表位次的尊卑并进行演练。练习了一个多月，叔孙通就上奏刘邦前来视察。在郊外的演练场地，刘邦让他们向自己行礼，自己也做相应的礼仪回复，全部的礼仪结束后，刘邦说道："我能做到这些。"于是命令群臣都来学习，为十月的岁首朝会做准备（西汉沿用秦朝的历法，以 10 月为一年的第一个月）。

到了公元前 200 年 10 月，朝廷正式举行诸侯王及群臣朝拜皇帝的岁首大典，笔者认为这次岁首大典正是西汉在形式上的开国大典，彰显了刘邦的皇帝之尊。诸侯群臣、文武百官依次进入殿门，按照礼仪规定站在宫殿内。

随后皇帝刘邦乘坐"龙辇"从宫房里出来，百官举起旗帜传呼警备，然后引导着诸侯王至六百石以上的各级官员，依次毕恭毕敬地向皇帝施礼道贺。诸侯王和所有的官员没有一个不因这威严的仪式而震恐肃敬的。

仪式完毕，又设了酒宴大礼。诸侯百官等坐在大殿上都敛声屏气地低着头，按照尊卑次序站起来向皇帝祝颂敬酒，从朝见到宴会的全部过程，没有一个敢大声说话和行动失当的人。大典之后，刘邦非常得意地说："我今天才知道当皇帝的尊贵啊！"①随后叔孙通就被任命为九卿之太常。公元前198年，叔孙通又被任命为太子太傅，成为太子刘盈的老师。叔孙通是汉初朝廷中为数不多的儒家高官，而当时儒家并非主流，当时的学术和治国思想传承了战国和秦朝时期的"诸子百家，百家齐放"，其中最著名的学者名叫陆贾。

陆贾，是楚国人，当年是以幕僚宾客的身份随从高祖刘邦平定天下。他在刘邦面前时常谈论《诗经》《尚书》等儒家经典，听到这些，皇帝刘邦很不高兴，就对他大骂道："你老子的天下是靠骑在马上南征北战打出来的，哪里用得着《诗》《书》？"陆贾回答说："您在马上可以取得天下，难道您也可以在马上治理天下吗？商汤和周武，都是以武力征服天下，然后顺应形势以文治守成，文治武功并用，这才是国家长治久安的最好办法啊！从前吴王夫差、智伯都是因极力炫耀武功而致使国家灭亡；秦王朝也是一味使用严酷刑法而不知变更，最后导致自己的灭亡。假使秦朝统一天下之后，实行仁义之道，效法先圣，那么，陛下您又怎么能取得天下呢？"高帝听完之后，心情不快，但脸上露出惭愧的颜色，就对陆生说："那就请您尝试着总结一下秦朝失去天下，我们得到天下，原因究竟在哪里，以及古代各王朝成功和失败的原因所在。"这样，陆生就奉旨大略地论述了国家兴衰存亡的征兆和原因，一共写了十二篇。每写完一篇就上奏给皇帝，刘邦读完没有不称赞的，左右群臣也齐同称赞，把他这部书称为《新语》。

——《史记·郦生陆贾列传》

刘邦对包括儒家在内的各家学说和思想都是一穷二白的，对国家长治久安的思想和原则更是没有任何基础。这自是因为他从小就没有系统接受过当

---

① 《史记·叔孙通传》，（汉）司马迁，中华书局，2019年版。

时的教育，自然不能和陆贾形成共鸣。不过，这同时也说明了刘邦的优点，他能够听取别人的建议。

此时经济残破，以农业为主的社会遭到严重破坏，人口因为战争大量减少，正处于百废待兴之时。陆贾让刘邦开悟到"得天下"和"治天下"是两回事。他的《新语》不仅仅是分析秦朝失天下的原因，主要还向刘邦讲述了治国的思想和原则，书中推行"无为而治"的治理原则，构造儒家的人伦社会结构，要求皇帝能以寡欲戒奢作为立身原则，重视农桑等，而要做好以上这些治国理政的各个方面，贯穿全部的核心是需要心怀仁义，《新语》牵涉的思想几乎囊括了当时黄老、儒家和法家等主要的治世思想学说，陆贾在《新语》中写道：

书不必一定要出于孔子之书，药不必一定要出于扁鹊的药方，做事的方法只要能符合事务的规律而能达到好的结果，就可以作为法则，法则要根据当世当时的情况而灵活变通地施行。
　　　　　　　　　　　　　　　　　　　　　　　——《新语·术事》

这段话精确地描述了西汉建立之初的学术特点，孔子儒家之学虽为最重，但当时学者仍然杂糅儒家和诸子百家的思想，对它们各取所长。这正好反映了当时的学术思想是沿袭了从战国到秦朝传承下来的学术思想。

刘邦称帝后在位的 7 年，始终在忙于平定他自己分封的诸侯和军队将领的反叛，根本无心治理国家。《诗》《书》和私教在形式上仍然处于被禁状态，之所以说是形式上的，因为在孔子的故乡齐鲁大地，私教在秦朝灭亡后就已经重新兴起。虽然建国之始，西汉也沿袭秦朝，设立博士，但这只是属于皇帝的智囊团体，用来给刘邦就具体朝政出谋划策，而并非是国家对学术的系统恢复，自然也没有重新整理因战乱而四散的书籍。

公元前 196 年，刘邦在讨伐英布的战役中不幸中了流箭，到公元前 195 年病情加重，当年 4 月刘邦在长安长乐宫去世，太子刘盈继位，是为汉惠帝，陆贾的治国方略仍然停留在竹简之上，无人去用，也无处可用，《尚书》仍然默默地藏于民间。

1.4 汉惠帝取消挟书令

到了汉惠帝四年（公元前 191 年），20 岁的惠帝刘盈举行"加冠礼"，这是一种从西周一直延续下来的男子成年仪式。在仪式上，把头发盘成发髻称为结发，然后再戴上帽子，将结发放在帽子内，由此代表男子已经成年。帝王的成年礼通常又代表了帝王将要亲理朝政，并伴随着一些新的国政的颁布。

惠帝举行加冠礼后，即大赦天下，废除对官吏、百姓不合时宜的法令，废除秦朝制定的"挟书令"。　　　　　　　　——《汉书·惠帝记》

秦始皇和李斯颁布的"挟书令"终于被废除了，惠帝才20岁，何以能有如此的深知远见？能够促成"挟书令"废除的人，笔者推断正是惠帝的老师太常叔孙通。

回到公元前198年，这年刘邦调叔孙通担任太子太傅，也就是担任刘盈的老师，此时刘盈还是太子。

公元前195年，刘邦打算让另外一个儿子刘如意代替太子，叔孙通向皇帝进谏规劝道："从前，晋献公因为宠幸骊姬的缘故废掉太子，立了奚齐，使晋国大乱几十年，被天下人耻笑。秦始皇因为不较早地确定扶苏担任太子，让赵高能够用欺诈伎俩立了胡亥，结果自取灭亡，这是陛下亲眼见到的事实。现在太子仁义忠孝，是天下人都知道的；吕后与陛下同经艰难困苦、同吃粗茶淡饭，是患难与共的夫妻，怎么可以背弃她呢？陛下一定要废掉嫡长子而立小儿子，臣宁愿先受一死，让我的一腔鲜血先洒在地上。"刘邦说："您算了吧，我只不过是随便说说罢了。"叔孙通答："太子是天下的根基，根一动摇，天下就会震动，怎么能拿天下的根基之事作为戏言来说呢？"刘邦说："我听从您的意见。"等到皇帝设置酒宴款待宾客时，看到张良招来的四位年长高士（刘邦多次拜请这四位高士都没有成功）都随从太子进宫拜见，皇帝于是再也没有更换太子的想法了。　　——《史记·刘敬叔孙通列传》

惠帝刘盈能成功继位，叔孙通的功劳不言而喻，他是惠帝的老师，和惠帝之间充分信任的关系也是毋庸置疑的，叔孙通又是儒家的礼学博士，再次被惠帝重新任命为朝中负责教化的最高职位太常，所以可以推断，正是叔孙通建议惠帝取消了"挟书令"。秦始皇的"挟书令"主要就是针对《尚书》和《诗经》，所以"挟书令"的废除，就是正式解禁了《尚书》。在惠帝和叔孙通的推动下，学术之风开始逐渐恢复，民间开始献上失散的典籍，朝廷收藏先秦典籍的大门从此打开，这一点，叔孙通功不可没。

惠帝任命叔孙通担任太常，让他负责制定宗庙祭祀的礼仪。以后陆续制定的汉朝礼仪，都是在叔孙通担任太常的时候制定的。

——《史记·刘敬叔孙通列传》

"挟书令"取消后的第二年，公元前 190 年，就有民间人士，河间人颜芝和他的儿子颜贞献上《孝经》十八篇①，成为"挟书令"取消后，献于汉庭的第一部儒家典籍，也是字数最少的一部儒家典籍。但《孝经》并非经文，内容是孔子和他的学生曾子的对话，主要阐述"孝"是所有道德的基础和教化产生的源头，是属于"传纪"类的书籍。而且经过后代学者的考证，《孝经》的作者也并不是孔子，成书年代最早不会超过战国时期。《孝经》的献上也是和叔孙通为惠帝制定"以孝治国"的思想相互呼应。所以近代学者程元敏先生认为整个汉朝"以孝治国"的思想正是叔孙通最先建立的。

汉朝皇帝去世后以"孝"作为谥号首字，自惠帝起，经历文、景一直于献帝，莫不同然，以儒家孝道为国教，建制之功，非叔孙通莫属。

——程元敏《汉经学史》

从惠帝开始，除了西汉开国的刘邦和东汉开国的刘秀，其他皇帝谥号都以"孝"字开头。

唐代学者颜师古解释汉代皇帝谥号这个"孝"字的意思是，表明其坚持继承和执行其父亲的事业和意志。　　　　　　　——《孝经》汪受宽

刘邦传给刘盈一个西汉帝国，却没有传给他治理这个国家的思想和政策。如果说陆贾是给刘邦提出了理论上的治国方略，那么将治国方略中"无为而治"真正全面应用到实际政治中的人，是在惠帝继位后当时封国齐国的相国曹参。

曹参和萧何都是刘邦沛县的同乡，在秦朝时，萧何是县令的副手，曹参是负责牢狱的官吏。刘邦起事后，两人即跟随刘邦征战天下。公元前 203 年，曹参被编入韩信手下，一起攻打齐国，平定齐国后，韩信继续和刘邦攻打项羽，而曹参则留在齐地继续平定齐地未降服的地方。所以在公元前 201 年 12 月，刘邦的长子刘肥被封为齐王时，曹参被任命为齐国的相国。

刘邦在世时，曹参和刘肥跟随刘邦四处平叛，同样无暇百姓的治理。到惠帝时，曹参才开始考虑封国齐国的治理。

曹参把年长者、读书人都召来，询问安定百姓的办法，但齐国数以百计的

---

① 《汉晋学术编年》，刘汝霖，上海科学技术文献出版社，2015 年版。

儒家学者，众说纷纭，曹参不知如何决定。他听说胶西有位盖公，精通黄老学说，就派人带着厚礼把他请来。见到盖公后，盖公对曹参说，治理国家的办法贵在清净无为，这样百姓们自会安定。然后又以清净无为作为基础，把其他各个方面的治理道理都阐述给曹参。曹参于是让出自己的正堂，让盖公住在里面。从此后，曹参治理封国齐国的要领就是采用黄老的学说，他担任齐国丞相的九年，齐国安定，人们都称赞他是贤明的丞相。 ——《史记·曹相国世家》

盖公精通的"黄老学说"的"黄"和"老"指的是黄帝和老子，黄老学说是道家的一个支派。在战国后期，当时学术思想的崇古风气，使黄帝被推崇为自古以来国家文化治理的宗极，"黄老学术"就在战国后期孕育而生了。它是以道家的《老子》思想为主，并采纳结合了法家等学术的一个学术门派。

"黄老学说"认为"道"是作为客观必然性而存在的，通俗地理解，就是任何事物都有它自己内在的、客观存在的规律，如果我们要让事物顺利发展，只需要呵护好这种规律，让它随着自身的规律发展即可，而不要做额外的事去干预它，即是"无所作为"而达到"有所作为"。所以在国家治理的领域，黄老之术认为君主应"无为而治"，"省苛事，薄赋敛，勿夺民时"，"公正无私"，"恭俭朴素"，"贵柔守雌"，通过"无为"而达到"有为"，这种治国理念也就是主张"民众的休养生息"。历经十几年的战乱，生灵涂炭，此时老百姓最需要的确实就是休养生息。因此以道家为基础的黄老学说，此时正好非常适合当时的社会情况，也正是当时百姓心理所期盼的。

汉惠帝继位两年后，公元前193年，相国萧何去世。曹参离开齐国，继任西汉相国，随之就是著名的"萧规曹随"，曹参完全依照萧何制定好的法规治理国家，不作任何的变更。曹参把黄老学术的思想又用于整个西汉的治理。

萧何、曹参任丞相，用无为之策来安定百姓，顺从他们的需求，而不加以扰乱，因此百姓衣食丰盛，刑罚使用得很少。 ——《汉书·刑法志》

第 2 章 《尚书》在文景时代

2.1 孝文帝和黄老学术

惠帝在位 7 年，于公元前 188 年驾崩，惠帝的太子继位。但朝政由惠帝的亲生母亲吕太后掌握，吕后是刘邦还是平民时娶的妻子，惠帝登基后，升为吕太后。按照《史记》的记载，惠帝实际没有自己的亲生儿子，但吕太后为了掌握朝政，在惠帝在世的时候已经为他准备好了后代。

宣平侯张敖的女儿为惠帝的皇后时，没有儿子，假装有了身孕，取后宫宫女生的儿子说是自己生的，杀了孩子的母亲，将这个孩子立为太子。惠帝驾崩后，太子继皇帝位（史称前少帝）。——《史记·吕太后本纪》

前少帝以及梁王刘太、淮阳王刘武、常山王刘朝，都不是孝惠皇帝真正的儿子。吕太后用欺诈的手段，把别人的儿子抱来谎称是惠帝的儿子，杀掉他们的生母，养在后宫，让孝惠皇帝把他们认作自己的儿子，立为继承人，或者封为诸侯王，来加强吕氏的势力。——《史记·吕太后本纪》

前少帝继位时还未成年，吕太后临朝称制，朝廷一切号令都出自吕后。5 年后，公元前 183 年，前少帝不知从谁那里知道了自己的身世，得知自己的生母已经被害，竟然亲口说道：

太后如何能杀了我的母亲而将我名为她的儿子（后代），我现在还未成年，等我成年后一定要改正我的身世。——《史记·吕太后本纪》

吕后知道后非常担心，在当年的 5 月，就把前少帝废黜并暗中处死了，另立常山王刘朝（吕太后抱养的孩子之一）的弟弟刘义为帝，史称"后少帝"。

两年以后，公元前 181 年 8 月，吕太后去世，仅仅一个月左右，朝廷的大臣就以开国功臣太尉周勃和丞相陈平为首，铲除了吕氏家族的势力，随即拥立刘邦的儿子代王刘恒，公元前181年9月，刘恒继位，是为孝文帝。

吕太后执政期间，前后共7年左右，仍然采用黄老学术的"无为而治"。

孝惠皇帝、高后（吕太后）的时期，百姓刚刚脱离国家连年战争的苦痛，君臣都想休养生息，而不想有所作为，所以惠帝垂衣拱手，安闲无为，高后吕太后主政，政令不出房户，天下安然。很少动用刑罚，犯罪的人也很少，人民忙于农耕，衣食富足。

——《史记·吕太后本纪》

孝文帝继位后，黄老学术继续被应用在政治上，并被推向顶峰。

等到孝文帝即位，实行清静无为的政治，鼓励民众耕种和纺织，减免田租和兵赋。而且他的将相都是从前的功臣，少文饰和形式，而多朴实和实际，以秦国灭亡的政治作为教训，定罪评议时务在宽厚，以议论他人的过失为耻。教化流行天下，揭人短处的习俗改变了。官吏安于本职，百姓安居乐业，财富逐年累增，人口也逐渐增长。

——《汉书·刑法志》

孝文帝刘恒继承皇位是非常偶然的，是被朝中功臣选中拥护的，所以皇权在他的手中非常脆弱。与之相比，孝惠帝是刘邦的太子，继承皇位是名正言顺，在实际的权力局势中，在太子阶段就已经会聚了刘邦一批重臣的拥护，继位后，掌握和行使皇权是水到渠成。吕太后执政时期，皇权尽管不在前、后少帝手中，但吕太后持有极高的权威，使得皇权同样稳固。然而文帝在成为皇帝之前，并没有像以前的太子那样的人事和权力的过渡时期，虽然掌握了皇权，但如履薄冰。因此孝文帝推行黄老学术，除了是沿袭前代的政策，还有着更深层次的需求，我们先回顾一下孝文帝的继位过程和当时的政治环境。

孝文帝刘恒，是薄太后所生，是高祖八个儿子中的第四个。高祖刘邦和他的大将周勃在公元前196年的春天，打败了陈豨叛军，平定了代地（今山西省东部区域）后，刘恒被立为代王。在他做代王的第17年，即吕后八年（公元前180年）7月，吕太后去世后，她的两个侄子吕产和吕禄掌控着政权，以及京城和皇宫的禁卫兵权，用重兵威压着百官。吕氏的家谱参见图1。

吕产和吕禄分别统领着南军和北军，只是畏惧开国老臣周勃和灌婴，对是否叛乱一时还在犹豫不决之中。

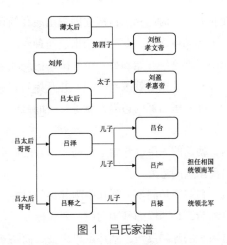

图 1 吕氏家谱

郎中令，卫尉所统南军和中尉所统北军构成了汉代（特别是西汉）禁卫军的主体。卫尉守卫宫城，中尉（孝武帝改名为执金吾）负责京城的治安，因宫城位于京师南部，故卫尉所领卫士称为南军。与宫城相对而言，中尉所负责（皇宫外）的京城地区位于北部，故其所领军队称为北军……而郎中令（孝武帝改名为光禄勋）则主管郎官更值于殿内，并守卫宫、殿、掖之门户，皇帝出行时充当车骑仪仗，其为皇帝贴身侍卫之臣，地位十分机要……所不同的是，卫尉、中尉（执金吾）所统卫的为兵，是服徭役的农民，而郎中令（光禄勋）所统诸郎官以官贵子弟为主，为特殊卫士，（级别）是官而不是兵。

郎官不仅是下级官吏，而且也是进入其他阶层官吏队伍的便捷之途，是汉代统治集团之候补队。而卫尉所统卫士则是通过徭役征发到京城进行守卫的农民，当他们完成一年的守卫任务后便返回家乡继续从事农耕生产，并在规定时期服徭役戍守边疆。一般情况下，他们是永无进入统治阶层机会的。

——张金龙《魏晋南北朝禁卫武官官制度研究》

吕氏准备秘密反叛的消息，被在宫中担任宿卫的刘章知道了，因为他的夫人是吕禄的女儿，但他又是封国齐王刘襄的弟弟。于是刘章立刻秘密派人前往齐国告诉哥哥齐王刘襄，让他发兵进攻长安，诛灭吕氏，并夺位称帝。齐王刘襄是刘肥的长子，刘肥在惠帝 6 年（公元前 189 年）去世，刘襄便继承了父亲的爵位成为齐国的诸侯王。此时形势非常清楚，如果吕氏政变成功，他们肯定会被诛杀；如果此时反抗，甚至还有继承帝位的可能，所以刘襄起兵西进，准备进攻长安。当时的相国吕产立即派出灌婴领兵前往应战。灌婴是跟随刘邦平定天下的功臣之一，此时无论出于何种考虑，他都决定站在刘氏家族一边，在出征时就已经开始和另一位开国功臣周勃密谋推翻吕氏的计划。于是他的军队在到了荥阳后就按兵不动，并开始与齐王刘襄联络协商，刘襄的军队也随即停在齐国西部的边界，就等长安的吕氏发动叛乱，便和灌婴共同进攻长安，诛灭吕氏。

而在长安城内，朝廷的大臣也开始了行动，以开国功臣太尉周勃和陈平为首，准备铲除吕氏家族的势力。

周勃，沛县人，和刘邦是同乡，刘邦刚刚起兵的时候，周勃就和刘邦征战天下，立下汗马功劳，是西汉的开国功臣。西汉建立后，驻守在代郡（今河北省蔚县东北区域）的陈豨反叛，刘邦亲自出征，而随刘邦出战的大将正是周勃和灌婴。平定反叛后，刘恒才被封为代王。但是到了惠帝朝，吕太后当政，周勃虽然是三公之太尉，却连兵营都不让进，更别说统领军队了。

周勃虽然被架空，但几十年的征战，在军中的威名是毫无衰减。在公元前181年的9月庚申这日，周勃和其他大臣用计骗取了吕禄，进入了北军。随即，周勃在军营中喊出"支持吕氏的袒露右臂，支持刘氏的袒露左臂"，其结果可想而知。随后，刘章又在皇宫中斩杀了吕产，吕氏大势随之而去。周勃当晚就开始抓捕吕姓男女，无论老幼，一律斩杀。

周勃随即发出更关键的一个命令，令刘章立即上路，将吕氏已经被诛灭的消息通知给他的哥哥齐王刘襄，并命令刘襄退兵。刘襄的军队在灌婴军队的威赫下，只能撤兵。至此，吕氏的势力被彻底根除，齐王刘襄夺帝的阴谋也被扼杀在萌芽状态。接下来，周勃和朝廷大臣才开始商议皇帝人选的事宜。

在朝的功臣集团，有提议齐王刘襄的，但大部分人反对这个意见，因为刘襄的舅舅势力非常大，担心一旦刘襄当上皇帝，必定难以制衡，又会出现第二个"吕氏"，反而会损害功臣集团的安危。所以最终选出了一位比较弱势的皇帝，刘恒当时是刘邦的儿子中年龄较大的一位，关键是他的母亲薄氏没有任何势力，她以前只是魏王宗族的一位普通成员。魏王被刘邦打败后，薄氏被送到了刘邦宫中的织造部，而后被刘邦看中纳入后宫。这都是功臣集团钟意的背景，因而她的儿子刘恒被选中。

大臣们随即派人前往迎接代王刘恒，但刘恒也没有被这巨变冲昏头脑，而是与他的亲信商议帝位事宜。他的郎中令张武等提议："现在朝廷大臣都是刘邦时的一些老将，熟习军事，深谙权诈，其内心并不满足于现在的地位，只是害怕高帝与吕后的威严罢了。现在吕氏已被诛灭，血溅京都，此时以迎大王入京称帝为名，实在难以令人置信。希望大王以有病不能前往相辞，以观察情况的变化。"而中尉宋昌却不同意这个提议，他说道："这些议论是错误的。秦朝朝纲紊乱，豪杰并起，想取代秦朝而南面称帝的不下万人，但最后能君临天下的，仅刘氏一家，天下怀有非分之想的人已感绝望，这是其一。高皇帝分封子弟为王，封地犬牙交错，这就成了磐石般的核心，天下服于刘汉的强大，这是其二。汉朝建立，废除了秦朝的苛敛，省刑罚，施德惠，人人自安，深得人心，此是其三。而以吕太后那样的威严，立诸吕为三王，擅权专制，然而太尉周勃持一符节进入北军，一声呼唤，士卒都支持刘氏，反对吕氏。由此可见刘汉政权出于天授，不是靠少数人的力量能改变的。今日虽有大臣想趁机一逞，而百姓不愿听其驱使，靠他的少数党羽就能够达到目的吗？京都内有朱虚、东牟的团结，外有吴、楚、淮南、琅琊、齐、代的强大。于今高帝之子只有淮南王与大王，大王居长，圣贤仁孝，名播天下，所以朝中大臣顺万民之望而想迎立大王，大王就不必有所顾虑了。"

但刘恒仍然非常谨慎，进而禀报母亲薄氏，薄氏一时也尚难决策，就用龟壳占卜，龟壳占卜是在龟壳上凿一个小孔，再把要占卜的事简要地刻在龟壳上，然后点燃一根细木棍，用它灼烤龟壳上的这个小洞，龟壳一会儿就产生裂纹，占卜师就会根据裂纹的状况对要占卜的事进行预测和判断。此时龟壳得到一个很长的横向裂纹，卜人占辞道："大横亘亘，我为天王，夏启光宗耀祖。"代王刘恒问道："寡人本来就是王，又何必加一个王号呢？"卜人说："卦中所谓天王，是天子啊！"刘恒这才派出舅舅薄昭前往会见太尉周勃，周勃等详细解释了迎立代王的真意。薄昭回来对刘恒说："是可信的，无须怀疑了。"刘恒笑着对宋昌说："果然如先生所言。"随后才和宋昌、张武等前往长安。车驾在到达高帝陵时停了下来，刘恒再次派宋昌先到长安城内观察动静。

宋昌到了渭桥，丞相以下的官员都来迎接。于是宋昌回到高陵报告刘恒一切正常，刘恒这才继续前进到达渭桥。群臣以君臣礼节拜见刘恒，刘恒亦谦逊回拜。太尉周勃跪着送上天子玉玺，但刘恒谨慎地辞谢道："请到京都馆舍再议。"随后刘恒进入长安，在驻跸馆舍继天子位，成为第一位由大臣选择和拥立的皇帝。

由此可见，文帝继位后的政治环境，正如刘恒的大臣张武说的"现在朝廷大臣都是刘邦时的一些老将，熟习军事，深谙权诈"。然而朝廷外部又有各个实力雄厚的刘姓诸侯虎视眈眈，如平息政变有功的齐王刘襄。再没有比这种外有强藩、内有权臣更凶险的局势了。刘恒虽贵为皇帝，但要坐稳皇位，必事事如履薄冰。

道家的源流出自史家，记载着历代成败、存亡、祸福之道，所以能秉执事物的要义和根本，清净虚无以保持自我节操，谦卑柔弱以保护自我，这就是君王的统治之术。

——班固《汉书·艺文志》

细读班固的这段对老子道家学术的描述，再结合孝文帝继位的朝局形势，我们就可以理解孝文帝崇尚"黄老学术"的深意了，乃是"君王驾驭人臣的统治之术"。

老子的人生哲学，主要是引导人们贵柔守雌、和光同尘、知足抱朴……老子特别重视守柔："天下之至柔，驰骋天下之至坚""夫唯不争，故天下莫能与之争"。可见其重"柔"的目的，还是为了取强，也即"柔弱胜刚强"。

——张景、张松辉《道德经》

如上文所述，黄老学术主要由道家和法家的思想组成，而孝文帝同样喜好法家刑名。

孝惠、吕后时，公卿皆武力有功之臣……然孝文帝本好刑名之言。

——《史记·儒林列传》

秦汉的法家思想和主旨，并不仅仅是我们现代的法学和法律法规。

法家的主张，用现代语言来说，乃是一套组织领导的理论和方法。一个人如果想走极权主义道路，组织大众，充当领袖，就会认为法家的理论和方法颇有一点道理。

——冯友兰《中国哲学简史》

韩非子是法家的集大成者……他主张在政治和治国方术中……"势"，即权力与威势，最为重要……又强调"术"，即政治权术……强调"法"，即法律和规章制度。韩非子认为这三者都必不可少……明君如天，执法公正，这是"法"的作用。他驾驭人时，神出鬼没，令人无从捉摸，这是"术"。他拥有威严，令出如山，这是"势"。三者"不可一无，皆帝王之具也"。

——冯友兰《中国哲学简史》

"法、势、术"正是文帝在面对内有权臣、外有强藩时所需的权术，同时，"无为而治"也同样是法家认同的思想，在法家看来，君王不应当亲力而为，一切都应让臣下去办，君主只须能够掌握赏罚大权和驾驭人臣即可。而道家也主张"国君应当无为，而让臣下各尽其能，君主治国，不是忙于做事，而是要纠正做的不对或不应做的事"，两家在"无为"这极端上会合在一起，道家的"黄老学术"由此被文帝重视。

但是法家和道家在"无为"这一点上，两个极端倒会合了。

——冯友兰《中国哲学简史》

由此我们就更加能理解文帝崇尚黄老学说的原因了，处在如此凶险的环境中，功臣集团既能拥立皇帝也能废黜皇帝，皇帝和阶下囚的身份变化就在转瞬之间，所以"黄老之术"正逢其时，孝文帝使用它来稳定局面，发展个人权威，外取黄老阴柔，内主法家刑名，以御人之术驾驭功臣，以法令计谋削弱各个刘姓诸侯势力。由此，孝文帝继续奠定了"黄老学术"在国家的重要地位。

汉建国初期，仍然是征战不息……百姓生活在兵荒马乱之中，农民无心种田，天下面临着大饥荒。米卖到每石五千钱，出现人吃人的情况，有一半的人口死亡。

——《汉书·食货志上》

到了惠帝和吕后时期，放宽对商业的限令：

孝惠帝、高后执政时期，因为天下刚刚安定，放宽了限制商人的法令。衣食开始增长。

——《汉书·食货志上》

到了文帝的时候，司马迁描述道：

百姓没有内外徭役，可以专心于从事农业生产而休养生息，于是天下富庶，粟米的价格只有十几个铜钱，鸡鸣狗吠，飘着炊烟的人家连绵万里，一片和乐景象。

——《史记·律书》

这样一片和乐景象，正是黄老无为而治效果的显现。对百姓的"无为而治"，哲学家冯友兰先生给出了更深刻的解释：

他们（百姓）做事都是出于自愿，并不是出于勉强，所以也可以说是无为。照黄老之学的说法，让老百姓都做他们自认为是有利的事情，这就叫"因循"，或者叫"因"……"因"就是"用人之自为"。所谓"自为"，就是为自己，替自己打算……统治者用人，所靠的是人人都趋利避害替自己打算这种私心。正因为人都有这种私心，所以统治者才可以用刑、赏把人组织起来，为他自己服务，这就叫作"用人之自为"。

司马迁也讲了这个道理，他在《史记·货殖列传》中写道："人们都是凭着自己的本领，竭尽自己的力气，来获取自己想要的东西……人们都努力从事自己的职业，都喜欢干自己的事情，就如同水昼夜不停地往低处流，不用谁号召，人们就自己来；不用谁要求，人们就自己干。这不正是符合规律，体现自然的法则吗？……既然每一个人都在求利，就让他们求利好了。在上者，善于治理国家的就顺其自然，其次的办法是用利益引导他们，再次的就是指导他们，最差的办法是同他们争利。 ——冯友兰《中国哲学史新编》

这"百姓"并不是仅仅指最底层的耕地农民和贩夫走卒等，而是指除了帝王将相之外的所有社会人员，也就包括了各级官吏。

汉初的黄老之学，实际上就是让老百姓在封建生产关系的范围内，自由竞争，发家致富。 ——冯友兰《中国哲学史新编》

因放宽对商人的限制，所以大部分的财富随即流向商贾和权贵。大部分的民众仍然要看天吃饭，年成好的时候可以吃饱穿暖，和战乱时期悲惨的状况比较，是"一片和乐景象"。但是在年成不好的时候，仍然困苦不堪。

歉收的年成，富人不借给穷人粮食，穷人就会饥饿。颗粒不收的饥荒之年，只好请求卖掉官爵和儿女。皇上您可能已经听说了，前不久天旱不雨，景象让人寒心，一旦下点雨，百姓好像获得新生一样。——贾谊《新书·忧民》

靠着做官掌权而发财的，大者独霸全郡，中者独霸全县，小者称霸乡里的，那就多得数不过来了。 ——司马迁《史记·货殖列传》

精细丝绸作为面料，白色丝绸作为里子，滚上花边，绣上精美的花纹，以此做成的衣服，古代是天子才能穿的，如今商贾富豪家的墙壁就能挂着这样的丝绸作为装饰。商人的妻妾、庶子能穿皇后的服饰……奢靡的商贾和权贵，墙壁能披上锦绣…… ——贾谊《新书·孽产子》

因此冯友兰认为：

这种政策（无为而治）在短时期内可以刺激生产，提高生产者的积极性，发展生产力，但其后果是贫富两极分化，贫者更贫，富者更富，这倒是实际情况。从阶级的观点说，在这种发家致富、自由竞争的情况下，商人（权贵）处在有利的地位，农民的地位非常不利。 ——冯友兰《中国哲学史新编》

无为而治的弊端实际在文帝时期就已经显现，文帝之时就有反对"无为而治"的，这其中最有名的就是贾谊。

2.2 贾谊

贾谊，洛阳人。在十八岁时就因能诵读诗书、会写文章而闻名当地。吴公担任河南郡太守时，听说贾谊才学优异，就把他召到衙门任职，非常器重他。孝文帝刚即位时，听说河南郡太守吴公政绩卓著，为全国第一，而且和秦朝丞相李斯是同乡，又曾向李斯学习过，于是就征召他担任廷尉。吴廷尉就推荐贾谊"年轻有才，能精通诸子百家的学问"，孝文帝就征召贾谊，让他担任博士之职。

当时贾谊二十有余，在博士中最为年轻。每次文帝下令让博士们讨论一些问题，那些年长的老先生们都无话可说，而贾谊却能一一回答。博士们都认为贾生才能杰出，无与伦比。文帝非常高兴，对他破格提拔，贾谊一年之内就升任太中大夫。

——《史记·屈原贾生列传》

太中大夫是九卿之郎中令的直接下属，文帝时，郎中令下属参与议论朝政的有太中大夫和中大夫，人数没有定员。到武帝时，最多时一共有几十人，文帝时应该最多十几人，侍从皇帝左右，负责顾问应对，参谋议政，有点儿皇帝智囊的意思，但没有实权，通常都是皇帝宠幸的人担任。西汉末期经学大师刘歆对贾谊的评价：

在汉朝的儒士，只有贾谊一个人而已。 ——《汉书·楚元王传》

但实际上，贾谊的思想并非是纯粹的儒家，贾谊和陆贾是相似的，有着相似的学术思想，同样结合了儒家、道家和法家等的思想。贾谊同样写出了著名的《过秦论》，比较全面地论述了秦朝速亡的教训，目的就是希望给孝文帝提供政治改革的借鉴。身受皇帝垂青的贾谊对汉朝的情况更是进行了仔细考察，他向文帝谏言了当时的社会问题，即是多年实行"无为而治"而出现的弊端，诸侯王的僭越和割据，皇亲贵族的侈靡相竞，商贾盛行，农民受压，风气每况愈下，而朝廷却没有任何制度能够制约这些现象。

世俗追求奢侈互相炫耀……追求自己还没有的东西，互相攀比，而朝廷没有制度来制约……世俗骄奢淫逸，能用机巧骗取利益的人被算作聪明人士，敢于冒犯法律禁令的隐瞒大奸大恶的被算作懂事理的人。因而坏人天天增多，奸邪越来越无法制止，犯罪越来越多。君臣互相欺骗，上下没有区别，这都是因为没有制度。

——《新书·瑰玮》

因此贾谊认为，不能只采用这种没有制度的"无为"政治：

如今平时没有防备措施，对犯上的行为一向宽容，有变故必然陷入困境，可是进献计策的人大都说"不要有所行动是上策"。不采取行动而能整顿天下的败坏，这算是什么计策？可悲啊！世俗已经没有恭敬到了极点，没有秩序等级到了极点，僭越犯上到了极点，而进献计策的人还要说"无为"即可，这真是令人长长叹息啊！

——《新书·孽产子》

因此，贾谊向文帝上奏了各种措施，比如：对待大臣和百姓要偏重儒家的仁义，用儒家"礼"的制度分别长幼尊卑，对割据和僭越的诸侯王要用法家的"威、势、法"之类的斫斧手段，拆分诸侯封地减弱他们的力量，对待受压的农民和骄奢的商贾，要文帝以民为本，重视农桑，等等。总之，他希望文帝要从"无制度"开始"有制度"，要结束"无为"，而开始"有为"。

在孝文帝的信任下，实际的朝政也开始一条一条采用贾谊的建议，贾谊担任的太中大夫是没有实权的，所以孝文帝准备正式重用贾谊，要把他升任到至少九卿的位置，此时贾谊才二十多岁。

各种法律条令的更改定立，以及让列侯全部（离开都城）前往封地，这些建议都是贾谊提出的，于是天子提议任命贾谊为公卿。——《史记·贾谊列传》

贾谊的受宠，以及他提出的各种变革，尤其是让列侯回归封地的建议，都或多或少地损害了大小官吏的利益。同时，实行了十几年的无为政治，在大小官吏心中已经产生了很大的惯性，贾谊的各种变革，自然让部分官吏产生抵触的心理。这些不满终于在文帝准备任用贾谊为九卿之时爆发了出来。

绛侯周勃、颍阳侯灌婴、东阳侯张相如、御史大夫冯敬都妒忌贾谊，纷纷诋毁贾谊："洛阳那个人，年纪轻，刚刚有点学问，却一心想独揽大权，各种朝政之事都被扰乱了。"于是文帝后来也就疏远了他，不用他的提议，让贾谊去做长沙王太傅。——《史记·贾谊列传》

周勃和灌婴对文帝是有推立之功的重臣，他们共同反对，贾谊的政治生命就此结束了，从此他在朝中再无发挥自己的才能和实现抱负的机会，一直在诸侯国教授诸侯王，直至去世。

贾谊让文帝了解到了"无为"的弊端，知道不能再简单地依靠"无为"，让孝文帝认识到儒家的治国思想在国家的长治久安中起到的作用,西汉从"无为"的政治转向"有为"的政治正是从贾谊开始的。

2.3 文帝征集《尚书》

在贾谊的启导下，文帝投向国家治理的精力不再仅仅是黄老学术，儒学经典也开始被重视，而《尚书》在当时官吏和学者的心中，正是一套关于治理国家的书籍。

《书》记载了古代先王的事迹，所以它是擅长于治国方面的书籍。

——《史记·太史公自序》

由此，文帝发出了西汉第一道征召《尚书》学者的诏令：

伏生曾经是秦朝博士，孝文帝时，他想找到能精通《尚书》的人，遍寻天下也没有找到，后听说伏生会讲授，就打算召用他。当时伏生已年寿九十多岁，人很老了，不能行走，于是文帝就下令太常派掌故晁错前往伏生处向他学习。秦朝焚烧诗书时，伏生把《尚书》藏在墙壁里。后来战乱大起，伏生出走流亡，汉朝平定天下后，他返回找出所藏的《尚书》，已亡失了几十篇，只得到二十九篇（原文：亡数十篇，独得二十九篇），于是他就在齐鲁一带教授残存的《尚书》。自此学者们都能通晓《尚书》，殽山以东的著名学者无不涉猎《尚书》来教授学生了。 ——《史记·儒林列传》

这位伏生就是前面提到的秦博士伏生,《尚书》的幸存也要感谢他的长寿。

这是从秦始皇焚书后，第一次出现朝廷官方向民间征召《尚书》学者的记录，我们从这段记载中，可以获得如下三点关于当时《尚书》的情况：

第一，"孝文帝时，欲求能治《尚书》者，天下无有，乃闻伏生能治，欲召之"，从这句记录，我们可以推断，孝文帝当时的主要目标并不仅仅是《尚书》的经文，而是精通《尚书》的学者。当时在皇宫内可能已经有了不完整的《尚书》，但《尚书》文字古奥迂涩，以"佶屈聱牙"而闻名，虽然也有少数文字比较形象、朗畅，当时宫内学者，比如陆贾和贾谊，能通晓部分《尚书》篇章，但要贯通理解《尚书》全部的篇章，能了解字里行间背后的更深层意思，并作详尽地讲解，这就"天下无有"了，这正是"焚书"和

"禁私教"四十多年后造成的后果。

精通《尚书》的学者在宫中肯定是没有的，但《尚书》的经文，从记录看似乎是有的，只是并不完整。此时此刻，《尚书》篇章如果完整的话，晁错自会带到齐地临淄，让伏生教授，因为伏生是秦朝博士，自然是精通"秦宫版"的全部篇章。但实际上，晁错学成回来后，到朝廷册立《尚书》学为学官时，也就只有伏生29篇的学问。

文帝当时找不到精通《尚书》的学者，这是在京都长安和附近区域的情况，而在孔子故乡的齐鲁大地就不一样了。公元前205年，刘邦杀死项羽后，只有鲁国曲阜城不向刘邦投降，因为项羽有鲁公的封号，刘邦进而重兵包围曲阜，在向曲阜城父老展示了项羽的头颅后，曲阜城才投降刘邦。^①当时鲁国曲阜城中的儒生们仍在讲诵经书、演习礼乐，弦歌之声不绝于耳，因此在当地，精通《诗》《书》的儒生肯定不止伏生一人，但作为曾经的秦朝博士，应当是在当时名气最响、学术最正宗的学者。

第二，是关于"秦宫版"《尚书》的篇数。"孔子版"《尚书》的篇数，按照现在的史料，我们还无法得到一个有根据的数量范围。但"秦宫版"的数量，根据司马迁的这条记录，却可以得到一个大致的范围。

"汉定，伏生求其书，亡数十篇，独得二十九篇"，"数十篇"也就是"几十篇"，可惜不知道准确藏了几篇，所以仍然不能确定具体的篇数，但"几十篇加上29篇"，那么总的篇数的大致范围，我们还是有了，按照简单的数学，"秦宫版"《尚书》篇目最多就在128（99+29=128）篇左右。这是最有依据的一个"秦宫版"《尚书》篇数的数量范围。尽管以后历朝历代出现过各种《尚书》篇数的讲法，比如最主流的是100篇，但这些数字都还缺乏考证和史料的依据，我们将在后文会更加详细地叙述"秦宫版"《尚书》篇数的问题。

第三，就是这"二十九篇"，后代的学者对这"二十九篇"有几种说法，原因是在司马迁撰写《史记》的末期，也就是在孝武帝末期（武帝公元前87年去世），由民间献上了一卷篇题为《泰誓》的《尚书》篇章。

西汉末年的学者刘向在受到皇帝诏令整理皇宫藏书之时，他在为此编写

---

① 《史记·项羽本纪》，（汉）司马迁，中华书局，2019年版。

的中国第一本目录书籍《别录》中写道："武帝末年，民有得《泰誓》书于壁内者，献之。与博士，使读说之，数月，皆起传以教人。"

东汉王充《论衡·正说》也叙述到，"孝宣帝时，河内郡的女子拆旧房子，得到失传的《易》《礼》《尚书》各一篇，把它们呈奏给朝廷。孝宣帝交给博士们研读，这以后《易》《礼》《尚书》又各增加了一篇，而《尚书》二十九篇才确定下来了。"中国台湾学者程元敏先生在他的《〈尚书〉学史》中已经严谨地考证了民间献《泰誓》是发生在汉武帝末期，是当时官吏学者在传抄皇帝年号时的失误，而误认为在宣帝朝（公元前73年至公元前49年），详见后文叙述。

因为这篇《泰誓》的后出，将"29篇"的问题复杂化了，使后代学者对这"29篇"的组成众说纷纭。

第一种说法：认为伏生实际只得28篇，其中《泰誓》这一篇不在其中。但司马迁认为这只是一件小事，不愿费过多的精力和笔墨去描述和区别这件事，就全部算在伏生的头上了。唐朝主持编纂《〈尚书〉正义》的孔颖达就是持这种意见。

第二种说法：伏生的29篇中，经文是28篇，还有一篇是"序文汇总"。《尚书》的每一个篇章都有一两句的介绍，介绍撰写这篇篇章的原因和目的等，称作"序文"，大多是每篇都有一个序文，也有几篇合用一个序文。在当时，把所有的序文都汇总在一起，单独作为一篇附在全书之后，就是一篇"序文"汇总。但也有学者认为这不是"序"的汇总，本来就是单独一篇，用于介绍《尚书》各个篇章的。

第三种说法：《史记》的记录是被后人篡改的，伏生就只得到28篇，司马迁的原文应该就是28篇。著名史学家吕思勉先生就持这种意见。他认为伏生的28篇中必定没有《泰誓》，"29篇"的这个数字，是后人篡改了《史记》原来的数字"28"。

问题的关键是，司马迁记载的这29篇，是否包含了后出的这篇《泰誓》，以及对这29篇的篇文组成的解释。这需要更多的关于《尚书》篇数的历史记录，才能展开分析和推断，笔者的观点是，司马迁记载的伏生从墙壁中取出的篇数就是29篇，但这29篇不包括这篇后出的《泰誓》，我们将在后文，到西汉末年，这些历史记录出现时，我们再详细叙述。

而让人心碎的是，这篇武帝末期献出的《泰誓》却是一篇伪造的篇章。后代的学者列出了在秦朝以前的各种书籍中，比如《春秋》《孟子》《礼记》等，所引用《泰誓》的语句，最早由东汉的学者马融列出 5 条，而这些语句在这篇后出的《泰誓》中一条也没有，由此这篇《泰誓》的真伪就昭然若揭了。

而这篇假的《泰誓》也可以再一次证明在汉武帝之时，西汉皇宫内是没有完整的"秦宫版"《尚书》的。如果宫中有完整的版本，必定有真的《泰誓》篇，那么在汉武帝末期出现《泰誓》时，必定能辨别真伪，实际却没有。

而流传到今天，我们今天所看到的这篇《泰誓》，不幸也是在三国末到西晋初编造的，但编造者的学术水平提高了，吸取了以前编造者的遗漏，他尽量地收集先秦书籍中引用《泰誓》的语句，然后再把他们编排到他的《泰誓》中去，这样就可以让人信服了。而这篇伪《泰誓》确实骗过了当时所有的学者，被传承到现在。只是到了后代，因为编造者还是没有把先秦引用的语句收集完备，而露出了破绽。

但也有学者持反对的意见，著名史学家吕思勉的想法是相反的，认为武帝末出现的《泰誓》就是真的。他认为能够伪造出《泰誓》的人，学识必定不会狭窄到不知道先秦书籍对《泰誓》的引用，也就不会愚笨到授人以柄，何况这是给皇帝献书，弄虚作假是有生命危险的，即使有可观的赏赐也不足以用生命冒险，所以这恰恰说明这篇《泰誓》是真实的，但吕思勉先生并未说明古代典籍引用《泰誓》的文句没有出现在这篇《泰誓》中的问题。

除此之外，有后代学者对"亡数十篇"也表示怀疑，清朝乾隆年间学者程廷祚，在他的著作《清溪文集》中提出疑问，认为从秦始皇焚书的公元前213 年，到西汉建立的公元前 202 年，也就是从伏生壁藏《尚书》离家避难，到返家取书，之间最多也就十多年的时间，书籍简册保存在壁中，如何可能会腐朽、折断、散乱而"亡数十篇"？他认为在战国大乱时期，《尚书》的简册篇章已经缺失不全，而又都是竹简编册为书，远比现在纸张书籍要繁重得多，一旦有意外，很难保护。所以战国时的儒家学者非常担心，于是就从《尚书》的篇章中选取了与治国大道最相关的 28 篇，把它们藏在墙壁中。也就是说，伏生从壁中取出的书篇，就只有 28 篇，没有"亡数十篇"这一说，认为司马迁的这段记录不可信。

以致近代的部分大师学者也认同这种说法，比如廖平、康有为和傅斯年。

而笔者并不认同这个说法，这个说法认为《尚书》虽然并不止 28 篇，但是伏生当时在墙壁中就只有 28 篇。不认同此点的原因是，认为十几年的时间不至于竹简会腐朽断烂，如果保存的环境有现在的水平和条件，自可以怀疑，而当年建筑的质量何以能和现在的相比？十几年的时间，房屋漏水是很有可能的，竹简因而浸泡在水中或水汽中，而比泡水更厉害的是，鼠虫的蛀咬，腐烂何需几年？笔者推测这些才是简册烂缺的主要原因。中国台湾的学者程元敏坚持相信《史记》的"亡数十篇"，笔者也坚信《史记》的这段记载是真实的。

2.4 先秦文字发展的简介

从此，伏生"独得二十九篇，即以教于齐鲁之间，学者由是颇能言《尚书》，诸山东大师无不涉《尚书》以教矣"。在诗书中断十多年后，终于重新开始恢复它的传承，伏生教授的《尚书》学也成为西汉朝廷正式的《尚书》学标准。为此，在中国历史上，伏生被尊为"今文《尚书》"的鼻祖。什么是"今文"呢？"今文"指的是在西汉时期流行的字体"隶书"，在当时自然称为"今文"。由此我们可以想象一下，伏生在壁中取回的 29 篇的篇文是用什么字体书写的。我们先简单地介绍一下从西周、春秋战国到秦汉，我们文字发展的简要过程。

中国的文字大约在夏商之际，也就是在公元前 2000 年左右，到公元前 1600 年左右，慢慢地形成了完整的体系。到西周时期，文字体系已经非常完备成熟。《汉书·艺文志》记载"《史籀》十五篇。周宣王太史作《大篆》十五篇"，这个《史籀》篇，是周朝时期的史官用来教授文字的书籍。西周的文字是继承商代的，随着时间的变化，在西周时期，已经成为了有西周自己特征的籀体，也就是大篆字体。字体的演化，主要动力还是对书写需求的与日俱增，伴以书写者希望更准确地表达意思和提高写字的速度。中国研究文字发展的学者认为，文字的变化在短时期内总是很细微的，笔画的长、短、斜、正、肥、瘦，都是在有意无意之间产生极细小的差异，但时间一长，再经过多人的临摹传抄，甚至是改易，这种差别就明显了，逐渐就产生了一种新的字体。因此，如果在没有人为和特别历史因素干预的情况下，在字体的发展过程中，前后不同字体之间都会有较长时间的过渡期。

商代到西周，再到春秋初期，就是商代文字逐渐变换成大篆的绵绵几百年的时期。西周分封诸侯，大篆也跟随着各路诸侯到达了东方的各个分封国。紧接着从春秋到战国这个阶段中，众所周知，文化发展迅速，在春秋以前，统治阶层在文化上占着绝对的垄断地位，通俗地说，只有统治者和他们的后代才能读书，即使富裕的家庭想读书，也没有老师。有学问的人士大多自身就是高级官员，也只会教授贵族子弟。直到孔子的时代，文化教育才开始进入和扩散到民间。由此迎来了一个文化发展的历史高潮，自然而然，文字的应用也就越来越广泛，由此，文字字体变化的剧烈程度也超过了任何一个历史阶段。与此同时，随着周王室的势力和影响力日渐衰落，各个国家的文化都开始自由地发展，无所拘束，由此开始形成更多的不同字体。

其中的秦国，它的地理位置基本就在周王朝的故地，所以在所有的诸侯国中，只有秦国是相对忠实地继承了西周的文字字体——大篆。众所周知，当时字形还是远比现在复杂，所以当时每个诸侯国都有两种字体，一种是官方的正式字体，用于正式的公文文书，比如任命官员、土地交易等的官方文件的书写，称为"正体"或者"官书"；另一种是非官方的，就是百姓日常使用的，书写比较方便的那种，称为俗体或"民书"。随着时间的流逝，这两种字体也在互相影响，交合着发展。秦国的俗体正是后来"隶书"的前身和基础。

字体从春秋到战国，一直到秦始皇统一天下的时候，秦国的正体大篆已经发展成小篆字体，俗体也演化的接近"隶书"了，隶书的字形笔画和正体小篆仍然是有明显的联系。与之形成鲜明对照的是，其他诸侯国的字体的发展变化，和秦国的字体已经有着很大的不同。

比如齐国和鲁国，在春秋战国时代，是当时的文化发展中心，当时正是诸子百家辈出的时候，私家著书立作、授徒传教，遍布东方各地，而以齐国和鲁国最盛。所以他们的字体的演化要比其他历史阶段更为剧烈，尤其是俗体。经现代文字学者研究和推测，俗体字形变化非常快，其原因首先是大量字体的简化，这自然是为了书写的效率。当时要学习一本书籍，要么向老师借阅背诵，而通常是誊抄一份，致使文字使用快速增加。其次是少量的复杂化某些字，这是为了能够保证准确表达字的意思，以及使字形相似的字可以分辨清楚。这样在私家所流行使用的俗体字形和正体字形的差别越来越大，有些东方国家的俗体字几乎取代了正体。

由此古文字学者推论，诸侯国的俗体字，从春秋演化到秦朝统一的三四百年间，字形前后已经发生了巨大的变化。除此之外，国与国之间的字体也开始出现差异。这种现象在春秋初期就已经出现，毕竟周王朝对诸侯国已经没有实际的约束力了。

所以东汉时期《说文解字》的作者许慎，在书中说"战国时期各国文字异形"。但并不是说所有的文字都不同，在当时，仍然有一定比例的字，在各诸侯国仍然是一样的，或者说都是相近的。只是在战国末期，不同地区，同字不同体的现象比任何其他时期都要明显。但即使只有一小部分的字不同，仍然会对阅读造成或多或少的障碍，尤其是对重要的公文。于是，秦始皇在一统天下之时，随即命令统一天下的文字，各国的字体，只要有与秦国不同的，都采用秦国的字体。

既然要统一全国的文字，自然自己先要出一套用于统一的标准字体。于是"秦朝丞相李斯作《仓颉》七章；车府令赵高作《爰历》六章；太史令胡毋敬作《博学》七章"（《汉书·艺文志》），按照近代文字学者的推测，这三本书的目的就是作为统一全国文字标准用的，而并非像《说文解字》认为李斯作这三本书是为了把大篆省改成小篆，李斯他们并没有创造小篆，只是把当时已经流行使用的小篆文字加以整理，然后发布全国作为标准而已。

因此，大秦帝国标准的正体就是秦国当时的小篆，重要正式的官方文件都采用此体。非官方的俗体自然就是隶书。从此，其他各国的正体和俗体字就渐渐被替代了。

现在应该不难推测，伏生在壁中取回 29 篇的《尚书》是用什么文字书写的了。秦朝既然统一文字，势必先要统一自己宫廷所藏文书的文字，所以即使伏生原来有用齐国的字体书写的《尚书》，在"书同文"的命令后，作为皇家的藏书，必定是用小篆誊写的版本，毕竟这是国家正式的藏书。他夹带回齐国，藏于墙壁的《尚书》的字体也必定是小篆版本。因为根据史学家钱穆先生推论，经文的文书和其他的文书相比，是最正式的。经文文字是不可以随意改动的，哪怕是和朝廷公文相比，仍然要更正式一些，所以在秦朝时，文字既然已经统一为小篆，伏生誊抄夹带回去，并藏于壁中的《尚书》必定也是小篆的版本。

但是在民间私藏的《尚书》版本就不一定都是小篆的版本了。在秦朝之前，六国各国学者的《尚书》的字体，如上文所述，都是用自己国家的文字字体书写，大多相同或相似，但也有不同的地方。进入秦朝，发布"禁书禁私教"和"书同文"的命令之后，那些不舍得焚毁书籍的学者士人，必定是尽快地藏匿书籍，绝对不可能为了响应"书同文"的命令，用秦朝的小篆再去誊抄一份，已经冒着性命违反"禁书"令去藏书了，如何还会在乎罪行明显要轻很多的"书同文"的命令，所以民间私藏的《尚书》，肯定有一部分是各国的文字书写的。换句话说，也就是将来从民间重新出现的私藏《尚书》，如果不是用小篆书写的，它的字体可能是根据出现的地方的不同而不同，这个地方在原来六国时期是属于哪国，那么基本就是哪个国家在战国末期的字体了。

我们以伏生的家乡，战国时期的齐国为例，就是齐国正体版本。从公元前213年"禁书"令颁布，一直到惠帝四年（公元前191年）取消，整整22年，连合法的民间俗体"隶书"本身都有了发展演化，何况战国时期各国的正体或俗体文字，能全部读懂的人自然就是少之又少了。西汉立国后，文字也采用了秦朝的字体，正式重要的官书仍然采用小篆，其他情况下则使用民书"隶书"。伏生在齐鲁教授的时候，"隶书"已经发展的非常成熟和完备，书写更加方便，因此在伏生之后，笔者推测，学者们为了方便，已经逐渐用隶书代替小篆来誊抄经文了。

到孝文帝和孝景帝的时候，《尚书》已经是用"隶书"书写的了。此时，还没有"今文《尚书》"一说，直到孝景帝（公元前156年至公元前141年）时，民间收藏的战国和秦朝的古文书籍，也就是用先秦各国字体书写的经文，开始复出世面时，为区别于当时已经读不懂的这些战国的正体或俗体的古文，才有"今文"一说。

2.5 晁错取经伏生《尚书》

伏生的《尚书》学很有可能是家传的，前面已经提到，他是孔子弟子"宓不齐"的后代。也有学者蒋善国提出推测，伏生的《尚书》学也可能得到大师荀子的传授。因为荀子在战国末期齐襄王（公元前283年至公元前265年在位）时，是"稷下学宫"最老的老师，担任过三次"稷下学宫"最高的职位"祭酒"，此时离孝文帝时七十多年，那么伏生当时只有20岁左右，这个年纪也符合当时的学者研习经学的年龄，伏生又是孔门弟子之后，所以伏生受到过荀子的传授和点拨是很有可能的。

晁错是颍川人，因为通晓文献典籍，担任了太常掌故。曾经在轵县张恢先生那里学习过申不害、商鞅的刑名学说。所以《汉书·艺文志》在诸子分类中，晁错属于法家类。如上文叙述，孝文帝喜好法家刑名，孝文帝想了解《尚书》，并不是纯粹尊崇儒家治国思想的表现，而是《尚书》的内容就是着重政治治理，其中若干篇章更是专门讨论国家刑法的思想，这才是孝文帝所感兴趣的部分，所以派遣法家学者晁错前往自然就是最好的人选。

《史记》并没有记录晁错在伏生处学习时的细节，但近两百年后，东汉初年的学者卫宏却记录了一段晁错授书的细节，在他的《定古文尚（官）书序》中写道："伏生老，不能正言，言不可晓也，使其女传言教错。齐人语多与颍川异，错所不知者凡十二三，略以其意属读而已。"意思是，伏生太老了，说话已经不能非常清晰，即使说出的话，不是日常亲近他的子女，是很难理解他的意思。而晁错是颍川人，方言与济南又不相同，所以伏生在讲授《尚书》的时候，是由他的女儿作为翻译，传授给晁错。而晁错十之有二三不能理解，只能以大概的意思记录下来。

卫宏故事的前半段，是非常经得起逻辑推测的，九十多岁的伏生喃喃自语，故事的细节非常合理。即使这段信息没有任何的出处，也很容易让人相信。但后半段，被后代的历史学家抓住了把柄。因为在孝武帝朝出现了以战国时期字体书写的《尚书》经文，即当时被称作"古文"的字体，到西汉末期，衍生出以古文《尚书》经文为基础的《尚书》解说。而卫宏正是当时崇尚"古文"的学者，而伏生是今文学派的鼻祖，所以后代史学家认为卫宏是用这段故事来诋毁"今文学派"，按照"齐人语多与颍川异，错所不知者凡十二三，略以其意属读而已"，卫宏暗指晁错带回汉宫的今文《尚书》的要意并不准确，换句话说，"今文《尚书》"对《尚书》的解释并不完全与《尚书》的原意相同。卫宏的这段描述是非常经不起推敲的，晁错是奉皇帝的诏令前往学习的，非同儿戏，如果他没理解，可以问嘛，绝不敢因为没听懂，就这样稀里糊涂过去了，这样回去后如何回复皇命。最关键的是，晁错回来后，是由伏生的弟子张生担任了《尚书》学博士，退一万步，即使有"凡十二三"的情况，也不会对伏生的《尚书》学产生任何影响，所以后代的学者普遍都认为卫宏的这段细节的描述是臆想和伪造的。

进而，我们对细节再稍微深入一些，晁错是否带着皇宫中尚存的《尚书》或者它的副本前往求学，又是否誊抄了一份回来？笔者认为，两个问题的答案都是肯定的。晁错千里迢迢从长安到济南，背负皇命前往求学，带上不懂的经文，是符合常理和逻辑的。在学习的过程中誊抄经文和伏生的解释那是毋庸置疑的。而当时隶书已经流行三十多年，所以这份《尚书》也就是"隶书"书写的版本，那么在汉宫就有了这个"隶书"版本的29篇《尚书》篇文，但仍然没有完整的"秦宫版"小篆《尚书》，是否有战国时齐国或鲁国文字的古文版本就更不得而知了。从此以后，这29篇以隶书书写的今文《尚书》和伏生的传解作为西汉标准的经文和传解，开始一代一代地传承下去。

2.6 《尚书》第一代传人

文帝时期册立的博士颇为杂学，如上文介绍的陆贾和贾谊，这是从战国末期诸子百家的学术特点传承到西汉的表现。而《孝经》《论语》《孟子》《尔雅》等也都册立了专门的博士。文帝为了时政采用了黄老学术，但并没有遏制其他的学术思想，还鼓励他们各自的发展和传承。

> 到孝文皇帝，天下出现了很多书，都是诸子的传释，尚且广泛立于学官，为它们设置博士。　　——《汉书·楚元王传第六·移太常博士书》

在文帝朝（公元前179年至公元前157年），伏生29篇《尚书》学被记录的第一代传人，他们有张生、欧阳生、晁错。张生、欧阳生和伏生都是齐地同乡人，其中张生被文帝立为《尚书》博士，汉朝立专经博士就是从文帝开始的。而得到伏生亲传的晁错，回到朝廷后，虽然在朝廷上议论政事时，经常引用《尚书》，但主要的思想仍然是法家。晁错被立为博士，却是法家博士，而不是《尚书》博士。其次，他半途出道的《尚书》学问肯定不如张生这些多年专门研习《尚书》的学者。

> 张生担任博士，而伏生的孙子也因研究《尚书》被征召，但是他不能阐明《尚书》的经义。　　——《史记·儒林列传》

从这句记录，我们可以知道，晁错从济南伏生那里，不仅仅带回了 29 篇《尚书》篇章的学说，还带回了一批伏生子弟，其中也包括了他的孙子。然后朝廷对这些伏生的弟子进行了选拔，只是我们并不知道具体的形式。很明显，伏生亲孙子的学问没有张生的深厚，最终张生担任博士。

在孝文帝时，一门经文只立一位博士，此时《尚书》学还没有师门学派，只以伏生为宗师，立了张生自然就不能立晁错和欧阳生了。作为第一位尚书博士，《史记》和《汉书》记载的张生的生平资料却非常少，连他的名是什么也不知道，只知道姓张，"生"和伏生的"生"一样，代表的是儒生的意思。欧阳生的资料同样少，但《汉书》记载欧阳生的字是"和伯"，古人的"字"通常是在成年时取得，一般用于日常给别人称呼的，尤其是同辈的人，这要比直呼其名文雅礼貌一些。

伏生教济南人张生和欧阳生，欧阳生教千乘人倪宽……张生也当了博士官。

——《史记·儒林列传》

夏侯胜，他的祖先夏侯都尉，向济南张生学习《尚书》。

——《汉书·儒林列传》

欧阳生字和伯，千乘人。

——《汉书·儒林列传》

以后的史书，如《汉书》等，也都照抄了这几条。但还好《史记》和《汉书》把伏生今文《尚书》学将来的三大门派的源头都记录了下来。

2.7《尚书大传》

现代学者基本认为，作为第一代的传人，张生和欧阳生，还编纂了第一本注解《尚书》的书，现在称《尚书大传》，当时的书名是《传》或《书传》。历史学家刘起釪考证到，在浩瀚的史料中，直到南宋，在著名学者王应麟编著的《玉海》中，记录了一本目录书，名叫《中兴馆阁书目》，《中兴馆阁书目》记录了南宋朝由国家收藏的四万多卷书的书名，其中记录了一本东汉经学大师郑玄（公元 127 年至公元 200 年）注解的《尚书大传》，在这本大传的序文中，郑玄写道：

盖自伏生也。伏生为秦博士，至孝文时年且百岁。张生、欧阳生从其学而受之，音声犹有讹误，先后犹有舛差，重以篆隶之殊，不能无失。生终后，数子各论所闻，以己意弥缝其缺，别作章句，又特撰大义，因经属指，名之曰《传》。

第一本解释伏生《尚书》29篇的《传》，非常幸运地在历史中留下了踪迹。这段话对我们了解那个时代的《尚书》有着极大的帮助。我们先简单地了解一下什么是书的"传"。

"传"是学者对经文的解释，通常解释包含两种，一种是以文字和句子的字面意思解释，另一种是对字里行间或整个段落，以至整篇文章的深层意思，也称"大义"的解释。古代经文基本都有"传"和它相辅伴随，不可相缺。学者把字句的解释，以及篇章"大义"，单独写成一本书籍，称为经文的"传"。但古代用竹简写字远比现在不方便，所以虽然有解释，但仍然简略，要依靠老师的口头解说。到了汉代，字体简化了，书写工具也发展了，所以书写要较以前方便，于是学者把先师的口头解说也写了下来，又成为一种叫"说"的解经文书。所以"传"和"说"都是用来解释经文的文章体裁，只是"传"在前，"说"在后。

所以这本《尚书大传》，按照郑玄描述的，就是伏生去世后，第一代传人张生和欧阳生等学生，根据伏生亲口的经义传授，写下的一本经文解释，其中对有缺失、不明了和遗忘的地方，就用自己的理解和推测弥缝缺失。东汉以后，有很多学者认为《尚书大传》是伏生本人所作，但并没有让人信服的证据。在班固的《汉书·艺文志》有如下记录：

《尚书古文经》四十六卷，为五十七篇。

《经》二十九卷。大、小夏侯二家。

《欧阳经》三十二卷。

《传》四十一篇。

学者们的主流意见都认同这四十一篇的《传》就是《尚书大传》。班固依照张生和欧阳生的意思"特撰大义"，首先在"传"前加上一个"大"字，称为《大传》，从班固以后就开始称作《尚书大传》了。在班固主撰的《白虎通义》中就直接称之为《尚书大传》，并直接引用其中的句子十一条。因此到东汉末年的郑玄，也就同样称之为《尚书大传》。郑玄认为"大"的含义是"以其祖宗人亲之大义"。与逐字逐句解释经文的"传"不同，《尚书大传》是通说和统论每篇的"大义"，并不解释文字和句子的意思，所以称"大传"。

《尚书大传》在解释经文大义时，还从其他的书中引入其他的史实作为引证，又有点像"外传"的形式。有学者认为，《尚书大传》引用其他书籍证明大传中的"大义"，有时也并不贴切经文，有牵强附会之意。比如，傅斯年和刘起釪先生更是认为，"全书都只利用经文的一些文句做引子，谈论和经文毫不相干的说法"，也就是利用经文发挥自己的说法，郑玄也说是"因经属指"，就是指的这个意思。

同样不幸的是，《尚书大传》在南宋末时还存在，到元明之际就全部消亡了。到了清朝，有著名学者把过去各种书中引用过的《大传》中的文句搜罗在一起，出过好几个汇编勘本，算是复原了一部分第一代《尚书》传人张生和欧阳生的历史影迹。

2.8 《书》变为《尚书》

从第一代传人欧阳生开始，《书》的名字也逐渐被改称为《尚书》。如前文介绍，"尚书"这个名字，学者们的主流意见是指"上古的书篇"，"尚"在古代与"上"相通。而在西汉前，它的名字就是《书》，没有"尚"字，那么是谁加了这个"尚"字？西汉末年的著名学者刘歆（后文会再详细介绍）在《七略》中写道：

尚书，直言也。始欧阳氏先君名之。《太平御览》第六百零九卷所引，《七略》这本书也已经消亡，这句是《太平御览》引用了《七略》的文句。

很多学者们认为"欧阳氏"先君就是指伏生的直接弟子"欧阳生（和伯）"，我们看《汉书·儒林传》中欧阳氏的传授脉络，参见图2。

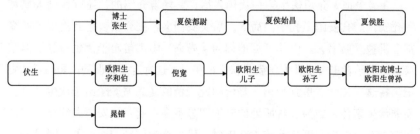

图2　伏生弟子师承关系

欧阳生字和伯，千乘郡人也。向伏生求学，教授了倪宽……宽授欧阳生子，世世相传，至曾孙欧阳高（字子阳），为博士。高孙地馀（字长宾）以太子中庶子授太子，后为博士，论石渠……由是《尚书》世有欧阳氏学。

刘歆也不知道欧阳生是欧阳家族的哪位，只能笼统地描述为"欧阳氏先君"。另外，在前文讲述的张生和欧阳生编写的《尚书大传》，当时还是只称为《传》或《书传》，到汉武帝朝的司马迁还称为《书传》。关键是学者们考证到《大传》中不见一处称《尚书》的地方，都称为《书》。所以，如果欧阳生称《书》为《尚书》，理应不会在《大传》中一处不提，所以笔者认为不是欧阳生（和伯）称定的《尚书》。

目前确认的，最早记录了《尚书》这个名字的文献，是在武帝朝司马迁的《史记》，《史记》称引《尚书》多次。欧阳高是在武帝朝（公元前140年至公元前87年）被立为《尚书》博士（欧阳高被立为博士，后文还有详述）。由此，笔者推断，这个"尚"字是在欧阳生（和伯）的儿子到他的曾孙欧阳高之间，欧阳家族的某个人开始逐渐称定的，但具体是哪一位，目前就无法考证了。

当然，除此种说法外，还有几种说法，比如是孔子始定的，在孟子时代始定的，伏生始定的，这些说法都已经被后代学者们考证否定了，目前大多认同的看法就是在西汉武帝时期，《书》的名称逐渐变为了《尚书》。

其实，这个"尚"字也不是由欧阳氏突然灵光一现加上去的，正如刘起釪先生考证的，从战国末期就已经开始用"上观于书""上观于商书"等，就是向上古看，看上古之书，已经为"尚书"这个名字的使用提供了语言环境，经过几百年，而最终在欧阳氏笔下称定了《尚书》。

在《史记》介绍伏生第一代传人后，紧接着介绍的，还有鲁国人周霸和孔安国。孔安国是孔子的后人，后文我们会详细介绍，还有洛阳人贾嘉都会讲授《尚书》。由此可见他们的《尚书》学都是出于伏生一脉。但东汉末年的学者王肃说孔安国就是伏生的弟子，这肯定是错误的，司马迁《史记》将这三位学者单独列出，是说明此三位的《尚书》学出于伏生一脉，而非伏生亲传。因为各自所处的时期明显不在一起，孔安国大约出生在公元前150年以后，而公元前150年时，伏生至少已经106岁了，明显是不可能的。

周霸和贾嘉再没有后传之人，至少文献记录上没有后代传人。

伏生教济南人张生和欧阳生，欧阳生教千乘郡人倪宽……张生也当了博士官。而伏生的孙子也因研究《尚书》被征召，但是他并不能阐明《尚书》的经义。从此以后，鲁人周霸、孔安国，洛阳人贾嘉，都很会讲授《尚书》的内容。

——《史记·儒林列传》

周霸在汉武帝朝（公元前140年至公元前87年）可能在太常下任职。《史记·孝武本纪》记载道，汉武帝在公元前116年到公元前111年期间，想要举行代表帝王最高荣誉的"封禅"仪式，但儒生们提出的"封禅"仪式的具体礼仪规程和方士向武帝建议的不同。汉武帝又把方士建议的封禅用的祭器拿给儒生们看，就有儒生说"跟古代的不同"，又有人说"太常祠官们行礼不如古代鲁国的好"，正是周霸组织了这批儒生在策划封禅事宜，这些儒生对具体的礼仪要么说"不对"，要么说"不好"，但也拿不出"对的、好的"具体礼仪，于是汉武帝一气之下把徐偃和周霸都免官了，把儒生们全部罢黜不用。周霸也再未被重新启用，笔者认为周霸是有再传弟子的，但他的仕途就止步于此，司马迁对他用的史笔也就停在此处了。

洛阳人贾嘉，名门之后，贾谊的孙子。汉武帝提拔了贾谊的两个孙子担任郡太守，其中贾嘉最为好学，继承了贾谊的家业，曾和司马迁有过书信往来。到汉昭帝时，他已经担任九卿之职，但史料文献没有记录他的弟子。

孔安国，孔子的后人，《史记·孔子世家》记载他是孔子第十二代后人，是《尚书》学历史上最重要的人物之一，孔安国是出生在孝景帝的朝代，大约在公元前155年到公元前149年之间。《史记》明确记载，孔安国家有"古文《尚书》"，但他的《尚书》学并不是家传之学，而是伏生学脉的传承，后来孔安国在武帝朝担任了伏生《尚书》学的博士。

孔家有古文《尚书》，而孔安国用现今的隶书字体把它们重新读通，因此他自己的《尚书》学由此而兴起。

——《史记·儒林列传》

孔安国的《尚书》学是伏生的传承，并不是指伏生是他的亲授老师，而是指他的《尚书》学是从伏生这个体系中传承下来的，孔安国的《尚书》老师没有记载。孔安国手上有古文《尚书》，按照前文叙述的，孔安国的古文《尚书》的字体很可能是战国末年鲁国或齐国的字体，而它的来源是否是其祖上传承下来的，司马迁也未详述它的来源，我们将在后文再作详细分析。

2.9 学派和章句的介绍

孔安国因为将古文《尚书》用今文对照读通，经过这个过程，让他的《尚书》学有了一个阶跃式的发展，使他的《尚书》学已不同于张生、欧阳氏和夏侯氏等学者的了。司马迁明确地写下孔安国因此而起家，就是孔安国自己的《尚书》学建立起来了。

"一家之学""学派""师门"等这些在以后两千年普遍使用的概念开始出现，我们先简单地介绍一下。孔安国此时的《尚书》学必定和《尚书》博士张生的《尚书》学会有差异，这个不同的程度，小到对某个字的解释，大到对文中某个古代概念的解释。不同之处越来越多后，就形成了两个解释《尚书》的"传说"，也就成为两个不同的学派，用当时的话，就是不同的"师门"。正是从伏生的第一代传承人以后，《尚书》的学说就开始分支成派。其实从前文引述郑玄（公元127年至公元200年）的话中，已经从伏生这位师祖源头探得其主要原因了。

盖自伏生也……张生、欧阳生从其学而受之，音声犹有讹误，先后犹有舛差，重以篆隶之殊，不能无失。生终后，数子各论所闻，以己意弥缝其缺，别作章句，又特撰大义，因经属指，名之曰《传》。

郑玄认为，伏生传教不同弟子时，对经文的咏诵发音，不同弟子的接受会有不同。接着是经文篇章之间的先后次序，不同学生的理解也会存在误差，《尚书》中有些篇章描述的历史事件发生在同一个历史阶段，哪个篇章在前，哪个在后，也就是对应的历史事件发生的先后顺序，也会出现不同。还有些篇章，一篇分为上、中、下三篇，哪篇是上，哪篇是中，又会不同，这就是次序的问题。

然后是字体问题，篆体和隶书两种字体转换也会造成差别，从这条原因分析，郑玄也认为伏生有"篆体"版本的《尚书》，伏生年轻时研习《尚书》，可能是小篆版，甚至是大篆版，所以不同弟子在用隶书誊抄转承过来时，又会有不同，因此虽然都是同一个老师伏生，但弟子不同，对《尚书》的理解自然会产生偏差。等伏生去世后，不同的弟子当然都按照自己的理解再传授《尚书》，在遇到对文意解释缺失的地方，有的是留存疑问，有的就按照自己的想法弥补上。经过弟子们这样的传承，对《尚书》的诠释就会出现不一样的地方。不同弟子，各作章句，这样学派就产生了。在此，我们再略微介绍一下"章句和学派"。

《尚书》的学派，顾名思义，就是不同学者对《尚书》诠释时产生的不同派别。在当时学术人士中，会用"章句"这个词的，通俗地代表不同的学派，"章句"也就代表了对经文的解释，什么是"章句"呢？

著名哲学家冯友兰一语中的："先秦的书是一连串写下来的，既不分章又无断句。分章断句，都须要老师的口授。在分章断句之中，也表现了老师对于书的理解。因此，章句也成为经文注解的代名词。"

我们现在的文章都是有标点符号的，用来分句分段，而古代，如冯友兰先生说的，一路直下，没有标点符号的隔断，看不到句子和段落，学生想要准确知道，只有通过老师的口头传授。老师在教授时，首先会咏读篇章，每一次停顿，就是代表一个句子的起始。

由此，"章句"的"句"是古代说话时一个停顿单位，可以大致地对应为"逗号"和"句号"所起的功能。"章句"中的"章"，是沿用了《诗经》乐章的"章"，现代汉语"章"通常已经是一篇文字，包括数个段落，而古代的"章"基本就对应我们现在文章中的"段"，若干"句"而形成有一个中心含义的"段"。

篇章有了"章句"后，才是理解篇章的起步，断"句"如不准确，即使知道每个"字"的意思，但要合起来理解"句"的意思，自然就困难，模棱两可，不准确。再由若干"句"合成的"章"，那文意就几乎很难把握了。所以"章句"是老师教授的第一步，然后才会解释"字"和"句"的意思，进而理解整篇的意思。"章句"以后，对文字的解释，称为"训诂"。"诂"是指用意思相同的当代字词解释古代的字词，"训"就是"训导解释"，"训诂"就是老师用当代的字词解释古代的字词的训导，所以"训诂"是偏重在字和词的解释，以及对"句"和"章"的文字字面意思的理解。

史学家陈梦家认为最早的章句就是指分篇、分章和定句，学者李零承袭并发展陈梦家之说，他认为"关于古书的章句之学，经过对甘肃武威县出土《仪礼》简册的研究，已经弄清楚它的最初含义只是指书的编排与分节，无涉于解诂"。

陈先生认为，"章句"最开始的意思，是从春秋到战国时期，一个经师对于某一经文的各个篇文，如何按照其时代先后、内容性质编次和定篇，对于每一篇如何按照其内容定章，对于每一章如何定其句读。某一师法或家法对章句断定的不同，那么对于经文的理解和看法就会有所不同。在此是强调章句本身最初的含义，只是对经文的编排与分节，和文字训诂并没有关系。

随着学术发展到汉朝，学者就会把字词的训诂叠加在字里行间，除了字面的意思，还有文字下深层的思想旨意，学者也会把"章"的意旨，即段落的中心思想，写在"章"的末尾，即是"章旨"，进而解释整篇的意思，由是如此，渐渐地"章句"就通俗地成为"学派"的代名词了。

2.10 倪宽

从第一代的传人张生和欧阳生在教授《尚书》时，就已经开始各作章句了。按照《史记·儒林列传》的记载，欧阳生传授给千乘郡人倪宽，张生传授给夏侯都尉。夏侯都尉作为后来大夏侯和小夏侯两家《尚书》学派的始祖，《史记》和《汉书》却没有更多的史料记载，仅此一条：

夏侯胜，他的祖先夏侯都尉，向济南张生学习《尚书》。

——《史记·儒林列传》

同样是第二代传人的倪宽，其史料却内容丰富，原因是倪宽最终官至三公之御史大夫，而且和司马迁在汉武帝时期同朝为官，还共同完成了《太初历》的制定，自然史笔要多些偏重。

倪宽，千乘郡人，研习《尚书》，师从于欧阳生。被郡国举荐，向博士学习，受教于孔安国。因贫困没有资用，曾由弟子供养。时常租田而耕，带着经书劳作，休息时便学习经文，读书刻苦。通过射策考试担任掌故，在廷尉署补任卒史，负责起草文。

射策是始于汉武帝时选取初级官员的一种考试方式。由主考官将几个题目书写在简册上，立于案头上，由应试者自行选择其一，称之为"射"。然后由应试者按所射的册上的题目作答。西汉时期，按照考官对考生文章的评价将考试的结果分为甲、乙、丙三科，并按照分科情况安排中选人的官职。如甲科者可为郎中（在皇宫任职），乙科者可为太子舍人（在太子府任职），丙科者只能补文学掌故。由此看来倪宽的射策只中了最后一等的丙科。

但倪宽通过他的学识和文章得到了当时九卿之廷尉张汤的赏识。有一次，廷尉碰到疑难的奏章，已经多次被朝廷退回，负责的属吏不知如何是好。作为同僚，倪宽就对他的文章作了修改，属吏便直接让倪宽执笔奏书。写完后，大家读了都很佩服。于是告诉廷尉张汤，张汤大惊，随即召倪宽交谈，非常赏识他的才能，立刻升迁倪宽担任负责上奏案件的属官"奏谳掾"，这是一个辅佐廷尉的岗位。汉武帝时规定，遇有疑案不能决定时，应逐级上报请示，从县到郡再到中央廷尉，如廷尉仍难决断，就把处理的意见，并附上可以比照的法律条文，报请皇帝裁决。张汤的"奏谳掾"就是负责起草这最后一步奏书并奏报皇帝的官员。

倪宽所撰写的奏书上奏后，武帝很快就同意了。过了几天，张汤觐见皇上时，武帝问道："上次奏书不是一般史吏所能作的，是谁写的？"张汤说是倪宽。皇上说："我听说他已经比较久了。"张汤从此开始重视学问。

倪宽因为能用古代法律的意理判决疑难案件，很受重用。到张汤升任三公之御史大夫，倪宽就被提拔为侍御史。御史大夫下有十五位"侍御史"，分别接受朝中大臣奏事，并按照制度检举弹劾不法官吏。倪宽才能卓著，最终受到武帝的接见。

君臣谈论经学，武帝说："我一直以为《尚书》是朴学，不喜欢，现在听了你的讲述，倒是可以研究一下。"于是倪宽向武帝讲解了《尚书》中的一篇。

——《汉书·儒林列传》

此后，武帝就将倪宽提升为中大夫，担任左内史。武帝对倪宽在工作中的才干非常称赞。

朴学是指考据训诂的学问，它着重于经文文字的解释和经文历史内容的考证。在经学的初步阶段，解释经文是由文字入手，以字的发音得知字的意思，以字的意思通晓文章的义理。所以朴学包括了文字的音韵、各种事物名称的解释、经书中历史事件的考证和当时的地理知识等。相对于学习过去的历史，了解朝代更替的惊心动魄，朴学是略显枯燥，难怪汉武帝不是很感兴趣。但在倪宽解说了一篇《尚书》经文后，武帝方才知道自己误解了《尚书》的学问。倪宽对《尚书》没有深厚的理解，以及深入浅出讲解的能力，是很难让武帝赞叹的。

汉武帝在继位 30 年左右（公元前 110 年）的时候，想要仿效秦始皇，举行泰山封禅，满朝文武却没有人知道封禅的具体仪式，如上文所述，周霸专门找来了五十多个儒生，讨论来讨论去，又和武帝身边的方士的意见产生分歧，始终无法定下一个方案，汉武帝一怒之下罢免了周霸和这些儒生。在这种情形下，倪宽对武帝说："封禅是帝王最大的盛世。但是封禅祭祀的礼仪，经书里并没有说到，只是在封禅完成后，要祭敬天地神祇，恭敬地迎接神明的降临。按照百官的职位，确定其制度礼节，这只能由圣上制定，非群臣所能建议参言的。现在即将举办大事，可是数年间议而不决，群臣所言不同，终无所成。只有天子先确立办理原则，兼收并蓄，发出金声玉震之声，才能完成这封禅大礼，进而成为万世流传的制度基础。"[1]武帝赞同了这一建议，亲自参与制定礼仪，也采用了儒家的学说加以修饰和充实。这才结束了当时筹备封禅大礼时混乱的局面。封禅礼仪制定完毕，在举行封禅前，武帝为此迁升倪宽为御史大夫，位列三公。

倪宽升任御史大夫，是因为原来的御史大夫因罪自杀，在御史大夫位置空缺时，除了倪宽，朝廷还有一位人选，叫褚大，原来也是一位博士，还曾经教授过倪宽，后来奉命巡行监察郡国，就在梁国当了国相。朝廷当时诏令他回朝，褚大自以为是要升任御史大夫。到洛阳后，却听说倪宽已经就任，褚大只是付之一笑。当他在武帝面前，与倪宽讨论封禅事宜后，褚大才知道自己的学识确实已经不及倪宽了，退而佩服地说："皇上确实知人善任。"[2]倪宽担任御史大夫，武帝对他很满意。但朝中也有对他不满的大臣，他们认为倪宽在位时期，从没有对皇上提出过谏言。倪宽居位九年，在任上去世。

如前文所述，倪宽的《尚书》学必定深厚，能在言语谈论中改变武帝对《尚书》的看法，这种学识的功底和深入浅出的本事可见一般。除了孔安国以外，倪宽还向博士褚大也学习过。这样倪宽就有三位老师，欧阳生（伯和）、孔安国和褚大。这也就从侧面说明了，当时《尚书》严格的学派门户还没有形成，还没有后代那样严格的师门家法，在汉武帝之初，作为国家培养的博士弟子，可以向不同的博士学习，可能有一名主管博士，但并不仅限于这位博士的传授。

除此之外，东汉王充的《论衡·正说篇》中记载晁错也曾教授过倪宽。

"景帝遣晁错往从受《尚书》二十余篇，伏生老死，书残不竟。晁错传

---

① 《史记·倪宽传》，（汉）司马迁，中华书局，2019年版。

② 《史记·倪宽传》，（汉）司马迁，中华书局，2019年版。

于倪宽。"

——《论衡·正说篇》

这明显是王充的失误，没有严谨地考证史料文献。孔安国教授倪宽，说明倪宽不会比孔安国大，孔安国出生在公元前 155 年到公元前 149 年之间，而晁错在公元前 154 年的孝景帝时代已经被杀，所以简单地从时间上看，晁错是倪宽的老师，是不可能的。

2.11 晁错之死

晁错从伏生那里学习《尚书》回来后，学识大长自不言而喻。文帝下诏，先后任命他担任太子舍人、门大夫，后担任朝廷博士，如前文所述，晁错是法家博士，晁错的计策仍然是典型的黄老之术。

晁错上奏文帝说："君王所以地位尊贵显赫，功名传播万代之后，是因为懂得运用刑名之术。因为知道怎样控制臣下、治理众人，那么群臣才畏惧顺从；懂得怎样听取各种言论，那么才不被欺骗蒙蔽；懂得怎样安定社会，使百姓富裕，那么天下百姓就会服从；懂得怎样对尊长尽忠尽孝。这四条，臣自以为是皇太子的当务之急（后来的景帝）。有大臣议论认为皇太子没有必要知道干什么事，臣虽然愚笨，实在认为并非如此。看看秦朝君王，不能供奉宗庙而被臣子所胁迫杀害的原因，就在于不懂得刑名之术这门学问。皇太子虽然读书很多，但仍然没有深入掌握刑名之术的原因，在于不深究书中论说的义理。多读书而不知其中论述的道理，就是劳而无功。臣看到皇太子才智高奇，驾驭、骑射技艺超绝出众，然而对于刑名之学还没有掌握，这是太子担心陛下会疑虑太子急于继位，而诚意如此的。所以臣希望陛下选择一些圣人之术，又可用于今世的，用以赐教皇太子，并在合适的时候，不时地让太子到陛下面前陈述。望陛下明察、裁决。"文帝完全赞同晁错的意见，因此拜授晁错为太子家令。后来，晁错又因为他善辩的才能在太子府得到太子的信任，在太子家中号称为"智囊"。[1] 可见，文帝和景帝都对晁错的黄老驭人之术和法家刑法是非常肯定认可的。

晁错后来又在文帝举行的招选人才的策问中，获得文帝很高的评价，名

---

[1] 《史记·晁错传》，（汉）司马迁，中华书局，2019 年版。

列前茅，被文帝再由太子家令提拔为中大夫。中大夫属郎中令统领，此时的九卿之郎中令的职权是最大的时期，主职是掌管宫殿安全和警卫的最高长官，郎中令下属文官是太中大夫和中大夫，中大夫主要掌管向皇帝上奏百官要议论的政事。晁错原来的太子家令是太子府内的官员，不是皇帝朝廷的官员，通俗地说是在太子府上班，而不是在皇帝的朝廷。现在升任中大夫，晁错终于正式进入孝文帝的决策圈中。

晁错上任后，对削去诸侯的封地，以及需要更改的法令问题，共写出三十多篇奏书。孝文帝虽然没有全部采纳，还是非常欣赏他的才华。当时，太子也很欣赏晁错的计策，但晁错的同僚大臣多不喜欢他。

公元前157年，景帝登位后，晁错担任内史，内史是西汉首都长安城的最高长官，皇帝对他的宠信超过了九卿。晁错多次请求皇帝单独与他谈论政事，景帝几乎都应许了晁错。不久后因为景帝的欣赏和信任，晁错最终被提升为御史大夫，位列三公。他上任后，就开始将削减诸侯国封地的政策付诸实施，几乎没有人敢非难晁错的建议，只有窦婴还与他争辩，窦婴是景帝亲生母亲窦太后的侄子，也就是孝景帝的表兄，因此窦婴和晁错有了隔阂。削减诸侯国封地触动了刘氏皇族诸侯的利益，诸侯们自然都反对晁错，另外，晁错凭借皇帝的信任，独断专行，修改了很多法令，这使讨厌晁错的朝廷大臣也不在少数。渐渐地整个朝局中出现反对晁错的浓重氛围。

最终，吴、楚等七个诸侯国以"诛杀晁错"为名，起兵造反。在这危急关头，晁错却想借此杀掉自己的冤家对头袁盎，他和袁盎水火不容，只要有晁错在的地方，袁盎就离开；只要有袁盎在的地方，晁错也就离开。但晁错的下属并不赞同诛杀袁盎，晁错还在犹豫不决时，消息却泄露到了袁盎。于是袁盎决定铤而走险，通过与晁错有隔阂的窦婴，以献上平乱之计为由，连夜求见孝景帝。

皇宫中，景帝正与晁错筹划军备事宜。景帝急切地问袁盎："平乱之计怎么定？"袁盎答："请左右人等退下。"左右人退下后，晁错还留着。袁盎说："臣要说的，大臣也不能知道。"景帝只能让晁错也退下。晁错只能避到东厢房，心中深恨袁盎。于是袁盎说："吴、楚相国送来书信，说高帝刘邦分封子弟为王，各有封地，今贼臣晁错擅罚诸侯，削夺他们的土地，所以反名是西进共杀晁错，恢复原有封地就罢兵。如今的计策，只有斩晁错，派使者赦免吴、楚七国，恢复封地，就能兵不血刃地平息叛乱。"景帝听后默然，沉思良久才说："如果确实如此，我只能牺牲一人，以谢天下。"十几天后，晁错即被处斩。

司马迁在《史记》中评价道："诸侯发动叛乱，晁错不急于匡正挽救这个危机，却想报个人的私仇，反而因此招来杀身之祸。"晁错多年前还是一位胸有大志、朝气蓬勃的学者，翻山越岭上千里，到伏生处求得《尚书》的真义，满腹学识，继而又有了一段君臣佳话。作为伏生亲授的弟子之一，又精通法、道两家，乃成为景帝的老师，但皇上的赏识和倚重，让他过分自信而刚愎自用。而君臣的政策实施又操之过急，晁错与朝中大臣又相处不善，没有汲取贾谊的教训，以致改革的根基又不牢。七个封国联合叛乱，动摇国家根本，皇帝一旦心无定所，晁错就只能为国折断了，只可惜身怀伏生《尚书》亲传，却一字半句也没有传承下来。

2.12 辕固杀猪，景帝时期黄老和儒家的对立

晁错离世后，伏生《尚书》学在皇宫中的传承只有欧阳生和张生这两条线了。

张生在孝文帝朝是《尚书》博士，但在景帝朝的史料中并没有给出《尚书》博士的人名，直到武帝时才写出新的《尚书》博士欧阳高，参考图2。欧阳世家的家谱《家谱序》中说，从欧阳生（伯和）开始，向下八代都是博士，但现代学者程元敏考证并不是这样，这只是家谱光宗耀祖的一种常规描述。

孝景帝的朝政仍然以黄老为主，但孝景帝对其他各个学派的学术思想也在不停地了解和比较中。而各个学派，其实主要就是儒家和黄老，也争先恐后地在皇帝面前展示自己学术的精髓。《史记》中记载了一个珍贵的辩论场面，使我们能一探当时的情况。

齐国人辕固，因为精通《诗经》，孝景帝拜他为博士。黄生是黄老学派的学者，他们俩在景帝面前辩论。黄生说："汤王（推翻夏朝）、武王（推翻商朝）并不是秉承天命继位天子，而是弑君篡位。"辕固反驳说："不对，那是夏桀、殷纣暴虐昏乱，天下人的心都归顺商汤和周武，商汤和周武顺应天下人的心愿而杀死夏桀和商纣，桀和纣的百姓不肯为他们效命而心向商汤和周武，商汤和周武迫不得已才自立为天子，这不是秉承天命又是什么？"黄生说："帽子虽然破旧，但是一定戴在头上；鞋虽新，但是必定穿在脚下。

为什么呢？这正是上下有别的道理。桀、纣虽然无道，但是身为君主而在上位；汤、武虽然圣明，却是身为臣子而居下位。君主有了过错，臣子不能直言劝谏纠正君主来保持君主的尊严，反而借其有过而诛杀君主，取代他而自己面南称王，这不是弑君篡位又是什么？"辕固反驳道："如果非按你的说法来判断是非，那么这高皇帝取代秦朝，继天子之位，也不对吗？"这个时候景帝不得不马上出来打圆场，说："吃马肉不吃马肝，不算不懂得美味；研究学问的人不讨论汤武是否受天命继位，不算学术不精。"争论这才止息。

儒者辕固生主张汤武革命推翻暴君是天命所归、百姓所归，但这种说法，以后就可能有人拿此当作犯上作乱的理论依据；黄生谴责汤武弑君造反是乱臣贼子，孝景帝更担心会无法解释刘邦起兵以汉代秦的合法性。左右不是，只能打圆场，不谈。《史记》记录，从此以后再无人胆敢争辩汤武是受天命而立，还是放逐桀纣篡夺君权的问题了。借此历史场景，我们可以看到儒学和黄老各执一词，几乎无法调和。

这场被记录下来的争论能让我们探知，在景帝时期，黄老和儒学已经处于针锋相对的状态中，如果治理国家的学术思想只停留在纸上谈兵的话，最多是脸红脖子粗，各自还能相安无事，一旦拿到实际的政治实践中后，立刻就变为真刀真枪、句句见血的博弈。

但一国的基本思想，延续了几十年的治国理念也不是在一朝一夕中能改动的，尤其景帝的母亲窦太后，在孝文帝的影响下，更是黄老之学的坚定拥护者。

窦太后爱好黄老的学说，皇帝、太子以及所有窦氏子弟都不得不读黄老的书籍，尊奉黄老的学术。　　　　　　　　　——《史记·外戚世家》

黄老政治推行的结果，确实有它不可否认的有利一面，而且在汉初确实是利大于弊，使得国家的人口大量增加，社会生产力和财富也随之大量增加。

京城积聚的钱币千千万万，以致穿钱的绳子朽烂了，无法计数。谷仓中的粮食大囷小囷如兵阵相连，有的露积在外，以致腐烂不能食用。

——《史记·平准书》

所以历史上称赞此四十多年"黄老政治"的成绩为"文景之治"，很多学者拿这个时代和后来的乾隆盛世作为中国两个最鼎盛繁荣的时期。

但随着黄老之术长期使用后，它的弊端也开始显现，富人越来越富，穷人越来越穷。在当时皇亲贵族的家庭中，尤其在各地诸侯国中，奢靡堕落和腐败的风气已经开始抬头，相比之下，更为有害的是皇亲贵戚家庭之间的攀比争斗。有权和有势的大地主已经开始渐渐地兼并小地主的土地。这些都是孝景帝一朝君臣所要关心的，由此，用于长治久安的儒家思想开始渐渐地被统治者所关注和重视。但在窦太后的时期，她的主张如此明确，以致黄老思想的地位是不可能被撼动的。既然窦太后和皇帝都崇尚"黄老"，那么朝廷的主要官员也就都崇尚"黄老"，因此"黄老"不仅仅代表着一种治国思想，也代表着在朝廷上的一股最大的政治势力。而儒家的官员，像辕固，自然不在这股势力内。班固在《汉书》中记录了另一个生动的故事，能使我们进一步了解当时朝局中黄老和儒家的情况。

如上文所述，窦太后非常喜欢《老子》经文，但她可能听到传闻，博士辕固对黄老颇有微词，于是召来博士辕固询问他对《老子》的看法。辕固只能前来朝见太后，并回答道："此家人言矣（这是私家的学说）。"窦太后立刻被辕固激怒了，恼怒地说道："你这是从何处得到的过去违禁的《诗》《书》！"于是惩罚辕固，竟然让他进入猪圈刺杀野猪。在一旁的景帝知道太后是真的生气了，但也知道辕固只是憨厚直言，并无顶撞太后的意思。此时窦太后眼睛已经失明了，于是景帝就找了个机会，偷偷给了辕固一把锋利的刀。

辕固不得不下到猪圈内去刺杀野猪，还好有刀，杀了野猪，辕固的性命算是保住了。太后知道后，估计当时的怒气也消得差不多了，就没有再说什么了，也没什么理由再治他的罪，只得作罢。不久后，景帝以辕固廉洁正直，将他迁出京都，转任清河王刘乘的太傅，刘乘是景帝的第十三子。

窦太后喜欢《老子》，如果是有不清楚的地方，自可以请一位黄老或道家博士来请教，为何要请儒家的博士辕固来问，而不请黄生来？"召问辕"，这个"问"其实就是"兴师问罪"，黄老与儒家的汤武争论必定也传到了窦太后的耳中，朝中儒家思想的增长也通过朝中黄老的官员传给了窦太后。也就是说，此时朝廷的气氛，儒家和黄老争论的激烈程度，已经反映到了窦太后这里，从另一个角度看，此时儒家学说的增长确实很快，已经达到可以和黄老竞争的势态。这种势态是否逐渐开始影响到朝局的人事还不能考证，但势态的程度已经让黄老势力的最大依靠窦太后决定亲自出马了，她要亲自压制一下朝局中儒家的思想。

辕固的直言又起到了火上浇油的效果，直接顶撞了本来就想对他兴师问罪的窦太后，窦太后之所以被激怒，是因为窦太后直接感觉到辕固带有一种蔑视黄老学术的态度，进而感觉自己也被辕固蔑视和侮辱，为什么呢？

因为辕固说"此家人言矣"，就是说"黄老学术"是"家人言"。历史学家钱穆先生对"家人言"作了考证和分析。在秦朝时，博士鲍白令对秦始皇说："五帝官天下，三王家天下。"可见"官"言其"公"，"家"言其"私"。"家"人言，是相对"王官"之学而说的，就是指民间私家之学说。以前在战国的诸子百家，之所以称百"家"，因为这些思想家和学者的学术都不是"王官"的学术，都是私人自己开创的学术。西汉末学者扬雄的《博士箴》中写道"《诗》《书》是泯，家言是守"，以"《诗》《书》"对"家言"，正如《汉书·艺文志》中将王官六艺之学与九流十家对列一样。身处那个时代的司马迁也说"其协六经异传，整齐百家杂语"，由此可见，《诗》《书》在那个时代，在当时人的心目中是"王官"的学问，就是帝王的学问，而诸子百家只是民间学者的学术思想，通俗地说，不在一个阶级上。

这也很好理解，《诗》《书》学问是从西周春秋王朝中流传下来的，在西周春秋也只有"王官"家才能学习，普通百姓既没有学习的权力也没有学习的机会，当时也没有诸子百家，所以《诗》《书》当然是"王官学问"，用现在的话讲就是皇家帝王的"学问"，这种认识，到了汉朝也没有任何改变。这就很容易明白窦太后为什么感觉自己受到了侮辱。

太后本来就已经心怀不满，而欲兴师问罪于辕固。问他对"黄老"的看法，只是一个起头的引子，结果辕固一句"此家人言矣"，按照当时的气氛，窦太后自然理解成"黄老只是民间百姓之学，如何能和帝王的儒家《诗》《书》相比"？窦太后感觉反被辕固蔑视和顶撞，所以顿时怒火中烧，太后想我本来就是要责问你的，你还竟敢侮辱我，我也让你斯文扫地，进而杀心自起。我们可以想象辕固在猪圈中的狼狈，如果不是皇帝亲自解救，窦太后要顾及皇帝的颜面，辕固当天也不一定能保住性命。景帝又何尝不知道这是母亲太后对他颜面的顾及，辕固保得了初一，躲不过十五，太后绝对容不得他再留在朝廷，景帝只能把辕固远放诸侯国，至少可以保住性命。

窦太后雷霆震怒的一句"安得司空城旦书乎！"意思是"从何处得到的过去违禁的诗书！""司空"是秦朝负责刑法的官职，"城旦"是一种把犯罪的人发配边疆建造城池和城墙的惩罚，窦太后对"焚书"的历史一清二楚，一句比喻，说尽"焚书"之历史。

这件事发生后，儒家的声势被窦太后彻底压制住了。七国之乱平定之后，中央朝廷权威大增，对皇帝而言已经没有什么大的政治威胁存在了，孝景帝自然想一振朝纲。"七国之乱"以前，政治势力复杂，用黄老刑名之术，可以稳定驱策天下，是非常适合朝廷局势未稳定时的局面，而现在大患已去，国家政治走上正轨，经济富裕，再需要发展和稳定这样的社会，纯粹的黄老之术就显得捉襟见肘了。正如历史评价的，"文景之治"目前已经接近顶峰，而黄老刑名，都主要兴起于战国晚期纷乱战争之环境中，主要还是应对纷乱和称霸，面对现在尘埃落定之盛世，社会的问题和矛盾已经发生了改变，因此治理的方法和其所依靠的思想理论依据也要跟着改变。钱穆先生作了一个很形象的比喻，就如同一个病人在病中需要吃药，但病好之后，就主要需要营养食物了。国家的治理更加复杂，对各种治国的思想，也不是只用一种而完全摒弃其他，即使黄老也并未如此，关键是谁为主、谁为辅的问题。

但经过这件"辕固刺猪"事件后，身为皇帝的孝景帝也一时不能撼动朝局中的黄老主流，虽为"王官之学"的儒家，其单薄的势力又能奈之如何？景帝只能把儒家治国的大志寄托于他的下一代。

公元前153年，立刘荣为太子（生母是粟姬），以窦婴为老师。

——《汉书·窦婴传》

窦婴和田蚡两人都喜好儒家学术。 ——《汉书·田蚡传》

公元前150年，废太子刘荣……4月，立胶东王刘彻为太子。

——《史记·孝景本纪》

兰陵人王臧传承《诗经》学问，孝景帝让他担任太子少傅。

——《史记·儒林列传》

从这四条记载，我们可以看到，景帝先后立了两位太子，两位太子的老师都是儒家的学者。

第3章　武帝罢黜百家，独尊儒家

3.1 汉武帝继位

公元前 141 年正月，孝景帝去世，就在当月，胶东王刘彻接位，是为汉武帝，年仅 16 岁。

武帝刘彻本来并不是太子，他的母亲王氏，在景帝还是太子的时候就嫁给了景帝。景帝十分宠爱王氏，和她生了三个女儿、一个儿子，即后来的武帝。景帝即位后，第一位皇后是薄皇后，是孝景帝的母亲薄太后从娘家找来的一位女子，以亲上加亲的名义嫁给景帝的，实际上景帝并不喜欢她，薄皇后也没有为景帝生下后代。

到公元前 153 年，景帝继位的第五年，景帝非常宠幸一位叫栗姬的宫女，这年景帝将他与栗姬生的儿子刘荣册立为太子，并让窦婴当了他的老师，太子太傅。窦婴是窦太后的远房侄子，景帝继位后担任宫中詹事，就是管理宫中后勤事务和各种勤务人员，一个和治国理政毫无关系的职位。但在一次宫廷酒宴上，窦婴挺身而出，纠正了景帝的一个致命失误。

（当时，窦太后非常宠爱她的小儿子刘武），梁孝王刘武也就是孝景帝的亲弟弟，有一次刘武入朝，孝景帝以兄弟的身份与他一起宴饮，这时孝景帝还没有立太子。酒兴正浓时，孝景帝随便地说："我死之后把帝位传给梁王。"窦太后听了非常高兴。这时窦婴立即端起一杯酒献给孝景帝，说道："天下是高祖打下的天下，帝位应当父子相传，这是汉朝立下的制度，陛下怎么能传给梁王？"窦太后因此忌恨窦婴。窦婴也嫌詹事的官职太小，就借口生病辞了官职，窦太后心中就更加不满，于是开除了窦婴进出宫门的名籍（皇宫出入证件），不准许他进宫朝见。

——《汉书·窦婴传》

窦婴被窦太后逐出皇宫，直到"七国之乱"的时候，才重新被启用。景帝当时急需可信任的人才，在皇族成员和窦姓族人中，找不到比窦婴更贤能的了。在此危难的时候，窦太后也为当时惩罚过重感到惭愧，于是窦婴被景帝启用，封为大将军，坐镇荥阳，监护齐、赵两国的军队。叛乱被平定后，窦婴以此功劳被封为魏其侯，从而一跃进入景帝的核心决策圈。

景帝册封刘荣为太子时，又封王氏为"夫人"，王夫人的儿子刘彻被封为胶东王，而薄皇后此时还没有生出皇子。

景帝有一个和他关系特别好的亲姐姐，窦太后的女儿，长公主刘嫖。刘嫖打算把她的女儿嫁给太子刘荣，她想将来自己就是皇帝的丈母娘了，那是多么地尊贵，而且他是景帝的亲姐姐，身份可比栗姬要尊贵得多，她认为她只要开口，栗姬必定求之不得。可是栗姬的性格要比其他的妃子更好妒忌，景帝后宫里的那些美人常常是靠长公主出力，才得到景帝宠幸，也就是抢夺了景帝对栗姬的宠爱，所以在栗姬心中一直对长公主有一种怨恨。现在自己的儿子已经是太子了，"母凭子贵"，栗姬也没有任何政治头脑，竟然意气用事地拒绝了长公主，没有答应。

连皇帝都要让三分的长公主，如何能咽下这口气？于是长公主谋划一番后，决定和王夫人联合，准备废立太子。首先长公主把女儿嫁给王夫人的儿子刘彻，景帝也同意了。栗姬对此毫无感觉，因为她正在做着皇后梦。景帝后来废黜了薄皇后，这让长公主心急如焚，于是利用一切机会，凭借着和景帝的关系，拼命地诋毁栗姬，日久天长，景帝也渐渐地降低了对栗姬的信任。

有一天景帝身体不适，加上长公主日夜讲栗姬的坏话，使景帝产生一种潜意识，让他对自己的那么多皇子有种担忧，毕竟都是自己的亲骨肉，就不由自主地对栗姬说："我死了以后，我的各位夫人和我的骨肉，你可要好好照顾他们。"当时栗姬如果对答适当，这其实是一次让景帝立她为皇后的好机会，但此时再次证明了栗姬毫无头脑，竟然表现得非常恼火，不肯答应，且出言不逊。这让景帝心里十分不满，只是没有发作出来，但栗姬在景帝心中已经失去了皇后之位。

随后长公主天天称赞王夫人儿子的优点，景帝自己也认为这个孩子的确有才能，心中思来想去，拿不定主意。王夫人也没有闲着，帮她出谋划策的人是同父异母的弟弟田蚡，极其擅长宫廷的权谋，王夫人非常信任这位弟弟。

公元前 150 年，在长公主和王夫人已经非常精确地掌握了景帝对栗姬的顾忌和不安的情绪后，出手了。王夫人暗地里派人催促大臣们提议册封栗姬为皇后。于是大行令在朝堂中上奏说："'子以母贵，母以子贵'，现在太子母亲的称号应当是皇后。"景帝一听勃然大怒，当场怒言："这件事是你应当说的吗？"竟然直接就杀了大行令。果不其然，长公主和王夫人对景帝的想法拿捏得确实精准，此时此刻，景帝应该已经不是简单地对栗姬不满了，而是对自己去世后，太子刘荣继位，栗姬成为皇太后，极度地不放心。大臣上奏册封栗姬为皇后一事，景帝更怀疑是栗姬在背后密谋，从而彻底下定决心，终于废黜了太子刘荣，改封为临江王。从此再也不见栗姬，栗姬因此忧惧而亡。不到三个月，就册立王夫人为皇后，王夫人的儿子刘彻立为太子，同时任命精通《诗经》的儒家学者王臧为太子少傅，召回敦厚老成的卫绾作为太子太傅，两人双双成为太子刘彻的老师。

太子太傅和太子少傅都是太子的老师，只是一个为主，一个为辅，都有教授太子的职责。这是非常重要的职位，从小处说，他们是将来皇帝的老师，皇帝的综合素养全靠他们了；从大处说，太子的老师必定是将来皇帝倚重的重臣，国家的治理和政策，很大程度上会受到帝师的影响，比如景帝的老师晁错，就是最好的例子。

卫绾是代国大陵县人，因为善于驾车，当上郎官，服侍孝文帝，逐渐积功劳升为中郎将，为人性情敦厚谨慎，也没有其他杂念。孝景帝立胶东王刘彻为太子后（后来的汉武帝），召回卫绾，任命他为太子太傅，当了武帝的老师，升任三公之御史大夫。五年后，替代桃侯刘磅做了丞相。不过卫绾从开始当官，直至位居丞相，始终无所建树，也无有过失。孝景帝认为他敦厚老成，才适合辅佐太子刘彻，对他很尊重信任。

我们看到，卫绾以"驾车"起家，《汉书》描述卫绾，两次用到"敦厚"，又评论他"始终无所建树，也无有过失"，而且卫绾以"谨慎"出名，所以史学家，如钱穆先生，认为卫绾是"朴质无文"，是以敦厚谨慎和老成，得到文、景两帝的信任，而并不是因为才学或实干。

而太子少傅王臧却是精通《诗经》的儒家名士，得到当时《诗经》大儒申公的真传。武帝刘彻在公元前 150 年，被立为太子时只有 6 岁，正是开始学习的年龄，这就不难推断，武帝在从 6 岁到 16 岁继位的 10 年时间中，这段学习的黄金时期，接受的教育自然是偏重于儒家学问。

景帝在册立刘彻为太子后，也开始为武帝的继位布局人事。太子刘荣被废的时候，他的老师窦婴，三番五次地向景帝谏言，但都没有结果。这也是很正常的结果，别说要说服景帝，此时景帝很可能把他都怀疑为此次"立皇后"事件的幕后人之一，毕竟如果皇后立成功，皇后太子相辅相成，将来的皇位更加稳当，而窦婴作为帝师，就更无须多想了。正因为这件事，景帝从此后，都不再特别信任窦婴。5 年后，公元前 145 年，当时的丞相刘舍被免去相位时，窦太后曾屡次推荐窦婴担任丞相。汉景帝却对母亲说："太后难道以为我有所吝惜，不让窦婴当丞相？窦婴这个人骄傲自满，做事往往轻率随便，丞相这样的重任，不能交予他。"终于没有任用他，而任命了太子太傅卫绾为丞相。

太子少傅王臧在担任了武帝老师一段时间后，被免职，离开了朝廷，离开后的去向，以及是否受到奖罚也没有任何的记录，《史记》和《汉书》都没有给出任何线索。但武帝刚刚即位，田蚡和窦婴就首先向武帝推荐了王臧。

窦婴和田蚡都喜好儒学，他们一起推荐赵绾担任御史大夫，王臧担任郎中令。
　　　　　　　　　　　　　　　　　　　　　　——《汉书·田蚡传》

当今皇上刚刚继位时（公元前 141 年正月），王臧就上书请求入宫为皇上值宿警卫。他不断得到升迁，一年中就做到郎中令。——《史记·儒林列传》

郎中令，九卿之一，掌管宫殿文武，也是当时宫殿警卫的最高长官，可见武帝对老师王臧的信任，在武帝刘彻继位 10 个月后，权力更替的朝局稳定之后，武帝随即发布了招募人才的诏令。

建元元年（公元前 141 年）冬十月，诏令丞相、御史、列侯、中二千石、二千石、诸侯相国，推举贤良方正直言极谏之人。　　——《汉书·武帝记》

在西汉，招募和选拔人才的另一种制度简称"察举制"。人才的招选有定期的，有时也有不定期的，比如这道诏令就是不定期发生的。"察举制"的"察"，即是首先由朝廷官员和地方的长官寻找和考察管辖范围内的人才，然后再按照诏令中的要求推"举"给皇帝。每次"察举"，朝廷都会提出要求，这就是"察举"的"科目"，通常就是"贤良方正""贤良文学""孝廉"等，有时朝廷会给出更精确的要求，比如"贤良文学"，除了要求"贤良"外，还要精通经学，当时"文学"就是指"五经之学的经学"，又如武帝的这道诏令，要求"贤良方正"外还要能"直言极谏"。

丞相卫绾在这道诏令颁布后，紧接着向武帝上奏。

丞相卫绾上奏："所推举贤良，若是陈说申不害、商鞅、韩非、苏秦、张仪的言论，淆乱国政，请一律罢去"，皇上同意了。——《汉书·武帝记》

卫绾的上奏让满朝文武惊耳骇目，首先是上奏的本人，敦厚而"质朴无文"的丞相卫绾。其次是，朝局即将迎来的大变，随之将要带来的人事变动，是可想而知的。这样一位"始终无所建树，小心谨慎"的敦厚老丞相，为何在武帝继位之初，不鸣则已，一鸣惊人，发出如此惊人的奏议呢？

从武帝即位时，公元前141年1月，到公元前141年10月卫绾的惊人上奏，在此期间的10个月，在武帝周围核心的辅佐大臣已经变为丞相卫绾、御史大夫直不疑，郎中令王臧（武帝曾经的老师），以及窦婴和田蚡。

御史大夫直不疑，为人处世与卫绾非常的相似，《汉书》对他的描述：

直不疑，南阳人，精通《老子》无为学说。他做官，一切照前任制度办，唯恐人们知道他做官的政绩。他不喜欢树立名声，人们称他为长者。

——《汉书·直不疑传》

"长者"这个称呼，在当时并不仅仅是指年纪较大的人，更多的含义是道德高尚的人。《汉书》为此记录了直不疑的一段小故事。

他的同舍有人请假回家，误将同舍一位同事的金子拿走。不久这位同事发觉，无端猜测直不疑，直不疑竟然就向这位同事谢罪，便买了金子赔偿了他。后来请假的同事返回，把金子还给了这位同事，使这位丢金子的同事大为惭愧，因此称直不疑为长者。——《汉书·直不疑传》

从这段故事，可以说明直不疑虽为"黄老"，但并不是趋炎附势之徒，而是诚心的"黄老"学者，正是景帝看中的地方，为人敦厚。但在朝廷中，这样的"长者"不多，朝廷中多是附和"黄老"的人。

此时武帝少年继位，正是想大展宏图之时，我们再看武帝此时身边辅佐他的朝臣，只有与世无争的直不疑和"质朴无文"的丞相卫绾，都不是以学术和治国见长，而其余的人都是崇信儒学的，他的老师王臧是儒者，如前文所述，武帝在太子期间的教育又是偏向儒家，窦婴和田蚡两人都是喜好儒家学术的，武帝在这种氛围中成长和继位，如何会认同和愿意"无为而治"呢？

　　但是窦太后仍然健在，朝局中"黄老"势力仍然存在，这是武帝掌握朝政和采用儒家新政的最大障碍，这就必须罢免一部分"黄老"官员，但也要吸取景帝时辕固的教训，不能贸然行动，我们再次仔细看一下这道上奏：

　　所推举贤良，若是陈说申不害、商鞅、韩非、苏秦、张仪的言论，淆乱国政，请一律罢去。　　　　　　　　　　　　——《汉书·武帝记》

　　"苏秦、张仪"代表纵横家，对朝局影响不大，"申不害、商鞅、韩非"代表法家，这是"黄老"的重要部分，但是，并没有直接指向窦太后醉心的"黄老"道家，而法家刑法只涉及国家日常的具体管理，又不是窦太后关心的。这是一个非常好的擦边球，上奏中没有"黄老"，更没有"儒家"，但在实施中却可以直指部分"黄老"官员和势力，达到改换人事的目的。同时，这道上奏也起到了稍微试探一下窦太后的作用，万一朝中黄老势力和窦太后有所反应，也有一定的辩解和退让的空间，因此这道奏折的内容初看锋芒毕露，细看则是锋芒收敛，这没有幕后周密的权谋，是不可能的。

　　所以根据此时辅佐武帝的人来看，卫绾的这道"惊人"上奏，事先是以窦婴和田蚡为主，作为主要策划人，郎中令王臧和丞相卫绾为辅，在全盘考虑后，商议出这个上奏的内容，也就是掌握朝政，改变朝局的第一步谋划。然后再报告给武帝，解释这道上奏内容的缘由，经过武帝了解和同意后，最后由卫绾以丞相之职，正式在朝堂上发出这道上奏。因此武帝在卫绾上奏时早已知道上奏内容，《汉书》在记载了卫绾上奏后，紧接着只有两个字"奏可"，干净利落，没有任何下交大臣商议的意思，可见武帝早已了然于胸。

　　武帝准奏后，窦太后没有表达任何不满，也没有任何的动作，推测其中主要的原因有两个：一方面，如前文所述，卫绾的上奏并未直指"黄老"，新皇登基，整个朝局都在观望状态，因此可能没有惊动到窦太后；另一方面，在这个时期，武帝和窦太后正在准备更大的人事变动。卫绾于公元前141年10月上奏后，在当年就被免职，理由是在景帝重病期间，朝廷抓捕了很多无辜的人，丞相卫绾没有尽职，随即由窦婴出任丞相。同时恢复太尉职务，由田蚡出任太尉。窦太后在5年前，公元前145年，就曾多次推荐窦婴担任丞相，被景帝劝阻了。现在终于如愿以偿，窦婴担任丞相，一人之下，万人之上。此时年老体弱的窦太后更关心的是，窦婴可以代替自己，在她去世后，能照顾整个窦氏家族，对窦太后来说是抓大放小的策略。

窦婴同样喜好儒家，不出几个月，到了下一年，公元前 140 年年初，儒家学者赵绾被窦婴和田蚡推荐出任三公之御史大夫，赵绾与王臧是同门师弟，都是当时《诗经》大儒申公的弟子。

3.2 明堂

武帝继位的第三年，建元二年，公元前 139 年，此时汉武帝的三公，丞相、太尉和御史大夫都出自儒家，再加上郎中令王臧，儒学代替黄老已经箭在弦上。公元前 139 年的 7 月，赵绾和王臧便向武帝提出建造"明堂"的议题。在此我们先简单地介绍一下"明堂"，即可了解他们此时迫切的心情。

明堂，是儒家学说中极具象征性的建筑。儒学的核心思想之一"礼"，代表着等级次序。维护等级次序的具体制度就是礼制，强调长幼尊卑。作为统治者的帝王自然看重"等级尊卑"，这样社会次序明了，各守其位，社会就能稳定。西汉已经崇拜孔子为儒家之鼻祖，而孔子的学术思想所崇拜的是西周开国元勋周公旦，他是周文王的儿子，周武王的兄弟，武王的儿子是成王，周公旦也就是成王的亲伯父。相传西周的封建制度和治理制度主要就是由周公旦设计起草的，实际是周公旦和下属一起设计的，然后由西周后代的帝王逐代补充完整，而"明堂"及其相关制度就是其中之一。

《逸周书》是一部和《尚书》类似的西周时期遗传下来的文献，有《明堂解》一篇，说道：周武王战胜商纣王后不久就去世了，儿子周成王还年幼，于是周公旦就辅佐周成王。天下大定后，原本向商王朝称臣的部落诸侯又都臣服于周王朝，于是都来到周王朝的都城朝拜，所以周公旦建造了"明堂"用来接受"万国诸侯"的朝拜，并在此向诸侯和官员们发出各种政令。"万国"估计是有夸大，但几十个部落诸侯还是有的，那么在朝拜时，如何站位，谁先拜谁后拜等，就要有一套长幼尊卑的等级制度来解决这些问题，其实就是一种最高级别的尊卑礼制，所以书中最后写道"明堂，明诸侯之尊卑也，故周公建焉，而明诸侯于明堂之位"。以此作为参考，可以想象"明堂"在儒家学者中的地位了。

所以王臧和赵绾任职后，在公元前 139 年的 7 月，立刻就向武帝建议建造"明堂"的原因就一清二楚了。但正如前文所提的，建造明堂不仅仅是建筑本身，还有对应的极其细琐的礼制，他们两位也有自知之明，不敢自己承担如此重任，所以他们向武帝推荐了他们两人共同的老师申公。

申公，是鲁国人，当年刘邦攻下鲁国曲阜城，申公曾经以弟子身份跟着老师浮丘伯到鲁国南宫去拜见过刘邦。后来申公在西汉封国的楚国，教授楚国太子刘戊，但互不喜欢，刘戊立为楚王后，竟把申公禁锢起来。申公感到非常耻辱，就回了鲁国，隐退在家中教书，终身不出家门，又谢绝一切宾客，唯有鲁恭王刘余招请，他才前往。申公只教授《诗经》，但没有把教授内容著述成《传》，凡有疑惑处，便留存在那里。

申公当时已八十多岁，于是武帝派遣使臣带上贵重的礼物束帛和玉璧聘请申公，又担心路途颠簸，在马车的车轮上包裹了蒲草，用四匹马驾车，皇帝出行才六匹马，可见武帝对申公的礼遇。御史大夫赵绾和郎中令王臧，则作为弟子乘坐着普通的驿车随行。

申公到了长安，拜见汉武帝。武帝迫不及待地向他询问社稷安危之事，可能是申公人老了，他回答说："当政的人不必多说话，只看尽力把事做得如何罢了。（原文：为治者不在多言，顾力行何如耳。）"这时武帝正喜好经文和词赋，见申公如此答对，默然不乐。（原文：是时天子方好文词，见申公对，默然。）武帝此时对各种学术思想都已经有很深的涉足，学得多，自然疑惑也多，正指望着申公一点迷津，结果申公对武帝各种问题的回答，实在是模棱两可，武帝毫无收获，自然"默然"。读者们可以自己玩味字里行间的意韵，来揣摩武帝为何"默然"。但是已经把申公召到了朝中，就让他做了太中大夫，住在鲁国官邸，商议修建明堂的事宜。

王臧和赵绾建议建造的明堂，可以认为是为武帝推行儒学而建造的象征性建筑物。但窦婴作为当今太皇太后窦太后的亲侄子，贵为丞相，田蚡作为当今皇太后的亲弟弟，身为太尉，两个人的背景，实力和官职一个不缺，自然就开始真刀真枪地整治朝政了。我们看他们在任职后颁发的几条整治新政：

1. 取消关禁。

2. 按照古礼规定制定官服，用以表明太平气象。

3. 让封王的诸侯前往他们各自的封地去。

4. 检举窦氏和宗室的子孙，凡是品行不端的，一律从宗谱上除籍。

第一条"取消关禁"，当时进出城门和交通要道，都设有关卡，只有持政府发放的凭证才能通过，这自然无论对谁都是一种麻烦，所以关禁的取消必定方便大多中下官员和所有百姓的出行，是一个"获得人心"的新规。第二条按照礼制穿衣，明显是推行儒家的上下尊卑的思想。第三条，当时有封地的皇亲国戚大多都没有住在封地，都住在京城，现在都要赶出京城了。第四条就更加直接了，应该是由窦婴亲自执行的，这一条的实际意义就是窦婴要整治窦氏家族，窦氏的宗主权力要过渡到窦婴手上。新政发布后的震动是可想而知的，《汉书》记载"诽谤窦婴等人的言语天天传到窦太后的耳中"，"对窦婴等人愈来愈不满意"。虽然太后心中有所怀疑和不满，但权衡利弊后，没有任何动作。毕竟窦太后选择了窦婴，就是准备把窦氏家族和权力转交给他管理，出现一些问题是可以容忍的，不过窦太后心中的怨气却在无形中慢慢积累。

明堂的建造在当时是属于国家级的大工程，千头万绪，和建造一座宫殿相比，更加困难，因为它还要牵涉很多有争议的礼仪制度。这些争议不可能一点也不传到窦太后的耳朵里。事实上，从公元前139年7月，赵绾和王臧提出建造"明堂"后的3个月中，朝廷的大臣为了"明堂"建造的细节而矛盾不断，龃龉不断，不少大臣更是向窦太后控诉自己的不满，尽管窦太后没有发出任何正式的懿旨，在私下也表达了她自己的意见，使得"明堂"的建造并不顺利，更使得武帝的朝廷和东宫窦太后的关系越来越紧张。

到了公元前139年的10月左右，御史大夫赵绾竟然向汉武帝奏请"皇上今后不必对太后奏事"，就是让武帝对以后的朝政乾坤独断，不用再向窦太后请示。

赵绾这道毫无政治头脑的上奏，终于点燃了窦太后的愤怒，太后再次出手。她先让心腹官员收集了赵绾和王臧违反朝纲的事宜，然后对汉武帝只愤怒地讲了一句话："此欲复为新垣平邪！"意思是："这些人难道要重蹈覆辙，再犯新垣平的罪吗？"这次窦太后又是讲的哪个故事呢？

在26年前，公元前165年，文帝继位的第15年，当时有一位叫新垣平的方士，因为擅长当时流行的"望气之术"被文帝亲自召见。望气之术是从春秋时期就已经出现，并传到西汉的一种预测之术，通过观看天空中云彩的形状、颜色等，对各种事物进行预测，"气"指的就是"云气"，不同形状的云彩对应不同的名称，也代表不同的结果。当时的古人在夜晚时，观察星象，靠观测五星运行和流星、彗星等进行预测，而在白天就依靠观看日食和云彩，这都是通过现今称作天文和气象的情况来进行各种预言。

在当时，如果通过望气之术来预测天气的话，其实是一种科学规律，比如对下雨的预测，所以有时预言可以得到印证，这样"望气之术"就被当时的人们所信任，进而彩虹、日晕、日珥等各种气象现象也都被当作气的一种，随后预言的事务也被扩展到对人文社会事物的预言，这种预言就是纯粹的臆造了，从现今的知识说，既无科学依据，也无哲学依据。

新垣平通过自己的望气，劝说文帝在渭水北岸修建五帝庙，因为长安东北有神异的云气，而东北的方向是神明居住的地方，说明上天降下了祥瑞，所以要建造祀庙来祭祀天帝，接受祥瑞。文帝非常相信，就按照要求修建了五帝庙，耗时将近一年时间。公元前 164 年，五帝庙建成，文帝亲自前往祭祀天帝。

随后新垣平还告诉文帝，如果九鼎能重现于世，必定先有神明玉器出现。九鼎存在于传说中，是夏王大禹铸造的，在他划分天下为九州后，下令九州贡献青铜，铸造了九鼎。它象征着九州，并将全国九州的名山大川、奇异之物都镌刻于九鼎之上，从此象征着至高无上的皇权。秦始皇还曾经在泗水中打捞过九鼎。

果然，就在建成五帝庙当年，就有人在宫门外献上刻有"人主延寿"的玉杯，预示着九鼎就要出现，文帝非常喜悦和重视，以致为了庆祝这一吉兆，决定更改年号，改为"后元"。新垣平又对文帝说，他又看见东北方向，在汾水南岸上空有金宝之气，估计九鼎就出现了，如果不修建祀庙接受征兆，九鼎就不会出现了。文帝又相信了他，再次准备在汾水南岸建造祀庙，希望能够得到九鼎。到了这个时候，文帝的大臣们看不下去了，在野外建造祀庙是劳民伤财的事情，于是开始秘密调查新垣平，这如何能经得起调查，新垣平立刻露出了马脚，文帝随即让廷尉审理新垣平，早已吓得失魂落魄的新垣平立刻全部招供，文帝一怒之下株灭了新垣平三族。

现在窦太后一句"此欲复为新垣平邪"，这其中的分量，可见一斑。窦太后已经把御史大夫赵绾和郎中令王臧比作新垣平这类弄虚作假的骗子，把"明堂"比作了文帝在野外修建的"五帝庙"。武帝在祖母窦太后面前一触即溃。不久赵绾和王臧双双下狱，都在狱中自杀谢罪，窦婴罢免丞相，田蚡罢免太尉，撤销太尉这个官职，明堂建造被勒令停止，申公也被送回老家。如司马迁在《史记》中总结的"他们建议兴办的所有事情全部废止"。

我们作为事后分析，武帝太操之过急，而窦婴和田蚡此时已经大权在手，对武帝的辅佐和对朝政策略的谋划，也不像以前那样仔细谨慎地权衡，只顾自己争权夺利。上有所好，下必甚焉，御史大夫赵绾和郎中令王臧推行儒家治国思想，更加急功近利。建造"明堂"这种形式上的事情应该是在儒学思想被推行到瓜熟蒂落、水到渠成的时候，才能干的事。他们应该首先解决推行儒家政策的各种障碍和困难，从最容易解决的问题入手，循序渐进，但实际上却反其道而行之，先干最复杂、最困难甚至连儒家大师自己都不知道的"明堂"，如同空中楼阁的"明堂"成为众矢之的，徒增毫无必要的矛盾，以致窦太后的积怨与日俱增。

史料并未有较多关于王臧的记录，我们无法更深入地分析他向武帝作出这个建议的背景，但王臧揣摩武帝的想法，揣合逢迎，只顾一味地效忠是显然的。王臧缺少政治家对大势的敏感性，又缺少对窦太后当时想法和情绪的了解，忽视和低估了窦太后在武帝心中的权威，才向武帝讲出如此毫无权谋的建言，终使汉武帝在继位的两年后，遭遇了第一次彻底的失败，也让王臧自己成为这次失败的殉葬品。

3.3 天人三策

公元前139年10月，窦太后第二次压制了儒家的势力后，随即亲自授意武帝，任命许昌为丞相、庄青翟为御史大夫、石建为郎中令。在窦太后去世前的几年，许昌因为是窦太后所任命的，事事都听从太后的指示，并未有什么作为。武帝也同样无所事事，开始修建自己的陵寝茂陵，时间就这样流淌了四年。四年后，建元五年（公元前136年）春：

设五经博士。　　　　　　　　　　　　——《汉书·武帝本纪》

只有五个字，同时班固又在《汉书·儒林列传》中写道"从武帝设立五经博士，开创选送弟子员，设科射策"。看上去好像武帝又再次振兴儒家"五经"，很多人也认为这是"罢黜百家，独尊儒术"的开始，甚至已经开始罢黜百家。但我们仔细分析，这在当时其实不是一件很大的事，但是因为"罢黜百家，独尊儒术"这条影响了中国近两千年的政策，此事才被历史放大。

首先，公元前 136 年春，当时窦太后还未去世，所以无论窦太后的身体情况如何，绝无人敢罢黜"黄老"，更进一步推测，此时博士学官的设置没有罢黜任何一家。另外，在"置五经博士"的时候，已经有"四经"的博士在景帝朝就已经设置了：

诗：徐偃为鲁诗博士，韩商为韩诗博士，齐诗的博士应该为辕固的弟子，但无明文记载。

尚书：张生或孔安国。

礼：萧奋，或后苍，史料没有明文说明，但汉高帝刘邦时，叔孙通已经立为礼博士，据此推测文景朝后，有礼博士也是很符合逻辑的。

春秋：董仲舒。

武帝此时只是增加了最后一个未立学官的《易》经，立了杨何或周王孙。之所以《汉书》记此一笔，是因为至此儒家的五部经书，《诗》《书》《礼》《春秋》《周易》，全部设立了学官，所以记载此事"置五经博士"，强调的是"齐备"这层意思。齐备五经博士，虽然没有罢黜百家和"黄老"，但随着窦太后日趋苍老，满朝文武心中都知道这次箭又将要置于弦上。

本书出现了"学官""博士"和"列为学官"等词语，有必要解释一下它们之间的关系。"学官"顾名思义，是九卿之太常下属负责经文学术的官员，具体的官职名称就是"博士"。某位学者在对某部经文的研究和传解达到出类拔萃的程度后，会被朝廷推举，经皇帝同意，就可以授予"博士"。儒家五部经文，各自有着各种学派，也就是对某部经文的不同传解，但只有被朝廷认可的学派，朝廷才会为之设立一位"博士"的官职名额，通常以开创这个学派的学者的姓氏加经文名代表，比如公羊氏《春秋》。一部被朝廷认可的经文可以有几部"传解"（即几个学派），但一部"传解"只有一位"博士"官职的名额。换句话说，学子无论学习哪门经文，必须学习朝廷认可的学派，也就是在朝廷设立了学官的学派，否则，是不会被朝廷认可的。学习了未设立"学官"的经文学派的学子是不能获得朝廷的官职的，渐渐的，"学官"也衍生出了代表某部经文传解被朝廷认可的含义。

公元前 135 年 5 月 26 日，窦太后驾崩。对武帝最后的制约没有了，再没有什么可以阻挡武帝的帝王之志了。仅仅几天后，6 月 6 日，田蚡复出，出任丞相。《汉书·儒林列传》记载："及窦太后崩,武安君田蚡为丞相,黜黄老、刑名百家之言,延文学儒者以百数。"根据后来朝局的发展和现代学者的研究,大家普遍认为,罢黜百家,实际是对朝廷"黄老"势力的一次清洗,但是否信仰"黄老"不是清洗的标准,是否归附于武帝和田蚡才是标准。比如汉武帝和田蚡都非常尊重的大臣汲黯,仍然受到重用。

　　汲黯学黄老之言,治官理民,好清静。　　　　　——《史记·汲郑列传》

田蚡爱好儒学,但只是披着儒学的外衣,他未必知道儒学在当时的社会所能起的历史作用,更不用谈儒学的精髓。汉武帝也知道田蚡在学术上只是一位三脚猫,田蚡的作用只是帮助他稳定朝局。而武帝曾经的老师王臧尽管不是一位政治家,但却是真正的儒家学者,知道在这相对繁荣的盛世,要维持稳定住这样的社会,进而去弊兴利,只有儒学能担当重任。

　　但我们如果认为即将迎来一个纯粹的儒家时代,那就错了。还是如前文提到的,儒学虽然正当其时,但还是一个"谁为主,谁为辅"的问题,现在只是到了从"黄老"为主,改为"儒家"为主的时代。精通儒家治国理政的精髓,田蚡是不能依靠的,汉武帝不得不为这套复杂的儒家学说,再次"招纳贤良"。在窦太后去世一年后,武帝第再次发出诏书,要求郡县推举贤良经学人士,随之推举上来的人士有一百多人。随后,武帝下诏给这些推举上来的贤良人士。

　　诏贤良说:"朕听说昔日唐尧、虞舜之世,只需要在罪人的衣服上画上象征五刑的图案,百姓就不敢犯法……海外肃慎来朝,北方渠搜供役,氐族、羌族归服……今朕有幸继承大统,早起以求,静夜以思,若涉渊水,但仍然望洋兴叹,不知怎样才能达到彼岸(指经学的海洋)。让人感叹的伟大啊,朕应该如何作为,才能发扬光大先帝的大业与美德,以上参尧舜,下配三王。朕禀性愚钝……但贤良之士却明了古今王事的兴衰,请根据朕的策问,把你们的奏答写下来,编辑成册,让朕阅览。"　　——《汉书·武帝本纪》

　　武帝于是提出第一道策问,然后再根据贤良们的奏答,再发出第二道策问,一共策问了三次,史称"天人三策"。其中第三问中直接写道:

　　大夫们明晓阴阳的变化和作用,熟悉先代圣王的道术和学业,可是你们的文章并没有把这些精髓义理充分表达出来,难道是你们对当代的政务有什么疑惑吗?有些道理没有系统整理和完整表达,还是因为我不聪明?为何越

看越糊涂？《汉书·董仲舒传》

　　我们从诏书的内容，可以清楚地看到，当时汉武帝在各种学说中有点迷失，既掌握不到学说的精髓，又不知道该如何转化为具体的治国政策，尽管"早起以求，静夜以思"，但仍然"若望洋兴叹"。他正急需一位能指点迷津的人，帮助他理解当时各种思想的精髓，以及他最关心的，如何转换成治国理政的具体政策。

　　在这次"天人三策"的进贤拔能的过程中，在中国经学史上著名的董仲舒登上了历史舞台。董仲舒是广川郡人，生年不详，大约在公元前 179 年前后几年。因为精通《春秋》，在景帝朝已经成为博士。到了武帝朝时也是《春秋》经的博士，但除此之外，董仲舒还同样精通五经的《周易》《诗》《书》，阴阳和五行之说，其实他涉足了当时几乎所有的主要学说，包括黄老，学识广博是公认的，司马迁记录"董仲舒足不出户，三年间不曾到屋旁的园圃观赏，他治学的心志，专一到了如此程度"。所以他的学术思想来源相当丰富和复杂，几乎将先秦以来的各家学说中能够吸收的东西都融会贯通到了一起，从而成为他自己建立的一套以《春秋》经学为骨干的新学说。

　　汉武帝之所以不得要领，"越看越糊涂"，首先是这一百多位贤才并不全是儒家，而是会集了当时各家的学者。其次是当时的儒家也已经不是纯粹的儒家五经学说了，已经不是从西周流传到春秋由孔子阐发的五经学术，而是糅合了大量的"阴阳"和"五行"学说产生的一套更复杂的儒家学说，武帝如何能理出头绪？

3.4 阴阳五行

　　阴阳和五行的思想在战国中后期，开始逐渐被体系化，到秦朝统一中国后，它的前身"终始五德说"被秦始皇采用，奠定了这种学说在学术和思想界的地位，进而在西汉和东汉进入全盛时期，正如顾颉刚先生评论道的"汉代人思想的骨干是阴阳五行"。但何止是汉朝的国人，研究"阴阳五行"的现代学者庞朴说道，在近代"五四"运动以前的整个中国社会，几乎都是以阴阳五行作为"思想的骨干"。"阴阳消长，五行相克"的思想，迷漫于意识的各个领域，深嵌到生活的所有方面。

梁启超先生考证了"阴阳"两个字最初的含义。"阴"的本意是"云遮挡太阳","阳"的本意是"太阳出来后竖立旗子召集民众，气象发扬"，引申为"太阳之光彩"。后又引申出"山之南为阳，山之北为阴"，而河水正好相反——"水之南为阴，水之北为阳"。梁先生搜罗了《诗》《书》《礼》《易》《春秋》中提到"阴阳"的地方，少之又少，即使有，也是用它们的本意，所以他认为在商周以前，当时的人只是把"阴阳"作为自然界中的一种粗浅微末的自然现象。

这种"粗浅微末的现象"从商朝到西周，被当时一代代思想家细致观察后，"阴阳"代表的观念被提升为自然界的一种普遍规律，对"阴阳"有了更深一层的理解。人类的某种思想一旦被启发和激发，其后来的发展必定是突飞猛进。

随着观察和思想的发展，古代思想家进而发现一切自然现象都可以有正反两方面，逐渐就形成了用"阴"和"阳"来代表自然界各种现象中两种对立又共存的元素，形成了客观的自然哲学，在现代我们称作科学。而中国古代的思想家几乎都希望通过已发现的自然哲学规律，来观察和洞悉自身的人文世界，尤其是国家的政治、社会的治理等，"阴阳"随即超越了自然哲学，一跃而成为在自然和人文之上的抽象的、纯粹的哲学概念。从我们现代思想来看，这明显是有错误的。

周幽王二年，西周的泾水、渭水、洛水一带发生了大地震。大夫伯阳父说："周朝快要亡了！天地间的阴阳二气，不能错乱了位置。如果错乱了，那是被人搅乱的。阳气隐伏在下面不能冒出来，阴气被压迫得不能上升，于是就会发生地震。现今泾水、渭水、洛水一带发生地震，就是阳气失去了它原来的位置而被阴气镇住了。阳气不在自己的位置，跑到了阴气的位置上，水源就必然会被堵塞。水源堵塞了，国家一定要灭亡。如果国家灭亡，不会超过十年。因为十是数的终极。天既然要抛弃这个国家，是不会让它超过这个终极的。"正是这一年，泾水、渭水、洛水枯竭，岐山也崩塌了，周幽王被杀，西周灭亡了。周平王不得不把都城从长安迁到洛阳。——《国语·周语上》

伯阳父，或者说《国语》这篇的作者（因为《国语》被认为是战国时期成书的），已经在用"阴阳"的自然哲学概念来解释"地震"这种自然现象，我们现在会觉得是一种非科学的思想，但在当时的伯阳父却是认为自己是用一种"科学"思想在思考和解释地震的。只是伯阳父或此篇的作者希望通过地震来说明当时幽王治理的昏暗，就是典型的受时代限制的想象了。

用自然哲学来洞悉人文社会，现在看就是"迷信"了。到了春秋后期，孔子认为天地宇宙各种事物有两种最基本的单元，是一种二元组成，比如动静、刚柔、屈伸、阴阳，可见"阴阳"还没有多么深邃的含义。继而《老子》的"万物负阴而抱阳"，而有进一步的深入，认为阴阳的矛盾属性是事物本身所固有的，《易传》的"一阴一阳之谓道"，这就把阴阳交替看作天地的根本规律了。从春秋后期到战国中后期，"阴阳"已经成为当时思想家和学者对自然世界的一种根本认识，并已经上升到自然和人文之上的哲学概念。

对五行思想来说，对于任何一位中国人，即使完全不知道它的主旨和具体的内容，也不会感到陌生。五行说是中国古代最初的思想者在发现一些自然规律后（四季更替等），希望发展出一种能够推测过去并预测将来的一种学说。它将自然界所有物质概括并分为最基本的五类：金、木、水、火、土，作为构成宇宙万物及各种自然现象变化的基础。以五种物质的功能属性来归纳事物或现象，并以五者之间相互产生、相互制约的机制来论述和推演事物或现象之间的相互关系及运动变化规律，从而达到知道过去、预测未来的目标。

按照庞朴先生的概括，五行思想用"金、木、水、火、土"五个概念，将大千世界网罗净尽，它是一个解释世间万物的思想体系。五行思想一半依据于观察，一半依据于想象和附会，将世间万事万物，无论是自然界，如四季更替、颜色味道等，还是人文世界，如行为品德、国家制度，以至神灵天文，都全部归类到"金、木、水、火、土"五个概念之下，不仅要对一切自然之物之间的关系予以揭示，而且更刻意地寻求和规定自然与人事之间的对应关系。

现在学界主流意见认为五行学说是在战国末年开始形成体系的，那时还称作"终始五德"说，到西汉中期才成为完备的思想理论。五行思想体系绝对不是形成于一朝一夕，组成它的各种思想元素的根源和萌芽早在商朝就已经出现，它是随着人们对自然世界了解的增长，以及对自己人文世界能进行预测和判断的渴望，经过一代代思想家、学者的增补和修改，才形成了这套无所不包的思想体系。

这些五行思想的元素在早期还完全不能称作五行思想，它们都还是非常朴素的、客观的想法。

比如"五行"这个名称，它所指的"金、木、水、火、土"，最早出现在《左传·文公七年》中"六府"一词中：

六府、三事，谓之九功。水、火、金、木、土、谷，谓之六府。正德、利用、厚生，谓之三事。

现代学者刘起釪先生认为：

火（当时也当作"炭"）和水、金、木、土、谷作为六种物资收入府库，所以称"六府"。但又可能认识到谷是由土和水生出来的，尚非最基本的原始的东西，所以进而去掉谷，把物质世界只概括为前面水、火、金、木、土五项，而出现"五材"一词。 ——刘起釪《五行原始意义及其分歧蜕变大要》

《左传·襄公二十七年》（鲁襄公二十七年，公元前545年）子罕云："生五材，民并用之，废一不可，谁能去兵。"……由"天生五材，民并用之"，充分表明它是天然生产的，物质性的（材），供人们使用的东西。因而给以五材、六府等称谓。只见其物质的意义，丝毫不同于后来所用的带有神秘性的、其意义不可理解的"五行"一词。

——刘起釪《五行原始意义及其分歧蜕变大要》

我们从"六府"到"五材"的名称转变中，可以推想当时的思想家和学者正在思考和探索大自然万事万物最根本的组成，只是受到当时思想水平的限制，才汇总出"金、木、水、火、土"这五个他们认为是最基本的物类。直到清朝末年，我们中国还是把这"五材"认为是最基本的物质种类。从当时人的思想和对自然认识的水平，五材"金、木、水、火、土"确实可以包容万物，从而后来的"五行说"中最核心的思想元素"五材"出现了。接下来，我们将以"五材"这个核心思想元素开始，简要地介绍一下"五行之金、木、水、火、土"形成的过程。

除了"五材"之外，从西周到春秋，还出现有四方、四季、五色、五味等各种对自然和人文事物总结的概念，都是当时的思想家和学者通过观察自然，刻意或不刻意总结归纳出的规律，除了"五"以外，还有九歌、八风、七音、六气、六畜、六律等数不胜数的汇总，只是以"五"为总结的占多数。

到了战国时期，墨子（生卒大约在公元前 480 年至公元前 390 年，钱穆考证）也研究了"金、木、水、火、土"，对它们的属性作了进一步的研究。

五行无常胜，说在宜。　　　　　　　　　　　　——《墨子·经下》

五合：水土火，火离然，火铄金，火多也，金靡炭，金多也，合之府水。木离木。　　　　　　　　　　　　　　　　　　——《墨子·经说下》

首先我们解释一下"火离然，火铄金，火多也，金靡炭，金多也，合之府水"这句话的意思，因为文献文字的缺失，只有这句相对完整。

"离"字实际是"丽"字，意思是"附和、附着"。　　——《墨子》

"靡"字是耗费的意思，在《墨子·节葬下》有"此为辍民之事，靡民之财，不可胜计也"。

"宜"字是"适宜、适当"的意思。

笔者认为"火离然"的"然"字应该是"炭"字的错讹（读音和含义混淆出错），所以笔者认为句子的含义是：火与炭相互附着，火熔化金属（应该是金属铜），火多也，金属耗费炭，（因为）金多也，金与火相合成为水（此处是液体的含义）。"金属耗费炭，（因为）金多也"，这一句应该是解释有时炭火不能熔化金属，是因为金属量多，所以不能熔化，而要熔化，需要耗费很多"炭"。

"靡"字在此处是"耗费"的意思，但有学者从"五行相克"的角度去解释，认为是"压制"的意思，但在《墨子》中所有使用"靡"字的文句中，"靡"只有"耗费""分散""细密"这三种含义，没有"压制、胜过、碾碎"等的含义。

对于句子"五行无常胜，说在宜"，笔者认为应该是"五合无常胜，说在宜"，"五合"是被后代学者窜改为"五行"的。笔者认为"五合无常胜，说在宜"的原意是，"金、木、水、火、土"不一定总会相"合"，要明辨其中的道理，关键是各自的"量"要适"宜"，然后就能够相互"合"。"说在宜"的意思是"要明辨其中的道理"，关键是各自的"量"要适"宜"。《墨子》对"说"字的解释如下：

说，所以明也。　　　　　　　　　　　　　　——《墨子·经上》

笔者认为《墨子·经说下》这句"五合：水土火……"中的"金、木、水、火、土"正是对前文《墨子·经下》经文中的"五合"的解释，所以原文应该是"五合"，而不是"五行"。现在主流的意见也正是认为《墨子·经说下》是《墨子·经下》的"传解"。笔者要强调说明的是《墨子》也并未称呼"金、木、水、火、土"是"五行"，《墨子》用来描述他对"金、木、水、火、土"的研究的词是"五合"。

由此可以明显地推断《墨子》也在研究"金、木、水、火、土、炭"相互之间的关系，他研究的方法是观察"金、木、水、火、土"，两两"相合"会产生的转换和结果以及原因，但由于文字的缺失，只有上文相对完整的一句话，我们也无法知道他得出的结论，但显然与日后的"五行相生和相胜"并不是一回事。而这些都说明了，那个时代的思想家和学者正在研究他们认为这个世界物质存在的最根本的形式"金、木、水、火、土"。

到了孟子（公元前390年至公元前305年）的时期，庞朴先生考证到，孟子的学说中创说了人文社会中的"时"和"数"的概念。

"（孟子）曰：此一时，彼一时，五百年必有王者兴……由周而来，七百有余岁矣，以期数则过矣，以其时考之，则可矣"，这里所谓的"时"，就是我们现在所说的"时来运转"的"时"；所谓的"数"，就是《论语·尧曰》篇的"天之历数在尔躬"的"数"，总归是一个神秘的宿命，是一种按时轮回、依数推转的观念，正是往后五行说的中心观念。

——《庞朴文集·第一卷·先秦五行说之嬗变》

"时数"的概念，简单的解释是，当时的思想家观察到天上的日、月、行星的运行是周而复始的，进而认为人类王朝的前进也是有轮回的。其中最关键的"人类社会的轮回和循环"这个概念被创造了出来，这说明王朝的更替也是有规律可循的，而"时数"中"轮回循环"的思想元素也正是后来"五行"之说的核心观念之一。

庞朴先生还考证到，孟子还将原来儒家学说中不同范畴的五种"德"——仁、智、义、礼、圣，也归纳在一起，并简称为"五行"。

（孟子）根据过去古代的学说来创建新说，把它称为五行……子思倡导它，孟子附和它。（原文：案往旧造说，谓之五行……子思唱之，孟轲和之。）

——《荀子·非二十子篇》

唐朝杨倞注解，此处的五行即是五常，仁、义、礼、智、信也。杨倞生活在唐宪宗（公元778年到820年）和唐穆宗（公元820年到824年）年间，弘农（今河南灵宝）人，曾经担任九品的大理评事（朝廷负责诉讼断案的官员）。著有《荀子注》一书，是现今流传《荀子》的最早注本。庞朴先生认为这里"五行"的"行"发音为"héng（衡）"，在孝文帝以后，"五行"改成了"五常"，因为孝文帝名叫刘恒，要避其名讳，和当时"姮娥"也改名为"嫦娥"一样，所以唐朝的杨倞将五行（衡）注解为"五常"。但杨倞距离荀子已经一千多年，所以杨倞以后的学者都仍然偏向荀子《非二十子篇》中评论孟子的"五行（衡）"就是后代的"金、木、水、火、土"的五行（xíng），也就有学者认为孟子最早创说了"五行说"，直到长沙马王堆的帛书出土，才真相大白。

1973年12月，长沙马王堆第三号汉墓出土了一批帛书。其中有两卷帛书上分别抄着两部《老子》，现在叫作甲本和乙本。甲本的卷后和乙本的卷前，各抄有四篇佚书。经过学者考证，其中《老子》甲本卷后的一篇佚书，无篇题，从字体、内容及避讳看，抄写年代当在秦亡以后、汉刘邦去世以前（公元前207年至公元前195年之间）。这一篇的第一章，以仁、智、义、礼、圣五者为五行，与杨倞注大体相合，只是以"信"为"圣"。

仁形于内，谓之德之行，不行于内谓之行。

智形于内，谓之德之行，不行于内谓之行。

义形于内，谓之德之行，不行于内谓之行。

礼形于内，谓之德之行，不行于内谓之行。

圣形于内，谓之德之行，不行于内谓之行。

德之行五……五行皆行之其内，时行之，谓之君子。

经过庞朴先生的考证，这篇文章证明了孟子的"五行"就是"仁、义、礼、智、圣"这五种德行，而并非是"金、木、水、火、土"，也证明了后代的"五行说"不是孟子提出的。对于孟子"五行"的"行"，历史学家魏启鹏先生认为的解释是：

德行，内外之称，在心为德，施之为行。 —— 魏启鹏《德行校释》

德在于内，行接于外，内既有德，当须以德行之于外。

——魏启鹏《德行校释》

很明显"行"的意思是"施行"，是人的行为符合内心的"德"，这种行为称作"德行"。尽管孟子"五行"的含义和"金、木、水、火、土"没有关系，但是"五行"这个用于简称五种德行的术语出现了。

与此同时，在战国后期，天文和占星学也同样迅猛地发展着。在远古和夏、商、周时期，对天象观测的知识就已经开始累积，在甲骨文中，就已经有丰富的天文现象记载，因为它直接关系着农牧业生产，所以不仅仅是统治者，即便是庶民大众也都能知晓天文。正如清代顾炎武《日知录》卷三十《天文》这篇中写道：

三代以上，人人皆知天文。

七月流火，农夫之辞也。（句中的"火"不是指火星，而是指现今称作的红巨星，每年这颗红巨星从农历七月开始，从天空的中天逐渐西降，代表着暑天逐渐退去，秋天即将到来，对古代的耕种者来说，就是收获的季节将要到来。）

三星在户，妇人之语也。（三星，参星。参星照在门前，表示男女成婚的吉日良辰。）

月离于毕，戍卒之作也。（月亮进入毕宿，有雨的征兆。）

龙尾伏辰，儿童之谣也。（龙尾是指东方青龙七宿中的尾宿。"伏"是隐藏的意思。太阳在尾宿，所以尾宿就看不见了，好像隐藏起来了。）

连孩童都用天文景象作童谣，可见古人对天文现象的观察和知识是很普遍的，对农牧生产和季节判断的需求而产生了天文知识，到了战国时期又发展出与之密不可分的占星术。比如出现了日食、月食会如何如何之类，就是古人将天文自然现象通过臆想与人文社会现象的结合。此时的天文学家已经非常了解日、月和五星的运行规律了。

古人在观测天象时，发现除了日、月，还有五颗一直运动的行星，就是我们现在称作"金、木、水、火、土"的五颗行星，在当时并不叫"金、木、水、火、土"，而是称作辰星（水）、太白（金）、荧惑（火）、岁星（木）、填星（土）。

古人观测天文，发现一大部分星星是不动的，只有一部分是移动的，于是把不动的星星称作"恒星"或"经星"，笔者认为这是因为古代织布是先固定经线，然后来回编入纬线织成布匹，所以"经"就有了恒定、固定的含义。这样自然就把移动的星星称作"纬星"。然后古人为了标定和描述日、月、五星在天球面上的运行位置，就把天空分成二十八个区域，也就是二十八宿。刘起釪先生认为，二十八宿是根据填星（土星）在天空中的循环轨迹和周期，即二十八年为一个周期而划定的。因为在五星中，填星（土星）距离太阳最远，所以周期最长。

古占星家认为填星（土星）二十八年周天循环一次，是五星中周期最长的一星，用它来作标准，就使包括填星在内的五颗星都能在天球面上找到位置。而其他四颗星的周期都不足二十八，无法安顿填星的位置，因此必然是按填星周期来定。约略以填星每年所历为一宿，也称之每年填一宿，故此星称为填星。

　　　　　　　　　　——刘起釪《五行原始意义及其分歧蜕变大要》

于是有二十八宿的划定，意喻日、月、五星在天球面上的二十八个住宿地点，《史记·天官书》称之为二十八舍，作为宿舍的含义就很明显了。不动的"经星"分布在二十八个宿舍区域中，古人再为每个区域内的这组"经星"起一个名字，就是二十八宿中每个宿的名字了，而五颗行星就各自行进移动于二十八个星宿之间。

还有一种与二十八宿相类似的划分天球的方法叫十二次，"次"是停止的意思，比喻行星在星空中，每年都在其中"一次"暂居，称为星次。十二次，是根据岁星（木）十二年周天循环一次来划分天球的。

那么占星术是如何将天文现象和地上的人文现象联系起来的呢？其基本的原则就是将天空的空域划分出来的二十八宿或十二次和地上国家州郡相互对应起来。认为哪个星宿中天文现象发生了某种异常，就会使它相对应的地上的国家或者州域，也发生某些事件，这种把天上星宿对应于地上区域的分配方法称作"分野"。

最初的分野是在西周初期随着封国的时候而定的，如吴、越同日受封，所以分野在同一个十二次的星域（星纪）。分野的最初创设完备，大概是在战国时代，因为从它所分配的国名可以得到证明。分野的星宿与州国对应的方法有好几种，从各种史料的反映，有按十二次分配的，也有按二十八宿分配的。

占星家就是通过这样的分野，再结合日、月、五星的运行，来解释和预测我们的人文社会现象。

当时的思想家和各种学者，都在努力研究四季、四方、五材、日月星辰相互之间的内在联系，希望能发现其中的规律和模式，这样就可以依靠这种规律和模式来探索和预测我们的人文社会，比如其中最主要的一个问题，君主应当如何行事才能治理好国家。

《管子》中有篇叫《四时》的文章，目前学者对这篇文章写成时间的主流意见，是在齐国的稷下学宫时期，大约在公元前353年到公元前280年之间，《四时》对五方、天文、四季、五材、人体器官（当时的人所能认识到的人体器官）等作了分类和归类，实际就是人为的（唯心为主的）将它们联系了起来。

东方是星，它的时令是春；它的气是风，风产生木和骨。它的德性是喜欢生长盈满，而万物按时节生发。

南方为日，它的时令为夏，它的气是阳，阳产生火和气。它的德性是施惠与修乐。

中央是土，土的德性是辅佐四时运行，以使风雨适时，地力增长，土产生表皮肌肤。它的德性表现为和平而均匀，中正而无私，实实在在辅助着四时：春天生育，夏天长养，秋天聚集收成，冬天积储闭藏。

西方是辰，它的时令为秋，它的气是阴，阴产生金和甲。它的德性是忧虑哀伤、平静公正、严肃谨慎，平日里不许做淫侠之事。

北方是月，它的时令称为冬，它的气是寒，寒产生水和血。它的德性是淳厚而清扬，宽恕而周密。

日主阳，月主阴，星主和调。阳是德惠，阴是刑罚，调和是政事。

——《管子·四时》

可见《四时》中"分类"和"相互联系"的思想已经非常发达，只是天上的"五星"还没进入它的学说，"金、木、水、火、土"还没有与"五行"匹配，成为思想的主角，但这种思想的方式和具体的内容已经类似于后来的"阴阳五行"了。

由此我们看到，到了战国后期（公元前300年至公元前250年左右的时期），天上的"五星"、地上的"五方"（东、南、西、北、中），"五材"（金、木、水、火、土），人文的"五德行（五德或五行）"，"轮回循环"等后来"五行"学说的核心思想元素，都已经发展完备，而诸子百家的各类学者和思想家都在努力地将这些思想元素通过分类将他们联系起来，试图找出其中的规律。那么当时的学者是如何研究分类的呢？通过《管子·四时》的分类，我们可以看到，当时的学者首先是通过有规律可循的最基本的自然事物开始分类，比如四季，将他们各自的属性分析出来，再将其他的自然事物，按照各自的属性与其搭配，最终将人文社会的事物也主观地搭配到其中，这正是当时学术思想中所盛行的。

在这个时期，终于出现了一位名叫邹衍的学者，他生活于公元前310年到公元前250年左右，将以上的各种思想元素糅合在一起，创造出了一套系统的、宏大的"终始五德说"，基本建立了后代"阴阳五行说"的思想架构。司马迁在《史记》中对"终始五德说"的描述是：

> 就如《诗经·大雅》所描述的那样，先修整自己，再施及百姓，于是（邹衍）就深入观察万物的阴阳消长的规律，对其作出奇怪而又复杂的改变，写出如《终始》《大圣》等篇文，共十余万字。他的学说宏大广阔而未必能持之长久，都是先从细小的事物验证开始，然后推广到大的事物，以至达到无边无际的尺度。先从当今说起，再往前推至学者们所共同谈论的黄帝时代，然后再叙述历朝历代的更替，以及所对应的吉凶征兆……他描述开天辟地以来，五德的转移轮回，和所对应的历代帝王使用的相适宜的治理方法，以及对应出现的符应。
>
> ——《史记·孟子荀卿列传第十四》

可惜邹衍的书已经全部消亡，《汉书·艺文志》记录了邹衍的两部书，《邹子》四十九篇、《邹子终始》五十六篇，但到了隋朝的文献记录中就已经没有这两部书了。顾颉刚先生考证了"阴阳五德说"的主旨。

> 以"土德、木德、金德、火德、水德"相次转移，其转移的次序是照着五行相胜的原理规定的。因为木克土，故木继土后；金克木，故金继木后……换言之，新朝之起必因前朝之德衰，新朝所据之德必为前朝所不胜之德，这是他的中心思想……现在邹衍有这个新学说发表，使得当时的君王知道，如要做成天子，定要在五德中得到符应，才可确实表示其受有天命。

"阴阳五德说"主要的思想元素就是"五德分类""土、木、金、火、水相克""终始轮回""上天符应"等。运用到政治上，就是说明王朝更替的原因，并由此阐述如何才能成为上天授命的天子。只可惜邹衍的书已经亡失，我们无法知道邹衍"五德"说的详细内容。

进而，顾颉刚先生分析了邹衍学说在战国末年形成的背景原因。在邹衍学术活跃的年代，公元前310年到公元前250年左右，正是帝制运动活跃的年代，各个诸侯在称王以后，更想称霸于天下，进而称帝。秦、赵、齐、燕都有称帝的野心。在这种野心下，用于太平盛世下治理国家的儒家学说自然是不适用的，无法得到统治者的倾心。由此，邹衍在这种"帝制运动"背景下，以及各种"五行"思想元素已经完备的时期，水到渠成地将它们糅合在一起，以诸侯们的关切为目标，创造出自己的新学说。"终始五德说"，如上文所述，意图帮助新的王朝诞生，正适合各诸侯王的要求，于是邹衍之学说便一日千里地传开了。我们看司马迁的《史记》对邹衍的记载和评论：

邹衍在齐国受到尊重。

到魏国，梁惠王远接高迎，同他行宾主的礼节。

到赵国，平原君侧身陪行，亲自为他拂试席位。

到燕国，燕昭王拿着扫帚清除道路为他做先导，并请求自己坐在弟子的座位上向他学习，还曾为他修建碣石宫，亲自去拜他为老师。邹衍作了《主运》篇。

邹衍周游各国受到如此礼尊，这与孔子在陈国和蔡国断粮肚饥，孟子在齐、梁遭到困厄相比，岂能是相同的吗？ ——《史记·孟子荀卿列传》

由此，"终始五德说"以后起之秀与儒、道、法、墨、名五家相提并论，可见其势力增长之快。如顾颉刚先生说的，"终始五德说"在这些学说中是最简单的，正如司马迁描述的，"都是先从细小的事物验证开始"，水灭火、火熔金等都是最能被知识薄弱的普通百姓所能理解和接受的，从此无论在朝廷和学者中，还是在民间，"终始五德说"开始快速发展。

按照刘起釪先生的考证，到邹衍的"终始五德说"之时，只是地上的"五材"金、木、水、火、土和"德"进行了结合，"土德、木德、金德、火德、水德"，土德后木德继之，金德次之，火德次之，水德次之，因此所有的史料都称它为"终始五德说"。由于文献缺失，我们并不知道邹衍的"终始五德说"是否和天上的"五星"也结合了起来，同时我们也不知道邹衍的"土德、木德、金德、火德、水德"是如何分类的、每类"德"的具体属性和内容是什么，等等。比如前文引用的《管子·四时》，因文献保留了下来，我们才得以知道它的分类：

东方是星……是春……它的德性是喜欢生长盈满，而万物按时节生发。

南方是日……是夏……它的德性是施惠与修乐。

西方是辰……是秋……它的德性是忧虑哀伤、平静公正、严肃谨慎……

北方是月……是冬……它的德性是淳厚而清扬、宽恕而周密。

笔者推测，既然邹衍将"五德"用"金、木、水、火、土"来分类和命名，很可能就是用"金、木、水、火、土"这最基本的"五材"的属性来分类，这正符合司马迁对邹衍"五德"说的描述，"都是先从细小的事物验证开始，然后推广到大的事物"。同时，邹衍的"五德说"是否也纳入了孟子的"五德说"，也就是说孟子的"仁、义、礼、智、信"是否也被邹衍分配到"金、木、水、火、土"五德之下，按照庞朴先生的说法，邹衍的"五德"并没有孟子的"仁、义、礼、智、信"。

文献表明，配五常（五德）"仁、义、礼、智、信"于"水、火、木、金、土"五行的把戏，不仅在《管子》的《四时》与《五行》篇中（作为战国时代作品看）不曾见，在《吕氏春秋·十二纪》与《礼记·月令》中不曾见，连刘安的《淮南子·时则训》中也不曾见。——庞朴《思孟五行新考》

直到《春秋繁露》里，我们才看到董仲舒在前人已经足够庞大的五行大系之上，更增加了这个新的项目，拿"仁、义、礼、智、信"配"木、火、土、金、水"。这是董仲舒的发明。董仲舒的这个配方，并未被大家公认，在《乾凿度》、郑玄《中庸注》中，除仁配木、义配金二条与董说相同外，其他三常配三行的办法，都与董说不同。　　　　——庞朴《思孟五行新考》

笔者认为，庞朴先生的说法有相当大的可能性，但也不能完全否定，因为在当时的"帝制运动"大背景下，众多的学者都在提出自己的学说，并且都互不相干，各自为说，司马迁在《史记》中描述邹衍时代的学者情况：

自从邹衍与齐国稷下先生，如淳于髡、慎到、环渊、田骈、驺奭这些人，都各自著书立说，谈论国家治理的事情，希望以此影响那时各国诸侯王，这样的学者太多了，他们的学说难道能介绍的完吗？（原文：自邹衍与齐之稷下先生，如淳于髡、慎到、环渊、田骈、驺奭之徒，各著书言治乱之事，以干世主，岂可胜道哉！）　　　　　——《史记·孟子荀卿列传》

而且对"五德"的分类又是非逻辑的和主观的，所以尽管大约在同时期的《管子·四时》和《管子·五行》，以及在邹衍之后的《吕氏春秋·十二纪》等当时的篇文中没有"仁、义、礼、智、信"与"金、木、水、火、土"的配对，也不能凭此说明邹衍的"五德说"中也没有。这只能说明《管子·四时》和《管子·五行》，以及《吕氏春秋》的思想中没有这样的搭配，或者说没有采纳邹衍的学说。

其次，庞朴先生认为到西汉武帝后期的董仲舒才将"仁、义、礼、智、信"搭配"金、木、水、火、土"，进而推断邹衍的"金、木、水、火、土"的五德中不包含"仁、义、礼、智、信"。如果当时的学术规则和现代的一样，某个学者提出的理论，其他学者不能承袭，那么这样的逻辑推断是成立的，但是当时并没有这样的规则。董仲舒"五行论"的很多内容就是承袭了和他相距近一百年左右的《吕氏春秋》的说法，再进行发展的。董仲舒和邹衍相距近两百年左右，他作为博士，完全是有机会看到邹衍的书。所以说，董仲舒将"仁、义、礼、智、信"搭配"金、木、水、火、土"和邹衍是否如此搭配过，两者之间是没有因果关系的。另外，顾颉刚先生叙述了孟子和邹衍之间的关系。

战国时，邹与鲁接壤，邹与鲁又并包于齐。邹、鲁之间为儒学中心……鲁学风被于齐，齐遂成为儒学大支……我们研究战国文化，当把鲁、邹、齐三国看作一个集团。孟子是邹人，邹衍以邹为氏，当也是邹人（《史记》上写他为齐人，或他由邹迁齐，或他以邹人久居于齐，故有此说，均未可知）。《史记》言"邹衍后孟子"，或邹衍闻孟子之风而悦之，刺取其说以立自己的主张，观其言仁义，言六亲可知。——顾颉刚《五德终始说下的政治和历史》

司马迁在《史记》中对邹衍"五德说"的总结：

然而要归纳（邹衍学说）的要义，最终都回归到仁义节俭，君臣上下六亲之施。（原文：然要其归，必止乎仁义节俭，君臣上下六亲之施。）

——《史记·孟子荀卿列传第十四》

由此，我们通过邹衍和孟子有着地域上的亲近关系，推测他们之间的学说也有亲近的关系，同时，又证明了邹衍的学说中也探讨过"仁和义"，因此笔者推测，邹衍的"五德说"中，至少是探讨过孟子的"仁、义、礼、智、信"的，那么也会在其学说中使用"五行"这个简称五种德行的术语。只是邹衍学说的核心是"德"，而不是"行"，"行"只是"德"被施行的称呼，所以后代称呼他的学说仍然是"五德说"。

通过这样的分析，可以进一步推测，正是在邹衍推出"终始五德说"后，"金、木、水、火、土"才开始和"五行"这个术语发生关联。"金德、木德、水德、火德、土德"是邹衍新创的五种"德行"，既然孟子的"德行"是"德之行五"，以"五行"简称"仁、义、礼、智、信"这五德，那么在邹衍"五德学说"中，也会用"五德"和"五行"来简称他自己创造的五种德行，即"金德、木德、水德、火德、土德"。

在古代的文献中，最早出现"五行"的篇文是《尚书·甘誓》。此文叙述了夏王大禹的儿子夏启，继承大禹的王位时，一个名叫有扈氏的部落不服从夏启，于是夏启就发动了对有扈氏的征战，《甘誓》就是征战出发前，在甘地向军队发表的誓师词。

有扈氏威侮五行，怠弃三正。　　　　　　　　　　　——《尚书·甘誓》

但《尚书·甘誓》并未在文中叙述"五行"的内容，最早记录了"五行"是"金、木、水、火、土"的文献是《尚书》中的《洪范》篇。

五行：一是水，二是火，三是木，四是金，五是土。水向下润湿，火向上燃烧，木可以弯曲伸直，金属可以顺从人意改变形状，土壤可以种植百谷。向下润湿的水产生咸味，向上燃烧的火产生苦味，可曲可直的木产生酸味，顺从人意而改变形状的金属产生辣味，种植的百谷产生甜味。　——《尚书·洪范》

《洪范》的"洪"是"大"的意思，"范"是规范、法则的意思，《洪范》就是治理国家的"大法则"。按照《史记》和《尚书大传》的说法，商朝纣王昏庸暴虐，杀了王子比干，囚禁了箕子，按照史学家推测，箕子可能是纣王的庶兄或是同辈的亲属。在周武王打败了纣王后，武王释放了箕子，箕子心中却处于是否效忠于武王的矛盾中，于是远走朝鲜（不是现在的朝鲜国）。两年后，箕子从朝鲜回来朝拜武王，武王就在当时向箕子询问治理天下的方法，于是箕子的叙述就成了这篇《洪范》。

《洪范》这篇文章经过大多史学家的考证，主流意见认为，它的大部分思想确实是来自商代后期。在被写到竹简上形成最初期的篇文后，从西周传承到春秋，这个过程中，就有不同学者在各自的时代，对最初的《洪范》篇文作了不同的增改。到了战国后期，篇文才最终固定下来。

按照前文对"阴阳五行说"发展的叙述，可以推测，正是邹衍，在他推出"终始五德说"后，或者，由推行邹衍"五德说"的学者，在战国后期，最终改定了《洪范》篇文中对于"五行"和"金、木、水、火、土"的叙述，笔者认为邹衍或某个"终始五德说"的学者篡改了原文，"五行"的原文应该是"五材"。

因为从这段"五行"的介绍，我们可以清楚地看到，"金、木、水、火、土"还完全停留在类似墨子对"五材"研究的思想阶段，仍然停留在"对物质属性研究"的思想层面，完全没有利用"金、木、水、火、土"进行分类的思想深度。文中"五行"与"金、木、水、火、土"的匹配非常地生硬和牵强。所以可以认为《洪范》此处的原文应该是"五材"，这样才能自然地匹配下文的描述。

同时，如果我们再联系邹衍"五德说"的学说特点，"都是先从细小的事物验证开始，然后推广到大的事物"，这就可以推测，邹衍可能正是在研究《洪范》中"金、木、水、火、土"的叙述后，受到了启发。他通过民众皆知的"金、木、水、火、土"属性，木从土中出，木胜土；土能挡住水，土胜水；水能灭火，水胜火；火能熔化金，火胜金；金属刀具能削砍木头，金胜木。这些正是"细小的事物"，进而"推广到大的事物"，也就是比附为可以分类各种自然和人文事物的五种"德行"。

但邹衍不能用"五德"来篡改原文的"五材"，在当时的学术思想中，孟子"五德说"早已被儒家各方学者所研究和讨论，"德"的概念和"五德"这个术语也被广泛地使用，如果在《洪范》中直接说"五德"是"金、木、水、火、土"，可能难以服人，容易露出篡改的马脚。这样邹衍就将"德"之施行的"行"替代了五材的"材"，邹衍这样做，最可能的目的就是为了提高自己学说的权威，将《洪范》中"五材"改为了"五行"，从而将自己的学说和古代的篇文产生联系，让自己的学说和当时学者都崇尚的古代思想结合在一起。

邹衍的"终始五德说"所包含的"金、木、水、火、土""五德分类""五德相胜终始循环""五德与五色相配"等思想元素都是后代"阴阳五行说"的核心元素。邹衍建立的"终始五德说"是后代"阴阳五行说"的雏形，可以说是邹衍搭起了这个无所不包的思想体系的框架。在这个框架建立以后，又经过了战国末期各类学者各自对"五德说"的增衍。到了秦国统一中国之前，秦国的丞相吕不韦再次增强和发展了"终始五德说"中"五德分类"这一思想元素，更详细地阐述了"分类"背后的原理。

类固相召，气同则合，声比则应。（物类相同的就相互召引，气相同的

就相互聚合，音律相同的就相互响应。） ——《吕氏春秋·应同篇》

"同类相召，同气相聚"也是"阴阳五行说"的核心思想元素，正是依靠"同类相召，同气相聚"才将万事万物分类到"金、木、水、火、土"这五类中进行判断和预测。现代学者也普遍认为吕不韦的《吕氏春秋》也对"阴阳五德说"作了完善和发展，庞朴先生认为《吕氏春秋》是对战国末期"阴阳五德"各种思想元素的整理和扩张，让它更加妥帖。我们将《吕氏春秋》对"五德"分类的主要内容小结如下：

孟春之月……其帝太昊，其神句芒……盛德在木……其味酸。

孟夏之月……其帝炎帝，其神祝融……盛德在火……其味苦。

季夏之月……其帝炎帝，其神祝融……其味苦，其臭焦。

中央土……其帝黄帝，其神后土……其味甘，其臭香。

孟秋之月……其帝少昊，其神蓐收……盛德在金……其味辛。

孟冬之月……其帝颛顼，其神玄冥……盛德在水……其味咸。

——《吕氏春秋》

表1 《吕氏春秋》五德分类

四季	五方	五帝	五神	五德	五味
春	东	太昊	句芒	木	酸
夏	南	炎帝	祝融	火	苦
季夏	无对应方位	炎帝	祝融	无	苦
无对应季节	中	黄帝	后土	土	甘
秋	西	少昊	蓐收	金	辛
冬	北	颛顼	玄冥	水	咸

吕不韦的"五德"已经将邹衍搭建的框架，充实成了一栋一应俱全的理论大厦，与后来的"阴阳五行"之说相比已经只是一步之遥了。但我们可以看到，此时吕不韦的"金、木、水、火、土的五德"还没有和天上"五星"联系起来，只是和当时传说的"五神"联系了起来，不过至少已经和上天联系了起来。另外，吕不韦的"五德"还没有和"四季"全部对应起来，我们

看到"季夏"仍然属于"夏",因为它们有着相同的"五帝"和"五神"。吕不韦在当时肯定也对"五德"和"四季"的对应努力思考过,但没有想出联系的方法。但吕不韦把"五德"和"四方"对应起来了,他给"东、南、西、北"增加了一个"中",把土德就赋予了"中",由此,"五德"就和大地的方位对应好了。

最终,在秦始皇一统天下后,采用了这套光怪陆离、无所不包的"终始五德说",作为开国各类政策和政事的思想理论基础,彻底奠定了"阴阳五德说"在思想和学术界的地位。

秦始皇按照水、火、木、金、土五德终始循环的原理进行推求,认为周朝占有火德的属性,秦朝要取代周朝,就必须取周朝的火德所抵不过的水德。现在是水德开始之年,为顺天意,要更改一年的开始,由此群臣朝贺都在十月。衣服、符节和旗帜的装饰,都崇尚黑色。事物以六为纪(因为水德属阴,在被阴阳学影响的《周易》中,占卜是根据卦和爻,每个卦象都有六个爻,爻又有阴阳之分,阳爻对应"九",阴爻对应"六",所以秦始皇属阴的水德就崇尚数字"六",笔者注),所有符节和御史所戴的法冠都规定为六寸,车宽为六尺,六尺为一步,一辆车驾六匹马。把黄河改名为"德水",以此来表示水德的开始。

——《史记·秦始皇本纪》

既然连秦始皇也认可和采用了这种思想,进入秦朝和西汉后,对"阴阳五德"思想的发展更是扶摇直上。在《吕氏春秋》的思想中,天上的"五星"并没有和地上的"金、木、水、火、土"联系起来,也就是五颗行星还没有被分配给无所不包的"金、木、水、火、土的五德"。但正如上文描述的,此时"五德"思想正处于如火如荼、突飞猛进的时期,"五星"被卷入"阴阳五德"的巨轮,只是时间的问题。

马王堆出土的帛书再次提供了线索,其中有一篇文章记载道:

东方木,其帝大浩(昊),其丞句(荒)芒,其神上为岁星。

南方火,其帝赤(炎)帝,其丞祝庸(融),其神上为荧惑。

中央土,其帝黄帝,其丞后土,其神上为填星。

北方水,其帝端(颛)玉(顼),其丞玄冥,其神上为辰星。

西方金,其帝少浩(昊),其神蓐收,其神上为太白。

——《长沙马王堆汉墓简帛集成》

帛书出土后，研究这篇文章的学者给这篇文章起名为《五星占》。由此我们可以看到"五星"是如何进入"五行"的，在这个进入过程中，是占星术将"五星"和"金、木、水、火、土"联系了起来，需要注意的是，他们只是相互对应，并没有将"五星"分别称作金星、木星、水星、火星、土星。

如果把《五星占》和《吕氏春秋》比较的话，很明显，《五星占》的说法与《吕氏春秋》的说法非常相似，《五星占》将《吕氏春秋》"五德"中的"五神"改成了"五帝"的"丞"，成为了"五丞"，因为"神"需要由"五星"担任，"五星"最终以"神上"的方式和"五德"对应了起来。但这个思想节点发生的时间是在《吕氏春秋》之前还是之后，我们现在还无法考证。尽管马王堆三号墓是孝文帝时期的（公元前168年左右），但占星术"五星"配"金、木、水、火、土"思想的发明时间肯定是在更早的时期。另外，当时的学者都是各自为说，《吕氏春秋》的"金、木、水、火、土"没有纳入"五星"并不代表那个时期占星术中没有这个思想和说法。

"五星"中岁星、荧惑、填星、辰星、太白已经和"金、木、水、火、土的五德"联系了起来，但这套学说仍然称作"终始五德说"，五颗行星的称呼仍然是岁星、荧惑、填星、辰星、太白，轮回循环的仍然是"金、木、水、火、土"这五德。那么岁星、荧惑、填星、辰星、太白是如何开始被称呼为木星、火星、土星、水星、金星的呢？刘起釪先生认为：

天上指客观存在的五行与地上指客观存在的五材，当古人在思维活动里把它们联系起来思考时，很自然地这两个"五"会碰到一起来。何况当时占星家一贯称五星用"荧惑""太白"等两个字的并且意义所指不太明晰的名称，也较麻烦不便，既有"五材"的金、木、水、火、土五个简明的字眼儿，借用来称呼这五星，非常便当。于是原来天上作为"五行"现象的实体的五颗行星，就借用"水、金、火、木、土"五个字来分别称呼了。由于习称便利，天上五星的原名辰星、太白、荧惑、岁星、填星，在一般称呼时，依次被水星、金星、火星、木星、土星所取代了，只是在天文星象书籍中及各史天文志中仍保留用原星名。　——《五行原始意义及其分歧蜕变大要》

刘起釪先生的观点中，笔者并不认同他对天上"五星"和"五材之金、木、水、火、土"以"五"为联结元素的结合过程的说法。刘起釪先生认为当时的学者觉得岁星、荧惑、填星、辰星、太白称呼起来比较"麻烦不便"，所以就用"水、金、火、木、土"五个"简明的字眼儿"来分别称呼了，笔者认为这个说法中"为了方便"，这个动机是对的，但具体的结合过程，刘起釪先生没有说明，感觉就是为了方便。笔者认为这个结合是有符合逻辑的过程的。

如前文所述，"金、木、水、火、土"和"五星"通过"神上"联系了起来，这样"五星"各自也相应地具备了"金、木、水、火、土"的属性。在占星家观察了具体的天象后，除了用占星术自己的内容和"分野"来解释和预测人文现象，也会用五颗行星对应的"金、木、水、火、土"的属性来解释观察到的天象。

> 察日、月之行，以揆岁星顺逆，曰东方木，主春。——《史记·天官书》
> 察刚气，以处荧惑，曰南方火，主夏。　　　——《史记·天官书》

在介绍"五星"其他的属性时，仍然称呼它们原来的名字，但是，一旦需要用到它们的"金、木、水、火、土"的属性来说明天象时，就不在文中再次重复说明"五星"各自所对应的"金、木、水、火、土"了，而直接称呼水星、金星、火星、木星、土星，这就是为了方便了，举一例如下：

> 木星与土合，为内乱，饥。　　　　　　——《史记·天官书》
> （木星与）水则变谋而更事。　　　　　——《史记·天官书》
> （木星与）火为旱。　　　　　　　　　——《史记·天官书》

比如对第一条，如要按照非减省的写法，就是：

> 岁星与填星相遇，因岁星是"木"的"神上"，所以属木，填星属土，木和土相合，就要发生内乱和饥荒，所以岁星与填星相遇，就要发生内乱和饥荒。（按照邹衍的"五德"相克，木是克土的，现在相合，就会发生"乱"。）

所以直接用"金、木、水、火、土"代称"五星"原有的名字就方便直接多了，"木星与土合，为内乱，饥"。在汉成帝（公元前33年到公元前8年）时期，精通五行的学者刘向，在他的著作《说苑》中写道：

> 五星各自的运行，某颗行星背离了自己的轨迹，进犯到其他某颗行星的轨迹和星宿中，就用行星各自所属的"金、木、水、火、土"的属性来占说。（原文：五星之所犯，各以金木水火土为占。）　　　——《说苑·辨物》

正是在占星术中的使用，"五星"就以"神上"的"身份"渐渐地又多出了水星、金星、火星、木星、土星的名字。这样"五行"这个术语就把"天上""地下"和"人文"三大方面全部囊括进来了。

最后从"终始五德说"转变成"阴阳五行说"，正是在董仲舒的学说中出现的，因为他的新理论需要"天"和"地"更紧密地联系在一起，董仲舒在原有的"五德说"的基础上再次加以修改和发展，再与《春秋》中记载的历史事件相互结合，衍生出了他自己的一套学说。

董仲舒的学说主要由"大一统"和"天人感应"组成。"大一统"主张"屈民而伸君，屈君而伸天"，所有民众必须绝对服从于君主，只有君主拥有绝对的权力，因为君主是上天降下来统治民众的。因此，君王又要屈服于上天，也就是用上天的权威约束皇帝。上天如何约束皇帝呢？董仲舒的理论说，人和上天之间是有内在联系的，进而存在着相互感应。人，特别是皇帝，他的思想和行为会触动上天。那么我们如何知道天的意思呢？上天会用自然现象来回应人这种思想和行为，有灾异，说明皇帝做错了；有祥瑞，自然就是做对了。

董仲舒学说中"天人感应"的理论就是吕不韦的"类固相召，气同则合"的发展，他称"天"和"人"是同类的，即"天人同类"，也就能"天人感应"了。

人能生育，而不能造就人，能造就人的是天。人所以成为人在于其禀受于天，天是人的始祖，这就是人与天相类似的原因。（原文：为生不能为人，为人者天也。人之为人，本于天。天亦人之曾祖父也，此人之所以乃上类天也。）

————董仲舒《春秋繁露·为人者天》

由此，董仲舒进而认为天、地、四季的变化与人都是相通的，所以董仲舒需要紧密联系"天"和"地"的各种元素，"相通"是他学说中关键的因素。如前文所述，到董仲舒所处的武帝时期，占星术中已经用"金、木、水、火、土"代称天上的"五星"，而邹衍的学说早已将"金、木、水、火、土"与"五德"联系了起来，最终在董仲舒的学说著作中，天上的"五星"和已经代表抽象"五德"概念的地上"金、木、水、火、土"联系了起来，直接称"天有五行"。

天有五行，一曰木，二曰火，三曰土，四曰金，五曰水。

————《春秋繁露·五行之义》

　　"五行"这个术语终于开始同时代表地上的"五材"、天上的"五星"，以及"五方""四季""五味"等各种思想元素，董仲舒又对"五行"这个概念极力地创说和发展，在他《春秋繁露》这本书中有着多篇关于"五行"的文章，《五行对》《五行之义》《五行相生》《五行相胜》《五行顺逆》等，至此"阴阳五行"之说终于形成。

　　但是，董仲舒在《春秋繁露》中并没有解释"天上"的"五行"是"金、木、水、火、土"的原因，我们只是通过在占星术中"金、木、水、火、土"与"五星"的结合，推测天上的"五星"因为多出了"金、木、水、火、土"的名称，从而变成了天上的"五行"。而董仲舒是否就是用这样的方式，将地上已经是"五行"的"五材"，通过"金、木、水、火、土"映射成天上的五行，我们并不知道。董仲舒在《春秋繁露》中关于"五行"的篇章完全没有提到"五行之金、木、水、火、土"与"五星"之间的关系。换句话说，我们并不能证明董仲舒就是用我们推测的方式把"天上五行"指为五颗行星，比董仲舒晚去世十几年的司马迁在《史记·天官书》中仍然写道：

　　太史公曰：天有五星，地有五行。　　　　　——《史记·天官书》

　　至少司马迁没有采纳董仲舒的说法，或者说董仲舒的说法在他去世后一段时间，没有被当时学者全部接纳。董仲舒去世八十多年后，前文提到的汉成帝时期的刘向，在他的《说苑·辨物》中写道：

　　是故发于一，成于二，备于三，周于四，行于五；是故玄象着明，莫大于日月；察变之动，莫着于五星。天之五星运气于五行……所谓五星者，一曰岁星，二曰荧惑，三曰镇星，四曰太白，五曰辰星……五星之所犯，各以金木水火土为占。　　　　　——《说苑·辨物》

　　"天之五星运气于五行"，这句话非常清楚地表明"五星"不是"五行"，也就是说天上的"五行"不是"五星"。

　　庞朴先生也研究了董仲舒"天有五行"的结合过程，他从"行"字的两种发音入手作了分析，有着非常重要的启发意义。

　　其实"行"字有不同的读音和含义。一读 xíng，即通常所说的五行之行；一读 héng，是德行之行。　　　　　——《五行漫谈》庞朴

　　但庞朴先生对董仲舒《春秋繁露》文中"行"字发音的分析，笔者存有异议。

　　是故父之所生，其子长之。

父之所长，其子养之。

父之所养，其子成之。

诸父所为，其子皆奉承而续行之，不敢不致如父之意，尽为人之道也。

故五行者，五行也。　　　　　　——《春秋繁露·五行对》

庞朴先生认为最后一句"行"的读音是"故五行（xíng）者，五行（héng）也"，并认为前一个"五行"指天所固有的"金木"等之"经"和"义"，后一个"五行"指人法天而成的忠孝之类诸德行。

故五行者，乃孝子、忠臣之行也。

五行之为言也，犹五行欤？是故以得辞也。——《春秋繁露·五行之义》

对这段话，庞朴先生认为的读法和解释：

他（董仲舒）又说："故五行（xíng）者，乃孝子、忠臣之行（héng）也（金木等之序位与关系是孝子忠臣式的行为）；五行（xíng）之为言也，犹五行（héng）欤（莫非是它们昭示了五种行为规范）？是故以得辞也。"《五行漫谈》庞朴

庞朴先生并没有给出文中"行"字各自发音的依据，而在唐朝初年陆德明撰写的《经典释文》中，对"行"字标注的读音：

箕子乃言曰："我闻在昔，鲧陻洪水，汩陈其五行。行，户庚反。"　　　　　　　　　　　　　　　　——《尚书·洪范》

人之有能有为，使羞其行，而邦其昌。其行，如字，（徐）下孟反。

　　　　　　　　　　　　　　　　　　——《尚书·洪范》

帝曰："俞，予闻，如何？"俞，然也。然其所举，言我亦闻之，其德行如何？○俞，羊朱反。行，下孟反，下"其行"同。——《尚书·尧典》

皋陶曰："都！亦行有九德。言人性行有九德，以考察真伪则可知。○行，下孟反，注"性行""行正直"之"行"同。　——《尚书·皋陶谟》

这几个读音的标注，非常明确地说明，只有"五行"的"行"读为"衡héng"，而"德行"的"行"，"行为"和"施行"的"行"都读为"xíng"。所以笔者认为董仲舒文中"行"的读音应该为：

故五行（héng）者，五行（xíng）也。　——《春秋繁露·五行对》

故五行（héng）者，乃孝子、忠臣之行（xíng）也。

五行（héng）之为言也，犹五行（xíng）欤？是故以得辞也。

——《春秋繁露·五行之义》

由此笔者推测，在董仲舒写出"天有五行"这个概念之时或之前，即"金、木、水、火、土"被认为是天上的"五行（衡）"之前，还有我们未知的"五行（衡）"思想的衍进，即"五行（衡）"可能是另外一种含义。到汉哀帝继位之时（公元前7年至公元前1年），当时著名的学者李寻，他是小夏侯《尚书》学（夏侯建）的第二代正宗传人，在他给汉哀帝的上奏中写道：

臣闻五星者，五行之精。　　　——《汉书·李寻传第四十五》

到了东汉汉安帝时期，当时的著名学者张衡（公元78年至139年）对"五行"和"五星"的描述：

张衡云："文曜丽乎天，其动者有七，日月五星是也。日者，阳精之宗；月者，阴精之宗；五星，五行之精。众星列布，体生于地，精成于天。"　　　——《史记正义·天官书》

可见李育和张衡学到的"五行说"都认为"五行"的"精"是天上的五星，而"五行"的"体"是在地上的，既是地上的"金、木、水、火、土"。由此"五行（衡）"是凌驾于"五星"和"金、木、水、火、土五德行（xíng）"之上的一种思想概念，我们再结合西汉末刘向的"天之五星运气于五行"的概念，我们可以推断"五行（衡）"是一个独立的概念，而其线索正是"五行"中"行"字的发音，唯独它发"héng衡"这个音，而不同于"德行""施行""行为"发"xíng"这个音。为什么唯独"五行"的"行"发héng（衡）这个音？所以笔者推测，它暗示着"五行（héng衡）"是一个高于地上"五德行"和天上"五星"的概念。

如果根据董仲舒文中的"五行"发音，笔者认为在董仲舒的时期，"五行（héng衡）"已经是一个凌驾于地上"金、木、水、火、土五德行（xíng）"和天上"五星"之上的概念。在董仲舒的《春秋繁露》中已经留下了线索。

天地之气，合二为一，分为阴阳，判为四时，列为五行。

——《春秋繁露·五行相生》

很明显董仲舒认为"五行"是"天地之气"在某一方面的体现，庞朴先生对"五行（héng衡）"的概念作了推测。

谓之"行"者，既取其四通八达的名词意义，也取其流行、行用、行进的动词意义；两者兼而有之，遂由之更生发出一种全新的世界观来。这个五行，不仅是五种物、五种性（事物最根本的性质，笔者注），以及它们的流行和作用，即是说，不仅是物质和运动，而且又不再是物质和运动，不即不离，亦即亦离……单用物质（包括物性）和运动这样的范畴，只会把五行看死，远不足以得其神髓！……因为五行不仅是五种质料在运行而已，它还是五种运行着的性，正是借助于性，五行才能以囊括种种非实物的人事，通自然与社会为一。

　　　　　　　　　　　　　　　　　　　　　——《五行漫谈》庞朴

　　只是董仲舒时代对"天地之气"的"五行（衡）"概念的解说是否如庞朴先生推测的这样，就不可知了。但是自西汉起延续了近两千年的"阴阳五行之说"的这一名称正是从董仲舒这个时期开始的。即使"阴阳五行"中一些概念不是董仲舒始创的，但董仲舒非常详细地研究了《春秋》中历史上发生的灾异和祥瑞，将这些灾异和祥瑞与历史上发生的事件联系起来，用他的"天人感应"对"阴阳五行说"作了系统地叙述，"阴阳五行说"从此开始被用作这一庞大思想体系的简称。

3.5 罢黜百家，独尊儒术

　　我们再回到武帝的策问中，董仲舒凭借着他的学说在回答武帝的"天人三策"中脱颖而出。这三次策问的对答在中国经学史上之所以如此重要，是因为在董仲舒的第三次对策中提出：

　　如今各派老师所述的道理彼此不同，人们的议论也彼此各异，诸子百家研究的方向不同，意旨也不一样，所以处在上位的人君不能掌握统一的标准，法令制度多次改变，在下的百姓不知道应当怎样遵守。臣认为凡是不属于六艺的科目，和不属于孔子学术的学说都一律禁止，不许它们同样发展。

　　　　　　　　　　　　　　　　　　　　　——《汉书·董仲舒传》

　　"罢黜百家，独尊儒术"这条影响了中国思想近两千多年的政策，由董仲舒在策问的奏答中提了出来，与此同时：

　　在窦太后驾崩后，武安君田蚡出任丞相，罢黜黄老、刑名百家之言，招纳经学儒者一百多人。　　　　　　　　　——《汉书·儒林列传》

　　儒家终于代替了黄老学说和诸子百家，正式成为国家的统治思想。从此以后，这一政策几乎被历朝历代的统治者所遵奉，长达两千年之久，一直到清朝覆灭之后，儒家思想才与皇权统治彻底分割，"天人三策"中的"罢黜百家，独尊儒术"成为中国政治和思想历史上划时代的历史事件。

此后近两千年，在众多的学者心目中，因为董仲舒提出了"罢黜百家，独尊儒术"，儒家成为中国正统思想学说，所以大家认为是董仲舒推动了儒学的兴起。但通过上文的叙述，大家可以看到并非如此。儒家从辅助变为主领，一统天下，其过程已经经过几代的发展，董仲舒正好出现在水到渠成之时。现代学者朱维铮先生的评论是"董仲舒所起的作用，充其量不过是对既定政策作出理论解释"，笔者也认同此说。但是，笔者进一步认为董仲舒在"罢黜百家，独尊儒术"政策中的分量要比仅仅是"理论解释"更重一些，因为这个"理论体系"是董仲舒融汇的，是他将当时的各家学说以儒学为主体融合到了一起，从而为武帝最终作出"罢黜百家，独尊儒术"的决定，奠定了关键的基础。

策问结束后，汉武帝任命董仲舒为江都国国相，辅佐江都国易王。易王（刘非），是汉武帝的哥哥，平素非常骄横，喜欢勇武。董仲舒用礼义扶正易王，易王很敬重他。董仲舒在治理封国时，根据《春秋》记载的历史上发生的灾异，配以阴阳学说，来发现当下发生的各种灾异的原因。

——《汉书·董仲舒传》

与此同时，在这一百多贤才中，与董仲舒一同被武帝选中的还有一位叫公孙弘的学者，他同样是《春秋》的学者。

元光元年（公元前134年），五月，诏贤良曰……于是董仲舒、公孙弘等出焉。 ——《汉书·武帝纪》

当时对策的一百多人，太常上奏对策成绩时，公孙弘位居下等。策简呈给皇帝后，天子将公孙弘的对策选拔为第一。公孙弘被召入见，天子见他一表人才，于是任命为博士，待诏金马门。 ——《汉书·公孙弘传》

这是公孙弘第二次被封国推荐为"贤良"。

公孙弘，菑川国薛县人。年轻时做过狱吏，因犯了罪而被免职。由于家中贫寒，在海边放猪为生。四十多岁时才开始研习《春秋》及各家的杂论。

汉武帝刚刚即位时，招选贤良文学之士，此时公孙弘六十岁，以贤良的身份做了博士。在此期间，他出使匈奴，返回朝庭后作的汇报，不合皇上的心意，武帝很生气，认为他没有能力，于是公孙弘上书称病，被免官回到故里。

——《汉书·公孙弘传》

这第一次被选为贤良，正是武帝继位第一年，建元元年的那次推举贤良。当时公孙弘已经 60 岁，那么在这第二次的推举贤良时，已经是 66 岁的岁暮老者了。但公孙弘却在后面短短的几年中一路升迁，在公元前 126 年已经升任到三公之御史大夫，两年后，公元前 124 年，公孙弘当上了丞相。

和公孙弘相比，董仲舒的仕途并不理想，其原因也是比较明显，大致来说，董仲舒专心于学术，而公孙弘专心于武帝。

（公孙弘）每次上朝议论政事，总是先陈述政事的各种情况和意见，让皇上自己去选择决定，从不当面驳斥武帝，也不在朝廷上与武帝争辩。于是武帝发现他的品行谨慎忠厚，即使辩论，也留有余地，熟悉文书法令和官吏事务，而且还能用儒学观点阐述政事，皇上很欣赏他。一年之内已经将公孙弘提拔到左内史。

——《汉书·公孙弘传》

左内史是两千石的官员，是掌管京都地区的最高长官之一。在景帝二年，公元前 155 年，内史分为左内史和右内史，到了武帝太初元年（公元前 104 年），将左内史改为左冯翊，右内史改为京兆尹，并将京畿要地从两个区域改分为三个区域，加入右扶风这个官职，与左冯翊和京兆尹共同掌管，合称三辅。

董仲舒担任的江都国国相也是两千石的官职，但是任职不久后，不知是什么原因，董仲舒被召回朝廷担任中大夫，而当时中大夫是一千石的官职。

董仲舒在治理封国时，根据《春秋》记载的历史上发生的灾异，配以阴阳学说，来发现当下发生的各种灾异的原因……后来，董仲舒被废为中大夫。

——《汉书·董仲舒传》

董仲舒理论上是被降职了，所以说是被"废为中大夫"。但可以推测董仲舒并非是犯错降职，如果是犯罪或犯错，通常都会简单地注写一笔"因事免"或"因罪免"，此处并没注写，所以他只是因某种原因要离开武帝哥哥刘易的江都国，此时朝中又没有适合董仲舒的两千石官职，而董仲舒也并不是关心官职高低的人，中大夫这个官职的员额在朝中又没有定额，所以就以这个官职回到了朝廷。

此后，董仲舒以中大夫之职与公孙弘同朝为臣，官职肯定是比公孙弘低，两人在儒学中都以精通《春秋》为长。正是两人在同朝为臣时期，董仲舒才得以观察到公孙弘迎合武帝的为官方式，因此他十分蔑视公孙弘。

董仲舒为人廉洁正直……公孙弘研究《春秋》的水平不如董仲舒，可是公孙弘迎合世俗，才掌握大权，位至公卿。董仲舒认为公孙弘奉承谄媚，（因此）公孙弘嫉恨董仲舒。（当时）胶西王刘端也是汉武帝的哥哥，为人特别放纵，凶残蛮横，多次谋杀朝廷派去的二千石官员。公孙弘就跟汉武帝说："只有董仲舒可以担任胶西王相。"

——《汉书·董仲舒传》

公孙弘为人猜疑忌恨，外表宽宏大量，内心却城府很深。那些曾经同公孙弘有仇怨的人，公孙弘虽然表面与他们相处很好，但暗中却加祸于人予以报复。杀死主父偃，把董仲舒改派到胶西国当相的事，都是公孙弘的主意。

——《汉书·公孙弘传》

公孙弘用此阴险的手法将董仲舒挤出了朝廷中枢。董仲舒只能再次离开长安，前往胶西国担任国相。胶西王刘端为人凶狠邪毒，已经多次犯法，朝廷大臣也多次奏请判他死罪，但武帝念兄弟之情，并不忍心，刘端反而更加肆无忌惮。董仲舒上任国相后，也认为自己不可能教化好这个混世魔王，只能称病离职。从此，董仲舒再未进入仕途，一直在家著述治学，直到去世。

3.6 董仲舒对策时间考

汉武帝的"罢黜百家，独尊儒术"是中国历史上最重要的事件之一，因此，董仲舒对策的准确年代也受到众多学者的关注。目前主流的意见，如本文叙述的，是在窦太后去世后，元光元年（公元前134年）5月，武帝第二次招贤纳士的时候。但由于《史记》和《汉书》记录"对策"相关事件的参差不齐，并未按照时间顺序，再加上个别记录的笔误，造成后代学者对董仲舒"对策"的时间有几种意见。

武帝登基后，在建元期间（公元前140至公元前135年）和元光期间（公元前134至公元前129年），依据《史记》和《汉书》记载，有三次招贤纳士：

第一次：建元元年冬十月，诏丞相、御史、列侯、中二千石、二千石、诸侯相举贤良方正直言极谏之士。

——《汉书·武帝本纪》

第二次：元光元年冬十一月，初令郡国举孝廉各一人。

——《汉书·武帝本纪》

元光元年五月，诏贤良曰……　　　　　——《汉书·武帝本纪》

第三次：元光五年，复征贤良文学，菑川国再次向朝廷推举公孙弘。

——《汉书·公孙弘传》

这其中，《汉书·公孙弘传》记录的元光五年（公元前 130 年）的这一次征贤良，是属于明显的笔误。首先，《公孙弘传》中记录的武帝策问和元光元年五月（公元前 134 年 5 月）武帝"诏贤良曰"的内容很相似。其次，《史记·武帝本纪》有记载：

后六年，窦太后崩，其明年，上征文学之士公孙弘等。

——《史记·武帝本纪》

非常明确地记录了公孙弘被皇帝征召是在窦太后去世的第二年，即元光元年，所以"元光五年"是"元光元年五月"的笔误，这已经被大多数现代学者认可。

因此，大多反对"对策"是发生在第二次"元光元年十一月（公元前135 年 11 月）"的学者都认为"对策"是在第一次的"建元元年冬十月（公元前 141 年 10 月）"，比如北宋司马光在《资治通鉴》就将对策时间放在建元元年。

建元元年，冬十月，诏举贤良方正直言极谏之士，上亲策问以古今治道，对者百余人。广川董仲舒对曰……　　　　　——《资治通鉴》

近代史学家钱穆先生也认为董仲舒的对策在建元元年（公元前 141 年 10月），但笔者认为董仲舒的对策是发生在元光元年十一月（公元前 135 年11 月），分析如下文：

首先要说明一下的是，在太初元年（公元前 104 年）之前，西汉都是以10 月作为每年的第一个月。所以公元前 135 年 9 月是建元六年，公元前 135年 10 月是元光元年。

比如第二次招贤纳士的"元光元年冬十一月，初令郡国举孝廉各一人"，时间是在公元前 135 年 11 月。

如前文所述，董仲舒在景帝朝已经做了博士，

董仲舒，广川人也。少治《春秋》，孝景时为博士。

——《汉书·董仲舒传》

武帝在建元元年冬十月的第一次招纳贤良，是让中央和地方各级官员向中央朝廷推举新人，而董仲舒此时已经是中央朝廷的博士官，理论上是不会在这批新贤良人才之中。公孙弘正是在这次被封国菑川国第一次推举到朝廷。

到了建元二年（公元前139年），如前文所述，窦太后对武帝和儒家的压制，造成武帝第一次兴用儒家的新政被彻底压制。

到了建元六年（公元前135年），皇宫发生了两次火灾。

六年春二月乙未（公元前135年），辽东高庙灾。

——《汉书·武帝本纪》

夏四月壬子（公元前135年），高园便殿火。上素服五日（皇帝为此身穿素衣五天）。——《汉书·武帝本纪》

武帝为此改穿素衣，很明显是担忧这两次火灾是上天降下的不祥之兆，因此武帝非常想了解两次火灾发生的原因，是因为失德还是因为失政等。但一直没有一个可靠的说法，董仲舒作为博士，解释灾异自然是他的分内职责。因此在建元六年（公元前135年）四月高园便殿火灾后面的几个月，董仲舒已经在分析火灾和推测他的论断，并起草了相应的奏文草稿。但在董仲舒还未向武帝呈上奏文的时候，有一位刚在朝中任职的学者前来拜访问候董仲舒，学者名叫主父偃。

主父偃，齐国临菑县人，学习长短纵横之术，后来又学习了《易》《春秋》及诸子学说。曾游学于齐国各名家学者之间，但他与其他儒生相处不善。而家中贫寒，借贷又无门，遂离开齐国，游学燕、赵、中山诸国。但在这些诸侯国中，也得不到赏识和任用，经常困守在客舍。主父偃觉得在诸侯国也不会有所发展，于是，在元光元年西行来到长安，拜见将军卫青。卫青几次向武帝推荐，均未能得到汉武帝的注意。不久，身上的资费也快用完了……最后，主父偃决定直接向皇帝上书，书中谈论了九件事……书奏上，皇上随即召见三人，对他们说："以前各位先生都在哪里？实在是相见恨晚也！"于是拜主父偃、徐乐、严安都为郎中。

——《汉书·主父偃传》

武帝对主父偃非常赏识，还说出"相见恨晚"的话，随即就任命其为郎中。此时此刻，武帝正急于想知道两场火灾的原因，而主父偃刚刚得到武帝的宠信，所以他也便急不可待地想为武帝找出解释火灾的说法。主父偃曾经学习过《春秋》，但笔者推测，他和研究《春秋》的博士董仲舒相比，学术水平有一定差距。因此，他在董仲舒发表出火灾的解释之前，主父偃没有自信首先提出火灾的解释。同时，主父偃也绝对不是一位人品正直的人：

大臣都害怕他的口舌，纷纷送钱贿赂他，他的钱财累积已有千金。有人劝说主父偃说："你有时太蛮横了！"主父偃说："我年轻时起就四方求学四十多年，可是不能做高官，父母不把我当儿子看待，兄弟不接纳我，宾客鄙弃我，我困厄的时间太久了。大丈夫活着不能享受五鼎食，那么死于五鼎烹煮也可以！（意思是要不择手段地获得成功），我年纪老了，故意倒行逆施的。"

——《汉书·主父偃传》

由此我们可以看到，武帝的宠信是他唯一的依靠，让急于得到别人认可的主父偃做事不择手段：

当时在辽东高庙火灾时，董仲舒在家中分析火灾所内含的意义，上奏的草稿已经写好，但还未上奏，主父偃却一直窥探着董仲舒（原文：主父偃候仲舒窃取），在拜访董仲舒时，看到了草稿，尽然窃取了草稿，上奏给武帝。武帝将奏文交给朝臣商议，朝臣中有讥讽的评论，其中董仲舒弟子吕步舒不知道是他老师撰写的，也认为奏文不可取。于是下令审问董仲舒，结果是应当判死刑，但武帝下诏赦免了他，于是董仲舒竟不敢再言灾异。

——《汉书·董仲舒传》

笔者推测在主父偃把董仲舒的分析上奏给武帝的时候，也会附带一份自己对火灾的分析，并向武帝和盘托出窃取董仲舒奏书的事，主父偃的当务之急是尽快给出火灾的解释，以满足武帝想尽快知道火灾原因的想法，阿谀迎奉武帝而已。但董仲舒却因为主父偃的擅自上奏，差一点儿失去性命，还好武帝原谅并赦免了他，保住了性命。但是在建元六年（公元前135年）四月，到元光元年（公元前135年）十一月之间，董仲舒的官职已经被罢免，成为庶人。

于是在武帝发出第二次招贤纳士的时候，董仲舒作为没有官职的庶人，再次被举荐。之所以能够被举荐，主要还是武帝已经原谅了他，心中并没有舍弃董仲舒。这就有了前文叙述的董仲舒对策"天人三问"，提出"独尊儒术，罢黜百家"的事情。

我们将史书有明文时间记录的事件按照时间顺序排列如下：

表 2　"天人三问"对策时间表

"年号"年	"公元"年		事件
景帝后元三年	公元前141年	1月	后三年十月，日月皆赤五日……正月甲寅，皇太子冠。甲子，孝景皇帝崩……太子即位，是为孝武皇帝。 ——《汉书·景帝本纪》
			2~8月
		9月	"年号"年最后一个月
建元元年		10月	第一次招纳贤良至建元元年冬十月，诏令丞相、御史……诸侯相国推举贤良方正、直言极谏之人。丞相卫绾上奏："所推举贤良，若是陈说申不害、商鞅……的言论，淆乱国政，请一律罢去。"皇上同意。 ——《汉书·武帝本纪》
		11月	无事件
		12月	"公元"年最后一个月
	公元前140年	1月	"公元"年第一个月
			2~8月
		9月	"年号"年最后一个月
建元二年		10月	建元二年冬十月，御史大夫赵绾坐请册奏事太皇太后，及郎中令王臧皆下狱自杀，丞相婴、太尉蚡免。 ——《汉书·武帝本纪》
		11月	无事件
		12月	"公元"年最后一个月
	公元前139年	9月	"年号"年最后一个月
建元三年底	公元前138年	9月	"年号"年最后一个月

续表

"年号"年	"公元"年		事件
建元四年底		9月	"年号"年最后一个月
	公元前137年	10月	"年号"年第一个月
		11月	无事件
		12月	"公元"年最后一个月
建元五年		1月	"公元"年第一个月，正月
		2月	建元五年春，置《五经》博士。
		3月	——《汉书·武帝本纪》
	公元前136年	4~8月	
		9月	"年号"年最后一个月
建元六年		10月	"年号"年第一个月
		11月	无事件
		12月	"公元"年最后一个月
	公元前135年	1月	"公元"年第一个月，正月
		2月	建元六年春二月初三日，辽东高祖庙火灾。 ——《汉书·武帝本纪》
		3月	无事件
		4月	建元六年夏四月壬子，高园便殿火。上素服五日。 ——《汉书·武帝本纪》
		5月	武帝建元五月丁亥，太皇太后崩。 ——《汉书·武帝本纪》 后六年，窦太后崩。其明年，上徵文学之士公孙弘等。 ——《史记·武帝本纪》
		6月	建元六年六月，田蚡任丞相。 ——《史记·年表》
		7~8月	
		9月	"年号"年最后一个月

续表

"年号"年	"公元"年		事件
元光元年	公元前135年	10月	"年号"年第一个月
		11月	第二次招纳贤良：元光元年冬十一月，初令郡国举孝廉各一人。 ——《汉书·武帝本纪》
		12月	"公元"年最后一个月
	公元前134年	1月	"公元"年第一个月，正月
		2~4月	
		5月	元光元年五月，诏贤良曰："朕闻昔在唐、虞，画像而民不犯……受策察问，咸以书对，著之于篇，朕亲览焉。"于是董仲舒、公孙弘等出焉。 ——《汉书·武帝本纪》
		6~8月	
		9月	"年号"年最后一个月
元光二年		10月	"年号"年第一个月
		11月	无事件
		12月	"公元"年最后一个月

首先，我们确定三件时间无疑的事件：

第一，高祖庙和高园便殿火灾发生在建元六年，公元前135年2月到4月之间。随后董仲舒因分析火灾意义获罪，被赦免死刑，贬为庶人。

第二，公元前135年5月窦太后去世。

第三，董仲舒对策后，即被武帝派往江都国（今江苏扬州），不久离开江都国，回到长安朝廷担任中大夫。

笔者认为董仲舒的对策是在元光元年五月（公元前134年5月）第二次招纳贤良之时，原因如下：

第一，《汉书·武帝本纪》明文记录：

元光元年冬十一月，初令郡国举孝廉各一人……五月，诏贤良曰："朕闻……着之于篇，朕亲览焉。"于是董仲舒、公孙弘等出焉。

——《汉书·武帝本纪》

"于是董仲舒、公孙弘等出焉"的"出"字，意思就是将被皇帝和朝廷任用。

第二，如果董仲舒奏答在建元元年（公元前 140 年），武帝刚刚继位，此时窦太后还未去世，何人敢黑纸白字写下"臣愚以为诸不在六艺之科、孔子之术者，皆绝其道，勿使并进"。

第三，武帝刚刚继位时，年仅 16 岁，即使他的儒家学识在王臧的教授下有所通晓，但关键是武帝还没有一星半点儿的统治经验，如何能写出三个策问中如此深刻的问题？

第四，《史记·儒林列传》写道：

行之一国（江都国），未尝不得所欲。中废为中大夫，居舍，著灾异之记。是时辽东高庙灾，主父偃疾之，取其书奏之天子。天子召诸生示其书，有刺讥。董仲舒弟子吕步舒，不知其师书，以为下愚。于是下董仲舒吏，当死，诏赦之，于是董仲舒竟不敢复言灾异。

而《汉书·董仲舒传》写道：

仲舒治国，以《春秋》灾异之变推阴阳所以错行，故求雨，闭诸阳，纵诸阴，其止雨反是；行之一国，未尝不得所欲。中废为中大夫。先是辽东高庙、长陵高园殿灾，仲舒居家推说其意，草稿未上。

两者的一个重要区别：

《史记·儒林列传》：行之一国（江都国），未尝不得所欲。中废为中大夫，居舍，著灾异之记。是时辽东高庙灾，主父偃疾之，取其书奏之天子。

《汉书·董仲舒传》：行之一国，未尝不得所欲。中废为中大夫。先是辽东高庙、长陵高园殿灾，仲舒居家推说其意，草稿未上。

《史记》用词为"是时辽东高庙灾"，而《汉书》将其改为"先是辽东高庙"，"先是"，即说明公元前 135 年 2 月的"辽东高庙灾"在前，"行之一国（董仲舒在江都国求雨之事）"在后，而并不是反过来的顺序。在《汉书》中班固照抄了司马迁的这段记录，唯独将这段记录中的"是时"改写成了"先是"，必定有他的理由，自然就是班固根据他手中史料的记载作了更改。

《史记》记录中的"是时辽东高庙灾"的"是时"会让人误解，公元前135 年 2 月的"辽东高庙灾"是在董仲舒去江都国之后，而董仲舒对策又在去江都国之前，所以对策时间应该是建元元年（公元前 140 年）的第一次招纳贤良。

笔者认为，"是时"的意思是"当时"。正确理解《史记》这段的记录应该是："中废为中大夫，居舍，著灾异之记。当时在辽东高庙火灾时，董仲舒对火灾写了一份分析的上奏，（还未上奏），被主父偃窃取，上奏给武帝……但武帝下诏赦免了他，于是董仲舒竟不敢再言灾异。"

由此可见，在司马迁叙述董仲舒最后在家撰写有关灾异的著作时，只是将这段董仲舒曾经分析辽东高庙灾的故事作为一个插曲叙述给读者。而并非是董仲舒从江都国回到朝廷后，再发生辽东高庙灾的。参见如下笔者认为的"董仲舒大事时间表"：

表3　董仲舒大事时间表

"年号"年	"公元"年	事件
建元元年·冬十月	公元前141年10月	建元元年冬十月，诏丞相、御史、列侯、中二千石、二千石、诸侯相国推举贤良方正、直言极谏之士。——《汉书·武帝本纪》
公元前141年10月至公元前135年2月		在此期间，董仲舒担任博士。
建元六年	公元前135年2月	春2月乙未，辽东高庙灾。——《汉书·武帝本纪》
建元六年	公元前135年4月	夏4月壬子，高园便殿火。上素服五日。——《汉书·武帝本纪》
建元六年	公元前135年5月	5月丁亥，太皇太后崩。——《汉书·武帝本纪》
公元前135年2月至公元前134年4月		在此期间，董仲舒开始分析火灾的原因。在公元前135年11月之前，发生"主父偃窃取董仲舒对火灾分析，上奏，董仲舒弟子评议，董仲舒获罪"，到公元前134年4月之前，董仲舒再次被举荐。
元光元年	公元前135年11月	元光元年冬十一月，初令郡国举孝廉各一人。
元光元年	公元前134年5月	五月，诏贤良曰："朕闻昔在唐、虞"，董仲舒对策"。
史料无记载的时间		对策后，担任江都国国相。
史料无记载的时间		回到朝廷担任中大夫，与公孙弘同朝为臣。
史料无记载的时间		被公孙弘阴害，被调任胶西国国相，仲舒恐久获罪，病免。

钱穆先生认为"对策"发生在公元前 141 年的第一次招纳贤良，举出了四点原因：

第一，《汉书·武帝本纪》说先是在元光元年（公元前 135 年 11 月）举"孝廉"，而到元光元年（公元前 134 年 5 月）董仲舒才对策，因为在董仲舒的对策中有"推举孝廉"的建议，那么就是先有朝廷的"举孝廉"，再有董仲舒的"举孝廉"建议，此处矛盾。笔者认为，武帝举"孝廉"和董仲舒在对策中倡议招纳人才没有因果关系，广招人才是任何学者都会给皇帝的建言，而且新朝建立的首要任务之一就是招贤纳士，也是任何帝王都知道的。

第二，在《汉书·五行志》中记载："武帝建元六年六月丁酉，辽东高庙灾。四月壬子，高园便殿火。董仲舒对曰：云云。"《汉书·董仲舒传》又说"中废为中大夫，仲舒居家推说其意"，钱穆先生认为这段记录说明庙灾是发生在董仲舒从江都国回来，担任中大夫之后。这点，前文已经解释，钱穆先生遗漏了"中废为中大夫"和"仲舒居家推说其意"中间的"先是辽东高庙、长陵高园殿灾"这句话。

第三，认为如果对策在元光元年的话，董仲舒还未成名，主父偃不至于妒忌他。这点，笔者在前文已经叙述了主父偃偷窃的动机，主父偃最主要的动机是想尽快给武帝提供火灾的分析，而对董仲舒的妒嫉只是其次。另外，董仲舒在景帝朝已经是朝廷的《春秋》博士，而主父偃在武帝朝前几年，还不在长安，在北方的诸侯国一直不得志，到元光元年才来到长安，此时他的学问无法和董仲舒相提并论，如果妒嫉董仲舒也是合理的。

第四，认为董仲舒已经在"庙灾"事件中被惩罚，以致"仲舒遂不敢复言灾异"，如何会在此后的对策中再谈论灾异。笔者认为，《汉书》记载"于是下仲舒吏，当死，诏赦之，仲舒遂不敢复言灾异"，可见，最后汉武帝赦免了董仲舒，我们推测赦免的原因还是武帝怜惜仲舒的才学，关键是说明武帝已经原谅了他。董仲舒当然自是不敢再谈"灾异"。但之后的对策是武帝亲自出"策题"，一共三个策问，第一策和第二策，都没有灾异内容，第三策，仲舒写道：

孔子作《春秋》，上揆之天道，下质诸人情，参之于古，考之于今。故《春秋》之所讥，灾害之所加也；《春秋》之所恶，怪异之所施也。书邦家之过，兼灾异之变；以此见人之所为，其美恶之极，乃与天地流通而往来相应，此亦言天之一端也。

——《汉书·董仲舒传》

首先这是武帝直接问了"天人之间关系"的问题：

故朕垂问乎天人之应，上嘉唐虞，下悼桀、纣，浸微浸灭浸明浸昌之道，虚心以改。今子大夫明于阴阳所以造化，习于先圣之道业，然而文采未极，岂惑乎当世之务哉？条贯靡竟，统纪未终，意朕之不明与？听若眩与？

——《汉书·董仲舒传》

仲舒只是谈到他的"灾异"理论，而并未对具体事宜用"灾异"去解释。但更关键的是，是武帝自己问起"灾异"问题，董仲舒对答当然没有问题。

所以根据以上的叙述，笔者认为董仲舒的对策时间是在窦太后去世后一年的元光元年（公元前134年）五月的第二次推举贤良时期，而不是汉武帝继位后一年的第一次推举贤良时期，对文献中各种相关的记录，这是最符合逻辑的。

第二次推举贤良对策的时候，支持黄老的窦太后已经去世一年，整个朝局已经全面倒向"儒学"，此时董仲舒的"新儒学"乃正逢其时，才提出"罢黜百家，独尊儒术"之口号，终于使古代王官之儒学真正成为西汉"王官"之学。

3.7《尚书》第二代传人

"罢黜百家，独尊儒术"，落到实际的政策之一，就是朝廷的博士不再像"文景"时期，各种学说和传说，比如《论语》《孟子》等，都可以设置博士官，现在只设置《诗》《书》《礼》《易》《春秋》这五部儒家经文的学官博士。从此以后，《尚书》等五经的研究，开始蓬勃地向深度和广度发展起来。《尚书》也已经从第一代张生和欧阳生向下传承了几代人，我们先再次回顾一下《史记》和《汉书》关于传承的记录。

夏侯胜，他的祖先夏侯都尉，向济南张生学习《尚书》，传给族子始昌。

——《汉书·儒林列传》

第一代的传人是欧阳生和张生。晁错从伏生处求学回来后，也带回了不少伏生的弟子，如前文所述，其中还有伏生的亲孙子。经过对他们《尚书》学问的考评，最终张生被认为是他们的佼佼者，因而伏生第一代传人张生成为西汉第一位《尚书》的专经博士。

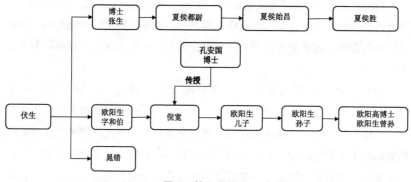

图 3　第二代传人

第二代传人夏侯都尉，他是张生的弟子，倪宽是欧阳生和孔安国的弟子。那么张生的下一任《尚书》博士是谁呢？从《汉书》的叙述上看，像是欧阳高，但只需从时间上仔细考证一下，就知道是不对的。

实际上在张生和欧阳高之间，至少还有孔安国担任了一届《尚书》博士，直到孔安国离开京城长安，前往临淮郡担任太守，博士才由欧阳高接任。

汉武帝在独尊儒家后的第 10 年，公元前 124 年，此时公孙弘已经升任丞相，由他进一步提议，为每个博士配备一批弟子，就是用国家的俸禄供养这些博士弟子学习五经。

元朔五年（公元前 124 年），夏六月，诏曰："盖闻导民以礼，风之以乐……太常其议予博士弟子，崇乡党之化，以厉贤材焉。"丞相公孙弘奏请为博士置弟子员，学者益广。
————《汉书·武帝本纪》

正是在这个政策下，倪宽受到自己郡的推举，成为这批弟子中的一员，来到京城长安，在朝廷的太常院，由孔安国负责教授《尚书》。

倪宽，千乘郡人也。治《尚书》，事欧阳生。以郡国选诣博士，受业孔安国。
————《汉书·倪宽传》

从这段记载，我们可知孔安国在此时，公元前 124 年，已经成为博士。在《资治通鉴》18 卷记载的公元前 127 年，还有一条记录：

张欧免，上欲以蓼侯孔臧为御史大夫。臧辞曰："臣世以经学为业，乞为太常，典臣家业，与从弟侍中安国纲纪古训，使永垂来嗣。"上乃以臧为太常，其礼赐如三公。

我们看到，当时武帝想让孔安国的堂兄孔臧担任御史大夫，但他推辞了，说自己擅长的是经学，只乞求担任九卿之一的太常，整理家中的文书，与从弟侍从孔安国一起整记流传下来的思想和训教……孔安国这时的职位为"侍中"。

> 侍中、中常侍得入禁中……所加或大夫、博士、议郎，掌顾问应对。　　　　　　　　　　　　　　　　　　——《汉书百官公卿表》

"侍中"不是一个具体的官职，朝廷文武官员上千人，但不是谁都有资格能够在不上朝的时候，在皇帝居住的区域侍从皇帝。只有官职高到一定程度才能有这个资格，但对于一些官职偏低但皇帝又希望经常面见咨询的官员怎么办呢？比如博士，于是就有了"侍中"这个职称，它是一个加在正常官职前的一个特别"职称"，主要的作用就是可以进入禁宫，随时侍从皇帝，但很少单独任用。由此我们可以推断，孔安国此时已经是有"侍中"待遇的博士了。也就是说孔安国至少在公元前127年已经是博士了。

如前文所述，倪宽在公元前124年才到京城长安，在孔安国处学习一年后，到公元前123年左右，才通过了朝廷的考核考试"射策"，转任到廷尉张汤手下，张汤是在两年后，公元前121升任为御史大夫。

> 请为博士官配置弟子五十人……他们学满一年都要考试。　　　　　　　　　　　　　　　　　　　——《史记·儒林列传》

所以如果欧阳高在孔安国之前担任博士，得到的一个推论是，"倪宽教的欧阳生儿子，世代相传，到了欧阳生的曾孙欧阳高当了博士，然后倪宽又向欧阳高后接任的博士孔安国学习。"这明显不符合逻辑。所以《尚书》的博士，在建元五年，即公元前136年，武帝将全部五经都设置博士之时，《尚书》的博士可能是张生，或一位不知名的学者，但到了公元前127年，《尚书》博士已经是由孔安国担任。因为张生在文帝朝就已经担任了博士，经过景帝朝，到了武帝朝，至少已经担任了三十年左右，所以在张生和孔安国之间可能还有学者担任过《尚书》博士，只是史料没有任何记录，但这种情况是符和逻辑的。

3.8 孔安国离开中枢的原因分析

孔安国担任《尚书》博士后，又担任谏议大夫。可以推测，大约到了公元前 110 年左右，孔安国离开了京城，前往临淮郡担任太守。

安国为今皇帝博士，至临淮太守，蚤卒（早逝）。

——《史记·孔子世家》

安国为谏大夫，授都尉朝，而司马迁亦从安国问故。

——《汉书·儒林传》

他离任博士后，才由欧阳高接任《尚书》博士，《尚书》博士的职位流传到欧阳世家。孔安国为什么离开朝廷中枢呢？笔者推测，这是和前文提到的汉武帝举行泰山封禅的事情有关。

封禅最早来源于古代统治者对天地的祭祀。到了后代，随着世事的变迁，"统治者是天子"的这种思想出现后，封禅的思想才跟随着出现。因为最高统治者是代表上天来管理民众，在天下太平兴盛的时候，就需要向上天报告他统治的功绩。在泰山上筑土为坛，向上天报告功绩，称作"封"；在泰山下小山（有梁父山、社首山等）开辟一块场地向地报告功绩，称作"禅"。

渐渐的，封禅成为所有祭祀典礼中，规格最高的，虽然实质是祭祀，但是规格远远高于一般祭祀。更重要的区别是，一般诸侯是没有资格封禅的，即使是帝王，也不是随意想封禅就可以封禅的，它要求帝王在当政期间要有一定的功绩，需要天下太平、民生安康才可封禅，才可向天报功，简单地说，封禅是帝王的最高荣誉礼典，所以历史上的封禅次数并不多。

帝王虽然接受了天命，但功绩却还没有达到，功绩达到了，恩德又还未广施于民众，恩德广布了，又没有闲暇的时间举行封禅，所以封禅举行得很少。

——《史记·封禅书》

汉武帝刚刚继位时，汉朝已经建立六十多年，天下太平，当时朝廷的官员都期望武帝可以举行封禅大典。因此封禅大典的筹备在当时是和明堂建造一同在准备的，但武帝继位第二年，朝中激进的儒家和窦太后的矛盾就爆发了出来，随后儒家新政就被彻底压制，封禅和明堂就被一同停止了。

窦太后去世后，武帝终于独掌权柄，不久以后，武帝的皇权逐渐达到了最高峰。武帝也渐渐产生了和以前帝王完全相同的期望——长生不死。从《史记·封禅书》中的叙述，在武帝举行封禅的公元前110年之前，前来朝廷向武帝进献各种鬼神之术的方士络绎不绝，这些方士都用欺骗的方式得到了武帝的信任。

李少君以祭祀灶神、延缓衰老等方术拜见皇上，武帝很尊敬他。

齐国人少翁以善于鬼神方术拜见皇上，被武帝封为文成将军。

武帝的弟弟胶东王刘寄，他的皇后派遣栾大以能够长生不死的方术拜见皇上……武帝拜他为"天道将军"，意思是替天子引导天上的神仙降临。　　　　　　　　　　　　　　　　　　——《史记·封禅书》

由此可见，武帝在当时是完全相信有这种方术存在的，也相信可以让自己长生不死。所以司马迁对武帝这段时期的一个评论是：

今天子初继位，尤敬鬼神之祀。　　　　　　——《史记·封禅书》

在举行封禅的前6年，公元前116年，在河东郡出土了一只鼎，这只鼎的外观和以前出土的鼎比较，比较特别，刻有花纹却没有铭文。武帝随即派人前往查看，在确认没有弄虚作假后，亲自出迎这只宝鼎。然后在朝臣一片的阿谀奉承之中，将宝鼎供奉在祖庙中，并更改年号，当年是为元鼎元年。

宝鼎出现后不久，有一位名叫公孙卿的齐人方士，他假托一块伪造的古代竹简，上面的内容是，得到宝鼎后，就可以和神仙相同，就应该举行封禅。更关键的是，还对武帝说，能上泰山封禅就能成仙升天，武帝竟然相信了。

武帝（听完公孙卿的叙述后）说："我如果能像黄帝一样成仙上天，我将把离开妻子儿女看得像脱鞋一样平常。"　　——《史记·封禅书》

从这以后，就如前文所叙述的，武帝开始与朝臣、儒生和方士们商议具体实施封禅的事宜。

自从得到宝鼎以后（元鼎元年，公元前116年），皇上与公卿、诸经生员商议封禅事。封禅由于以往很少举行，有关资料已旷废绝灭，无人知道礼仪的详细情形。当时朝中的儒家学者为此研究了《尚书》《周官》《王制》等书中的记录，（最终向武帝提出）采用其中望祭射牛的礼仪作为封禅的仪式。　　　　　　　　　　　　　　　　　　——《史记·封禅书》

于是武帝就让儒生们练习望祭射牛的仪式，初步草拟封禅的具体礼仪。在这个时期，又有一个名叫丁公的九十多岁的齐国方士，告诉武帝：

举行封禅的人就会长生不死，当年秦始皇并没有登顶封禅，现在陛下只要攀登到一定高度，就没有风雨了，此时一定要登顶，然后就可以进行封禅

了。　　　　　　　　　　　　　　　　——《史记·封禅书》

所有这些方士的进言，已经让武帝不再将"报功于天，宣布天下太平"当作封禅的唯一目的了，他更期望通过封禅能够长生不死。到了封禅前不久的时候，公孙卿和方士们又提出了一些建议。

武帝听从公孙卿和方士的话，说远古的黄帝封禅时，会有一些奇异的物品，通过这些奇物才能与神仙相通。　　　　——《史记·封禅书》

于是乎，武帝有了不少的奇物和封禅用的物器，至于如何得来的，《史记》没有记载，但我们想象一下就知道，这是武帝或方士们自己制造的，也有少部分是春秋战国的文物。然后武帝把这些封禅的祭祀器物展示给儒生们看，屈于武帝的皇威，自然有儒生和官员称赞顺从，但也有儒生含蓄地说，这些物器与古代的祭祀之物不相同。除此之外，武帝采纳了方士的一些礼仪建议，也要求儒家学者从儒学的角度加以描述和解释，这就让儒家学者手足无措。

武帝想用儒家学术对（方士的礼仪建议）加以描述和解释，这样儒者就没有办法讲清楚封禅的仪式，又牵缠拘泥于《诗》《书》等古文的记载，而不敢随意编造。　　　　　　　　　　　——《史记·封禅书》

由此，我们可以推断，之所以朝中儒者没有办法拟定封禅的礼仪，首先是没有任何封禅仪式的记载，又没有旧例可循，也就没有了事实依据，这已经让儒者们非常难做。但更麻烦的是武帝被方士们迷惑怂恿，而期望长生不死的封禅目的，以致方士们提出的千奇百怪的礼仪建议，这些神仙鬼怪之术如何能够融入儒家学术，而大多儒家学者又都谨守学术的原则，也就是"牵缠拘泥于《诗》《书》等经文的记载"，不愿胡乱编造附和鬼怪之术。因而造成了混乱僵持的局面，这让武帝对朝中的儒者非常生气。

于是皇上把徐偃、周霸免官，罢黜所有儒生，不再任用。（原文：于是上绌偃、霸，而尽罢诸儒不用。）　　　——《史记·封禅书》

武帝为何如此生气，罢免了所有儒生，并不是因为儒生制定不出封禅的礼仪，如《史记》司马迁叙述的，朝中儒者已经采用了"望祭射牛"作为封禅的礼仪，武帝也同意了，并让儒生开始了练习和排练。真正让武帝不满的是儒者们对方士们的抵制，对鬼神之术加入封禅礼仪中的抵制，好像是在抵制他的"长生不死和成仙上天"，武帝此时已经完全迷信于方士们的惑言，如何不会雷霆震怒?

　　而曾经身为《尚书》博士的孔安国正是属于儒学的阵营，对封禅礼仪中采用鬼怪之术是不会赞成的，也就"牵拘于《诗》《书》"。如前文所述，在双方僵持之际，倪宽介入了此事，简而言之就是让武帝参考儒学，自行裁决封禅礼仪的原则，才解决了当时的困局，最终让武帝如愿以偿地举行了封禅，此时正是公元前110年，武帝再次更改了年号，是为元封元年。

　　由此推测，孔安国和武帝在封禅的事宜上，关系并不和谐。正是在这样的背景下，孔安国离任了谏议大夫和博士官，由于没有史料记载孔安国离开中枢的相关信息，我们无法知道在封禅大典举行前后，武帝和孔安国相互之间的想法和态度。但在同样的封禅筹备背景下，我们可以参考朝廷的另外一位重要学者的事迹，太史令司马谈，司马迁的父亲，他和武帝就因为封禅的具体事宜发生了摩擦。太史令，隶属太常，是负责史实的记录、典籍的整理、天文历法的推算以及祭祀等事务的职位，因此封禅典礼是司马谈重中之重的分内之事。

　　我们也不知道司马谈和武帝之间分歧的具体内容，但司马谈的谏言同样让武帝非常气愤，竟然在前往泰山封禅的路上，下令将司马谈滞留在洛阳附近，不让他出席封禅仪式。

　　当年，天子开始建制汉家的封禅礼仪，而太史公（司马谈）被滞留在周南（洛阳附近），不让他参与封禅之事，因此极度忧愤，不久病世。

——《汉书·司马迁传》

　　我们从司马谈的遭遇中可以感觉到司马谈当时承受的极大羞辱。千载难逢的封禅大典，身为负责祭祀礼仪的太史令，却连参与的机会都被剥夺，其中的愤怒和耻辱，不难想象。由此，我们也不难想象身为《尚书》博士的孔安国在武帝封禅前后所面对的情形了。

　　孔安国离开了京城，前往临淮郡担任太守。封禅成功的最大功臣是他的弟子倪宽，倪宽凭此升任御史大夫，位列三公。倪宽最初又是受教于欧阳氏，而欧阳氏的后人又是倪宽的弟子，由此我们也就不难理解，为什么博士职位会由欧阳氏接任了。

第4章 古文《尚书》的出现

4.1 武帝征集古籍

回到公元前124年，孔安国已经是"侍中博士"，此时距元光元年（公元前134年），武帝"独尊儒术"后已有10年。当年与董仲舒一同被武帝看中的公孙弘已经升迁到了丞相，位列三公之首。公孙弘上任后，就向武帝谏言要让更多精通儒家经学的学者担任朝中的官吏，为了增加儒家学者，又为五经博士增设了弟子。至此，儒家五经学术进入第二次蓬勃发展的时期。但与此同时，武帝也并未罢黜百家。诸子百家的思想和著作仍然被学者们研习，只是转换到了辅助的位置。百家学术，包括"黄老学术"仍然可以被研习和教授，但只能以私家的形式教授传习。用通俗的话解释，就是从此以后，任何想出仕为官的读书人，必须通过儒家五经的学习，我们通过丞相公孙弘这道向武帝的奏请，就一目了然了。

公元前124年，丞相公孙弘上奏说："丞相御史启禀皇上：陛下曾下令说：听说为政者应该用礼仪教导百姓，用音乐感化他们……所以大力延请天下品德方正、学识广博的人来入朝做官。我下令礼官勤奋学习，讲论儒术……又命太常商议，给博士配置弟子员生，使民间都崇尚教化，来开拓培养贤才的道路……请为博士官配置弟子五十人，免除他们的赋税徭役。让太常从百姓中挑选十八岁以上仪表端正的人，补充博士弟子……他们学满一年都要考试，能够精通一种经书以上的人，补充文学掌故的官缺；其中成绩好、名次高的可以任用为郎中，由太常造册奏请。若是特别优异出众的，可直接将其姓名向皇上呈报。那些不努力学习、才能低下者和不能通晓一种经学的人，就要罢斥，并惩罚举荐他们的不称职的官吏……小吏们见识浅陋，不能透彻地讲解诏书律令，无法明白地将陛下的旨意传布晓喻天下。而治礼、掌故之职，是由通晓经学礼仪的人担当的，他们的升迁很缓慢造成了人才积压……优先选用熟知经书能大量讲诵的人，若人数不够，就选用掌故补中二千石的属吏，选用文学掌故补郡国的属吏，将人员备齐。请把这些记入考选学官的法规。其他仍依照律令。”汉武帝批示：“准奏。”从此以后，公卿大夫和一般士吏中就有很多文质彬彬的经学儒生了。

从此，儒家经学的发展又有了官职和利禄的支持，天下读书人更加奋勇而至，五经之学在这种与日俱增的氛围中，又促进了对《书》的需求。武帝终于在公孙弘担任丞相时（公元前124年到公元前118年）发出收集书籍的诏令。

到孝武帝时代为止，书籍残缺，竹简脱落，礼节遭到破坏，乐礼被摧毁。皇上喟然而叹道：“朕很悲哀这些事！”于是建立藏书的政策，设置了抄书的官员，从五经书籍到诸子传说，都充实到秘府。　——《汉书·艺文志》

孝武帝敕丞相公孙弘广开献书之路，百年之间，书如山积。

——程元敏《〈尚书〉学史》引刘歆《七略》

汉武帝在窦太后去世后，开始“独尊儒学”的时候，为何不下达诏令收集古籍，而要到10年后才发出诏令，因为这其中有着一个难以明言的、隐晦的政治因素覆盖在古籍之上。

4.2 河间献王刘德——古文的忌讳

如前文所述，汉武帝是因为汉景帝废黜了原来的太子刘荣后，才有机会当上了太子。被废太子刘荣的母亲是栗妃，栗妃为景帝生了三个儿子，刘荣排行第一，刘德排行第二，刘阏排行第三。刘荣在公元前150年被废后，改立为临江王（今湖北江陵），到了景帝中元二年（公元前148年），刘荣被随意安置了一个罪名，占用宗庙墙外的空地，被诏令进京治罪，当年就在狱中自杀。废太子刘荣去世后，他的同胞兄弟刘德成为景帝儿子中的长子。刘德在公元前155年被封为河间国的诸侯王，在今天河北省东北部的献县，而这位河间献王非常喜好儒学。

河间献王刘德在孝景帝前元二年（公元前155年）以皇子的身份受封为河间王。他喜好儒学，衣着服饰、言行举止都依仿儒生。山东的众儒生多附于他。

——《史记·五宗世家》

如前文所述，孝景帝时是黄老思想高潮的时期，儒家学者在朝廷得不到重用，而儒学重地齐鲁地区的儒者因为河间献王喜好儒学，所以"众儒生多附于他"，对此，《汉书》描写得更加详细。

河间献王刘德在景帝前元二年（公元前 155 年）封王，研习学业，喜好古学，实事求是。从民间得到好书，一定会很好地抄录一份副本，留给书主，而留下书的正本，又加赐金帛以广泛招求好书。因此，四方有道德学术的人不远千里而来，有先祖旧藏的书，大多也进献给献王，所以得到的书很多，数量几乎与中央朝廷相当……献王所得的书都是秦朝以前的古文旧书，如《周官》《尚书》《礼》《礼记》《孟子》《老子》等书，大多是经传说记，孔子的七十弟子所著论的书。献王推举儒家六经，设立了《毛氏诗》《左氏春秋》博士。修习礼乐，亲自感受儒家的学术，即使在急迫之时，行为举止也要合于儒者的规范，山东儒家学者多随从依附于他。——《汉书·景十三王传》

武帝时期，献王来朝见，奉献雅乐，在三雍宫对答诏令策问三十多件事。他所谈的道德学术，正合事理之中，文辞简约明晰。献王在位二十六年薨（元光五年，公元前 130 年）。

——《汉书·景十三王传》

从这段记录中可以看到，在秦始皇"焚书"时期私藏的书籍简册，已经大量涌现。根据"献王所得的书都是秦朝以前的古文旧书"，我们可以推测，这时涌现的"简册"都是用战国末年六国的文字书写的简册。将近一百多年前的文字，此时的学者已经很难全部认识，就更不要说理解篇文了。于是当时学者就给这些用先秦各国字体书写的先秦书籍起了个统称叫"古文"，以区别于当时通用的隶书，当时的隶书也就称作"今文"。于是儒家经文也就有了"今文"版本和"古文"版本。

从这段记录中，我们还可以推测河间献王刘德在进宫朝拜武帝时（公元前131年），向朝廷进献了书籍。此时正是朝廷全力实行"独尊儒术"的时期，作为精通儒家学说的献王，此时献上儒家古文书籍，按理是非常合时宜的，然而在汉武帝的心中却觉得非常不合时宜，历史学家钱穆研究了其中的缘由。

献王不光自己喜好钻研儒学，《汉书》记载"献王的藏书和中央朝廷的一样多"。还在自己的诸侯国设立了毛氏古文《诗经》学官，以毛苌为博士和《左氏春秋》学官，以贯公为博士，这两位博士依据的经文都是古文。而如上文叙述的，献王刘德自身就沉迷于儒学，在窦太后去世前，整个朝廷的儒学是被压制的，但是在献王刘德的王府，情况却正好相反，众多不被朝廷看重的儒生都依附于献王刘德，因此在朝廷的儒学停滞不前时，献王刘德的儒学却在倍道而进。因此，在儒家经学学术上自然要比汉武帝朝更全面、完备和准确。

西汉流传下来的《西京杂记》记载道："河间献王刘德，建立客馆二十多处，用来招纳慕名而来的学者，献王自己的奉养不会超过在他门下的学者。"如此礼贤学者，又会集四方学者讲书论经，使献王已经成为在中央朝廷之外的一个学术高地。西汉末年学者杜业在给汉元帝的上奏中说道："河间献王经术通明，积德累行，天下雄俊众儒皆归之。"由此可知，围绕在献王周围的"雄俊众儒"所形成的人气和政治势力才是让汉武帝感觉"不合时宜"的地方。

这样我们就清楚了汉武帝心中对献王的忌讳，于是汉武帝在和献王见面时，几乎直白地表达了自己的担心。献王朝拜时，武帝向他问了五个问题，献王都用生动丰富的内容回答了，紧接着，武帝突然向献王发难说道："商汤王有国土七十里，而诸侯周文王有国土一百里，献王请自己勉励而行。"汉武帝引用了一个历史的典故，西周王国在还未推翻商朝纣王时，还只是纣王一个下属的部落王国，但发展得非常迅速，到周文王时，传说他直接控制的国土已经有一百里，而商纣王直接控制的国土只有七十里，最终推翻商纣王建立周朝。

献王立刻就明白了，所以他回去以后，只喝酒听乐，几个月就去世了（公元前130年春）。我们再看如下一条记录：

又有毛公的学说，自称是子夏（孔子亲传弟子）所传授的，而河间献王喜欢它，就没被设立学官。（原文：又有毛公之学，自谓子夏所传，而河间献王好之，未得立。）

——《汉书·艺文志》

在了解武帝心中的忌讳后，这条记录就比较容易被理解了，基于古文的毛氏《诗经》学派因为武帝对献王刘德的忌讳，而不能立为博士学官，这也正好说明了在当时儒家的学术气氛中，因为武帝对献王政治上的忌讳，使得儒者在研习中产生了隐晦地对古文研究的忌讳，尤其是，献王在回到封国后几个月就去世了，这不会不在当时的儒家学者心中产生震动，从而更加使得朝中儒家学者，大多会规避对古文经文的研究，自然也就不会有征集古籍的诏令。

另外，《史记》和《汉书》都没有记录武帝朝对献王的藏书是如何处理的，是否如后代的学者推测的，献王的古文书籍全部被秘密收入宫中秘藏，或也有学者认为献王的书都被废黜，这些我们都不得而知了。

直到公孙弘担任丞相后，已经是在献王去世 6 年之后，此时献王的政治影响已经没有了，这才在公孙弘谏言扩大官吏对儒者的任用后，武帝才下诏明令征集古籍，以加深对经文的研究。至此，笼罩在当时学术界对古文的忌讳才被拨开云雾。

如献王的记录中描述的，在武帝初期，已经有大量的古文简册被民间献出，从这个时期开始，五经之书开始有了"今文"和"古文"两个版本，其中最早有记录的就是古文《尚书》。

孔氏有古文《尚书》，孔安国以今文字读之，因以起其家，逸《书》得十余篇，盖《尚书》兹多于是矣。遭巫蛊，未立于学官。　　——《史记·儒林列传》

在武帝时期，今文和古文的不同是很简单的，就是文字不同。但随着对经文研究的发展，研究古文经的学者对经文的解释，尤其是那些本来就存在疑问的字句，开始和研究今文经的学者出现不同，从字里行间的字、词、句的解释不同开始，渐渐地发展到部分经文段落的解释也不同，进而部分篇章的宗旨和大义也出现了不同，而且相互都不同意对方的解释。比如今文主张葬礼节俭，而古文主张传统形式的厚葬，今文是以孔子为鼻祖，而古文是以周公旦为鼻祖，等等。对古文经文的研究发展到西汉末期之时，已经初步形成了一套以古文经文为基础的解释经文的学术系统。但有一点需要强调，单就《尚书》而言，西汉末期古文《尚书》的经学学术是从伏生今文经学中成长和分离出来的，他们有不同之处，但大部分是相同的。

这是学术层面的，但当时国家朝政的各种政策法规都是在一定程度上依靠这些学术思想，而今文派和古文派不同的学术思想，自然会导出不同的甚至是相反的治理政策。比如税收，今文思想认为无论什么情况，都收取百分之十的赋税，而古文思想认为要根据田地的远近优劣，采用不同的税率。今文派认为山湖大海的出产完全属于百姓，不收取任何赋税，古文派认为山湖大海的出产也要交税。官职方面，今文派认为三公九卿这类高级官职不能世袭，古文派却主张应该世袭。正如前文所述，在学术层面上的纸上谈兵都还能相安无事，一旦进入实际政治中，即是真刀真枪的斗争。古文派到西汉末期时，已成为单独的学术体系，自然就和今文派进入了相持和竞争的状态。这些都是后话，将在后文详述，我们先来看古文《尚书》在武帝朝的情况。

4.3 孔壁出书

首先，我们再仔细看一下《史记》这条最早的古文《尚书》的记录："孔氏有古文《尚书》，而安国以今文读之，因以起其家。逸书得十余篇，盖尚书滋多于是矣。"孔安国之所以在中国两千多年的学术历史上如此有名和重要，并不是他是孔子的后代，也不是他是武帝的《尚书》博士，而是后代学者将他尊崇为古文《尚书》学术的学宗，其中原因十有八九是源自这条记录。

那么，孔安国的古文《尚书》是哪里来的？首当其冲的想法当然是祖传的。如果是祖传的，《尚书》必定完整，为什么当年伏生在齐、鲁两地只能教授残缺的29篇？为什么当时皇帝孝景帝求书时，"天下无有"，还要派晁错千里迢迢向伏生学习29篇，孔家为什么没有献出来？孔安国担任《尚书》博士后，为什么不把完整的《尚书》献出，以致到了现今，"秦宫版"《尚书》的篇数仍然是个疑问。可以推断，到了西汉时期，孔安国家中已经没有了祖传的《尚书》简册，《尚书》学在孔氏家族内部的传承已经在秦始皇到西汉建立的这段时期出现了断层。

比如，孔安国的《尚书》学的老师，尽管史料没有记载，但是记载了，他的《尚书》学源自伏生，《诗经》的老师是申公，都不是家传的。

伏生教济南张生及欧阳生……张生亦为博士。而伏生孙以治尚书征，不能明也……自此之后，鲁周霸、孔安国，洛阳贾嘉，颇能言尚书事。

——《史记·儒林列传》

如果古文《尚书》不是祖传的，那么是从哪里来的呢？《汉书》记录了三条线索：

刘歆移太常博士书，"及鲁恭王坏孔子宅，欲以为宫，而得古文于坏壁之中，《逸礼》有三十九篇，《书》十六篇。天汉之后，孔安国献之，遭巫蛊仓卒之难，未及施行。"

——《汉书·楚元王传》

武帝末，鲁恭王坏孔子宅，欲以广其宫。而得《古文尚书》及《礼记》

《论语》《孝经》凡数十篇，皆古字也。恭王往入其宅，闻鼓琴瑟钟磬之音，于是惧，乃止不坏。孔安国者，孔子后也，悉得其书，以考二十九篇，得多十六篇。安国献之，遭巫蛊事，未列于学官。 ——《汉书·艺文志》

恭王初好治宫室，坏孔子旧宅以广其宫，闻钟磬琴瑟之声，遂不敢复坏，于其壁中得古文经传。 ——《汉书·景十三王传》

三条记录记载了一件事，在献王还在世的武帝时期，除了献王，也同样有其他的诸侯王征集先秦古文书籍的，尤其是地处孔子故乡的封国鲁国。三条记录中的鲁恭王正是封国鲁国的诸侯王，景帝的儿子刘余，他在公元前154年吴楚七国之乱平定后，由淮南王被改封为鲁王。

刘余"好治宫室"，竟然想毁坏孔子的祖宅，用来扩充他的宫室，结果在孔子祖屋的墙壁中发现了古文简册，其中就有《尚书》，于是孔安国作为孔子的后代，得到了这些古文《尚书》。从此这批古文《尚书》有了一个专用名称叫"孔壁本"。

那么《汉书》的"孔安国者，孔子后也，悉得其书，以考二十九篇，得多十六篇"和《史记》的"孔氏有古文《尚书》，而安国以今文读之，因以起其家"这主要的情节就匹配起来了。基本可以说明孔安国的古文《尚书》是鲁恭王赠送的，进一步推测是鲁恭王没有办法读通这批古文《尚书》，从而求助于《尚书》博士，代表了当时《尚书》最高学术水平的孔安国，这就非常符合逻辑了。

鲁恭王刘余在孝景帝前元二年（公元前155年）以皇子的身份受封为淮阳王。第二年，吴、楚七国反叛被击败后，在孝景帝前元三年（公元前154年）改封为鲁王。他喜欢治理宫殿、苑，畜养狗、马。晚年喜好音乐，不善辩说，说话口吃。（原文：好治宫室苑囿狗马。季年好音，不喜辞辩，为人吃。）

他在位二十六年去世（公元前129年去世），儿子刘光继位为王。

——《史记·五宗世家》

《史记》的记录中，司马迁没有提到"鲁恭王坏孔子宅"，更没有提到"孔壁出书"的事，而笔者认为，如果在孔子祖宅发现大批文献，这在当时的学术氛围中，是属于重要的学术事件，司马迁没有理由不提一笔。所以后代很多学者，包括笔者，都很怀疑"鲁恭王孔壁出书"这件事的真实性。笔者认为最有说服力的是吕思勉先生的举证，印证了笔者的怀疑，历史上是没有"鲁恭王孔壁出书"这件事的。吕思勉先生认为，孔子当时已经被尊为儒家之祖，他的祖宅是何等神圣，而鲁恭王也是一位深通儒家学术，尊重儒家学者的一方诸侯，如何会去毁坏孔子的祖宅？我们先介绍一下孔子去世后到西汉时期，孔子祖宅的情况。

孔子死后葬在鲁城北面的泗水岸边，弟子们都为他服丧三年，三年心丧完毕，大家道别离去时，都相对尽哀而哭，也有继续留下来的。只有子贡在墓旁搭了一间小房住下，守墓总共六年，然后才离去。后来孔子的弟子和其他的一些鲁国人，自己前往墓旁居住的有一百多家，因而就把这里命名为"孔里"。鲁国世世代代相传，每年都定时到孔子墓前祭拜，而儒生们也经常到孔子故居举行乡饮、大射等儒家的经典礼仪。孔子的墓地有一顷大，孔子故居的堂屋以及弟子们所居住的内室，后来就改成了庙，用来收藏孔子生前穿过的衣服，戴过的帽子，使用过的琴、车子、书籍等，直到汉代，二百多年间没有间断过。高皇帝刘邦经过鲁地时，用太牢祭祀孔子。到封国鲁国上任的诸侯、卿大夫、国相，常是先去拜谒孔子墓，然后才去正式上任。
　　　　　　　　　　　　　　　　　　　　——《史记·孔子世家》

"太牢"是祭祀中最高的等级，需要用牛、羊、猪这种大牲口各一头进行祭祀。连厌恶儒学的刘邦都要用"太牢"在孔子故居祭拜孔子，可见孔子在当时人心中的地位。而且儒生们"每年都定时到孔子墓前祭拜"，"到封国鲁国上任的诸侯、卿大夫、宰相，常是先去拜谒孔子墓，然后才去正式上任"，这其中就包括了诸侯王，就是指鲁恭王这个级别的皇室人员，所以鲁恭王上任时会去祭拜孔子，如何会为了扩建自己的宫室，去毁坏孔子的故居？于情于理都是解释不通的。

如果没有"鲁恭王孔壁出书"这一事，而孔安国家又没有祖传的简册，那么这批古文《尚书》又是从哪里来的呢？吕思勉先生等学者推测这批古书是齐鲁地区民间献上来的，而且很大部分是献给鲁恭王的，也会有一部分是献给当时知名的申公的，而且鲁恭王和申公一直有着来往。

刘戊立为楚王，就把申公禁锢起来。申公感到耻辱，就回到鲁国，隐退在家中教书，终身不出家门，又谢绝一切宾客，唯有鲁恭王刘余招请他才前往（原文：独王命召之乃往，此处的"王"即指的鲁国的诸侯鲁恭王）。

　　　　　　　　　　　　　　　　　　　　——《史记·儒林列传》

这也证明了鲁恭王自己也在研习《诗经》，他召见申公，肯定不是为了宫殿的装点、养狗养马的事，对申公礼让有加，自然是请教经学。所以我们同样认为鲁恭王和孔安国有来往的可能性也非常大。首先，孔安国是《尚书》博士，而孔安国又是申公的弟子，孔安国除了《诗经》，又传承了伏生的《尚书》，所以鲁恭王和申公把民间献上来的古文《尚书》原本，或者誊抄一份，将副本转赠给《尚书》博士孔安国，也是非常符合情理和逻辑的。

那么"鲁恭王孔壁出书"这个故事是如何来的呢？吕思勉先生认为，后来的学者也不知道孔安国的古文是从哪里来的，于是就凭着一点点的"可能性"往有名的人身上附会了，比如鲁恭王喜欢治宫室，就附会说成恭王想扩建宫室破坏了孔宅发现的，还带有一点儿传奇性。同时还有学者已经考证，当时西汉确实有在墙壁夹层中藏书的事，所以笔者推测是齐鲁地域众多的儒家民间学者中确实有"壁中藏书"的事，那么可能是鲁恭王"坏了某个学者的宅，欲以广其宫"得到古文《尚书》，或者是这些学者自己献给鲁恭王这部古文《尚书》的，并告知是自己"壁中藏书"，才得以留存到当时的。于是后来就附会和篡改成从孔子家的墙壁中找出的书了。我们仔细阅读《史记》和《汉书》的原文，确实可以发现"附会"的蛛丝马迹。

好治宫室、苑，畜养狗马，晚年喜好音乐，不善辩说，说话口吃。（原文：好治宫室苑囿狗马。季年好音，不喜辞辩，为人吃。）

——《史记·五宗世家》

《史记》中这个"好治宫室"的"治"，意思是"装饰"和"打理"的意思，也就是把现有的宫室装点得更好看一些。司马迁叙述鲁恭王的这个爱好，就是现在"装饰"的意思，绝不是喜欢建造或扩充宫室的意思。"治"在此处并不是"建造"的意思，而是对已有建筑的治理，就是装饰，即要么让房屋更漂亮舒适，要么更加朴素。而建造宫室或一栋新的房屋，当时用的文字是"立"或"作"。

于是就在渭水南上林苑内修建朝宫，先在阿房建前殿。（原文：乃营作朝宫渭南上林苑中，先作前殿阿房。）　　——《史记·秦始皇本纪》

绾、臧请天子，欲立明堂以朝诸侯。　　——《史记·儒林列传》

赵人新垣平以望气见，因说上设立渭阳五庙。

——《史记·孝文本纪第十》

司马迁根本没有说鲁恭王喜欢建造宫室，原意是说他喜欢装点宫室，如同现代，家人喜欢用各种家具或艺术品等装点自己的住家，是一样的道理。所以后代学者附会的痕迹就露出来了。我们再把《汉书》的描述和《史记》的放在一起。

> 好治宫室、苑，畜养狗马，晚年喜好音乐，不善辩说，说话口吃。（原文：好治宫室苑囿狗马。季年好音，不喜辞辩，为人吃。）
>
> ——《史记·五宗世家》

> 恭王最初爱好扩建宫室，毁坏孔子旧宅用来扩建他的宫室，听到有钟磬琴瑟的声音，便不敢再毁坏，在旧宅壁中得到古文经传。（原文：恭王初好治宫室，坏孔子旧宅以广其宫，闻钟磬琴瑟之声，遂不敢复坏，于其壁中得古文经传。）
>
> ——《汉书·景十三王传》

先是把"好治宫室"，附会增加了"坏孔子旧宅以广其宫"，又把"晚年喜好音乐"，附会升级成"毁坏孔子旧宅用来扩建他的宫室，听到有钟磬琴瑟的声音，便不敢再毁坏"，已经带有"鬼神"的味道，附会编造的痕迹就更明显了。

总而言之，我们可以很有把握地推断"鲁恭王孔宅壁中出书"的事是没有的，但鲁恭王从民间得到古文《尚书》，以及孔安国得到鲁恭王相赠的古文《尚书》，是可信的。而这也解释了，为什么献出的古文《尚书》的篇文完全包括了伏生壁出的29篇（卷），有学者疑虑这是否太过巧合。如果古文《尚书》46卷是从孔子墙壁中一次性出现的，其中又正好全部包括了伏生壁出的全部29篇（卷），这确实非常巧合，让人难以置信。而实际情况，如上文所述，古文《尚书》是民间各类学者献给鲁恭王的，所以书篇的来源不会是仅仅来自一处一人，如前文所引用的"四方有道德学术的人不远千里而来"，进献先祖旧藏的书籍，因此鲁恭王的古文《尚书》卷篇的来源是当时盛行儒学的齐鲁大地上的各类学者。这样的话，鲁恭王收齐对应伏生壁出的29篇（卷）的古文版本就不是很难和巧合的事情了。孔氏家族得到鲁恭王的古文《尚书》的具体时间，我们已无从考证，只能确定是在刘余被封为鲁王的公元前154年到他去世的公元前129年之前。

孔安国得到古文《尚书》后，就开始"以今文字读之"研究这批古文《尚书》，但正如前文叙述的，直到公元前124年公孙弘担任丞相，整个学术气氛都是规避古文的，所以笔者推测孔安国也只能自己私下研究了。

4.4 "孔献版"古文《尚书》

如前文所述，孔安国的《尚书》学源自伏生，是今文《尚书》博士，所以他在得到"孔壁本"后，用"今文"来识读"古文"，又用"古文"反过来考证"今文"的29篇。"悉得其书，以考二十九篇，得多十六篇"，就是"得到这些书，用以考证今文29篇"，只是考证的结果并未说明。但我们可以推测的是，"孔壁本"的29篇古文和29篇今文之间的文字并不一定能一一对应，词句的顺序也会有不同，等等的各种问题，我们可以推测一下孔安国用"今文"来识读"古文"的过程。

孔安国用伏生传下的今文经文（隶书），逐字逐句地校读古文《尚书》的古文字，从而基本读通了对应的29篇古文《尚书》。他要面对的工作，是要把古文字和今文隶书对应起来，以及理清词句的顺序关系。这其中肯定会遇到"多一个字""少一个字"，甚至"多几个字""少几个字"，"多一句话""少一句话"等情况。大致将古文的字词读通后，接下来就要依靠伏生的今文经文，对古文进行分句和断章，再理清古文句子和段落的顺序，笔者认为这也是比较困难的工作。

但只要把以上的工作做完，那么把篇章的意思解读出来就不会特别困难，因为此时已经有了伏生传下的张生和夏侯氏的传解。当然伏生的传解未必能全部解释孔安国"读出"的古文，但笔者认为，解释大部分是没问题的。这样孔安国就用伏生的29篇今文，将古文与今文之间建立起了关系，类似于建立了一套《尚书》古文字的解释。而另外仍然保持完整的十余篇古文篇文，是没有伏生"师说"传解的，孔安国是否尝试去解读这十余篇"逸书"，史书没有记载，但按照常理推测，孔安国既然已经基本通晓29篇的古文字，肯定会尝试去解读这十余篇"逸书"的。

最后孔安国会将古文篇章，按照古文原文的词句顺序，用今文隶书转写一份，这样就有了一部用今文隶书书写的古文《尚书》29篇的经文。但是笔者认为，孔安国并没有单独再为这部今文隶书版的古文《尚书》撰写传解，因为如上文所述，伏生的传解可以解释大部分的古文篇章词句，所以不会有更多的新传解。这部隶书版古文《尚书》的29篇应当是以今古文经文对应为主，辅以古文和今文隶书不同之处的注解或说明。

所以后来孔安国向朝廷献上古文《尚书》，并请立学官时，他主要的学术是将古文文字和今文文字对应联系起来，简要地说就是对古文进行训诂、分句断章，读通古文《尚书》。除了经文，如果孔安国有自己撰写的书籍一同献上的话，笔者认为就是与今文篇题相同的 29 篇的，用今文隶书撰写的 29 篇古文《尚书》篇文。是以古文字的训诂解释为主，其次可能还有对古文和今文不同之处的讨论，比如分句断章和相互的顺序等，也可能会涉及部分今文经文传解的讨论，但不会是一部经文的传解。

如果孔安国或孔氏家族在当时有从战国和秦朝时期流传下来的《尚书》经传，那么孔安国有可能依据家学，写出一部对古文《尚书》的传解。但实际上，孔安国是用"伏生的今文"去解读古文，也说明了当时孔安国并没有家传的《尚书》经学。从而笔者认为，西汉以后，孔氏家族的《尚书》家学是从孔安国的《尚书》学重新开始的。

古文《尚书》的发展和流传，正是从孔安国将古文读为今文的过程中所产生的学术开始的，经过后代有机会接触到收藏在皇宫内的古文《尚书》的学者的发展，从添砖加瓦，到融会贯通，再到采会异同，逐渐使古文《尚书》成为一门独立的学术，而孔安国被认作古文《尚书》的创始人也是恰如其分的。

所以孔安国"以今文读之，因以起其家"，"起其家"既是指孔安国在研究了这套古文《尚书》后，建立了一套和伏生《尚书》学相比，学术内容更丰富的《尚书》学，我们在此简称为"孔安国《尚书》学"。

武帝在公元前 124 年到 118 年，发出征集古籍的诏令，实际也是表明，儒家学者们可以不用再担心对古文的忌讳，但学者们，包括孔安国，因为近十年的忌禁，一时也不会立刻有所动作，政治忌讳的惯性，让孔安国没有对自己的《尚书》学有过多的想法，但他的内心是肯定希望自己的《尚书》学说是能够被册立为学官的。

到了公元前 116 年，如前文所述，武帝得到了宝鼎，为此还更改了年号。随后，武帝就开始了长生成仙，泰山封禅的进程。孔安国和武帝就封禅的仪礼产生了分歧，武帝对众多儒生更是嗤之以鼻，这种情况下，孔安国何谈自己的《尚书》学被册立为学官。按照笔者的推测，在武帝封禅的公元前 110 年的前后不久，孔安国离开了朝廷中枢，前往临淮郡担任太守。

4.5《泰誓》——孔安国献书考

如《汉书》记载的，在武帝"广开献书之路"的推动下，私藏在民间的先秦古文书籍都不停地重现天日，到了武帝末期，在民间献上的一批古文中，出现了一篇《尚书》的篇章《泰誓》。

武帝末年，民有得《泰誓》书于壁内者，献之。与博士，使读说之。数月，皆起传以教人。　　　　　　　——《尚书正义》引刘向《别录》

宣帝泰和元年，河内女子有坏老子屋，得古文《泰誓》三篇。程元敏引《后汉史》

宣帝本始中，河内女子得《泰誓》一篇，献之。　　——《经典释文》

这三条史料记录了《泰誓》出现的三个时间，武帝末年、宣帝泰和元年、宣帝本始中。学者程元敏考证到，"泰和"与"本始"这两个时间都是西汉之后学者对"太始"的误读。

表 4　《泰誓》相关年号表

皇帝	年号	起止
武帝刘彻	建元	前 140—前 135
	元光	前 134—前 129
	元朔	前 128—前 123
	元狩	前 122—前 117
	元鼎	前 116—前 111
	元封	前 110—前 105
	太初	前 104—前 101
	天汉	前 100—前 97
	太始	前 96—前 93
	征和	前 92—前 89
	后元	前 88—前 87

皇帝	年号	起止
昭帝刘弗陵	始元	前86—前80
	元凤	前80—前75
	元平	前74—前73
宣帝刘询	本始	前73—前70
	地节	前69—前66
	元康	前65—前61
	神爵	前61—前58
	五凤	前57—前54
	甘露	前53—前50

"泰"原本写作"太","太"和"本"字接近。

所以武帝的"太始"被误读成"本始"。后来"太始"改写成"泰始","始"字又被误认为"和"字，就出现了一个从来没有的年号"泰和"，是明显的错误。

所以通过这两条错误的时间记录，反而使我们推断出《泰誓》出现的时期大约就在汉武帝末期的"太始"年间，即公元前96年到公元前93年。

朝廷得到《泰誓》后，"与博士，使读说之。数月，皆起传以教人"，朝廷的博士们花费了几个月才读通这篇古文《泰誓》，我们已经无法知道博士们是如何研究读通这篇古文的，伏生的29篇中是没有《泰誓》的，所以博士们无法像孔安国那样，以"今文"参照，认出其中的古文，因此读通这篇才一千多字的古文用了几个月的时间。读通以后，就将这篇由"古文"变为"今文"的《泰誓》加入到当时立为学官的29篇中，所以后代学者称这篇《泰誓》为"今文《泰誓》"。那这样的话，《尚书》的篇数就变成了30篇，和西汉末年对《尚书》篇数的记录，仍然是29篇，就不相符合了，对此我们将在下文再作详细解释。

现在我们要注意的是，武帝朝的博士们将一篇"古文"转写成"今文"，并正式加入到《尚书》学官中，即欧阳氏《尚书》学，开始向博士弟子正式教授。此时孔安国早就已经离开中央朝廷十几年，可能没有参与校读《泰誓》，但是在《泰誓》加入立为学官的欧阳《尚书》中，并正式颁布后，孔安国肯定就知道了这件学术事件。将古文篇章中的古文字与现今的隶书字体对应起来，并读通古文篇章，这不正是"孔安国《尚书》学"的最大特点吗？因此，笔者推测，"今文《泰誓》"编入29篇的事让孔安国意识到，此时他的《尚书》学被武帝朝设立学官同样是有可能的。

随后，孔安国就准备把古文《尚书》以及他自己的《尚书》学献给武帝朝，如前文所述，孔壁出书并不是真实存在，所以我们后文称孔安国献上的古文《尚书》为"孔献版"古文《尚书》。

孔氏有古文《尚书》，孔安国以今文字读之，因以起其家逸《书》，得十余篇，盖《尚书》兹多于是矣。遭巫蛊，未立于学官。——《汉书·儒林传》

从我们上文的分析和这条记录中的"未立于学官"，我们可以推断孔安国献书的目的就是向朝廷申请为他的《尚书》学设立学官。

《汉书》记载"天汉之后，孔安国献之"，"天汉"时期在公元前100年到公元前97年，但是有学者认为孔安国此时已经去世了，孔安国自己并没有向武帝朝进献古文《尚书》，根据是《史记·孔子世家》中记录孔安国是"早逝"。

在武生延年及安国。安国为今皇帝博士，至临淮太守，蚤卒。（"蚤卒"即是"早卒"。）
——《史记·孔子世家》

笔者并不认同这样的解释，而认为"早卒"是要从作者司马迁的角度去理解。"早卒"除了指"较早去世"这个意思以外，在此，"早卒"应该理解成"年龄相仿的人比自己去世得早"。司马迁在叙述孔安国比自己先离开人世时，自然是用"早卒"。司马迁去世的准确年份，现在无法考证，只能推测出一个他去世的时期。近代学者王国维先生推测司马迁去世的时间和汉武帝差不多，在公元前87年左右。现代学者张大可考证认为，司马迁准确的去世时间虽不可知，但他去世在武帝后，在昭帝始元六年（公元前81年）之前却是确定无疑的。所以孔安国本人在《泰誓》出现后，大约在公元前93年到公元前92年之间仍然健在，并向朝廷献上古文《尚书》，申请册立学官，在时间上是有很大可能性的。

针对孔安国"早卒"，史学家还有另外一种说法，认为是孔安国的家人向朝廷献书。近代学者余嘉锡考证到，西汉成帝时（公元前33至公元前7年）的刘向在校对皇宫藏书时，记录了"孔安国家献之，遭巫蛊事，未列于学官"，与《汉书·艺文志》记录的"安国献之，遭巫蛊事，未列于学官"，增加了一个"家"字。

但是《汉书》中通常用"孔氏"代表"孔家"，比如《汉书》儒林传中"孔氏有古文《尚书》，孔安国以今文字读之"，而不是说"孔家有古文《尚书》"或"孔安国家有古文《尚书》"，与之相比，在此说"孔安国家献之"，显得非常的牵强。所以笔者认为，这部古文《尚书》是由孔安国自己献上朝廷的，时间是在《泰誓》加入《尚书》之后，巫蛊案之前（公元前92年），公元前96年到公元前92年之间。

公元前96到公元前93年的年号是"太始"，当时《尚书》的学官只有欧阳氏《尚书》学一家，但正如前文所述，此时孔安国因古文《尚书》而发展出"孔安国《尚书》学"，受到《泰誓》古文转今文加入《尚书》学官的启发，如同当时的《诗经》的三个学派。

> 及今上即位（武帝）……自是之后，言《诗》于鲁则申培公，于齐则辕固生，于燕则韩太傅。 ——《史记·儒林列传》
>
> 辕固，齐人也。以治《诗》孝景时为博士。 ——《汉书·儒林传》
>
> 韩婴，燕人也。孝文时为博士。 ——《汉书·儒林传》

由此，孔安国也希望武帝在"伏生欧阳氏"《尚书》学之外，再册立他的"孔安国《尚书》学"，立为第二家《尚书》的学官。如同《诗经》有三家学官，《尚书》自然也可以有两家学官。毕竟孔安国以这批古文《尚书》如此丰富的资料，在"以今文读之"的过程中，必定对伏生《尚书》学的理解和讲解有了一个更新的发展，而且也有可能，孔安国还更正了伏生《尚书》学中的一些错误。简而言之，孔安国觉得在把今文和古文相互考证的过程中，他的《尚书》学应当得到了一次质的提升，已经比伏生的《尚书》学更加丰富和进步，既然一篇古文《泰誓》可以通过"古变今"成为朝廷认可的传解，那么孔安国自然就有绝对的自信向朝廷请立博士学官。

但是，同时也需要说明的是，孔安国只是想以自己的《尚书》学，像《诗经》一样，将自己的学说立为一家学官，但在当时绝对不是"古文《尚书》"

学官，简而言之，就是当时孔安国并没有把今文和古文区分开来，只是认为自己的《尚书》学更加完善。他和张生都源于伏生，现在他比伏生的弟子张生多得到一批更古，换句话说，就是更"真"的经文，通过他自己研读，对伏生的《尚书》学说，更准确地说，对孔安国自己所学的《尚书》学说，作出一些纠正、补充和发展。孔安国认为他不同于伏生《尚书》学，是因为他的《尚书》学问，在经历了解读古文《尚书》的过程后，相对更准确、更全面，而并不是建立一套新的古文《尚书》学说，"孔安国《尚书》学"的主干和基础仍然是伏生今文《尚书》学。

当时的学术界和孔安国的态度也是一样的，学者们并没有把当时涌现的古文作为一套全新的学术体系来看待，只是把它们作为一种深化当时学术的珍贵资料。我们就拿后出的《泰誓》举例，它也是用古文撰写的，共一千多个字，读通以后，就直接把它合入今文的 29 篇中了，完全没有什么今文和古文区别对待之说，由此可以证明，当时汉武帝时期，学者认为古文篇章的价值所在，就是能让当时的经学越来越接近它在"焚书"前的样子。

4.6 巫蛊

孔安国虽胸有成竹，但他的机遇和运气却并不好，正如《汉书》记载的，"遭巫蛊，未立于学官"，"孔安国《尚书》学"并没有被立为学官，因为此时正巧碰上了武帝末期公元前 92 年的蛊惑事件——武帝朝最大的政治事件，甚至有学者认为，这次巫蛊事件可以成为西汉由盛转衰的转折点。

巫蛊是指用巫术在背地里诅咒别人，其方法多种多样，从最简单地对着人背后吐唾沫，到建造神祠向邪神祭献诅咒，诸如此类等。而最多的巫术是将欲害之人的名字刻在木偶人的身上，埋在地下，由巫师对其进行诅咒。在汉代，以及汉代之前，下至平民百姓，上至高官贵族，乃至宫中的后妃、宫女，都相信这种作法会给被诅咒的人带来灾难甚至死亡，"尤信鬼神"的汉武帝也相信这套巫术。

第一次蛊惑案发生在公元前 130 年左右，主角是陈皇后——陈阿娇，她的母亲正是协助汉武帝成为皇帝的长公主刘嫖，所以擅宠骄贵达十余年，但却没有为武帝生下一个儿子。后来卫子夫得到武帝宠幸，气愤得几次寻死，因而开始怨恨武帝。于是陈皇后又让宫女楚服等人用巫蛊祠祭，诅咒皇帝，但被发现了。元光五年（公元前130年），以大逆无道之罪将楚服等斩杀，受此案连坐而被处死的有三百余人。陈皇后遭到废黜，贬入长门冷宫。

最大最严重的一次就是在公元前92年发生的这次蛊惑案，当时汉武帝有一位臣子叫江充，通过成功整治武帝下面的贵戚近臣而得到武帝的信任，但也因此与卫皇后和太子刘据产生了嫌隙。太子刘据就是武帝宠幸的卫皇后的亲生儿子，当时丞相是公孙贺，他的夫人卫君孺，是卫皇后的姐姐，公孙贺也因此受到宠信。公孙贺的儿子公孙敬声接替父亲担任太仆，骄横奢侈，不遵法纪，竟擅自动用北军军费一千九百万钱，事情败露后被捕下狱。

同时，京城还有另外一个案件，汉武帝正诏令各地紧急通缉阳陵大侠客朱安世，于是公孙贺请求汉武帝让他负责追捕朱安世，来为其子公孙敬声赎罪，汉武帝同意了。不久，公孙贺果然将朱安世逮捕归案。朱安世却笑着说："丞相将要祸及全族了。"于是从狱中上书朝廷，揭发说："公孙敬声与阳石公主（汉武帝的亲生女儿）私通，他得知陛下将要前往甘泉宫，便让巫师在陛下专用的驰道上埋藏木偶人，诅咒陛下，口出恶言。"

征和二年（公元前91年）春正月，公孙贺被逮捕下狱，经调查罪名属实，父子二人都死于狱中，并被灭族，同时还牵连阳石公主和皇后卫子夫所生的另一个女儿诸邑公主以及卫青的长子卫伉，全部都被捕杀。

此时汉武帝年事已高，经常身体不适，也开始怀疑周围有人在用巫蛊诅咒他。江充知道自己与太子刘据、卫皇后已经有了嫌隙，见汉武帝年纪已老，害怕汉武帝去世后，会被继位的刘据诛杀，又窥探出汉武帝的疑惧心理，便指使巫师称："宫中有蛊气，不将这蛊气除去，皇上的病就一直不会好。"武帝自然相信了。

于是武帝派江充为使者，负责查出巫蛊。江充先从后宫中汉武帝已很少理会的妃嫔的房间着手，然后依次搜寻，一直搜到皇后宫和太子宫中，各处的地面都被纵横翻起，以致太子和皇后连放床的地方都没有了。江充扬言："在太子宫中找出的木头人最多，还有写在丝帛上的文字，内容大逆不道，应当奏闻陛下。"

此时汉武帝正在甘泉宫避暑，甘泉宫在长安未央宫（今西安市未央区）以北75公里左右，太子刘据此时也非常害怕和担忧，随即和他的老师太子少傅石德商议对策。石德害怕因为自己是太子的老师而受牵连被杀，便建议太子刘据参考当年秦朝太子扶苏之事，让太子将江充等人逮捕下狱，彻底追究其奸谋。而此时江充正抓住刘据的事情，逼迫得很紧，刘据也想不出别的办法，于是就按着石德的计策行事。

公元前 91 年 7 月，刘据亲自监杀江充。并乘夜进入未央宫将一切报告给母亲卫皇后，然后调发皇家马车运载射手，打开武器库拿出武器，又调拨长乐宫的卫卒。长安城中一片混乱，但谣言也随之而起："太子造反了。"

汉武帝得知后，经过仔细考虑，认为太子肯定是害怕了，又愤恨江充等人，造成这样的变故，就派使臣去召刘据前来。使臣却不敢进入长安，回去向武帝诬告说："太子已经造反，要杀我，我逃了回来。"武帝这才雷霆大怒，随即发出命令"捕杀叛逆者"。汉武帝马上从避暑的甘泉宫返回，来到长安城西建章宫，征调附近的军队。

最后刘据的军队和丞相刘屈氂率领的军队在长安城会战五天，死亡数万人，鲜血像水一样留入街边的水沟。但在太子的军中，"太子谋反"的传言再度四起，所以太子刘据的将领很多都倒戈了，而丞相一边的兵力却不断加强。七月十七日，刘据兵败逃走。与此同时，汉武帝又下达谕旨收回皇后的印玺和绶带，等于是废黜了卫皇后，卫皇后随即自杀。

刘据向东逃到湖县，隐藏在泉鸠里，但还是被发现了。八月初八，地方官开始围捕刘据，刘据自己估计难以逃脱，便回到屋中，自缢而死，两位皇孙也一同遇害。

征和三年（公元前 90 年），经过调查发现，蛊惑案有很多不实之处，此时汉武帝也了解到太子刘据确实是因被江充逼迫，惶恐不安，才起兵诛杀江充，并无他意。此时守卫汉高祖祭庙的郎官田千秋又紧急上奏，为刘据鸣冤，汉武帝才霍然醒悟，追悔莫及。武帝怜惜刘据无故遭害，便特地修了一座思子宫，又在湖县建了一座归来望思之台。直到汉武帝去世前，都没有停止过报复，丞相刘屈氂等相关人物都被以各种理由捕杀。

由此，我们可想而知，在这种环境下朝中谁还会关心学术的事宜。孔安国献上古文《尚书》请立学官，这需要汇拢各位博士和学者，共同检读商讨，检验和审核新立的学术，这不是几个月的时间能办成的，一千多字的《泰誓》就用去了博士们几个月的时间，何况是所有的 29 篇和多出的 16 篇呢？所以孔安国在献书后，在时间进入蛊惑事件时期后，自然全部都被搁置了。

但也有学者认为，"天汉之后，孔安国献之，遭巫蛊仓卒之难，未及施行"，其中的蛊惑案不是公元前92年这次，而是指公元前130年陈皇后那次。这个观点有明显的问题，首先，陈皇后的蛊惑案被查得干净利落，水落石出，所以持续的时间较短，事件过去后，孔安国仍然有时间请立博士，为何后续就再没有发展了。第二，《汉书》清楚地记载着"天汉之后"，公元前130年是"元光"年间，没有任何笔误的可能性。所以笔者认为孔安国献书的时间就是在"天汉"之后的"太始"年间（公元前96年到公元前93年之间）。

第5章　大夏侯和小夏侯《尚书》学

5.1 夏侯始昌

我们再次回到《尚书》的传承上，前文我们介绍了从欧阳生和孔安国传授给倪宽，再到欧阳高担任《尚书》博士。

倪宽又从孔安国学习，官至御史大夫，他本人有传。倪宽有卓越的才智，起初拜见汉武帝，就谈论经学……欧阳、大小夏侯之学皆出于倪宽。倪宽传授给欧阳生的儿子，代代传授，到他的曾孙欧阳高，字子阳，做了博士。

——《汉书·儒林列传》

现在我们再回顾一下张生这条线路，并将两条传承脉络汇总于图4。

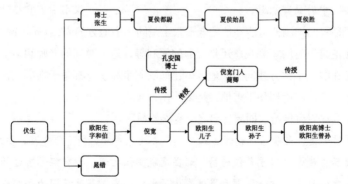

图4　夏侯氏《尚书》师承

夏侯胜，其祖上夏侯都尉，跟随济南张生学习《尚书》，后传授给同族兄弟之子夏侯始昌。夏侯始昌传授给夏侯胜，夏侯胜又侍奉（求学于）同郡的简卿。简卿，是倪宽的门人。夏侯胜传授给堂兄的儿子夏侯建，夏侯建又

事奉欧阳高。夏侯胜官至长信宫少府，夏侯建官至太子太傅，自己有传。从此《尚书》有大小夏侯之学。 ——《汉书·儒林列传》

夏侯都尉在《史记》和《汉书》中都没有记录，只有姓，没有名，都尉是西汉的官职，"夏侯都尉"类似于现在的"王省长""赵市长"之类的称呼。都尉在西汉已经是不小的官员了，是郡（相当于现在的"省"）的长官，在各地的郡中作为太守（一郡的最高长官）的副手，掌管一郡的军政事务。在一个较大的边境郡，就会分成几个部分，那么每个部分就称为"部都尉"。公元前121年左右，武帝对于降附或内属的少数民族地区，又设立属国，属国的最高长官即名属国都尉，和一般都尉仅典武职不同，还要兼理民事。在新开辟的少数民族地区通常先设立都尉，以便为设置正式行政区的郡做准备，也就是说先用临时军管的办法，保持当地的故有习俗，免征赋税等，待条件成熟后，再正式设立行政郡。简而言之，都尉在郡里面，是职位仅次于太守的高官之一了。

由此可见，夏侯都尉在当时当地是很高的门户，只是我们不确定他是哪一个郡的。如果按照《汉书》描述，他的侄子夏侯始昌是鲁国人，以此推测他是鲁国人，那么就是诸侯国鲁国的官员，但诸侯国负责军事的官员称"中尉"，这里就不能相互符合。

诸侯王……有太傅辅王，内史治国民，中尉掌武职……成帝绥和元年省内史……中尉如郡都尉。 ——《汉书·百官公卿表》

于是我们推测他可能和他的老师张生是同一个地方的人，就是济南郡人。毕竟无论是当时的家庭观念还是交通的便利等，这个时期的老师和弟子基本还都是在同一个地方或同一个地区，比如欧阳生和倪宽都是千乘郡人，伏生是济南郡人，济南郡和千乘郡，是紧挨在一起的。

夏侯都尉再传给"同族兄弟之子夏侯始昌"。

夏侯始昌，是鲁人。精通《五经》，讲授《齐诗》和《尚书》。董仲舒、韩婴死后，武帝很器重夏侯始昌。始昌通晓阴阳之道，他曾经预言过柏梁台发生火灾的日期，结果到那天果然发生了火灾。当时昌邑王因为年纪最小而得到宠爱，武帝给他挑选老师，始昌就做了太傅。始昌因年老去世。 ——《汉书·眭两夏侯京翼李传》

夏侯始昌的《齐诗》传承于辕固，正是前文提到的被窦太后送入猪圈杀猪的辕固。

　　齐诸生因《诗》显贵，都是辕固的弟子，昌邑太傅夏侯始昌最精
通。　　　　　　　　　　　　　　　　——《汉书·眭两夏侯京翼李传》

　　董仲舒最早大约在太初元年（公元前 104 年）前去世的，董仲舒去世后，
夏侯始昌被武帝所器重，而被器重的原因并不完全是对《诗》《书》的精通，
而是对"阴阳五行说"的精通，《史记》记载夏侯始昌成功地预言了宫殿"柏
梁台"的火灾。

　　越国打算与汉朝用船决战，于是武帝大规模修建昆明池（在京都长安），
池的周边观宇环绕。建造楼船，有十丈多高，上面插着旗子，很是壮观。天
子受这气派的感染，建造了柏梁台，高达数十丈。　　——《史记·平准书》

　　元鼎二年（公元前 115 年）……春，开始建造柏梁台。

　　　　　　　　　　　　　　　　　　　　　　　　——《汉书·汉武帝本纪》

　　从记载可知，柏梁台是因为武帝想观摩或检阅在宫殿西南昆明湖上的战
船演练所建造的，可惜落成不到 10 年就被大火全部烧毁了。

　　太初元年（公元前 104 年）十一月乙酉日，未央宫的柏梁台发生火灾。
先前，大风刮坏了那里的屋子，夏侯始昌预先说出将要遭灾的日子。灾后发
生了江充以巫蛊案陷害卫太子之事。　　　　　　　　——《汉书·五行志》

　　其实这就是一次火灾事故，但当时的阴阳五行思想必定要把某个自然灾
害和某个事件相互联系起来，而《汉书》竟然和近 12 年后的蛊惑案联系在
一起。司马迁也记录了火灾，却对预测之事只字不提，由此可以推测夏侯始
昌的预言，实际是后代史家编造加入的情节。但夏侯始昌肯定用了他"阴阳
五行"的理论向武帝作了解释，武帝也非常地相信，《史记》记载：

　　（公元前 104 年）十一月乙酉日，柏梁台失火遭灾。十二月甲午日初一
这一天，皇上亲自到高里山祭祀后土神。　　　　　——《史记·武帝本纪》

　　武帝应该是听完火灾的解释后，立即安排了对土神的祭祀，"土"在董
仲舒的五行说中是统领其他"四行"的，其意图一目了然，这自然是听从了
夏侯始昌"阴阳五行"的建议而举行的消灾行动。

　　武帝当时有一个小儿子，名叫刘髆。此时武帝已经五十多岁，老来得子，
当然宠爱有加，刘髆于天汉四年（公元前 97 年）被册立为昌邑王（今山东
菏泽巨野），于是就任命夏侯始昌做了他的老师。刘髆册封为王 11 年后去世，
他的儿子刘贺继承昌邑王。夏侯始昌也在任上去世。夏侯始昌在生前将《尚

书》和《洪范五行传》传授给了堂兄的儿子夏侯胜。

　　夏侯胜从小是一个孤儿，但他很好学，跟随始昌学习《尚书》和《洪范五行传》，论说灾异。　　　　　　　　　——《汉书·眭两夏侯京翼李传》

　　在前文叙述"阴阳五行"时，已经介绍过这篇《洪范》，我们在此先作个简单的回顾。"五行"这个术语明确定义为"金、木、水、火、土"，最早就是出现在《洪范》中，又如前文介绍，笔者推断《洪范》中的"五行"是创说"终始五德说"的邹衍篡改了《洪范》的原文而加入的，原文此处应该是"五材"，按照战国时期崇古的学术风气，其篡改的目的是为了将"终始五德说"与古代思想联系起来，以增加"五德说"的权威。在邹衍去世后（大约在公元前250年左右），"终始五德说"的内容又被吕不韦吸收和发展，使得"五德说"包含的自然和人文的事物更加丰富，更加像一套描述自然和人文规律的理论，最终在秦始皇统一中国后，采用了这套学说，确定秦朝为"五德"中的水德，奠定了"终始五德说"在思想和学术上的地位。此后，在秦汉交替的烽火不息的时期之后，西汉又经历了以"黄老思想"为主导的文景时期，直到汉武帝时期，董仲舒推出"天人感应"的学说，"五德说"终于转变成"五行说"。

　　与此同时，武帝实施了"罢黜百家，独尊儒学"的政策，儒学五经成为朝廷唯一的学术和思想。因此"阴阳五行说"的发展随即更紧紧地依附于《尚书·洪范》《春秋》等儒家经学，继董仲舒之后，最有名的"阴阳五行说"的学者正是夏侯始昌。

5.2《洪范》无"天人感应"思想考

　　如前文所述，张生和欧阳生等伏生亲传弟子撰写了《尚书大传》，其中就有《洪范传》，但在这篇之外还有单独的一篇《洪范五行传》，只是这篇《洪范五行传》是张生和欧阳生撰写的，还是夏侯始昌撰写的，至今学者们尚有争议。一部分学者认为这篇《洪范五行传》不是张生和欧阳生撰写的，而是夏侯始昌撰写的，到了东汉后，由东汉的学者将夏侯始昌的《洪范五行传》并入《尚书大传》中的，但双方都还没有充分的证据。同时也有学者，如程元敏先生，认为他们都各自写了一篇《洪范五行传》，尽管不能充分证明张生和欧阳生撰写过，但程元敏先生充分证明了夏侯始昌确实撰写过一篇他自己的《洪范五行传》，他在《汉书·五行志七中之上》中考证到一段夏侯始昌《洪范五行传》的篇文。

孝武时，夏侯始昌通《五经》，善推《五行传》，以传族子夏侯胜，下及许商，皆以教所贤弟子。其传与刘向同，唯刘歆传独异，貌之不恭，是谓不肃。肃，敬也。内曰恭，外曰敬……逆之，其极曰恶；顺之，其福曰攸好德。刘歆貌传曰有鳞虫之孽，羊祸，鼻痾。——《汉书·五行志七中之上》

程元敏认为"其传与刘向同，唯刘歆传独异"之后，"刘歆貌传曰"之前的这段传文正是夏侯始昌《洪范五行传》篇文的一部分，从而证明夏侯始昌自己撰写过《洪范五行传》。

夏侯始昌和董仲舒同处于武帝一朝，夏侯始昌稍晚于董仲舒，他的思想和学说很有可能受到董仲舒的影响。夏侯始昌通过自己钻研"阴阳五行"，得到武帝的器重，充分证明夏侯始昌对"阴阳五行"的精专，所以说他撰写过一部自己的《洪范五行传》著作，也是非常符合逻辑的。

但是，《洪范五行传》只是以《洪范》的经文作为引导，名义上是"经传"，但其思想和内容指向早已大大超越《洪范》经文所涵盖的范围了。《洪范》并没有太多后代学者施加于它的哲理解说，现节录一部分《洪范》的内容，举例说明如下：

第一是五行。第二是认真做好五事。第三是努力施行八种政务。第四是合用五种记时方法。第五是建事使用皇极。第六是治理使用三种品德的人。第七是尊用以卜考疑的方法。第八是经常注意使用各种征兆。第九是凭五福鼓励臣民，凭六极警戒臣民。

一、五行：一是水，二是火，三是木，四是金，五是土。水向下润湿，火向上燃烧，木可以弯曲伸直，金属可以顺从人意改变形状，土壤可以种植百谷。向下润湿的水产生咸味，向上燃烧的火产生苦味，可曲可直的木产生酸味，顺从人意而改变形状的金属产生辣味，种植的百谷产生甜味。

二、五事：一是态度，二是言论，三是观察，四是听闻，五是思考。态度要恭敬，言论要正当，观察要明白，听闻要广远，思考要通达。恭敬就能肃敬，言论正当就能修治，观察明白就能明智，听闻广远就能善谋，思考通达就能圣明。（原文：二、五事：一曰貌，二曰言，三曰视，四曰听，五曰思。貌曰恭，言曰从，视曰明，听曰聪，思曰睿。恭作肃，从作义，明作晢，聪作谋，睿作圣。）

四、五种记时方法：一是年，二是月，三是日，四是星辰的出现情况，五是历数。

八、一些"徵"：一叫雨，一叫晴，一叫暖，一叫寒，一叫风。一年中这五种气象都具备，并按照时序发生，百草就茂盛，一种气象过多就不好；一种气象过少，也不好。（原文：八、庶徵。曰雨，曰旸，曰燠，曰寒，曰风，曰时。五者来备，各以其叙，庶草蕃庑。一极备，凶；一极无，凶。）

好的"徵"：一叫肃敬，就像及时的降雨；一叫修治，就像太阳按时普照大地；一叫明智，就像气候及时温暖；一叫善谋，就像气候及时寒冷；一叫圣明，就像气候及时刮风。

坏的"徵"：一叫狂妄，就像久雨；一叫不信，就像久晴；一叫逸豫，就像久暖；一叫严急，就像久寒；一叫昏昧，就像久风。（原文：曰休徵。曰肃，时雨若。曰义，时旸若。曰晢，时燠若。曰谋，时寒若。曰圣，时风若。曰咎徵。曰狂，恒雨若。曰僭，恒旸若。曰豫，恒燠若。曰急，恒寒若。曰蒙，恒风若。）

我们可以看到，摘录篇文中的第二和第八已经在帝王的行为和自然界的气象之间建立起隐隐的联系。商朝和西周的思想家用了"徵"字，因为当时极其信仰占卜思想，"徵"字是"占卜给予征兆"的含义，如前文描述商朝人用龟壳占卜的过程，龟壳的裂纹，即兆纹（征兆之裂纹），是被占卜事件的某种结果的"征兆"，是被占卜事件的某种结果的迹象，如同"风调雨顺"是丰收的迹象，"刻苦努力"是获得好成绩的迹象。

所以"徵"在篇文中的意思是，帝王的"肃、义、晢、谋、圣"这五种行为能协调有序是治理好国家的"迹象"，如同"雨、晴、暖、寒、风"能协调有序地到来就是丰收的"迹象"。所以笔者认为五种气象是一种"比喻或类比"。

我们可以看到，篇文中认为"一年中这五种气象都具备，并按照时间顺序发生，百草就茂盛，一种天气过多，就不好；一种天气过少，也不好"，这里注重的是五种气象在一年中要同时具备，并且按照自然的规律有次序地出现，才能"百草茂盛"，也就是农业丰收，注重的是一种有次序和综合的效果，五种气象是丰收的"徵"。

作为帝王，他的行为就需要肃敬、修治、明智、善谋、圣明，如同五种气象和谐有序对丰收的作用一样，帝王只有综合地施行好这五种行为，才能治理好国家。如果其中一项没有做好，比如不够"肃敬"，而变为"狂妄"，就好像"雨下个不停"对最终丰收的影响，从文章的上下文含义理解，并不是帝王"狂妄"，上天就会发出警示"不停地下雨"，而是帝王"狂妄"就好像不停地下雨会对丰收不利。"曰狂，恒雨若"的"若"字，在此不是翻译成一个无意义的语气词，在此是"如……然"的意思。比如《易经》中"出涕沱若"，是形容人悲戚时泪水和鼻涕如雨滂沱；"戚嗟若"，形容人悲戚的样子如不停地哀声叹气。

因此，这只是古代的思想家用"气候对农业的影响"作为比喻，来说明帝王的品德言行对国家治理的影响，类似于"治大国如烹小鲜"这样的比喻思想，完全没有后来的"天人感应"的成分在内。只是随着社会和思想的发展，到了战国后期，在"五行"的各种思想元素组成的土壤形成后，邹衍创立了"终始五德说"，将"五行"嵌入到《洪范》篇文中，由此再经后代不同学者的添砖加瓦，后代的思想者和学者才开始利用这篇《洪范》的内容和思想，将它生搬硬套地嫁接到他们自己的"阴阳五行"学说中。

夏侯始昌精通五经和阴阳五行，所以他的传承子弟夏侯胜自然也精通"阴阳五行"，《汉书》记载了夏侯胜同样和夏侯始昌一样，作出了令人吃惊的"预测"。

汉昭帝驾崩，昌邑王刘贺继位，昌邑王经常出游。有一次夏侯胜挡着昌邑王坐的车子，上前进谏道："天久阴而不下雨，就有臣下图谋皇帝的事要发生了，陛下还要出门到哪儿去呢？"昌邑王大怒，说夏侯胜是妖言惑众，就把他绑起来交付官吏处置。那个官吏把这件事报告给大将军霍光，霍光没有对夏侯胜施以刑罚。实际上，正在此时，霍光和车骑将军张安世正商量着要废掉昌邑王。霍光责备张安世露了口风，而实际上安世并没有泄露。于是就审问夏侯胜，夏侯胜回答道："《洪范传》中说'帝王没有统治的准则，就会被持久的阴天惩罚，这时就会有地位在下的大臣讨伐他的事发生'，因为观察到这不好的天气，再去核对经书的书法，所以说有臣下图谋皇帝的事发生。"（原文：《洪范传》曰"皇之不极，厥罚常阴，时则下人有伐上者"，

恶察察言，故云臣下有谋。）霍光、张安世都大吃一惊，从此就更加看重经
学家了。

———《汉书·眭两夏侯京翼李传》

公元前 87 年，汉武帝去世后，8 岁的汉昭帝继位，武帝临终前托付霍
光和另外三名大臣辅佐汉昭帝。汉昭帝寿命也不长，在位 12 年就去世了，
只有 20 岁，没有后代。于是，当时朝廷实际的掌权人辅政大臣霍光和大臣
们最终决定推举昌邑王刘贺（刘髆的儿子）为新皇帝。刚继位的刘贺，却并
不完全听从霍光的支配，在位 27 天，就被推举他的霍光和大臣们废除。上
文的故事就是发生在这 27 天中。此后，夏侯胜以参与了谋划废立和宗庙社
稷的重大决策，被赏赐增加了一千户的食邑封地。

5.3 夏侯胜

对于夏侯胜的五经学问，笔者认为他是真正第一位博采众长的经学学者，
我们先回顾一下夏侯胜所拜的老师，参见图 5。

夏侯胜……跟随夏侯始昌学习《尚书》和《洪范五行传》，论说灾异，
后来师从简卿，又问学于欧阳氏。夏侯胜做学问精细纯熟（原文：为学精熟），
他所师从的不止一个人。夏侯胜擅长讲述礼服典制。———《汉书·眭两夏侯
京翼李传》

夏侯胜又侍奉（求学于）同郡的简卿。简卿，是倪宽的门人。

———《汉书·儒林列传》

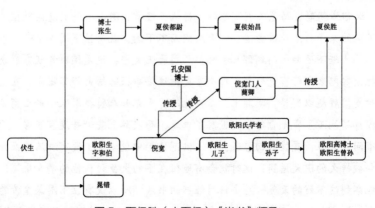

图 5　夏侯胜（大夏侯）《尚书》师承

我们可以看到，夏侯胜从夏侯始昌传承了张生这条学脉的《尚书》学，又直接从欧阳家族学习了《尚书》，也就是说，伏生传授的两条学脉又在夏侯胜的身上汇合了。除此之外，他还求教于倪宽的门人简卿，这样的话，夏侯胜很可能通过简卿又得到了孔安国的《尚书》学，其中的关键是，很可能还包括了孔安国的古文《尚书》学识。不光是《尚书》，夏侯胜还涉足五经中的其他几部经文学术，"夏侯胜擅长讲述礼服典制"，说明他必然也精通《礼经》。由此可见，夏侯胜至少研习三门经文，在同一门经学内又向不同先师学习，这种横向和纵向的融会贯通，才让《汉书》评价他"夏侯胜做学问精细纯熟"，所以可以认为夏侯胜的《尚书》经学和他的前辈相比，又有着一个阶跃式的提高，是继伏生后第二位里程碑式的传人。

第一，"精细"，夏侯胜向这么多家老师求学，这无论对学习还是研究，实际是应用了"比较"这种研习方法。通过不同师学之间的比较，可以在一定程度上遗补原来经文解释上的缺失和错误。通过对比，可以深化对已有经文的理解，甚至对原有的学术点产生启发，从而得到更新、更深的理解，这让夏侯胜对《尚书》中的字、词、句的解释必定更加精准，从而对篇章的大义把握得更深。

第二，"纯熟"，《诗》《书》《礼》《易》《春秋》五部经书，现代学者基本都同意，孔子时代没有所谓的五经，《诗》《书》《礼》《春秋》《易》都从西周王朝而来，他们的内容虽各不相同，各有侧重，但相互之间存在着千丝万缕的关系，孔子是将五经作为一个整体的各个部分教授的。

孔子曰："六艺于治一也。礼以节人，乐以发和，书以道事，诗以达意，易以神化，春秋以侯义。"　　——《史记·滑稽列传第六十六》

但在秦朝焚书后，这种纯一的学术思想已经被打乱，变得支离破碎。随着武帝时期经学的发展，学者才再次认识到只有融会贯通多部经文，才可能对经书的理解有一个阶跃式的提高，从而学者可以逐渐脱离某一本经书的单独阐述，对经文中的各种学术问题，可以从五部经文出发，以更广的角度和深度去理解和阐述，这就不是只通晓一门或两门经文的学者能比拟的了，这就是纯熟的学问，笔者认为夏侯胜已经有了这样的学力，他最直接的老师夏侯始昌本身就精通五经，所以夏侯胜研究经文的眼界是相当开阔的。

夏侯胜有如此渊博的学问，使他在汉昭帝继位后，就被辅政大臣选为汉昭帝的老师。

孝昭皇帝八岁即位，大臣辅政，亦选名儒韦贤、蔡义、夏侯胜等入授于前。
——《后汉书·桓荣丁鸿列传第二十七》

在霍光废掉昌邑王刘贺后，霍光还让夏侯胜教授太后《尚书》，并改任长信少府，这在历史上是很少见的。这位太后正是霍光的亲外孙女，在昭帝继位后，下嫁给昭帝，成为皇后。昭帝去世后，刘贺被霍光推举为皇帝，于是皇后升为皇太后。27天后，刘贺被废，年仅15岁的皇太后又升为太皇太后，移居长信宫。

霍光认为群臣向东宫上奏政事，太后视察政务，应该了解经学，于是就让夏侯胜给太后讲授《尚书》。
——《汉书·眭两夏侯京翼李传》

长乐宫，是西汉第一座正规宫殿，建于高祖五年（公元前202年）。汉高祖刘邦在位时居于此宫，汉高祖九年（公元前198年），迁往未央宫，汉惠帝以后的汉朝皇帝都居住在未央宫。长乐宫改为太后住所，太后住在长乐宫中的长信宫，因长乐宫位于未央宫的东边，所以又称东宫。

根据《汉书·百官公卿表》，少府前加宫殿名代表的就是这座宫殿的最高管理官员，负责宫殿的财政、供应和文书等，由此可见，夏侯胜在宣帝继位后，实际成为了照料和教育时年15岁的太皇太后的负责人了。

到了公元前74年，宣帝刚即位时（刘贺被废后，宣帝继位），想要颂扬先帝，准备给汉武帝扩建庙乐，让群臣商议此事，群臣都附和道："应像皇上诏书说的那样办。"唯独长信少府夏侯胜说："武帝虽然有攘四夷扩大疆土之功，但多杀士众，耗尽人民财力，奢侈无度，天下空虚，百姓流离失所，死者过半。蝗虫大起，赤地数千里，有的人吃人，积蓄不能恢复，对百姓无恩德，不应为他立庙乐。"于是公卿大臣都责难夏侯胜，夏侯胜答："诏书不可用，人臣之义，应该直言正论，不应迎合顺从旨意。议论已出口，即使死了也不后悔。"此时还有另外一位不奉承的官员，丞相长史黄霸也勇敢地赞同夏侯胜，坚持不检举、不弹劾夏侯胜，最后他们一起下了监狱。

夏侯胜和黄霸在监狱中被关押在一起，黄霸想在狱中向夏侯胜学习经文，夏侯胜觉得他们的罪，可能要判死刑了，还学什么经文。于是黄霸说出了相传千年的名句："早晨得知真理，要我当晚死去，也值得。"（原文：朝闻道，夕死可矣。）于是在夏侯胜和黄霸关在监狱里的两个冬天，夏侯胜讲论经书就没有停过。

到宣帝继位第四年的夏天，关东地震，孝宣帝大赦天下，夏侯胜才出狱，随即上任谏大夫，黄霸上任扬州刺史。后来夏侯胜又被调任太子太傅，成为汉元帝的老师。并受皇帝诏令，撰写《尚书说》《论语说》，赏赐黄金百斤。夏侯胜九十岁在任上去世后，被赐予墓地，安葬在平陵，太皇太后特地赐钱二百万，并为夏侯胜穿了五天孝服，以报答师傅教授《尚书》之恩，这在当时，让所有的儒家学者都引以为荣。

从夏侯始昌到夏侯胜的这个时期，也就是孝宣帝一朝，从公元前 74 年到公元前 49 年的 25 年期间，是《尚书》经学从伏生时代的"恢复式"发展到"突飞猛进式"发展的分界期。

在这个分界期以后，《尚书》的"章句"开始急速增长。形成这样的学术现象主要原因有以下几点：

首先，到了夏侯胜这个时期，离武帝朝公孙弘在公元前 124 年为每个博士配立 50 名弟子之时，已经过去了五十多年，学者数量大增，经学自然也获得急速发展。《尚书》的章句更加细密，一字、一词、一句、一事，援引的其他经文的内容更多，解释的角度更多，学者与学者之间的比较更多。

其次，夏侯胜这种"跨越五经"的研究方法也与他的学问一起传承给了下一代。这给《尚书》的"章句"带来更多的学术源泉，从而促进了"章句"更多的"实"增长。

所谓"实"增长，自然就是指"章句"还有"虚"的增长，在这个分界期之前，"章句"几乎没有"虚"增长的。比如前文提到的武帝时期的申公，他传授诗经，对他不理解的字、词等，他就不教授，空缺在那里。但到了孝宣帝（公元前 73 到公元前 49 年）这一分界期，申公的这种学风在朝廷上就很难站住脚了，学风已经发生了变化。此期间，开始出现一些学者，对经文不理解之处，不再像申公那样"存疑"处理，而是采用"饰说"，就是经过自己的研究后，按照自己的想法编出一个说法和解释，这种说法和解释是没有先师的"师说"的，这就是笔者说的"章句"的虚增。如果学者的推测能有所依据，还可以算是"实"，但到宣帝以后，很多都是完全靠着学者自己的臆想编造的，这就是彻底地虚编了。在一定程度上，也是利禄造成了这种经学学术虚增长的现象。学者越来越多，"章句"也越来越绵密，学者之间的分歧也越来越多，换句话说，竞争也越来越厉害，于是就会有学者开始编造"解释"了。正是在这种环境下，"章句"开始在虚实糅杂中向前发展，也渐渐脱离了"经学发展最纯粹的时期"[1]。

最后发展到什么地步，东汉儒学大师桓谭在他的著作《新论》中写道，西汉末年的一位学者，秦延君，光解释《尚书·尧典》这篇开头的四个字"曰若稽古"就写了两万个字。

古代的学者边耕种边学习，三年可以通晓一艺，通晓它的大义，对经文并不深究（指经文文字的具体解释），因此所用的时间少而积累的德行（学问）多。大约到三十五岁就通晓五经了。后代的经和传已经互相矛盾，博学的人又不思考缺失之处的深义，而追求用支离破碎的词义去逃避别人的问难，牵强附会，巧为立说，破坏文章的形体；解说五个字，达到二三万言。后来的人相互攀比，所以幼童抱守一艺，到白发后才能讲说。安于他所学习的，诋毁他所没有见过的，最终自己欺骗了自己，这是学者的大患。

——《汉书·艺文志》

这是发展到西汉末年"章句"的情况。学者钱穆先生精辟地总结道："文字腐蚀篇章的神智，学者的精神都在饰说上了。"造成这种现象的原因就是学者对"名"和"利禄"的追求。《汉书》对此总结得淋漓尽致：

从武帝设立《五经》博士，开创选送（博士）弟子员，设科射策，用官禄勉励，至元始止，一百多年，传承学业的人渐多，分支也增加了，一经解释到一百多万字，大师多达一千多人，大概这是获取利禄的途径吧。

——《汉书·儒林传》

在夏侯胜时期，正是这种不纯的学风的萌芽初露时期。

夏侯胜讲课时常对学生说："儒者最怕不懂经术，经术如果能通晓了，要取得'三公'的位置就像捡起地上的小草一样简单。学经不精，还不如回家种地。" ——《汉书·眭两夏侯京翼李传》

如此推波助澜，"章句"虚增自然就是可以理解的结果了。另外，在这个分界期以前，不同学者之间学术有不同，但还不存在严格的学派，没有严格的"师门家法"之说，这个分界期以后，严格的门户学派就出现了。

---

[1] 《经学历史》，皮锡瑞，中华书局，2008 年版。

在夏侯胜时期以前，不同学者之间的学术，如对《尚书》经文的解释肯定早就有不同，但学术界并不存在学派概念，更不存在严格区分"师门家法"的情况。一个学生向一家学习后，也可以向另外一家学习，在当时学术界是正常的现象，倪宽和夏侯胜就是最好的例子。夏侯胜因《尚书》而被征为博士，根据《汉书》的记录：

夏侯胜擅长讲述礼服典制，被征召为博士、光禄大夫。这时恰逢昭帝驾崩，昌邑王继位。

——《汉书·眭两夏侯京翼李传》

程元敏先生认为夏侯胜不是因为《尚书》立为博士，而是因《礼经》被征为博士。笔者也认同此观点。虽然从这段记录的文字，不能完全从逻辑上推测是《礼》博士，但可以说明在汉昭帝时期，被立为博士，只与五经学问深厚有关，而与具体师从哪位老师关系不大。当时还不存在这种情况，即一位学生向一家大师学习了以后，对《尚书》经文的解释就必须按照这家的讲解，不能更改，否则就不被此家承认是其弟子，而这种情况正是是西汉后期的"师门家法"的现象之一。

夏侯胜能成为一个单独的学派学官，基本都还是"实"学章句，都是对某一经文建立了较完整的体系。新增"章句"基本都有所依据，而非天马行空地想象出来的"饰说"。夏侯胜虽然告诉弟子"精通经术，利禄无忧"，但他这样说的前提是，要用真材实料的"章句"学问去获得名利，而不是用"务虚饰说"的学问，君子爱"官"，取之有道。

不是每位学者都像夏侯胜一样，从这个分界期以后，在学术竞争和名利的影响下，学术渐渐地开始分门别派。《尚书》学中，首先分流的就是夏侯胜自己族内的堂兄弟夏侯建。

夏侯胜传给从兄之子夏侯建，夏侯建又事奉欧阳高。

——《尚书·儒林列传》

夏侯胜的叔伯辈的孩子中有一位叫夏侯建，字长卿，自从师事夏侯胜和欧阳高后，经常对有疑义之处向不同的老师求教，问学于研究《五经》的各位儒士，向他们询问其他几部经书中与《尚书》的不同之处，用来编写成自己的"章句"和修饰他对《尚书》的阐述（原文：左右采获，又从《五经》诸儒问与《尚书》相出入者，牵引以次章句，具文饰说）。夏侯胜对此持以否定的态度，他说："夏侯建是那种只求章句文辞的小儒，却把儒学精髓道义搞得支离破碎。"（原文：建所谓章句小儒，破碎大道。）夏侯建对夏侯胜也不以为然，他认为夏侯胜做学问粗疏，难以应敌。（原文：建亦非胜为学疏略，难以应敌。）夏侯建终于在经学上自成一家之学。

——《汉书·眭两夏侯京翼李传》

历代学者基本都认同，"章句"虚增就是从夏侯建开始的，笔者也认同此观点。笔者的依据并不是夏侯建"左右采获"而"章句"大增，而是夏侯胜对夏侯建评论的"破碎大道"。"左右采获"如果是参比五经，以追求对《尚书》词句理解的精确，从而对文义的理解更加准确和深厚，这样的实"增"是积极的。而不以探寻文章大义为目的，只是为了对意义不明的字、词用其他经文进行生硬牵附，进行天马行空地臆想解说，很可能就会偏离篇章真正的大义，这就"破碎大道"了，这就是虚"增"的开始。

但我们也不能否认，夏侯建增加的章句中会有一部分是"实"内容。只是夏侯建增加的章句与夏侯胜的学说比较，虚实各占多少，我们现在无法考证了。夏侯建反驳夏侯胜"学疏略，难以应敌"，"疏略"一种是指《尚书》学在当时缺失的部分，比如难以理解的字和句子，和其他经书有出入的地方等，一种是指学问是以精通篇章大义为宗旨，而不是拘泥于具体字、词的解释，并不是指夏侯建学问疏漏，这和申公教授诗经是一个道理，当年伏生就传下这些内容，自然有缺失的地方。"难以应敌"正好说明了当时学术的竞争环境，"敌"就是指的其他学者在经学上对他的质疑和挑战，也证明了夏侯建要"左右采获"的主要原因。

造成后期"百万言章句"的一个直接原因是夏侯胜和夏侯建这种"博采多家"的研究方法，以及允许对"师说"可以增加内容的学术氛围。随着"章句"一代一代地下传，内容的增长就是必然的结果。下图6汇总了夏侯建学术的传人，前文中提到的秦恭正是夏侯建学生张山拊的弟子。

张山拊，字长宾，平陵县人。向夏侯建学习……官至少府。再传授于同县李寻、郑宽中（字少君）、山阳郡人张无故（字子儒）、信都郡人秦恭（字延君）、陈留郡人假仓（字子骄）。无故善于修习章句，做了广陵国太傅。他们遵守夏侯胜的文义解说，秦恭增加师法章句到百万字，做了城阳内史。

——《汉书·儒林列传》

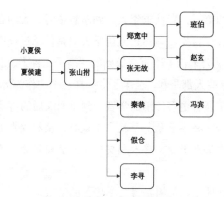

图 6　夏侯建（小夏侯）传承

　　夏侯胜和夏侯建同为一族，二人都已经开始相互批评，更何况不同家之间的学者。章句的纷繁复杂，必然造成学术的分歧也相应增多，所以到了孝宣帝时，不光是《尚书》学，五经的《周易》和《春秋》存在同样的问题。而当时争论得最激烈的并不是《尚书》，是《春秋》的两部传说——《公羊传》和《穀梁传》。

5.4 石渠阁会议的起因

　　在西汉时至少有五种阐释《春秋》的传体著作流行，分别是《春秋左氏传》《公羊传》《穀梁传》《邹氏传》《夹氏传》，后两部传解，到东汉末年就已失传，余下的《左传》《公羊传》《穀梁传》被合称为"春秋三传"，流传至今。前文提到的董仲舒的"大一统和天人感应"的理论就是与春秋《公羊传》相互糅合而成的。我们先简单地介绍一下这次由孝宣帝亲自挑起的公羊和穀梁的争论，因为正是这两部传的争论，引发了中国历史上第一次由皇帝亲自主持的为了解决经学中分歧的会议——石渠阁会议。在石渠阁会议上，夏侯胜和夏侯建各自的《尚书》学也被设立了学官。

　　《公羊传》的学术传承，后汉戴宏给出了一个基本轮廓。

　　子夏传与公羊高，高传其子平，平传与其子地，地传与其子敢，敢传与其子寿。至孝景帝时，寿乃与弟子齐人胡毋子都著于竹帛。

——《春秋公羊传》

子夏是孔子的弟子，春秋末年人，到孝景帝时，大约有三百年。子夏五传至公羊寿，历经三百年，显然这五位学者只是传承过程中比较有名或有记录的五位，现存《公羊传》中直接提到的"高子、鲁子、北宫子、司马子、女子、沈子"，这些人都是和"公羊子"一样在书中作为解说经文的人出现，所以三百年中必定还有更多传承的学者。到了西汉后的传承如下：

> 齐胡母子都传《公羊春秋》，授东平嬴公，嬴公授东海孟卿，孟卿授鲁人眭孟，眭孟授东海严彭祖、鲁人颜安乐（眭孟姐姐的儿子）。
>
> ——《后汉书·儒林传》

在孝宣帝时，博士严彭祖是《公羊传》的学宗。

《穀梁传》是战国时人穀梁赤为阐释《春秋》所作。据唐人杨士勋的说法，穀梁赤也是子夏的学生，从子夏学习《春秋》，并且为之作了传，故曰《穀梁传》。传成之后，传给荀卿（荀子），荀卿传申公，汉武帝时，申公传瑕丘县人江公。后来鲁人荣广（师传不清）十分推崇《穀梁传》，传于沛郡人蔡千秋，梁国人周庆，丁姓。蔡千秋传给汝南郡人尹更始。

在孝宣帝时，瑕丘县人江公，蔡千秋，梁国人周庆，丁姓，尹更始是主要的学者。

在汉武帝时，采用了董仲舒的理论，所以《公羊传》在当时占据《春秋》经学的主要位置。

> 在武帝朝，江公和董仲舒齐名。董仲舒通晓五经，能立论，善于写文章。江公言语迟钝，武帝让江公和董仲舒辩论，不如仲舒。而丞相公孙弘本来就是研究《公羊传》学的，对比两人的议论，最终用了董仲舒的。于是汉武帝就尊崇《公羊传》家，诏令太子（刘据，孝宣帝的亲祖父）学《公羊春秋》，从此《公羊传》兴盛。
>
> ——《汉书·儒林传》

穀梁和公羊的分歧是这两个传在形成之初就有的，《春秋》经文学派的产生时间远远早于《尚书》在伏生之后产生学派的时间。而在宣帝朝，造成《穀梁传》和《公羊传》竞争如此激烈的原因并非是纯粹的学术原因，而是孝宣帝想推行《穀梁传》的思想。

宣帝即位，听说卫太子，也就是他的亲祖父，喜欢《穀梁春秋》，就问丞相韦贤、长信少府夏侯胜和侍中乐陵侯史高，他们都是鲁人，说谷梁子本是鲁学，公羊氏是齐学，应当兴学《穀梁传》。当时蔡千秋是郎官，于是被

宣帝召见，让他和《公羊传》家一起讲论《春秋》，皇上喜欢《穀梁传》的
解释，就提升蔡千秋为谏大夫兼职宫中给事中，后来千秋范有过失，降为平
陵县令。宣帝另外再寻求精通《穀梁传》的人，但没人比得上千秋。皇上怜
惜他的学术就要后继无人，便让千秋做郎中户将，选十个郎官接受他的传授。
其中汝南郡人尹更始（字翁君）本来就是千秋的学生，已能通晓《穀梁传》。
蔡千秋病世后，征召江公的孙子做博士。皇族弟子刘向曾经做过谏大夫，通
达明理，正在等待任命官职，于是也参加了《穀梁传》的学习，还想让他帮
助江博士。江博士又去世了，便又征招周庆、丁姓，让他们完成教授十个人
的任务。从元康（公元前 65 年到公元前 62 年）中开始讲授，到甘露元年（公
元前 53 年），共十几年，都精通了《穀梁传》。　　　——《汉书·儒林传》

　　《汉书》这段关于《穀梁传》的故事，非常清楚地说明了完全是宣帝在
一手扶持《穀梁传》，从而形成了和当时主流的《公羊传》的争论。那么宣
帝为什么要推行《穀梁传》呢？

　　孝宣帝刘询是汉武帝末期"蛊惑事件"中自杀的太子刘据唯一幸存的孙
子。公元前 74 年，刘贺当了 27 天皇帝后被废除，刘询被霍光和群臣推举继
承大位，是为孝宣帝。宣帝即位皇帝，和孝文帝一样，如履薄冰。霍光在
公元前 68 年去世，霍光的儿子霍禹继承父亲侯位，在两年后，公元前 66 年，
霍禹因造反罪被腰斩，霍家势力被彻底从朝廷中清除。我们看上文，穀梁是
从元康中（公元前 65 年）开始讲授，正是紧接在霍家势力被清除之后，笔
者认为在时间上不是巧合，孝宣帝全力扶持《穀梁传》必定是在去除霍光势
力和掌握权力之后，开始提出自己的政治思想的表现。

　　《穀梁传》的思想符合孝宣帝当时的政治需求。比如，《穀梁传》强调
血缘正统，《穀梁传》对《春秋》鲁僖公二十四年的经文"冬，天王出居于
郑"的解释是"周天子就算从国都出逃，天下也是他的，作为诸侯也不能占
有"。这明显和孝宣帝的家世相符合，为孝宣帝即位的合理性和正义性提供
了理论依据。

　　《穀梁传》最偏重的思想是"尊尊亲亲"。"尊尊"就是在下位者要尊
敬在上位者，臣下要绝对服从君王。"亲亲"就是亲人之间要相互亲爱。但
是下位和上位者又是亲人，怎么办呢？《穀梁传》则更进一步地说出了"君
子不以亲亲害尊尊，此《春秋》之义也"的原则，就是说在国家大事上，亲

亲之道要服从尊君之义。

但除了以上这些《穀梁传》的春秋之义以外，最重要的是孝宣帝对"蛊惑事件"的反思，孝宣帝对这段自己家庭的历史必定是刻骨铭心的。宣帝的父亲和母亲、祖父和祖母全部在这次事件中遇害。

当时太子刘据全家已经毫无抵抗之力，躲避在小县城湖县中，但还是被当地官吏发现，然后太子自杀，其余的都被当场杀害，这都是因为当时汉武帝发布的追捕太子的诏令。和太子相关的人员也都随后被关押或杀害，当时孝宣帝只有几个月大，被关养在监狱，当时负责关押蛊惑案犯人的丙吉可怜还幼小的宣帝，安排女犯人轮流哺乳，宣帝才存活下来。随后武帝赦免了蛊惑案的犯人，只有几岁的宣帝才被送到祖母史良娣家中，由史良娣的母亲抚养长大，参见图7。后来汉武帝醒悟，留下遗诏，宣帝才被写入宗府名册，重新被纳入皇族。再由掖庭令（宫女住宿的偏殿的负责人）张贺抚养成人，成人后娶了张贺的手下许广汉的女儿为妻，宣帝对这段历史肯定是刻骨铭心的。

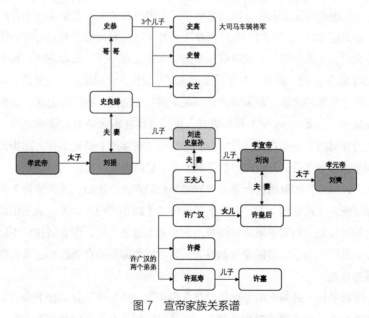

图7　宣帝家族关系谱

对此，我们举一例来了解一下《穀梁传》阐述的"亲亲"和"尊尊"思想。在《春秋》中，记载了当时郑国的一段历史。

郑武公（大约公元前770年至公元前744年在位）在申国娶了一妻子，叫武姜，她生下庄公和共叔段。庄公出生时脚先出来，武姜受到惊吓，因此给他取名叫"寤生"，所以很厌恶他。武姜偏爱共叔段，想立共叔段为太子，多次向武公请求，武公都不答应。

到庄公即位的时候，母亲武姜就替庄公的亲兄弟共叔段请求分封到制邑去。庄公说："制邑是个险要的地方，从前虢叔就死在那里，若是封给其他城邑，我都可以照吩咐办。"武姜便请求封给京邑，庄公答应了，让他住在那里，称他为京城太叔。后来大夫祭仲提醒郑庄公说："京邑的城墙不合法度，恐怕对您有所不利。"庄公说："母亲姜氏想要这样，我怎能躲开这种祸害呢？"祭仲回答说："别让祸根滋长蔓延，一旦滋长蔓延就难办了。蔓延开来的野草还不能铲除干净，何况是您那尊贵的弟弟呢？"庄公说："多行不义的事情，必定会自己垮台，你姑且等着瞧吧。"

过了不久，太叔更加猖狂，吞并了更多地区和城邑，但庄公都没有干涉。最终太叔依靠母亲准备造反，武姜打算开城门作为内应。庄公打听到公叔段偷袭的时候，说："现在可以出击了！"命令子封率领战车二百乘，去讨伐京邑。京邑的人民背叛共叔段，共叔段于是逃到鄢城，庄公到鄢城攻克了共叔段。

《榖梁传》对这件事的评价之一："于鄢，远也。犹曰取之其母之怀中而杀之云尔，甚之也。然则为郑伯者宜奈何？缓追逸贼，亲亲之道也。"意思是，追捕到鄢城，已经很远了，这么远还去追杀，就好像从母亲怀里夺过婴儿杀掉一样，太过分了。既然这样，那么郑庄公怎么做比较合适呢？他应该缓慢地追击，让贼子（亲兄弟）逃掉，这就符合与亲人相亲相爱的道理。

《榖梁传》认为应该"缓追逸贼"。亲人之间争位的情况自古便有（古代帝王也基本只有亲人才会争位），胜者如何处置败者（也是自己的亲属）？《榖梁传》指出当弟弟叛乱了，哥哥可以攻打他，但当弟弟无法再造成威胁而逃跑的时候，哥哥不应该穷追不舍，应该给弟弟一个逃脱的机会，这就是发生冲突时亲人对待亲人的方式。

现在，我们就能够感受到，孝宣帝在读到这段阐述后，自然会联想到自己的身世——武帝和太子刘据的冲突，并产生强烈的共鸣，鄢城不就是太子刘据的湖县吗？用通俗的话说，就是宣帝认为武帝对太子刘据的逼迫和抓捕是不妥当的。这种共鸣又让孝宣帝对帝王家族内部之间的关系不停地思考和反思,这正是孝宣帝衷心和推行《穀梁传》的原因。

从上面《汉书》描述可以看到,孝宣帝推行《穀梁传》也是非常小心谨慎的,并没有急于求成,而是循序渐进十几年,培养出一批穀梁学者,才开始让这批学者和公羊的学者在朝廷上辩论。而这种辩论对宣帝而言,也只是为《穀梁传》设立学官进行铺垫,让《穀梁传》学者在辩论中将自己学术上的不足暴露出来,从而促进穀梁学术的完善和发展。

从元康中开始讲授,到甘露元年,共十几年,都精通了。于是召五经大儒太子太傅萧望之等在殿中辩论,讨论平定《公羊传》和《穀梁传》的异同,各自用经文辩论是非。当时《公羊传》博士严彭祖、侍郎申挽、伊推、宋显,《穀梁传》议郎尹更始、待诏刘向、周庆、丁姓参加了辩论。《公羊传》家的观点多不被赞同,于是他们希望请侍郎许广也加入议论,前往邀请许广的使者同时让《穀梁传》的中郎王亥也参加辩论,双方各五个人,辩论了三十多个相异的学术问题。萧望之等十一人各自用经义核对,大多赞同《穀梁传》的观点。从此《穀梁传》学大为兴盛。　　　　　——《汉书·儒林传》

侍郎、议郎和中郎都归光禄大夫管理,即武帝前的中大夫,隶属九卿之光禄勋(武帝前的郎中令),光禄大夫负责在朝廷上向皇帝提出各种奏议。中郎负责管理宫廷门户守卫和车马,议郎在宫廷中负责皇帝日常的问答,这两个职位是平级的,比侍郎高。侍郎主要负责文书的起草。

从记录中看,双方的辩论还是比较激烈的,公羊派在渐入下风后,竟然还邀请增援,不甘示弱。这次在大殿的辩论发生在甘露元年,公元前53年,笔者认为这样的辩论在随后的两年时间中还会被不定期的举行,目的就是让穀梁学术更加完善。我们由此也推测夏侯胜和夏侯建的《尚书》学也会在此期间和欧阳氏《尚书》学进行辩论。两年后,甘露三年(公元前51年)谨慎的宣帝认为各方面的情况都已经成熟,终于正式召开了中国历史上第一个讨论和平定经学异议的会议——石渠阁会议。

5.5 石渠阁会议

今本《三辅黄图》说:"石渠阁,由萧何建造,在阁楼的下面用砻石修造了石渠用以蓄水，就像围绕宫殿的水道，以此为阁楼命名。萧何把从秦朝宫中得到的图籍收藏于此。到汉成帝时，又在此收藏秘书。"在当时建造阁楼，在周围以磨制石块筑成水渠，渠中导入水围绕阁四周，主要是用于防火防盗。

《三辅故事》写道："石渠阁在未央宫殿北，藏秘书之所。"近代学者《三辅黄图校正》的作者陈直先生在经过考察之后认为："石渠阁遗址在西安市未央乡小刘寨天禄阁西南，尚有石渠二具，一完一残，存天禄小学内。又福山王氏收藏有石渠阁的瓦片，上面有'石渠千秋'瓦，文字甚精。"

参加会议的人员，请参见表5，对表中其他经文的学者，我们就不一一介绍，学者人数与日俱增，我们就只介绍和本书有关的学者。其实经过两年的准备，对有异议的学术问题，孝宣帝基本已经了然于心，这个会议只是用来作出最正式的定论，所以孝宣帝亲自参加并裁定了经意。

表5 石渠阁会议参会人员

主持人萧望之、韦玄成、张长安、薛广德。

经文名称	参会人员	官职	学术源流
《易》	施雠	博士	田王孙
	梁丘临	黄门郎	梁丘贺，田王孙
《尚书》	欧阳地余	博士	欧阳高的孙子
	林尊	博士	欧阳高
	周堪	译令官	大夏侯胜
	张山拊	博士	小夏侯建
	假仓	谒者	小夏侯建
《诗经》	韦玄成	淮阳中尉	鲁诗－韦贤
	张长安	博士	鲁诗－王式
	薛广德	博士	鲁诗－王式，萧望之的属下
《礼经》	戴圣	博士	后仓
	闻人通汉	太子舍人	后仓

经文名称	参会人员	官职	学术源流
《公羊春秋》	严鹏祖	博士	鲁国睦孟，东平县嬴公，董仲舒
	申鞔	侍郎	不详
	伊推	侍郎	不详
	宗显	侍郎	不详
	许广	侍郎	不详
《穀梁春秋》	尹更始	议郎	蔡千秋，瑕丘江公，申公
	刘向	待诏	瑕丘江公孙子
	周庆	待诏	鲁国荣广，民间学者，师承不明
	丁姓	待诏	鲁国荣广，民间学者，师承不明
	王亥	中郎	不详

甘露元年三月初六，诏令各个儒家学者讨论五经的同异，太子太傅萧望之等进行归纳综合并上奏，然后由宣帝亲自当场进行审定。于是设立梁丘《易》，大、小夏侯《尚书》，穀梁《春秋》为博士学官。　　——《汉书·宣帝纪》

经文异议经过皇帝的裁定，从此以后，至少在宣帝朝，就不用再像以前那样争论不休了。会议正式增加了梁丘《易》学、大夏侯（夏侯胜）《尚书》学、小夏侯（夏侯建）《尚书》学、穀梁《春秋》学，四个博士学官。

五部经文的辩论过程，在当时都是被记录下来的，负责记录的人是《诗经》鲁诗学者韦玄成，

玄成受诏，与太子太傅萧望之及五经诸儒杂论同异于石渠阁，条奏其对。　　——《汉书·韦贤传第四十三》

可惜的是，几乎全部的记录都已经失传。只有非常少的会议记录，因为被其他学者的书引用而保留了下来，比如，清代道光年间的著名文献学家和藏书家马国翰编写的《函山房辑佚书》。五经中也只有和《礼记》相关的一

点辩论内容得以留存，使我们能得以一探当时情况，我们现在举一例。

汉石渠议：大宗无后，族无庶子，己有一嫡子，当绝父祀，以后大宗不？戴圣云："大宗不可绝。言嫡子不为后者，不得先庶耳。族无庶子，则当绝父以后大宗。"闻人通汉云："大宗有绝，子不绝其父。"宣帝制曰："圣议是也。"

——马国翰《函山房辑佚书》

这个辩论的主题是，如果"大宗"没有后代，而自己的族内又没有庶子，大宗的兄弟只有一个嫡子，是否应该断绝这位嫡子父亲的后代，将嫡子过继给"大宗"以延续"大宗"的后代？我们先解释一下什么是"大宗"，参见图 8。假设在一个家庭中，最大的是父亲（第一代），那么父亲的正配夫人生下的儿子就是嫡子（第二代），而父亲的妾生下的儿子就是庶子。嫡子中最大的儿子就是嫡长子，嫡长子将来结婚建立的家庭，就是继承这位父亲（第一代）在这个家族中的"大宗"，父亲其他的儿子将来成的家就是"小宗"。假设父亲的二儿子的"小宗"家庭生下一个他自己的三代"嫡长子"，那么这个三代"嫡长子"对二儿子来说也是大宗，但对他的爷爷一代就是"小宗"。现在的辩题就是，在一个大家族中，假设第一代的父亲的"大宗"嫡长子没有后代，而族内"小宗"只有一个嫡子，又没有庶子，这位嫡子是否应该过继给"大宗"以延续"大宗"的后代，比如图 8，一个父亲有四个儿子，只有二儿子为父亲生了一个孙子，其他儿子都未生出儿子。

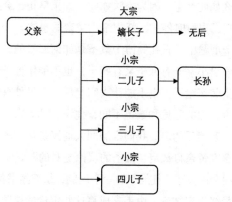

图 8　家族大宗和小宗示意图

图 8 中"长孙"是否应该过继给无后的"嫡长子"，也就是让他的亲

伯父，做自己的父亲，这样他自己的亲生父亲（图中的"二儿子"）在"理论"上就没有后代了，他死后，就没有后代给他祭祀了，就是辩题中的"绝祀"了。普通百姓会觉得这不是什么非常重要的问题，就算过继给"大宗"，每年给亲生父亲上个香也没什么问题。但这问题到了皇家就不一样了，当在位皇帝去世后，又没有自己亲生的后代，那么这个问题的答案就会直接影响皇位继承人的选择和合法性。我们看现实的孝宣帝，他在宗法上，就是算过继给"汉昭帝"的儿子，所以"汉昭帝"就是他宗法上的父亲。宣帝继位后，想祭祀自己的亲生父亲，结果如何呢？直接被朝廷有关的部门驳回了。

宣帝刚即位，下诏说："故皇太子在湖县，没有谥号，岁时没有祭祀，为他议定谥号，设置园邑看守坟冢。"有关部门上奏请示说："礼制规定，'过继做别人后嗣的人，就是他的儿子'，所以对亲生父母不能祭拜，本意是为了尊重祖先。陛下是作为孝昭帝的后嗣继承祖宗大业的，不能逾越礼制。请谨慎地巡视孝昭帝为故皇太子在湖县修的坟冢，史良娣的坟冢在博望苑北面，您父亲（宣帝亲生父亲）史皇孙的坟冢在广明城北。"（原文：谨行视孝昭帝所为故皇太子起位在湖，史良娣冢在博望苑北，亲史皇孙位在广明郭北。）

我们看朝廷有关部门向孝宣帝上奏选择的用词，"谨行视……"笔者对此的理解是，要宣帝边行走边巡视亲生父亲的陵墓，要谨慎，不能表现出祭祀的样子。为什么如此严重？因为宗法如此，如果祭祀，会影响到皇位的合法性。所以宣帝自己也暂时停止了祭祀亲生父亲的想法。

我们回到这个辩题中，看礼经博士戴圣是如何回答的，他说："大宗是不可以绝后的，假设小宗既有庶子又有嫡子，也不能用庶子过继，要用嫡子过继，宁愿让亲生父亲绝后，也不能让大宗绝后。"另外有一位名叫"闻人通汉"的礼经学者，他的意见和戴圣不同，他说："大宗可以绝后，作为儿子是不能让亲生父亲绝后的。"我们推测闻人通汉是从"孝"这个角度去回答辩题的。最后孝宣帝亲自裁定"戴圣的议论是对的"。

这就是石渠阁会议关于"礼经"的一个议题，每部经书都有类似的议题，在会议中辩论并最终下定结论，由韦玄成将这些定论的议题写下来，形成了"石渠阁奏议"，《汉书·艺文志》记录了当年留下的奏议名称和数量：

尚书《议奏》四十二篇。

礼经《议奏》三十八篇。

春秋《议奏》三十九篇。

论语《议奏》十八篇。

孝经《五经杂议》十八篇。　　　　　　　　——《汉书·艺文志》

如前文所述，过去《尚书》的学官只有"欧阳《尚书》学"博士，在这次公元前51年的石渠阁会议上，夏侯胜和夏侯建的《尚书》学被正式立了学官，俗称大、小夏侯。至此，《尚书》的三个学派全部设立了学官。

夏侯胜在石渠阁会议时，已经去世多年，去世的时间应该在公元前63年到公元前55年之间。

宣帝元康三年（公元前63年）三月……宣帝又下诏说："朕在幼年时，御史大夫丙吉、中郎将史曾、史玄、长乐宫卫尉许舜、侍中光禄大夫许延寿对朕有旧恩，还有原披庭令张贺辅导朕躬，学习经书典籍，恩惠尤其深厚，功德卓著。《诗经》中不是说过'无德不报'吗？封张贺过继的儿子宫中侍从中郎将张彭祖为阳都侯，追赐张贺谥号为阳都哀侯。封丙吉、史曾、史玄、许舜、许延寿为列侯。曾经在郡邸狱中抚养过朕的胡组、赵征卿有抚养的功劳，赏赐她们官禄田宅财物，按照对朕的恩情深浅回报。"——《汉书·宣帝纪》

到封赏时（公元前63年），丙吉患病，宣帝让人将印绶系带绑在丙吉身上，意为丙吉祛病消灾。宣帝担心丙吉从此会一病不起，太子太傅夏侯胜说："丙吉不会死的……"
　　　　　　　　　　　　　　　　　　　　　——《汉书·丙吉传》

以上两条记录可以说明，夏侯胜在公元前63年还健在。

宣帝认为（御史大夫）萧望之出言不逊，轻视丞相……贬为太子太傅……萧望之被贬，由黄霸代替，担任御史大夫。几个月后，丙吉去世，黄霸接替丞相职务。　　　　　　　　　　　　　　　　——《汉书·萧望之传》

宣帝五凤三年三月丙午（公元前55年），丞相（丙吉）去世。
　　　　　　　　　　　　　　　　　　　　　——《汉书·宣帝纪》

以上两条记录可以说明，在公元前55年时，当时太子太傅的职位是空缺的，而夏侯胜是在太子太傅任上去世的，说明此时夏侯胜已经去世了。因此在公元前51年的石渠阁会议中代表大夏侯《尚书》学的就是夏侯胜的学生周堪。

周堪，字少卿，齐郡人，与孔霸一起向夏侯胜学习。孔霸成为博士，周堪成为译官令，参加了石渠阁辩论，周堪的经学造诣最高，后来担任太子少傅，孔霸也以太中大夫的身份教授太子（后来的汉元帝）。到元帝时，周堪担任光禄大夫，与萧望之一起负责尚书部门事物，被石显诽谤谗害，被免去官职，萧望之自杀，元帝后悔而悲痛，提拔周堪担任光禄勋。

——《汉书·儒林传》

译官令（西汉政府负责对外事务部门中的一个官职）周堪作为大夏侯的代表人，必定少不了与小夏侯的张山拊、欧阳家族的欧阳地余一番唇枪舌战。欧阳地余是欧阳高的孙子，孝宣帝朝的博士，同时也负责教授太子（后来的汉元帝）。汉元帝继位后，欧阳地余很受元帝的信任，被授予了"侍中"的身份，能够随时侍从皇帝左右，最后官至九卿"少府"，掌管皇宫财政。欧阳地余也以自己的清廉报效皇帝的信任。

他（欧阳地余）告诫他的儿子说："我死后，我的下属官员们肯定会送财物给你，你要慎重，不要接受。你是九卿儒士的子孙，要以廉洁的名声立于世上，才能使自己成就一番事业。"在欧阳地余去世后，少府官员赠送了几百万钱的丧礼，他的儿子都没有接受。皇上听说后很赞赏他，赐给他一百万钱。

——《汉书·儒林传》

和欧阳地余一同参加石渠阁辩论的还有一位名叫林尊的博士，是欧阳高的学生。林尊是济南人，后来官职升任到少府和太子太傅，除此再无多的记录，林尊再传给平陵县人平当和梁国人陈翁生。

除了周堪以外，主持石渠阁会议的太子太傅萧望之也是夏侯胜的学生：

萧望之，字长倩，东海郡兰陵县人……萧望之的家族，世代务农，到了萧望之这一代，萧望之却喜欢读书，攻读《齐诗》……还向夏侯胜请教《论语》《礼服》。京师中的儒生，均称赞萧望之的学问好。——《汉书·萧望之传》

萧望之没有任何家族背景，在朝廷中属于白手起家。在霍光掌握朝政的时候，丙吉将萧望之举荐给霍光，但因为霍光没有礼遇他，萧望之尽然拂袖而去，而没有得到任用。在3年后，萧望之靠自己在射策考试中获得最高的甲等，才进入官场，在宫中担任郎官。直到霍光去世后，才开始被宣帝信任和重用。

再后来，霍氏家族谋反，遭到灭族，萧望之愈加受到重用。

——《汉书·萧望之传》

到公元前 59 年，当年在监狱救下宣帝一命的丙吉由御史大夫升任丞相，萧望之也终于接替丙吉担任御史大夫，位列三公。只是萧望之性格质朴而刚烈，如上文引述，在公元前 55 年，宣帝因不满萧望之对自己救命恩人丞相丙吉的不恭，将他降为太子太傅，教授太子刘奭，将来的元帝。但宣帝仍然是信任和看重萧望之的，到石渠阁会议之后，周堪也由译令官转任太子少傅，夏侯胜的这两位学生双双成为国师。石渠阁会议之后才两年，孝宣帝就去世了。

宣帝在病重时，开始挑选可以托付的大臣，召外戚宫中侍从乐陵侯史高、太子太傅萧望之、少傅周堪到宫中，拜史高为大司马车骑将军，萧望之为前将军光禄勋，周堪为光禄大夫，让他们共同接受遗诏，辅佐新皇帝继位，负责宫中的尚书事务。

——《汉书·萧望之传》

西汉前期车骑将军是骑兵和战车部队的统帅，在车骑将军前加大司马，使其实际成为中央枢机的领导，直接辅佐皇帝，拥有辅政之权，大司马车骑将军尽管位在丞相之下，但实权则在丞相之上。从宣帝任命辅政大臣，我们可以看到，有两股权势在辅助或分享元帝的朝政大权，一股是元帝的老师们，以萧望之、周堪为首；一股是宣帝在民间时对宣帝有恩的外戚，也就是前文引述的在宣帝元康三年（公元前 63 年）被宣帝封侯的一批史氏和许氏的外戚，以史高为首。在继续叙述朝局前，我们先回顾一下石渠阁会议时期，孔安国下一代的《尚书》学状况。

5.6 "孔氏《尚书》学"

石渠阁会议确定了《尚书》大、小夏侯，这两家新的学官地位，而作为孔氏孔安国的后人孔霸，以及孔氏家族的其他学者，并未参与石渠阁会议，并未也像大、小夏侯一样争取被策立为学官。我们看《汉书》对孔氏家族在这个时期的记录：

孔忠有二子：孔武和孔安国，孔武生延年。延年之子名霸，字次儒。孔霸之子就是孔光。安国、延年都以研治《尚书》成为武帝时的博士，孔霸也研治《尚书》，跟从太子太傅夏侯胜。在昭帝末年立为博士，宣帝时担任太中大夫，再被选为教授皇太子经书（后来的孝元帝），而后升为（太子）詹事，高密相。

——《汉书·孔光传》

而《史记》孔子世家的记录却稍有不同。

孔忠生孔武，孔武生延年及安国。安国为今皇帝博士，至临淮太守，蚤卒。安国生卬，卬生驩。　　　　　　　　　——《史记·孔子世家》

对谁是孔安国的父亲，《汉书》记录是孔忠，而《史记》记录的是孔武，笔者认为孔安国曾经是司马迁的老师，相互都有来往，所以应该不会把自己老师的父亲记错，所以笔者倾向相信《史记》的记录。

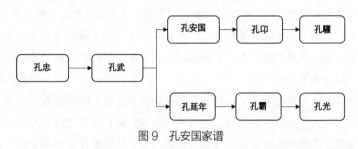

图9　孔安国家谱

如前文所述，孔安国在武帝末期，公元前92年左右，也曾向朝廷奏请策立他的"孔安国《尚书》学"为《尚书》的学官，可惜遇上蛊惑事件，未能成功。而此次孔氏家族又未参加石渠阁会议，所以笔者推测，孔安国献书四十多年后，"孔安国《尚书》学"在此四十多年中，在家族中并未有较大的发展，他们家族内的《尚书》学已经落后于大夏侯发展出的《尚书》学。也间接地说明，夏侯胜"贯通五经"的研究方法，确实把《尚书》学发展到一个更广更深的高度，已经超过了孔氏的家传《尚书》学。实际上，孔霸在石渠阁会议之前，早已拜夏侯胜为师，除了家族内部的"孔安国《尚书》学"，也开始传承当时最新的"大夏侯《尚书》学"。

周堪……与孔霸一起向夏侯胜学习。　　　　——《汉书·儒林传》

从此尚书大夏侯有了孔氏和许氏之学。　　　　——《汉书·儒林传》

这就不难分析出，宣帝朝孔霸之后，《尚书》的"孔氏之学"中包括了早年的"孔安国"《尚书》学和大夏侯《尚书》学，我们将孔霸的《尚书》学简称为"孔氏"《尚书》学。

这次石渠阁会议对《尚书》大、小夏侯的册立，也可以间接地说明在孔氏家族内，绝对没有一套独立于"今文《尚书》学"的"古文《尚书》学"，换句话说，也就是没有另外一套独立的"《尚书》大义"的解说。但对古文《尚书》的研究肯定是有的, 如前文分析的, 孔安国对古文的重点是训诂, 只是被当作"伏生今文《尚书》学"的一个补充和发展, 并没有一套独立的古文传解, 因为伏生已经有了, 所以孔氏的学术结构也可以如下图所示:

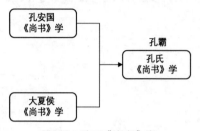

图 10　孔氏《尚书》学

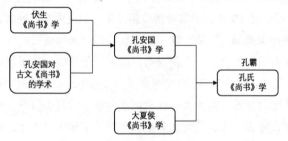

图 11　孔氏《尚书》学构成

孔霸在汉昭帝 (公元前 87 年至公元前 74 年) 末年成为博士, 他的父亲孔延年也是博士。而后再跟从已经是太子太傅的夏侯胜学习, 随后在宣帝朝担任负责向皇帝上奏国事的太中大夫。然后成为太子 (元帝) 的老师, 随后升任为太子詹事, 就是太子府的最高管理者了。公元前 51 年, 在萧望之以太子太傅身份主持石渠阁会议时, 孔霸很可能正在高密国担任相国, 相当于郡太守之职。

石渠阁会议后, 五部经文总共 14 个学派, 即有 14 位博士。博士的人数也随着学派的增加而突飞猛进。汉武帝时一位博士配置五十名弟子, 到汉昭帝时翻了一倍, 有一百名弟子, 孝宣帝末期再翻一倍, 达到二百人。到汉元帝时, 才因为"用度不足", 把博士弟子的总人数限制在一千人以内。此时的经学已经枝繁叶茂, 汉元帝更是重用儒术, 并首次在中央朝廷外的各个郡国开始设置五经学校和教师。

第6章 今文和古文《尚书》卷篇考

6.1 刘向校书原因考

被孝宣帝安排参加学习《穀梁传》的学子中有一位叫刘向的皇族子弟，原名更生，公元前 69 年，孝宣帝继位第 5 年，刘更生十二岁时，因父亲刘德的保荐被任为辇郎，"辇"就是皇帝在宫殿之间行动的座驾，辇郎就是在皇帝辇车前引导的官员。在西汉有"荫福"子孙的"任子制度"，大致就是高层官员在任满一年后，有特权保举一位家中的弟子到宫中担任官职，通常都是从郎官开始。因为大多郎官都是在皇帝的周围服务，所以升迁的机会相对来说要多一些，只要在和皇帝的对答中显示出才能，就能有机会得到升迁。刘向的父亲刘德是当时的皇族宗正，家族关系如下图 12：

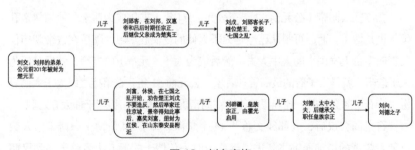

图 12 刘向家族

宗正是负责皇族内部事物的最高官职，通常都是皇族成员中德高望重的长者担任，主要负责管理皇族的户籍族谱、区别不同皇族成员的贵贱亲疏、对皇族成员犯罪进行审理等。

　　（刘向二十岁时）进行了加冠礼成年后，因品行端正升为谏大夫……宣帝当时又想恢复对神仙方术之事的研究，（皇帝）听说淮南王藏有一本为世人不知的《鸿宝苑秘书》，书中载有神仙鬼怪将普通物体变成金子的法术，以及邹衍修道延寿的秘方，世上的人都见不到这本书。而刘向的父亲刘德在武帝时，在处理淮南王案时得到这本书。这本书刘向在小时就熟读成诵，认为是本奇书，便献给了皇上，并说依照书上的方法可以炼成黄金。皇上便下令由尚书主持冶炼黄金事宜，但耗费了很多钱财，才知书中所载不能应验。皇上便罢免了刘向的官职，吏部也弹劾刘向铸造假黄金，罪当处死。刘向的哥哥阳城侯刘安民上书皇上，请求用交纳封地的一半户籍，来赎刘向的罪过。皇上也爱惜刘向的才华，便让刘向在狱中度过了一个冬天，到春天实行宽赦而免除死罪。

　　　　　　　　　　　　　　　　　　　——《汉书·楚元王传》

　　这件事发生在公元前58年左右，正在萧望之代替丙吉做御史大夫的后一年。上文中负责炼金的"尚书"是皇帝内朝的官职名称，理论上归属在九卿之少府之下，共有五位"尚书"，本来只是负责在皇宫中为皇帝整理和传递朝廷递交的文件奏章，到武帝时，为了削弱相权、强化君权，就赋权给尚书拆阅奏章等决策的权力，开始参与国家朝政，并最终发出皇帝的决策诏令。武帝逐渐以尚书为主体组成了一个内朝，也称中朝，侵夺以丞相为首的朝廷（即外朝）权力。五位尚书的首领就是尚书令，又称中书令。中书令与尚书令同职异称，因为是在皇宫的"禁中"工作，所以多冠以"中"字。三国中魏国时期的官员和学者孟康，魏文帝曹丕（曹操的太子）宠妃的侄子，在他标注的《汉书》中写道：

　　孟康曰："中朝，内朝也。大司马左右前后将军、侍中、常侍、散骑、诸吏为中朝。丞相以下至六百石为外朝也。"　　——《汉书·刘辅传第四十七》

　　"少府"是九卿中掌管皇室经济来源的部门，所以刘向这件能变出金子的事当然放在"少府"办理，但此时才23岁的刘向自然就在这件事上栽了跟头。

　　恰逢（宣帝）欲立穀梁《春秋》，皇上便征召刘向接受研究穀梁《春秋》的任务，在石渠讲论《五经》，又让他担任郎中、给事黄门，后升为散骑、谏大夫、给事中。

　　　　　　　　　　　　　　　　　　　——《汉书·楚元王传》

刘向正是在学习穀梁《春秋》的这个过程中被萧望之和周堪等学者士人看中的。如前文所述，在宣帝病重期间为元帝安排的辅政大臣中有两股权势，一股是元帝的老师们，以萧望之、周堪为首；一股是宣帝在民间时对宣帝有恩的外戚，史家和许家，以史高为首。所以刘向作为皇室弟子是进入了萧望之的士人阵营。公元前48年，宣帝去世，汉元帝继位。

宣帝驾崩，太子刘奭继位，是为孝元帝。萧望之、周堪因为原来是太子的老师受到敬重，元帝继位后，多次在宫中召见他们，谈论治国理政的措施和以王道治理国家的方式。萧望之推荐刘氏宗室、通晓经学的散骑谏议大夫刘更生（刘向）兼任给事中，与侍中金敞一起在皇上左右拾遗补缺。四人同心协力，劝元帝要遵循古制，以此来匡正元帝的思想，元帝很欣赏他们的谏言，大部分谏言也能够接受。

——《汉书·萧望之传》

但元帝继位后，朝廷的权力格局已经出现了第三股势力——宦官势力，以宦官石显为首，这三方势力并重于朝中。

石显是济南郡人，弘恭是沛郡人，两人都在年轻时因犯法接受腐刑，成为太监，宣帝时弘恭担任中书令时，石显担任仆射。元帝继位几年后，弘恭去世，石显代为中书令。当时，元帝患病在身，不能亲理政事，只喜欢沉溺于音乐。因为石显长时间在中枢处理政事，没有自己的骨肉，在朝中也没有亲戚外党，皇帝是他唯一的依靠，因此对元帝忠心专一而值得信赖，于是元帝就将政事委托给他。由此，无论大小朝政，都由石显请示元帝决断，石显为人机灵聪明，深知事理，能猜测到天子隐微的旨意，石显因此逐渐在朝中变得尊贵。

在此前，宣帝不太任用儒术，多任用法律，宫中的中书宦官受到重用。中书令弘恭、石显在宫中长时间负责中枢机要，熟悉法律条文，他们又与车骑将军史高相互勾结，常按照旧例独断朝政，将萧望之等人的意见弃之一旁。弘恭、石显时常因为意见偏颇，被萧望之等人以义理加以驳斥。

——《汉书·萧望之传》

很明显，宦官石显和外戚史高联合了起来，很快就开始和萧望之士人势力产生矛盾，转瞬间，激烈的斗争就开始了。

萧望之认为中书省，是国家的机要中枢……帝王不能过于亲近宦官，萧望之他们建议皇帝重用士人，因此与史高、弘恭、石显间常发生冲

突。 　　　　　　　　　　　　　　——《汉书·萧望之传》

　　但石显毕竟是可以日夜侍从在元帝身边，又有史氏和许氏外戚势力的支持，并且善于计谋，所以第一次博弈的胜负很快就定了。

　　弘恭、石显让两位和萧望之有过节的属下弹劾萧望之等人，说他们密谋罢退车骑将军史高，妄图让皇上疏远外戚许氏、史氏……弘恭、石显上奏元帝，说："萧望之、周堪、刘更生（刘向）结为朋党，相互举荐，多次谮毁朝中大臣，诽谤皇上的亲戚，妄图专擅朝中大权，为臣不忠，欺瞒皇上，犯不道罪，奏请皇上派出谒者，将他们召到廷尉署问话。"——《汉书·萧望之传》

　　而初登大位的元帝还不知道"召到廷尉署问话"就是要关进廷尉监狱，石显尽然利用了这一点，将萧望之、周堪和刘更生关进监狱。直到元帝要再次召见周堪、刘更生时，才知道他们已经被关押在廷尉署监狱。最后元帝赦免了他们，但全部被贬为庶人，第一次斗争以萧望之彻底失败告终。

　　但石显的内心是要置萧望之于死地而后快，萧望之被贬后，他的儿子向元帝上书伸冤，却被石显再次利用。石显借此向元帝谗言：

　　萧望之居然不思悔改，还心怀怨恨，指使儿子上书，将罪过归于皇上，以皇上的老师自居，认为不会受到惩罚。如果不将萧望之关在牢里，让他受一点儿委屈，堵塞一下萧望之那不满的情绪，那么圣朝就难以让萧望之感受到皇上的恩德。 　　　　　　　　　——《汉书·萧望之传》

　　元帝竟然被说动了，尽管也担心萧望之刚烈的性格不会接受屈辱的问询，但还是批准了再次让萧望之入狱问话的诏令。石显随即派兵包围了萧望之的家，不出元帝所料，萧望之含愤自杀。元帝知道后，直接拒绝吃饭，哭得哀恸左右。元帝的内疚之心随之油然而起，不久就重新启用周堪，任命为九卿之光禄勋。刘更生看到周堪又被启用，随之也想再次被元帝启用，秘密地向元帝上了一大篇奏书，再次痛斥了宦官和外戚为所欲为，可惜的是，这份奏折还是被石显看到了：

　　弘恭、石显首先看到刘更生的上书，与许氏、史氏家族中的人一起商量，更加嫉恨刘更生（刘向）等人。 　　　　　——《汉书·楚元王传》

　　周堪也仍然躲不过石显和史高的明枪暗箭，尽管后来又被元帝任命为尚书令，但是处于孤军奋战之中：

　　石显仍然插手尚书事务，尚书中的五个人，都是石显的同党。周堪很难向元帝反映问题，什么事情都还要通过石显，决定权仍然把持在石显手中……最后抑郁去世……（刘向）此后被弃置一旁，十多年得不到重用。

——《汉书·楚元王传》

刘更生在元帝朝再没有被启用。公元前33年，元帝去世，17岁的成帝继位，石显和他的党羽才伏罪，刘更生才重新被起用，改名刘向。石显在被贬黜回乡的路上病逝。刘向以前九卿的身份被成帝任命为中郎，担任"领护三辅都水"。如前文所述，西汉时把京师附近地区划分为三个行政单位，京兆尹、左冯翊、右扶风，简称三辅。三辅都置都水官，分掌各辅地区水利。因为水利都是相互连通，尽管三辅虽各有都水官，有时必须协同管理，于是以"领护三辅都水"官作为总的负责人。

汉成帝时，朝廷的实权掌握在成帝的亲生母亲皇太后王政君的家族手中，实际掌握朝政的人就是成帝的亲舅舅王凤，他和太后王政君是同母兄弟，当时担任大将军，主持国家大政，倚仗太后，独揽国家大权。

刘向作为皇族弟子，祖上三代都是皇族宗正，因此又针对太后王氏兄弟专权多次秘密地上奏，随后被成帝迁升为两千石的光禄大夫，就是武帝前期的中大夫，隶属并仅次于九卿之郎中令，在武帝太初元年（公元前104年），郎中令和中大夫，分别改名为光禄勋和光禄大夫。刘向在元帝朝是与宦官和元帝的外戚斗争，现在又开始与成帝的外戚斗争。刘向被升迁到光禄大夫，但被刘向弹劾的王氏兄弟也早已对他忌恨不已了。《汉书》中记载了一段刘向在担任光禄大夫后，他的儿子刘歆和成帝的故事。

刘歆，字子骏，小时候因通晓《诗经》《尚书》，善写文章，而被成帝召见，成帝让他在宦者署候命，成为一名黄门郎。——《汉书·楚元王传》

成帝的近臣们时常推荐光禄大夫刘向的小儿子刘歆，赞扬他学识渊博，有非凡才能。成帝召见了刘歆，叫他诵读诗赋，很喜爱他，想任命他为中常侍，让人去为他取来官服。正要任命时，成帝的近臣们不约而同地说："还没有征询大将军啊！"成帝说："这是小事，何必禀告大将军呢？"近臣们叩头力争。成帝于是告诉了王凤，王凤不同意，这件事便被搁置了。

——《汉书·元后传》

中常侍、皆加官……侍中、中常侍，得入禁中。

——《汉书·百官公卿表》

"中常侍"不是一个具体官职，也是一个在具体官职前加的称号，代表具有进入皇宫禁中的权力。王凤竟然没有同意，尽管皇帝是他的亲外甥，但毕竟是皇帝，皇帝已经作出了决定，何况是如此小的一件事，只是皇帝给予一个臣子，而且是皇族子弟，在不上朝时，能面见自己的权力，连官服都取来了，王凤竟然硬生生地驳回了皇帝的决定。笔者认为王凤不会如此没有处理与皇帝关系的能力，而是内心记嫉恨于刘歆的父亲刘向，这种嫉恨没有达到一定的程度，是不会让王凤以损害与皇帝的关系为代价，而作出的激进决定。这件事情在刘向心中造成的影响也是可想而知的。

汉成帝欣赏刘歆是因为成帝也是一位精通《诗》《书》的皇帝。

成帝即位……而上方精于《诗》《书》，观古文。

——《汉书·楚元往传》

五经之学，从现代学术的分类来看，其中包含哲学、语言、历史、地理、天文、政治、法律和自然科学，交融汇合，刚刚开始学习时，尤其是没有一位好老师指导的情况下，自会觉得有些枯燥，但只要初步入门后，自会渐入佳境，随着学识增长，乐趣自然而来，所以会自发地奋力钻研，其动力正是中国经学中探索人文哲学的深意，普通学者如此，更何况皇帝。

汉成帝精通当时的诗书经学后，自然对其中缺失和不明之处想有更深远的发展，目光也就开始投向没有师传的中秘古文书籍，希望通过"观古文"能发展现有的经学。朝廷此时已经有数量众多的书籍收藏于宫廷，但笔者推测，真要阅读和利用这些书，并不容易。首先，因为书籍众多，但却没有系统的管理，遇到一个有异议的经学问题，想从宫中收藏的书籍中寻求帮助，是无从下手的。其次，各部书籍散乱，民间或官员的献书，基本不会完备完整，缺篇少简，对古文字的书册，训诂认字已经很艰难，更何况还缺失内容，因此很难读懂，书中大义更是难以知晓。

汉成帝怜悯学残文缺，经书只要稍稍有点缺失，便将秘藏之书公开，陈列出来，校正、整理旧文。这样，才使得《春秋左氏传》《古文尚书》《逸礼》三书较为完备。学官所转授的经传，有的已经遗失了，内容不全，有的经文脱简了，传的内容也有前后错乱。——《汉书·楚元王传·移太常书》

由此，笔者推断汉成帝很期望，这些皇宫的古文藏书能帮助解决现有的学术问题，助推已有的"经学"发展。在这样一种背景下，我们再回到刘向继续不遗余力地痛斥外戚的朝局上。

河平二年（公元前 27 年，成帝继位第 7 年）夏六月，成帝一一封其舅父王谭为平阿侯、王商为成都侯、王立为红阳侯、王根为曲阳侯、王逢时为高平侯。五人同一天受封，因此人们称他们为"五侯"。

——《汉书·元后传》

这五位都是皇太后王政君的兄弟，也是王凤的兄弟，王氏外戚家族此时在朝中权势熏天。大约过了 9 个月以后，在犍为（今四川乐山犍为）发生了地震，半年以后又发生了日食现象。

河平三年（公元前 26 年）春二月二十七日，犍为地震山崩，堵塞江水，水倒流。

——《汉书·成帝纪》

秋八月三十日，日偏食。

——《汉书·成帝纪》

这些自然灾害，让对"天人感应灾异说"坚信不疑的刘向觉得自己应该再次挺身而出，向皇帝谏言。

王凤的兄弟七人都被封为列侯。这时，全国又发生了多次天灾变异，刘向认为这是外戚权位太盛、王凤兄弟处事不妥的缘故。而当时皇帝精于《诗》《书》，诏令刘向整理校验皇宫收藏的五经书籍。（原文：兄弟七人皆封为列侯。时数有大异，向以为外戚贵盛，凤兄弟用事之咎。而上方精于《诗》《书》，观古文，诏向领校中《五经》秘书。）——《汉书·楚元王传》

河平三年（公元前 26 年），光禄大夫刘向校理朝廷藏书，派谒者陈农，求遗书于天下。

——《汉书·成帝纪》

我们仔细阅读第一段记录，刘向从朝廷中枢核心职位光禄大夫，被调迁到藏书阁，进行整理校对宫廷藏书的工作，换句话说，刘向离开了参与和商议朝政的权力圈，基本和朝政就分开了。其中的原因，如上文所述，表面是成帝希望整理和研究皇宫收藏的古文书籍，而实际上真正的原因，笔者推测是王凤的势力因刘向不断地弹劾他们，向成帝施加影响和压力的结果。同时，笔者推测，《汉书》作者班固也是这样认为的，同时班固没有直接的史料证据，所以只能以如此的排文遣字，从刘向痛斥王氏权势突然转到刘向被迁调进行校书，我们可以注意原文中的"而"字，将这两件完全不同的事联系了起来，实际就是要表达两件事是有联系的，真实原因是刘向被王凤势力调离出朝廷中枢。王凤家族向成帝施压，而官员迁调的权力实际就在王凤手中，成帝连封个"中常侍"的权力都没有，又能如何？刘向不得不离开中枢。笔者推测王凤和成帝商议此事时，成帝也正想通过整理古籍发展经学，于是刘向迁转藏书阁，开始校对皇宫藏书。

正是这道任命刘向校书的诏令对中国的历史和史书的保存产生了极深远的影响，这也是第一次由皇帝下令对宫廷收藏的各种书籍进行整理和校对，其意义是开创了中国的书籍目录之学。与此同时，汉成帝也再次发出了征集民间书籍的诏令：

到成帝的时候，由于书籍散失的特别厉害，就派谒者陈农向天下征求遗散的书籍。
　　　　　　　　　　　　　　　　　　　　　——《汉书·艺文志》

刘向主持下的宫廷藏书的整理和校验，是我国历史上第一次正式的、大规模的书籍整理工作。刘向的儿子刘歆也一起被皇帝调派过来帮助父亲。

河平年间（公元前 28 年到公元前 24 年），刘歆同他父亲刘向接受成帝诏令，主持校勘皇家所藏的书籍。
　　　　　　　　　　　　　　　　　　　——《汉书·楚元王传》

刘向是总负责人，汉成帝还派遣了步兵校尉任宏、太史令尹咸、侍医李柱国一同进行整理工作。

光禄大夫刘向校经传诸子诗赋，步兵校尉任宏校对兵书，太史令尹咸校对天文地理卜筮的书，侍医李柱国校验各类方术技艺的书。各个负责人每校完一部书，就送到刘向这里，刘向就整理出书中每篇文章的名字以及相应的篇数，总结内容的大意，记录下来把它上奏给皇帝。（原文：每一书已，向辄条其篇目，撮其指意，录而奏之。）
　　　　　　　　　　　　　　　　　　　　　——《汉书·艺文志》

刘向在每一部书整理完毕后，便撰写一篇叙录，主要记述这部书的作者、内容概要、学术源流、校雠的过程等。每篇"叙录"都和原书附在一起，再一起上呈皇上御览。由此，我们可以看到刘向校雠藏书，不是简单地整理和文字校对，还包括了从学术角度去分类和总结书籍。后来，刘向把已经写成的各篇"叙录"汇总起来，另外单独编为一册，称之为《别录》。这本《别录》就是中国历史上第一部目录书籍，总计二十卷，刘向成为了中国文献学的创始人。

同样可惜的是，大部分的"叙录"都已经失传了，完整流传下来的只有七篇，分别是《战国策叙录》《晏子叙录》《孙卿新书书录》《列子书录》《管子叙录》《韩非子叙录》和《邓析子叙录》。从这些现存较为完整的"叙录"来看，"叙录"的主要内容包括：1. 全书篇章的次序，收集来的各类本子的情况和校验的情况。2. 评述著者的生平、学术渊源和生活的时代，以及对史书所记有关内容的补订和辨误，此属于著者探讨的范畴。3. 解释书名，书中所记之事的起止，以及全书的主旨、体例和价值等。此属于内容评价的范畴。刘向校书，从书籍的收集、来源的分辨、一本书的内容的确立，到文字的校对、篇目的安排、书名的命名、叙录的撰写等，开创了一套较为合理的和完备的校书流程。

从此以后历朝历代的皇帝，只要有可能，都会诏令学者整理和校对当时所有的图书，编纂目录书籍，而能参加编纂的学者大多都是那个时代的学术大家，都以刘向的这本《别录》，和将来他的儿子刘歆续出的《七略》为参照。到了公元 1773 年清朝时期，乾隆皇帝开始了中国历史上最大规模的书籍整理校对工作，牵涉 360 多位学者参加，3800 多位人员抄录，历时 13 年时间完成，这就是广为人知的《四库全书》，和近 1800 年前的 20 卷《别录》相比，它已经达到了 79338 卷。

刘向校书二十多年，从公元前 26 年接受诏令，到王凤去世前一年（公元前 23 年）被任命为中垒校尉，一直到他去世，仍然没有完成，后来由他的儿子刘歆继续完成。刘向最终还是没有被重用。

皇上多次想任用刘向为九卿，然而得不到王氏家族中占据高位的人及丞相、御史等人的支持，因此，刘向始终得不到升迁。——《汉书·楚元王传》

但如果刘向被重用，比如升任御史大夫这样的三公位置，对中国经学和文化的历史可能就是另外一个重大损失，刘向和他的儿子刘歆反而因为校验古书，开创了中国的书籍目录学，让他们名垂中国千年经学历史。

6.2 张霸和"百二篇"

成帝除了征收古籍以外，也和当年的文帝一样，寻找能通晓古文书籍的民间学者，既然皇帝征召学者，各个郡县自然也就不遗余力。果然又在儒学中心的齐鲁大地，找到一位这样的学者，还献上了一部古文《尚书》，有整整 102 篇。

世间所流传的一百零二篇的《尚书》，出自东莱人张霸之手，他通过重新拆分合并二十九篇的内容，变成几十篇，又采用了《左传》《书叙》中摘录的内容作为其首尾，一共一百零二篇。有的篇章只有几根竹简，篇章文义浅显而简陋。因为当时汉成帝正在寻求能精通古文书籍的人，于是张霸以能解说一百零二篇的《尚书》被征召。朝廷用宫中收藏的版本来校对它，两者却不一样。张霸说他的《尚书》由其父亲传授，他的父亲有学生尉氏县人樊并。当时太中大夫平当、侍御史周敞劝说皇上将这套百二篇收藏下来。后来樊并在当地造反，于是就废黜了这套书。

原文：世所传《百两篇》者，出东莱张霸，分析合二十九篇以为数十，又采《左氏传》《书叙》为作首尾，凡百二篇。篇或数简，文意浅陋。成帝时求其古文者，霸以能为《百两》征，以中书校之，非是。霸辞受父，父有弟子尉氏樊并。时，太中大夫平当、侍御史周敞劝上存之。后樊并谋反，乃黜其书。

　　　　　　　　　　　　　　　　　　　　——《汉书·儒林传》

这件事在王充的《论衡》中也有记载。

孝成帝阅读百篇《尚书》（原文：孝成皇帝读百篇《尚书》），朝中博士、郎官没有谁能通晓，于是征求天下能精通此百篇《尚书》的人。东海郡张霸精通《左氏春秋》，根据百篇《尚书》的书序（原文：案百篇序），采用《左氏春秋》的文字解释，编造出一百零二篇本《尚书》，完成后呈上给汉成帝。汉成帝取出宫中收藏的《尚书》考订校对它，结果没有一个字是相合的。汉成帝就把张霸交给司法官吏去审讯治罪，司法官判张霸犯了欺君之罪。汉成帝认为张霸的才能出众，赦免了他的罪，也不毁掉他的经书，所以一百零二篇本《尚书》才流传在民间。　　——《论衡·佚文篇》

孔子说过："人才难得。"张霸能够推究精深的思想，编写经书百篇（原文：作经百篇），才高卓越，是世上稀有的人物。汉成帝赦免他，是欣赏他的才学。他的经文虽然是伪造的，不真实的，但在编排篇章句子、组织材料内容上，就像真的经书一样，所以汉成帝不烧毁他的经书。

　　　　　　　　　　　　　　　　　　　　——《论衡·佚文篇》

"百二篇"的结果是毫无争议的，并不是真的《尚书》。但张霸是否伪造了"百二篇"？尽管没有直接的史料证明，笔者认为不是张霸伪造的。我们看《汉书》的记载："成帝时求其古文者，霸以能为《百两》征。"这句话说明，成帝征召的主要是能懂古文的学者，然后才是古文书籍。其次张霸是因为通晓"百二篇",通晓古文而被征召的,是被动的,并不是主动献书。是成帝征召通晓古文学者的诏令到达齐鲁地区后,当地的官员知道张霸通晓古文"百二篇"后,将张霸推荐给中央朝廷。"霸以能为《百两》征",此处的"征"是"被征",是被动语气。东汉古文的动词没有主动和被动的语气之分,如引用的下句,是同样的被动语气用法。

　　王嘉字公仲……出为九江、河南太守,治甚有声,征入为大鸿胪,徙京兆尹,迁御史大夫。　　　　　　——《汉书·何武王嘉师丹传第五十六》

　　"张霸被征召"是说明张霸在被征召前,已经通晓"百二篇"古文《尚书》,也就说明了张霸通晓"百二篇"并非为了朝廷的征召。

　　另外《汉书》引文首句"世所传《百两篇》者",也清楚地表明,"百二篇"在西汉成帝时期已经在民间流传。"世所传"是指西汉成帝之世,不会是指班固撰写《汉书》的东汉之世,因为在西汉灭亡后,王莽建立的新朝已经册立了西汉宫中的古文《尚书》为官学,"百二篇"也在献上时就被公布为"伪书",自然不会再流传到东汉的班固时期了。所以通过以上两点的分析,张霸为了献书而伪造古文《尚书》就不符合逻辑了。对东汉的王充《论衡》中认为张霸伪造了"百二篇",同样是错误的分析和论断,我们只能作为参考。

　　那么是否是张霸的父亲伪造的呢?笔者认为这就更不可能了,哪个父亲放着真正的、通往利禄的真《尚书》不传授,而编一套没人承认的、假的学习。更关键的是,俗话说"虎毒不食子",父亲如何会编造一套假的《尚书》传授给儿子,所以张霸的父亲更不可能编造这"百二篇"。

　　是谁编造了这"百二篇",我们现在已经无法考证,不过《汉书》对"百二篇"的记录让我们可以得到不少在当时关于古文《尚书》的情况。

　　如上文中《汉书·儒林传》记录的"又采用了《左传》《书叙》中摘录的内容作为其首尾,一共一百零二篇(原文:又采《左氏传》《书叙》为作首尾,凡百二篇)"。非常明确地说明了"百二篇"的编造者认为《尚书》经文的篇数是一百篇,因为102篇减去首尾2篇"序文",就是100篇的经文。

　　这是最早的关于古文《尚书》篇数的记录,尽管"百二篇"是后代编造的,而且也绝对不能证明"秦宫版"《尚书》就是一百篇,但这条记录告诉了我们,在当时西汉时期,大多学者都认为《尚书》是由一百篇组成的。

　　我们再看,"又采用了《左传》《书叙》中摘录的内容作为其首尾",《书

叙》就是《书序》，是《尚书》中每篇文章都有一到两句的序文，用来简单
描述撰写这篇文章的原因、目的等，按照当时的著书习惯，会把所有的"序
文"汇总成一篇，附在整本书的最后，我们简称为"百篇书序"。这篇"百
篇书序"到目前为止，它的作者是谁、写作的年代，在两千多年的经学历史
中众说纷纭，始终都没有得到考证和认同。所以这样一篇"书序"，并不能
证明"秦宫版"《尚书》的完整篇文组成。从《汉书》的记录中看，"百二
篇"之尾就有一篇"书序"，这就可以说明，"百二篇"的"书序"中篇数
肯定也是一百篇。

在"百二篇"之首的"序文"，我们对它的内容完全不了解。有的学者，
如刘起釪先生，认为是"百篇书序"分为两卷，这肯定是不正确的，即使是
分成两卷，也绝不会在《尚书》的首尾各放一卷。根据记录，我们可以知道
"书首之序"是采用了《左传》中的内容编写成的，我们只能推测"书首之
序"是编造"百二篇"的学者采用《左传》和《尚书》中相关的内容，编写
的一篇介绍《尚书》的总序文。但是这并不影响最重要的信息，编造者认为
《尚书》篇章的数量是一百篇，并在书尾带有一篇"百篇书序"。

通过这条信息，我们可以尝试推测一下张霸的这"百二篇"是如何而来
的。我们可以先回顾一下前文叙述的汉武帝时期河间献王和鲁恭王从民间获
得献书的情况。

> 河间献王刘德……从民间得到好书，一定会很好地抄录一份副本，留给
> 书主，而留下书的正本，又加赐金帛以广泛招求好书。因此，四方有道德学
> 术的人不远千里而来，有先祖旧藏的书，大多也进献给献王，所以得到的书
> 很多，数量几乎与中央朝廷相当。
>
> ——《汉书·景十三王传》

又如前文分析的，孔安国献上的古文《尚书》也是来自鲁恭王得到的民
间献书，这些都说明了在西汉前期，民间存有不少各种五经古文书籍，与此
同时，私教在民间也已经得到了充分的恢复，各种学者充斥民间，占大多数
的不知名学者正在民间研究、教授和流传着这些古籍，古文《尚书》也是其
中之一。正如《汉书》描述的，当时"百二篇"已经流传于世，也说明"百
篇书序"也已经在当时流传了一段时间。

由此笔者推测，在武帝时期，就有儒家的民间学者，在他的手上也有一
批古文《尚书》，这其中包括了已被立为学官的伏生29篇和部分从秦朝私

藏流传下来的真《尚书》篇章（具体有几篇就不得而知了），以及这篇"百篇书序"，于是这位不知名的学者就依照"百篇书序"，采用其他书籍中，比如《左传》，引用《尚书》的语句，将它们汇总在一起，尽可能地恢复出"百篇书序"中的一百篇篇文。实际上，非常类似于近代学者对已经亡失的古籍编写的"辑本"，即把其他书中引用过这本亡失的古书的语句汇总起来，尽可能地恢复亡失古书的内容。

所以笔者推测"百二篇"的性质是西汉前期某一位民间学者依照"百篇书序"编写的古文《尚书》的"辑本"，这位学者编写这本"辑本"并非是想滥竽充数献给朝廷和官府骗取赏金，而是出于对《尚书》学术的研究和爱好，用来研究缺失篇章的大意，也是对儒家文化缺失的一种寄托。我们仍然看《汉书》的描述，"篇或数简，文意浅陋"，意思是"有的篇章只有几根竹简，篇章文义浅显而简陋"，而与之对比的是完整的伏生29篇，这在当时，任何稍微通晓经书的学者都能一眼识别其真伪，如果是出于伪造的目的，如何会只书写几根竹简呢，让别人一眼就能看出破绽呢？所以这"百二篇"不会是骗赏的伪造之书，而是某位精通儒家经文的学者自己汇编的"辑本"，这其中包括了完整的29篇和部分后出的完整古文篇章，如同"孔献版"的16篇，然后就是对缺失篇章的"辑本"，汇总成一百篇。这位学者向弟子传授时，首先当然传授朝廷认可的29篇，精通之后，普通弟子即可用于谋个一官半职，而对专心于经学的弟子，自然可以继续钻研剩余的篇章。渐渐的一代传一代，一传十，十传百，自有一些不明就里的学子，或者也不能排除有师德不佳、故弄玄虚的学者，让弟子以为"百二篇"就是尚书百篇，就如张霸和他的父亲。

成帝主要是征召通晓古文的学者，以及《尚书》中缺失的部分，因为宫中已经藏有"孔献版"古文《尚书》，成帝首要的需求是先把宫中除了29篇以外的已有古文《尚书》篇章读懂，所以得知张霸是通晓"百二篇"和其中的古文，就征召了他。朝廷肯定是要先看一下张霸的"百二篇"经文，和宫中的古文《尚书》匹对一下，接下来《汉书》叙述的故事就发生了。

在皇宫中收藏的古文《尚书》就是公元前92年蛊惑案时期，孔安国献上用于申请设立学官的那批古文《尚书》，即我们称之为"孔献版"的古文《尚书》。朝廷的博士和学者们比较后，张霸就差一点儿因为伪造欺君之罪丢了性命。但也是这"百二篇"救了他的性命，"当时太中大夫平当、侍御史周敞劝说皇上将这套百二篇收藏下来",平当正是正宗的欧阳《尚书》学的传承人。

林尊(字长宾),济南郡人,向欧阳高学习《尚书》,在朝中担任博士,曾经在石渠阁参加儒生们的经学讨论……传授予平陵(昭帝的陵寝)县人平当、梁国人陈翁生。平当官至丞相。

平当……以熟悉经学担任博士,朝中的公卿举荐平当,认为平当对经学的论述通透明了。

——《汉书·儒林传》

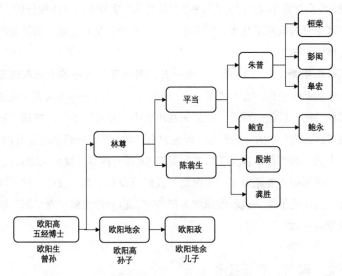

图13 欧阳《尚书》传承

平当能够建议成帝收藏这套"百二篇"自然能说明"百二篇"的质量。另外,东汉初年的王充(公元27年至约公元97年)评价是"编排文章词句,组织材料内容上,就像真的经书一样"。正因如此,成帝这才赦免了张霸,并把"百二篇"藏入宫中,这都充分说明"百二篇"绝不是骗赏的粗制滥造之作。

因此我们通过"百二篇"知道,在当时的学者认为《尚书》是一百篇组成的,因为除了"百二篇",宫中"孔献版"古文《尚书》也有"百篇书序","孔献版"古文《尚书》流传到东汉,东汉经学大师郑玄注解了这篇"孔献版"的"百篇书序"。而郑玄注解的这篇"百篇书序"中的一百篇的篇名,非常幸运地流传了下来。刘起釪先生考证到,在南宋学者王应麟编写《古文尚书郑氏注》的"辑本"时，在末卷《书序注》中记录了这一百篇的篇名，清朝学者李调元、孔广林和孙星衍又继续以此编出了《古文尚书郑氏注》的"辑本"，"孔献版"古文《尚书》百篇篇名得以保存到今世。

由此我们从"孔献版"和"百二篇"两个不同的文献都得到印证，自西汉武帝朝及以后，因为这篇《百篇书序》，当时的学者们都认为《尚书》是由一百篇组成的。但如上文提到的，我们并不知道"百篇书序"的背景、作者和写作年代，所以我们还不能确定"秦宫版"《尚书》是否真的是由一百篇组成。我们将在下文"古文《尚书》卷篇数考"这节中再作详细分析。"百二篇"在宫中只被收藏了几年，因为张霸父亲的学生樊并造反，而被废黜，非常的可惜。

永始三年（公元前14年），十一月，尉氏男子樊并等十三人谋反，杀陈留太守，劫略吏民，自称将军。　　　　　——《汉书·成帝纪》

"百二篇"昙花一现后，就消失在历史中。从《汉书》的描述，我们可以推测"百二篇"中的一些篇章，即使只有"数简"，每篇都还是有内容的，然而宫中的"孔献版"古文《尚书》只有58篇有内容，缺失42篇，这也是成帝征召张霸的重要原因之一。由此，我们可以和平当、成帝一样，体会到了"百二篇"的价值，也就能理解为何两位大臣劝成帝将"百二篇"收藏入宫中的原因了。

6.3 今文《尚书》卷篇数考

"百二篇"和"孔献版"有什么不同，史料没有留下任何记录，从此宫中仍然只有"孔献版"的古文《尚书》，当时正奉旨校验宫中藏书的刘向撰写的《别录》记录下了今文三家和"孔献版"经文的卷数和篇数，东汉班固又以此为基础编写了《汉书·艺文志》。《汉书·艺文志》对今文和古文《尚书》的经文和章句的卷数和篇数的记录如下：

《尚书古文经》四十六卷。（为五十七篇，班固自注。）

《经》二十九卷，大、小夏侯二家。

《欧阳经》三十二卷。

《欧阳章句》三十一卷。

《大夏侯章句》《小夏侯章句》各二十九卷。

《大夏侯解故（诂）》《小夏侯解故（诂）》二十九篇。

我们按照时间次序，先介绍今文三家《尚书》的篇数和卷数。今文三家的经文和章句的卷数，汇总如下：

表 6 《汉书·艺文志》今文三家卷篇数

经文和章句名称	数量
欧阳的经文	32 卷
欧阳的章句	31 卷
大、小夏侯的经文	各自 29 卷
大、小夏侯的章句	各自 29 卷

首先我们介绍一下"篇"和"卷"的定义，文章都有题目，一个主题目就对应一"篇"，有时一个主题目也会有几篇，比如后出的《泰誓》是三篇，那么三篇的题目就成为"泰誓·上""泰誓·中"和"泰誓·下"，以"上、中、下"区别文章篇题。在汉朝，文字仍然写在竹简上，一卷竹简写完后，以最后一根简为轴，自左向右收卷，卷成一卷，卷好的简册用绳子捆扎好，装入布囊中。这样文献竹简既得到保护，又不会混乱。"卷"就是指的一卷竹简，那么一卷可以写一篇文章，而对几篇字数较少的文章可以合写在一卷竹简中，这样一"卷"就有几"篇"文章，比如"孔献版"中29篇之外的"九共"就有九篇，以数字区分篇题后，合写在一卷之上，"九共"就是一卷九篇。古人在使用"篇"和"卷"这两个单位时，有时会混用"篇"和"卷"，实际的情况就是有时一篇写在一卷上，有时一卷内又写几篇，如上文的《泰誓》即可以一卷三篇，也可以三卷三篇。只有在具体的文句中才能得知其具体的、合理的意思。

司马迁记录的伏生壁中得到的 29 篇，此处"篇"实际是"主篇题"，因为其中《盘庚》这个篇题有"上、中、下"三篇，而合为一卷，实际此处"篇"相当于"卷"，所以我们后文将用"29 卷"代替"29 篇"。自从《汉书》记载了《泰誓》，情况就变得比较复杂。有一部分学者认为，伏生实际上就只得到 28 卷，司马迁因为"不愿多费笔墨或精力"就一起算到了伏生身上。其中影响很大的一位就是唐朝的《尚书正义》编著者孔颖达，因为《尚书正义》是流传到现在最早的一部完整的《尚书》经文和经传，在它之前的所有的有关《尚书》的完整经传，在后代都已经亡逸，另外它也是唐朝皇帝唐太宗亲自诏令编纂的经传，集合当时一国学者精英的力量，所以它对后世的影响非常得大。

孔颖达在《尚书正义》中表达了对伏生 29 卷组成的意见。

孔颖达疏：而言二十九篇（卷）者，以司马迁在武帝之世见《泰誓》出而得行，入于伏生所传内，故为史总之，并云伏生所出，不复曲别分析……但伏生虽无此一篇……

——《五经正义》

孔颖达的意见非常清楚，即使伏生当年只得到 28 卷，司马迁在撰写《史记》的时候，《泰誓》在武帝时期由民间献上，并通过当时博士学者数月的研读，读通了《泰誓》，进而把《泰誓》加入到了伏生的今文 28 卷中，也就不再想区别这 28 卷和后得到的 3 篇《泰誓》合一卷这两件事，反正都是在他写《史记》时成为 29 卷的，就一笔写成了，"伏生求其书，亡数十篇（卷），独得二十九篇（卷），即以教于齐鲁之间"。

笔者并不认同这样的观点。我们先简单地看一下司马迁的学术经历。

司马迁生在龙门，在龙门山南麓过着农耕放牧的生活。十岁时已能识读古文著作……司马迁做了太史令，他阅读和摘抄了（皇宫内）石室金柜收藏的图书档案。

——《汉书·司马迁传》

孔氏有古文《尚书》，孔安国以今文字读之，因以起其家，逸《书》得十余篇，盖《尚书》兹多于是矣……而司马迁亦从安国问故。司马迁史记采用了《尧典》《禹贡》《洪范》《微子》《金滕》诸篇，多古文说。

——《汉书·儒林传》

由此可见，司马迁通晓古文《尚书》，对今文《尚书》更是了然于胸，应该不会有人不同意。所以他对当时已经立于学官近 50 年的欧阳《尚书》是 28 卷还是 29 卷，是绝对不会含糊。换一个角度来说，后出的《泰誓》对司马迁来说，这只是发生在现代的事（司马迁的时代），而他描述伏生壁中得 29 篇（卷）《尚书》篇文，是在叙写和记录一件近 50 多年前的历史事件。而对在太始年间（公元前 96 年到公元前 93 年）才新出的《泰誓》，对司马迁来说，正发生在司马迁晚年撰写《史记》的末期。但司马迁之所以没有记录朝廷对《泰誓》的处理，最主要的原因是当时向朝廷献书的事情并不少，"献书"并不是一件特别的事情，而且又发生在司马迁当时，所以其重要性还不够让司马迁记入史书。

所以笔者明确地认为伏生壁中所得《尚书》就是 29 卷，其中没有《泰誓》，只是《顾命》和《康王之诰》是分开的两卷。这对我们搞清楚伏生壁中 29 卷是如何组成的，尤其是如何与《汉书·艺文志》的卷数匹配上，就有点儿曲折了。

笔者先将自己认同的伏生最初壁中 29 篇（卷）的组成列表 7 于下：

表 7　伏生 29 篇（卷）组成

尧典	皋陶谟	禹贡	甘誓	汤誓	盘庚3篇	高宗肜日	西伯戡黎	微子	伪泰誓3篇	牧誓
卷1	卷2	卷3	卷4	卷5	卷6	卷7	卷8	卷9	无	卷10

洪范	金縢	大诰	康诰	酒诰	梓材	召诰	洛诰	多士	无逸	君奭
卷11	卷12	卷13	卷14	卷15	卷16	卷17	卷18	卷19	卷20	卷21

多方	立政	顾命	康王之诰	粊誓	吕刑	文侯之命	秦誓
卷22	卷23	卷24	卷25	卷26	卷27	卷28	卷29

笔者的观点是，在最初"伏生壁中"版本中"顾命"和"康王之诰"这两篇是分开的，即为 2 篇 2 卷。然后我们来推导是如何变成《艺文志》的篇卷数的。我们先将"篇""卷"的分与合没有争议的篇章汇总在一起，列表 8 于下：

表 8　今文卷篇数变化第一

经文和章句名称	无争议卷数	顾命	康王之诰	《泰誓》	总计
起初伏生壁中所得篇卷欧阳和大小夏侯相同	27	1	1	无《泰誓》	29 卷

在武帝末期得到《泰誓》后，经过朝廷众博士和群臣一起研读，读通后，就作为正式的经文，3篇合1卷加入"欧阳经文"中，当时设立了学官的《尚书》学派正是欧阳《尚书》学。但是在西汉武帝之时，经文的卷数，"29"这个数字已经和前文叙述的古人对天象的观测和"占星术"的思想和说法联系了起来。

有人说《尚书》的二十九篇（卷），是效法天上的北斗星和二十八宿。四七二十八篇（卷），另外那一篇说成效法北斗星，所以有二十九篇（卷）。《尚书》在秦朝灭绝，其中存在能见到的是二十九（卷），怎么谈得上是效法星宿之数呢？《论衡·正说篇》

用二十八舍分野十二州进行占卜，同时参照北斗斗柄的指向，这样的方法由来已久。（原文：二十八舍主十二州，斗秉兼之，所从来久已。）

——《史记·天官书》

天象和占星在当时学者心中和各种学术中占据很重要的地位，已经无须多言。我们由此可以推断，《尚书》29卷的"29"这个数字和天象以及当时的"占星"说已经紧密地联系起来了，并且普遍被儒家学者认同，在《尚书正义》中，孔颖达引用了一句当时武帝时孔安国的堂兄孔臧和他信中的一句话。

《尚书》遭秦而亡，汉初不知篇数，武帝时有太常蓼侯孔臧者，安国之从兄也，与安国书云："时人唯闻《尚书》二十八篇，取象二十八宿，谓为信然，不知其有百篇也。"

——《尚书正义·泰誓》孔疏

我们看孔臧说到"谓为信然"，意思就是"我们以为这是理所当然的，就非常相信了"，充分说明当时的儒家学者是非常相信此说的。同时，这句话也是孔颖达认为"伏生壁中出书"只有28卷的依据。笔者认为孔臧说这句话时，是在私下与堂弟孔安国的书信中，在信中提起一件事，通常只说出主要部分，写信自然是言简意赅，让孔安国知道是哪件事即可，无须将此事全部书写一遍，因此对"一篇对应北斗"就没有写出来。

由此，当时学者是非常相信29卷对应天象之说的，换句话说，这是当时《尚书》学官方说法之一，并且被广泛地在弟子中传授，现在多出一卷《泰誓》后，也就不敢轻易改动经文的卷数了，否则如何给原来的解释圆场。因此只能改动经文的分合，于是将"顾命"和"康王之诰"这两篇合并成一卷

（仍然是两篇），因为这两篇描述的历史事件，在时间和地理位置上是完全连续的。《泰誓》以 3 篇 1 卷（以"上、中、下"区分）加入到《尚书》经文中。与此同时"欧阳"经文的章句也合并了这两篇，当时是一卷经文对应一卷解释的章句，这样仍然是 29 卷欧阳经文和 29 卷欧阳章句，与"效法天上的北斗星和二十八宿"仍然相配。

　　当时夏侯氏（夏侯始昌）的《尚书》学还未被设立学官，也就跟随朝廷一起合并"顾命"和"康王之诰"，再加入《泰誓》，这样篇文的组成和卷数就变化成如下表 9，卷数还是 29。

表 9　今文卷篇数变化第二

经文和章句名称	无争议卷数	顾命	康王之诰	泰誓	总计卷
起初伏生壁中所得卷数欧阳和大小夏侯相同	27	1 篇 1 卷	1 篇 1 卷	无	29 卷
泰誓一卷 3 篇加入后，时间在公元前 96 年到公元前 93 年之间，在孔安国献书之前					
欧阳经文	27	2 篇 1 卷"顾命"和"康王之诰"合并成 1 卷		3 篇 1 卷加入	29 卷
欧阳章句	27	2 篇 1 卷（同样合并）		3 篇 1 卷	29 卷
大、小夏侯	27	2 篇 1 卷（同样合并）		3 篇 1 卷	29 卷

　　如前文所述，武帝末后得《泰誓》由古转今加入学官后，孔安国也期望册立自己的《尚书》学，于是"孔献版"进入朝廷，"孔安国《尚书》学"和"孔献版"古文《尚书》的内容开始被朝中博士和学者研究，于是乎，"百篇书序"，"16 篇逸文"都相继被学者们所知，到这个时候，他们才彻底接受《尚书》不止 29 卷的事实，放弃了"效法天上的北斗星和二十八宿"的说法，并且通过"百篇书序"，而得以知道《尚书》篇目的情况。

　　他们发现"孔献版"的"顾命"和"康王之诰"这两篇仍然是分开的 2篇 2 卷，由此笔者推断，朝廷博士和学者又匆忙将再次修改了《尚书》篇文的合与并，此时是在汉武帝后期，"欧阳《尚书》"是唯一的《尚书》学官，于是"欧阳《尚书》"再次改动，将已经合并的"顾命"和"康王之诰"又再次拆开为 2 卷 2 篇。

与此同时，博士们把今文《泰誓》3 篇也重新拆开为 3 卷，而"孔献版"的古文《泰誓》是 1 卷 3 篇，笔者推测拆开的原因，也是因为看到了"孔献版"的古文《泰誓》的内容。很明显，"孔献版"的《泰誓》并未被孔安国明晰地解读出来，而今文《泰誓》又是伪造的而比较粗陋，所以当时博士和学者们看到"孔献版"的《泰誓》后，除了发现经文内容相互不同，更大的问题是不知道这两个版本的 3 篇《泰誓》次序谁对谁错，这种可能性是很大的。因为即使有伏生传解的《盘庚》上、中、下 3 篇，它的排列次序和经文内容也是有矛盾的。

但《泰誓》原来上、中、下三篇的排列次序和盘庚讲话的次序不一致……过去注疏家包括从汉代起，历经各代到清朝的许多人，强行给它作了许多解释，都是不正确的。俞樾开始提出他的看法说："以当时事实而言，原《盘庚·中》为上篇，原《盘庚·下》为中篇，原《盘庚·上》为下篇……"

——刘起釪《〈尚书〉学史》

此时博士们面对今文和"孔献版"古文，两套《泰誓》，也遇到了同样的问题。《盘庚》是因为有伏生的师说，至少有个依据，但今文《泰誓》是博士们自己解读的，所以遇到"孔献版"古文《泰誓》不同的经文和篇文次序，一时也就无法确定谁对谁错，只能先把今文经文和章句先全部拆开，各为 1 篇 1 卷，待次序问题解决后再定夺分与合的问题，但不久后"蛊惑事件"就发生了，对《泰誓》的研究也就突然戛然而止，所以今文《泰誓》1 卷 3 篇被拆分成了 3 卷 3 篇，就这样流传了下去。

但对被再次拆分的《顾命》和《康王之诰》的经文，这次改动并没有将上次合并的《顾命》和《康王之诰》的章句重新拆开，笔者推测当时的朝廷对收藏和立了学官的经文是非常严格的，一字一句、一简一篇都严格把关，毕竟这是国家最高级别的藏书，换句话说，这是当时天下学者经文的"标准"，当然严格。但此时的章句只是解释经文的"教案框架"，经文的传授仍然主要依靠老师的口头传授，所以没有像经文那样的严格，反正合并的章句和拆开的章句内容是完全一样的。因此《顾命》和《康王之诰》合并的"章句"，这次就没有人做这个分拆的工作了，仍然以一卷的形式收藏在皇宫内。

对当时没有立学官的大、小夏侯来说，没有朝廷这样的严格要求，既然经文没有增减，那么合并和拆分对经文的内容和传授都没有影响，或者也在等待朝廷对欧阳《尚书》卷篇的最终定案，也就没有去作再次拆分的改动，仍然保存着上次的卷篇数目。这样在"孔献版"古文《尚书》出现一段时间以后，今文《尚书》的卷篇数就变成如下表10中的数目：

表 10　今文卷篇数变化第三

经文和章句名称	无争议卷数	顾命	康王之诰	泰誓	总计
起初	27 卷	1	1	无	29 卷
泰誓1卷3篇加入后，时间在公元前96年到公元前93年之间，在孔安国献书之前					
欧阳经文	27 卷	1卷（2篇合为1卷）		1卷3篇	29 卷
欧阳章句	27 卷	1卷（2篇合为1卷）		1卷3篇	29 卷
大小夏侯	27 卷	1卷（2篇合为1卷）		1卷3篇	29 卷
"孔献版"古文《尚书》献上后，对今文欧阳《尚书》卷篇的再次改动					
欧阳经文	27 卷	1篇1卷	1篇1卷	3卷3篇	32 卷
欧阳章句	27 卷	1卷（2篇合为1卷）		3卷3篇	31 卷
大、小夏侯	27 卷	1卷（2篇合为1卷）		1卷3篇	29 卷

然后，今文经文就一直以这个卷篇数目保存了下去，一直到汉成帝时刘向校书，被记录下来。笔者推断的最终详细篇卷数如下表11：

表 11　今文卷篇数

今文学派	尧典	皋陶谟	禹贡	甘誓	汤誓	盘庚3篇合1卷	高宗肜日	西伯戡黎	微子	今文泰誓3篇3卷	牧誓
欧阳经文	卷1	卷2	卷3	卷4	卷5	卷6	卷7	卷8	卷9	卷10~12	卷13

欧阳章句	卷1	卷2	卷3	卷4	卷5	卷6	卷7	卷8	卷9	卷10~12	卷13
大、小夏侯经文和章句	卷1	卷2	卷3	卷4	卷5	卷6	卷7	卷8	卷9	卷10	卷11

今文学派	洪范	金縢	大诰	康诰	酒诰	梓材	召诰	洛诰	多士	无逸	君奭
欧阳经文	卷14	卷15	卷16	卷17	卷18	卷19	卷20	卷21	卷22	卷23	卷24
欧阳章句	卷14	卷15	卷16	卷17	卷18	卷19	卷20	卷21	卷22	卷23	卷24
大、小夏侯经文和章句	卷12	卷13	卷14	卷15	卷16	卷17	卷18	卷19	卷20	卷21	卷22

今文学派	多方	立政	顾命	康王之诰	粊誓	吕刑	文侯之命	秦誓
欧阳经文	卷25	卷26	卷27	卷28	卷29	卷30	卷31	卷32
欧阳章句	卷25	卷26	卷27		卷28	卷29	卷30	卷31
大、小夏侯经文和章句	卷23	卷24	卷25		卷26	卷27	卷28	卷29

6.4 "孔献版"古文《尚书》卷篇数考

接着我们在此基础上，再介绍一下古文《尚书》的篇卷数。首先我们分析一下"秦宫版"古文《尚书》是否真的就是如《百篇书序》定下的100篇组成的。

笔者认为，"秦宫版"《尚书》的篇文组成不是正好由一百篇组成的。我们可以回想，伏生是秦博士，他很可能是知道"秦宫版"一共有几篇组成。和晁错一同回到文帝朝廷的还有伏生的孙子和他的弟子张生等人，如果伏生知道"秦宫版"《尚书》组成的篇数，那么他的这些弟子也是知道的，这样当时传承伏生的孔臧和孔安国也应该知道《尚书》的篇数。但实际上，如上文叙述的，当时的儒家学者，孔臧和孔安国对《尚书》的篇数是对应"28宿和北斗"是"谓为信然"，这就说明他们确实不知道《尚书》的实际篇数。

如果"秦宫版"《尚书》真的是由100篇组成，如此一个完整的数字，伏生是不会忘记的，那么他的弟子如何会不知道呢？这只能说明，"秦宫版"《尚书》的篇数不是100篇。刘起釪先生在《〈尚书〉学史》中考证到，在先秦的文献中有引用《尚书》某些篇文中的句子，而这些有篇名的篇文都不属于这100篇篇题中，比如《夏令》《禽艾》《九刑》《叶公之命》《训语》等，这就清楚地说明了"秦宫版"《尚书》不会是正正好好的100篇。

然而，伏生也并不是不知道总共有几篇，而是经过"焚书"和战乱的几次转运和私藏，又经过十几年的流亡，伏生自己确实已经忘记和不确定当年"秦宫版"的准确篇数了，所以在教授弟子时，对篇数没有给予注重。但伏生是肯定会告诉弟子，《尚书》绝不止29篇。

（伏生）即以教于齐鲁之间，学者由是颇能言《尚书》，诸山东大师无不涉《尚书》以教矣。
——《史记·儒林列传》

如前文所述，待到"禁书"令被取消，齐鲁儒学再次兴起后，这些"山东大师"和民间私藏的书便涌向世间，接下来就有如前文叙述的，民间向景帝的儿子鲁恭王刘余献书，而《百篇书序》正是由献书的人于经文一同献上。但是，《书序》的作者、写成的时间等仍然不能推测，笔者推测的是这一卷《百篇书序》是跟随58篇古文《尚书》一同献出的。

我们再次把《史记》和《汉书》关于古文《尚书》篇数的记载罗列于下。

孔安国得到了《尚书》中失传的十几篇，大约自此《尚书》的篇目就增多起来了。
——《史记·儒林传》

孔氏有古文《尚书》，孔安国用当今文字解读它，于是发展了他的学术，发现逸《书》十多篇，大概《尚书》比这更多吧。——《汉书·儒林传》

刘歆移太常博士书"及鲁恭王坏孔子宅，欲以为宫，而得古文于坏壁之中，《逸礼》有三十九篇，《书》十六篇。天汉之后，孔安国献之，遭巫蛊仓卒之难，未及施行"。
——《汉书·楚元王传》

武帝末，鲁共王怀孔子宅，欲以广其宫。而得《古文尚书》及《礼记》《论语》《孝经》凡数十篇……孔安国者，孔子后也，悉得其书，以考二十九篇，得多十六篇。安国献之。遭巫蛊事，未列于学官。——《汉书·艺文志》

笔者认为这些对篇数的记载都是可靠的。司马迁在撰写《史记》时，"孔献版"古文《尚书》正在被孔安国研究，除了篇章完整的篇文外，必定还有难以成文的残缺简册，有些是能对应上篇题，而有些不能，那么这些有残缺的篇文是否计数，笔者猜测司马迁也很难定夺，所以就用了"十几篇"这样大致地描述。班固的《汉书》给出了准确的数字，《汉书·艺文志》是以刘向和刘歆的《别录》和《七略》为基础的，而刘向和刘歆阅读的是已经经过孔安国"以今文读之"校读整理后，用于自己册立学官的版本，即"孔献版"，对完整篇文的篇数，所以有精确的数字。"孔献版"古文《尚书》比今文的29卷多出16篇，此处"篇"仍然是"卷"的意思，也就是"主篇题"，16卷中的"九共"这一个篇题有9篇篇文，写在一卷之上。

经过刘向和刘歆校验后，《别录》中对"孔献版"古文《尚书》的描述，流传下来的只有下面这一句话：

《尚书古文经》为五十八篇。　——姚振宗《七略别录佚文七略佚文》

七略别录的佚文中没有"孔献版"古文《尚书》的卷数。到班固编著的《汉书·艺文志》时，记录的是"《尚书古文经》四十六卷"，班固自注写下"为五十七篇"。篇数从58篇变为57篇，少了1篇。根据东汉经学大家郑玄（后文会详细介绍）讲，是在王莽末年和东汉初年，因为战乱，亡失了一篇"武成"，那么通过反推，我们就知道"孔献版"古文《尚书》的篇卷数应该是：

卷数：46+1=47卷；

篇数：57+1=58篇。

47卷包括了一卷"百篇书序"，经文是46卷，但这卷"百篇书序"不计入经文的58篇，因为"百篇书序"不是经文，所以58篇全部是经文。"孔献版"古文《尚书》的这58篇经文，是如何组成的呢？孔安国多得的这16篇（卷）的篇题也被孔颖达在《尚书正义》中记录了下来，如下表12：

表12　古文逸16卷

舜典	汩作	九共	大禹谟	弃稷	五子之歌	胤征	汤诰
1	2	3	4	5	6	7	8

咸有一德	典宝	伊训	肆命	原命	武成	旅獒	冏命
9	10	11	12	13	14	15	16

这其中"九共"这个篇题 1 卷共有 9 篇，其余都是单篇单卷，共 16 卷。那么"孔献版"古文《尚书》经文卷数的计算：

29 卷今文 +16 卷逸文 =45 卷。

45 卷经文和记录的 46 卷经文相差 1 卷，问题是出在今文 29 卷的计算上。

孔安国者，孔子后也，悉得其书，以考二十九篇（卷），得多十六篇（"篇"实际是"卷"）。

——班固《汉书·艺文志》

班固《艺文志》中的"得多 16 卷"，这 16 卷是刘向统计得出的。刘向的这"得多的 16 卷"是基于今文《尚书》29 篇篇题之外的 16 篇篇题。之所以和 29 比较，而不是欧阳《尚书》的 32 比较，是因为司马迁的《史记》记录了 29 卷。

但在刘向的时期，只有大、小夏侯是 29 篇（卷），并且大、小夏侯的卷数和司马迁记录的卷数是一样的，都是 29 卷，但如前文今文卷篇数介绍的，司马迁的 29 是没有《泰誓》的，而大、小夏侯是将"顾命"和"康王之诰"2 篇 2 卷合为 2 篇 1 卷，再加入 3 篇 1 卷的《泰誓》，形成的 29 卷，如下表 13：

表 13　今文卷篇数

卷篇名	司马迁的 29 卷	《泰誓》加入后的大、小夏侯 29 卷
无争议的卷篇	27 卷 29 篇	27 卷 29 篇
顾命	1 卷 1 篇	1 卷 2 篇
康王之诰	1 卷 1 篇	
泰誓	无	1 卷 3 篇
总计：	29 卷 31 篇	29 卷 34 篇

所以，刘向当时是和大、小夏侯《尚书》的卷数进行比较的，如前文讲述，大、小夏侯以 29 卷被册立为学官，直到刘向校书的时候都一直没有发生变

化。从上表中可以看到，大、小夏侯的"顾命和康王之诰"是合并的1卷2篇，共有30个篇题34篇29卷，但与之对应的古文"孔献版"，"顾命和康王之诰"是分开的2篇2卷，虽然也是30个篇题34篇，但却有30卷，如下表14：

表14 古文和今文卷篇数

卷篇名	今文		古文
	司马迁的29卷	《泰誓》加入后的大、小夏侯29卷	/
无争议的卷篇	27卷29篇	27卷29篇	27卷29篇
顾命	1卷1篇	1卷2篇	1卷1篇
康王之诰	1卷1篇		1卷1篇
泰誓	无	1卷3篇	1卷3篇
总计	29卷31篇	29卷34篇	30卷34篇

因此"古文"中"今文"部分的34篇是30卷，而在今文大、小夏侯完全相同的34篇，只有29卷。今文"顾命和康王之诰"是计算卷数容易忽视弄错的地方，因为孔安国献上的古文《尚书》中"顾命和康王之诰"是2卷2篇，而大、小夏侯的"顾命和康王之诰"因为前文叙述的原因，是1卷2篇，所以大、小夏侯和古文相同的经文都是34篇，但古文多出1卷。

所以刘向在计数古文卷数的时候，就是：30+16=46卷经文。

如果用今文大、小夏侯的29卷加多出的16卷，来计算古文的卷数，实际少计算一卷，这种计算就肯定得不出正确的结果。

历史上记载了古文《尚书》的卷数和篇数，并流传到现在的，还有东汉儒学经师桓谭的《新论》这本书，而桓谭即犯了这个计算错误。

桓谭字君山，沛国相县人（今安徽淮北市相山区）。他父亲在汉成帝时是太乐令。桓谭因父亲的关系任为郎，所以他也爱好音律，善鼓琴。博学多通，把五经读遍了，精通经书大义和古文字的解释，并不受限于章句。文章写得好，尤喜爱古文经学，经常与刘歆、扬雄辩论分析各种疑难的异义。

桓谭很明显也精通古文经文，在他的《新论》中记录道：

古文《尚书》，旧有45卷，为58篇。 ——《太平御览·卷608》引《新论》文

桓谭的45卷既是29+16=45这样计算而来的，桓谭称45卷和58篇为"旧有"，就是对"以考二十九篇（卷），得多十六篇（卷）"的引用，即29（篇）卷外多16篇（卷），共45卷，同时没有将"百篇书序"计入。而桓谭并未关心或并不知道今文29卷（篇）变化的过程，所以出错了。按照他的45卷58篇，如果去掉1卷1篇亡失的"武成"，就只有44卷57篇，加上1卷不计篇数的"百篇书序"，就是45卷57篇，这就和《汉书·艺文志》的46卷57篇不匹配了。

"孔献版"古文《尚书》详细的篇名和篇数请参见下表15，灰色代表古文的逸文，16卷。

表15 "孔献版"古文卷篇数

	尧典	舜典	汩作	九共	大禹谟	皋陶谟	弃稷	禹贡	甘誓	五子之歌	胤征
夏书	卷1	卷2	卷3	卷4	卷5	卷6	卷7	卷8	卷9	卷10	卷11
	篇1	篇2	篇3	篇4~篇12	篇13	篇14	篇15	篇16	篇17	篇18	篇19

	汤誓	典宝	汤诰	咸有一德	伊训	肆命	原命	盘庚3篇	高宗肜日	西伯戡黎	微子
商书	卷12	卷13	卷14	卷15	卷16	卷17	卷18	卷19	卷20	卷21	卷22
	篇20	篇21	篇22	篇23	篇24	篇25	篇26	篇27~篇29	篇30	篇31	篇32

	牧誓	武成	洪范	旅獒	金縢	大诰	康诰	酒诰	梓材	召诰	洛诰
周书	卷23	卷24	卷25	卷26	卷27	卷28	卷29	卷30	卷31	卷32	卷33
	篇33	篇34	篇35	篇36	篇37	篇38	篇39	篇40	篇41	篇42	篇43

周书	多士	无逸	君奭	多方	立政	顾命	康王之诰	冏命	粊誓	吕刑	文侯之命
	卷34	卷35	卷36	卷37	卷38	卷39	卷40	卷41	卷42	卷43	卷44
	篇44	篇45	篇46	篇47	篇48	篇49	篇50	篇51	篇52	篇53	篇54

周书	泰誓	百篇书序	古文泰誓3篇
	卷45	卷46	卷47
	篇55	不计算为经文篇数	篇56~篇58

这就是刘向《别录》记录的"孔献版"古文《尚书》的卷篇数，47卷58篇，是在汉成帝的末年完成的。过了将近一百年后，东汉班固以《别录》和《七略》为基础编写了《汉书·艺文志》，他的记录是：

《尚书古文经》四十六卷，为五十七篇。

如前文所述，东汉经学大家郑玄（后文会详细介绍）讲，是在王莽末年和东汉初年，因为战乱，亡失了一篇"武成"，这样这两个卷数和篇数的记载就匹配起来了。

郑玄"武成"书序注："武成，逸书（汉光武帝）建武之际亡。"

——《尚书正义》

笔者对58篇的组成还需要解释两点：

第一，"百篇书序"是单独写成一篇，但在当时是不被当作经文的，所以不计算在经文的篇数里。但计算卷数是计入在内的。"今文"学家在接触到"孔献版"古文《尚书》前，是没有见到过汇总成一篇的"书序"的，"百篇书序"是跟随着"孔献版"古文《尚书》才出现的，内容主要是描述写作的缘由，并无经文大义存在其中，更关键的是"百篇书序"也没有流传下来的"师说"，所以当时的学者是不把"百篇书序"作为"经文"的。

第二，"孔献版"古文《尚书》中古文《泰誓》的内容和今文《泰誓》的经文内容是不一样的。对卷篇数，刘向也是按照欧阳及大、小夏候和古文各自实际卷篇数计数。

对古文的篇（卷）数的观点，台湾学者程元敏先生认为《泰誓》没有被记录在内，程先生认为《汉书·艺文志》将"百篇书序"和"武成"计入在内，共 46 卷，与《艺文志》卷数相合。但问题是，篇数只有 56 篇，与《艺文志》的 57 篇不合。关键是，班固编写《艺文志》时，"武成"已经亡失了，这样篇和卷各减去 1，就是 45 卷和 55 篇，与《艺文志》的记录就更不相符合了，所以笔者认为一卷三篇《泰誓》应该计入在内，而"书序"不应该计为经文的篇数。

6.5 刘歆校书和王莽

刘向对今文和古文《尚书》卷（篇）数的统计和记录是中国历史上对《尚书》最早的精确记录。自从刘向离开朝廷中枢，尽管终日与古籍为伴，他却利用自己校书的优势，开始编著书籍上奏给成帝，用以提醒和劝谏皇帝和后宫成员。他凭借自己精通《榖梁春秋》，再结合《尚书·洪范》，在夏侯始昌之后，再度撰写了他自己的《洪范五行传论》。

刘向看见《尚书·洪范》中有记载箕子为武王陈述五行阴阳凶吉应验的情况，便汇集自古以来、历经春秋战国直至秦汉，所有关于祥瑞、天灾变异的记载，依据天象变迁的轨迹，联系比附人间的福祸。特别突出其中占卜应验的地方，分门别类，各立条目，共十一篇，书名为《洪范五行传记》，呈给成帝。成帝心里明白刘向忠心耿耿，因为王凤兄弟权势太盛，才写出此书，然而最终还是没有剥夺王氏的权势。　　　　——《汉书·楚元王传》

这段记录也清楚地表明了刘向和王氏家族已经处于水火不容的状态，刘向从来没有停止过消除王氏外戚家族势力的努力，尤其是在汉成帝还没有儿子继嗣的情况下，更是觉得自己肩负刘氏皇族的重任，不停地向汉成帝呈上措词尖锐的上书，在公元前 23 年（钱穆考证的刘向年表）：

他单独对陈汤说："灾异如此严重，而外戚权势日盛，发展下去，必定危害刘氏。我有幸是刘姓皇族的后裔，几代人蒙受汉朝的厚恩，本身也是宗室遗老，前后侍奉过三位天子。皇上因为我是先帝的旧臣，每次晋见，总以优礼待我。我若不说，还有谁能说呢？"

于是刘向又向成帝呈上一封密书，极力劝谏成帝说："我听说，君王没有不希望国家安定的……大臣掌握了权柄，主持国政，没有不危害君王的。"

"现今王氏一姓，乘坐红色车轮、彩色车毂豪华车的人，就有二十三人；佩青、紫绶带，帽上有貂尾跟乡蝉的，充满朝廷，像鱼鳞一样排列左右……

受他们夸奖的人，得以拜官高升；被他们嫉恨的人，便遭到诛杀、中伤……他们排斥宗室，使刘氏皇族孤立、削弱，对皇族中有智慧、才干的人，尤其要进行诋毁而不让其提拔重用……"

"现今在济南王氏的先祖坟墓上的梓树木柱上生出枝叶，枝叶茂盛，向上长出屋顶，根扎地下这种异常现象，即便是大石矗立、枯柳复活，也没有比这更明显了。"

"根据事物的规律，两大势力不共存，王氏与刘氏也不能并立。如果王氏势力稳如泰山，那么皇上就危如累卵。陛下身为刘姓子孙，有守持宗庙之责，如果让国统转移到外戚手中，反使刘姓皇族降为卑贱的皇奴，陛下纵然不为自身打算，但怎么向列祖列宗交待呢？……"

书呈给皇上后，天子召见了刘向，为刘向的心意叹息悲伤，对刘向说："您暂时先休息一下不要争斗，我会思考你所说的话。"成帝便让刘向担任中垒校尉。（原文："君且休矣，吾将思之。"以向为中垒校尉）——《汉书·楚元王传》

南军和北军的作用已在前文叙述。中垒校尉本为北军中尉的属官，武帝时从中尉下分了出来，升为校尉，掌管北军军营内的事物，有学者认为是专职管理军纪军法的。但很明显是实权职位。所以笔者推测这是汉成帝和实际掌权的王凤之间商量与权衡的结果。因为王凤在此一年后就去世了（公元前23年），此时正在重病之中，也正需要皇帝的支持，以便推举自己支持的人继任，从而在自己去世后可以保护家族成员，所以王凤也就同意了成帝的任命：

皇上多次想任用刘向为九卿，然而得不到王氏家族中占据高位的人及丞相、御史大夫等人的支持，因此，刘向始终得不到升迁。

——《汉书·楚元王传》

虽然我们现在知道刘向的"天人感应灾异说"是没有科学根据的，但历史也有巧合的时候，刘向去世后13年，王氏家族的王莽即篡夺了西汉刘氏的天下，西汉灭亡，王莽的"新朝"建立。而王莽的国师正是刘向的儿子刘歆。

刘歆字子骏，年轻时就已经通晓《诗》《书》，因为善于写作文章被成帝召见，见到成帝，在宦者署待诏，做黄门郎。河平年间（公元前28年至公元前25年），受诏和父亲刘向一起主持校定秘书，研究六艺传记、诸子百家、诗赋、数术、

方技，无所不涉。刘向死后，刘歆又做中垒校尉。 ——《汉书·楚元王传》

刘向在公元前5年去世，终年72岁。刘歆在父亲去世后，继承父亲的工作，继续校验未完成的书籍。

当刘向死后，哀帝又派刘向的儿子侍中奉车都尉刘歆完成父亲的事业，刘歆于是总结所有书籍而把《七略》上奏给皇帝。 ——《汉书·艺文志》

刘向去世后，刘歆并不是直接继任父亲的"中垒校尉"，也没有正式任命继任校书之职，而是被王莽举荐后逐步升迁的。公元前8年10月，大司马王根去世，去世时推荐王莽接替王氏家族出任大司马。我们在此简单介绍一下王氏家族成员在朝中的权力接替，参见表16：

表格16　王莽家族和权力交替

王政君：汉元帝皇后，汉成帝亲生母亲	
王凤	王政君同母兄弟
	公元前22年去世，推荐堂兄王音接任大司马
王音	王凤堂兄
	公元前22年，接任大司马
	公元前15年去世，王商接任大司马
王商	王政君异母兄弟
	公元前15年，王商为大司马
	公元前11年，王商病退，成帝启用王根担任大司马
王根	王政君异母兄弟
	公元前11年，王商病退，成帝启用王根担任大司马
	公元前8年10月，王根病退，推荐王莽接任大司马
	公元前7年4月，汉成帝驾崩
王曼	王政君异母兄弟，（早逝），王曼儿子：王莽
王谭	王政君异母兄弟
王崇	王政君异母兄弟，（早逝）
王立	王政君异母兄弟
王逢	王政君异母兄弟

　　王凤去世后推荐了堂兄王音，因为王音尊重和听从王凤，同时也向太后和成帝推荐了侄子王莽。

　　王莽，字巨君，是孝元皇后（王政君）的侄子。元后的父亲与兄弟，在元帝朝和成帝朝，先后受封为列侯，王氏在朝中辅政，掌握着朝中大权……王莽的父亲王曼去世得较早，没有得到封侯。王莽的堂兄弟，因为父亲是列侯或者大将军，倚仗父辈的权势，这些堂兄弟过着奢靡的生活，相互攀比车马、声色、游乐。因父亲早逝，王莽家境较为贫寒，也因为此，王莽为人谦恭礼让、生活俭朴。学习《礼》经……读书勤奋，学识渊博，王莽身上一直穿着儒生服饰。在家中，王莽侍奉母亲与寡嫂，养育失去父亲的侄儿，行为谨慎而周备。在外面，王莽广交志向远大的朋友；在家族中，王莽恭敬地侍奉叔伯长辈，做事委婉周到而又不失尊重。成帝阳朔年间（公元前24年至公元前21年），王莽的伯父大将军王凤生病，王莽在病床前伺候，殷勤备至，亲自为王凤尝药，在伺候王凤的几个月中，王莽衣不解带，蓬头垢面。王凤临去世前，将王莽托付予太后和成帝，成帝任命王莽为黄门侍郎，后来又升任为射声校尉。

　　　　　　　　　　　　　　　　　　——《汉书·王莽传·上》

　　王音任职八年后去世，王商接任大司马卫将军，四年后因病退休。按照资历，应该启用王立，但当时有罪在身，于是汉成帝越过王立，启用王根担任大司马。王根执掌大司马3年多，也因病申请退休，此时王氏家族中唯一有学识和能力可以任职的人，就只有王莽一人，于是在公元前8年10月王莽担任大司马。王莽任职才一年不到，到公元前7年4月，汉成帝驾崩，汉哀帝刘欣继位。

　　汉哀帝刚刚即位，大司马王莽就向哀帝举荐刘歆，不久刘歆因为"歆"的发音和哀帝刘欣的"欣"的发音一样，将名字改为刘秀。

　　哀帝刚即位，大司马王莽推举刘歆是有才德的宗室，做侍中太中大夫，升骑都尉、奉车都尉、光禄大夫，地位尊贵深受宠幸。又负责《五经》之事，完成父亲的遗业。

　　刘歆在建平元年（公元前6年）改名为刘秀，字颖叔。

　　　　　　　　　　　　　　　　　　——《汉书·楚元王传》

　　哀帝诏令刘歆重新负责校验藏书前，刘歆已经迁升几次，正担任奉车都尉。王莽就任大司马后，自然要举荐自己亲近的人，刘歆就是王莽想启用的人之一。因为刘歆和王莽都曾经是"黄门郎"，全称是"给事黄门侍郎"，郎官的一种，是在皇帝身边，处理皇帝日常事宜的人员，比如应对皇帝对各种事宜的问答，向其他部署传递皇帝的诏令等。公元前27年刘歆成为黄门郎，公元前22年王莽成为黄门郎，由此他们结下了友情。

笔者推测，此时此刻，王莽和刘歆都正准备大展宏图，却没料到汉成帝这么快就去世了，对他们的影响也就在预料之中了。汉成帝没有自己的子嗣，在身前的时候就把父亲汉元帝的一位庶孙，定陶王刘欣（参见图14），过继给自己当太子，并亲自为他举行了"加冠礼"，任命当时的儒家大师师丹作为他的老师（太子太傅）。成帝驾崩后，刘欣继位，就是汉哀帝。

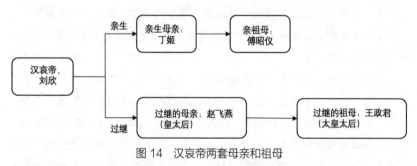

图14　汉哀帝两套母亲和祖母

因为是过继的太子继位，所以汉哀帝有两套母亲和祖母，其关系参见图14，于是在朝廷中出现了两股外戚的势力，而实际上，已经升为太皇太后的王政君已经出于弱势地位，所以王政君主动让出权势。

王莽执政一年多，成帝驾崩，哀帝即位，尊皇太后（王政君）为太皇太后。太后下诏命王莽去职回府，以让权给哀帝的外家。王莽上疏请求退休。

——《汉书·王莽传》

只是汉哀帝刚刚继位，要保持一定的谦顺，于是派丞相孔光、大司空（御史大夫）何武、哀帝的老师左将军师丹、卫尉右将军傅喜（傅昭仪的堂弟，傅家的外戚），劝说王政君留下王莽。

哀帝派尚书令给王莽下诏曰："先帝把政事委托给您而离开了群臣，朕得以继承皇位，确实深深庆幸能与您同心合力。现在您称病要求引退，显得朕不能奉承顺从先帝的意思，朕很悲伤。朕已下诏给尚书等待您来主事。"又派丞相孔光、大司空何武、左将军师丹、卫尉傅喜告诉太后（王政君）说：

"皇帝听到太后的诏令，很难过。大司马如不留任，皇帝也不敢主持朝政。"
太后于是令王莽重新辅政。
——《汉书·王莽传》

王莽虽暂时留了下来，但正如太皇太后王政君说的，"要给哀帝的外戚留出位置"，所以笔者推测王莽原来心中的人事计划，此时也就基本废弃了。正是在这种背景下，刘歆再次被哀帝任命点校书籍，与朝廷的实权要职失之交臂。但俗话说"长江后浪推前浪"，刘歆在和父亲一样的职位上，引出的风浪可远远超过了父亲，他在校书上取得的成绩和引起的经学争论都成为了中国经学史上的里程碑。

刘向去世后，哀帝又派刘向的儿子侍中奉车都尉刘歆完成父亲的事业，刘歆在父亲刘向点校的基础上，将所有书籍分门别类，总括成《七略》，上呈哀帝。这七略是《辑略》《六艺略》《诸子略》《诗赋略》《兵书略》《术数略》和《方技略》。
——《汉书·艺文志》

刘向校书时，每一本书也都编写一篇"序录"，其内容上文已述。刘歆在"序录"的基础上再进行总结和分类，将当时所有点校的书分成了六类，再作一篇总的介绍称为《辑略》，即为《七略》。分类是刘歆最突出的贡献，尽管刘向也有初步的分类，但并未突出分类。刘歆对所有的书籍按照学术内容分类，每类都有总的类别说明，每一小类也有序文，《七略》成为历史上第一部综合性的分类目录书籍，班固撰写的《汉书·艺文志》就是在《七略》和《别录》的基础上撰写出来的。至此以后，经过三国之魏国、西晋、南朝、梁代的历朝学者对书籍目录分类的不断发展和完善，最终在《隋书·经籍志》中正式形成了中国古代图书的总分类，就是大家所熟悉的经、史、子、集，这四大对书籍的分类，一直延续到现在。

刘向和刘歆点校书籍的工作实际上还把当时的学术情况作了一遍梳理，并作出总结和记录，这对我们了解当时的学术情况是无比宝贵的。可惜的是，两本书都没有流传下来，只有一卷《艺文志》得以保留了主要以书名为主的信息，而《七略别录》有多达20卷。

《隋书·艺文志》目录篇：《七略别录》二十卷；

《唐书·艺文志》目录类：《七略别录》二十卷。

《七略别录》自从《唐书》后就不再有记载，应该在唐末五代十国时期亡失的，在北宋时期已经不见这本书了，不得不为之惋惜。

刘歆此时也暂时失去了王莽这棵大树，因为王莽自己的位子也不保了。王莽虽然在哀帝继位后暂时保留住了位子，但王莽并不是墙头草的人物，坚定不移地站在太皇太后王政君这一边，并且有着儒家读书人的骨气。

当初，哀帝即位，成帝的母亲（王政君）尊称为太皇太后，成帝的赵皇后尊称为皇太后，而皇上的（亲生）祖母傅太后和（亲生）母亲丁后都还住在京城的官邸中（并未住在皇宫内，而且只能每隔十日才能到皇宫内探望一次汉哀帝），只能以定陶国皇后为称号。高昌侯董宏上奏说要为汉哀帝的亲生祖母傅氏和母亲丁氏加封尊号。（有了尊号后，才能入住皇宫，才能接近皇帝）事情下达给有司，当时师丹以左将军的身份与大司马王莽一同弹劾董宏"明知皇太后是最尊贵的称号，天下已经统一，却称引亡秦的事例比喻，误导圣朝，不是为人臣子应当说的话，非常不合道义"。皇上新登位，很谦让，采纳了王莽、师丹的话，免董宏为庶人，傅太后大怒。

——《汉书·何武王嘉师丹传》

后来有一天，未央宫设酒宴，安排酒席的侍从为傅太后安排座位，坐在太皇太后王政君座位旁。王莽巡视看见了，斥责这些侍从："定陶太后（傅太后）是诸侯国太后，是汉元帝的妾，岂能与太皇太后（王政君）并列坐在一起"，于是撤去原来的座位，另外设座。傅太后听说后大怒，不肯赴宴，非常怨恨王莽。

——《汉书·王莽传》

按照当时的人伦礼仪思想和规定，王莽于公于私都没有错，但亲手把孙子推上皇位的傅太后如何能罢休。

公元前 7 年 7 月，哀帝继位不到 3 个月，王莽再次请求引退，哀帝赐给王莽黄金五百斤，乘坐四匹马拉的安车，离职回家。这让王莽在朝中士大夫中建立起了很好的口碑，更让太皇太后王政君对这位亲侄子倍加喜爱和信任。而此时在宫中校书的刘歆，也只能靠自己开始建立与汉哀帝的信任。

6.6 刘歆立古文，移太常书

刘歆在随从父亲刘向奉诏校书后，自然是有着比任何人都多的机会接触皇家藏书，而皇家藏书绝大多数都是古文书籍，因此刘歆更加醉心于研究古文书籍。

到刘歆校勘皇家所藏之书时，发现了古文版的《春秋左氏传》。刘歆对这本书非常喜欢。 ——《汉书·楚元王传》

从这条记录看，刘歆是在父亲去世后，再次奉哀帝诏令任职校书，才开始发现和学习《左传》的，这个时间最早也就是在汉哀帝继位之后，公元前7年4月。

当时丞相史尹咸因能研究《左传》，和刘歆一起校订经传。刘歆大略跟尹咸和丞相翟方进学习《左传》，询问大义。 ——《汉书·楚元王传》

这条记录说刘歆是跟从尹咸和丞相翟方进学习《左传》的，而丞相翟方进在汉成帝驾崩前的两个月，公元前7年4月，为了对"天灾异象"负责，已经自杀了，说明刘歆在哀帝诏令校书前很早就已经开始研习《左传》了。

翟方进虽然早期学习的是《穀梁传》，然而也爱好《左氏传》和天文星历，他的《左氏传》是向国师刘歆学习的，星历是向长安令田终术学习的。

——《汉书·翟方进传》

这条记录却说当时还年轻的翟方进是向刘歆学习的，而不是刘歆向翟方进学习，这是班固不太严谨的地方，实际刘歆和翟方进的《左传》，主要还是向在丞相府当吏史的尹咸学习的。尹咸，西汉汝南人，是尹更始的儿子，传承父亲的《穀梁春秋》和《左氏春秋》学。

其中汝南郡人尹更始本来就是车千秋的学生，已能通晓穀梁……刘向曾经做过谏大夫，通达明理，正在等待任命官职，于是也参加了《穀梁传》的学习。 ——《汉书·儒林传》

尹更始正是当年孝宣帝时石渠阁会议代表穀梁的辩论学者，其学问自然是毋庸置疑，而尹咸传承其父，他的学问才是系统完整的，当年尹咸还是太史令时，还协同刘向校对了天文地理卜筮类的书，所以笔者认为尹咸才是真正的老师。但尹咸的《穀梁传》是今文，而《左传》是古文，势必他们是相互参照，来研究《左传》。

起初《左传》多为古字古语，学者研究《左传》只是训诂而已，到刘歆研究《左传》，他开始引用《左传》的传文来解释《春秋》经文，互相引证，使得《左传》和《春秋》各自的意思和义理的解释都得到发展而更加清楚明了，因此章句义理更加完备了（原文：引传文以解经，转相发明，由是章句义理备焉）。

——《汉书·楚元王传》

刘歆研究《左传》已经形成了更完备的章句，这就意味着已经有单独成为五经之一《春秋》的一个学派的可能，如前文所述，此时《春秋》设立了学官的是穀梁和公羊两个学派，刘歆于是想立《左传》为第三个《春秋》经的学派。让刘歆坚信《左传》更接近《春秋》义理的原因是，他认为《左传》是孔子同时代人左丘明的著作。

刘歆沉静有谋略，父子都好古，见识广博而记忆力又好，远超过别人。刘歆认为左丘明的好恶和圣人（孔子）一样，亲眼见过夫子，而《公羊传》《穀梁传》（这两部学说）在七十子（孔子七十弟子）之后，（公羊和穀梁的学说）是转述和传闻的，这于（左丘明）亲眼所见所听，详略当然不同。

——《汉书·楚元王传》

对《左传》的作者和成书时间，学界主流的意见是在战国的中晚期成书，具体的作者有几种意见，如有推测是战国吴起的，我们在此不作深入讨论了，但我们能断定在刘向和刘歆时代，他们绝对相信就是孔子同时代的左丘明著作的。所以刘歆认为《左传》中所分析出来的义理更加接近对《春秋》经的大义。

另外，在刘向校书的时候，就已经开始用收藏的古文书籍来校对相应的今文书籍。

刘向用宫中古文校欧阳，大、小夏侯的三家经文。

刘向以宫中的《古文易经》校施、孟、梁丘经。——《汉书·艺文志》

所以我们可以顺理成章地推断，刘向和刘歆应该是发现了今文经文本身一些错误的地方，那么对应的章句解释自然就错了。这就让刘歆掌握了这些被立为学官的学派，如公羊和穀梁，它们学术缺失和错误的地方。而最关键的是，在当时的民间，这几部古文经书已经在被传播和教授了，比如古文《诗经》：

毛公，赵国人，研究《诗》，是河间献王的博士，传授同国的贯长卿。贯长卿传给解延年……解延年传授给徐敖，徐敖传授给九江郡人陈侠，陈侠是王莽的讲学大夫。——《汉书·儒林传》

比如带有古文《尚书》学的"孔安国"《尚书》学，在后文还会详细介绍。

孔安国传授都尉朝，而司马迁也向孔安国请教过历史上的事件……都尉朝传给胶东郡人庸生，庸生传给清河郡人胡常（字少子）。

——《汉书·儒林传》

所以刘歆应该结合了今文经学各学派的章句，对《尚书》而言，就是欧阳《尚书》，大、小夏侯《尚书》，再根据古文经文，通过相互对照、补证和发展，形成了一套自己发展的解释体系，即自己的"章句"，我们看刘歆如此写道：

"这些古文旧书，都有验证，民间所藏与内府所藏相对应，岂能够就这样随便轻率地废弃了？" ——《汉书·楚元王传·移太常博士书》

可见刘歆绝不是仅仅埋头于天禄阁中，不是只在书案前校对书籍，而是广泛地和当时学术界的学者，尤其是和研习古文的学者，对经文学术进行着广泛深入地交流和研究。不光是《左传》，刘歆还要申请设立《毛诗》《逸礼》和古文《尚书》。儒家一共五部经文，《易》《诗》《书》《礼》《春秋》，除了《易经》，刘歆要再立四部经文的四个学派的学官。

等刘歆和皇帝相互亲近后，刘歆想把《左氏春秋》和《毛诗》《逸礼》和古文《尚书》都立于学官。 ——《汉书·楚元王传》

这是刘歆等到和哀帝亲近后，他才上奏正式请立学官的。从哀帝继位的公元前7年4月，到刘歆上奏请立学官，最晚在公元前6年8月，前后最多一年多时间，这说明刘歆在受命校书前对四部古文经书早就已经了解透彻、胸有成竹了。但我们回想一下，当年孝宣帝为立《穀梁传》一门新学官，就要亲自参与其中，运筹帷幄，前后准备十几年才得以成功。现在刘歆，一次想立四门，立刻要付诸实施的是《左传》，这在当时，不光光是学界，整个朝廷都为之震动，就是汉哀帝也要谨慎应对：

哀帝让刘歆和《五经》博士讲论其意旨。 ——《汉书·楚元王传》

这实际就是类似于当年在"石渠阁会议"之前，《穀梁传》和《公羊传》学派之间的辩论，但当年的辩论是皇帝孝宣帝发起和组织的，所有朝臣都知道孝宣帝喜好《穀梁传》，还需要近两年的时间，才使《穀梁传》学派能够说服当时的学者策立《穀梁传》的学官。但这一次不同，发起人既不是三公也不是九卿，只是一位俸禄两千石的奉车都尉，还是刚刚被提拔起来的，而且提拔他的王莽已经失势下台，王莽代表的太皇太后王政君的外戚势力已经将权势让给哀帝亲祖母傅太后的外戚势力，而刘歆或多或少也带有王政君外戚势力的烙印，毕竟他是王莽举荐的。换句话说，这时的刘歆既没有学术界势力的支持，又没有政治上势力的支持。

　　当年孝宣帝是直接的组织者和支持者，其力度必定不能同日而语，汉哀帝让刘歆和其他五经博士辩论，但并不知道辩论的具体细节是否安排妥当，笔者推测很可能就是一句口头的诏令，最多是书面诏令，然后就让刘歆自己去具体组织，哀帝自己并未组织调度此事，所以结果可想而知。

　　哀帝让刘歆和《五经》博士讲论其意旨，各位博士有的不肯和刘歆辩论。
　　　　　　　　　　　　　　　　　——《汉书·楚元王传·移太常博士书》

　　当时光禄勋王龚以外戚做内朝官员，和房凤、奉车都尉刘歆一起校书，三人都是侍中。刘歆上奏说《左氏春秋》应立于学官，哀帝采纳了刘歆的意见，去征询其他儒者的意见，都不同意。刘歆于是多次拜见丞相孔光，为《左氏》立于学官寻求援助，孔光最终没有答应，只有房凤、王龚赞同刘歆。
　　　　　　　　　　　　　　　　　　　　　　　——《汉书·儒林传》

　　众多的朝廷学者连辩论都不愿意参加，刘歆"多次拜见丞相孔光"，说明丞相孔光确实也权衡思考过此事，但最终也没有支持刘歆。从学术角度分析，新立学派，在一定程度上是对原来学派章句的更新，新学派的章句是建立在对原来学派章句的纠正和发展的基础上，所以原来学派的学者们对新学派的抵抗情绪是不可避免的。

　　有后代的学者认为刘歆新立学官，是对原来学派学者和官员的利禄之争、权力之争，但从以上对刘歆此时所处的境遇看，是根本不可能的。笔者认为朝中学者在对新立学官的考虑中，利禄的因素不是一点儿也没有，但非常得少。此时朝中学者们对刘歆如此坚决地抵制，主要还是出于对自己学术的坚守。

　　刘歆多次向（父亲）刘向发起挑战，刘向虽然不能对刘歆的观点提出异议，进而说服刘歆，却仍自己坚守着《穀梁传》的义旨（原文：歆数以难向，向不能非间也，然犹自持其《穀梁传》义）。　　——《汉书·楚元王传》

　　我们看刘向都坚守不放，作为父亲，自不会有其他因素干扰，必定只以学术作为唯一辩论标准，但辩论的结果就是，就算我无法证明你是错的，我也不承认我是错的，坚守《穀梁传》的义旨。父亲如此，更何况其他的学者，这把当时学术争论的实际情况表现得一览无遗。

　　笔者推测刘歆和刘向之间的辩论，应该是刘歆为和朝廷学者辩论做的准备，如同石渠阁会议前的两年期间，孝宣帝让《榖梁传》和《公羊传》在殿前辩论一样，刘歆"迎敌"的准备是认真的、仔细的，但是在胸有成竹时，众多学者博士连辩论都不愿意参加。这让刘歆内心非常愤怒，这些当朝学者和博士既不承认新的学术章句又不敢进行辩论，一试自己的学术功力，在无法取得丞相孔光的支持后，眼看就要这样不了了之了，刘歆一怒之下，在公元前6年初，向太常的博士们发出一份正式的公文，对他们避而不辩的行为进行了谴责，这就是闻名于中国经学史的《移太常博士书》，它被完整地保留在《汉书·楚元王》传中，让我们能幸运地了解当时刘歆几乎以一人之力与整个朝堂的学者博士争论的情况。

因为刘歆争立的新学派，它的学术基础是以古文经书为基础的，所以从当时至现在就以笼统的"古文"和"今文"之争描述了这次《移太常博士书》事件。我们先看这份"书"移送到太常博士们手中后产生的反响：

这时，名儒光禄大夫龚胜因为刘歆的移书，上疏皇上，深深自责犯有的过失，希望皇上罢免他的官职，告老还乡。   ——《汉书·楚元王传》

光禄大夫龚胜是汉哀帝亲自提拔的儒家学者，是欧阳《尚书》的正宗传承人之一，光禄大夫属于光禄勋，和太常不是一个部门的，可见这份《移书》尽管是发给太常博士们的，但影响绝对是整个朝廷的。龚胜是属于承认自己有过失的学者，这也从侧面证明了，刘歆的要求是有一定道理的，并且有一部分学者是认可的。可是反对的、据理力争的却是大多数，而反对者的官职和权势还非常得高。

继而，担任大司马的儒者师丹大怒，上奏皇上，说刘歆改乱旧章，诋毁先帝所立。   ——《汉书·楚元王传》

师丹，哀帝的老师，现任辅政的大司马，在对应这件事上有一点儿不像《汉书》描述出来的正义学者的形象。按照我们现在的俗话，就是"在政治上直接扣上大帽子"，"诋毁先帝所立"。但是哀帝此时保持了非常的公正，因为他非常清楚刘歆真正的意图，我们从哀帝对师丹回答中就可以知道：

皇帝回答道："刘歆只是想扩大道和术的学问，怎么是诋毁先帝呢？"（原文：歆欲广道术，亦何以为非毁哉？）《汉书·楚元王传》这里的"道"和"术"是指儒学中天地世间万物的规律和用以治世的方法，不是方士们天地鬼神那套把戏。

刘歆在校书的过程中，已经将他校书和册立新学官的意图或称作目标禀告了皇上，汉哀帝在和刘歆的交流中也认同了刘歆的想法，在《移太常博士书》中明确地写道：

现今圣上德通神明，继承道统，弘扬祖业，也对经学错乱十分忧虑……因此，圣上颁布明诏，讨论《左氏》是否可以被立为学官……以辅弱扶微，与群臣博士同心协力，希望那些被废置和遗失的经艺能得到使用。

"辅弱扶微，广深道术"就是刘歆校书和新立学官的目标。正如前文所述，刘向、刘歆通过校书，基本把当时的学术情况梳理了一遍，通晓每本书的学术内容、学术源流，由此他们的学术眼界会比平常的学者更加宽广。这让刘歆认识到，五经王官之学因为历史上的原因和书的散失而变得不完整，现在既然有了如此多的藏书，就应该把研究这些书的学术建立起来，重新使五经的学术更加完整。这些建立在近期才发现的古书上的学问，和现有的学术系统相比，仍然柔弱和微小，但正是这些不同的微弱学识才能使五经的学术得以渐趋完整，使对五经的理解更加接近它的真正意理。他给汉哀帝描绘的是重建完整五经王官之学的雄伟蓝图。这自然和初登大位、雄心壮志的年轻皇帝不谋而合。

《移太常博士书》用了一半的篇幅描述了经书亡失的历史过程，其重点就是说明目前的经文简册仍然"残缺不齐"。然后在下半篇幅中主要讲述了以下五点：

1. 古文《尚书》，古文《礼经》《左传》，早就在民间传授，而且师承分明。

2. 指责今文经学家对目前的学术抱残守缺。

3. 目前的经学家，遮蔽于师法，同门结党，妒忌真的道术。

4. 章句繁复，却不考察古制，遇到大事，仍然没有主意。

5. 指责博士扼绝异己之学，申明想辅微广学的意义。

但刘歆在移书中用词比较激烈，稍有仕途和职场经验的人都能断定刘歆处理这件事的方式是错误的。其中犯下的最大忌讳就是依仗新皇帝的威势，以一个人责难一个势力，而又没有具体的人。这只能图一时之快，而以完败收场。

刘歆因此得罪了执政大臣，被众儒所诽谤，所以他担心被（陷害）诛杀，便请求皇上让他离开京城，去担任河内太守。因宗室不适宜掌管三河，便改任五原太守，后又转任涿郡太守，前后历任了三个郡的太守。几年后，他因病被免官。后来，他又被从家里请出，担任安定属国都尉。

——《汉书·楚元王传》

刘歆的指责在实际上，用通俗的话说，有点儿过头了，比如其中最有名的一句：

信口说而背传记，是末师而非往古。

笔者注：信"口说"，而背"传记"；是"末师"，而非"往古"。

"末师"是指当时有着正宗"师门"传授的学者，这些学者的学问传承脉络明晰，基本就是指被册立为学官的五经学派师门，"口说"就是指"末师"传授的学问，因为五经学问起初的传承就是靠师徒的口耳相传，后来才写在竹帛上的。这句话的意思：

现在的学者只相信老师传承下来的经文意旨，即使与流传下来的"传记"（指古文）相背离也视若无睹，只相信和认可末师（自己的老师）传授的学问是正确的，而否定其他所有往古遗留下来的学问。——《移书》

这句明显就是针对《春秋》经文说的，《公羊传》和《穀梁传》是口耳传承下来的，而《左传》是通过古书传下来的（就是"传记"），但当时的学者认为《左传》不是解释《春秋》经文的，所以当然不能设立学官。

说左丘明的《左传》不是解释《春秋》的。（原文：谓左氏为不传。《春秋》）——《移书》

因为公羊和穀梁学说是以春秋经文中的历史事件为基础的，然后探究其中作者想表达的各种观点，又经过了董仲舒及其后学者的"阴阳五行""天人感应大一统"的发展，就是刘歆的"末师口说"，而《左传》的内容主要偏重历史事件的描述，稍有评论。笔者粗略地统计，《公羊传》《穀梁传》和《左传》对同一历史事件，但描述不同的，有近120多处，所以刘歆说"背传记，非往古"。但同一件《春秋》中的历史事件是《穀梁传》《公羊传》阐述得对，还是《左传》阐述得对？是需要考证的，而刘歆这么一句话就轻易地全盘否定，自然会引来强烈的反感和反对。

《左传》和《公羊传》《穀梁传》之间的差别太大了，远远超过古文《尚书》和今文《尚书》之间的差别。所以师丹等一批《穀梁传》和《公羊传》

学者是不可能立刻接受《左传》的。

历史学家钱穆先生考证师丹也是研究过《左传》的，因为他给汉哀帝的谏言中就引用了《左传》中的语句。所以师丹说刘歆"改乱旧章"是有他自己的道理的，是可以理解的。而刘歆争立《左传》，如前文所述，是有更宏大目标的，只是可惜师丹并未充分理解刘歆的意图。

然而孝宣皇帝还重新立了《穀梁春秋》《梁丘易》《大夏侯尚书》《小夏侯尚书》等学术，它们彼此的意义虽不一致，但还是一并设立，为什么呢？与其责难这些学问而废弃它，不如责难它们而把它们设立起来。——《移书》

辅弱扶微，从而广深道术，我们不知道刘歆是否从这个角度和高度与当时主要的学者交流商讨过，笔者推测是没有的。公元前 6 年，刘歆只能在哀帝的庇护下离开了京都，过了一年不到，公元前 5 年 4 月左右，王莽也被从京都遣送回封国。

我们在此看一下刘向校验《尚书》的古文和今文的情况：

刘向用宫中古文(《尚书》)校欧阳，大、小夏侯的三家经文，其中《酒诰》脱落一简，《诏诰》脱落两简。一简是二十五个字的，脱落的也就是二十五个字，一简是二十二个字的，脱落的也就是二十二个字，文字不同的有七百多字，脱落几十个字。——《汉书·艺文志》

刘向用的宫中古文《尚书》正是大约六十多年前，孔安国献上申请册立学官的古文《尚书》。笔者推测，刘向正是用孔安国已经用隶书改写的古文《尚书》校对了今文三家的经文。从结果来看，差别并不是很大，但"文字不同的有七百多字，脱落几十个字"，这些差别足以引起有差别处经文的不同诠释。

而我们更关心的具体问题，比如今文《泰誓》和古文《泰誓》之间的不同，我们不知道它们之间的不同是否已经属于"文字不同的有七百多字，脱落几十个字"之内，还是不在此之内，刘向应该记录在《稽疑》这篇中，只是班固没有抄录，因为文献的亡失，我们现在都无法知道了。

凡《书》九家，四百一十二篇。（收）入刘向《稽疑》一篇。

——《汉书·艺文志》

第7章　东汉“谶纬”

7.1 王莽崛起——刘歆立古文

公元前5年6月，哀帝亲生母亲丁太后去世，三年后，公元前2年正月哀帝亲祖母傅太后去世。哀帝亲生一系的外戚相继去世，朝局随即开始发酵，当年9月，哀帝即将王莽召回了京都。王莽同样急于获得官位，正好九卿之太常的职位空缺，王莽随即请托曾经担任过御史大夫的何武推荐自己，但何武却不敢推荐，王莽只能空职以待。然而一年不到，公元前1年6月，汉哀帝驾崩，隐忍多年的太皇太后王政君随即出手。

太皇太后在哀帝去世的当天，驾临未央宫收取玺绶，派遣使者飞马去召唤王莽，并立刻下诏命令尚书，朝廷所有调动军队的符节凭证，文武百官奏事的相关权宜，皇宫事宜和皇宫禁卫队都归王莽指挥。——《汉书·王莽传》

王莽对太皇太后的忠心得到了最大的回报，一夜之间达到了权力的顶峰。在后面一个月不到的时间了，王政君和王莽商量决定了新皇帝的人选，中山国王刘衎，是为汉平帝，继位时年仅9岁。从此时公元前1年，一直到公元8年，只用了短短的9年，王莽就终结了西汉王朝，建立了他的王朝——新朝。我们看一下王莽在这9年中登上皇位的步骤，每一步都是王莽精心策划的结果。

平帝继位当年秋天，成帝赵皇后，哀帝傅皇后，被废自杀，彻底扫清哀帝外戚。

公元1年正月，王莽被太皇太后王政君册封为安汉公。

王莽查知王太后厌弃政务，经王莽策划，太后诏令，从今往后，唯有封爵位的事需要上报，其他事务由安汉公和四辅评定决断。

公元3年夏天，汉平帝亲生母亲卫氏家族被诛灭。

公元 4 年 2 月，王莽女儿册封为汉平帝皇后。

公元 4 年 4 月给安汉公王莽加封"宰衡"的称号，位居三公之上。三公向宰衡奏报时先要自称"冒昧地说"。在《尚书》中商代著名的大臣伊尹的称号是阿衡，西周周公的称号是太宰，所以伊尹和周公称号的合并，就是"宰衡"。

公元 4 年 4 月，太后诏令：宰衡的地位在诸侯王之上。

公元 5 年 12 月，汉平帝驾崩，安汉公王莽居于摄政位，代行皇权，改年号为"居摄"。

公元 6 年 5 月，太后下令王莽朝见她时可自称"假皇帝"。

公元 8 年 11 月，接受禅位，成立"新朝"，成为"真皇帝"。

王莽飞黄腾达，当年和他一起被贬的刘歆自然也就青云直上了。

起初，甄丰、刘歆和王舜为王莽的心腹。　　——《汉书·王莽传》

甄丰、甄邯主持狱讼，平晏掌机密，刘歆管理文书，孙建充当爪牙。

——《汉书·王莽传》

刘歆在王莽执政后的官职实际相当于负责国家的文化和学术教育，原来他移书的九卿之太常都已经是他的下属了。这时基本没有什么可以阻止刘歆辅弱扶微、广深道术的目标了，何况王莽自身就是精通和迷崇经学的大儒。

平帝元始四年（公元 4 年）首先增加博士名额，每经五人。然后征召全国精通一门经学，并教授十一人以上的学者，以及收藏散失的《礼经》及古文《尚书》《毛诗》《周官》《尔雅》、天文、图谶、音乐钟律、月令历法、兵法和《史籀篇》文字。通晓这些学识的人，都用公车送往长安京城。网罗天下有特殊才能的人士，来到长安的人前后数以千计。让他们在朝廷上讲述他们的见解并记录下来，打算用他们来纠正目前经学中荒谬的地方，统一经学问题。　　——《汉书·王莽传》

这时不光是书，连精通这些书籍的学者也一起网罗了上来，而刘歆现在把衷心的几部古文经书立为学官也是易如反掌了。

到汉平帝朝（公元 1 年到公元 8 年），又把《左氏春秋》《毛诗》、逸《礼》、古文《尚书》立为学官，以此将散落在民间的经学重新建立起来，兼容并存，这就是其中的道理。　　——《汉书·儒林传·赞辞》

古文《尚书》设立了学官，也就是要在太学院教授博士弟子，那么自然会让我们联想到，是否会有一部讲解的讲义，那是否就有一部古文《尚书》的章句传注呢？笔者推测，是应该有一部这样类似的讲义，最有可能就是刘歆自己编著的。但是笔者认为《尚书》29篇今文和古文的差异，主要以文字不同和词句顺序不同为主，差别并不是很大，所以这部用于教授古文《尚书》的讲义可能就是以今文《尚书》学为主，同时在文字和词句顺序不同之处，额外加入训诂、比较和说明。

尽管《尚书》29篇的古文与今文的差别很少，但这也正是刘歆要辅弱和扶微的。按照《尚书》的"百篇序文"，伏生流传下来的解说只有29篇。但剩余的部分，比如多出的逸16卷，仍然没有章句解释。

马融《书序》云："逸十六篇，绝无师说。"——《尚书正义·尧典》

剩下的四十多篇，更是连篇章都还没有发现，最多只是在书序中有着凤毛麟角的一点儿介绍，所以这也是刘歆仍然孜孜不倦地向民间寻求失落的书籍的原因。笔者也非常认同刘歆的观点，尽管因为《尚书》今文和古文差别并不是很大，但未被发现的确实比今文多得多，如果不把已经研究的学术建立起来作为基础，如何研究将来发现的散失的经文。

从另一个角度阐述，笔者认为，刘歆册立古文《尚书》的学官和当年孔安国申请设立他的《尚书》学学官，在性质上是完全不同的。刘歆册立的古文《尚书》完全是以古文《尚书》的经文作为基础，而孔安国册立的仍然是以今文经文为基础。尽管今文和古文差别不大，但刘歆已经为古文《尚书》自立门户。而孔安国时期，今文经文自身才刚刚发展起来，古文经文更是刚刚发现，在当时的学者中，研究、完善和发展《尚书》经文是他们心中主要和主流的目标，在他们的《尚书》学术思想中，经文还没有今文学术和古文学术相区分的概念，只有今文文字和古文文字的区别。古文经文只是帮助完善和发展经文学术的有力文献资料。对古文经文的研究完全是在伏生今文29篇的基础上开始添砖加瓦，逐渐发展起来的。

但刘歆能设立这三部古文经书的学官，主要还是依靠他的政治力量，而非学术力量和共识。如前文所述，当时《尚书》今古文差别不大，差别大的是《春秋》，但是刘歆在平帝朝和王莽朝立了古文《尚书》学官以后，所产生的实际效应是古文《尚书》学开始从今文《尚书》学中分离了出去，将《尚书》的学术推向今文和古文两个方向。

刘歆倾心于古文经文学术，能够轻松一次立四门古文学官，也得到王莽充分地支持，因为王莽在学术上比刘歆更加执着于复古，比如汉武帝没有建成的明堂，他都建成了。

（公元 4 年 8 月，王莽在自称"宰衡"后）大臣们上奏说："……明堂和国立太学已毁坏废弃上千年，没人能兴修重建，而今安汉公出身于一般贵族家庭，辅佐陛下执政，至今才四年，功德就已十分显著。他在八月十六日接受朝廷的使命，拿着分派功役的书簿亲自部署修建工程，第二天辛丑日，儒生和老百姓们聚会，十万人集合在一起，施工才二十天，就大功告成了。就是唐尧、虞舜举行建设，周公营造成周城，也不过如此。"《汉书·王莽传》

明堂建造完成后，到下一年，公元 5 年正月，就在明堂里合祭远近祖先的神主，有诸侯王二十八人、列侯一百二十人一起参加，场面盛大。刘歆也被进封到"诸侯"的级别。

（公元 5 年）秋天，刘歆、陈崇等十二人都因为修建明堂，宣扬教化，被封为列侯。　　　　　　　　　　　　　　　　——《汉书·王莽传》

王莽无论是在学术上，还是在国家治理上都完全地、彻底地崇信古代，认为一切事情只要按照古代的做法去做，就可以使国家得到治理，天下即可太平。所以他的行事方式和治理政策几乎都以五经为标准，有些事几乎就是拿《尚书》中的篇章作为剧本，而操之于实际政治中。借此机会，我们难得可以用历史真实的事件介绍《尚书》中《金縢》这篇文章。

公元 5 年，汉平帝病了，于是王莽写了策书，到泰時坛祭拜上天，替平帝祈祷平安，保住性命，他将玉璧恭放在坛上的帛上，手上持着玉圭，（祷告）愿意用自己的性命代替平帝。祭拜结束后，他把策书收藏在铜制的柜中，放在前殿，告诫一起参加的大臣们不要说出去。　　——《汉书·王莽传》

泰時坛是汉武帝建造的祭拜上天的场所，王莽在此祭拜上天，为保佑皇帝，以自己性命相替，这些都是可以理解的，但把策书锁在铜柜内，还要保密，这是哪出戏呢？正是《尚书》中的《金縢》篇叙述的：

周灭商后的第二年，武王生了重病，身体不安。太公（即姜太公）、召公说："我们为王恭敬地卜问吉凶吧！"周公说："这是不足以感动先王的。"周公就把自身作为替代（准备祭拜），清除出一块场地，在上面筑起三座祭坛。周公站立在三坛的南边，面向北方朝着三座祭坛和陈设好的玉璧，拿着圭，就向太王（文王的祖父）、王季（文王的父亲）、文王（武王的父亲）祷告。

史官就写了策书，祝告说："你们的长孙姬发（武王姓姬名发），遇到险恶的病。假若你们三位先王这时在天上有助祭的职责，就用我姬旦（周公姓姬名旦）代替他吧！……"……周公回去后，把册书放进金属的匣子中。第二天，周武王的病就好了。

每一个细节都如出一辙，这是王莽以《尚书》为剧本的政治表演。而为了获取更高的权位，对《尚书》中的历史情节，王莽还发展出了进阶版本。在《尚书大传》的《嘉禾》篇中有如下的历史记载。

在交趾之南（今越南），有越裳国。当时周公已经居摄六年，制礼作乐，天下平和，越裳国派遣多位使者到西周进献白雉，使者说道路悠远，山川阻深，音使不通，所以要派多位使者，才能确保到达西周朝拜。成王将贡品白雉敬送给周公。周公说，我的功德不到，怎么能接受这样的贡物呢？我并没有作出什么治理之策，还没有达到为人之臣的标准，我怎么能得到这样的赏赐呢？使者说，我受命于我国的君王，他说，我们越裳国很久没有烈风暴雨了，是中国出了圣人吗？有的话，前往朝拜，周公于是把贡品交还给成王，称这是受到先王之神的保佑，将白雉奉献在宗庙。　　　　——《尚书大传》

然后我们看王莽在当时实际的表演。

王莽曾暗示益州长官，令塞外蛮夷贡献白雉，元始元年（公元1年）正月，王莽建议太后下诏，用白雉祭祀宗庙。群臣于是上奏太后说："任大司马王莽制定国策，安定了国家。前朝大司马霍光有安定国家的功勋，加封三万户……现在王莽也应按霍光旧例对待。"太后问公卿道："真是因为大司马有大功应予表彰呢？还是因为他是自家骨肉而特别对待呢？"于是群臣极力陈述："王莽的功德招致周公辅成王时曾出现的白雉之符瑞，千年之间出现了同样的符瑞……王莽有安定汉家天下的大功，应赐号叫安汉公……以顺应天意。"太后下诏尚书办理此事。　　　　——《汉书·王莽传》

王莽此时内无各方势力牵绊，朝中又无政敌，开始渐渐地如此肆无忌惮，此间刘歆的作用也就是为虎作伥，为王莽的朝政出谋划策，提供经书中的依据。如上文列出的王莽登皇位的步骤，王莽在让"宰衡"的称号高于"诸侯王"以后，作为人臣已经没有再高的称号了，王莽的下一个目标自然就是代替皇帝执政的"摄皇帝"了。

武王灭商，西周建国第二年，武帝就去世了，他的儿子成帝还未成年，于是武王的弟弟周公代替成王执政，即摄政，也招来了其他兄弟的不满。因此原来已经臣服于周朝的东方各个部落又和已被推翻的商纣王的儿子联合，再勾结武王的两个兄弟蔡叔和管叔发动叛乱，直指周公。周公于是发起第二次"东征"，历经三年，降伏五十多个部落国家，彻底平定东方，真正地稳固了西周王朝。公元5年，王莽也准备仿照周公，图谋"摄政"。对王莽来说，这是一石二鸟的策略，也是王莽骑虎难下，不得不为之的策略。

公元5年，汉平帝已经是14岁了，随时随地可以举行成冠礼，临朝当政。汉平帝一旦当政，杀王莽和消灭他的势力只是时间问题，因为王莽为了防止平帝母亲家族干预朝局，已经在两年前，公元3年，把平帝亲生母亲卫氏和卫氏的一族全部诛灭，所以王莽后来毒杀平帝，再扶持一个两岁的孺子小皇帝，自己担当"摄皇帝"，是他当时唯一的出路。这在当时朝局中，也是在任何依附于王莽的人心中，包括太皇太后王政君，都清楚的情况，所以走向"摄政"的整个过程平稳而顺利。

当时成帝虽然后嗣断绝，但宣帝的曾孙在世封王的还有五人，列侯广戚侯刘显等四十八人，王莽厌恶他们都已成年，说："兄弟不能相互做后嗣。"于是从宣帝玄孙中选取最小的广戚侯子婴，年龄才两岁，假托占卜看相的结果最为吉利。

这个月，前辉光（右扶风）谢嚣上奏说武功县令孟通在挖水井时，得到一块白石，上圆下方，石头上有红色的文字，说："告安汉公王莽为皇帝"，符命的兴起，从此开始了。

王莽让公卿告诉太后，太后说："此诬罔天下，不可施行。"太保王舜对太后说："事情到这个地步，无可奈何，要想阻止，人力难以做到。再说王莽也不敢有别的企图，只是想摄持朝政以加重权威，镇服天下罢了。"太后听后默许了。

于是太后下诏说："据说上天生养众民，不能治理，便为他们设立君王以统治他们。君主年幼，则必须有所寄托摄持朝政……"朕因为孝平皇帝年幼，且统摄国政，将要加行冠礼，再把国命归还皇帝。却不幸短命而死，何其悲哀！……玄孙还在襁褓之中，如不得具有最高德性的君子，谁能安抚呢？安汉公王莽辅政三朝，连遭时势变化，却能使汉室安定光大，奇异风俗得到统一，至于制礼作乐，与周公时代不同却相符合。现有前辉光谢嚣、武功县令孟通上奏说红字白石的符瑞，朕深思其意，说："为皇帝是指代行皇帝的政事……现令安汉公暂居帝位摄持国政，如同周公旧例，以武功县作为安汉公的采邑，名为汉光邑。速奏明礼仪。"天下异口同声，引颈赞叹，颂扬声不绝于耳。

——《汉书·王莽传》

公元 6 年，王莽成为"摄皇帝"，改年号为"居摄"。居于摄政位置，将来还是要归还给刘氏的，这也是太皇太后王政君和刘歆对王莽心理的最后底线。但正如王舜劝说王政君时说的"无可奈何，要想阻止，人力难以做到"，已经没有什么可以在朝堂上牵制王莽了。既然已经到了"摄皇帝"的高位，此时要再往前一步，已经不能依靠引经据典了，需要"天命"，白雉，红字白石这些祥瑞和符命的把戏，王莽早已驾轻就熟，游刃有余。正是王莽让原本无关宏旨的"符命"变成举足轻重的朝政参考，《汉书》中明确地写道：

符命的兴起，从此开始了。

——《汉书·王莽传》

稍微思考一下，这也实属正常，前朝历代皇帝都是名正言顺的刘氏皇族子弟，不需要什么天命的说明，天命本来就在刘氏家族，但王莽不一样，他要名正言顺的话，需要很多额外的证明，才能使黎民百姓信服。而此时"天人感应，祥瑞灾异"的思想早已深入人民心，所以"符命"才成为王莽证明自己最好的工具。我们先简单地介绍一下这种当时的人们非常信仰的"符命"的由来。

在最早的时候，"符"实际是作为一种双方相认的"凭证"。西周时期分封有上百个诸侯国和更多的臣服部族，每个诸侯国都有一个诸侯王，那么如果诸侯王与西周天朝互相派遣使者，如何证明这位使者就是代表诸侯王或中央天朝的呢？就是用这个"符信"。最早的记录就在《尚书》中的《尧典》，在介绍舜继位的场景中：

正月上日，受终于文祖……辑五瑞，既月乃日，觐四岳群牧，班瑞于群后。（大致的翻译：正月吉日，舜在文祖的祖庙中接受帝位……收回诸侯见时各自的端玉，在吉月吉日，接受四方管理民众的族长，诸侯王的觐见，觐见完毕后，按照奖惩的规定，颁还相应的端玉。）——《尧典》（按照《尚书大传》描述：无过错的诸侯王，颁还端玉；有过错的，留下端玉；有错能改的，再颁还其端玉。）

"辑五瑞" 和 "班瑞" 的 "端" 就是当时的 "符信"，《尚书大传》中描述："符信" 就是各种形状的端玉，天子手中的是各种对应的 "冒"，将 "冒" 覆盖在 "端" 上，如果相互吻合，即确认了这位诸侯王或族长的身份。传说不同等级的诸侯有不同形制的 "端玉"，只是已经无法考证了。现在学界主流的意见认为《尧典》的这段记载不一定就是 "尧舜" 时代的，但作为西周时期实行的制度，还是可信的。

发展到西汉， "符信" 就变成了标准的 "凭证" 物件，有用玉制造的，通常用在高等级的官员之中。而大多数 "符信" 就用铜和竹来制造，制造更加方便，对 "凭证" 有需求的双方，就可以制作一个 "符信"，比如，调兵遣将的 "兵符"。

《说文》 "符" 字条云： "符，信也。汉制以竹长六寸，分而相合。从竹，付声。"

九月，首先把授予兵权或调动军队的铜虎符和使臣出使所持的竹使符发给各封国丞相和各郡郡守。

　　　　　　　　　　　　　　　　　——《史记·孝文本纪》

原始的 "符信"，在制作符的材料上书写或雕刻文字或图像，然后从中间一割两半，双方各执一半，双方使用时，对在一起，只要吻合，即可相信。简单 "符信" 比较容易被仿冒，到西汉时， "符信" 的制作要复杂很多，比如调动军队的 "虎符"。

虎符的内横切面并非平整光滑的一面，而是凸凹不平的，两个虎符合在一起时，要吻合的犹如一块未被切分的整体，才算可信。现在我们经常使用的动词 "符合"，就是源于此处。

由此可见， "符信" 的概念是一对的，是相互匹配的，因此被战国后期邹衍的阴阳五德学家使用到他们的学说中。"金、木、水、火、土" 对应五德，每一 "德" 必有对应的 "符"，有 "符" 者，即可知有其 "德"，符德匹配， "符" 的概念进入了 "终始五德" 的学说中。邹衍认为每一种 "德"，每一代帝王的新兴都有与之相应匹配的符瑞的出现。发展到董仲舒的时代， "天人感应" 将 "天" 拟人化，认为我们和 "天" 是一类的，而一类的事物之间是可以感应的，所以身处地上的皇帝的行为会让 "天" 感应到，上天对此行为的想法会通过自然界的现象表现出来，前文已经介绍过，所以 "天" 的旨意是可以感应到人间的。此时就有人，通常是阴阳方士学者，利用这个理论，将"符命"作了进一步的发展，成为"天"发出的预言。祥瑞灾异是对已经做过的事情的好坏的判断，而"符命"是上天对未来的预言，是天对某件事给出的"符信"，也可以理解为，皇帝是上天派往地下管理百姓的统治者，所以上天会给皇帝"符信"，或者，因为地上某个行为感应了上天，而上天对此事件会造成的结果，上天直接给出的预言。发展到此，"符信""符命""符瑞""嘉应"等都已经是指某种"预言"了，换句话说，就是上天的某种旨意，这时天的"符命"已经不是成双成对地使用了，但用起来就方便多了。

居摄元年，公元 6 年，王莽的称号是"摄政"，他开始准备迈出最后一步。恰巧这年有一位刘氏宗族子弟"安众侯"刘崇起兵反王莽，但失败了，王莽立即借助此事，授意属下向太后上奏：

群臣上奏："刘崇等之所以敢谋反，是因为王莽权势太轻。应当更为尊重他以镇服天下。"五月十七日，太后下诏令王莽朝见太后时称为"假皇帝"。

——《汉书·王莽传》

居"摄政"五个多月，称号再次改为"假皇帝"了，关键是称号中已经带有了"皇帝"，从安汉公，宰衡到摄政，已经有不少的朝臣心中开始有所不满和担忧，只是因为王莽的权势而不敢表达，现在称号再次升为"假皇帝"，此为司马昭之心——路人皆知，终于有重臣忍不住了，此时的东郡太守翟义起兵反莽，他是汉成帝时的丞相翟方进的儿子。

几年后，平帝去世，王莽居摄政之位，（东郡太守）翟义非常厌恶他，于是对姐姐的儿子上蔡陈丰说："新都侯摄天子之位，号令天下，故意选择皇室里年幼的皇子为孺子，假借周公辅佐成王的名义，暂且来试探天下的人心，他一定会替代汉家，他的心思渐渐已经可以看清。现在皇室衰弱，而周边已经没有强大的诸侯藩国，天下都低头顺从，没有能拯救国难的人。我有幸能够身为宰相的儿子，亲自守卫大郡，父子都身受汉的深恩，在道义上应该为国家讨伐敌人，来安定国家。我想要带领军队西行去诛杀不应当摄位的王莽，再选皇室的子孙，辅佐他登位。假如命运不好没有成功，为国而死，还可以在先帝面前不感到惭愧。我现在想要起兵，你愿意跟随我吗？"陈丰年方十八，勇气雄盛，答应了翟义。

翟义于是和东郡都尉刘宇、严乡侯刘信、刘信的弟弟武平侯刘璜结盟谋划……立刘信为天子，翟义自号为大司马柱天大将军……传送文书到各个郡国,说王莽用鸩酒杀害了孝平皇帝,假称"摄政"尊号,现在刘信已登皇位,命令各郡国共同实行上天对王莽的惩罚。郡国都为之震动,等翟义的军队到了山阳,人数多达十万余人。 ——《汉书·翟方进传》

王莽知道后,极度惊慌,立即把他的所有亲信都封任成将军,分成几路向东迎击翟义,连国师刘歆都被封为扬武将军,负责守卫京都东南方向重要门户之一宛县。王莽再次模仿他崇尚的古代政治,竟完全模仿《尚书》中的《大诰》这篇文章,撰写了一篇也称为《大诰》的文章向朝臣们宣读,用以数说翟义的罪行和出兵剿灭他的正义性。

王莽每天抱着孺子会见众臣,说道:"从前成王年幼,周公摄政,而管叔、蔡叔挟持禄父(商纣王的儿子)反叛,今天翟义也挟持刘信来作乱。自古以来圣人尚且担心此事,何况我才识短浅的王莽呢!"众臣都说:"不遭遇这场变化,不能够显示您的圣德啊!"王莽因此仿照《尚书》写了《大诰》。 ——《汉书·翟方进传》

《尚书》的《大诰》是西周武王刚刚战胜商纣王时,周公发动第二次讨伐叛乱前的动员诰文,是当时属官记录周公的一次动员讲话。于是王莽把自己比作周公,模仿《大诰》,把一些汉代当时的人名和史事替代了原文中的人名和史事,写了一篇自己的《大诰》。弥足珍贵的是,这篇王莽的《大诰》保留了下来,全文被班固收录在《汉书·翟方进传》中,成为现在研究《尚书》的重要参考资料。

王莽的"假皇帝"是向真皇帝过渡中非常明智的一步,这可以让文武百官和黎民百姓的心中有一个心理缓冲期,或者说是接受期,这个缓冲期,从公元6年开始,王莽设定为两年,为什么是两年呢?

两年后,公元8年,"符命"如期而至,广饶侯刘京、车骑将军千人扈云、太保属官臧鸿都各自上奏他们发现的符瑞,但这并不是王莽设定两年时间的原因。

刘京说齐郡冒出一口新井;

扈云说边郡发现一头石牛;

臧鸿说右扶风雍县发现奇石,王莽全部都接受了。——《汉书·王莽传》

公元8年7月,广饶侯刘京上书说:"七月中,齐郡临淄县昌光亭长辛当,一晚几次做梦,梦见人说:"我,是天公的使者,天公让我告诉亭长说:

'摄皇帝应当做真皇帝。'如不相信我，请看这个亭中会出现一口新井。"
亭长早晨起来到亭中查看，果然有一口新井，井深将近百尺。

——《汉书·王莽传》

到公元 8 年 11 月，王莽再次上奏太皇太后王政君，迈出向真皇帝的最
后一步。

王莽上奏太后说："陛下至为圣明，遭逢家室不幸，遭遇汉世十二世
三七之厄。仰承上天威命，诏命臣王莽摄政，受孺子的托付，承担天下的
寄托……以前孝哀皇帝于建平二年（公元前 5 年）六月初九下诏书，改为太
初元将元年，此事的记录，即甘忠可、夏贺良的谶书还藏在兰台……臣请
求恭敬侍奉神明宗庙……将居摄三年（公元 8 年）改为初始元年，改漏刻为
一百二十度，以顺应天命。"太后同意。

——《汉书·王莽传》

王莽除了使用"符命"，在最后一步用上了"三七之厄"这条"谶语"。
"谶语"是当时人们认为一种在将来会得到应验的预言，在后面我们还会详
细介绍。我们先介绍这条"三七之厄"谶语，三七为二百一，意思是预言上
天授予汉室管理天下的时间就只有 210 年，从汉高祖登基（公元前 202 年）
到今年（公元 8 年）刚好是 210 年。王莽搬出这条"谶语"是要证明汉室刘
氏接受天命管理天下的时间已经结束了，而不是他窃取了汉室天下。

孝宣帝时期，路温舒（宣帝朝大臣，位至淮阳郡太守）跟其祖父学过历
数天文，他推测出汉朝失去天命就在 210 年（原文：以为汉厄三七之间），
并秘密上奏预为戒备。到王莽篡位时，想宣扬其取汉而代之的理由，才把路
温舒的上书公开出来。

——《汉书·路温舒传》

汉成帝时，大臣谷永上奏皇帝说："剥夺邪恶无能之人的王位，转而扶
立贤能圣明的人，是天地不变的规则，历代帝王都是一样的，再加上功德有
厚薄之分，寿限有长短，世代有更替，天道有盛衰。陛下继承八代的功业，
是阳数的末季，涉及三七的节纪（原文：涉三七之节纪），遭受《无妄》的
卦运，正值百六的灾厄，三种不同类的灾难，相杂一处共同会合之时。

——《汉书·谷永传》

从以上两段记载可以知道，"三七"这条"谶语"已经由来已久，当时
朝廷上下人人皆知，王莽在两年前已经为此做好了准备，这就是为什么在上
文说是王莽设定了两年时间的原因。但对于"改朝换代"这样的天大之事，

王莽依靠一句"谶语"，来控制和导向朝局舆论，难道他不觉得单薄吗？王莽之所以在关键时刻敢于搬出这条"谶语"，是因为它背后还牵连着另一个震动全国的历史事件，这才是足以成为王莽征服舆论，一击制胜的王牌。它就是引文中"甘忠可、夏贺良的谶书还藏在兰台"这句话所指的事。

当初，在汉成帝时，齐郡人甘忠可伪造了两部书，《天官历》《包元太平经》十二卷，说"汉家正逢天地的末日，应当重新受命于天，天帝派真人赤精子（指的是刘邦），下天界来告诉我"（原文：汉家逢天地之大终，当更受命于天，天帝使真人赤精子，下教我此道），甘忠可将此事教给自己的学生，重平县人夏贺良、容丘县人丁广世、东郡人郭昌等人。当时的中垒校尉刘向得知后，上奏朝廷"甘忠可假借鬼神，欺君罔上，妖言惑众"，于是甘忠可被投入监狱定为死罪，还未执行，就病死了。他的学生夏贺良等也因为学习甘忠可的书而以不敬之名受到责罚，但后来夏贺良等人又重新私下互相讨论这两本书。

哀帝刚即位，司隶校尉（负责监督京师和京城周边三辅地区的监察官）解光也因为精通经术、通晓阴阳五行灾异之说，而得到哀帝看重，他告诉哀帝夏贺良等人还藏着甘忠可的那两本书。于是哀帝将这件事下达给奉车都尉刘歆（让刘歆给出他对这两部书的意见），刘歆认为这两本书不合《五经》，不可以施行。但是也有其他人，比如骑都尉李寻，却也喜好这两本书。

李寻是参加石渠阁辩论中代表小夏侯学说张山拊的弟子，除了小夏侯《尚书》学，他还钻研《洪范五行传》，又学习了天文历法和阴阳学说，在汉成帝时被善于星象的丞相翟方进提拔起来，到汉哀帝朝，因为哀帝也相信阴阳五行之学说，于是有事也会向李寻咨询，封李寻为骑都尉，这个官职主要是掌管皇帝的羽林骑军，羽林骑军是负责皇帝出行时贴身的前后护卫，是皇帝绝对信任的人才能担任的。

因此，哀帝自然也和李寻讨论这两本书，尽管李寻认可这两本书，但解光对李寻说："以前刘歆的父亲刘向上书使甘忠可下狱，刘歆怎么可能会认可此道呢？"当时甘忠可的另外一个学生郭昌是长安令，也劝李寻帮助夏贺良等人能够被皇帝任用。李寻于是上书建议让夏贺良等人都成为待诏黄门（暂时没有官职，只负责皇帝咨询对答的一个职位），后来夏贺良几次被哀帝召见，陈说道："汉的命运中衰，应当重新受命，汉成帝不回应天命，所以没有子嗣。如今陛下一直长久地生病，变故和灾异也很频繁，这是天在告诫人们啊！应该马上改元易号，才能够延年益寿，只要皇子一出生，灾异就会自己平息了。知道'天命'而不去回应和实行，就会遭遇祸殃走向灭亡，洪水就将来临，火灾也将发生，使百姓处于水深火热之中。"

当时哀帝久病不愈，竟然听从了夏贺良等人的建议。在公元前5年6月下诏："听说《尚书》中有句话'五日考终命'，这是说天命大运一旦终了，就要重新开始天地之始和人世之始……想到汉从兴起到今天已有二百余年，已经经历多次的开元，皇天让我继任，为保佑不才的我，汉又重新获得承受天命的符瑞，朕虽然没有圣德，怎么敢不顺应接受天之大命，一定会和天下臣民一起除旧布新。现在诏令大赦天下，以建平二年（公元前5年）作为太初元年，朕的称号改为陈圣刘太平皇帝。漏壶刻度（古代在夜间计时的器具）采用一百二十度。宣告天下，让民众都清楚知道。""陈圣刘太平皇帝"是根据"终始五德"轮转得出的称号，当时认为刘汉皇族出自帝尧。按照"终始五德"说，历史上承接帝尧天命的就是舜，舜帝的后代在西周建立"陈国"，以"陈"为姓，那么将"陈圣"放于"刘"的前面，就是自己"陈圣"（代表舜）通过更改元年，更改天授之时，接了自己"刘"汉（代表尧）的天命。

但过了两个月，哀帝还是卧病如故。夏贺良等人又想改变政事，这下大臣们不允许了。夏贺良等人上奏说大臣们都不知道天命，应当斥退丞相和御史大夫，用解光、李寻来辅政。但这次哀帝没有相信他们，哀帝认为夏贺良的"改元易号"的方法并没有得到应验，自己的病仍旧不好，便把夏贺良等人交给执法官吏，又下诏书说："朕能继位保守宗庙，但为政不善，灾异频频发生，我忧惧害怕，不知如何是好。待诏夏贺良等人建议说改元易号，增加漏壶刻度，可以使国家长久安定。朕对圣人之道信之不笃，过分听信了他们的话，只是期望为百姓求得福佑。但是始终没有好的应验，又干旱成灾。朕以此质问夏贺良等人，回答说应当再改制度，这些答词都是背离经义、违背圣人的制度，不合时宜。朕犯了过错又不肯改正，才是真正的过错。六月甲子日所下的诏书除了大赦天下令以外，其他各项都废除。夏贺良等人离经叛道、妖言惑众，其作奸犯科之事要彻底追究。"于是夏贺良等人都被关进了监狱，光禄勋平当、光禄大夫毛莫如和御史中丞、廷尉共同审理此案，最后判定夏贺良等人使用邪门歪道，扰乱朝政，颠覆国家，欺君罔上，大逆不道，全部被诛杀。只有李寻和解光罪减一等，流放到敦煌郡。

在当时，国家"改元易号，敬授天时"就意味着皇帝要准备接受新的天命，是国家最大的事情，举国上下都要用新的年号和刻度来计算时间，但不到两个月，皇帝就正式认错，又再次改回原来的年号，但这件事的影响却远远没有结束。这件事以事实的方式证明了连刘氏皇帝也相信"三七之厄"的这条谶语，而"改元易号"的时候正好是王莽刚被被遣送回封国的时候（公元前 5 年 6 月），王莽连人都不在京都，自然和他毫不相干。所以 13 年后，王莽利用这条"谶语"时，自然理直气壮，这"三七之厄"是你们刘家自己都承认的，现在上天降下的"符命"触目皆是，王莽改朝换代是不得已而为之，是承接天命，由此一切就顺理成章了。既是有人质疑，谶语不是没有应验吗？哀帝不是也认错了吗？对付这个问题，也很简单，只是应验的时间还没到。

谶语和符命被实实在在地运用到现实政治操作上，就是从汉哀帝开始，然后在王莽掌权后再发扬兴起。从此以后，"符命"和"谶语"在朝廷政治活动中开始逐渐占据重要位置，后文还会详细描述。

王莽将年号改为"初始"，这是强烈地改朝换代的信号，包括太皇太后在内的整个朝廷，谁会不知，只是已经无人能阻挡了。紧接着，不出几天，"真正"的"符命"再次汹涌而至：

梓潼人哀章在长安求学，平素行为不端，好说大话。见王莽摄政，就制作铜柜，分别贴上标签，一个写着"天帝行玺金柜图"，一个写着"赤帝行玺某传予黄帝金策书"。某，指高皇帝刘邦的名字。其中一个"策书"上说"王莽是真天子，皇太后当顺天命"。

公元 8 年 11 月戊辰，王莽到高庙拜受铜柜，接受禅让的帝位。然后戴上王冠，拜谒太后，回来坐在未央宫前殿，下诏说："我本无德……天帝用铜符帛图文字，金柜策书，神明相告，把天下亿万民众托付给我。赤帝汉氏高皇帝的神灵，秉承天命，以金策之书传国于我，我很敬畏，怎敢不恭受？"戊辰正是吉日，便戴上王冠，继位做真天子，改国号为"新"。

——《汉书·王莽传》

"新朝"建立后，朝廷上下的风气几乎是上行下效。投机取巧的人投王莽所好，献上各种"符命"，以获取荣禄。对"符命"满天飞的情况，王莽自己也意识到这是一个严重的问题，不得不采取一定的措施。

当时人们争相制作符命用以获得封侯，不这样做的人拿此事相互戏言："你还没有拿到天帝的委任书吗？"司命陈崇对王莽说："这样开了奸臣追求名利之路，扰乱了天命，应该杜绝。"王莽也对此厌烦，便命令尚书大夫赵并去查处，对于献上并非五威将帅所颁布的"符命"的人，都投入监狱。

——《汉书·王莽传》

王莽肆意滥用"符命"，窃取汉室刘氏的天下，作为刘氏宗室的刘歆内心是否真的支持呢？笔者认为刘歆对王莽的支持和认同，以王莽开始居摄到称帝的三年之间（公元6年到8年）为大致的分界，在此期间之前，刘歆是真心支持王莽的。王莽所倚重刘歆的是他的经学，王莽需要刘歆将古代经文中描述的古代社会制度梳理出来，因为王莽是非常相信经书中古代的伦理和制度，认为只要将现在的社会治理制度恢复到和古代一样，这样天下就大治了，比如《尚书》《礼记》《周礼》等经书中的各种古代官职的称呼都变成了王莽"新朝"的官职称呼。

王莽认为制度一旦确定，天下自然会安定，因而精心思考地理，制作礼乐，讲求合乎六经的理论。

——《汉书·王莽传》

梳理和研究古代的制度是刘歆在王莽朝最重要的任务，所以王莽建国伊始，是拜刘歆为国师，就是国家政策的最高导师，而非三公九卿。到后代的宋朝、清朝，有的学者怀疑刘歆伪造了《周礼》《左传》，甚至是古文《尚书》等古文书籍，这些怀疑已经被近代大师钱穆先生的《刘向歆父子年谱》证明都是错误的，有兴趣的读者可以阅读此书，笔者就不对此话题再作深入。

在王莽居摄之后，刘歆的内心才渐趋与王莽离心离德，但表面上还是顺服，因为一样是无力反抗。

然而，一些在朝廷中枢之外、企图权位的人，纷纷制作符命，王莽便以此为由，做起了真皇帝，王舜和刘歆只好暗自恐惧。——《汉书·王莽传》

原来，卫将军王涉（王根的儿子，王根去世前推荐王莽任大司马）门下有一位方士叫西门君惠。西门君惠擅长天文和谶语，对王涉说："有星闪耀着扫过皇宫，刘氏将复兴，国师公的姓名就是。"（原文：星孛扫宫室，刘氏当复兴，国师公姓名是也）王涉相信他的话，讲给大司马董忠听。他们多次一起到国师殿中的办公处谈论星宿，国师（刘歆）不答话。

——《汉书·王莽传》

记载中"暗自恐惧"和"国师不答话"这两句最准确地描述了刘歆当时的心态。王莽称帝后，于公于私，刘歆内心已经背离了王莽。

刘歆内心深处感觉自己已经沦为汉室皇族的叛臣孽子，虽然王莽的"新朝"拜刘歆为国师，后来又加封为"祁烈伯"（即代表整个刘氏宗族），但笔者认为刘歆对这些并不在意，之所以"暗自恐惧"，是因为他的内心应该一直在"背叛"的煎熬中，然而自己又无能为力。其次，此时，依靠制作"符命"来达到政治目标，已经是常态了，作为儒家五经大师，刘歆是绝对不会认同的。原来朝廷依靠的儒家五经、法家法律、"阴阳五行"和"天人感应"等，在当时都是属于严肃的、理性的学说，尽管"天人感应"的"祥瑞灾异"说，在现在看来是迷信，但在当时，是因为受到自然科学知识的限制，对当时探究事物运行规律的学者，才思考出这样的解释，这仍然是属于严肃思想的学术范畴，至少这些"祥瑞灾异"是真的，是自然发生的，而不是人为假造的。可是现在王莽一纸"符命"，简单了事，想如何就如何，原来董仲舒的学术是用来揣摩天意，现在王莽是自行制造天意，毫无约束，作为当时的思想大儒，刘歆如何会赞同。这是于公于私的"于公"，刘歆已经不认同王莽，而在"于私"方面，刘歆痛失三个亲生子女，内心更加痛苦。

自王莽借口"符命"当上皇帝后，上行下效，"符命"犹如雨后春笋般地涌现。王莽制作了一道"符命"免掉了他的功臣甄丰大司空的职位。在平帝朝时，王莽的"安汉公""宰衡"的称号以及对王莽的母亲、两个儿子和兄弟的封爵，都是由甄丰等人共同策划的。此时，甄丰只能默然接受。但戏剧性的事是，甄丰的儿子甄寻自己又制作了一道"符命"，说要把陕地分为两部分，封立两位侯伯（最高的爵位），其中一部分由他父亲甄丰担任侯伯。王莽对别人用"符命"，没想到属下对他也开始用"符命"了，但王莽忍了，答应了，拜甄丰为侯伯，但甄丰还未出行就任，儿子甄寻又制作了一道"符命"，说"原来汉平帝的皇后应该是甄寻的妻子"。大家都是造假的，都心知肚明，王莽如何还能忍，立刻下令抓捕甄寻，甄寻逃跑，父亲甄丰自杀。过了一年后，甄寻被抓到，严刑拷问，竟然牵涉国师刘歆的两个儿子，刘棻和刘泳，结果双双被杀。《汉书》记载，因为此事被杀的有几百人。这并不奇怪，王莽在平帝时，为了灭杀平帝亲生母亲卫氏一族，连自己的亲生儿子也杀了，还有谁不敢杀。

在公元21年，王莽的亲生儿子、太子王临因为和王莽的侍女通奸，王临竟然和这位侍女谋划杀害亲父王莽，但事情败露，而王临的妻子正是刘歆的女儿刘愔，结果刘愔被迫自杀，王临被杀。刘歆有3个儿子和一个女儿，现在只剩下一个儿子了。

刘歆怨恨王莽杀死了他的三个子女。　　　　——《汉书·王莽传》

与此同时，王莽因为他"崇尚复古"的错乱治国政策，把全国的行政和经济搞得支离破碎，自欺欺人的"符命"还是帮不了他，大小地主农民军纷纷揭竿而起，大批豪强地主也乘势开始倒莽，顿时，海内分崩，天下大乱。

公元22年11月，刘秀的亲哥哥刘伯升起兵。

公元23年2月，刘秀的堂哥刘玄，自立为皇帝，自称"更始帝"。

公元23年6月，王莽派出大司空王邑、大司徒王寻率领"百万大军"进攻更始帝刘玄，结果在昆阳被刘秀打败，斩杀王寻，王邑逃回长安。

公元23年6月，王莽军队的主力被消灭了，昆阳之战让崤山以东为之震动，王莽顿时处于众叛亲离的状态中，刘歆这才决定动手。

原来，卫将军王涉（王根的儿子，王根去世前推荐王莽任大司马）门下有一位方士叫西门君惠。西门君惠擅长天文和谶语，对王涉说："有星闪耀着扫过皇宫，刘氏将复兴，国师公的姓名就是。"（原文：星孛扫宫室，刘氏当复兴，国师公姓名是也。）王涉相信他的话，讲给大司马董忠听。他们多次一起到国师殿中的办公处谈论星宿，国师不答话。

后来，王涉单独前往，对刘歆痛哭道："我确实诚恳地想和您一起保护我们两个家族的安全，您为什么不相信我呢！"刘歆这才和他分析天文人事，确定东方（指"更始帝刘玄"或"刘秀"）一定会成功。王涉说："新都哀侯（王莽父亲）从小害病，功显君（王莽母亲）一向嗜酒，我怀疑皇帝本来就不是我们王家的儿子。董忠掌管中军精兵，我负责宫廷保卫的卫兵，伊休侯刘叠（刘歆最后一个儿子）主管殿内的侍卫，如果同心合谋，共同劫持皇帝，前往东方归降南阳天子，就可保全我们的宗族；否则，我们都会灭族！"伊休侯即刘歆的长子，任侍中五官中郎将，王莽一向喜欢他。

刘歆怨恨王莽杀死了他的三个子女，又担心大祸临头，便和王涉、董忠密谋，准备起事。刘歆说："应当等太白星出现，才能行动。"董忠想到司中大赘起武侯孙伋也掌握着军权，又告诉了孙伋，与他谋划。孙伋回家后，神色巨变，吃不下饭。妻子感觉奇怪就问他，孙伋就把情况告诉了她。妻子又告诉了她的弟弟云阳县的陈邯，陈邯准备告发。公元 23 年 7 月，孙伋和陈邯一同告发了这件事，王莽派使者分别召见董忠等人。这时董忠正在讲授武事，操练兵士，护军王咸对董忠说，谋划已经很久了，还没有付诸行动，恐怕已经泄露，不如马上把使者杀掉，率军入宫。董忠不听从，便和刘歆、王涉在宫中官署会合。

——《汉书·王莽传》

随后董忠全族被杀，刘歆和王涉也随即自杀，这发生在公元 23 年 7 月到 8 月之间，按照《汉书》记载，王莽在当年 10 月 3 日即被破城的叛军斩杀，前后相差只一个多月。

刘歆以悲剧结束了自己的一生，在《尚书》的研究方面，他遗留给后代最重要的贡献之一就是增进和扩大了对古文《尚书》的研究，正是他对古文《尚书》研究的倡导，才使更多的学者在今文的基础上，又去研究古文，对《尚书》经意的传承和发展有着不可估量的作用。

7.2 刘秀和谶语

刘歆去世后两年不到，公元 25 年 6 月，刘秀称帝，揭开了东汉的序幕。刘秀称帝时，在当时还有另外三个人已经称帝了，刘秀是最晚一个称帝的。

公元 23 年 2 月，刘秀的堂哥刘玄称帝，史称更始帝。

公元 24 年 2 月，更始帝刘玄从洛阳出发，进入长安，定都于此。

公元 25 年 4 月，原来蜀郡太守公孙述在蜀郡称帝。

公元 25 年 6 月，赤眉军刘盆子称帝。

公元 25 年 9 月，赤眉军刘盆子攻入长安，更始帝逃往高陵县。

公元 23 年 2 月，刘秀的堂哥刘玄自立为皇帝（更始帝），刘玄任命刘秀的哥哥刘伯升为大司徒，刘秀为太常偏将军。当年 5 月，刘伯升攻下宛城，更始帝刘玄便以宛城为临时的都城，

五月，刘伯升攻下宛城。六月，更始帝入都宛城，尽封宗室及诸将为列侯的达一百多人。更始嫉妒伯升威名，把伯升杀了。

——《后汉书·刘玄刘盆子传》

6 月刘秀在昆阳城消灭王莽军队的主力，王莽大势倾覆，刘秀的功劳最大，

但听闻亲哥哥被更始帝杀害，只能忍辱负重回到宛城向更始帝谢罪。

刘伯升已经被更始帝杀害，光武（刘秀）从父城县回到宛城，向更始帝请罪。更始帝的下属官员迎接慰问刘秀，刘秀不敢私下与他们交谈，只是自我谴责，自称有罪，没有以昆阳大捷自夸其功，也不敢为哥哥伯升服丧，饮食言笑如平常一样。更始帝因此内心惭愧，拜刘秀为破虏大将军，封武信侯。

——《后汉书·光武帝纪》

10月，刘秀拿着更始帝的符节渡过黄河北上，安定抚慰州郡官民。实际是接受这些郡县的臣服，如不臣服，即加以剿灭。同时也剿平黄河以北各地的大小流寇，到公元24年5月，消灭了黄河以北最大的敌对势力邯郸赵国（以当地势力自立的国家）。此时的刘秀已经手握重兵，与此同时，更始帝的使者也到达了刘秀大营。

更始帝（刘玄）派侍御史拿着符节封光武为萧王，命令他立刻停止军事行动，并前往觐见更始帝。刘秀托辞黄河以北还没有平定，不接受征召。从此，他和更始帝就不是一条心了。

——《后汉书·光武帝纪》

刘秀这是明着反了，只是没有明说，但双方心知肚明。从此刘秀开始一边继续平定黄河以北，巩固自己在这个区域的势力，一边观察风谲云诡的局势，酝酿着自己的大计。刘秀年轻的时候在京都长安学习过，并不是一介武夫。

王莽天凤年间（公元14年到19年），刘秀到长安，学习《尚书》，大略通晓经书大义。

——《后汉书·光武帝纪》

刘秀对王莽称帝的整个过程肯定是了如指掌，也对他产生了一定的影响，让他知道除军事以外，要人心所归，最关键的一点就是要有"天命"，无论刘秀自己相信与否，但他知道必须要有这个天命，因为当时的百姓相信。此时，他已经开始在谋划此事，他需要一个上天给出的"符命"。

反了更始帝后半年多，公元25年春，手下部将开始不停地拥戴刘秀称帝。

（第一次拥戴）这时众将领议论拥护光武为帝，马武首先进言说："天下无主……应当暂时回到蓟城（今北京）登皇帝位，然后才议定征伐的事宜……"（刘秀没有答应）

——《后汉书·光武帝纪》

公元25年4月，蜀郡太守公孙述在蜀郡称帝，这促进了刘秀称帝的决心。此时，刘秀正从蓟县由北朝南，继续剿灭各路流寇军事势力，军团到达中山，诸将第二次奏请称帝，刘秀还是没答应。军队继续朝南，进军到南平棘，时间在 5 月左右，众将领第三次奏请称帝，这次刘秀回答他的将领 "吾将思之"。

时间又过了不到一个月，继续朝南，行军到高县的时候，刘秀以前在长安学习时，同住一室的同学强华从关中拿着 "赤伏符" 来见他，"符命" 写道："刘秀发兵捕不道，四夷云集龙斗野，四七之际火为主。" 意思是 "刘秀发兵抓捕无道的人，四方各族云集，像群龙搏斗于野外，（高祖以来）二百二十八年之际，火德受天命"。（根据五行说，汉朝为火德）在军中要求刘秀称帝的呼声已经接近高潮，现在 "天命" 也到了，一切水到渠成。

（公元 25 年）六月二十二，刘秀登皇帝位，史称光武帝。

——《后汉书·光武帝纪》

历史上对这本 "赤伏符" 的研究和讨论是汗牛充栋。主流意见是认为这张 "符命" 是假的，是刘秀伪造的。笔者也同意这个观点，稍微不同的是，这本 "符命" 是被刘秀篡改的，而不是凭空伪造。我们回顾前文引用的刘歆时代的一段记载。

原来，卫将军王涉（王根的儿子，王根去世前推荐王莽任大司马）门下有一位方士叫西门君惠。西门君惠擅长天文和谶语，对王涉说："有星闪耀着扫过皇宫，刘氏将复兴，国师公的姓名就是。"（原文：星孛扫宫室，刘氏当复兴，国师公姓名是也。）王涉相信他的话，讲给大司马董忠听。他们多次一起到国师殿中的办公处谈论星宿，国师不答话。——《汉书·王莽传》

后代大多学者都认为方士西门君惠读到的谶语，就是 "赤伏符"，当时刘歆为了避讳汉哀帝刘欣的 "欣"，已经改名为 "刘秀"，正好应对 "赤伏符" 的谶语（即 "符命"），所以才有西门君惠的这段话。而光武帝刘秀在天凤年间（公元 14 年到 19 年）在京都学习《尚书》，这个阶段正是 "谶语符命" 满天飞，肆意编造的高潮时期，所以笔者推测，光武帝刘秀在此期间读到过 "赤伏符"。因此，刘秀在下属多次拥戴登基时，没有同意的原因是刘秀正在等待同学强华的 "赤伏符"，刘秀非常清楚 "符命" 在当时政治上的影响力。有了 "符命" 后，一切才能名正言顺，登基称帝。

从此，在光武帝刘秀开创的东汉朝代，"谶语符命" 被无比地重视，几乎任何有疑问和争论的朝政都要参考 "图谶"，而有关 "谶语符命" 的书籍也大量造作上市，笔者认为在中国历史上真正的 "非科学的迷信" 正是从此时开始急剧增长的。这种 "非科学的迷信" 由王莽兴起发扬，在光武帝刘秀的东汉朝被正式官方化，从此深深地影响着后代的中国社会。

在此之前，也有"非科学的迷信"，但不是主流，即使在当时也是不被主流学者所看重的。而那些出发点是探索客观世界的"迷信"，正如前文论述的，是以自然界的现象和规律来探究人文社会，这在当时可以被认为是严肃的自然哲学和政治哲学的混合学说，比如董仲舒的"天人感应"，只是限于时代的知识和思想水平，让现在的我们看起来非常不科学。但作为当时的思想学者，他们是以严肃的态度去发现和研究的。如前文所述，当时这些思想家和学者所研究的灾异祥瑞、天文气象至少都是自然真实发生的，绝不是人为伪造的。而现在的"谶语符命"完全是在这种学说的基础上，按照政治需求肆意编造，由此从王莽时期开始，到东汉时期，"图谶"思想在东汉的学术思想中占据着极其重要的地位，如日中天。

"符命"的概念，我们在前文已经简单介绍过，从秦朝到西汉，这种"符命"又渐渐演变出一种称为"图谶"的概念，于"符命"互为混合。

《说文解字·言部》解释道：谶，验也，有徵验之书。

"谶语"是用诡秘的隐语作为上天的预言或启示，并且在将来会得到应验，以此向当时人们昭示冥冥之中的吉凶祸福和王朝的兴衰。它明显地沿用了"符命"的"应验"属性，"符命"主要是上天的"意旨"下降到人间，而"谶语"则是隐晦的预言，它们共同的属性就是在将来会得到"应验"。

公元前215年，燕国人卢生，被秦始皇派出海求仙回来，所说的都是关于鬼神的事，他奏上"录图"之书，上面写着"亡秦者胡也"。秦始皇就派将军蒙恬率兵三十万去攻打北方的胡人，夺取了黄河以南的土地。

——《史记·秦始皇本纪》

"亡秦者胡也"这句就是"谶语"，是一种神秘的预言，而王莽的"金柜策书"的"王莽是真天子，皇太后当顺天命"是上天降下的"符命"，已经是上天的"意旨"，我们可以体会到它们之间稍微的差异。"谶语"是预言，是注定要发生的，只是时间的问题。"亡秦者胡也"并没有应验在匈奴身上，而是应验在秦始皇少子胡亥身上。当然这绝对不是什么真预言，都是后来方士的编造。所以《四库全书提要》称谶语是"诡为隐语，预决吉凶"。

"谶"这个字在当时的读音和含义都和"验"相接近，这个字有时混用，时间久了以后，就使用"谶"这个字为多了，渐渐的"谶"就成为这类神秘

"预言"的专门用词了。方士之人偏爱诡秘谲语，希望把字句弄得隐晦奇怪，难以解读。学者们已经考证"谶"这个字在秦朝以前从来没有出现过，很可能就是西汉方士故弄玄虚，自己创造的。"谶"这个字笔画如此繁杂，非常符合方士们的性格。　　——陈槃《古谶纬研讨及其书录解题》

"亡秦者胡也"的真假，我们无须考证，"谶语"作为一种没有科学根据的预言，必定是后人编造，并依附于过去的历史事件，用以"应验"。这些"谶语"在不同的时期，自有不同的人为了不同的目的编造出来。但是到了刘歆校书的时期，无论是在朝廷还是在民间，"图谶"作为一种学说已经具有了相当的规模。

征召全国精通一门经学，并教授十一人以上的学者，以及收藏有散失的《礼经》和古文《尚书》《毛诗》《周官》《尔雅》、天文、图谶、音乐钟律、月令历法、兵法、《史籀篇》文字，并通晓这些学识的人，都用公车送往长安京城。　　——《汉书·王莽传》

在刘歆的《七略》中，也记录有类似于"图谶"的书卷，归在"数术"类天文家中。

《图书秘记》十七篇。

只是此时"图谶"在学术中的重要性和书籍的数量还不够，所以刘歆没有把这类书单独列为一类，仍然放在天文或阴阳一类。而刘歆自己也是一位"图谶"的专家，但讽刺的是，刘歆之所以密谋反叛王莽彻底失败也是因为他的"图谶"学问。我们回顾一下刘歆决定和王涉叛变并准备劫持王莽时说的话：

刘歆怨恨王莽杀死了他的三个子女，又担心大祸临头，便和王涉、董忠密谋，准备起事。刘歆说："应当等太白星出现，才能行动。"

　　——《汉书·王莽传》

刘歆说要在太白星出现后才能行动，正是依据当时一部"谶纬"类书籍中的预言，书名是《考灵耀》。

秋纪太白，是谓大武，用时治兵得功。　　——《考灵耀》

那么这条"太白时，治兵得功"的"谶语"的依据又是什么呢？是如何来的呢？在另外一部名叫《帝命验》"谶纬"书籍中写道：

天上有五帝，管春天的是苍帝，他性情温和仁良，使用的是岁星；管夏天的是赤帝，他性情宽明多智，使用荧惑星；管秋天的是白帝，他性情勇武诚信，他用的是太白金星；管季夏的是黄帝，他性情重厚圣贤，使用填星；管冬天的是黑帝，他的头很大，使用辰星《帝命验》。

就这样，因为只有白帝太白金星是"勇武"的，不知名的方士就写下了"秋纪太白，是谓大武，用时治兵得功"这条推论式的"谶语"。

所以刘歆要等太白金星出现后才动手，因为"谶语"预言了此时用兵能够"得功"，以至于谋划后，很长时间也不行动，就是在等"太白金星"出现，而其他的几位骨干对国师当然是深信不疑，于是一起耐心等候，最终错失时机而失败。刘歆和刘秀，一位是当时的儒学大师，一位也是略通经书而手握重兵的军事领袖，他们对自己至关重要的事都如此相信"图谶"预言，更何况当时的普通百姓。由此我们可以感受到，当时的学术和社会氛围已经是非常执迷于"图谶"思想了。

7.3 谶纬

"图谶"思想如果仅仅是一些光怪陆离和虚幻怪诞的学说，即使远在孔子时期，近在西汉司马迁之时，有理性的学者也不会相信"图谶"这些预决吉凶之说。之所以刘歆、刘秀都对"谶语"深信不疑，是因为到了西汉初期，"图谶"的思想开始窜入儒家经学之中，开始将"图谶"思想和经学糅合在一起，使得"图谶"思想有了一层理性的外表。

近代研究"图谶"历史的学者陈槃先生认为"图谶"思想来源于邹衍的"终始五德说"思想。

邹衍……乃深观阴阳消息而作怪迂之变，（编写了）《终始大圣》之篇十万于言，其语闳大不经，必先验小物，推而大之，至于无垠……称引天地剖判以来，五德转移，治各有宜，而符应若兹。

按邹衍书说，上曰"验"，下曰"符应"，此三字极关重要，所谓"必先验小物"，所谓"符应若兹"，此即后来谶纬性质及谶纬所由产生之说明。由此方士一切怪迂之说，必侈张其明效大验。

凡所（方士的）言说，必侈陈其所谓征应效验，此可视为方士之口头禅了。然不如此持论，亦不足以惑人，以其说行世，使时君信之不疑，自不能舍此不论。方士谶纬已从邹衍书说出。

"验"转而作"谶",是因二字音意接近。

——陈槃《古谶纬研讨及其书录解题》

但现代的学者张峰屹通过细密地考证说明,"图谶"的思想从春秋战国就已经存在,只是有其实,而无其名。而陈槃先生对邹衍学说的分析,让笔者推测,邹衍以前凌乱的"图谶"思想是邹衍"终始五德"的思想基础之一,被邹衍的"阴阳五德"的这套学说吸收和组织了起来,成为他思想中的一个元素,相当于理论化了"图谶"思想,使得"图谶"进入了"思想学说"领域,被后来的方士和诸子各家学者研究和利用。

到了汉武帝之时,独尊儒家五经,那些钻研"图谶"的方士和学者,为了得到朝廷的重视,或者说,为了能在当时的学术界生存,开始将"图谶"思想与五经学术相互结合,用"图谶"思想来解释一些经文中的思想和大义,尤其是五经中涉及占星、占卜,比如《易经》、天文气象,比如《尚书》中"尧典",而《尚书·洪范》中的"五行",就更容易被"图谶"结合。

"图谶"结合经文大义的途径有两种:一种就是选取经书中的某个主题,用"图谶"的思想为其编写扩展的解说;一种就是直接篡改已有的经书传解之书,将"图谶"思想编入其中。经陈槃和张峰屹的考证,到了东汉的中后期,"经谶"之书成为了专门的一类书,并渐渐有了一个专用的名字,叫"谶纬"书籍,或者直接称为"纬书"。经学历史上对"谶"和"纬"是否是同一概念有着很多的辩论,张峰屹先生通过大量文献的考证,"谶"和"纬"在东汉后期是同一事物,用"谶"解释经文就是"纬"书,或者是"谶纬",与纯粹的"谶记""图谶""符命"是有区别的。在后文中,我们就将"谶纬"和"纬书"统一称呼为"纬书"。

陈槃和张峰屹两位学者都认为,用"纬"来称呼这类"经谶"结合的传解书籍,是部分方士和有五经背景但故弄玄虚的学者的诡计,因为经和纬对应,可以以此提高"谶纬"类学说和书籍的地位及重要性。在王莽灭亡后,"图谶"被刘秀在称帝建国时期变本加厉地利用。

刘秀称帝前两个月左右,公元 25 年 4 月,在王莽朝分崩离析的情况下,原来蜀郡的太守(今四川成都)公孙述先已称帝,国号"成"。正如所预料的,在当时的氛围中,公孙述也是不会不用"图谶"的。

公孙述也喜好符命鬼神瑞应的事,荒谬地引用谶记。他认为,孔子作《春秋》，为西汉（五行中属于赤色）编制了历时鲁国十二位国君的西周历史，说明了汉高帝至汉平帝，前后正好十二代，历数已完了，一姓不得再受命为帝。又引用《录运法》（图谶书籍）说："废昌帝，立公孙。"《括地象》（图谶书籍）说："帝轩辕受命，公孙氏握。"《援神契》（图谶书籍）说："西太守，乙卯金。"说西方太守而轧绝卯金（卯金代表"刘"）。五德之运，黄继承赤，而白继承黄，金据西方为白德，而代"王氏"（王莽），得到五行正确的顺序，而继承正统。又说他的手掌有奇纹，说明已经得到龙兴之祥瑞。

多次将写着这些内容的文书传往中原的州郡，希望以此惑动众心。

——《后汉书·公孙述传》

用现在通俗的话说，公孙述是在进行"宣传战"，刘秀也立刻给以回击。

光武为此很忧虑，就写信给公孙述说："图谶上讲的'公孙'，就是孝宣帝。将来代替汉室的人是当涂高，你难道是当涂高吗？你又用掌纹为祥瑞，王莽有什么可以效法的呢！你不是我的乱臣贼子，天下大乱时，人人都想当上皇帝，数不胜数。你年纪已经大了，妻子儿女弱小，应当早作决断，才可以无忧。天子帝位，是不可力争的，应当三思。"署名"公孙皇帝"收，公孙述不作答复。

——《后汉书·公孙述传》

刘秀除了告诉公孙述，他对"谶语"理解有错误外，又再引用了另外一句"谶语"作为反驳，"代汉者，当涂高"（出自已经亡失的《春秋谶》），这是西汉和东汉另外一句知名的"谶语"。刘秀在"正统"论上是不能退让的，最后双方还是依靠军事实力一分胜负，在公元36年刘秀消灭了公孙述。

刘秀经过十几年的征战彻底平定了整个西汉的版图，再次一统天下，这让刘秀非常相信"图谶"在政治上的作用，成为中国历史上最信任和热衷"图谶"的皇帝。无论是开国的定都、祭祀、封禅这样的大事，还是修建明堂这样的朝廷要事，以及册立博士、封赏赐爵等这类的小事，都要参考"谶纬"来决定。整个朝廷上下，以皇帝刘秀带头，发奋研究"图谶"，如上文所述，"谶纬"学说在东汉开始突飞猛进地发展。

7.4 纬书

在皇帝的支持和鼓励下，"谶纬"学说不停地对"阴阳五行"和"天人感应"再扩大和细化，牵附经学，糅杂合并，继而成为几乎无所不包的学说，经文、历法、天文、神灵、地理、历史、典章制度等，在 "纬书" 中几乎全部涉及。可以说是董仲舒 "天人感应，灾异祥瑞" 和 "阴阳五行" 学术的进阶版本，覆盖更广的历史时间跨度和学术种类。

纬书牵附了每一部经书，再加上《孝经》和已经失传的《乐经》，一共有七种 "纬书"，通称 "七纬"。这些 "纬书" 在唐朝已经大量散失，到宋元时期就已经全部亡佚殆尽，还好唐朝李贤（武则天的次子）在注解《后汉书·方术》时，在注解中留下了书名，现把纬书的书名罗列在下：

1. 易纬：《稽览图》《乾凿度》《坤灵图》《通卦验》《是类谋》《辨终备》，共 6 篇。

2. 书纬：《璇玑钤》《考灵曜》《刑德放》《帝命验》《运期授》，共 5 篇。

3. 诗纬：《推度灾》《记历枢》《含神务》，共 3 篇。

4. 礼纬：《含文嘉》《稽命征》《斗威仪》，共 3 篇。

5. 乐纬：《动声仪》《稽耀嘉》《汁图征》，共 3 篇。

6. 孝经纬：《援神契》《钩命决》，共 2 篇。

7. 春秋纬：《演孔图》《元命包》《文耀钩》《运斗枢》《感精符》《合诚图》《考异邮》《保乾图》《汉含》《佐助期》《握诚图》《潜潭巴》《说题辞》《春秋命历序》，共 14 篇。　　　　——《后汉书·方术列传》

我们可以看到，刘歆曾阅读的《考灵耀》和《帝命验》正是 "图谶" 依附《尚书》的两部纬书。这些纬书都是在不同时期，由不同的学者编著，并不是一套成体系的思想。从简单的书的数量上看，《春秋》的纬书最多，因为 "谶纬" 的骨干思想就是董仲舒的 "天人感应，灾异祥瑞" 之《公羊春秋》，春秋纬书中很多处就直接抄袭了董仲舒的《春秋繁露》中的内容。接着再是 "易纬"，因为 "谶纬" 思想偏爱 "诡秘"，而 "易经" 的内容和语言多玄妙深邃，图谶比较容易附和。以上这些被记录的 "纬书" 还是被当时认为是严肃、理性的，是被朝廷收藏和研习的，而民间天马行空的纯粹 "谶书" 则是不计其数。

造作 "纬书" 的方士学者将 "纬书" 托名于 "孔子"，也有托名于孔子的子弟，以增其分量。

"又有《七经纬》三十六篇，并云孔子所作。"——《隋书·经籍志》

孔子求书，得黄帝玄孙帝魁之书，迄于秦穆公，凡三千二百四十篇。断远取近，定可以为世法者百二十篇，以百二篇为《尚书》，十八篇为《中候》。"

——《尚书纬·璇玑钤》

我们看以上纬书的书名，都是以"谶"的某些思想为主题，比如灾异应验、帝王期运等，然后在某一部经书中，依附此经文的内容，与此主题糅合并作，相互参照，发展创说，从而使"谶纬"的学说变成一种看似"严肃"的学术。

陈槃和张峰屹都考证了"谶纬"和"纬"的概念至少要到东汉中期以后才出现，笔者也认同这个观点，只是笔者认为，"纬"的概念是到东汉时才出现，但"纬书"的实质以及被"图谶"窜入的经传书籍在西汉初期，在孝文帝朝就开始出现了，并且在汉武帝朝开始大量地增加，原因是显而易见的，首先是武帝独尊儒家的政策，其次是董仲舒用"阴阳五行"和各家诸子学说对儒学的改造，更关键的是武帝因自身期望长生成仙而对方士的重视，综合这些因素，当时的部分儒家学者和方士开始大批地将"图谶"思想依附于五经。

另外，笔者认为应该把当时撰写这些"谶纬"类书籍的作者分为两类，一种即是故弄玄虚，依附经文进行臆想和编造，再伪托是古代圣人编写的，比如孔子，然后在当时的学术界招摇撞骗，以获得利禄地位等的学术伪人。而另一种，因为当时的思想水平和对自然世界认知的限制，确实以为"图谶"中的隐秘预言是可能存在的，由此而以严肃理性的态度在研究"五经"和"图谶"，试图真的寻找出对政治和人事的预言。"图谶"预言的主要基础是"天人感应"，在董仲舒以"天人同类"解释"天人感应"之外，"天人感应"实际根源于当时的哲学思想，认为天地万物（俗称"自然"）都有着自己运作的规律，在现代我们称作自然科学规律，在古代的西方称作自然哲学，而我们人类和人类社会也是天地万物的一部分，因此古人认为人类社会的运作也会有自己的规律，我们现代称作人文哲学。由此推导国家的治理、人和人之间的关系等，也有着自己的规律，一旦找到这样的规律，国家可以长治久安，人与人可以和谐相处。只是我们古代的思想家有时误入歧途，总是试图将发现的自然科学规律运用到人文哲学。因此我们在"谶纬"类书籍中不乏可以看到当时理性的学者对"天地"运行规律的探索。

"天左旋，地右旋"，《春秋元命包》，这是观测后的科学现象，但受限于当时的知识，只能用阴阳的思想来解释，"地所以右旋者，气浊精少，含阴而起迟，故右转迎天，佐其道"。

"地常动不止，而人不知，譬如闭舟而行，不觉舟之运也，（大地是一直在动的，人之所以不知道，就如坐船时关上船的窗户，而不知道船在动一样）"，《春秋元命包》，这是更明显的对自然的观察和思考。

"月为阴精，体自无光，籍日照之乃明"，《春秋元命包》，已经发现月亮自身不发光，这同样是观测加思考的科学结果。

"脑之为言在也，人精在脑"，《春秋元命包》，这是经过思考后得出的具有进步性的结果，因为当时的人认为，人是靠"心"来思考的。

"地动则见于天象"，《春秋运斗枢》认为天象的变化是因为大地在动。

"阴阳和为雷，阴阳激为电"，《春秋元命包》，当时的学者想解释雷电的自然现象，仍然受限于当时的知识水平，但用"阴阳"这种哲学思想几乎完全正确地解释了"闪电"的原因。

哲学要探索的问题之一，就是思考自然世界中"客观规律"自身存在的原因，所以在西方古代哲学也被称作"后物理"学，就是进一步探索思考"物理规律"如此存在的原因。所以中国古代学者把"阴阳"描述为宇宙万物的内在属性之一，自然有能被它准确解释的地方。这也是这些"纬书"会被当时的朝廷和学者看作有理性的原因之一。所以笔者认为对"谶纬"中蕴含的思想不能一棒子打死、全盘否定为迷信，其中也存在着古代学者理性的思想。

因此清代的《四库全书》说"纬书是经书的支衍，辅助经意"，因为"纬书"会对经书中的一些自然现象（其中最多的就是天文，即星象或天象等）、地理、历史事件、历史人物，以及经文的文字，作出一些更详细、宽广和不同角度的解释。然而，对其中的历史以及和他们相关的人物和事件，大多数就是按照"五行和臆想"编造的了。比如，在东汉前是没有"三皇五帝"中的"三皇"历史，正是"纬书"写出了"五帝"之前"三皇"的历史，但"三皇"在不同的"纬书"中的版本还不一样：

伏羲、燧人、神农，《诗纬》。

伏羲、女娲、神农，《春秋纬·元命包》。

伏羲、神农、黄帝，《礼纬·稽命征》。

我们不用讨论哪个是正确的，因为三皇本来就是这些谶纬学者根据以往的神话或传说，将他们编造进历史系统的。但这些不同的版本正好可以说明，谶纬的书籍是由不同的学者在不同的年代写成的。

因此在东汉时期,《尚书》除了有今文和古文的解释,还有"谶纬"类的"尚书纬"的解释。我们简单地介绍一下五部《尚书》纬书的大致内容。

《尚书纬·帝命验》,主要描述朝代兴亡、帝王历运的长短取决于天命,随五行更替、兴衰存亡都各有征验,所以叫《帝命验》。

《尚书纬·运期受》和《帝命验》类似,主要描述五行相互替代的期限,皇朝更替兴起的理由,"运期"也作"期运",是汉魏常用语,就是帝运的期限。书中说帝王受命历运长短都有一定期限,是天所授,书中载有五帝兴亡之符应及其期运之世数、年代考证,故名《运期授》。

《尚书纬·考灵曜》,"灵曜"指天上的日月星辰,书中考察了日月星辰运行的规律,描述了当时的天文和地理知识,用以讲述在不同天文现象时的"谶语",故名《考灵曜》。

《尚书纬·刑德放》,"放"的意思是"仿照"的"仿",是讲述帝王统治之术有道德和刑法两种方法,儒家主张以教育民众道德为本,即以预防为主,以刑辅德,仿照天有阴阳之道,阳为德,阴为刑,阳主生,阴主杀;阳为奖赏,阴为惩罚;故名《刑德放》,其中也讲述了刑德运用不善而对应的"符应"。

《尚书纬·璇玑钤》,"璇玑"出自《尚书·尧典》中舜继位时的场景,"舜让于德,弗嗣。正月上日,受终于文祖。在璇玑玉衡,以齐七政"。《春秋纬·运斗枢》给北斗七星分别各取了一个名字,天枢、天璇、天玑、天权、玉衡、开阳、瑶光,参见下图15。

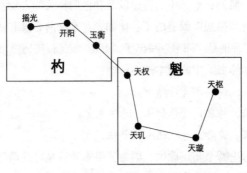

图15 北斗七星

天枢、天璇、天玑、天权四颗星组成了北斗的头，简称"魁"（魁的本意就是勺子的头部），通常就用璇和玑代表，玉衡、开阳、瑶光三颗星组成北斗地柄，简称"杓"，通常用"玉衡"代表，所以"璇玑玉衡"就是代表"北斗七星"。"钤"基本的意思印章或锁钥，引申为"关键""计谋"的意思。

这本书只找回了不到二十句话，大部分都亡佚了，从现存句子中看，主要是对《尚书》的介绍，以及类似于《春秋纬·运斗枢》，讲述根据"北斗七星"的星象，以每颗星各自的明暗程度，来预言地上的人事朝政和祸福灾祥。如前所述，此书还叙述了：

"孔子求书，得黄帝玄孙帝魁之书，迄于秦穆公，凡三千二百四十篇。断远取近，定可以为世法者百二十篇，以百篇为《尚书》，十八篇为《中候》。"

首先这 18 篇尚书《中候》，也是明确的"谶纬"类书籍，但《中候》是模仿《尚书》的文体格式书写的，并不是阐述和解释《尚书》的，只是仿照的比较拙劣，和"纬书"一比较，事实即一清二楚。它们的篇名是，《敕省图》《握河纪》《我应》《考河命》《雒予命》《雒师谋》《摘雒戒》《准谶哲》《合符后》《稷起》《仪明》《运衡》《契握》《苗兴》《觊期》《题期》《立象》《霸免》。

从这条记录，我们也看到了《尚书》的"百二篇"，联系到前文叙述的成帝时期张霸的"百二篇"，就有后代的学者讨论它们之间的关系，是哪个"百二篇"先出现的，但都还未有足够的证据。《尚书纬·璇玑钤》中的"百二篇"，学者们已经基本认定是为了证明 18 篇《尚书·中候》是孔子所作的真实性，而如此叙述的。而如前文所述，当时的学者是相信《尚书》是由一百篇组成的，但是《尚书纬·璇玑钤》的"百二篇"，从叙述中可以知道，是实打实的 102 篇经文，而张霸的"百二篇"是一百篇篇文加上两篇"书序"，所以这两个"百二篇"并不是一回事，只是按照目前的文献信息还很难分析它们之间的关系。

7.5 内学

"谶纬"之学已经完全浸入了当时所有的学问，当某一种学术可以解说所有的其他各种学术时，这种学术就会渐渐浮然于上，"谶纬"由此也渐渐地凌驾于五经之上，让这些"谶纬"学者自己都感觉高出一等。

到了东汉光武帝，更加相信谶言，专营投机的术士，都跑到京都，穿凿附会，竞相谈论图谶精怪……从此以后，这些钻研"谶纬"的学者将他们研究的"谶纬"称为"内学"，崇尚奇文怪论，特别关心那些怪力乱神、诡诞不经的事宜。

——《后汉书·方术列传》

这些崇尚"谶纬"之学的学者，将"谶纬"称为"内学"，强烈地表现出他们认为"谶纬"高人一等的想法，"内"即为神秘而高深，五经之学在他们眼中已经沦为"外学"。但即使"谶纬"学这样如火如荼，仍然有头脑清醒的学者心坚不屈，绝不趋炎附势。

桓谭在王莽居摄的时候已经是谏议大夫，到了光武帝时期，因直言不讳，反而得不到光武帝的重用，就是一位"议郎"，但他看到光武帝执迷"图谶"时，依旧上书直言。

当时光武帝刘秀正迷信谶语，经常用谶语决定疑难的事情……桓谭再次上疏，"现在一些有巧慧小才的术士，妄自添加造作图谶书籍，假称是什么谶记，拿来欺骗迷惑众人，贻误圣上，怎么能不抵制和抛弃它呢！我听说陛下严厉斥责了方士点化金银的骗术，这是何等的英明啊！而陛下却仍然听信谶记，这又是多么的迷误呢！谶记虽有时偶然应验，但这就如同有时卜卦说中一样。陛下应多俯身明听，以自己的意旨排斥小人歪曲的邪说，阐明五经的正义，不要看重那些人云亦云的俗语，详察精通事理之人的谋略和意见。"

——《后汉书·桓谭传》

只是光武帝听过后，没有任何的反省，反而更不喜欢他了。但朝廷有事还是要咨询他的。

后来，光武帝召集群臣讨论建造灵台（用来观测天文的建筑）的地址，帝对桓谭说："我想用谶来决定，怎么样？"桓谭沉默了很久，说："臣不读谶。"帝问原因，桓谭再次极力申辩"谶"不合"五经"。光武帝大怒："桓谭非圣无法，带下去，斩首。"桓谭叩头到流血，好久皇帝才消气，免遭一死，但被贬出京城，到六安郡担任郡丞，桓谭心情忽忽不乐，在路上病逝，时年七十多岁。

——《后汉书·桓谭传》

当时，像桓谭这样的学者，还有一位名叫尹敏的，只要介绍东汉学术的书籍都会介绍到他，实在是这位学者有着难得的黑色幽默让人忍俊不禁。

尹敏，南阳郡堵阳县人，年轻时学习欧阳《尚书》，后来学古文《尚书》，兼学《毛诗》《穀梁传》《左氏春秋》，建武二年（公元26年），向皇上陈述《洪范》中消灾的办法，但当时的光武帝刚刚初创天下，没有顾及这件事，命令尹敏等待官职诏令，后来做了郎中，在大司空府（御史大夫）任职。光武帝认为尹敏博通经记，命令他校正图谶（书籍），让他除去"谶纬"书中当年崔发为王莽篡改的内容。尹敏回答道："谶书不是圣人所作，里面有不少鄙语和错别字，很像世俗的词语，恐会误导后生。"光武帝不理会（坚持让他去校验"谶书"）。尹敏只能去校勘"谶书"，然后将校好的"谶书"上承光武帝检阅，尹敏在书中有缺文的地方自己增加了一句："君无口，为汉辅"，光武帝看了觉得很奇怪，召见尹敏问他这是什么意思。尹敏回答道："我看见以前的人也随意增减书中语句，臣不自量力，也学着这样做了，心想万一侥幸能碰中"（"君无口"就是"尹"，"为汉辅"就是可以当丞相了），光武帝心中大为不满，虽然没有加罪于他，但尹敏从此不得重用。

——《后汉书·尹敏传》

看到这则故事，笔者自己也想写句谶语，"富贵终身伴，其志必浩瀚"。但从这件事中，我们可以从侧面印证，光武帝研究谶纬确实非常的认真仔细，逐字逐句，不然如何能发现尹敏才6个字的增语。

在东汉的学者，可以分为依附谶纬的，和不依附的，只是不依附的寥寥无几。而不依附谶纬的学者，像桓谭和尹敏，也都没有得到重用，这是不幸的，幸运的是，光武帝也同样尊重儒学和鼓励五经之学，只是不能反对"图谶"。光武帝在建国伊始，就开始重建兵荒马乱后的学术系统。

光武中兴，爱好经术，还未即帝位，就访求儒雅之士，采集残缺的典文，修补遗漏，搜罗散文。以前，四方学人，多怀抱图书，逃入山林。自此以后，都携带书籍，齐集京师……于是国家设立《五经》博士。

——《后汉书·儒林列传》

第8章 古籍的第二次劫难

8.1 赤眉火烧长安

　　光武帝之所以"采集残缺的典文，修补遗漏，收罗散文"，是因为在王莽朝灭亡之际，京都长安再次遭遇浩劫。如前文所述，在光武帝称帝时，已经有了三个皇帝，刘玄和赤眉军刘盆子，先后攻占京都长安。

　　公元23年2月，刘秀的堂哥刘玄称帝，史称更始帝。

　　公元24年2月，更始帝刘玄从洛阳出发，进入长安，定都于此。

　　公元25年6月，赤眉军刘盆子称帝。

　　公元25年9月，赤眉军刘盆子攻入长安，更始帝逃往高陵县。

　　公元24年2月，更始帝（刘玄）抵达长安，下诏大赦……三辅完全平定，更始帝以长安为都城，住在长乐宫。府库完好，只有未央宫在进攻王莽时被火焚烧了三天。

　　　　　　　　　　　　　　　　　　　　　　——《汉书·王莽传》。

　　未央宫是皇帝上朝和大臣议事的宫殿，所以未央宫被焚毁，基本不会影响宫廷的藏书，而且特别记录了"府库完好"，藏书躲过了第一劫。但不到一年，赤眉军攻入长安，更始帝刘玄逃往高陵县，这第二波攻占长安的赤眉军，完全是由一群流寇和绿林强盗组成的乌合之众，更不幸的是，军队的将领根本管不住自己下面的这些强盗士兵。公元25年9月，赤眉军攻入长安，不到一个月，整个长安城即被赤眉军抢劫一空，包括粮食。

　　（进入长安）后二十余天，赤眉军贪财物，全部冲出军营大肆抢夺，城中的粮食抢完了，就收集装载珍宝，然后纵火焚烧皇宫，带兵向西。

　　　　　　　　　　　　　　　　　　　——《后汉书·刘玄刘盆子列传》

　　赤眉军便焚烧长安的宫室和街道市场……百姓饥饿到人吃人，死者达数

十万，长安成了废墟，城里无人行走。 ——《汉书·王莽传》

赤眉军离开京都长安竟然是因为城中的粮食已经被抢光了，而纵火宫室纯粹是处于破坏的心理，不光是皇宫，连长安整座城也一起被烧毁了。

元代史学家、目录文献学家马瑞临，在公元1307年著就的《文献通考》中写道："刘歆总群书，著七略，大凡三万三千九十卷，王莽之乱，焚烧无遗。"《七略》就是刘歆整理宫廷藏书后编写的文献目录书籍，三万三千九十卷书籍只能跟着皇宫一起被焚毁。《尚书》的命运要比《七略》稍微好一些，主要还是因为大多学者都要研习它，所以在民间的抄录副本较多，才从这次浩劫中幸存下来。在刘歆《七略》的记载中，古文《尚书》的篇数是五十八篇，没有卷数，到班固的《汉书·艺文志》的记录时，少了一篇，东汉末期经学大师郑玄认为就是在这次动乱中丢失了《武成》这一篇经文。

"武成，逸书，建武之际亡。" ——《尚书正义·武成》

公元25年10月，因为长安已经被烧毁了，光武帝刘秀定都洛阳。然后"四方学人……都携带书籍，齐集京师"。尽管五经书籍侥幸幸存，但《七略》记录的"三万三千九十卷"的书籍几乎全部被焚毁，这实在让人痛心疾首。

光武帝重建学术，五经学者重新回归，但学者想被皇帝重用，多了一个条件，就是"谶纬"，笼统地说，如果一位学者精通五经，而又精于谶纬，那就是那个时代最受欢迎的学者。但如果不懂"谶纬"，仕途就暗淡无光了。

到了光武皇帝，有独特的见地，重视《左氏春秋》《谷梁春秋》两家，恰巧两家先师不通晓图谶之学，所以就半途而废了。 ——《后汉书·贾逵传》

这对当时经学研究产生的最大影响就是，在这种氛围下成长起来的学者，即使后来最精通五经的一些学者也会去研究"谶纬"，也会用"谶纬"的内容来解释"五经"，由此"五经"的注解中也开始引用"谶纬"书的内容来说明经文。随后不久，光武帝即恢复了西汉太常博士制度。

于是国家设立《五经》博士，各人按各人的家法教授学生，《易》有施、孟、梁丘、京氏，《尚书》有欧阳，大、小夏侯，《诗》有齐、鲁、韩，《礼》有大、小戴，《春秋》有严、颜（严彭祖为《公羊春秋》严氏学，颜安乐为《公羊春秋》颜氏学），共十四博士，仍然由太常依次总负责。

——《后汉书·儒林列传》

总共十四个"学官"，具体的博士数量已经无法考证了。从中我们发现，

"学官"中没有古文《尚书》,《左氏春秋》《毛诗》和逸《礼》,所有的"古文"都没有被再次设立学官,不仅仅是"古文",就是孝宣帝用了十几年准备和努力才立的《穀梁春秋》也没有被再立,《穀梁传》从公元前51年石渠阁会议被立,到现在已经快有80年了,至少已经相传了4代到5代的人,此时仍然未被认可。

笔者认为,其中原因正是师门家法的传统势力,再加上"谶纬"的新势力。从西汉初开始,逐渐形成的师门和家法,到此时已经形成了极其强大的经学传统,以致"古文"和《穀梁传》这些后起学术,尽管一时被王莽权势支持而立了"学官",但只要这股"权势"一消失,立刻就被传统的经学师门和家法的学术势力所剔除和淹没。

另外古文的学者要远比今文的少,主要是因为要研习古文必要先精通今文学术,通常只对经学本身有兴趣的学者才会继续学习古文。其次,有古文书的人不多,有仕途利禄为依靠的时期只有短短的8年左右,所以研究"古文"的学者不多。当时学术的主流仍然是"今文",所以兴起的"谶纬"自然都是去依附"今文"的五经学说,用一个不是很恰当的比喻,如同现在给产品作广告,肯定是找一位有名的明星作广告,而不会找一位不知名的人。所以东汉初,"古文"的学说中没有"谶纬",但光武帝又是热衷崇信"谶纬"的,所以东汉建国时,"古文"学术一个学官也没有。

但是古文学术在经过刘歆的兴起和激发后,尤其是通过他近二十年的推动,学界中还是有一小部分硕果仅存的学者,特别是刘歆直接教授的弟子,仍然继续着古文的研习。在这兵荒马乱的改朝换代之际,就有一位学者艰难地守护着自己手上唯一的家当,一卷古文《尚书》,这卷传奇的古文《尚书》又带出了一代传奇的《尚书》经学大师。

8.2 杜林古文《尚书》

杜林,右扶风茂陵县人(武帝的陵寝,今天陕西咸阳市以西,兴平市以东的区域),在官宦经学世家中长大,从小就深思好学,家里又有很多书,博学多闻,当时被称为通儒。王莽败亡后,盗贼群起,杜林和弟弟杜成都逃亡到河西,因为此时主要的战场都在长安以东,另外他的父亲杜邺曾经是西部的凉州刺史（监察州郡官员的职位），在生活上自还有一些基础。

当时的河西被隗嚣控制着，隗嚣是归顺更始帝刘玄的一位将领，更始帝刘玄被赤眉军打败赶出长安后，隗嚣也反叛了更始帝刘玄，割据河西，拥兵自重，与光武帝刘秀对峙自立。隗嚣素来听说杜林有志气节义，便以礼相待，还封杜林为"持书平"这样一个未听说的官职（推测是类似于在皇帝边上的郎中）。杜林虽被隗嚣网罗，但他并不想臣服于这样一位不正统的皇帝，后来称病辞职。到了建武六年（公元30年），光武帝派来使者，杜林自然顺理成章地归顺了光武帝，逃回长安。就是在这段身处河西的时间中，杜林得到一卷漆书的古文《尚书》，我们称作"西州版"。

（杜）林前于西州得漆书古文《尚书》一卷，一直把它视作珍宝般爱护着，即使身遭困境，也握持在手中，绝不离身。　　——《后汉书·杜林传》

杜林缘何对这部古文《尚书》如此看重？因为他的世传家学正是以古学见长，古学就是对当时古文字的研究。他的古文学传承于他的曾外祖父张敞，张敞是宣帝时期的名臣，以善于剿灭盗贼匪患的治安水平而得到宣帝的看重，自身喜爱研究古代文字。

在当时，在美阳县得到一个宝鼎，献给朝廷，宣帝让朝臣讨论，大多数人认为，应该奉献给祖庙，就像（武帝）元鼎年间的做法。张敞喜欢古文字，按照鼎上铸造的文字，上奏宣帝，张敞说："……这是周代某个大臣受到王的褒奖赏赐，于是大臣的子孙铸造了这个鼎，在上面铸有文字，以记录先祖的功劳，藏在祖宗的祭庙里……不宜将其奉献给（皇家的）祖庙里。"宣帝下诏说："京兆尹张敞说得对。"　　——《汉书·下郊祀志第五下》

可见，张敞的古文字学不是纸上谈兵，的确是真材实料，由此给宣帝留下了印象。在当时，秦朝流传下来的文字典籍，如前文介绍过的，秦朝丞相李斯撰写的《仓颉篇》，对其中不少的古文字，当时京都的学者已经不认识了。于是宣帝学习文帝，因为张敞擅长古文字，派他向齐鲁地区的老师再学习这些古文字。

《仓颉篇》中有许多古文字，一般的老师也难以辨识，更不懂得读音，在宣帝时，朝廷征召齐国能认识和正确发音的学者，派张敞向这些老师受教，回来后传授予外孙的儿子杜林，在阅读古文时，帮助对古文字的解释和正音，以便将古文字的解释和发音并列在一起。　　——《汉书·艺文志》

由此我们看到，杜林得到了张敞的古学传授，杜家和张家的关系如下：

杜邺从小失去父亲，母亲是张敞的女儿。杜邺长大后，跟随张敞的儿子张吉学习，得以阅读张吉家中收藏的书籍。以孝廉，被举荐为郎官。

——《汉书·杜邺传第五十五》

杜林从小就好学深思，家里既多书又舅氏张竦父子喜好文采，杜林从张竦受学，博学多闻，当时被称为通儒。 ——《后汉书·杜林传第十七》

张敞的孙子张竦，王莽时至郡守，封侯，博学文雅超过张敞，然政事不及也。张竦死后，张敞无后。 ——《汉书·张敞传第四十六》

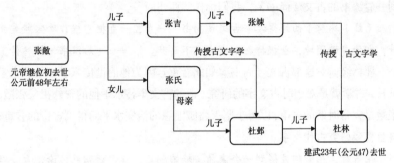

图16 杜林师承图

通过张敞和杜林去世的时间，我们可以推断，张敞对杜林只是作了启蒙的传授，杜林的古学主要还是来自张敞的孙子张竦，但是"张竦的博学文雅超过了张敞"。因此，杜林也是精于古文字学的学者，在西州得到一部由古文撰写的《尚书》，对他来说，当然是如获至宝。

和杜林一同在河西隗嚣小朝廷的，还有一位叫郑兴的学者，当时隗嚣封杜林是"持书平"的时候，还封了郑兴为"祭酒"（相当于一个部门的负责人），他们在河西就相识了。郑兴，字少赣，河南开封人，是刘歆的弟子。

天凤年间（公元14年到20年间），郑兴和他自己的学生听从刘歆讲《左氏传》大义，刘歆赞美郑兴的才华，让郑兴协助一起撰写条例、章句、传诂，并校正《三统历》。 ——《后汉书·郑兴传第二十六》

郑兴同杜林一样，不愿臣服于隗嚣，在杜林逃回长安的同一年，公元30年，他借口安葬父母，也逃回了长安。杜林知道郑兴回来后，立刻向光武帝举荐了郑兴，然后郑兴直接被任命为"太中大夫"。只可惜，郑兴也不懂"谶纬"，一直得不到光武帝的重用。

光武帝曾经问郑兴郊祀的事，并说："我想用谶语断定，怎么样？"郑兴答道："臣下不使用谶语的。"皇上怒道："卿不用谶语，你是想非议谶语吗？"郑兴立刻惶恐地回答："臣读书时没有学习过谶纬，并非是非议谶语。"皇上的怒气才稍微缓解。郑兴多次谏言政事，都依照经文的大义，写的文章也温和儒雅，但因为他不懂谶纬，所以得不到重用。

——《后汉书·郑兴传》

郑兴是刘歆的弟子，深受古文学术的熏陶，得到刘歆《春秋左传》大义真传，同样精通古文字学，之所以怀抱古文《尚书》的杜林如此看重郑兴，首先当然是他们有着共同的学术追求和爱好，但更重要的一点是，郑兴也有着正宗的古文学术传承（刘歆的传授），用当时的话说，就是"学有师承"。如前文所述，杜林的学问是传之舅舅张竦，笔者推测张竦应该没有古文《尚书》，不然杜林不会对在河西偶然得到这卷古文《尚书》如此看重。除了郑兴以外，杜林还结识了当时另外一位知名的古文学者卫宏。

河南郑兴、东海卫宏等，皆长于古学。　　——《后汉书·杜林传》

"杜林得到郑兴等固然是相得益彰，如卫宏得到我杜林，将更大有裨益"，后来卫宏见到杜林，果然被他博大精深的学识所折服。

——《后汉书·杜林传》

卫宏字敬仲，东海国人……先学习古文诗经《毛诗》，当时九江人谢曼卿擅长说《毛诗》，为《毛诗》作了训诂。卫宏向谢曼卿学习，著作了《毛诗序》，这篇序文非常好地阐述了诗经中《风》和《雅》这两种诗文的意旨，到现在还在世上流行。　　——《后汉书·儒林列传》

卫宏又是一位志趣相投的学者，而杜林为何对卫宏如此情有独钟呢？

当初，光武帝迁都洛阳之时，经书、公文和秘书要用两千多辆车子来运载。　　——《后汉书·儒林列传》

光武中兴汉室，任用吴汉、耿弇辅佐（武事），范升、卫宏修缮整理典籍，因此能够文武并用，成就长治久安之大计。　　——《后汉书·谢该传》

光武帝将两千多辆车的简册从长安运往洛阳后，自然需要学者在洛阳重新将其分门别类收藏好，而藏书中包括很多古文字书写的书籍，自然需要懂古文字的学者参与其中，卫宏因善于古学，精通古文字的训诂，而成为其中一员。他当然是天天和古文书籍打交道，能够阅读到"孔献版"古文《尚书》，这正是杜林所看重的。

由此，古文《尚书》在杜林、郑兴和卫宏共同的推动下终于再次如日东升，这其中，杜林功不可没。在后来的十几年中，杜林依靠自己深厚扎实的学问和谨慎奉职，多次获得光武帝的赏识，终于在公元46年官至三公之大司空（御史大夫）。如前所说，功名利禄仍然是学术传承和发展的一大动力，热衷古文的杜林此时官至御史大夫，高居朝廷三公之位，自然能大大增加前来求学的学者，无论他们出于何种目的，对推动和扩大古文《尚书》的发展研习必然是起到把薪助火之效用。可惜的是，杜林任职一年不到，就在公元47年去世。

建武二十三年（公元47年）去世，光武帝亲自到杜林家中吊唁，为杜林送葬。　　　　　　　　　　　　　　　　——《后汉书·杜林传》

我们现在再回过头去看杜林在公元30年，刚回到长安，同郑兴和卫宏说的话。

杜林拿出古文《尚书》，一边展示给卫宏看，一边说："我在兵荒马乱中亡命奔波时，常常担心这部经典将灭绝于世。不料想现在东海卫宏、济南徐生（卫宏的学生，后来又直接向杜林学习）还能得到它，而将它传承下去，这就是道不坠于地啊！古文虽不合时务，然而期望各位无悔所学。"卫宏、徐巡就更加敬重古文学术，于是古文就盛行起来。——《后汉书·杜林传》

杜林的这番话是何等的让人勠力同心，古文《尚书》学在他们的传承下像涓涓溪流，终成江河。后代学者对这部"西州版"古文《尚书》的议论也是层出不穷。大家最关注的就是这部一卷的"西州版"古文《尚书》包含多少篇文，是否就是向后代传承的古文《尚书》，而引起这个问题的根源是《后汉书·儒林列传》中的这句记录。

扶风杜林传古文《尚书》，（杜）林同郡贾逵为之作训，马融作传，郑玄注解，由是古文《尚书》遂显于世。　　　——《后汉书·儒林列传》

贾逵是紧承杜林之后的东汉儒学大师，马融和郑玄也都是东汉后期里程碑式的经学大儒，在后面都有专文详述。杜林去世时（公元47年）贾逵18岁，他同样精通古学。《后汉书》的叙述非常自然地让后代学者认为，"西州版"就是流传于后世的版本，"贾逵作训，马融作传，郑玄注解"的版本就是杜林的"西州版"古文《尚书》，而不是皇宫收藏的"孔献版"。

通过前文的叙述，我们知道杜林得到一卷《尚书》，那么这一卷古文《尚书》有多少内容呢？我们先分析一下"卷"这个物件。"卷"既可以是竹简的一卷，也可以是丝帛的一卷（由棉线纺成的织物是"布"，由蚕丝纺成的织物是"帛"），但杜林手持的是竹简一卷，还是丝帛一卷，已经无法考证了，只能依靠推测。

如果这一卷是竹简，篇章的内容自然就不会多，内容只能是古文《尚书》的一小部分。

如果这一卷是"丝帛"，笔者推测，这是当时在河西地区，有一定社会地位和财富的家庭，在兵荒马乱的时代，自己用漆将五经经文誊写在丝帛上的，可以在战乱发生后，背井离乡时，便于随身携带，而漆字遇水不败，比墨更容易保持字迹。而所有出土的帛书，比如有名的长沙马王堆，都是帝王将相的坟墓，都是在太平盛世的情况下用作陪葬品的，就没有这个"防护"的需求，所以墓葬出土文物是很难出现漆书的丝帛，通常都是墨书的帛书，因为两者之间的用途是截然不同的。那么一卷丝帛有多大，能写多少篇章呢？

对此问题，我们可以借鉴马王堆出土的帛书《战国纵横家书》。这件帛书抄写在长 1.92 米、宽 24 厘米的半幅绢帛上，共存 325 行，约有 1.1 万字左右。根据统计，现今的古文《尚书》58 篇共 25640 个字左右，再加上"百篇书序"一篇，大约 1560 字左右，总共 2.72 万个字左右，但是这个字数只是一个参考，因为我们并不知道杜林手上西州版本的篇数和字数。出土的《战国纵横家书》只用了"半幅"的空间书写，"幅"是丝帛的宽度，马王堆是西汉初期汉惠帝时代长沙国丞相的墓葬，在当时一幅是 2 尺 2 寸左右，一尺大约 23 厘米，这正好和出土帛书的宽度 24 厘米相吻合。

布帛二尺二寸为幅。　　　　　　　　　　　　　　——《汉书·食货志》

这样，如果丝帛再稍微长一些，比如到 2.5 米，然后用全幅书写，这样的话，写下全部古文《尚书》的内容就是有可能的了，而整张丝帛就是现今一条常规围巾的大小。

（东汉末年）那些缣帛图书，大的可以连缀成车子的帘幕与布盖，小的可以制为袋囊。　　　　　　　　　　　　　　——《后汉书·儒林列传》

由此可见，当时确实有很大的帛书，所以杜林完全有可能得到的是一套相对完整的古文《尚书》，这种推测也更加符合杜林对这卷古文《尚书》"常宝爱之，虽遭难困，握持不离身"的情况和心态。

但是我们并不知道实际情况，所以我们将"西州版"分为一卷竹简和一卷丝帛这两种情况，按照这两种情况分别来分析"西州版"可能的传承情况。

如果只是一卷竹简，那么内容最多只有几篇，那传承下去的肯定是宫藏的"孔献版"，这自然毫无疑问。对这一卷"西州版"的传承，清末经学大师皮锡瑞（公元 1850~1908 年）考证并推测到，"西州版"一卷因为卫宏为它写了"训旨"而流传了下去。

（卫宏）后从大司空杜林更受古文《尚书》，为作《训旨》。

——《后汉书·儒林列传》

小学（中国古代文字学书籍分类）：《古文官书》一卷［后汉议郎卫（宏）敬仲撰］。 ——《隋书·经籍志》

但这本《古文官书》训旨在唐朝的《史记正义》和《汉书》的注解中都引作卫宏的《诏定古文尚书》。如前文叙述晁错向伏生学习《尚书》的故事中，卫宏就是在这本《训旨》的序文中写了晁错因听不清楚伏生的发音，而得到的经文大义十有二三是错的这件事。所以后代学者认为《古文官书》是《古文尚书》的笔误。由此，皮锡瑞认为这卷《古文官书》就是杜林的这一卷"西州版"古文《尚书》。

卫宏传杜林之学，（古文）《官书》一卷盖本杜林。

——皮锡瑞《经学通论》

这一卷《古文官书》大约在北宋时期亡失。皮锡瑞的推测尽管没有直接证据，但的确是一个符合逻辑的推测，可备为一说，有待以后考证。

如果这是一卷丝帛，也就说"西州版"的篇文数量和"孔献版"相当，这种情况下，流传到后代，被后代儒家大师作传和注解的经文底本是否就是如《后汉书》叙述的"西州版"呢？笔者的观点是否定的。

首先，笔者认为"西州版"古文《尚书》没有被皇宫作为五经经文收藏。编著《汉书》的班固和杜林、贾逵是同一时期的人，公元47年杜林去世的时候，班固9岁，贾逵18岁。在《汉书·艺文志》中记录道：

扬雄《仓颉训纂》一篇。

杜林《仓颉训纂》一篇。

杜林《仓颉故》一篇。（"故"通"诂"，就是对《仓颉》篇中的篆体文字的解释。）

凡小学十家，四十五篇。入扬雄、杜林二家二篇。

班固的《艺文志》是基于刘向和刘歆的《别录》和《七略》，在此他特地注明，额外收入了扬雄和杜林的两篇训诂文章，一来说明杜林的这篇训诂篇文是被皇宫收藏下来，二来说明班固对被收藏于宫中的杜林文籍给予了专门的关注。另外，当时皇宫收藏一部书籍是需要皇帝批准的，如前文叙述的，成帝收藏张霸的"百二篇"。

时，太中大夫平当、侍御史周敞劝上（成帝）存之。——《汉书·儒林传》

明确说明"百二篇"要被收藏是需要成帝的批准，又如贾逵向汉明帝献上的篇文。

贾逵特别精通《左传》和《国语》，写有这两部书的《解诂》五十一篇，明帝永平年间，将《解诂》献给皇帝。明帝非常重视，令人将它抄写一份收藏在秘书阁。——《后汉书·贾逵传》

《春秋左氏解诂》三十卷（贾逵撰）、《春秋外传国语》二十卷（贾逵注）。——《隋书·经籍志》

由此可见，杜林的《仓颉故》和《仓颉训纂》是被光武帝批准收入皇宫的，班固于是在《艺文志》中加入了这两篇。但是在《艺文志》的《尚书》类书籍中却没有杜林"西州版"的古文《尚书》，只有班固在文中明确说明的孔安国当年献上的古文《尚书》46 卷。

从杜林的光武帝时期到班固开始正式在皇宫中编著《汉书》（公元 62 年）的明帝时期，直到公元 99 年班固去世的汉和帝时期，是东汉政权最稳定的时期，在皇宫中的藏书不会受到类似于以前战乱和人为的损毁，所以杜林的"西州版"如果被皇宫收录，不会存在毁坏丢失的情况。另外班固既然记录了杜林的《仓颉故》和《仓颉训纂》，也就不会不记录其他被收藏的书籍，更何况是重中之重的五经经文。杜林是在刘向、刘韵之后的学者，班固如加入杜林的著作，必会像杜林的两篇《仓颉》著作一样，标注杜林的名字。所以笔者推断东汉皇宫没有将"西州版"的古文《尚书》作为《尚书》类的书籍收藏入皇宫。

其次，从前文对杜林家学的介绍和杜林被皇宫收藏的书籍来看，杜林的学术在经学和古文字学中，是完全偏重于古文字学。

杜林的文字学超过杜邺、张竦，世人都说小学（文字学）的研究，是从杜公（林）开始的。

———《汉书·杜邺传》

另外，杜林只得到一卷经文，没有传解，更没有先师的"师说"。杜林自身并没有今文三家《尚书》学中的某一家的师传，笔者因此进而推断，杜林对他弟子的传授不会是专门的《尚书》学，而应该是以文字学为主。所以杜林、卫宏和郑兴在学术上产生的共鸣只是从古文字学的角度重新研究了"西州版"和"孔献版"古文《尚书》。而紧接其后的贾逵，对古文《尚书》也只是作训，就是以古文字的解释为主，而并非是解释经文全文字词句和大义的"章句"。

由此，我们小结以上的分析，第一，"西州版"没有被皇宫作为《尚书》书籍收藏。第二，杜林看重古文《尚书》，是因为杜林的学术和书籍是古文字学，被皇宫收藏的也是文字学类书籍，他和贾逵都没有对古文《尚书》作"章句"。根据这两点，笔者推断传承到后代的古文《尚书》版本仍然是宫藏的"孔献版"，对《后汉书》的这句记录"扶风杜林传古文尚书，林同郡贾逵为之作训，马融作传，郑玄注解，由是古文尚书遂显于世"，它的实际流传历史情况应该是：

扶风杜林传一卷"西州版"古文《尚书》，用它来研究古文《尚书》中的古文字，杜林同郡贾逵也同样作了研究，并以他的研究，为"孔献版"古文《尚书》撰写"训诂"，马融在此基础上为"孔献版"古文《尚书》撰写传解，郑玄又为它撰写注解，由是古文《尚书》学开始在世上教授、传承和兴起。

但是《后汉书》的作者范晔错误地表达了这个流传情况，将其意思表达成：

扶风杜林传"西州版"古文《尚书》，杜林同郡贾逵为"西州版"古文《尚书》撰写"训诂"，马融为"西州版"古文《尚书》撰写传解，郑玄又为它撰写注解，由是古文《尚书》开始在世上教授、传承和兴起。

让读者认为东汉后代的学者注解的古文《尚书》的经文底本是"西州版"，从而导致许多学者从不同的角度来推测"西州版"的来历，和"孔献版"的相同程度等各种问题。我们将在后文更详细地介绍记录中的马融和郑玄这两位对《尚书》学作出极大影响的学者。

杜林河西漆书古文《尚书》流转的记录就到杜林为止了，与此同时，和杜林同时期的，还有其他的学者也在研习古文《尚书》，这其中有一位学者，为古文《尚书》写下一部长达四十万字的《尚书杂记》。

周防字伟公，汝南郡汝阳县人。父亲周扬，小时失去了父亲，家境贫困，经常帮助修整客舍，供来往客人住宿，但不收取住客的施舍。周防十六岁时，出仕为郡小吏。世祖光武帝巡狩汝南，召见掾史，考试经术，周防特别能诵读，被升任守丞。周防以自己还未成人，请求辞去官职。然后向徐州刺史盖豫学习古文《尚书》，经义通晓，举孝廉，授郎中。著《尚书杂记》三十二篇，四十万字。太尉张禹荐他补为博士，升陈留太守，因犯法，免去官职。七十八岁在家中去世。

——《后汉书·儒林列传》

周防师从徐州刺史盖豫，但盖豫的背景和他的学术源流在史书中都没有记录。笔者认为刘歆在王莽掌权的二十多年，他自己和学官博士培养了一批传承古文学识的学者。从西汉平帝时期开始（公元 1~8 年），到王莽灭亡的公元 23 年，古文学者主要就是来自这 20 年左右的时期，在刘歆设立了古文《尚书》学官后，东汉初年这些不知名的古文学者正是这些刘歆弟子的开枝散叶。周防的这部四十万字的《尚书杂记》是有记载的第一部有关古文《尚书》的传记，但可惜也同样早已失传。

杜林版本的古文《尚书》在历史上能被史家如此关注，并用如此多的笔墨记录，并不是他的《尚书》这本书本身，而是杜林这本古文《尚书》被得到和保存的过程所带有的一些传奇色彩，另外一个原因是杜林那句悲壮的勉励语句，所表现出来的学者骨气，也是后代学子绝好的榜样，自然会被代代颂扬。最后，也是最重要的，杜林最终官至三公之御史大夫，深得光武帝的尊敬，这才是"西州版"古文《尚书》作为一段完美的佳话流传后世的原因。笔者认为杜林对古文《尚书》学真正的功劳是在于，他继刘歆之后，对发展古文《尚书》的研究起到了承前启后的作用，使古文《尚书》研究之势方兴未艾，让古文《尚书》没有因为王莽、刘歆的失败而一起沉没于藏书的楼阁之中。

第9章　西汉末到东汉初的今文三家

9.1 大、小夏侯和欧阳

　　建武二十二年（公元46年），杜林去世，光武帝亲自到家中吊唁，为杜林送葬。如上文所述，尽管杜林去世了，但对古文《尚书》的研究被杜林再度激发。但是，在朝堂和世上真正主流的仍然是今文三家，我们再介绍一下今文《尚书》三家从西汉石渠阁会议（公元前51年）到光武帝建立东汉这段时期的传承发展情况，西汉后期的皇帝参见图17。

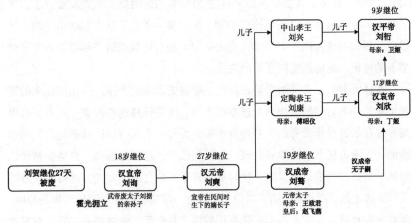

图 17　西汉后期皇帝谱

　　到东汉光武帝建立东汉时，王莽引起的动乱并未对今文经学的传承造成很大的影响。自从石渠阁会议后，《尚书》三家"学派"齐头并进，发展的状况波澜不惊，只有刘歆的《移太常博士书》一石激起千层浪，古文的重中之重仍然是《左传》，所以争论的中心是在《左传》，而非《尚书》。今文《尚书》最大的变化，如前文所述，就是章句的急速增长和"谶纬"思想对经文的阐述，三家学术思想的主干在这两种元素的包裹下，一代一代地往下传承。

大夏侯学创始人夏侯胜的弟子中，经学成就最高的就是周堪，前文已有叙述。

（周堪）参加了石渠阁会议的经学辩论，经学造诣为最高，后为太子少傅（就是后来继位的元帝的老师）。

——《汉书·儒林传》

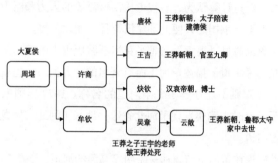

图 18　大夏侯传承

他的弟子中最负盛名的是长安人许商。

许商（字长伯）（《尚书》学源自周堪传授的大夏侯学）……善于算术，著有《五行论》，四次官至九卿。他仿照孔子，根据弟子的学业特长分为德行、言语、政事、文学四科，称自己有四位出类拔萃的弟子，沛县人唐林（字子高）德行高尚，平陵县人吴章（字伟君）擅长言语，重泉县人王吉（字少音）深谙政事，齐郡人炔钦（字幼卿）精于文学（经学）。在王莽新朝，唐林和王吉都做到了九卿的官职。炔钦、吴章都是博士，弟子很多。吴章被王莽杀害。

——《汉书·儒林传》

许商不但善于"阴阳五行"，更善于算术，《汉书·艺文志》记录了许商的著作：

《五行传记》一篇，许商。

《许商算术》二十六卷。

《尚书》中《禹贡》这一篇内有人尽皆知的"大禹治水"，在当时，古代的治水者是把大禹治水作为成功的范例来学习的，"大禹治水"提供的最主要经验就是，除了要用"堵"的方法，还要用"疏"，疏导河流，将洪水排泄到大海或更大的河流。

汉成帝初年，清河郡都尉冯逡上奏皇帝，认为屯氏河可以承担黄河的洪水，现在屯氏河道被堵塞了，但屯氏河水不流通只有七十多年，刚断绝不久，容易疏浚，可重新疏浚以帮助黄河分泄洪水。于是汉成帝将这件事交给丞相、御史大夫处理。丞相、御史大夫都推荐博士许商，因为他研究《尚书》，又善于计算，能估计整个工程的人工、时间和费用。于是派许商去巡查，许商到河道巡查后，经过计算认为，疏浚屯氏河所需要的人力和财力，都是当时国家财力、人力不能承担的，便上奏建议暂且不加以疏浚。

另外，许商也通过《禹贡》熟悉了黄河下游历史上的河道情况和当时的河道地理情况。《禹贡》描述黄河下游有著名的"九河"，也就是黄河下游有九条河道，《尔雅》还注解了九条河道的名称。1977年国家在河北省进行地下水资源考察时，确实发现了河北省这一地区（河北省黑龙港地区）存在地下九条古河道。

当时的丞相想在黄河下游疏通一条叫笃马河的河道，希望通过这条河道，能够增加黄河洪水入海的流量，但经过许商的考察，认为这条河完全在《禹贡》描述的九条古河道之南，也就是说，就算黄河洪水爆发，河水也不会流入笃马河，而泄洪入海，不会起到泄洪的作用。大臣们都认可他的分析，从而减少了一次劳民伤财而又必定无功而返的大工程。

许商四次官至九卿级别，所以他的门生弟子也是遍布朝廷，其中最出名的"四科"弟子，即是引文中记载的唐林、吴章、王吉和炔钦，他们在王莽新朝都担任了不小的官职，只有炔钦在汉哀帝时只是博士，虽然弟子众多，但并未身居要职，所以在王莽朝未见记载。

许商的弟子吴章成为王莽长子王宇的老师。在汉平帝元始元年，公元1年，王莽为了阻止汉平帝母亲卫氏家族的外戚沾染皇权，不允许卫氏家族成员到京城来，但王莽的儿子王宇，并不认可父亲王莽的这种做法，害怕汉平帝长大后怨恨，而自己受到牵连。王宇就私下派人与平帝的舅舅卫宝等通信，教他们让平帝的母亲上书要求入京，王莽自然不会准奏。王宇与老师吴章及妻兄吕宽不停地为此事磋商，吴章认为王莽不可劝谏，但相信鬼神，可作出怪异的事来惊吓他，然后再因势而推，劝说王莽使之归还朝政给卫氏。王宇就让吕宽在晚上用血洒在王莽的住宅，但被门吏发觉，事情败露。汉平帝亲生母亲卫氏家族全部被杀，王莽把亲生儿子王宇也送进监狱，用药毒死。王宇的妻子吕焉怀有身孕，囚禁在狱中，等孩子生下，也被杀死。洒血的吕宽逃亡，王莽借口抓捕吕宽，陷害捕杀了很多与他不和的人士，比如前文提到的，没有举荐他出任太常的何武。吴章更是被腰斩，弃尸于东市门。

在当时，吴章为当世名儒，教授《尚书》特别有名，弟子多达千余人。但王莽除了诛杀吴章，还把吴章所有的学生看作一个恶人的党派，都加以禁锢，不准出仕做官。于是，吴章的门徒大多改换门庭，忌讳说自己是吴章的弟子。只有一位学生，名叫云敞，当时正在丞相孔光府上任职，他却立即承认是吴章的弟子，收殓吴章的遗体，置办棺材入殓安葬，由此云敞得到京师人的称赞。王莽篡位后，吴章的同门学友唐林被王莽任命为太子王临的陪读，相当于上卿级别，后来又被封为建德侯，也向王莽建言云敞有能力主管一郡的政事，王莽亲自提拔云敞为鲁郡大尹。到更始帝的时候，朝廷用安车征召云敞任御史大夫，但是他称病推脱掉了，最后在家中去世。

许商四科中的王吉，同样在王莽朝官至九卿。许商去世后，正是王吉和唐林两人向王莽奏请祭祀老师许商。在祭奠时，（王莽朝）大夫、博士、郎吏，各自带领门人，马车会聚了数百辆。

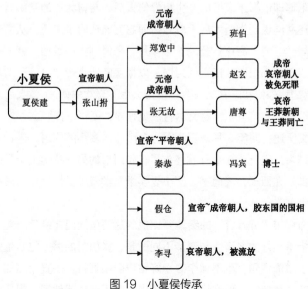

图19 小夏侯传承

和大夏侯相比，小夏侯之学发展到王莽朝时，要比大夏侯的学者少很多，史家记载的学者也不多。笔者推测，主要原因还是治"小夏侯"学说的学者没有人官至三公九卿，另外，小夏侯的"章句"，是当时三派中最繁复的。如前文已述，秦恭的释经"章句"已经达到一百万言，是经学史上唯一一位以"数量"闻名于后的学者。

从记载看，张山拊独传小夏侯建的《尚书》学，笔者认为小夏侯建不会只有他一位学生，只是其他学生在"经学学术"或"仕途官职"都未能"成名"，所以史家自不会为其"立传"。张山拊官至九卿之少府，掌管着皇室的财源经济，他的几个学生也同样身居要职高位，他与自己的学生假仓一起作为小夏侯学的代表参加了宣帝的石渠阁辩论。假仓后来做到了胶东国的国相。

郑宽中是张山拊弟子中经学造诣最高的，汉元帝继位后两年，公元前47年，刘骜（汉成帝）被立为太子，即让郑宽中专门教授太子《尚书》。成帝刘骜继位后，即赐予老师郑宽中为关内侯。只可惜郑宽中因病早逝，汉成帝同样亲自前往吊唁。

郑宽中的学生赵玄在汉哀帝朝（公元前7年至公元前1年）官至九卿之少府。如前文所述，哀帝当时有过继的和亲生的两套母亲和祖母，当时刚上任的丞相朱博即依附于哀帝的亲生祖母傅太后，与傅太后的堂弟傅晏关系很好，两人还共同谋划为傅太后上尊号。而赵玄又依附于朱博，从而升任御史大夫，身居"三公"高位。公元5年4月，朱博刚担任丞相，就上奏将当时的王莽驱逐出京都长安，遣送回封国，以彻底断绝哀帝"过继"的太皇太后王政君的势力。朱博和赵玄又联合整治傅太后不喜欢的傅僖（傅太后的堂弟），结果事情败露，朱博自杀，赵玄尽管被免死罪，但再未任职。

如前文所述，同年8月，哀帝因为自己体弱多病的原因，进行了"改元易号"，结果只进行了3个月就终止了，张山拊的另一位学生李寻因此被流放到敦煌郡。在西汉，《尚书》"小夏侯学"学者中，仕途走的最高的两位都折翅而无善终。

而增饰章句"百万言"的秦恭要比他的这两位同门在经学历史上有名得多，只可惜不是好的名声。与秦恭不同的是，张山拊的另一位学生张无故，既不像秦恭增饰章句，也不像李寻喜好钻研阴阳五行，一直始终如一地保持着小夏侯的"章句"，他在诸侯国广陵国，今天的扬州地区，担任广陵国太子的老师，并未在京都中央朝廷任职。张无故的学生唐尊在王莽的新朝得到王莽的看重，在公元20年，王莽的太子太傅平晏去世后，他是欧阳《尚书》学的传人，随即册封唐尊担任太傅，还封他为"平化侯"。

唐尊说："国虚民贫，症结在于过度奢侈。"他自己穿着简朴的衣服，乘驾是运柴的车，坐卧的地方也只铺上干草，用粗制的陶器吃饭，又用瓦器盛食物送给公卿。出外见到男女不分开走路的，对他们施用一种叫"象刑"的惩罚方法，用红色的颜料把他们的衣服染红一块，让他们穿着，使他们感到羞耻。王莽听说后很高兴，下诏书要求公卿向唐尊看齐。封唐尊为平化侯。

　　　　　　　　　　　　　　　　　　　——《汉书·王莽传》

这种"象刑"出自《尚书》的《尧典》，在《尚书大传》中也对"象刑"作了解释，是一种象征性的惩罚，以让犯人感到羞耻为目的，其中最轻的一种就是让犯人穿上染红的衣服，最重的一种是穿没有领子的衣服，就是象征被砍头的死刑，被认为是尧舜时代的刑法。尧舜时代是否有过此类刑法，现在还无法考证，但在战国时代，在《尚书》的影响下，这类刑法是和真正的肉刑一并使用的。刘起釪先生的观点是，"当战国纷争、肉刑残酷之世，是当时学者对当世肉刑的反感和对《尧典》篇中尚未有肉刑之世的憧憬"。王莽是最崇尚复古的，如何会不喜欢他。唐尊对王莽也感恩有加，封侯3年不到，反莽叛乱四起，在国师刘歆都已经决定叛变王莽时，唐尊却誓死跟随王莽。公元23年10月3日，反莽义军攻入皇宫，王莽和他忠心的臣下，其中就有唐尊，都待在皇宫的"渐台"作最后的抵抗，当天王莽和唐尊同时被斩杀于"渐台"。

小夏侯的"章句"在这个时期繁复冗余，但实际上当时今文三家的章句都偏向繁复，欧阳《尚书》的"章句"也不比小夏侯的少多少。

有一位师传不明的欧阳《尚书》大师，名叫牟长，生活于王莽和光武帝时期。

牟长，字君高，乐安郡临济县人（今济南东北临济村）。他的先人封于牟，春秋末，国灭，因此以牟为姓。牟长年轻时学欧阳《尚书》，王莽时，不出来作官。建武二年，公元26年，大司空宋弘特地举荐他，授于博士，升河内太守，后来因垦田不实，免了他的官。牟长自从做了博士及河内太守，诸生听他讲学的常有一千多人，记录在册的前后一万多人。著《尚书章句》，均以欧阳《尚书》学为基础，俗称《牟氏章句》。后来朝廷又征召他为中散大夫（无具体专职事物，纯粹后备对答皇帝提出的政事），（任职后就病重）皇帝准许他带官属归家治病一年，最后在家中去世。

——《后汉书·儒林列传》

牟长撰写了牟氏欧阳《尚书》章句，又有如此众多的学生，这实际上已经是在《尚书》"欧阳师门"下创建了"牟氏家门"。他的《牟氏章句》的字数完全印证了他当时处于和小夏侯学派一样的学术氛围，章句达到45万言，直到近一百年后，汉桓帝时的学者张奂才削弱了这冗繁的章句。

起先，《牟氏章句》浮辞繁多，有四十五万多字，张奂删减为九万字。后来征召大将军梁冀府，于是上书桓帝，呈上他的《章句》，诏命任职东观（东汉皇宫中负责校书的地方）。

——《后汉书·张奂传》

由此，我们在一定程度上可以感受到章句"浮辞繁多"的程度，我们对欧阳，大、小夏侯《尚书》章句的虚浮也有了一个大致的概念，牟氏"欧阳"章句45万言，小夏侯秦恭达100万言，而实际9万字左右即能解释清楚经义，不然张奂是不敢上呈皇帝的，"浮辞"竟有5倍到10倍之多。

在欧阳家族外，有记载的欧阳高传授的弟子是林尊（参见图13）。作为欧阳《尚书》的学者参加了石渠阁辩论，后来官至九卿之少府和太子太傅。林尊又将欧阳《尚书》传给平陵县人平当和梁国人陈翁生。

平当早先在负责对外事物的大鸿胪担任处理和起草文书的职员，后来因通晓经术被征召为博士，公卿大臣们因平当精通经术，议论经学通透明白，而举荐他为给事中，"给事中"也是在原来官职前增加的"官号"，有此"加号"可以进入宫廷的禁中，负责百官大臣奏事的文书，是朝中实际政务操办人员。在汉成帝朝，平当因精通《尚书》的《禹贡》篇，如同许商，被派出使巡视黄河，任骑都尉，兼理黄河水务。哀帝即位后，征召平当为光禄大夫，又先后升迁至光禄勋，直至三公之御史大夫。如前文所述，在公元前5年6月左右，当时的丞相朱傅和御史大夫赵玄不合道义地整治傅僖事件败露后，朱傅自杀，因此平当接替朱傅丞相位。可惜的是，平当做丞相一年都不到，在下一年，公元前4年3月就在家中去世。

平当的儿子平晏继承了父亲的学问，也因为精通经学而官至大司徒（丞相）。王莽窃国后，平晏成为王莽的心腹。

王舜、王邑为心腹，甄丰、甄邯主持狱讼，平晏掌机密，刘歆管理文书，

孙建充当爪牙。 　　　　　　　　　　　　——《汉书·王莽传》

在王莽新朝，平晏就任大司徒（丞相）兼太子太傅，荣耀一时。平晏在任上去世，后来太傅的职位就由上文所述的小夏侯唐尊继任。

平当记载的学生有朱普和鲍宣两位。朱普的章句也达到40万字，朱普和牟长都是同时代的人，可见当时的学术氛围是认为"章句"越多，就是代表对经文理解越高深的标准之一。

鲍宣，渤海郡高城县人，也因精通五经，在汉成帝时被地方举荐到朝廷，汉哀帝继位后，受到大司空（御史大夫）何武的欣赏，升任为谏议大夫，最后被哀帝任命为司隶（司隶校尉）。但后来因为和丞相孔光之间不大的事情而获罪离开京都。

丞相孔光要负责一年四季巡视先帝的园陵，其属官仗恃有皇帝的敕令而违反规制，乘车在驰道中间行走（驰道只能是皇帝使用），鲍宣外出正好遇见，鲍宣就让属吏扣留了丞相掾史，并没收其车马，这对丞相来说是一种羞辱。此事被交到御史中丞那里处理，侍御史到司隶官衙处，想要逮捕鲍宣的随从官吏，但官衙闭门不让其入内。鲍宣因此而犯了拒绝接纳使者、没有人臣之礼、大不敬、不守道义等罪，被捕关入廷尉监狱。

鲍宣入狱后，博士弟子济南人王咸举着一杆旗帜到太学门前说："想救鲍司隶的人请集中在此旗帜下。"太学生聚集了一千余人。到了上朝之日，他们拦住丞相的车，说明情况，丞相的车马不能前行，又守候在宫阙门前，上书皇帝。皇帝于是将鲍宣的死罪递减一等，施加"髡钳"刑（剃去头发，用铁圈束颈）。鲍宣被刑罚后，便举家迁徙到上党郡（今山西长子），他认为上党地区适于农耕和放牧，又没有豪强势力，容易生活，于是就把家安在上党的长子县。

汉平帝即位后，王莽擅权，暗中已有篡夺帝位之心，于是他暗示各州郡罗织罪名陷害诛杀豪杰之士，至于对汉朝忠诚正直不愿归附自己的士人，像鲍宣及何武等人都被处死。当时通缉陇西人辛兴，辛兴与鲍宣的女婿许绀一起到鲍宣家，吃了一顿饭就离开了，鲍宣不知实情，受牵连被捕下狱，鲍宣自杀去世。 　　　　　　　　　　　　——《汉书·鲍宣传》

王莽不但杀害了鲍宣，还计划杀害他的儿子鲍永，要诛灭他的子孙。王莽夺取政权后的凶残可见一斑，鲍永因为郡太守的保护才躲过一劫。

王莽以鲍宣不归附于自己，想诛灭他的子孙。都尉路平承望王莽意旨，准备杀害鲍永。太守苟谏保护了他，召他为官吏，让他长住府中。

——《后汉书·鲍永传》

林尊的另一位弟子陈翁生，在诸侯国信都国（今河北冀州）做太子太傅。信都国是汉元帝在公元前 37 年将广川郡改设的诸侯国，同时将他的第三个儿子刘兴封为信都王，刘兴就是西汉最后一任皇帝汉平帝的亲生父亲，但陈翁生并不是汉平帝的老师，因为在公元前 24 年，信都国又改为中山国（参见图 17），公元前 11 年汉平帝才出生，所以如果陈翁生是汉平帝的老师的话，应该称作中山国太傅。

陈翁生的学生殷崇，只记载了他是博士，再无其他记录，而另外一位学生龚胜，就是在哀帝朝时，刘歆发出"移太常博士书"后，向汉哀帝"深深自责犯有过失，希望皇上罢免他的官职，告老还乡"的光禄大夫龚胜。后来因为他和博士夏侯常发生争执，被哀帝降职处罚，龚胜就因病请求退休，但哀帝也一直诏令龚胜出任光禄大夫，直到哀帝去世。王莽当权，龚胜却誓死效忠汉朝刘氏。

因为龚胜是知名的大儒，王莽自然希望他归附他的"新朝"，充盈他的朝廷，使他的"新朝"看上去是人心所向。前后两年多，三次专程派使者前往龚胜老家彭城诏请，龚胜都推说有病而不应召。

王莽又派使者捧着盖有玉玺的诏书和太子师友祭酒印绶，前往龚胜的乡里拜他为官。使者想让龚胜起身迎接，长时间地站在门外，龚胜推说病重……使者极力劝说，甚至上前把印绶放在龚胜身上，龚胜就是推辞不接受。使者每隔五天就与太守一起前来问候饮食起居，对龚胜的两个儿子和门人高晖等人说："朝廷虚心对待龚胜先生，要封他为侯，即使他病情严重，也应当起身到驿站，以表示出有赴行的意思，这样定会给子孙后代留下大基业的。"高晖等人把使者的话告诉了龚胜，龚胜知道自己的话无人听从，就对高晖等人说："我蒙受汉家深厚的恩德，没有什么可以报答的，如今年老了，很快就要入土，如何可以用一身侍奉二主，到地下后，如何面对故主？"说完就不再开口饮食，拖延了十四天后去世，年终七十九岁。

——《汉书·龚胜龚舍传》

从整个过程可以看到，王莽只给了龚胜两个选择，归附和死，步步紧逼。龚胜选择了绝食自杀，王莽对待不归附自己的西汉忠臣是绝不手软的，因为这都是复兴汉室的星星之火。龚胜肯定认为王莽是窃国夺政，不会相信他那套"三七之厄"和"再受天命"的欺世之说，但始终没有明说，而坚持称病，笔者推测只是为了给自己后代留一条活路。

9.2 欧阳歙和光武帝度田政策

在欧阳家族的内部，欧阳地余的小儿子欧阳政在王莽的朝廷担任讲学大夫，这应该就是在太常院为博士弟子讲解经文的职位。但再无任何记载，欧阳政在王莽朝的仕途应该就到此为止了，史料没有更多的记录。如前文所述，欧阳地余去世后，他的一位儿子遵照父亲嘱咐，在他去世后，代表家族接待各方人士吊唁而又不收取丧礼财物，这位并不是欧阳政，而是欧阳地余的嫡长子，按照当时"宗亲"制度继承家族之"长"的那位儿子，但《汉书》再无记录。除了欧阳政，此时欧阳家族还有一位后代，名叫欧阳歙，在王莽朝，在一个叫"长社县"的县城做县令，当时"县令或县长"这个官职被王莽改称为"宰"。

欧阳歙，字正思，乐安郡千乘县人。从祖上欧阳生传承伏生《尚书》，到欧阳歙八代，都为博士。欧阳歙不但传得家业，又恭谦礼让。王莽时，任长社宰（王莽将县长和县令改为宰）。　　——《后汉书·儒林列传》

王莽败亡后，更始帝刘玄，又任命欧阳歙担任原武县的县令，没多久更始帝又败逃。光武帝刘秀平定了河北，来到原武县时，看到欧阳歙在县里修明政教，就升任他为河南都尉，后来代理太守事务。刘秀做了皇帝后，正式任命他担任河南太守，封为被阳侯。建武五年（公元29年），因事免去了官职。第二年，再次授任扬州牧（州的最高长官称"牧"），在任扬州牧时期，欧阳歙派兵围剿王莽朝残余的军阀淳于临，起初战事不利，后来是通过一位郡府的"从事"劝降了淳于临，随后升任汝南郡太守。欧阳歙推举选用贤能人士，政绩非常得好。

欧阳歙在汝南郡任太守，仍然教授经学，弟子有几百人。九年后，公元39年1月，被征召为大司徒（丞相）。但仅仅10个月后，公元39年11月，因在汝南郡贪污千余万钱被发现而下狱。尽管有一千多学生守在宫门外替欧阳歙求情，还有弟子门生直接上书光武帝，但为时已晚，欧阳歙已经在狱中死去。

平原郡人礼震，当时十七岁，听说老师欧阳歙将判决，自己骑马赶到京城，走到河内郡获嘉县，自我捆绑，上书请求代欧阳歙死，奏文写道："我的老师大司徒欧阳歙，学问渊博，为儒者所尊重，八代博士，因赃罪应当处以重罪。欧阳歙门户单薄，儿子还小，还不能传授学问，身死以后，学问将永远废绝，这样，在上，皇上会有杀贤的讥讽；在下，使学习的人失去了一位好老师。请杀了我代替欧阳歙的死命。"奏书上去后，欧阳歙已经死在狱中。

欧阳歙死后，府上掾吏陈元继续上书追诉，言词恳切，于是光武帝赐给棺木，赠印绶，丧仪缣三千匹。儿子欧阳复继承爵位。欧阳复逝世，没有儿子，国除。

——《后汉书·儒林列传》

按照常理，上千的博士生子弟为欧阳歙求情，如同鲍宣，只要不是谋反，哀帝也罪降一等免除死罪，只作象征性地惩罚，为何光武帝这次不赦免声望更大的欧阳歙呢？因为欧阳歙的案件很可能牵涉光武帝正全力推行的"度田"政策，而"度田"政策又遭到地方豪强地主的抵制，此时光武帝正准备杀一儆百的时候，用通俗的话说就是欧阳歙的案件撞在枪口上了。

十五年（公元 39 年），春正月……二十九日……任汝南太守欧阳歙为大司徒。

六月二十五日……下诏命令各州郡检查核实开垦田亩数量以及户口、年龄情况。又考察二千石官吏办事徇私枉法和偏袒不公平的事情。冬十一月初一，大司徒欧阳歙犯罪入狱，监死狱中。 ——《后汉书·光武帝纪》

东汉朝征收税赋和兵役都是以土地和人口为基础的，笔者认为整个国土的垦田数量和人口情况在西汉和王莽新朝都有记载在案的文册，但是在赤眉军火烧长安的时候都未能幸免，以致光武帝朝对垦田和人口都没有可靠准确的数据，光武帝在建国初期的 10 年左右仍然着重平定各方独立武装势力。公元 36 年平定巴蜀公孙述，全国再次全部统一后，重心才开始转向国家的治理。垦田和人口情况的不确定严重影响了朝廷的税赋收入。当时豪强地主、新贵旧贵占有了大部分的土地，他们之间是否按照土地的多少相应上贡合理的税赋，这不但影响到朝廷税赋的收入，更是关系光武帝对这批作为国家主干的豪强地主的管治。

在这种背景下光武帝才颁布了核实土地和人口的诏令，所以这道诏令的主要对象就是豪强地主，东汉王朝的主干阶级。诏令颁布后，在实行中可想而知，立刻就遭到抵制。就连具体实行的人都是属于豪强地主阶层的，所以利用职权和势力隐匿垦田面积和人口数量是层出不穷，很多还直接牵涉光武帝自己亲属和近臣。

建武十三年（公元37年），这时，天下垦田数量多不符合实际，户口数和人口数又有增减变化。

——《后汉书·刘隆传》

建武十五年（公元39年），诏令各州郡检核垦田事，而刺史太守大多不能公平地对待豪强和百姓，或者以优良富饶田地给予豪强大族，而对羸弱百姓侵占剥削，百姓嗟叹埋怨、号响呼叫挤满了道途鸣冤。当时各个郡都派遣使者到朝廷奏事，光武帝看见陈留使者的牍上有写着"颍川郡、弘农郡可以问，河南郡、南阳郡不可以问"。光武帝诘问此书是什么意思，使者明显不肯说真话，诈说是在长寿街上捡到的，光武帝大怒。当时显宗是东海公（后来的汉明帝），年龄只有十二岁，在帷幕后说："使者是受到郡太守的命令，这是指垦田数量。"光武帝问："既然这样，为什么说河南、南阳不可以问呢？"显宗（汉明帝）回答说："河南有洛阳，是帝城，多亲近之臣；南阳是皇帝的故乡，多近亲，即使田宅超过规定，也不可以查问。"于是光武帝命令一位近卫将领再次诘问这位使者，使者就如实说明了，恰如显宗（汉明帝）说的一样。

——《后汉书·刘隆传》

欧阳歙所管辖的汝南郡正好和南阳郡，东西左右紧紧连在一起，笔者推测不免会有皇亲国戚落户其中，所以欧阳歙府上的陈元敢于在欧阳歙死去后再上诉光武帝，而光武帝在了解后，随即"赐给棺木，赠印绶，丧仪缣三千匹"，因此笔者认为欧阳歙并不是仅仅为自己贪墨"千万钱"，必定也有那位使者一样的难言之隐。

只可惜了欧阳家族的《尚书》学，如前文所述，在欧阳歙去世时，儿子欧阳复还小，还不能传授学问，而欧阳复长大后又没有儿子，从此欧阳《尚书》学在欧阳家族内部，就到此断绝了，不能不令人惋惜。

9.3 桓氏欧阳《尚书》学

但在东汉朝，《尚书》三个学派中最繁盛兴旺的仍然是欧阳《尚书》学，这全要归功于朱普的学生桓荣。从光武帝拜请桓荣做太子（汉明帝）的老师后，桓氏家族，一连三代连续成为五位皇帝的老师，桓家的弟子又有多位担任三公高官，由此欧阳《尚书》的普及，至少在朝廷的影响，远远地超过了大、小夏侯。

桓荣，字春卿，沛郡龙亢县人。少年时在长安学习欧阳《尚书》，以九江人朱普为师，家中贫困，常靠佣工养活自己，但桓荣精力充沛，十五年没有回家探视，到王莽篡位时才回去。恰逢老师朱普去世，桓荣到九江奔丧，为老师负土筑坟，于是留在九江开始教授学徒，徒众达几百人。王莽败亡后，天下大乱，桓荣抱着经书与学生一起逃入乡村野外，虽然经常饥困难当，但讲经论卷从来没有停止过，（东汉建立后）又在江淮一带教授学生。

——《后汉书·桓荣传》

桓荣出生普通贫困家庭，完全是依靠自己对学问的执着和经学的深厚才出人头地，桓荣直到六十多岁，公元43年，才被当时的丞相戴涉征召入丞相府，进入仕途。恰巧当年，后来的汉明帝被立为太子，光武帝要为太子挑选精通经书的老师，选中了桓荣的学生何杨，由他为太子侍讲《尚书》。光武帝是在和何杨闲暇攀谈时得知他的老师是桓荣，随后即征召桓荣入宫。

光武帝诏令桓荣讲解《尚书》，觉得讲得很好。便拜桓荣为议郎，赐钱十万，让他入宫教太子。每次朝会，经常会先叫桓荣在公卿面前讲解一段《尚书》。皇帝称赞道："得到先生太晚了！"恰逢欧阳博士出缺（欧阳歙在4年前去世），皇帝想启用桓荣。荣叩头辞让道："臣经术浅薄，不及同门生郎中彭闳、扬州从事皋弘。"光武帝说："好，去把他们都招入宫中吧，你们都可以胜任的。"于是拜桓荣为博士，引荐彭闳、皋弘做议郎。 ——《后汉书·桓荣传》

9年后，公元52年，桓荣担任太子太傅，成为后来汉明帝的老师，两年后担任九卿之太常。明帝继位后，仍然以老师的礼节尊重桓荣。

桓荣每次生病，皇上就派使者慰问，太官（递送食物）、太医络绎不绝……皇上亲自到他家问安，皇帝的车驾到达桓荣家的街口后，皇帝即下车步行到桓荣家的门口，捧着经书上前，安抚着桓荣，流着眼泪，赐以卧具、帷帐、刀剑、衣被，好久才走开。从此诸侯、将军和大夫前来探望，都不敢再乘车到门口了。

——《后汉书·桓荣传》

皇帝的亲临探望，御赐用物还不是桓荣受到的最大荣耀，最大的荣耀是被汉明帝拜为"三老五更"的"五更"，在满朝文武官员的面前接受皇帝的敬拜。"三老五更"准确地说是两个"称号"，"三老"和"五更"，是尊敬老者的最高荣誉称号。这两个称号来自五经之一的《礼》经。

（天子）来到殿堂（类似于现在礼堂中前方的舞台）的东序（堂上靠东的位置），开始向上一任"三老"和"五更"行释奠礼（释奠礼是以酒食，并配以音乐的一种祭祀礼），然后设置（继任的）三老、五更和群老的席位（原文：（天子）适东序，释奠于先老，遂设三老、五更、群老之席位焉。　　　　　　　　　　　　　　——《礼记·文王世子》）。

皇帝评出"三老"和"五更"各一位老人，并按照《礼》经中描述的方式对他们行"养老"之礼，目的是为了向世人展示和宣传尊师孝悌之道。"老"是指年龄超过 70 岁的长者，"三"是指知晓"天""地""人"，"三老"的意思就是通晓天、地、人的老者。这个称号从西汉刘邦时就已经使用，在基层县和乡都各有一位"县三老"和"乡三老"，县三老还有职责和县令共商政事。"更"是指更历（经历）众多的老者，"五"是指"五行交替"，"五更"即是指通晓五行交替而经历众多的老者。在西汉朝，皇帝并未举行过这样的仪式，东汉明帝是第一位举行这样仪式的皇帝，而桓荣成为第一位国家级"五更"老人。成为国家级"三老"的老人是李躬，汉明帝是在建武四年，公元 28 年，在常山郡元氏县出生，亲生母亲就是光武帝的阴皇后，据传李躬即是当时在元氏县安排阴皇后生产的"县三老"，后来还当了汉明帝小时候的启蒙老师，这国家级的"三老"当然非他莫属了。

（明帝继位第二年，公元 59 年）冬十月初五，明帝到辟雍，举行首次养老礼。下诏说："光武皇帝恢复了三朝之礼，修建了明堂、辟雍、灵台，而没有来得及赏赐宴请长老耆宿。眇眇的我，继承王位。趁暮春三月良辰，首次举行了大射之礼，现在十月元日，再到辟雍，举行养老礼，用安车蒲轮（用蒲草包裹车轮，以免颠覆）将三老、五更接来，恭敬地在车后接迎。王侯捧上肉酱，公卿捧上佳肴，皇帝挽起袖子亲自为三老、五更割肉，（吃完后）手执酒杯，用酒让老者漱口，老者前后都有侍从祝祷老人不要哽噎。

　　　　　　　　　　　　　　　　　——《后汉书·明帝纪》

这是何等荣耀的场面，而且桓荣是首次接受皇帝亲自行礼的儒家学者，由此为桓氏家族荣耀几代人和欧阳《尚书》的昌盛打下了坚实的基础。汉明帝这一整套养老礼的程序也都严格遵照《礼》经中的描述。

食三老、五更于大学，天子袒而割牲，执酱而馈，执爵而酳（漱口）。
　　　　　　　　　　　　　　　　　——《礼记·乐纪篇》

记载中进行养老礼的"大学"并不是现在的"大学"。古代的学校，到西周的时候已经趋近完备，到东汉时，学校的机制已经非常健全了。当时学习的内容主要分为"小学"和"大学"两个阶段。学习"小学"内容的年龄基本在 8~10 岁之间开始，学习时间在 5~10 年左右，主要学习文字学（训诂学）。但并不是现在小学语文课程认字和读音这么简单，古代文字学要学习一个字的来龙去脉，即从"象形、象事、象意、象声、转注、假借"，来理解一个字，称为"六书"，对每个字的理解要比现在深刻许多。除此之外，还要学习基本的地理知识（当时叫"方名"）和算术，贵族家庭还会学习音乐和舞蹈的基础。除了这些"知识"内容的学习，还要学习更重要的"洒扫、应对（与人对答交谈）、进退（礼节）"，"洒扫"是指孩童要学会打扫等的生活自理、自律之事，"应对"是指要学习个人的言谈举止，如何与不同辈分、不同尊卑的人对答交谈，"进退"是指基本的待人接物的礼节，就是不拘小节的"小节"。这就是古人说的"学小艺（文字），履小节"。

学习"大学"内容的时间基本在 15~18 岁，也有晚到 20 岁的。通常古人认为 12~15 岁是"成童"了，在这个年龄左右，已经开始有了明确的"志向"，在完成"小学"的学业后，即要进入"大学"，学习《诗》《书》《礼》《乐》，到春秋以后，还要学习《论语》《周易》，而诸子百家的各种学术，此时也不为所限，只看学子自身了。大学期间就是要学习为人处世之道，这就是大节。

大节指一个人的气节操守，俗称道德品格；小节是指一个人言行举止和待人接物，现在俗称素质与修养。大节指的是为人的本质和内涵，小节注重具体的细节。比如宽以待人是大节，严于律己是小节。道德品质是大节，日常习惯是小节。人秉持大节，即使不拘小节，仍然令人尊重，如果大节有损，即使学问再高深也不足挂齿。古人说"大节不可失，小节不可纵"，既是此道理。

幼童在"小学"期间通常在家中和老师的家中，成童通常就在老师的家中，或老师开设的专门用来教授的地方。这是对寻常官员百姓而言，而对天子皇家而言，就要在专门的地方学习，这是从西周传承下来的，因为在西周，普通百姓是不学习的，只有王公贵族才要学习，所以皇家贵族子弟学习的地方和名称，也与学问一起流传了下来。按照学者们的考证，基本认为学习大学的地方就是"辟雍"。学子们学习时，所在的那座建筑，就是汉武帝，王莽都想建造的"明堂"，而明堂功能绝不仅限于学习之场所。按照文献的记载和学者们的研究，"辟雍"是一块圆形的区域，四周环水，形状像一块环状的"玉璧"，"辟"是"璧"原来的字形，"辟"还有"累积"的"积"的意思，意指"累积道德"，而"雍"是指环于水中的"高地"和其上的建筑，四周环水象征着"教化周而复始，流转四方"，所以称之为"辟雍"，由此它不仅是皇族子弟学习"大学"之学的场所，还是皇家宣扬道德和教化的场所。"明堂"即是建造在"辟雍"内高地上的中心建筑。辟雍之所以建造在郊区，是因为除了明堂，还包括大面积的园林和池塘，以供学子学习"射猎和驾驭车马"，练习射箭和举行大射礼的宫殿又称"射宫"，这些都是从西周流传下来的。但光武帝建造的辟雍、明堂和灵台，是否是这样的格局，即是否明堂和灵台都在辟雍的环水里面，我们并不确切。

中元元年，初建三雍。　　　　　　　——《后汉书·儒林列传》

永平二年（公元59年）春正月辛未，宗祀光武皇帝于明堂。

——《后汉书·汉明帝纪》

（公元59年）三月，临辟雍，初行大射礼。——《后汉书·汉明帝纪》

（公元59年）冬十月壬子，幸辟雍，初行养老礼。

——《后汉书·汉明帝纪》

按照这些描述，光武帝是把"辟雍""明堂""灵台"按照三个建筑建造的，每个都有池水环绕，因为记录称它们为"三雍"。对此，我们不作深入的探讨，古今学者们对此的研究也是汗牛充栋，对此还没有准确的定论，我们大致了解它们的用途和来历即可。汉明帝在满朝大臣的见证下，亲自为桓荣割下肉片，为他奉上酒杯，最后宣布：

五更桓荣，为我教授《尚书》，《诗经》上说"无德不报，无言不酬"，今赐桓荣关内侯爵位，食邑五千户，三老、五更都以二千石俸禄养老终身。　　　　　　　　　　　　　　　　——《后汉书·桓荣传》

这是平民出身的《尚书》儒家学者，在历史上因学术而获得的最高荣誉了。所以欧阳《尚书》在东汉枝繁叶盛，而大、小夏侯的学者，往往连师承都没有记载，这并不是说夏侯学派的传承断断续续，夏侯学派的传承仍然是源远流长，学习的弟子也是数不胜数，只是在朝廷担任高管要职的学者不多，以致史家未能完整地记载大、小夏侯后来的学术传流。而桓氏家族的欧阳《尚书》进入了一个良性循环，欧阳《尚书》的学者以桓荣奠定的坚实基础，很多都身居三公九卿和朝廷要职，因此追随他们的门徒弟子也就多，弟子一多，出现能再次升任高官要职的人也就多，所以周而复始，如日中天。

在进入东汉后，桓荣的欧阳《尚书》如此昌盛发达，除了桓荣本身的为人和深厚的经学，还有就是大、小夏侯的传人在汉哀帝和王莽朝，处于高官要职的几乎损失殆尽，流亡的流亡，被害的被害。欧阳学派的重要传人也经历了同样的遭遇，两位重量级的人物都被王莽杀害，而他们的后代对《尚书》或经学的学力可能还达不到融会贯通的地步，不能像桓荣那样深入浅出地讲解经文，没有深厚的学问功底是讲不出来的。同时，欧阳歙的入狱去世和儿子年幼，又使欧阳学派的掌门地位落空，由此桓荣凭借深厚的经学，让他在机会到来时，就一切水到渠成了。

起初，桓荣在困难的时期，与族人桓元卿一同忍饥挨饿（饭也吃不饱），可桓荣仍讲诵经书不止。元卿嗤笑道："这只是自苦气力，谁知道何时候再有用呢？"桓荣笑而不答。等到做了太常，元卿叹道："我是农家出身的人，哪想得到学问会如此有用。"

——《后汉书·桓荣传》

笔者认为，桓荣如此研究经书，将来的利禄绝非是他的主动力，真正的主动力就是他对经书研究的痴迷。笔者坚决不同意一些学者认为东汉时期经学发展，犹如桓氏的欧阳《尚书》，是纯粹以利禄为驱动的。这只描述了当时学术环境的一部分面貌，但也有像桓荣这样的学者，绝不是为了利禄，否则他在深山老林中，何以坚持研究经文。连现代的一些学者都有进入经学之门，而难以自拔的，更何况在那个以经文为最高学术的年代。族人桓元嗤问桓荣，"桓荣笑而不应"，桓荣这一笑，也只有入门经学的学者能懂了。

"虎父无犬子"，儿子桓郁传承家学，在汉明帝继位15年后，公元72年，桓郁也进入宫中为明帝的太子，将来的孝章帝侍讲经书。

孝章帝即位，推崇儒家学术，特别喜欢古文《尚书》《左氏传》。

——《后汉书·贾逵传》

章帝的《尚书》老师是桓郁，章帝又特别喜欢古文《尚书》，由此笔者推测桓郁对古文《尚书》也有研究，进一步可以推测欧阳《尚书》学派的桓荣和他的后代也同样研究过古文《尚书》。笔者推测桓荣和桓郁的古文《尚书》学很有可能主要来自前文叙述的杜林和卫宏，我们将双方在朝廷中任职的时间列于表17。

表 17　杜林桓荣在朝时间

年号	公元时间	事件
建武 6 年	30	杜林返回朝廷，郑兴被征为太中大夫，卫宏也前来学习古文尚书，卫宏为议郎，校验皇宫藏书
建武 11 年	35	杜林担任光禄勋
建武 12 年	36	消灭公孙述（郑兴与大司马吴汉一道去打公孙述），郑兴留屯成都
建武 15 年	39	春正月 23 日，大司徒韩歆免职，自杀，欧阳歙任丞相，当年下狱去世
建武 19 年	43	明帝刘庄被立为太子，拜博士桓荣为师，学《尚书》，朝会前先讲尚书一篇
建武 22 年	46	杜林从光禄勋升任大司空（御史大夫）
建武 23 年	47	杜林去世，光武帝亲临家中吊唁，贾逵 18 岁
建武 28 年	52	桓荣任太子少傅

我们可以看到，光武帝在公元 43 年将桓荣请入皇宫教授明帝、担任博士之时，此时杜林正身居九卿之"光禄勋"，杜林的学生卫宏是朝廷的议郎，三人同朝为官近 4 年，直到公元 47 年杜林去世，三个人都是当时研究《尚书》最权威的学者。

桓荣被招入宫中后，如前文所述，光武帝经常在上朝议事之前，让桓荣先在朝堂上讲解一篇《尚书》，此时杜林和卫宏也都在朝堂上一同聆听。另外，作为博士的桓荣、担任光禄勋的杜林、议朗卫宏，三人都是可以正常接触到和阅读宫廷收藏的"孔献版"古文《尚书》，他们还有一部"杜林版"的古文《尚书》作为参考，换句话说，这三位学者既不缺《尚书》经文的学识，也不缺经文的文献。如前文所述，桓荣对《尚书》的沉迷是如痴如醉的，面对杜林和卫宏的古文《尚书》如何会无动于衷，而反之也亦然。由此，我们可以很有把握地推断，他们三人之间相互切磋研习今文和古文《尚书》是毋庸置疑的。所以，桓郁也传承了父亲的古文《尚书》学问，才可以教授明帝的太子刘炟（后来的章帝）古文《尚书》，而让章帝对古文《尚书》兴趣盎然。

第10章　光武帝初期古文和今文

10.1《左氏春秋传》

在东汉朝，朝廷上今文和古文辩论的态势仍然是延续刘歆当时的情况，焦点仍然在《左传》。最早是在光武帝称帝第4年，公元28年，有一位名叫范升的博士，曾经在王莽朝的大司空王邑（御史大夫）的府内担任"议曹史"（类似于现在的"参谋"，没有专职的事职），后来因为对王莽朝频发兵役，征赋繁兴的政策不满，而又无人采纳他的谏言，最后投奔光武帝。

当时尚书令韩歆上疏，想为《费氏易》《左传》立博士，皇上下诏让大家讨论。四年（公元28年）正月，朝见公卿、大夫、博士在云台。皇帝说："范博士可上前发表意见。"范升起立答道："《左氏》不以孔子为祖，而出于左丘明，每个学派都有师徒相传，而《左传》没有可考证的师徒传承，先帝也没有认可《左传》，所以没有理由立为学官。"于是和韩歆及太中大夫许淑等就此开始辩论，到了中午才罢。

范升退朝后又奏道："……陛下忧患经学有缺失，劳心经艺，意图兼收并蓄，因此各种异端学说都起来竞相争立。近来有司请设《京氏易》博士，下面执事们没有据理纠正。《京氏易》既立了，《费氏易》又在期望，《左氏春秋》也希望设立。《京》《费》已立，《高氏易》又要争立。而《春秋》之家，又有《驺氏春秋》《夹氏春秋》。如果《左传》《费氏易》能立博士，《高氏》《驺氏》《夹氏》和其他《五经》诸学流派，都要求设立，各有所执，乖戾分争。皇帝如果同意了，就会失去经学正道，不听从就失去一批学者的人心，到时，陛下会因为学派的设立而穷于应付，烦不胜烦……现在《费》《左》二学，没有渊源的师传，其内容又有很多逆反和不同的阐述，先帝前世，对这便有坏疑，所以《京氏》虽立，马上又被废掉……古书说'闻疑传疑，闻信传信，而尧舜之道存'，愿陛下疑先帝之所疑，信先帝之所信，来向天下表示本朝又回到根本，又表明了没有独断专行……五经的根本从孔子开始，谨奏《左氏》的错失共十四件事。"

当时支持《左传》的一方学者说太史公司马迁引用了很多《左传》的内容，范升又上书举出司马迁违背《五经》之说，以及歪曲孔子的话和《左传》不可录用的三十一事。皇帝下诏，把他的意见下交给博士们讨论。

——《后汉书·范升传》

而坚决拥护和支持《左传》的学者正是前文提到的，在欧阳歙死于狱中后，为欧阳歙向光武帝申诉的陈元，此时，公元 28 年左右，他还未进入欧阳歙的大司徒（丞相）府，他还只是皇帝的侍郎：

陈元字长孙，苍梧广信人。父亲陈钦，学习《左氏春秋》，在黎阳县人贾护下做事，与刘歆是同时代人，而学术自成一家。王莽曾经向陈钦学习《左传》，封陈钦为厌难将军。陈元传承父亲的学业，为《左氏》作注解，研究学问非常专注，甚至没时间回乡探访。——《后汉书·陈元传》

难怪陈元支持《左传》，他自己就是专精《左传》的学者，在范升上奏反对立《左传》为学官后，陈元也上书据理力争，他的这封反驳范升的奏书，全部记载在《后汉书·陈元传》中，因为篇幅较多，我们就不在此引述。

（陈元）递上奏书，皇上也将奏书交下边议论，范升又与陈元辩论起来，共十多次。皇上最后立了《左氏》学，太常为《左传》博士选出四位候选人，陈元排名第一，但光武帝认为陈元在最近的争论中，性情的自制力不佳，就录用了司隶校尉从事李封为《左传》博士。于是众多儒家学者，因《左氏》之立，议论纷纷，自公卿以下，继续在朝廷上多次争论。正逢李封生病去世，《左氏》博士之学官又废止了。——《后汉书·陈元传》

由此我们看到，即使是在皇帝册立了《左传》后，反对《左传》的声音还是很大，争论依然持续。

魏郡李封为《左氏》博士，后来群儒中那些迂拙固执的学者继续在朝廷中争论。李封逝世后，光武最终难于违反大多学者的意见，不再重新补录博士。（原文：光武重违众议，而因不复补。）　——《后汉书·谢该传》

在李封去世后，反对《左传》的学者还是大多数，连光武帝都觉得众议难违。于是《左传》博士又是和刘歆时一样，昙花一现，在《左传》博士李封去世后，再没有立《左传》博士。

我们通过以上记载，也可以清楚地看到，所有的辩论和争议都是关于《左传》的，古文《尚书》基本没有被提起，主要原因仍然是古文《尚书》并无像《左传》和《公羊传》这样大的差别。其次是，此时公元28年，杜林、郑兴还在河西的隗嚣小朝廷，欧阳歙也还在原武县当县令，都不在光武帝的朝廷，此时光武帝朝中还没有《尚书》大师。要到两年后他们才来到光武帝朝，杜林、郑兴和卫宏才最终同朝为臣，才有前文杜林那段沉雄悲壮的话，如前文所述，这三位对古文《尚书》有着承前启后之功。

10.2 贾逵和孔安国师承考

接过这古文《尚书》第二棒的人就是儒学大师贾逵，他正是贾谊的后代，杜林去世的时候，他才刚刚18岁。

贾逵，字景伯，右扶风平陵县人。九世祖贾谊，孝文帝时做过梁王的老师。曾祖父贾光，做过常山太守，孝宣帝时以吏二千石，从洛阳迁去。父亲贾徽，从刘歆学习《左传》，还学习《国语》《周官》，又向涂恽学习古文《尚书》，向谢曼卿学习《毛诗》，著有《左氏条例》二十一篇。

贾逵完全继承父亲的学业，二十岁时能读《左传》和五经经文，用大夏侯《尚书》教授弟子，（左传）虽然是古学，但同时兼通五家《穀梁传》之学说。从儿童时起，就在太学读书，不善于窗外世俗之事。

他特别精通《左传》和《国语》，写有这两部书的《解诂》五十一篇，明帝永平年间（公元58年到75年），将《解诂》献给皇帝。明帝非常重视，令人将它抄写一份收藏在秘书阁。　　　　　　　　——《后汉书·贾逵传》

扶风杜林传下古文《尚书》，杜林同郡人贾逵为古文《尚书》作训（诂）。　　　　　　　　　　　　　　　——《后汉书·儒林列传》

通过这些记载，我们看到贾逵同时精通《春秋》《尚书》和《诗经》三部经文的今文和古文，是一位贯通古文和今文的学者。

贾逵传承父亲家学，从小在博士太学院学习长大，但最关键的是贾逵非常痴迷经学，如同桓荣一样，是典型的"两耳不闻窗外事，一心只读圣贤书，"

由此成为一代贯通古文和今文的儒家大师。

贾逵身高八尺二寸（近两米），一些儒生取笑他说："问事不休贾长头。"意思是说贾逵个头儿很高，但对外面情况不了解，喜欢问这问那。他性格和乐平易，喜欢思考问题，豪爽洒脱，品德操守有大节。——《后汉书·贾逵列传第二十六》

贾逵学识渊博，汉明帝升贾逵为宫中侍郎，与《汉书》的作者，四十岁出头的班固一起校对宫中的藏书，并留在明帝身边以备咨询。公元75年，明帝去世，19岁的孝章帝继位。

肃宗（孝章帝）即位，推崇儒家学术，特别喜欢古文《尚书》《左氏传》。建初元年（公元76年），诏贾逵到北宫白虎观、南宫云台讲学。皇帝赞同贾逵对经文的阐述，让他写出《左氏传》比《公羊传》和《穀梁传》二传大义见长的地方。　　　　　　　　　　　——《后汉书·贾逵传》

可见，贾逵同时精通今文《公羊传》和《穀梁传》两家之学。于是贾逵为孝章帝摘录了《左传》中37处与《公羊传》《穀梁传》非常明显不同的地方，又深入浅出地介绍了双方的不同处。

臣（贾逵）谨挑选出《左传》37事特别显著不同的地方，都是宣扬君为臣纲的正义和父为子纲的道理。其余十分之七八与《公羊传》相同，有的文字简略，小有差异，无伤大体。至如写到祭仲、纪季、伍子胥、叔术等人，《左氏》偏重深刻的阐述君臣大义，而《公羊传》多偏重讲述权变，双方阐述的重点不一样，所以相差很大，而且冤抑太久，很难分清具体曲直。　　　　　　　　　　　　——《后汉书·贾逵传》

贾逵还把从刘歆开始，《左传》被设立和废除的历史，作了简短而精悍的介绍。

建平年间，侍中刘歆想立《左氏传》，但他没有事先和众儒生充分议论《左传》的大义，而是轻率地直接向太常博士们表达不满，自以为对经义已经研究透彻，文书上让那些儒生受到侮辱，儒生们由此内心不服，联合起来抵制。汉哀皇帝难以违逆众人之心，因此让刘歆做河内太守。从此大家攻击《左氏》，成为众矢之的。到了光武皇帝，有独特的见地，想策立《左氏》《穀梁》两家，恰巧两家先师不通晓图谶之学，所以半途而废了。臣下认为凡是保存先王之道的书籍，要害在于安上理民。——《后汉书·贾逵传》

贾逵的这段叙述也从侧面证明了，当时刘歆和朝中儒家学者之间并非是利禄之争，主要还是学术之争。贾逵此时也同样有众多的对手，其中最有名的是学者李育，他的经学功力，至少在《春秋》传解上也绝不输给贾逵。

李育，字元春，扶风郡漆县人。年轻时学《公羊春秋》，沉思专精，博览群书。在太学里很有名气，极为同郡人班固赏识……曾经开馆教授，有儒生徒弟几百人。还研究古文经文，曾研究《左传》，他觉得《左传》的文采不错，但并不合圣人的深意，前世陈元、范升等人为此争辩之时，多引用图谶，不据理体，于是作《难左氏义》四十一事。——《后汉书·儒林列传下》

如前文所述，光武帝崇尚谶纬，风气所在，学者自然会用谶纬来辩论。到孝章帝时，谶纬仍然风行，贾逵也同样通晓谶纬，所以也用谶纬来阐述《左传》。贾逵在奏书中进而向章帝说明，在研究《诗》《书》《礼》《春秋》《周易》五经的各家学派中，没有一家可以解释和证明"图谶"中明确说的"刘氏是尧的后代"，唯独在《左传》中有明文记载。

又五经家皆无以证图谶明刘氏为尧后者，而《左氏》独有明文。

——《后汉书·贾逵传》

近代学者，实际在唐代，就有学者怀疑《左传》中明文"刘氏是尧之后"的语句是后人窜入的，在此我们不深究此议题。我们在此要关注的是贾逵研究五经的方式，展示了从东汉前期这个时代开始，普遍和独特的经学研究方式之一，就是结合了"图谶"说，试图把五经经文的内容和义理与"图谶"联系起来，用相对客观的经学来解释纯粹主观的"图谶"，正如前文所述，这就是五经对应的"纬书"的来源。贾逵也把"图谶"作为学术的一部分，认真研究，这样一来，孝章帝非常地高兴。

（公元76年）皇帝随即嘉奖贾逵，赏赐布五百匹、衣一套，诏令贾逵自己挑选《公羊传》严氏和颜氏两个学派中才华出众的二十人，教授《左传》，给予竹简和纸写的经传各完整的一本。——《后汉书·贾逵传》

我们看到，此时已经有"纸张"（纸仍然没有丝帛珍贵）了，当时是没有印刷的，这就需要誊抄《左传》，皇帝赐予笔和纸代表着对《左传》的支持和鼓励。而更关键的支持是，朝廷虽然没有设立《左传》的学官，但任命了20位《左传》弟子，也就是由朝廷资助《左传》的研究，这是孝章帝在向西汉的宣帝学习。这和实际设立学官是一样的待遇了，只是无其名而有其实。

　　贾逵的古文《尚书》来自父亲贾徽，属于古文《尚书》传承中的正宗。贾徽的古文《尚书》传承于涂恽，涂恽是孔安国后代弟子的传承人，所以贾逵的古文《尚书》源于孔安国。

　　孔安国传授都尉朝，而司马迁也向孔安国请教过历史上的事件……都尉朝传给胶东郡人庸生，庸生传给清河郡人胡常（字少子），因精通《穀梁春秋》做了博士和部刺史，又为《左氏春秋》作传。胡常传授给虢县人徐敖，徐敖担任右扶风属吏，也为《毛诗》作传，徐敖传授给王璜和平陵县人涂恽（字子真），涂恽传授给河南郡人桑钦（字君长）。——《汉书·儒林传》

　　王莽时，各学派都列于学官。刘歆担任国师，王璜、涂恽等因此位尊名显。

　　　　　　　　　　　　　　　　　　　　　　　　　——《汉书·儒林传》

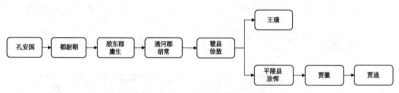

图 20　孔安国《尚书》学传承

　　王璜、涂恽在史料中无更多的记录，只如《汉书》中记载的，王璜和涂恽在王莽朝位尊名显。在此我们要说明的是，如前文对孔安国古文《尚书》学的分析，在古文部分是以古文字的训诂为主，而经文章句大义仍然是伏生的今文学为主。所以《汉书·儒林传》引文记载的孔安国这条从都尉朝到贾逵的传承学脉，其传授的《尚书》学不可能仅仅就是古文《尚书》的训诂，因为脱离今文章句大义的教授是毫无意义的，所以这条学脉传授的《尚书》学包括了孔安国的今文《尚书》学章句大义和古文《尚书》的训诂，而不能就直接描述成仅仅是古文《尚书》的传承。

　　贾逵除了古文《尚书》，同时也精通今文大夏侯学。

　　贾逵完全继承父亲的学业，二十岁时能读《左传》和五经本文，用大夏侯《尚书》教授弟子。　　　　　　　　　　　　　　——《后汉书·贾逵传》

　　贾逵的大夏侯学来自父亲贾徽，贾徽是传承孔安国一脉的后代弟子涂恽，由此笔者推测孔安国学脉的今文《尚书》学也是夏侯氏学。如前文叙述的孔安国《尚书》学中今文和古文的关系，在孔安国的武帝时期没有所谓的古文《尚书》学，《尚书》学就是伏生的今文《尚书》学，孔安国首先是接受伏生今文《尚书》学的教育，然后在得到古文《尚书》后，再以今文读古文，从而在他的今文《尚书》学中增加了研究古文《尚书》得到的学术内容。

又如前文所述，孔安国后代孔霸也是拜夏侯胜为师。

周堪……与孔霸一起向夏侯胜学习。　　　　　　——《汉书·儒林传》

从此尚书大夏侯有了孔氏和许氏之学。　　　　　——《汉书·儒林传》

霸亦治《尚书》，事太傅夏侯胜。　　　　　　　——《汉书·孔光传》

孔霸和孔安国的关系，按照《史记·孔子世家》的记载是叔侄关系，我们将传承关系合并在图21。

孔忠生孔武，孔武生孔安国和孔延年，孔延年生孔霸。

——《史记·孔子世家》

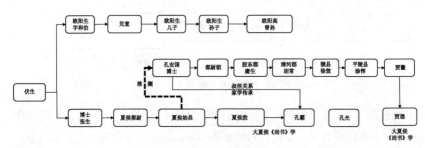

图21　孔安国师承

由此我们看到，贾徽的《尚书》学是大夏侯《尚书》学，又是孔安国学脉的后代。同时，孔安国的下一代孔霸又和夏侯胜（大夏侯）之间也是紧密的师徒关系，这让笔者推测，孔安国的《尚书》学正是张生的夏侯氏《尚书》学一脉，而不是欧阳生。孔安国是武帝时期继张生之后的《尚书》博士，那么他接受博士张生一脉的《尚书》学，成为博士也是非常符合情理的，也从侧面印证了孔安国是大夏侯氏《尚书》学。因此，我们可以进一步推测孔安国的老师可能就是夏侯氏家族的成员，按照年龄推断，最有可能就是夏侯始昌。当然，也有可能是张生其他未被记载的学生，因为没有文献记录了孔安国师承的情况。

"贾长头"是从小在太学院长大的，不光是大夏侯学，还学习了欧阳《尚书》学，和他的《春秋》经文一样，贯通《尚书》各家学派。如前文介绍的，孝章帝在他的《尚书》老师桓郁的影响下，也喜欢古文《尚书》，也有古文《尚书》的功底，经常和贾逵切磋《尚书》的学术。

贾逵多次给皇帝讲《古文尚书》与经传《尔雅》的训诂呼应。

——《后汉书·贾逵传》

《尔雅》是中国最早的一本词典，从现代的角度，《尔雅》的性质就是一本词典，但从《尔雅》被创作出来的时代看，"《尔雅》实际上是一种训诂汇编"①（用于传解经文的辅助之书），《尔雅》的成书年代，在学界中，古今的提法有十余种之多，"认为《尔雅》成书于战国末年，编撰者为齐鲁儒生"②，这种说法是目前主流的观点，除此还有：

西周周公著作，三国时期魏国的张揖之说。

子夏著作说："《尔雅》即子夏之诗传也。"清·朱彝尊《经义考·尔雅》

"乃是秦汉之间学《诗》者纂集说《诗》博士解诂之言尔。"欧阳修之说

《尔雅》的最初作者还不能完全考证，我们在此不作深究。章炳炎在《小学略说》中认为在孔子的鲁哀公时代已经存在《尔雅》，在成书之后，后代的学者继续为《尔雅》增补内容，形成最后的版本，比如前文提到的，为刘邦制定各种礼节与仪式的叔孙通，就增补过《尔雅》（《广雅》三国时期魏国张揖），笔者认为这是很符合逻辑的说法。

"尔雅"这两个字的意思，主流的观点：

尔：昵，近也。

雅：义也；义：正也。

五方之言不同，皆以近正为主，"正"包括对一个字的读音要正，字义的理解要正。

笔者认为"尔雅"就是"接近正确的读音和字义"的意思。

《尔雅》的功用在于解释五经，所以五经中没有的字，《尔雅》中也没有。《尔雅》以解释"意义"为主。用《尔雅》解释五经经文，对古文《诗》《书》

---

① 《中国语言学史》，王力，中华书局，2020 年版。

② 《训诂学史略》，赵振铎，中州古籍出版社，1988 年版。

最为有用，《毛诗》用《尔雅》十之七八可以得到解释，而解诂古文《尚书》非要用《尔雅》不可，只要用法妥当，解释古文《尚书》也是十之七八。①

　　《书》者，古之号令，号令于众，其言不立具，则听受施行者弗晓。古文读应《尔雅》，故解古今语而可知也。　　　　　　　　——《汉书·艺文志》

　　意思是《尚书》是古代帝王的号令，号令众人，所说的不能晓然明谕，就会使听的人和做的人不明了。古文的阅读要对应《尔雅》的解释，才能正确理解古今的语言，才能知道《尚书》的大义。由此我们就知道为什么贾逵要经常向孝章帝解释古文《尚书》和《尔雅》之间的关系了。

10.3 白虎观会议

　　如前文所述，在公元76年时，孝章帝已经在仿效西汉时孝宣帝的做法，诏令贾逵从《公羊春秋》中选拔出20位儒生学习《左传》，所以我们推测在当时，孝章帝的心中已经有了进行一次像宣帝石渠阁会议一样的经义辩论大会的想法。但孝章帝想进行一次经义辩论大会，并不是像孝宣帝那样志在设立《穀梁传》学官，或者像刘歆那样，希望通过辩论设立《左传》学官。孝章帝进行辩论大会，是想厘正经文当时纷繁杂乱的现象。

　　今文经学发展到孝章帝时，章句疏阔繁复已经蔚然成风，不仅是《尚书》，所有五经经文的章句都跟随此风，尽管朝廷和学者已经有恶于此，各家也作了章句的删减，但并没有得到有效的遏制，由此造成经义义理的纷杂烦乱。光武帝自身也曾经学习过《尚书》，对当时的章句繁复已经疾首蹙额。

　　中元元年（公元56年，光武帝颁布）诏书，《五经》章句繁多，想议定减省。　　　　　　　　　　　　　　　　　　——《后汉书·章帝纪》

　　钟兴字次文，汝南郡汝阳县人。年轻时跟少府丁恭学《严氏春秋》（公羊学派）。丁恭（向光武帝）推荐钟兴学问操行都好，于是光武召见他，用经义问他，应答都清楚明了，于是光武帝嘉奖他，授他郎中官职，不久又升为左中郎将。诏令（钟兴）重新审定《春秋》章句（公羊春秋章句），删除重复的内容，用以教授皇太子。　　　　　　——《后汉书·钟兴传》

---

①　《章太炎国学讲解录》，章太炎，中华书局，2013年版。

光武帝认为严氏的《公羊春秋》章句也一样是繁复冗余，要删去重复后再教授，以免耽误太子。到了孝章帝时，与贾逵和班固同为校书郎的杨终，再次删减《春秋公羊外传》（清代学者周寿昌考证，杨终所学为公羊春秋）。

杨终著《春秋外传》十二篇，改定章句十五万字。

——《后汉书·杨终传》

《诗经》的章句也同样有繁复的问题。《齐诗》学者伏恭，在汉明帝公元 61 年，担任三公大司空（御史大夫），到孝章帝时，又将伏恭拜为"三老"。

伏恭的父亲伏黯《齐诗》的章句太烦琐，伏恭于是删去多余的话，定稿为二十万字。
——《后汉书·伏恭传》

在《尚书》方面，如前文所述，师承不明的牟氏欧阳尚书，在孝章帝时，章句仍然是近 45 万言，直到汉桓帝时（公元 147~167 年），学者张奂才把这冗繁的章句削弱到 9 万言。桓荣的老师朱普，他的欧阳章句也达到 40 万言，所以光武帝在拜桓荣为太子（汉明帝）老师时，也同样要求桓荣省减章句。

桓荣向朱普学习欧阳尚书，章句达到 40 万言，桓荣认为章句过于繁杂，许多内容都言过其实。到光武帝让桓荣入宫教授太子（汉明帝）时，桓荣将章句减少到 23 万言。后来（桓荣的儿子）桓郁又继续删减，最终将章句确定在 12 万言。从此以后，就有了《桓君大小太常章句》。

——《后汉书·桓荣传》

我们可以看到，在光武帝时就有两次删减经书章句的记录，一次是在任命教授太子的老师之时，一次是光武帝去世前一年，公元 56 年的诏令，对经文研究的浮辞繁复之风起到了一定的遏制作用。在光武帝之前，虚增章句所带来的一个负面的经学现象就是在师说的基础上增加臆想的经文解释，尤其是自成一家的学者，都会在师说章句的基础上，在部分经义上加以发展和更改，这种现象在大夏侯胜和小夏侯建身上就已经发生，比如他们都在一些字义上对伏生的解释作了变更①，这种情况随着章句繁盛而愈加普遍，这就使得章句在"繁复"上又加上了"变乱"的情况，使得章句错乱复杂，让经文大义和精髓，发生偏离，难以掌握，再加上古文的经义，使得在经文的解

---

① 《经学历史》，皮锡瑞，中华书局，2018 年版。

释上，各家都有各自的说法，让人无所适从。而作为专职校验宫廷藏书的"校书郎"们，也早已对此问题深有感触。

杨终，字子山，蜀郡成都人。十三岁时，做郡小吏，太守认为其才很奇特，派他到京师学习，学《春秋》。汉明帝时，召他到兰台，拜为校书郎。到孝章帝时，公元76年，杨终上书说："宣帝广泛征召儒生，论定《五经》于石渠阁会议。当前天下太平无事，学者得以完成其业，而章句之徒，破坏大体。应该按照石渠旧例，永远成为后世的标准（原文：永为后世则）。"

——《后汉书·杨终传》

校书郎说的"章句之徒，破坏大体"就是指的那些违背师说、随意臆造经文解释的学者。这些校书郎有杨终、贾逵和班固等，在他们的呼吁和推动下，于是章帝也产生了召开经学辩论会议的想法，其实光武帝当时除了删减繁复的章句，也想正定经义。在汉明帝继位第一年，就有学者上书明帝，要继续光武帝正定经义的事业。

永平元年（公元58年，汉明帝继位第一年），长水校尉樊鯈上奏（汉明帝）说，先帝大业（指光武帝还未完成的事业），现在应当在适当的时机继续施行。想要使诸多儒生共同厘正经义，颇使学者得以提高。——《后汉书·章帝纪》

因此，孝章帝举行的辩论大会并不像石渠阁和刘歆想办而未办成的辩论大会，他们的主旨在于设立《穀梁传》或设立《左传》，从而扶助微学和广深道术，即确立朝廷对微末之学和古文经文的研究。而孝章帝召开经义辩论大会的主旨，除了扶微广学，关键是减省当时繁杂的经文章句，要厘定对经文解释的各种分歧，对那些有争议的议题定下官方的说法，而这些议题都是和当时最主要的社会因素密切相关，其大致的主要内容：

人伦关系：上到帝王将相的社会等级之分，如爵位、谥号、公侯的分封，下到三纲六纪、君臣关系、宗族、家庭夫妇关系等。

各阶层的礼仪：如祭祀、社稷、封禅、巡狩、礼乐、丧服、崩薨、嫁娶等。

朝廷治理的理念：三正、京师、三军、诛伐、五刑、谏诤。

考黜（人才官吏升降的考察）、乡射、致仕（退休）、辟雍、灾变等。

对社会和自然的研究：五行、卜筮、性情、寿命、天地、日月、四时等。

经学本身：五经、三教。

对这些议题，不同学派都有不同的阐述，会议就是要通过辩论一定而终，从而"永为后世则"。

建初四年（公元 79 年），从太常以下、将、大夫、博士、议郎、郎官及诸生（博士弟子）和有名的儒家学者都会于白虎观，讲议《五经》同异，让五官中郎将魏应负责提出辩论议题，侍中淳于恭负责将辩论结果奏报皇帝，孝章帝亲自称制临决，一如孝宣帝甘露二年在石渠阁诸儒讲论《五经》的先例，作《白虎议奏》。

————《后汉书·章帝纪》

这就是中国历史上第二次经学会议，史称"白虎观会议"，它的规模和参与人数都远远超过了第一次石渠阁会议，其中有记录的主要参加人员，参见如下表 18：

表 18　白虎观会议参会人员

参会人员	经文学派名称	官职	学术源流
主持：魏应	《诗经》（鲁诗）	五官中郎将	不明
使者：淳于恭	善讲《老子》	侍中骑都尉	不明
刘羡	通儒	广平王，章帝兄弟	不明
楼望	公羊春秋	太常，九卿之一	严氏春秋
成封	不明	少府，九卿之一	不明
桓郁	欧阳尚书	屯骑校尉，章帝老师	桓荣欧阳尚书
丁鸿	欧阳尚书，古文尚书	侍中射声校尉	桓荣欧阳尚书
杨终	公羊春秋	校书郎	不明
贾逵	通儒（今文和古文）	校书郎	父亲贾徽和太学院
班固	通儒（今文和古文）	玄武门司马（曾为校书郎）	父亲班彪
李育	公羊春秋	公羊博士	不明
赵博	不明	博士	不明
鲁恭	《诗经》（鲁诗）	事从太傅赵熹	太学院

实际参加会议的人员，肯定是远远不止以上这 13 位学者，只是史料只有他们的记录。会议连续召开了几个月才结束，可见辩论议题之多、之繁杂。辩论仿照石渠阁会议的议程方式，由章帝提出辩论的议题，通过主持者魏应，

在会场提给与会的学者，辩论后通过淳于恭，将辩论的各方意见奏报给章帝，最后由章帝亲自定夺此议题的官方经学解释。对经学议题的解释，各家主要依据的来源就是今文经书、古文经书和谶纬。

参会的学者全部是精通谶纬学的，如前文所述，东汉前期，谶纬学是被皇家信崇的。而精通古文的学者，从记录上看只有贾逵一人。但笔者推测，杨终和班固也同样通晓古文。班固在汉明帝公元62年，因为撰写《汉书》被明帝任命为校书郎。

班固，字孟坚。九岁时，能连句作文、诵读诗赋，长大后，就广泛通晓典籍，九流百家之学问，没有不深入研究的。他没有固定的老师，不在章句上下功夫，而是掌握经文大义。班固在父亲去世后回到家乡，继续父亲撰写汉史的事业，但被人告发私著国史而下狱，后来弟弟班超亲自向汉明帝解释和求救，郡里也将他的书（班固撰写的部分《汉书》）呈上，汉明帝感到很奇异，召班固做校书郎，授职兰台令史……后来，升为郎，典校秘书。

——《后汉书·班固传》

（明帝）永平五年（62年），他的哥哥班固被征召任校书郎，班超和他的母亲一同到洛阳。

——《后汉书·班超传》

班固的学术背景是"广泛通晓典籍，九流百家之学问，没有不深入研究的"，又专职校理包括古文经的宫廷秘书，又和贾逵同室共职。

明帝拜贾逵为宫中侍郎，与班固一起校对宫廷藏书。

——《后汉书·班固传》

所以笔者认为班固和杨终应该也具备古文经学的功底参与辩论。

需要强调的是，白虎观会议的辩论并非是古文和今文一争高下的争辩，并非是要确定古文和今文谁对谁错，不是对立地争辩，而是相提并论，以确立能合理地解释各种实际礼仪和制度为准则，今文各派、古文和谶纬各抒己见，最终的择取由皇帝决定。所以参加辩论的学者之间也不像石渠阁会议那样派别鲜明，大家还记得前文讲述的，在石渠阁会议中，穀梁和公羊在针锋相对辩论时，各自觉得自己阵营的学者力量不够，还在会议中临时邀请其他的学者分别加入自己的阵营进行辩论。

与这种激烈的气氛形成鲜明对比的是白虎观会议前不同学派学者之间齐心协力的氛围。在就要召开白虎观会议之际，会议召开的提议者杨终却陷入牢狱之灾。

（在要召开白虎观辩论会之际）杨终不幸因为一件事被抓下狱，博士赵博、校书郎班固、贾逵等人，认为杨终对《春秋》很有研究，经学上有很多独特的见解，就上奏（为杨终向孝章帝）求情，杨终此时又上书自我辩解，（章帝）即日就赦免了他，于是才得以参与白虎观会议。——《后汉书·杨终传》

如前文所述，《左传》是贾逵倡导和支持的，而反对《左传》的学者正是今文《公羊传》学者，而杨终正是《公羊传》的学者，如果双方是对立争论的关系，杨终下狱对贾逵而言不是正中下怀吗？而实际上，贾逵等一批学者却甘冒风险请奏皇帝，为杨终求情，可见双方绝不是对立关系。

从另一方面看，白虎观之所以有这样的辩论氛围，谶纬学说也起到一定的作用，对议题阐述的辩论中，大量的引用了谶纬的内容，而参与的学者又全部都研究谶纬。如前文所述，此时谶纬被称作"内学"而凌驾于五经之上，对议题的阐述，有一半都是先引用谶纬的内容，然后再是五经的内容，谶纬在白虎观会议中占有举足轻重的地位。根据后代学者粗略地统计，白虎观会议中，议题引用经文和谶纬共 560 多条左右，而引用谶纬的有 130 多条。当然，辩论的会议，争辩是肯定有的。

四年（79 年），诏令李育与众多儒生论《五经》于白虎观，李育用《公羊传》的经义与贾逵（《左传》）辩难，往返都有理有据，（被认为是学问）最深厚的通儒。　　　　　　　　　　　　　　——《后汉书·李育传》

从记载看，贾逵在某些议题中，用《左传》的经义和《公羊传》争辩处于下风。而在整个会议中，被认为学问最深厚、辩论思路和逻辑最为清晰、能将议题用经义讲解的最清楚明了的学者是主修欧阳《尚书》的丁鸿，他是桓荣的学生。

丁鸿以才学高明、辩论议题最明，被众多儒者称赞，皇上也多次赞美，当时人叹道："殿中无双丁孝公。"　　　　　　　　——《后汉书·丁鸿传》

最终，所有辩论的议题，由章帝亲自敲定解释，主要都是采用今文的经义。所以清朝道光、光绪年间的经学大师皮锡瑞评论《白虎观通义》：

经义最久远，难分明者，莫如《尚书》，经义最有确凭据者，亦莫如《尚书》。《尚书》之确凭据，首推伏生《大传》，次则司马迁《史记》……又次则《白虎通德论》（实际应该称《白虎通义》），多载今《尚书》说……《白虎通为今文各经之总汇，具唐、虞三代之遗文。碎璧零珪，均称瑰宝。虽不专为《尚书》举证，而《尚书》之故实、典礼，（关键）是都可信并有凭证。（学习）《尚书》的人，除伏《大传》《史记》外，当以此书为最。

——皮锡瑞《经学通论》

按照皮锡瑞的意见，如果要真正了解已经亡佚的《尚书》的各篇大义，《白虎通义》是继《尚书大传》和《史记》之后，第三重要的参考书籍，可见《白虎通义》对《尚书》的研究的重要性。在白虎观会议结束后，因为班固善于撰写文章，孝章帝诏令班固像石渠阁一样撰写会议辩论和最终定论的汇集，而这本汇集在《后汉书》中出现了三个名字，《白虎议奏》《白虎通义》和《白虎通德论》。

会于白虎观，讲议《五经》同异……孝章帝亲自称制临决，一如汉宣帝甘露二年在石渠阁诸儒讲论《五经》的先例，作《白虎议奏》。

——《后汉书·章帝纪》

大会诸儒于白虎观，考核同异，一连几个月，孝章帝亲自参加定夺经义，如宣帝甘露三年与诸儒韦玄成、梁丘贺等讲论于石渠阁故事，命令史臣，著《通义》（原文：顾命史臣，着为通义）。　　——《后汉书·儒林列传》

当时孝章帝雅好文章，班固得到章帝的欣赏，多次进入皇宫陪侍皇帝读书……后迁玄武司马。天子会诸儒讲论《五经》，（原文）作白虎通德论，令固撰集其事。

——《后汉书·班固传》

后代学者对此也作了研究，希望了解这是一本书，还是三本书，目前主流的意见是三本书。晚清民国时期的学者刘师培和现代学者章权才都认为，《白虎奏议》是指在辩论会上，各派学者们每次就每个议题发表的最终意见，写成奏章，奏报皇帝，章帝御览后，会定夺一种做法，偶尔也会有两种说法并存。在会议后，将各家学派阐述的奏章汇集起来就是《白虎议奏》，然后将经过章帝御览定夺后的阐述也单独汇集起来就是《白虎通义》。而历时几个月的白虎观会议，在当时也是一件朝廷盛事，而且皇帝亲自参加，自然也要将此功德记录下来，这就是《白虎功德论》。《后汉书·班固传》中的《白虎通德论》，后代学者们认为遗漏了"功"字，应该是《白虎通功德论》。在此我们不作深入的探究，最后流传下来的就是这本《白虎通义》，所以对各种议题的解释，留存今世的只有一种，即章帝定夺的解释，另外的两本书在三国时代就已经亡佚。

白虎观会议后，没有增立任何一派的学官博士，孝章帝仍然鼎力支持古文经文的发展，在白虎观会议后，又诏令贾逵撰写《尚书》不同学派之间的异同。

孝章帝诏令贾逵著《欧阳、大、小夏侯尚书古文同异》，贾逵集中写了三卷，孝章帝对此非常赞赏。　　　　　　　　——《后汉书·贾逵传》

这三卷的《欧阳、大、小夏侯尚书古文同异》是第一本比较《尚书》今文和古文异同的书籍，这种将今文和古文的不同解说合并在一起进行比较的方法，这是史上第一次。贾逵不仅作了今古同异的比较，还为古文《尚书》单独作了训诂。

扶风杜林传下《古文尚书》、杜林同郡人贾逵为《古文尚书》作训诂。　　　　　　　　　　　　　　　　——《后汉书·儒林列传》

贾逵训诂的古文《尚书》的经文版本自然是皇宫收藏的"孔献版"。孝章帝对贾逵比较《尚书》的今文和古文的大义非常满意，因此又诏令贾逵撰写《齐、鲁、韩诗与毛诗异同》，可见贾逵是当时不多的、同时精通多部经文的今文和古文又精通"谶纬"的学者。大约就在贾逵写完这几本今古文比较的书籍之后，章帝发出诏令。

建初八年（公元 83 年）……冬十二月……章帝诏令说："剖析《五经》的大义，离圣人很远，章句遗辞，偏差疑难，难以夺定，担心先师微言大义将被荒废绝灭，这不是用来重视依古行事，探求经文大义真正的道理。现诏令儒家学者选择高才生，授学《左氏春秋》《穀梁春秋》《古文尚书》《毛诗》，扶救衰微的学术，弘扬新颖的义理。"　　——《后汉书·章帝纪》

建初八年(公元 83 年)，下诏诸儒各选高才生学习《左氏》《穀梁春秋》《古文尚书》《毛诗》，因此这四部经书开始在世上传授。封贾逵所选弟子和门生做千乘国的郎官（公元 79 年，孝章帝将千乘郡改为千乘国，封给长子刘伉，但仍然都居住在京都洛阳），早晚在宫廷学习，学者都很羡慕。

　　　　　　　　　　　　　　　　　　——《后汉书·贾逵传》

白虎观会议 3 年后，尽管章帝没有为这四部古文经文设立"学官"，但都得到了和"学官"几乎一样的待遇。首先，由朝廷资助学习这四部经文的弟子，相当于立了学官的博士弟子。其次，学有所成后，授予官职。这在古文经书的发展中，是一个非常重要的里程碑，正如引文中说的，有了朝廷官方的支持，"这四部经书开始在世上传授"。古文经文能有这样的进展是离不开贾逵的贡献，所以我们说贾逵是接过古文发展第二棒的学者。

除此之外，贾逵和孝章帝还对经文的传解文体有着别具一格的贡献。贾逵在章帝的要求下，撰写了比较不同学派经文传解异同的文体形式，是首开先河的。将各派的解释汇拢在一起，即一句经文或一个议题，然后接上不同学派的注解和阐述，然后再是一个议题，依次继续，这样就非常便于比较。贾逵的《欧阳、大、小夏侯尚书古文同异》和《齐、鲁、韩诗与毛诗异同》，都是这种类型的文体，以致后来的儒家大师，尤其是精通多个学派的通儒，撰写的经文注解，都开始采用了这种形式，而这正是从章帝和贾逵开始的。贾逵的这两本书，并没有将全部的经文注解一遍，而只是对皇帝和众多学者关心的经文句辞进行比较解释，只可惜，这两本书都已经亡佚，但这种文体形式，却从此被后代经文学者使用。

如前文所述，王莽新朝和国师刘歆至少培养了一代的古文学者，只是时间太短，古文学者的数量在还未具规模时，就随着王莽新朝的灭亡戛然而止了。所以在史料的记载中，在东汉初期还零星记载着师承不明的古文《尚书》学者，比如前文叙述到的周防。因此在贾逵之前，对古文《尚书》的研究，主要还是在有机会进入皇宫东观校书的学者之中进行，换句话说，也就是有机会阅读到古文《尚书》的学者，我们看，杜林、卫宏、郑兴、班固、贾逵、丁鸿，无一不是担任过东观校书之职。

> 杨伦，字仲理，陈留郡东昏县人。年轻时为博士生弟子，拜司徒丁鸿为老师，学古文《尚书》。——《后汉书·儒林列传》
> 章帝多次赏赐丁鸿，又诏令丁鸿参与校书。——《后汉书·桓荣丁鸿传》

10.4 谶纬影响章句

与此同时，朝野上下，今文欧阳《尚书》也正处于历史上最繁盛的时期，如上所述，推翻王莽新朝和建立东汉的战乱并未对经学的传承产生很大的影响，一万字左右的今文经文，解说已经到了四十万字左右，尽管有很多繁杂冗余的内容，但可以在相当程度上说明，今文《尚书》在原有师说的基础上已经发展到了一个极限水平。

《尚书》章句的不停增加就是代表了经文研究在不断发展，但对增长的章句，如同前文所述，笔者将它分为实的增长和虚的增长，实的增长就是经过学者真正研究得到的结果，比如通过不同经文的相互参比，用春秋经、礼经等参比《尚书》经文，研究经文训诂和义理等，而虚的增长就是漫无边际地穿凿附会和臆造经义所产生的章句，其动机无非是想创立自己一家之说，或是为了在学术上博得眼球，让自己被刮目相看，大多都是为了利禄。这种弊病，到东汉时，连皇帝都已经认为是要解决的问题，前文已经叙述。

虚增章句的不良学术风气在东汉初被一定程度地遏制，但是并不成功，因为在光武帝之后，经文传解的发展中遇到了荒诞无稽的"谶纬"，"谶纬"思想产生了更多的臆造章句。如前文所述，谶纬在东汉的地位无须再叙，光武帝、明帝和章帝都喜好谶纬，而谶纬的内容几乎都是臆造的，由此，对经文解释的臆造也开始增加。从另一个角度描述就是，经文的研究和谶纬关联越紧密，经文解释的臆造就越多，尤其是一些几乎失去理性的天马行空的经说。原因也不难分析，尽管今文《尚书》研究已经非常繁盛，但仍然有很多不清楚和存疑的地方，随着今文经学研究的深入，就有学者擅自臆造经文字句的解释，违背师说和家法。

贾逵等学者在当时的这种氛围中，和一批正统的学者，以训诂学、以《尔雅》等书籍为依据，针对今文经学的这种学风弊病，通过严谨的文字研究，钻研每个文字的含义，再由文字推导经文文句的意思，以此坚决抵制这些对经文解释随意编造和臆说的学者。

清代经学大师皮锡瑞对这个时期的经学，给出了非常准确的评论：

凡事有见为极盛，实则盛极而衰象见者，如后汉师法之下复分家法，今文之外别立古文，似乎广学甄微，大有裨于经义；实则矜奇炫博，大为经义之蠹。师说下复分家法……今文外别立古文……盖凡学皆贵求新，唯经学必专守旧。经作于大圣，传自古贤。先儒口授其文，后学心知其意，制度有一定而不可私造，义理衷一是而非能臆说。世世递嬗，师师相承，谨守训辞，毋得改易。如是，则经旨不杂而圣教易明矣。若必各务创获，苟异先儒；骋怪奇以钓名，恣穿凿以标异，是乃决科之法，发策之文；侮慢圣言，乖违经义。后人说经，多中此弊；汉世近古，已兆其端。故愚以为明、章极盛之时，不如武、宣昌明之代也。

——皮锡瑞《经学历史》

10.5 许慎

　　贾逵能给章帝解释《尔雅》和古文《尚书》的关系，他的《尚书》经学和文字训诂学的功力自无须多言。举世闻名的《说文解字》的作者许慎正是贾逵的学生。现代历史学家推测，许慎正是在建初八年（公元83年），章帝诏令选拔的高才生之一，由此成为贾逵的学生，传承了贾逵的古文和训诂学。也正是在这种学术环境下，又在贾逵的影响和教导下，许慎编写了至今仍然赫赫有名的《说文解字》。

　　许慎字叔重，汝南郡召陵县人（今河南省漯河市召陵区）。性格淳朴敦厚，年少时学习经书非常广博……当时人称赞他说："许叔重研究《五经》举世无双。"曾经担任郡里的功曹，然后被郡举为孝廉，再升迁，任命为洨县长，晚年在家里去世。

——《后汉书·儒林列传》

　　史料对许慎的记载非常得少，生年和卒年都没有记载，按照学者的考证，许慎大约生于孝章帝时期的公元59年左右，不过生卒年份对我们的讨论影响并不大。相对比较可靠的是，许慎在公元100年汉和帝时期，基本完成了《说文解字》，从记载看，许慎在成为贾逵的学生前，对今文经文已经非常精通，"许叔重研究《五经》举世无双"，所以才能被选拔出来，由朝廷供养进入宫中，再研习古文经学，从章帝公元83年到和帝公元100年，正是《说文解字》的成书时期，在此期间许慎还撰写了《五经异议》。

　　《说文解字》成书第二年，公元101年，他的老师贾逵就去世了，终年72岁。笔者推测，许慎或许是看到老师已经处在油尽灯枯之时，希望老师在有生之年看到他和自己为之倾力一身的成果，才提笔作序，象征著作已成，以此让老师心有慰藉，不留遗憾。将《说文解字》最终呈献给朝廷，是在21年之后，公元121年，由他的儿子许冲献上的。

　　白虎观会议的重要目的就是厘正经义，而经义的歧义主要是由对经义和经文解释的臆造产生的，白虎观会议尽管厘定了经义和各种相关的议题，但对经文章句的臆造的这种风气并没有得到认识和遏制，因为"谶纬"仍然是皇朝最高的，皇帝崇信的学术。公元100年，《说文解字》初步成书，公元

102年，汉和帝的司空（御史大夫）徐防上奏：

> 永元十四年（公元102年），（司空）徐防上奏："……汉朝继承乱秦之后，经典几乎废绝，稍微有一点儿经典文籍保存了下来，有的没有章句（没有经文的解释）。（西汉）收拾缺遗，建立明经，博征儒术，开设太学……孔圣人已经过去很长时间了，他的思想精髓将要失传了，所以（东汉）又立博士十四家……用来勉励和教导学者，为的是告诉人们什么是善恶，如何去除和改正弊端，成为善良之人。但臣现在看到的是，太学院测试博士弟子时，（弟子）都用自己的意思随意解释经文（皆以臆说），诸经为业，各自名家。不修家法，私相容隐，开生奸路。每有策试，就兴起诉讼，论议纷纭错杂，互相指摘是非。"

> 孔子说的"述而不作"，就是说"孔子只是讲述过去圣人的言语，自己绝不添加任何内容"，又说"我也碰到过有缺文的书籍"，古代的史官记录事情时，不知道或不清楚的地方就空缺着，等待清楚的人来书写补上，孔子说："他自己年轻时还看见过古史官的缺文，现在没有了"……但到了现在，不依章句，妄生穿凿附会，认为遵守师说是不义的行为，反而认为任意编说是有理的，轻侮道术，渐渐成了风俗，这绝不是朝廷诏令选拔人才的本意。

> 和帝将徐防的上书下发给所有朝臣讨论，所有人都同意徐防的说法。

> ——《后汉书·徐防传》

三公之司空，亲自上书谏言要遏制当时的"皆以意说，不修家法，私相容隐，不依章句，轻侮道术"，可见当时学术风气的恶劣程度，以致国家最高层的官员都亲自出面了，这还是国家最高级别的博士弟子的学术风气，而在郡县中下层官员的经学学风，就可能会更差了，所以满朝文武"都同意司空徐防的上奏"。

徐防上书在永元十四年（公元102年），此时这种恶劣的学术风气已经形成，并已大行其道，许慎在编写《说文解字》之时，正是处于这种"不依章句，皆以意说"的不良风气盛行于世并愈演愈烈的时期，所以笔者认为，许慎编写《说文解字》的目的就是要通过确立每个字的可靠和真实的意思，为解释经文的意思奠定坚实的基础，再由此探究经文背后的大义，以此遏制当时这种对经文文字和经义随意编造的弊病。许慎在《说文解字·序》中写道：

有很多儒生（喜欢凭着臆断）争辩文字的解释，（用这种臆说）来解释经文义理。（原文：诸生竞逐说字，解经谊。）

孔子曾说到"我还能看到过史书存疑的地方"，又说："这种'存疑精神'现在的人没有了啊！""存疑"不是学者自己不懂就不闻不问，（而是担心）人若凭着自己的臆想去解释古史古事，那就会把是非曲直变得没有定准，而这种巧言诡辩的臆说将给世上的学者造成很大的疑惑和困扰。

文字是经史百家之书的根基，是推行朝廷治理政策的基础，前人用它记述自己的经验，传示给后人，后人依靠它来了解认识古代。

——《说文解字·序》

繁杂的今文经文章句从穿凿附会变为随意的臆造编说，使经文产生很多的歧义，这种风气所造成的最坏的结果就如许慎写道的，"给世上的学者造成很大的疑惑和困扰"，尤其让新的儒生弟子无所适从。但许慎也并未能遏制这种风气，当时经学研究和学习的学风开始每况愈下，孝章帝一朝正是东汉朝经学发展从最繁盛的顶端转而开始衰落的交界时期。

第 11 章　今文经学衰落的背景

11.1 章帝、和帝、安帝三朝外戚

经学的发展为什么从这个时期开始衰落呢？原因有很多，但最根本的原因还并不是经学内部的学术原因，而是外部的原因，这就是，皇权失落而造成的官场败坏。从孝章帝以后，皇帝失去了大部分的权力，皇太后和太后的亲属、皇后和她的亲属，通称为"外戚"，得到了大部分的皇权，因为此后继位的大多是年幼的皇子，由此朝局的权力格局由皇帝一统天下，变为太后和外戚兄弟掌管天下。到汉和帝公元 92 年，和帝为了夺回权力，启用身边的宦官，由此宦官又进入了权力的格局，东汉从此由衰落走向衰亡。

孝章帝在公元 79 年 11 月下诏召开"白虎观会议"，同样是章帝准备像武帝一样大展宏图的标志。章帝下诏召开"白虎观会议"前 5 个月左右，公元 79 年 6 月，皇太后马皇后去世。孝章帝是汉明帝的第五个儿子，亲生母亲是贾贵人，但汉明帝看到当时马皇后没有孩子，就诏令由马皇后抚养，就是后来的孝章帝。明帝去世后，19 岁的章帝继位，拜马皇后为皇太后。章帝继位时已经成年，所以可以一揽朝政，但大的政事还是要和太后商议。

（马太后）经常和皇帝在早晚间谈论政事。　——《后汉书·皇后纪》

不过马太后是一位贤德的太后，身心都是为了皇帝和朝局，对自己的三个哥哥和亲属也管教很严，太后去世时，章帝仍然重用自己的两位舅舅。章帝在公元 75 年继位，太后去世时，已经在位四年，章帝正处于风华正茂之时，对朝局也已经驾轻就熟，正是想学汉武帝能有所建树、震古烁今之时。马太后的离世让章帝可以彻底地乾纲独断，这白虎观会议正是章帝踌躇满志，准备建功立业的序幕。

孝章帝的皇后是窦皇后，公元 76 年入宫，因为侍奉马太后尽心尽力，在入

宫第二年，公元78年，即被册封为皇后。同年，章帝的妃子宋贵人生下皇子刘庆，下一年，公元79年，在马太后去世前，策立1岁的刘庆为太子。太子亲生母亲宋贵人的父亲叫宋杨，而宋杨的姑姑就是马太后的外婆，人物关系如图22：

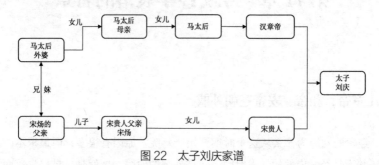

图22　太子刘庆家谱

可见太子是属于马太后外戚的势力，马太后想着将来太子继位，还能继续护佑马氏家族。只是马太后没想到，自己去世后，身前尽心侍奉的窦皇后随即和她的弟弟窦宪开始了废黜太子刘庆的谋划。他们诬陷宋贵人在宫中行蛊惑之事，诅咒章帝尽早离世，结果阴谋得逞。公元82年，宋贵人不堪严刑，在狱中自杀，4岁的太子刘庆随即被废黜，改封为清河王。立3岁的皇子刘肇为新太子，就是后来的汉和帝。

刘肇的亲生母亲是梁贵人，而养母就是窦皇后，刘肇从出生后就由窦皇后抚养，以为窦皇后就是自己的亲生母亲，并不知道梁贵人。刘肇成为太子自然让梁家非常高兴，但不幸的是，他们的欣喜被窦皇后知道了。

建初八年（公元83年）皇后以匿名书诬陷梁竦（梁贵人的亲生父亲），梁竦获罪被诛，梁贵人姐妹忧愤而死。　　　　——《后汉书·皇后纪》

3岁的刘肇（汉和帝）被立太子不到一年，亲生父亲即被杀，亲生母亲忧愤而死，梁氏家族的人都被罢官免职，全家被迁移到位于今天越南的九真郡，从此窦氏家族开始显贵，此后窦宪仗势欺人到什么地步呢？他连章帝的姐姐沁水公主的田地也敢贱价强买，如果不是章帝偶然发现，亲自过问，不愿惹事的沁水公主对窦宪也只能避让三分。此时窦氏的势力和权力还完全在孝章帝皇权的掌控下。不幸的是，不到5年，公元88年，年仅33岁的孝章帝就去世了，10岁的太子刘肇继位，窦皇后升为窦太后，临朝称制，窦氏外戚彻底掌控朝局。东汉章帝后皇帝谱参见图23：

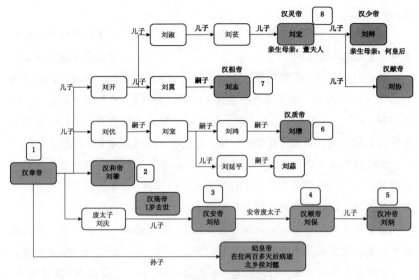

图 23　东汉章帝后皇帝家谱

　　如前文叙述的，桓荣的儿子桓郁进宫教授 10 岁的汉和帝，部分原因也是桓郁和窦宪亲近，是由窦宪向太后姐姐上书推荐桓郁，才入宫讲授《尚书》。窦宪权势熏天而为所欲为，就连与窦太后有着暧昧关系的诸侯王刘畅，窦宪因担心刘畅瓜分他的权力，也被他暗杀了。窦太后最后还是原谅了自己的弟弟，让窦宪担任车骑将军北伐匈奴，以军功免罪。

　　一年后，公元 89 年 6 月，窦宪的军队大败匈奴。

　　窦宪平定北匈奴，威名大盛……郡的刺史、太守很多都出自窦宪的门下……窦氏家族……权贵显赫，倾动京都……窦家的人，充斥朝廷内外。

——《后汉书·窦融传》

　　窦宪倚靠北伐匈奴的战功，越来越骄横恣肆。——《后汉书·窦融传》

　　三年后，公元 92 年，窦宪班师返回京城，返京的首要任务就是谋害皇帝，14 岁的汉和帝。因为窦太后感觉和帝已经隐约知道了他自己的身世，一旦和帝亲政，对窦家绝对是致命的，所以开始谋害和帝。

　　此时的宦官郑众，在汉明帝还是太子的时候，就已经在太子府做事，孝章帝时已经升任为中常侍，"中常侍"在东汉已经不是加官了，已经成为一个特定的官职，通常是由太监担任，皇宫内一共 10 位中常侍，是宫内太监最高的官职。

朝臣上下几乎都阿附窦宪，而郑众却一心忠于王室，不阿附权贵，所以和帝非常信任郑众。 ——《后汉书·宦者列传》

窦宪对和帝图谋不轨的事，不知是如何泄露的，被郑众知道后，立刻向和帝谏言诛杀窦宪。结果窦宪在公元 92 年班师回朝，准备图谋皇帝时，自己却被 14 岁的汉和帝先逮捕下狱，最后窦氏兄弟全部被逼自杀，所有窦氏家族的人和门人，只要是在朝廷任职，无论在京都还是地方，全部罢免。

窦氏的外戚势力被彻底从朝廷中清除，和帝念在窦太后 14 年哺育之恩，没有处罚她，仍然尊为太后，但连后宫也无权掌管，4 年后在宫中去世。与此同时，皇宫内宦官的后宫势力开始进入朝廷的前朝权力格局。

宦官郑众在禁宫中独自与和帝出谋划策，终于诛除了窦宪，于是郑众被封官授爵，宦官的势力开始强盛起来。 ——《后汉书·宦者列传》

宫中宦官参与朝政，行使权力，从郑众开始。——《后汉书·宦者列传》

汉和帝亲政 10 年后，公元 102 年，和帝的皇后——阴皇后，因为蛊惑后宫的其他嫔妃，被废黜，当年即忧愤去世。和帝随即封邓绥为皇后，邓绥是开国功臣邓禹的孙女。邓禹在光武帝还在西汉京都长安学习时，就已经和光武帝相识，光武帝起兵后，即投靠光武帝，一起建立了东汉。邓禹有 13 个儿子，邓绥就是邓禹第六个儿子邓训的女儿。

邓绥从小喜欢经书，12 岁已经可以通读《诗经》和《论语》，家里人给邓绥起了一个"儒生"的称号。所以邓皇后的博学多闻让她能够妥善地处理宫廷事务，再加上窦氏外戚的前车之鉴，让邓皇后的兄弟邓骘对权力的使用也都非常的谨慎。

邓太后诏令司隶校尉、河南尹、南阳太守说："每次阅览宫中档案，看到前代外戚宾客，借助皇帝亲属的权威，轻薄虚浮，因私废公，直至祸乱朝纲，让人们厌恶。毛病的根源就在于这些外戚宾客犯法后，对他们不能依法惩治，执法怠惰松懈的缘故。今车骑将军邓骘（邓皇后的哥哥）虽然有敬畏和恭顺之心，但宗族广大，姻戚不少，很多家族的宾客奸诈狡猾，有很多也做了法令禁止的事情。现在应该进行检查和整饬，不能相互宽容庇护。"从此外戚犯罪，没有任何宽宥。 ——《后汉书·皇后纪》

但是皇帝的短寿和皇子的稀少又总是反过来把外戚推到权力的风口浪

尖，而权力的诱惑又总是让一些无知的外戚忘记过去的教训。汉和帝在设立邓皇后后第三年，就去世了，年仅 27 岁。

　　和帝有十几位皇子，但都先后夭折，以至于后来出生的皇子都隐秘地放在民间抚养。

——《后汉书·皇后纪》

　　此时，邓皇后认为，此时正在宫中的和帝长子刘胜一直患病，如果策立为皇帝，他的身体连进行祭祀这样的常规仪式都不能胜任，所以决定将在民间抚养的皇子接回皇宫，立为皇帝，就是汉殇帝，这时才出生一百天左右。如上文所述，放在民间抚养的皇子都是隐秘的，所以朝廷上就有人认为这个孩子来历不明，就是怀疑邓皇后想借此占有皇权。殇帝即位才 8 个月，又夭折了，但邓皇后仍然没有策立和帝的长子刘胜，当天夜里就让哥哥邓骘将以前被废的太子刘庆的儿子刘祜接入宫中继位，是为汉安帝。但有很多朝臣认为应该还是策立和帝长子刘胜，但邓太后担心的是刘胜成为皇帝后，将来会对自己不利，所以还是坚持立了刘祜。

　　邓太后对自己独断乾坤还是做了准备的，果然此时的司空周章正在密谋废黜太后和刚继位的安帝。周章在殇帝期间，公元 106 年，到安帝继位第一年，公元 107 年，这不到两年的时间内，连升三级，从中郎将升到九卿光禄勋，再担任太常，最后升到三公之司空。这些职位没有邓太后的同意，是不可能担任的。只能认为周章具有忠于皇室的节气，他的密谋被邓太后发现，随后自杀。由此邓太后稳定了新的朝局，继续独掌权柄，一直到公元 121 年 3 月，她去世为止。

　　汉安帝从公元 106 年，13 岁时继位，一直到 28 岁，邓太后去世前，始终无法亲政。公元 109 年，安帝 16 岁时，进行成年加冠礼。公元 115 年，安帝 21 岁时，册封皇后，阎皇后，邓太后都没有将朝政归还给安帝，这让朝廷中一些耿直的大臣心怀怨愤。

　　怨愤的大臣将要求还政的奏疏悬挂在宫廷的门口。

——《后汉书·皇后纪》

　　《后汉书》评价邓太后：

　　虽然迷恋威权，但非为一己私利，焦心恤患，都是为了富强国家。

——《后汉书·皇后纪》

　　但作为一国之主，"焦心恤患"是基本的节操和素养，而要治理好一个国家，所需要的能力远超于此，用另一句话笼统地评价邓太后，就是心有余而力不足。

汉安帝举行成年加冠礼的前一年，公元108年，当时发生了很严重的旱灾，其结果就是在当年年底和109年，发生大面积的饥荒。

（永初二年，公元108年）12月30日，以粮仓储粮赈济东郡、巨鹿、广阳、安定、定襄、沛国饥民。 ——《后汉书·安帝纪》

（永初三年，公元109年）3月，京师大饥荒，出现饥民人吃人。 ——《后汉书·安帝纪》

饥荒竟然蔓延到京都洛阳，京师是最繁华的区域，都出现了人吃人的惨剧，更何况受灾的郡县。可见饥荒的严重，更可以推测朝廷在去年发生旱灾后应对措施的严重不足，最终连中央朝廷的供给都出现问题。

三公联名，因为国用不足，奏请朝廷让可以上贡钱财和粮食的官吏和百姓，可以赐予官爵，关内侯、虎贲羽林郎、五大夫、官府吏、缇骑、营士，按照上贡数量分别加封。 ——《后汉书·安帝纪》

尽管这是饥荒时的非常之举，但客观上开了一个极坏的先例，让以后的贪官得以以各种理由买卖官职，东汉买官卖官由此开始。

元初二年，公元115年，安帝21岁，册封阎姬为皇后，娘家是朝廷中普通的官吏，没有深厚的背景，但阎皇后的性情却是专横而又妒忌。

安帝和宫女李氏，生下皇子刘保，阎姬（刚被册封为皇后）就毒杀了李氏（此时刘保才一岁）。 ——《后汉书·皇后纪》

到了公元120年年初，邓太后知道自己的病情正在不断加重，随即敲定太子人选，当年4月，5岁的刘保被立为皇太子，任命桓氏《欧阳》尚书的传承人桓焉（桓荣的孙子）担任为少傅，一个月后升为太子太傅。

一年后，公元121年3月，邓太后去世。邓太后是东汉最收敛和温和的一朝外戚，一来邓太后自身喜好经学和历史，知书达理，另外刚刚经历窦氏外戚的教训，而现在的阎皇后对这两方面都不具备，阎氏外戚开始重蹈覆辙。

邓太后去世，28岁的汉安帝终于亲政，虽然已经当了15年皇帝，但此时仍然像是新朝新气象一样。在邓太后去世6个月后，当年的9月，许慎的儿子许冲向刚刚亲政的汉安帝献上了《说文解字》，笔者认为，这都是满朝文武为了庆贺安帝亲政的各种举措之一。安帝大权在握，自然也想重振朝纲，对儒家的经学，尽管安帝自己不是非常的热衷，但仍然知道这是治国之思想根本，需要加以肯定和发展。

安帝听政以后，对经文和各种技艺的研究不感兴趣。——《后汉书·儒林传》

延光三年，公元124年3月，（安帝东巡到曲阜）在孔子故居祭祀孔子及七十二弟子，封国国相、县令、县丞、县尉及孔氏亲属、妇女、当地儒家学者都参与了祭祀和集会……3月29日，安帝回京师，亲临太学院。

——《后汉书·安帝纪》

邓太后在121年3月去世，3年守丧的时间一到，124年2月，安帝即开始东巡。皇宫内自然是阎皇后势力最大，此时太子刘保才9岁，阎皇后毒杀了他的亲生母亲，为了彻底去除后患，自然不想让刘保能继承皇位，于是阎皇后联合安帝的乳母王圣一直在进行废黜太子刘保的阴谋，只是在朝廷上，三公之太尉杨震、太傅桓焉、太仆来历等一直谏言力保太子，刘保才未被废黜。杨震正是桓焉父亲桓郁的学生，精通桓氏欧阳《尚书》，有着"关西孔子杨伯起（杨震，字伯起）"的美名。

在公元124年前后，安帝下令为自己的乳母王圣修建宅邸，而阎皇后和王圣的爪牙，宦官中常侍樊丰却浑水摸鱼，伪造安帝的诏令，为自己的宅邸也大肆营建，花费无数。在安帝东巡还没有回来时，杨震已经掌握了樊丰伪造诏书的证据，樊丰得知后只能铤而走险先行诬告杨震，说杨震对安帝处决谏言官吏不满，对谏言官吏正愤怒不已的安帝竟然相信了，在公元124年3月29日，安帝亲临太学院，表面是巡幸儒家学者，实际是在当晚免去了杨震太尉的职务，随后阎后势力继续变本加厉地诬陷，最后杨震含冤自杀。由此朝廷中力保太子的最大势力被阎后清除，尽管太傅桓焉全力谏言，已经没有作用了。

（公元124年）9月，废皇太子刘保（当年9岁）为济阴王。

——《后汉书·安帝纪》

此时安帝并没有其他的儿子，废黜刘保后，所以也没有同时再立新太子。尽管樊丰和大常秋（皇后手下最高的官职，通常由宦官担任）江京陷害刘保，笔者还是很难想象安帝的判断力，史料没有给出陷害的细节，但毕竟刘保才9岁，能有多大的罪可以诬陷。只能说安帝此时昏庸无能，作出如此让后人匪夷所思的决定。或者，安帝有我们未知的原因，自己也不想刘保继承将来的皇位，从而废黜了刘保。废黜太子后，半年不到，125年2月，安帝又开始南巡，这次还带上了阎皇后。3月3日到达宛县，安帝已感不适，3月8日从宛县返回，10日到达叶县时，安帝去世，年仅32岁，亲政才5年。

安帝在途中得病，在叶县去世。阎皇后和她的哥哥阎显及江京、樊丰等共同谋划说："现在皇上在途上驾崩，刘保现在京城内，一旦朝中支持刘保的公卿把他立为皇帝，我们回去后必定加害于我们。"于是谎称安帝病重，抬到卧车上。疾驰四天，就回到京都。回京第二天，伪装下发诏令让司徒刘熹至郊庙社稷，告天请命。当天晚上，才为安帝发丧。尊阎皇后为皇太后，皇太后临朝，以亲兄弟阎显为车骑将军，官制和仪礼同于三公。

阎太后想长久把持朝政，就决定策立一位年幼的皇帝，与哥哥阎显等在禁宫中决定，迎济北惠王子北乡侯刘懿（孝章帝的一位孙子），立为皇帝（汉少帝）。

——《后汉书·皇后纪》

皇权再次落入阎皇后家族外戚手中，封拜她的兄弟如下：

阎显：车骑将军，主要负责京师兵卫和征伐背叛（阎皇后诏令与三公地位相同）。阎景：卫尉，负责皇宫守卫（九卿之一）。阎耀：城门校尉，负责京都各个城门守卫。阎晏：执金吾，负责京都治安。

在东汉除了三公之太尉负责军事，还有大将军、骠骑将军、车骑将军、卫将军、前将军、后将军、左将军、右将军。大将军位在三公之上，骠骑将军、车骑将军、卫将军在三公下。前、后、左、右将军，位在九卿下，但不是常设的官职。由此一目了然，整个京都的各种武装军事力量全部掌握在阎氏家族手中。

阎氏兄弟把持权力和关键职位，在朝廷中福威自由。

——《后汉书·皇后纪》

哪怕阎氏外戚像邓太后那样，在得到权力后，为国家着想，对私利有所节制，励精图治，对国家损害也就不会太大，就怕当权的人心无大志，贪图享受，又不学无术、碌碌无能，只知道花天酒地，阎显就是这样的一位将军，阎太后将大权托付于这样一位哥哥，失败只是时间的问题。

北乡侯刘懿汉少帝继位后，崔瑗（贾逵的学生，在阎显的将军府任职）认为安帝既然有嫡长子，却不立，而立一位诸侯为皇帝，是不合道义和礼法的事情，知道阎显坚持这样迟早会失败，想就皇帝的策立向阎显谏言，而阎

显每天沉醉不醒，连面都见不到。　　　　　　——《后汉书·崔骃传》

车骑将军阎显大权在握后，不是尽快提升军队各级对自己的忠心，加强自己对军队的控制，将权力转换成实实在在的实力，却"每天沉醉不醒"，结果铸成大错。

公元125年10月，汉少帝继位不到半年，就病情严重。在这种危机情况下，各方势力都开始悄悄动作。

北乡侯刘懿立为皇帝两百多天，病势沉重，阎显兄弟及江京等都在床榻左右。江京拉着阎显避开其他人，低声说："北乡侯的病恐怕凶多吉少，谁再继承帝位应当及早定下来。前此不立济阴王刘保（安帝嫡长子），现在如果把他立为帝，以后他一定会怨恨我们，何不尽快征召其他诸侯王的儿子来京，选拔一位拥立呢？"阎显听了，觉得说得很对。从此时到少帝刘懿去世，江京也向阎太后说明了此事，征召济北和河间皇子，但都还没来得及（在少帝去世前）到达京城。　　　　　　　　　　——《后汉书·皇后纪》

而另外一方的势力，实际还谈不上有势力，因为他们并不是支持被废太子刘保的文武百官，而是围绕在刘保身边的宦官。太子被废，这些宦官自然一同被阎太后和她手下的宦官所排挤，只能奴颜婢膝、万分谨慎地继续屈辱地生活在宫中，这自然让他们愤恨不已。

十月，汉少帝刘懿病重时，（宦官）中黄门孙程对（被废太子）济阴王刘保的谒者（刘保的侍从属官）长兴渠说："济阴王刘保是皇帝嫡子，原本没有过失，先帝听信奸臣谗言，竟被废黜。如果少帝刘懿的病不能痊愈，我与你联合除掉江京、阎显，大事肯定能成。"长兴渠同意。此外，中黄门、南阳郡人王康，先前曾担任太子府史，以及长乐太官丞、京兆王国等人，也都赞成孙程的意见。　　　　　　　　　　——《后汉书·皇后纪》

公元125年10月27日，少帝刘懿去世。

阎显、江京、中常侍刘安和陈达急忙禀告太后，暂时秘不发丧，再征召诸王之子进宫，关闭宫门，驻兵把守。（此时从外地赶来京城的其他诸侯王的儿子还在路上。）　　　　　　　　　　　　——《后汉书·顺帝纪》

11月2日，孙程、王康、王国和中黄门黄龙、彭恺、孟叔、李建、王成、张贤、史泛、马国、王道、李元、杨佗、陈予、赵封、李刚、魏猛、苗光等，在西钟楼下秘密聚会，每人撕下一幅衣襟进行盟誓。4日当晚，孙程等先在崇德殿上集合，然后进入章台门。当时，江京、刘安和李闰、陈达等正好都坐在禁门下，孙程和王康一齐动手，斩杀江京、刘安和陈达。因李闰在宫内有一定权势，为宫内人所信服，想让他来领头，所以举刀胁迫李闰说："你必须答应拥戴济阴王刘保为帝，不得动摇！"李闰回答："是。"于是，大家将李闰扶起来，到西钟楼下迎济阴王刘保继皇帝位，当时刘保11岁。接着召集尚书令、仆射以下官吏跟随御车，进入南宫。孙程等留守禁门，断绝内外交通。

阎显这时正在宫中，闻讯后惊惶失措，不知如何应变。小黄门樊登劝阎显用太后诏命征召越骑校尉冯诗、虎贲中郎将阎崇，率军驻守平朔门，以抵御孙程等人。于是，阎显用征召的办法引诱冯诗入宫，并对他说："济阴王刘保即位，不是皇太后的旨意，皇帝玺印还在这里。如果你能尽力效劳，可以得到封侯。"太后派人送来印信说："能拿获济阴王的，封万户侯。拿获李闰的，封五千户侯。"冯诗等人虽都承诺，但报告说："因仓促被召，带兵太少。"阎显派冯诗等和樊登去左掖门外迎接增援的将士，冯诗等趁机斩杀樊登，归营固守。

阎显的弟弟卫尉阎景仓促从宫中返回外府，调兵抵达盛德门。孙程传诏书命令尚书们逮捕阎景。当时，尚书郭镇正卧病在床，一听到命令，立即率领值班的羽林卫士，从南止车门出来，正遇上阎景的部属拔刀大叫："不要挡道！"郭镇立即下车持节宣读诏书，阎景说："什么诏书！"于是举刀砍郭镇，没有砍中。郭镇拔剑将阎景击落车下，羽林卫士用戟叉住他的胸脯，将其活捉，送至廷尉监狱囚禁，当夜死去。

第二天，派侍御史收捕阎显，投入监狱，随即天下大定，刘保成功继位。

——《后汉书·宦者列传》

11.2 外戚官场腐败

从汉顺帝刘保继位的过程中，可以看到，成功继位尽然主要是依靠近身的十几名毫无兵权的宦官，阎显自己的手下尽然也不忠于他，这只能说明阎氏兄弟的昏庸无能，由此阎太后失势。顺帝刘保成为中国历史上唯一的一位，在太子位上被废黜，而能翻盘继承皇位的皇帝。

从公元75年章帝继位，到公元125年安帝去世前后共50年，皇帝亲政的时间只有一半左右，章帝的马太后、和帝的窦太后、安帝的邓太后，外戚掌握朝政，有忧国忧君的太后，也有只为自己着想的太后，但无论太后的品行如何，也很难管控外戚庞杂的亲属和裙带关系，如马太后，束身自好，生活简朴，不尚奢侈，但仍然管制不了下边的亲属。

> 朕（马太后自称）以为自己的亲戚看到朕这样做（简朴的生活），会惭愧而自我收敛和约束，没想到他们只是笑说太后素来爱好俭朴。几天前经过濯龙门，看到去朕的亲戚家问候起居的人，车如流水，马如游龙，连仆人也穿着绿色的锦缎，领子和袖子都是雪白一色，回头看看朕的驾车仆人，和他们相比，差得太远了。朕并没有发怒加以谴责，但停止了朝廷每年给他们的费用，希望他们能静心默思，知道朕的用心，然而他们还是懈怠，毫无忧国忘家之虑。
>
> ——《后汉书·皇后纪》

连省身克己的马太后对自己的亲属都无能为力，更何况那些骄横奢侈的太后，所以外戚的掌权注定开始严重地侵蚀东汉帝国，其中伤害最大的，首当其冲的就是官场风气的败坏。

> 和帝永元年间（公元89~105年，和帝继位后的16年），天下太平已久，从王侯以下官员，莫不僭越制度，追求奢侈。 ——《张衡传》

和帝永元五年，公元93年，桓荣的学生张酺升任太尉。张酺也是当时欧阳《尚书》的传承人之一，在汉明帝时，明帝为了提高皇族亲属的学识水平，在公元66年，在南宫特地开设专门的五经课程，教授这些皇族子弟，其中教授《尚书》的就是张酺。后来又和老师的儿子桓郁一起教授当时还是太子的孝章帝。

> 孝章帝元和二年（公元85年），（张酺在东郡担任太守）章帝东巡，巡幸东郡，在郡府召见张酺和他的门生及郡县官吏，孝章帝先对张酺行弟子的礼仪，让张酺讲解《尚书》一篇，然后再以君臣之礼赏赐郡府官员。
>
> ——《后汉书·张酺传》

可见章帝对张酺是非常尊敬的。到和帝朝，张酺升任太尉的这年，公元93年，正是窦太后的外戚，以窦宪为首的窦氏兄弟势力被剿灭后一年，他发现此时三公府上的官吏很多都不称职。

> 张酺说："三公府的官吏，很多人不称职。"——《后汉书·张酺传》

官吏任用和提拔的风气被破坏，到处是指亲托故、攀高结贵，官吏的任用正从"精通学术，博古通今，德才兼备"的人转向"学而不专，攀高结贵，阿谀奉承"的人，所以很多不称职的人进入官场，外戚当权的肆无忌惮是直接的原因，除此之外，继位皇帝的年龄幼小也是一大原因，就算亲政了，治国的思想和经验都不足，还是要听从于信任的人。和帝14岁依靠宦官亲政，尽管安帝28岁亲政，但只有4年时间，也不足以作出改变。

这种愈演愈烈的官场风气，进而开始影响和侵蚀学术的风气。道理很简单，满腹经纶已经不能保证当官和升迁，大部分的俗人学者自然不会把精力放在认真钻研学术上，而是钻营歪门邪道、攀藤附葛、结交富贵上了。在公元106年，和帝去世，才出生一百天左右的殇帝继位时，邓太后临朝称制，这一年，有一位叫尚敏的大臣上奏邓太后：

"自从过去不久以来，五经颇废，从那时进入朝廷的官员，只对附庸风雅感兴趣，但没有精通经学学术的，而精通五经的大师，又几乎没有合格的学生可以传承他的学问。所以朝廷庸俗的官吏很多，而真正的学者却很少。目前在京都的官场，大多都不务经学，而热衷于通过不道德的贿赂，营建各自的人际关系，攀藤附葛。在太学院里，听不到讨论学问的声音，看不到授业解惑的学者。臣担心五经六艺会渐渐衰微，而废于一旦。帝王之所以能统御四方，根本就是有道德仁义，古语说："帝王的臣子，其实就是他的老师。"就是指为人臣者，在学问和德行上都要能为人师表才可以。百官的资历，都以能精通五经为本，但现在没有人能可以称得上贯通五经。　　——《后汉纪·殇帝纪》

这段记载非常清楚地描述了邓太后临朝时的官场和学术领域的情况，在同一年，宫中的尚书郎樊准向太后上书，樊准是光武帝刘秀舅舅的后代。

邓太后临朝，此时儒家学术纲纪废弛，上下失序，樊准于是上书："现在，在京都的学者人数稀少，在京都以外的就寥寥无几。太学院的博士已经不讲授五经学问，儒家学者现在竞相讨论的或写出的文章只重视浮华艳丽的文辞，早已忘记经学的忠贞大义，只有谄媚奉承的词语。"——《后汉书·樊准传列传》

樊准上书的目的是希望刚刚临朝称制的邓太后能够选拔民间真正的大学者和过去儒学大师的后代入朝为官。邓太后非常认同樊准的意见。如前文所述，邓太后小时候在家里就有"儒生"的外号，所以她掌权后对经学的发展起到了推动的作用，首先，邓太后也发起了一次校书的行动，许慎便是其中一员。

公元109年，汉安帝即位第3年，（邓太后）白天勤理政务，晚上就研读诗书，又担心典章书籍中的谬误，便发出诏令广选儒家学者，如刘珍等及

博士、议郎、四府掾吏五十多人，集中在东观校书。——《后汉书·皇后纪》

邓太后还学习汉明帝在公元 66 年为皇族和外戚子弟开设五经课程，也在宫中开设五经课程。

安帝元初六年（公元 119 年），邓太后诏令征召和帝弟弟济北王刘寿与河间王刘开的子女，凡年龄在五岁以上的，有四十多人，以及与邓太后近亲人员的子孙三十多人，为他们在宫中一起开设五经课程，教学经书，并亲自监督和考试。为年龄幼小的设置保育人员，朝晚入宫，抚育勉励，循循诱导，恩爱很是浓厚。——《后汉书·皇后纪》

邓太后非常清楚推行儒家教化的重要性，尽管安帝并不热衷经学，但太后对儒学教化的态度也影响了汉安帝。邓太后去世后，在安帝亲政的第二年。

公元 123 年，春正月，诏令选拔三署郎官，和通晓古文《尚书》、毛氏《诗经》，穀梁的官吏各一名。——《后汉书·安帝纪》

这是从孝章帝公元 83 年选拔古文经学者进入官场 40 年后，再次选拔这类学者进入官场，以推动和扶助古文经文。只可惜官场风气败坏已经病入膏肓，邓太后为发展五经所作出的努力只起到治标不治本的效果。

这次选拔的学者中并没有《左传》，却有《穀梁传》，这清楚地说明《左传》仍然不被当时的朝廷和学界接受。而对古文《尚书》和古文毛氏《诗经》学者的选拔，笔者推测，是汉安帝对一年多前，公元 121 年 9 月，许冲献上《说文解字》的一个回应和鼓励。是朝廷对古文《尚书》研究的认可，这对古文《尚书》的学术发展至关重要，但与此同时，也起到了把古文《尚书》学术从今文《尚书》学术中推离出去的作用。

如前文所述，在当时通晓古文《尚书》的学者基本都是能接触到古文《尚书》的学者，除了三公九卿的学者之外，如杜林，基本都是被朝廷任命到东观进行校书的学者，如卫宏、郑兴、贾逵、桓氏和许慎等学者。换句话说，就是古文《尚书》基本都是被当时学术界的最高层学者在研习。

当时的皇亲国戚和三公九卿的家族子弟，大多是骄奢淫逸，但是一旦在这些家庭环境优越的名门望族和达官显贵中有笃志好学的人出现，这样的人成为学者后就会对学术形成很大的影响，如果再有一些天赋，通常都会推动学术的发展。在贾逵于公元 101 年去世后，在东汉的中后期，安帝、顺帝和桓帝三朝，经学的发展就遇上了一位这样的学者——马融。

第 12 章　马融

12.1 《广成颂》考

继贾逵之后，儒学大师马融接过了《尚书》发展的接力棒。作为中国历史上里程碑式的经学大师，马融贯通今文三家和古文《尚书》，他撰写的《尚书》传解，打破和摒弃了师门家法的限制，兼采各家之说，最终成为一代经学大师。

马融，字季长，右扶风茂陵县人，在今天陕西咸阳市以西、兴平市以东的区域，和杜林是同乡人。

公元 79 年，白虎观会议召开的那年，马融刚刚降生，这一年马太后去世，马融的父亲马严是马太后的堂兄。当年正是马严向光武帝上书，奏请让马援的三个女儿进入宫中，然后最小的女儿，即后来的马太后，年仅 13 岁被选中进入太子宫（后来的汉明帝），最后成为汉明帝的皇后。家谱参见下图 24：

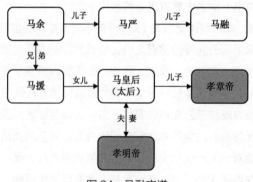

图 24　马融家谱

所以马融是外戚的身份，只是随着马太后的去世，马氏外戚的势力开始衰落。马严在公元 77 年被章帝任命为陈留郡太守，此时马太后还在世，在上任前马严因为过去和窦氏家族（开国元勋窦融的家族）的恩怨，向章帝建议，要窦氏家族的亲属全都离开京都，从而得罪窦氏家族。如前文所述，正好当年窦融的曾孙女被选入宫中，既得章帝喜欢又尽心侍奉马太后，第二年，公元 78 年，就被册封为皇后，就是前文讲述的窦皇后，窦宪的亲姐姐。公元 79 年，马太后去世，三年不到；公元 82 年，马严即被免职归家，就是因为遭到窦氏的忌恨，一直到去世。

（公元 88 年）章帝驾崩，窦太后临朝称制，马严居守在家，教育子孙。　　　　　　　　　　　　　　　　　　　　——《后汉书·马融列传》

马融从小就以才学闻名乡里。

马融和苏章当时都在乡里，马融以才学著名，苏章以廉直著称。　　——《后汉书·逸民列传第七十三》

父亲马严被罢官回家时，马融才 3 岁，所以马融的启蒙教育应该就是来自父亲马严，马严通晓《左传》。

马严跟随平原郡杨太伯学习……能通晓《春秋左氏》。

——《后汉书·马援传》

由此可见，马融从小就从父亲马严那里接受了古文经书的教育，所以具备古文文字训诂的基础，等到了二十多岁左右，马融才离开故乡，到不远的长安附近，向当时闻名遐迩的隐士学者挚恂学习深造，按照当时朝廷公卿大夫对挚恂的评价是"品德如同颜回和闵损，学问可及董仲舒，文辞有如司马相如，才气可比贾谊"，精通五经，又博通百家之言。但挚恂从不出仕做官，而是隐居长安附近的南山，教授子弟。

马融向挚恂学习，博通经书。挚恂赞赏马融的才华，把女儿嫁给了他。

马融成了老师的女婿，自然得到挚恂的倾囊相授。待学有所成后，已经是汉安帝的朝代（公元 106 年继位），此时邓太后临朝称制，哥哥邓骘为大将军（位在三公之上）。邓骘兄弟虽为邓太后的外戚，但有窦宪的前车之鉴，邓骘当上大将军后，也是谨小慎微，内心并不想当这个大将军。

邓家子孙都能遵守法纪，深以窦氏外戚为戒，严令约束宗族的亲属，关门静居。　　　　　　　　　　　　　　　　　　　——《后汉书·邓寇列传》

公元 108 年，安帝继位第二年，邓骘升任大将军后，即求贤若渴，想召马融进入大将军幕府做一位门客（舍人，相当于参谋），但马融出于不知的原因，并不想在邓骘大将军府担任这个职位，而是到凉州（今大致在甘肃的区域）客居。如前文所述，公元 109 年，京都洛阳都发生了饥荒，更何况西北凉州，当时凉州又是东汉和羌民族的主战场，从萧关以西，遍地饿死的白骨。马融实在没有办法，只能应召进入邓骘大将军的府上。邓骘内心并不想当这个大将军，两年不到，公元 110 年，邓骘借故母亲去世请辞大将军，邓太后起初不同意，但邓骘反复上奏辞职，邓太后也只能同意。大将军幕府也随即撤销，公元 110 年，马融被安帝安排进入东观担任典校藏书的职位，因为一年前，公元 109 年，邓太后发起了校书的行动，当时在东观校书的就有许慎，此时马融已经三十岁出头，马融对许慎非常的崇敬。

马融在日常经常表达对许慎的崇敬。　　——《后汉书·儒林列传》

此时在东观校书的还有其他学者和博士，但此时的博士很多已经不称职。

元初四年（公元 117 年），征召（杨震）入宫为太仆，再迁为太常，在此之前推选的博士大多名不副实。　　——《后汉书·杨震列传》

此时官场败坏的风气，连博士的选拔也都受到影响，而这些名不副实的博士连现有的经文学术都不能精通，谈何推动经学的发展。

安帝听政以后，对经文和各种技艺的研究不感兴趣，博士不开设学术的讲座，教授弟子，博士弟子也就游惰散漫，学舍也坏败而无人居住，尽然成为蔬园，牧童樵夫，在这里采薪割草。　　——《后汉书·儒林列传》

但这样的学术氛围对马融这个阶级的人毫无影响。能进入东观校书，让马融有机会读到更多的、大部分学者看不到的中秘书籍，也为马融"自成一家"提供了必要的基础。

马融在东观校书，虽然一心只读圣贤书，但绝没有两耳不闻窗外事，校书的第 5 年，元初二年（公元 115 年），在当年的冬天，马融向汉安帝上奏了一篇《广成颂》，广城即广成苑，是当时皇家的游猎地，唐朝李贤注解道："广城，苑名，在当时汝州梁县西。"

元初二年，上《广成颂》。　　——《后汉书·马融传》

辞颂献上后，当时掌权的邓太后却大为不满，随即表示了将马融禁锢在东观的意思，以致从此时一直到公元 121 年邓太后去世之时，马融都被限制在东观校书，无法转任迁升。《后汉书·马融传》对马融向安帝上书《广成颂》给出的原因是：

当时一些学识浅薄的儒生学士，认为文德可兴，武功宜废，于是停止了蒐狩之礼，停止了作战布阵的演习，因此狡猾盗贼乘国家无备，蜂拥而起。马融于是感慨激愤，认为文武之道，圣贤都没有放弃，勇、智、仁、信、忠五才，没有一个可以废止的。　　　　　　　　——《后汉书·马融列传》

《后汉书·马融列传》完整地保留了这篇《广成颂》，这篇颂文主旨是谏言安帝要进行"蒐狩之礼"，同时文中用了大量的笔墨描绘了皇家举行"蒐狩之礼"的盛大场面，那么什么是"蒐狩之礼"呢？

"蒐狩之礼"实际是帝王以田猎之名举行的对武备（即国家的军事力量）的检验和军事演习，并配以各种隆重的祭祀活动，是帝王在"文武"中"武"这方面最高的礼仪活动。也就是说，这绝不是帝王的狩猎玩乐，而是是遵循传统的重大武备活动，从而检阅和昭示武备的强盛。根据《周礼·大司马》对"蒐狩之礼"的记载，这场礼仪前半部分是教练和检阅之礼（即检验武备），后半部是田猎演习之礼（即军事演习），皇帝需要亲自在座驾上检阅和指挥军队。

《尔雅·释诂》蒐，聚也，《注》春猎为蒐。《尔雅·释天》冬猎为狩，因蒐狩以习用武事，礼之大者也。　　　　　　——《春秋·穀梁传》

在东汉建国之初，光武帝刘秀将广成地区建为皇家蒐狩的地方，广成在洛阳的南方，所以皇帝冬天前往广成举行"蒐狩之礼"，也简称"南狩"。马融正是谏言安帝举行这个"蒐狩之礼"，但上书的结果让邓太后非常愤怒。

《广成颂》奏上后，违逆邓氏。（原文：颂奏，忤邓氏。）

　　　　　　　　　　　　　　　　　——《后汉书·马融传》

为什么违逆了邓太后，《后汉书》并没有记载。有学者认为是邓太后感觉这是在讥讽邓氏兄弟，这个因素是存在的，因为在安帝刚刚继位第一年时，永初元年（公元 107 年）先零羌叛乱，先零羌是两汉时期西羌族的一支，邓太后随即派出邓骘前往平叛，结果失败。

永初元年（公元 107 年），六月，先零种羌叛，断陇道，大为寇掠，遣车骑将军邓骘、征西校尉任尚讨之。

永初二年（公元 108 年），春正月……车骑将军邓骘为种羌所败于冀西。

　　　　　　　　　　　　　　　　　——《后汉书·安帝纪》

此后每年，先零羌都会骚扰京都洛阳周围的三辅地区，在邓骘于永初四年（公元110年），邓骘借故母亲去世辞去大将军后，先零羌的侵扰也从未停止过。

永初五年（公元111年），二月丁卯，先零羌寇掠河东郡，遂后侵扰到河内郡。

永初六年（公元112年），先零羌滇零死，子零昌复袭伪号。

永初七年（公元113年），秋护羌校尉侯霸、骑都尉马贤打败先零羌。

元初元年（公元114年），五月，先零羌寇掠雍城。九月先零羌寇掠武都郡和汉中郡，阻断了陇山的通道。（长安通往凉州西域的通道。）

冬十月先零羌打败凉州刺史皮阳于狄道。

元初二年（公元115年），春正月，先零羌寇掠益州，遣中郎将尹就讨之。

冬十月，乙未，右扶风仲光、安定太守杜恢、京兆虎牙都尉耿溥与先零羌战于丁奚城，仲光等大败，全军覆没。　　　　——《后汉书·安帝纪》

我们通过记载可以看到，除了永初六年（公元112年）先零羌的首领去世，以及第二年打赢了先零羌的新首领，其余几年东汉都被打败了。但是，除了公元107年邓骘出征的那次，以后每次出征的将领并不是邓氏兄弟。邓太后一共有五个兄弟，邓骘、邓京、邓弘、邓悝、邓阊。邓京在汉和帝朝已经去世，到元初二年（公元115年）上《广城颂》这年，邓骘已经辞职归家5年，邓弘担任负责宫廷守卫的虎贲中郎将，邓悝担任京都守卫的城门校尉，邓阊担任安帝的侍中，都没有参与这几年征讨先零羌的战斗，而邓骘战败已经过去了8年，何以从一篇颂文中去感受讥讽。如果因为朝廷对羌族的屡战屡败，唯有颂文中如下这段，有可能让邓太后略有不适。

大汉以明德光耀于华夏之中，威灵广通四方，东邻国家乘船从大海来朝进贡，西方国家跋涉葱岭前来朝见皇帝，南方属国通过多个语言不同的地方来朝进贡，北狄也带着翻译前来朝拜。　　　　——《后汉书·马融传》

这段话描述了大汉朝曾经的光辉，也就让现在的邓太后脸上无光，所以在当时朝廷处于十几年对先零羌屡战屡败的情况下，《广成颂》用华丽的词语叙述过去的辉煌，这可能是让邓太后感觉有点讥讽朝廷武备无能的意思。但如前文介绍的，邓太后年轻时在家里的外号是"儒生"，是通晓五经的才女，现在贵为太后，她的涵养即使对此文略感不适，也不至于如此愤怒。

颂奏，忤邓氏，滞于东观，十年不得调。 ——《后汉书·马融传》

唐朝李贤注解说，马融仕途此后被"禁锢六年"，邓太后何以愤怒地如此兴师动众，一定要给出如此明确的惩罚。如果分析马融上奏《广成颂》这年的朝局，我们就可以推断到这篇颂文的主旨完全是另外一个意思，那就是希望邓太后归政安帝。

《广成颂》是在元初二年（公元115年）冬至左右，上奏安帝：

元初二年，上《广成颂》。 ——《后汉书·马融传》

但是对这个时间，学界有不同意见，学者陆侃如认为是在元初五年（公元118年），此后学者杨化坤也认同此观点，他们的依据是《广成颂》中如下几段的内容：

伏见元年已来，遭值厄运，陛下戒惧灾异，躬自菲薄，荒弃禁苑，废止乐愚，勤忧潜思，十有余年，以过礼数。 ——《广成颂》

方今大汉收功于道德之林，致获于仁义之渊，忽搜狩之礼，阙槃虞之佃。（槃，乐也。虞与娱同）暗昧不睹日月之光，聋昏不闻雷霆之震，于今十二年，为日久矣。 ——《广成颂》

两位学者都认为文中"元年"即是安帝继位的第1年"永初元年"（公元107年），那么按照文中写出的"十有余年"和"于今十二年"，《广成颂》上奏的时间就是安帝继位的第12年，也就是元初五年（公元118年），而12年也符合"十有余年"。两位学者对于《后汉书》明文写下的"元初二年，上《广成颂》"中的"二年"，认为是误写。笔者明确地不赞同这两位学者的说法，认为他们并未仔细分析。

方今大汉……忽搜狩之礼……聋昏不闻雷霆之震，于今十二年，为日久矣。 ——《广成颂》

马融明确写下的是"忽视搜（蒐）狩之礼"于"今十二年"，而不是在安帝继位后12年，按照元初二年（公元115年）的12年前，是汉和帝朝的永元十五年（公元103年）。

永元十五年（公元103年），九月壬午，南巡狩，清河王庆、济北王寿、河闲王开并从。赐所过二千石长吏以下、三老、官属及民百年者钱布……冬十月戊申，幸章陵，祠旧宅。癸丑，祠园庙，会宗室于旧庐，劳赐作乐。戊午，进幸云梦，临汉水而还。 ——《后汉书·和帝纪》

　　元初二年（公元 115 年）距上次汉和帝举行"蒐狩之礼"南巡狩正正好 12 年。对于"十有余年"这条内容：

　　伏见元年已来……荒弃禁苑……十有余年，以过礼数。——《广成颂》

　　这是马融在叙述汉安帝自继位以来的大致时间，安帝继位时间是公元 106 年 8 月。

　　延平元年（公元 106 年），八月，殇帝崩，太尉奉上玺绶，（安帝）即皇帝位，年十三。

　　　　　　　　　　　　　　　　　　　　　　——《后汉书·和帝纪》

　　从延平元年（公元 106 年）八月，到元初二年（公元 115 年）冬至，时间总共 9 年多几个月，马融即修饰化成"十有余年"描述，当时描述在十年多一点儿和少一点儿的时间，经常就用"十有余年"描述，比如邓太后对后宫周、冯贵人说的"十有余年"：

　　永元七年（公元 95 年），后复与诸家子俱选入宫。永元八年（公元 96 年），冬，（邓绥，即后来的邓太后）入掖庭为贵人，时年十六。

　　元兴元年（公元 105 年），汉和帝崩……和帝葬后（当年三月），宫人并归园，邓太后赐周、冯贵人策曰："朕与贵人托配后庭，共欢等列，十有余年……"

　　　　　　　　　　　　　　　　　　　　　——《后汉书·皇后纪第十》

　　如果从邓太后入宫时间算起，从公元 95 到 105 年 3 月，就是 10 年多几个月，如果从邓太后封为"贵人"的公元 96 年算起，也就是和其他"贵人"一同"托配后庭，共欢等列"之时算起，就是 9 年多几个月。所以当时描述相距 10 年左右的时间，因时间已久，只能依稀记得，通常都用"十有余年"来叙述，也是一种叙述时间久远的修饰文辞。

　　除此之外颂文中还有如下这段也能明确地证明《广成颂》上奏的年份。

　　臣愚以为虽尚颇有蝗虫，今年五月以来，雨露时澍，祥应将至。

　　　　　　　　　　　　　　　　　　　　　　　　　　——《广成颂》

　　这句话明确说明《广成颂》上奏之年的 5 月有蝗虫灾害。

　　元初二年（公元 115 年），五月，京师旱，河南及郡国十九蝗（十九个地方遭受蝗灾）。

　　　　　　　　　　　　　　　　　　　　　　——《后汉书·安帝纪》

　　被记录到史书中，尤其是被记入到史书的"皇帝纪"中，这样的蝗灾自然是不会小，蝗灾已经严重到让安帝为此专门下诏。

　　元初二年（公元 115 年），五月甲戌（日），（皇帝）下诏说："朝廷不明，政务失当，灾害变异不止，我忧心如焚。遭蝗灾以来，前后七年，而州郡隐瞒情况，仅言受灾只有几顷几亩。现在蝗群遮天蔽日，为害广远，所言与所见，难道相符合吗？三司之职，内外相互监督。既不向上报告，又不实地纠正。天灾如此严重，欺君罔上的罪过太大。现在正是盛夏，暂且免除追究给以宽容，以观后效。应首当消除灾害所造成的疾苦，安抚百姓。"

——《后汉书·安帝纪》

马融颂文中的"今年五月以来"这个时间点，正是指安帝这道"五月甲戌日"下发的诏书时间。当时五月，京都还有旱情，对于臣下向皇帝上书，总是适当减轻灾异的描述，而适当增加祥瑞的描述，所以马融说"今年五月以来，雨露时溅，祥应将至"，就是说自从5月以来，已经有时下过雨，所以"祥瑞应该将要来到了"，笔者认为从5月一直到上奏《广成颂》的冬至，近半年的时间，下过几场雨是可以相信的。

由此，我们可以看到马融颂文中相关的叙述和元初二年（公元115年）是完全吻合的，所以笔者断定《广成颂》上奏的时间就是元初二年（公元115年）的冬季。与此同时，这一年的四月，还有一件重要的事情，时年22岁的安帝册封贵人阎氏为皇后。

元初二年（公元115年），夏四月丙午，立贵人阎氏为皇后。

——《后汉书·安帝纪》

皇帝册立皇后，是再次代表安帝已经成年，完全具备亲理朝政的强烈信号。因此朝廷上下对安帝亲政的呼声也随之高涨，这个时期，邓太后正在压制这种呼声。前文已经介绍了"蒐狩之礼"，一位没有实权的、没有亲政的皇帝如何举行这样大礼呢？

所以马融的《广成颂》实际是用含蓄或隐晦的方法谏言或者是一种推动，要邓太后向汉安帝归还政权。马融并未直接点出其要害，而是用国家传统制度说话。另外，如上文引述，安帝的亲生父亲——清河王刘庆，12年前也一同与汉和帝参加了当年的"蒐狩之礼"，安帝如何能不知道帝王"蒐狩之礼"上的恢宏浩大，如何不知指挥千军万马的帝王之尊，何须还要马融上书提醒"蒐狩之礼"的意义，而邓太后也读出了《广成颂》中的关键和厉害。

而此时此刻，正是邓太后在筹筹太子人选之际，如何能让朝局失去平衡，因此邓太后心中愤怒不已，对马融的惩罚随即出台，继续在东观任职，不得

-311-

转迁。

额外要说明的是，"十年不得调"是《后汉书》对马融身处东观十年的叙述，并不是指上书后十年滞于东观。唐朝李贤的注解就非常清楚，是"禁锢六年"，从公元 115 年到公元 121 年邓太后去世，正好 6 年。

安帝又何尝不知马融的苦心，但大权在邓太后手里，而太后对马融的惩罚，态度已经非常清楚，安帝只能默然。连皇帝也无能为力，马融知道自己在朝中前途黯淡，于是在公元 120 年，以兄弟的儿子去世为借口，想离开中央朝廷，弃官回乡，这又让邓太后勃然大怒，认为马融因为不能升迁，对朝廷也就是对她不满，于是借口马融蔑视朝廷任命的官职，直接下令禁锢马融不得在州郡担任官职。当时州郡的官职都由郡太守自己决定的，可见邓太后对马融的极度不满。但马融这次比较幸运，下一年，公元 121 年，邓太后就去世了，安帝随即在当年就召回了马融，继续在东观校书。

太后崩，安帝亲政，召还郎署，复在讲部。　　——《后汉书·马融传》

第二年，公元 122 年，就升迁为河间国厩长（掌管河间王的车马），笔者推测这是皇帝在准备启用他之前，历练马融，同时也检阅一下他实际理事为政的能力，毕竟马融在东观主要是校书，并不担负任何政事，应该也算是一种"试职"。两年不到，124 年，安帝在东巡时即把马融召回身边，担任中郎，成为皇帝贴身的官员。由此可见，安帝完全知道当年马融《广成颂》的用心。

马融这一年 46 岁，年富力强，满腹经纶，又深得皇帝的信任，正是踌躇满志之时，但天有不测风云，汉安帝在几个月后就英年早逝，马融一生中，在仕途上平步青云的最好时机就这样消失了。公元 125 年，安帝去世，如前文讲述，阎太后立小皇帝，掌大权，阎氏外戚把持朝政，笔者推测，马融面对这样的朝局，又失去了皇帝的倚靠，再无心应对，随即决定离开朝廷中枢。马融主动以生病为由辞去了朝中职务，到右扶风的郡府担任督邮，这是一个代表郡太守督察县乡、宣达政令兼司法等的官职，每郡分若干部，每部设一位督邮。到东汉时，郡府的官职都是由郡太守自己决定和招募，无须朝廷过问，不是中央任命的官员。右扶风是紧贴京都的三辅之一，与朝廷中枢若即若离，既可以远离朝局的变幻无常，又可以及时获悉朝局的情况，不知当时的马融是否有此考虑。

马融第二次离开了朝廷中枢，在随后的几年，马融应该也会听闻汉朝历史上最动荡和血腥的汉顺帝继位过程。顺帝在侍从自己的宦官帮助下当上皇帝，年仅 11 岁。从国家的角度看，朝廷的政权由外戚转向宦官，当时因为拥立顺帝有功，而受到加封的有 19 个宦官，史称 19 侯。顺帝继位后的几年，朝廷处于群龙无首的状态，顺帝年龄还小，还不足以乾坤独断。朝局的权力格局不明朗，大多大臣们只能处于观望状态。

　　顺帝刚刚继位，大臣们懈怠，朝廷很多政事都未处理。左雄几次上书，切题深刻。

　　尚书仆射虞诩认为左雄有忠直的大节，给皇上写报告推荐他，说："我所见现在公卿以下百官，大多数是缄默自守，把施恩为贤，以尽职守着为愚，甚至彼此相戒说："白璧不可为，容容多后福（多宽容人和事自会有后福）。"

　　　　　　　　　　　　　　　　　　　　　　——《后汉书·左雄列传》

　　于是左雄被任命为尚书，这位新进的大臣在顺帝继位不久，向顺帝就当时朝政，上书谏言。

　　左雄上书谏言的政事，都阐明了当时的政治体要，但因为宦官专权，始终都没有被采用。　　　　　　　　　　　　——《后汉书·左雄列传》

　　从左雄上书的内容，我们可以比较清楚地了解到当时朝局的纷乱，即使在宦官内也有派系在争斗，一派是以孙程为首的 19 侯等，以策立顺帝为功，一派是以曹腾为首的宦官，曹腾从小就是顺帝的陪读，深得顺帝的信任。但无论哪方势力，都不能像原来的太后，或亲政的皇帝有绝对的权力，而顺帝年龄毕竟还小，不足以钳制各方势力，由此造成这个时期的权力格局不稳定，直到顺帝继位第七年(公元 132 年)策立梁皇后，权力格局的走向才开始明朗。

　　阳嘉二年（公元 133 年）朝廷下诏，招纳敦朴之士，城门校尉岑起举荐马融，征召到公车，经过策问和对答，拜为议郎。（公车是汉代官署名，是九卿之卫尉的下属机构，设公车令，掌管宫殿司马门的警卫、天下上事及征召等事宜，都经由此处受理。）　　　　　　　——《后汉书·马融传》

　　这年马融 54 岁，政治经验和敏感性应该是一生中最高的时期，笔者认为马融一直在注意局势的走向，公元 132 年，梁皇后策立，梁皇后的父亲梁商当年就被提升为执金吾（负责京都治安的官员），马融按照他过去的经验，推定梁家外戚必定是顺帝倚靠，也是将来权力的中心，马融随之为自己复出朝廷中枢，进行了联系和疏通。因此有了公元 133 年城门校尉岑起举荐马融的上奏。

岑起是岑彭的后代，岑彭是光武帝手下的重要大将，在攻打蜀地公孙述时起着关键作用，不幸被刺客暗杀，死后被光武帝封为细阳侯。岑起的长子岑熙娶了当时安帝的妹妹，因此有学者认为，岑起成为了安帝自己的政治力量，而当时正是邓太后当权，朝廷上下呼吁安帝亲政的时期，公元 115 年，安帝册封了阎皇后，这种呼声应该随之高涨，压制这种呼声是当时邓太后所必要考虑的，于是开始打压这些呼吁安帝亲政的势力。岑起就是被打压的对象之一，公元 116 年，岑起因为亲属的犯罪而被牵连，被免去爵位，失去封国。

元初三年（公元 116 年），因为其他的事连坐，被免去封国。

——《后汉书·岑彭传》

岑起和马融一样，都是安帝自己的势力，都支持安帝亲政，所以在朝廷中是一个阵营的，因此在公元 121 年邓太后去世后，和马融一样，安帝立刻恢复了岑起的爵位。

建光元年（公元 121 年），安帝恢复岑起为细阳侯，顺帝时为光禄勋。

——《后汉书·岑彭传》

由此可见，岑起和马融的关系是非常密切的，所以到顺帝的朝局稳定后，马融自然通过岑起复出中枢，不出两年，公元 135 年 4 月，梁商被封为大将军，主持朝政，马融随之被梁商大将军府召为中郎，进入朝廷实际的权力中心。

12.2 梁皇后、梁商和李固

汉顺帝的梁皇后和邓太后是比较相似的，从小就知书达理，九岁已经诵读《论语》，后来一直研习韩氏《诗经》，这使梁皇后对朝廷的治理和朝局的稳定，都起着积极的作用。

梁皇后从小很聪慧，深知前朝皇后的兴衰得失，她虽以德进于尊位，却不敢有骄横专宠的想法。 ——《后汉书·皇后纪第十》

梁皇后的父亲梁商虽然已经贵为大将军，位在三公之上，但绝不是过去的窦宪和阎显这类胸无大志，无能之辈。

梁商以外戚的身份位居高位，却为人谦和、虚己待人，为朝廷推荐贤良人士。 ——《后汉书·梁统列传》

在京城的文武百官都认为梁商是辅弼朝廷的良臣，汉顺帝很信任他并委以重任。

——《后汉书·梁统列传》

顺帝朝的许多贤良忠臣确实都是梁商举荐的，如前文提到的，为古文《尚书》作了40万字《尚书杂记》的周防，他的儿子周举和父亲一样精于五经学问，在顺帝朝时有着"五经纵横周宣光"的声誉。在公元136年，也被梁商招入大将军府，和马融一样担任中郎。顺帝朝的名臣李固也是梁商举荐的，李固后来升任到三公之太尉。

李固是顺帝初期的三公之司徒（丞相）李郃的儿子，精通儒学。在顺帝阳嘉二年（顺帝继位第8年，公元133年），也就是马融回到朝廷担任议郎的这年，地震火灾频发，此时李固的学问已经闻名于京都，于是顺帝就天灾的原因诏问李固，李固此时在朝中还没有任何官职，我们摘录两段李固对顺帝的奏答。

现在梁氏的女儿贵为皇后，按礼是不能以妻之父母为臣，现在尊以高爵，还是可以的。可是她的子弟侄儿，荣显交加，即使在永平、建初年间（明帝和章帝时期），大概也不是如此。应该使步兵校尉梁冀以及诸侍中辞去黄门之官，使权力离开外戚之手，而归于国家，难道不很好嘛！

应罢退宦官，免去他们的权重，只设置常侍两位，端方正直有德的人，让他们在左右省察理。

——《后汉书·李固传》

这份奏答上呈顺帝后，首先就招惹了顺帝身边宦官的嫉恨。

顺帝读完奏答，想用李固作为议郎，可是身边的宦官嫉恨李固直白的言论，于是捏造罪行来陷害李固，顺帝将此事交给下边朝廷商议。大司农黄尚等人为李固向大将军梁商解释，又有仆射黄琼为李固辩解，弄清案情，过了好久，李固才得拜为议郎。

——《后汉书·李固传》

从这段记载可以看出，李固在谏言中同样有对梁氏不利的言论，梁商不但没有报复，而且在宦官报复李固时，还保持了公正，让李固得以平反昭雪，并担任议郎。而接下来发生的更能证明梁商豁达大度的为政心态，不久后，李固因未知的原因被朝廷委任为广汉郡洛县县令，这完全不是李固的志向。

李固被任命为广汉郡洛县县令，到了白水关，李固解除印绶，交还给朝廷，回到汉中郡的家乡，关起门来不与人交往。那年的年中左右，梁商请求让李固担任大将军府从事中郎。

——《后汉书·李固传》

可以说，是梁商主动保举了李固，从此，李固得到朝廷的重用，转战地方和朝廷中枢，从荆州刺史、泰山郡太守，到朝廷匠作大臣（掌管朝廷所有土木建造等工程），再到大司农（掌管朝廷财政），最终在顺帝驾崩后，冲帝继位时，被梁太后（梁皇后升为太后）拜为太尉。李固能够屹立不倒，与梁皇后和梁商的信任和支持是分不开的。东汉顺帝朝，在梁商担任大将军期间，在李固等的辅助下，对官场的歪风邪气有着一定的遏制。比如选拔了一批真正的贤良学者，三公府（太尉府、司徒丞相府、司空府）选拔官员要进行严格考察，朝廷不再特别委任官职，等等。所以笔者认为梁皇后和她的父亲梁商对朝廷的治理起着正面的积极作用，只是这个时期非常的短暂。

在此间期，马融已经从梁商大将军府的中郎，迁转到颍川郡许县的县令，到顺帝永和3年（顺帝继位第13年，公元138年），60岁的马融再次升任到武都郡的太守，这次在太守的位子上，马融干了整整7年。这7年，他在政事上，可以用碌碌无为来形容，因为他把主要的时间和经历用在了学术研究和著作上。在这7年，马融完成了《周易》《尚书》《诗经》《礼》的注解。

至六十，为武都守。郡小少事，乃述平生之志，著《易》《尚书》《诗》《礼》传，皆讫（都完成了）。

——《周礼正义序》

12.3 马融经学

自从光武帝开始删减章句，如前文所述，桓氏的欧阳《尚书》学就处于一个删减章句的学术氛围中，但是东汉谶纬的兴盛，又对五经的解释，包括《尚书》，产生新的影响，尽管删减了多余重复的章句，让经学在一定程度上向朴实的状态恢复，但"谶纬学"天马行空的学术方式，又让五经学者染上了"经文臆说"的坏风气，按照自己的意思，没有根据地随意创造，改编经文的解说，比如对文字随意地、毫无根据地解释，这让经文的章句从拖泥带水和滥竽充数转变成纷繁复杂。经文解释变得复杂是经文研究发展必然的结果，只要是由学者通过实际研究，而得到的对经文的新的阐述和更深入的解释，这都是多多益善的，然而无依无据地臆造就是绝不可取的了。

自从伏生以来，经文的研究是持续发展的，最开始是每部经文单独的发展，即章句的发展，慢慢发展到五经之间互相引用阐述，以此更深入、更宽广地理解经文的含义。师门和家法发展到一定程度，尤其是文字训诂的发展，师门之间开始为各自不同观点的辩论，促成了石渠阁会议和白虎观会议的召开，不同师门家法的解释和观点，让经文学术的研究产生了"比较"研究方法。有不同，自然要比较。在实际使用中，作为朝廷治理和礼仪的依据时还要作出取舍。这样就对学者的学术要求更高，过去只是通一经一家，发展到现在要通五经的各家，要博学经、史、百家之言，到了东汉，这样的学者渐渐出现，正如贾逵，当时称这样的大学者为"通儒"。

"通儒"，就是指精通多部经书，对某部经文的不同学派，也同时精通，比如贾逵同时精通，欧阳、大、小夏侯《尚书》和古文《尚书》，如前文所述，这是学术发展中辩论和竞争的必然结果。在这种学术氛围中成长起来的马融，除了五经和各家，他的"博通"还扩展到了诸子百家，比如道家的《老子》和《庄子》。"通儒"除了掌握，还要会运用经文大义，"经文大义"用现在的学术名词，就是经文中内含的哲学思想，能够结合现实的社会政治环境，以大义为原则，推出实际的社会治理和解决问题的方法。就如同现在的科学家在掌握物理和数学等自然科学原理后，能造出飞机和卫星一样，这就是当时称作的"通经致用"。

贾逵对《易》《春秋》《尚书》《诗经》各自作了比较，许慎又编写了《五经异议》，马融在精通五经后，又在东观校书研习了8年，不仅增强了他今文经学的功力，又使他的古文学术也出类拔萃。在此期间，他博览群书而博古通今，又与许慎这样的学者朝夕相处，马融早已对五经融会贯通，在他胸中，对经文的理解和解释，已经形成了他自己独特的见解。同时马融也曾经在皇帝身边，在朝廷中枢的中心任职多年，又在地方的郡曹工作了7年之久，无论是国家的大政方针还是地方上细小繁杂的政务，马融早已累计了丰富的实际政治经验，让他能够从实际运用的角度更深入地理解经文大义，在人到六十之时，何尝不想把自己这些可能超越前人的学术和思想成书立作？完成他"平生之志"成为马融急不可待的愿望。

马融心中的"大志"已经不是局限于像贾逵对不同学派之间作比较这样的规模，他要按照自己的理解，要对经文作全文的注解。

马融采用"孔献版"的古文《尚书》作为底本，将与今文相同的29卷34篇古文《尚书》经文作全文注解，他的注解融合了欧阳，大、小夏侯的今文章句和古文的解释，同时又增加了他自己的见解，后代的学者称之为"马融本"，简称"马氏《尚书》学"。

对古文多出的16卷24篇，马融的评论是"逸十六篇（卷），绝无师说"。从他的这句评论，以及前文对"孔安国"《尚书》学的介绍，我们可以揣摩，当时的古文《尚书》应该有对这逸16篇的注释，至少是文字的训诂和词句的解释，但是否有对篇章文义的分析，我们就不知道了，可见马融对这逸16篇的注解是持怀疑态度的。

在平帝朝和王莽新朝，古文《尚书》被立了学官，开始在太学院教授给弟子，如前文推测的，当时就很有可能会存在一部古文《尚书》的注解，因为教授博士弟子，总要有一部类似讲义的框架性的简册书籍。对于具体讲解的内容，我们将它分为与今文相同的29篇（简称"同今文29篇"）和逸16篇。对马融所见到的逸16篇的注解，笔者推测是孔安国完成的主体，在其后的传承过程中，经过孔家历代学者和历代有机会接触中秘古文经文的学者，尤其是刘歆，多年的研究和增补形成的一部注解。"同今文29篇"的内容肯定是以今文《尚书》的传解为主体，按照前文对孔安国《尚书》今文学的分析，应该是大夏侯《尚书》学，然后在其中加入了在历代学者研究古文经文后，对今文传解的补充和修改。

（章帝）令孔僖跟他回京师，让他校书东观……在任上去世……有两个儿子长彦、季彦……（原文）长彦好章句学，季彦守其家业，门徒数百人。
——《后汉书·儒林列传》

从这段记录可以了解到，到东汉孝章帝时期，孔氏家族仍然有自己传承的"家业"，这与世上的"章句"形成对比，笔者认为"家业"的《尚书》部分既是"孔安国"《尚书》学，涵盖大夏侯学和孔家对古文《尚书》的研究。同时也说明孔氏的家传经学和发展到东汉的"章句"有明显的区别。但是我们已经无法知道他们之间的区别和孔氏家传的《尚书》学的内容了。

马融尽管采用古文《尚书》作为经文的底本，尽管对经文的文辞解释也会采用古文的训诂，甚至提出自己创新的注解，但这些对"同今文29篇"的大义都不会产生较大影响。马融对经文大义的阐述，仍然是依靠"有师说"的今文，经文大义才是当时学者认为的学术关键和精髓。

在注解古文《尚书》的过程当中，如前文描述的，马融发现和提出了今文《泰誓》这篇，就是在武帝朝后出的那篇《泰誓》，很可能是后人伪造的疑问。马融举出先秦《左传》《国语》《孟子》《荀子》和《礼记》5 本书中引用过《泰誓》的语句，但在这篇今文《泰誓》中都没有这几句引语，而在古文中都有。

> 吾见书传多矣，凡诸所引，今之泰誓皆无此言，而古文皆有。——《尚书正义》

> 经传所引《泰誓》，《泰誓》并无此文。　　　　——《尚书正义》

> 逸十六篇，绝无师说。　　　　　　　　　　　——《尚书正义》

由此我们推测，马融注解的 34 篇古文经文中，因为古文"孔献版"《泰誓》没有"师说"，所以马融也未曾注解古文"孔献版"《泰誓》，而是将今文 3 篇《泰誓》（武帝末年出现的，由博士们"聚而读之"加入今文三家的《泰誓》）的经文注解后，代替了没有"师说"的古文"孔献版"《泰誓》。

马融注解经文的文体结构，第一次将经文和注解合在一起，以前都是经文一册，注解（章句）是另外一册，马融采用一句经文，后面紧跟注解，按照马融的说法可以为学者阅读节省在两篇中翻阅查对的辛苦。从此以后，后代学者对经文的注解都采用了马融的格式，经文和传解合在一起，一直延续到现在。马融深厚的学术功力让他的"马本"《尚书》传记，有时采用欧阳说，有时采用古文说，有时大、小夏侯说，有时直接废弃所有现有的注释，按照他自己对经文的理解，创建自己的解释，但不免也有联想的成分，所以他自创的解释并不是全部被后代学者所认同，我们现在从《尚书正义》中举出为数不多的一例，来一探马融的研究。

> 受终于文祖（舜帝在祭祀天和先祖的庙中继位）……肆（于是）类于上帝，禋于六宗，望于山川，遍于群神（遍祭群神）。　　　　——《尚书》

这段是描述舜帝继位时的情景，继位典礼上，舜帝要进行古人最重要的各种祭祀。

第一，类于上帝（上帝就是上天）；

第二，禋于六宗（宗的意思是"尊敬"的"尊"，《尚书正义》）；

第三，望于山川。

类、禋和望，都是当时祭祀的种类，他们各自的细节和不同，现在还没有考证出来。用这三种祭祀仪式分别祭祀的"上天""六宗"和"山川"，上天和山川是很好理解的，但"六宗"指的是什么呢？"宗"的意思是"尊敬"的"尊"，那么"六宗"是否就是指六个受到非常尊重的，被祭祀的"事物"？那么是哪六个"事物"呢？各家的解释如下：

欧阳、大小夏侯说："所祭者六，上不谓天，下不谓地，旁不谓四方，在六者之间，助阴阳变化，实一而名六宗矣。"

三家今文说都认为"六宗"既不是天和地，也不是东、南、西、北四方，而是处在他们之间的一种"事物"，是这种"事物"在帮助"阴"和"阳"之间的转化，实际是指的一种"事物"，名字叫"六宗"，而不是六种"事物"。

孔光和刘歆说：六宗谓乾坤六子，水火雷风山泽也。

笔者推认，尽管孔光和刘歆的说法是联系了《易》经的"乾坤六子"，但这种联系是错误的，因为第三种祭祀"望"已经祭了"山"和"川（水）"，"六宗"应该不会含有重复的"事物"。

贾逵（古文《尚书》）说：六宗，天地之神尊者，谓天宗三，地宗三。天宗：日、月、星辰；地宗：岱山、河、海。日、月为阴阳宗，北辰为星宗，岱为山宗，河为水宗，海为泽宗。

和上一条同样的道理，笔者认为贾逵的说法也不符合逻辑。

马融说：万物非天不覆，非地不载，非春不生，非夏不长，非秋不收，非冬不藏，此其谓六也。

马融把"六宗"解释为天、地、春、夏、秋、东，但第一种祭祀"类"已经祭祀了了"上天"，笔者仍然以"重复"的道理不认同马融的说法，马融这样注释"六宗"，是因为在《尚书》第一篇《尧典》中有如下一段话：

（尧帝）乃命羲和，

分命羲仲……以殷仲春。

申命羲叔……以正仲夏。

分命和仲……以殷仲秋。

申命和叔……以正仲冬。

马融对这段的解释是羲氏掌管天、和氏掌管地，他们各自的两个儿子，羲仲、羲叔、和仲、和叔分别掌管春、夏、秋、冬，所以马融将"六宗"对应为"天、地、春、夏、秋、冬"。可惜，刘歆和孔光联系《易》经，马融联系《尚书》本经，但都是自己想象推测出来的。

在西汉的今文家普遍认为"羲和"是指"羲氏""和氏"这两个氏族，羲仲、羲叔、和仲、和叔是这两个氏族的首领，马融这种解释是不妥的。

——《〈尚书〉学史》程元敏

从这个例子可以充分地感受到，马融是非常深入地研究和思考了《尚书》各个篇章之间的联系，这就是当时通儒的"通"与"博"。马融的《尚书》注解共11卷，彻底打破了师门家法的限制，综合今文三家和古文的注释，以他自己认为合理的解释作为经文的注释，尽管也有失误的地方。这是受到了贾逵的影响，在贾逵的启发下，对经文的研究开启了一个全新的方式，成为经文研究的一个转折点，从此以后，学者的经文研究和著作，都是沿着马融的这种对比和兼采的方式向前发展。至此，在世上又增加了一部马氏《尚书》学。

马融在武都郡，从公元138年到145年，整整7年，因为"郡小事少"得以安心研究著作，此时他已经66岁了，已经进入老年，心境肯定是想继续潜心著作和研究，只是树欲静而风不止，汉顺帝在公元144年8月驾崩，年仅30岁。顺帝去世之前应该已经就有征兆和准备，在当年的4月，就把两岁的亲生儿子刘炳立为太子，所以顺帝去世后，并没有以前的动荡，两岁的刘炳平稳继位，是为汉冲帝，梁皇后升梁太后，临朝称制。

12.4 马融入梁冀府考

公元144年，两岁的汉冲帝刘炳继位。在3年前，公元141年，梁太后的父亲梁商已经去世，当时汉顺帝亲临家中祭奠，还未下葬就任命梁商的儿子梁冀接替父亲为新的大将军。梁冀和他的父亲梁商截然相反，这是一位被豪门娇生惯养坏的纨绔子弟。

（梁冀）学问则只能抄抄写写记个账，他从小就是皇亲国戚，游手好闲，横蛮放肆，酗酒如命。

——《后汉书·梁冀传》

梁冀集所有人性之缺点于一身，无能而又无恶不作，比当年的窦宪有过而无不及。

他的父亲梁商有个亲密的朋友洛阳令吕放，跟梁商谈了梁冀很多缺点，梁商便因此责备梁冀。梁冀怀恨在心，便派人在路上刺杀了吕放，又怕梁商知道，就把刺杀吕放的嫌疑，推到吕放的仇人身上，还请求让吕放的弟弟吕禹做洛阳令，要他去捕捉杀死吕放的仇人。结果杀光了吕放仇家的宗族、亲戚、宾客一百多人。　　　　　　　　　　　——《后汉书·梁冀传》

这样的人担任一人之下，万人之上的大将军，其结果是可想而知的。

公元144年8月汉顺帝去世，冲帝即位，（梁太后）拜李固做太尉，与梁冀参录尚书事。　　　　　　　　　　　——《后汉书·李固传》

从这句记录，我们推测这位了解自己亲弟弟的梁太后对弟弟梁冀也并不放心，让太尉李固与大将军梁冀共同领导尚书台政事，这是很少有的中枢人事结构。

尚书台是皇帝在禁宫内（不是文武百官的朝廷）设置的处理政务的部门，由汉武帝为了抑制宰相的权力而最先设置的。这个部门位于宫中的中台，故以台名，还有中台、台阁、台省等别称。到了东汉，中央政府的结构沿用西汉官制，以三公领九卿为朝廷基本架构。光武帝刘秀鉴于西汉末年大权旁落于贵戚大臣，所以竭力把权力集中于君主，凡机密之事全部交给宫内尚书台，由此实际政治权力已经完全转移到尚书台。朝廷的三公九卿的职能变为执行尚书台发布的诏令和政令。三公要听命于尚书，但尚书又往往被外戚和宦官所左右。

"录尚书事"是职位的名称，就是"领尚书事"，是统领尚书台的人，尤其是在太后临朝时，通常都由代表外戚执政的大将军担任。所以身为三公之太尉的李固，按照当时的权力结构，应该听命于尚书台和大将军，而现在梁太后却让李固参加梁冀的尚书台，共同统领政事，分担最核心的中枢权力，而且此时梁冀已经担任大将军三年多，梁太后如此安排，其用意非常明显，就是不放心自己这位大将军弟弟。从另一个角度考虑，只能"记个账"的梁冀，他的学识连底下大臣的奏折都无法批阅，也需要李固来辅助。

（公元144年8月），冲帝继位，年仅两岁，（李固）由大司农升任太尉，并兼录尚书事。　　　　　　　　　　　——《后汉书·孝冲帝纪》

汉冲帝在位不到半年，在公元145年1月就去世了，李固随即向梁冀谏言拥立诸侯王刘蒜。

李固对梁冀说："今当立帝，应选择年高而有德的，可以担任亲政的人，希望将军审详大计，学习周勃立文帝、霍光立宣帝，而不能像邓太后、阎太后利用君主幼弱的做法。"梁冀不听，于是立了乐安王之子刘缵，年刚八岁，这就是汉质帝。

——《后汉书·李固传》

诸侯王刘蒜和刘缵都是孝章帝的亲生后代，其关系参见图23

只顾自己荣华富贵的梁冀在推立皇帝的人选上不听李固的谏言是预料中的事。皇帝的人选对梁冀和梁太后来说都是他们最根本的利益，是不会听从别人推立的人选，拥立之功可是事关将来与皇帝的关系和信任，绝不能让给别人的。李固应该也懂其中的道理，并没有再和梁太后争执，毕竟梁太后是李固最大的政治靠山。同时，梁太后在冲帝的发丧时间和陵寝的安排上都听从了李固的建议，为朝廷节省了一大笔费用。公元145年，年仅8岁的刘缵继位，是为汉质帝，梁太后继续临朝称制。梁太后明智地将朝政委托给了李固。

（冲帝陵寝的安排）太后听从了李固的建议，这时太后因为国家连遭不幸，让（李固）作为首辅，将朝政委托于他，李固提出的匡正朝政的意见，每次都听从使用了。（原文：乃从固议，时太后以比遭不造，委任宰辅，固所匡正，每辄从用。）

——《后汉书·李固传》

此时的司徒（丞相）是胡广，所以此处"宰辅"不是指"丞相"或"宰相"，"委任宰辅"的意思就是让李固作为首席辅政，将朝政委托给他。"宰辅"此时是一个地位的名称，而不是官职，李固仍然是太尉兼领尚书事。因此，在质帝继位时，最高权力在梁太后，其次就是李固，梁冀凭借太后弟弟之尊和大将军之职，和李固处在一个差不多的权位上，但朝政上，此时，李固有更大的话语权。

原来顺帝在位时，对梁冀还能钳制，现在自己的姐姐是临朝称制的太后，新皇帝又是他拥立的，这使得梁冀瞬间开始极度膨胀，在他心中，天下就是他的了。这样的心态和为人如何可能和李固长久地相处合作。而李固是典型的儒家学者型官员，梁太后的信任和儒家的宗旨让他对东汉国家和皇帝有着强烈的使命感和责任感。李固随即开始出手，整治朝政。

当初，在顺帝朝，朝廷所选用委任的官员，有很多不按照制度录用，等到李固在朝中主事，免除了一百多个官员。 ——《后汉书·李固传》

毋庸置疑，这些人当中必定有通过巴结梁冀而得到官职的"摇尾"官员，而填补这一百多个官职的新官员，肯定也要按照李固的用人标准录取，我们无须再多作分析，在质帝朝这短短的一年（公元145年），朝局已经一目了然，这位"拥有天下"的梁冀如何会不与李固产生矛盾。

可是梁冀性情猜忌，而忌恨李固。　　　　　——《后汉书·李固传》

但质帝初继大位，也就是，姐姐梁太后刚得到大权，对太后全力支持的李固，梁冀还不敢暗害和刺杀，此时朝廷也已经有了不少李固举荐的，精通儒学的官员，在一定程度上也已经形成了势力。梁冀自己又不学无术，不通文墨，他又需要一位像李固这样的人，但又要以自己唯命是从，在这种情况下，梁冀肯定是要努力物色一个人来替换李固。笔者认为，正是在这种情况下，原来父亲梁商的幕僚马融，进入到梁冀的脑海。

质帝朝（公元 145 年），马融离开了武都郡太守职位，回到了京都，进入梁冀大将军府担任幕僚，从事中郎。郡太守是两千石官职，大将军府从事中郎是六百石职位，在官职上看是天壤之别，时年 66 岁的马融，无论是从官职地位，还是从自身的趣旨，都不可能接受这样一个职位。因此笔者认为，唯一的解释就是梁冀希望马融代替李固，领导朝政。

首先马融也是外戚之一，大家是在一个大的阵营内；其次，马融的从政经验和学识又高于李固，即使不能让李固倒台，至少可以和李固对峙。同时，再从马融的角度考虑，"领导朝政"是对他最大的吸引；最后，与梁氏的旧交和对梁冀当权的畏惧也是归附梁氏的重要原因。

与此同时，那些被李固罢免的官员逐渐以梁冀为首，形成了一股反对李固的势力，在马融加入梁冀大将军府后，随即开始了"倒固"的活动。首先就是上书诬告李固，诬告的奏书被全文记录在《后汉书》的李固列传中，这篇奏书很可能就是出自马融之手，是否出自马融之手并不重要，重要的是马融已经和梁冀建立联盟，进行"倒固"。

这班人（心中）怨恨，于是寄希望于梁冀，进而共同写了一个诬蔑李固的奏章，以紧急政事的形式上奏太后，奏章说："太尉李固，因公假私，依正行邪，离间近戚，自建支党……寇贼搞乱，责任就在太尉……李固之罪，应该杀头。书奏上去，梁冀也立即向梁太后上奏，请（太后）交下面审理。太后不听，（李固）得免于死。　　　　　——《后汉书·李固传》

起先，马融被邓氏惩办，不敢再触犯权势之家，为梁冀起草陷害李固的奏折。　　　　　——《后汉书·马融传》

还好梁太后明智，有着自己的判断，李固躲过一次劫难。然而一波刚平，更大的一波又起。

质帝年少（9岁），却很聪明。他知道梁冀骄横，曾在朝见群臣时，看着梁冀说："这是个跋扈将军。"梁冀听了，非常愤恨，就命令亲信把毒药放到汤饼里，送给质帝吃，质帝当天就死了。　　——《后汉书·梁冀传》

公元 146 年，继位才一年多的汉质帝去世，年仅 9 岁。在《后汉书·李固传》中描述了更多梁冀杀害质帝的细节。

梁冀担心质帝的聪慧，害怕产生后患，于是叫手下用毒药煮饼（给质帝吃）。质帝吃后痛烦闷苦，派人把李固找来。李固进去，上前问道："陛下怎么得的病？"帝还能说话，说道："吃了煮饼，现在腹中闷得很，找到水来，还可活命。"当时梁冀也在旁边，说道："喝水会呕吐，不可饮水。"话未说完就死了。李固伏尸号哭，随后推举侍奉的医生（查明缘由）。梁冀顾虑事情被泄露，恨极李固。　　——《后汉书·李固传》

这时的梁冀是置李固于死地而后快，随之而来的皇帝人选问题，立刻让李固和梁冀的争执进入白热化。李固立即召集司徒胡广和司空赵戒，联名写信给梁冀，要梁冀和太后慎重再慎重。

今当立帝，天下重器……至忧至重，可不熟虑！悠悠万事，唯此为大，国之兴衰，在此一举。

面对在两年中三个皇帝驾崩的局面，无论是李固，还是心怀鬼胎的梁冀，此时都不敢有激进的举措，梁冀在读了李固等朝廷三公的联名信后，他和梁太后也不敢贸然在禁中自己策立皇帝人选，而是召集三公九卿，和中央朝廷两千石的官员和列侯，在朝廷商议皇帝人选。李固仍然继续坚持推立刘蒜，梁冀的人选这次换成刘志，因为刘志娶了梁冀的妹妹，也是梁太后的妹妹。双方在朝廷上的争论陷入了僵局，两方僵持不下，尽然在没有定下皇帝人选的情况下，结束了当天的朝廷商议。

当天在前朝的争论还紧紧牵动着另一方势力的心，就是后宫的宦官势力。他们应该是第一时间知道，梁太后和梁冀不同意李固的人选，刘蒜，他们心中也认定太后和大将军定夺的事，不可能发生变化，万万没有预料到，帝位当天悬空未定。这下宦官开始着急了，因为李固在整顿朝纲中，除了罢免一百多个官员，还把大量多余的宦官也逐出了皇宫，所以他们也害怕和讨厌李固。宦官首领曹腾看到朝廷上争论的局势，坐不住了。

中常侍曹腾等听闻（朝议的情况），当晚就到梁冀府上，游说道："将军几代人与皇后有亲，掌握大权，府上宾客众多，多有过失。清河王（刘蒜）为人严明，如果立为皇帝，那么将军受祸的日子便不久了。不如立蠡吾侯（刘志），富贵才可长久保持。"梁冀同意他们的话。——《后汉书·李固传》

笔者认为，当天，梁冀在朝堂上没有一意孤行，有几个原因，首先李固知道质帝驾崩的内情，梁冀不得不有所顾忌；其次，"天人感应"的思想在当时的人心中占有很重的地位，当时两位皇帝的早逝，以及谋害质帝的心虚，让梁冀不得不顾忌未知的天意。结果宦官曹腾的一番游说，让梁冀彻底横下一条心，而无所顾忌。

第二天重新和三公九卿开会，但梁冀意气汹汹，而言辞激动。从胡广、赵戒以下的官吏，没有不害怕的。都说"只唯大将军命令是从"，可是李固与杜乔仍坚持原来的意见。梁冀厉声宣布"罢会"。李固的意见既不被听从，还希望众人之心可立，又写信劝说梁冀。梁冀更加愤怒，于是劝太后先罢免李固的官，直接立了蠡吾侯刘志，这便是汉桓帝。——《后汉书·李固传》

梁太后绝不可能采用李固的人选，这在前文已经讲述过，只能罢免李固，但是再无任何更多的迫害。

在推立皇帝的过程中，马融基本起不到什么作用，最多为梁冀提供一些经史中的内容和说法，为推立刘志提供一些理论依据，梁冀启用马融也是为了扳倒李固，替他担当日常的朝政，但皇帝人选就根本不是马融能涉及的了。我们可以说这次皇位的替换打断了梁冀和马融原来的计划，这对马融是非常不幸的，因为他还没有开始抛头露面，在前往"领导朝局"的终点前，很多前期铺垫的工作和职位都还没有做，就这样突然失去了最关键的价值。马融只能暂时委身于大将军府，梁冀对马融是如何打算，我们现在无法考证了。但梁冀此时最想的是置李固于死地，但梁太后的反对和众多支持李固的文人士子，以及李固的声望，不能让梁冀像杀害一个郡太守那样，随便找个理由就杀了。

辽东郡太守侯猛，刚接到任命未去拜见梁冀，梁冀借口别的事把他腰斩了。——《后汉书·梁冀传》

但欲治其罪，何患无辞，李固被罢免一年不到，在刘蒜的封国甘陵县冒出一个叫刘文的人，此人背景没有任何记录，他要立刘蒜为帝，但随即就被批捕处死了。梁冀就利用这件事情，诬陷李固和杜乔都参与了造反，结果李固和杜乔被捕入狱，顿时触犯众怒，许多人为李固喊冤请愿。

李固的门生，勃海郡王调，穿戴上刑具上书，证明李固的冤枉。河内郡赵承等数十人也都带上腰斩的铡刀，到王宫的阙门为李固申诉。　　——《后汉书·李固传》

此时，在梁冀大将军府中的长史吴祐，是一位正派忠直的人，长史是大将军府中最高的官职，负责管理府中所有的幕僚，包括马融。吴祐也为李固当面向梁冀谏言。

梁冀于是诬陷太尉杜乔和故太尉李固与刘文通谋，乔和固都被投入监狱。李固的门生勃海王调等十余人穿戴上刑具上书到阙门为李固申冤。大将军长史吴佑感伤李固的冤情，与梁冀争执，梁冀愤怒根本不听从吴祐的劝告，从事中郎马融是梁冀起草奏书的主笔，当时马融正在坐，吴佑对马融说："李公之罪，成于卿手；李公若诛，卿何面目示天下人！"梁冀听后，愤怒地起身离开。　　——《后汉纪·后汉孝桓皇帝纪》

吴祐和梁冀争执，劝说梁冀不要给李固和杜乔治罪，还把正好在座的马融怒斥了一番。马融不仅此时起草撰写了诬陷李固和杜乔的奏书，在两年前，马融加入大将军府时，也可能替梁冀写过诬陷李固的奏书，所以此时此刻，应该是满朝官员，包括梁太后，都知道马融是梁冀置李固于死地的"之手"。

在听完吴祐的怒斥后，史料没有记录马融的反应，但笔者认为，这绝对对马融有所触动。马融此时应该清楚地感觉到，他已经走到了"清流"官员的对立面了。

"清流"官员是指凭借自己的真才实学，通过朝廷光明正大的途径获得官职，为官公正清廉的官员，所以自称"清流"，而不通过朝廷正当途径获得官职的官员，为人为官都是杂浊不清，就贬称这些官员是"浊流"。——杨东晨《东汉兴亡史》

外戚宦官的性质，是"富而甚无知"，其他士大夫，则是"不甚富而有知"。这两种性质的豪族渐渐地分化开来。但外戚并不全是"富而甚无知"，有时也与士大夫结合，所以不便称为外戚宦官与士大夫的斗争。士大夫以"清"自许。我们可以称"不甚富而有知"者为"清流"，而称"富而甚无知"者为"浊流"。清浊渐渐地分明，政争就日趋激烈。——杨联陞《东汉的豪族》

马融也知道，目前的形势，梁冀依靠自己来统领和压制"清流"的官员势力的可能性已经很小了，他和梁冀之间合作的基础基本没有了，马融暂时能做的事就是观望局势的发展。

面对这样的情况，梁太后再次展示了她的"理性而有知"，赦免了李固和杜乔，非常明智地在获得大权后，又安抚了"清流"的势力，让朝局向着稳定的方向发展。这样的结果对马融来说也是非常好的，变相地帮他减少清流势力对他的不满。但太后的赦免却让梁冀失去了理智，直接处于丧心病狂的状态，桓帝继位第一年，公元147年11月。

太后明了其中的缘由，于是赦免了（李固）。等到（李固）放出牢狱，京都市里的百姓都呼喊着"万岁"。梁冀听了大吃一惊，害怕李固的名望和德行将来对自己有害，于是再力奏前面的事（推立皇帝的事），把李固杀了，当时年仅五十四岁。 ——《后汉书·李固传》

梁太后平素知道杜乔忠心耿耿，只是罢免了他的官职。梁冀更加发怒，派人威胁杜乔说："早点儿自杀，妻子可得保全。"杜乔不肯。第二天梁冀派骑兵到他家，听不见哭声，就把他逮捕了，死在监狱中……（梁冀）将杜乔与李固的尸体弃放在城北，未经许可不得收殓。 ——《后汉书·杜乔传》

我们不知道梁冀是如何说服梁太后的。

而兄大将军冀鸩杀质帝，专权暴滥，忌害忠良，数以邪说疑误太后，遂立桓帝而诛李固。 ——《后汉书·皇后传》

《后汉书》只是模糊地说梁冀用邪说误导了梁太后，杀害了李固。李固的死，最终让马融决定离开梁冀。李固已经去除了，梁冀开始采用强权压制的方式统领朝局，马融对梁冀而言也再无更多的价值。不出几个月，公元148年，马融出任南郡太守。

12.5 今文衰落的学术原因

经过这次风浪，笔者推测，已经69岁的马融再也无心于国家政治，从此再次开始沉醉于经学的研究。

马融才高，学问渊博，是当世的通家，教授辅导学生，常以千计。

——《后汉书·马融传》

　　马融面对"以千计"的学生，精力和时间是不可能教授每一个学生的，所以他将弟子，根据他们来求学时的经学基础，分成几个层次。马融实际是如何划分学生的，我们已经无法考证了，但我们知道马融让经学深厚的弟子教授经学疏浅的弟子，弟子之间相互教授，只有学问达到一定程度以后，才有可能得到马融的点拨和教授。因此，大多数的学生，学习了几年，连马融的面都没有见过。

　　弟子按次传授，很少有进入室内的（马融的房间）。

——《后汉书·马融传》

　　马融有学生四百多人，登堂入室得到马融亲自教导的只有五十多人。马融秉性骄贵，郑玄在他的门下，三年也没有见到过他。

——《后汉书·马融传》

　　如前文所述，马融的经书注解是广采众说，择善而从，比如《尚书》，自然是欧阳，大、小夏侯和古文这四种主要的解说。所以，马融教授经书的方式，自然也是按照自己的注解方式进行传授。换一个角度说，因为马融自己一个人就精通这四种《尚书》的学说，所以他可以同时教授弟子《尚书》的欧阳、大夏侯、小夏侯和古文四种学说。这让那些只精通自己一家的经师就显得稍逊一筹了。

　　更关键的是，从学生的角度考虑，从原来只学习一家章句，变成同时可以学习各家章句，只要跟随"通儒"马融学习，只要能持之以恒，就可以同时博通一部经书的各家之说，甚至可以博通多部经书，还能够升华到各家，各经之间的融会贯通，这和只向一家学习，比较下来，优势是显而易见的。现在可以不用再投奔，游学于多个儒学大师，只需投身于一家"通儒"即可，学识还可以达到"博通"，所以求学的学子自然更愿意投身在这种通儒的"师门"下。

　　马融以今文三家和古文《尚书》说为基础，加以研究，然后按照马融自己的意旨，对各家之说用兼采择优的方式，重新写出一部以古文《尚书》经文为底本的全篇经文传解。

　　现在证明马融、郑玄本的文字确是古文。

——金德建《马融、郑玄本古文"尚书"考》

　　马融由此成为第一位糅合多家学说撰写完整的经文传解的"通儒"学者，

如前文所述，简称"马氏"《尚书》学。马融再用这样的"马氏"《尚书》教授弟子，而笔者认为，这正是《尚书》欧阳，大、小夏侯今文三家经学开始衰落的主要原因之一。

各家经说的传承学者，不再像以前有那么多的学生，开始分流到马融式的"通儒"门下。今文《尚书》三家的学生人数开始下降，每家各自的传承学者越来越少，这种现象就是今文《尚书》经学的衰落。而通过我们的分析可以看到，三家学说的本身并未衰落，而是三家各自单独的传承开始衰落，大部分新的学子都去"通儒"下学习了。

因此笔者认为，东汉后期今文《尚书》三家在《尚书》学术中衰落的最主要的学术内部原因，并不是所谓的古文《尚书》的兴起，不是今文章句的歧义繁杂等，这些原因都对今文《尚书》衰落有一定的作用，但最关键的原因是"通儒"马融开创的这种新的研究和注解经文的方式和相应的教授方式，三家师门家法的壁垒被彻底打破，都被马融糅合到他的传解中。

经学发展到此时，这种比较、兼采、择优的研究方式，是经学发展到极致的必然方向之一，而马融正好处在这样的学术历史环境中，加上"通儒"马融自身深厚广博的经学功力，使他有能力贯通各家之学问。尽管前期也有其他的"通儒"，但只有马融完整地注解了经文的全文，从而具备自成"师门"的条件，既符合经学发展的需要，又对新的学子有更强的吸引力，于是水道渠成，《尚书》经学的发展便由今文三家和古文各自发展的四股渐渐地转变成马融"贯通"交织式的一股。笔者要强调的是，今文三家的学说并没有衰落消失，而是糅合到了"马氏"《尚书》学中，而马融又采用的是古文《尚书》经文为底本进行传注编写，所以给后代学者造成的印象是古文《尚书》的发展，而实际在注解中马融仍然是以"有师说"的今文三家为主干和基础。只是《尚书》三家"师门"各自单独的传承，开始衰落，这种衰落又随着东汉后期，桓帝和灵帝两朝代极其混乱腐败的朝局，急剧地加速。

马融在南郡太守位上第二年，公元150年，梁太后去世，尽管在去世前归政于桓帝，但朝政仍然控制在梁翼手中。但这使梁翼的行为有所收敛，桓帝此时已经18岁，梁翼已经毒杀了一位皇帝，绝对不敢再杀一位成年的皇帝了，所以梁翼的行为处事也要开始考虑和皇帝之间的关系了。

元嘉中（公元151~153年，梁太后去世后的3年中），朝廷举行新年朝贺，大将军梁冀带剑进入宫中，张陵（尚书）呵斥梁冀，命令宫廷卫兵夺下梁冀的剑。梁冀跪下谢罪，张陵没有作罢，随即弹劾梁冀，请廷尉论罪，桓帝下诏罚梁冀一年的俸禄，百官肃然。　　　　——《后汉书·郑范陈贾张列传第二十六》

这时的梁冀表面是臣服于桓帝，但朝廷实权和大小事宜仍然掌握在梁冀手中，一来梁冀有拥立桓帝的功劳；其次，此时的皇后梁莹也是梁冀的妹妹。

朝廷大小事情，没有不向梁冀请示，由他决断的。宫廷里的侍卫近臣，都由他一手安插，宫禁中的一切情况，极细微的事他都知道。文武百官凡调动职务或受皇帝召见的，都要先到梁冀府中投书谢恩，然后才敢到尚书省接受命令。　　　　——《后汉书·梁冀传》

梁冀在位二十多年，权势大到无以复加的地步……天子也只得恭敬他，不能亲自处理政务，桓帝对此早已不满。　　　　——《后汉书·梁冀传》

到了公元 159 年，梁皇后梁莹去世，桓帝终于也再无所顾忌，不再甘愿当这种憋屈的皇帝，决心铲除梁冀。

延熹二年（159 年），皇后逝世，桓帝假借上厕所，在厕所中单独问唐衡（宦官）："左右的人与皇后家不好的有谁呢？"唐衡回答说："单超、左悺（宦官）以前去拜见河南尹梁不疑，送的礼物不多，梁冀收捕了他们，投入洛阳监狱，二人在衙门认错后，才被释放。徐璜、具瑗（宦官）经常痛恨皇后家人横暴，只是不敢说。"于是桓帝叫了单超、左悺到他的室内，说："梁将军兄弟专权朝廷，压迫威胁内外官员，公卿以下官员都看其眼色行事，现在我想诛杀他们，常侍的意思怎么样？"单超等人回答道："他们确实是国家的奸贼，早当诛杀，我们懦弱无能，不知皇上的意思如何罢了？"桓帝说："既然是这样的，你们先秘密谋划此事。"回答说："谋划不难，只怕皇上会中途变卦。"桓帝说："奸臣威胁国家，应当伏罪，有何犹疑！"于是再召集徐璜、具瑗等五人，定下了诛杀梁氏的策略，当场，桓帝咬破单超的手臂，出血为盟。于是下诏收捕梁冀及宗室党羽，统统杀掉。

——《后汉书·宦者列传》

桓帝终于扬眉吐气，接着开始重赏和重用身边的宦官，朝廷的大权从梁冀手中转到了宦官手中，只是宦官对桓帝是俯首称臣、唯命是从的。

左悺，升中常侍，封上蔡侯；

唐衡，升中常侍，封汝阳侯；

单超，封新丰侯；

徐璜，封武原侯；

具瑗，封东武阳侯；

五人同日授封，所以当时叫作五侯。又封小黄门刘普、赵忠、侯览、张让、王甫等八人为乡侯。（五侯是县侯，比乡侯高一等。）

——《后汉书·宦者列传》

这"五侯"可与当年帮助汉和帝拿下窦宪的宦官郑众不同，郑众心中除了有皇帝，还有朝廷和朝政，这"五侯"只要侍侯好皇帝，其余就为所欲为了，收受贿赂、卖官鬻爵、贪赃枉法、广布党羽，与梁冀相比有过而无不及。其中危害最大的是"广布党羽"。

单超的弟弟单安为河东太守，弟弟的儿子单匡为济阴太守；

徐璜的哥哥徐盛为河内太守；

左悺的弟弟左敏为陈留太守；

具瑗的哥哥具恭为沛相，都是当地的大害虫。

（宦官）兄弟姻戚都是州郡大吏，剥夺百姓，与盗贼没有什么分别。

——《后汉书·宦官传》

这些"党羽"还有自己的"党羽"，至此，宦官集团这股"浊流"终于从"官场不正之气"的现象转变成了一股最强劲的政治势力，对已经腐败不堪的朝廷而言，更是雪上加霜。

杀梁冀后第三年，公元162年，杨秉（杨震的儿子，桓帝的《尚书》老师）替代刘矩成为太尉。当时，宦官权势熏天，可以随意任命某人或子弟担任官职，宦官势力布满天下，这些人竞相贪淫，朝野怨愤极大。

——《后汉书·杨震列传》

可见，"浊流"已经肆无忌惮地从"后朝"涌入"前朝"，再流向全国各地，使得朝廷的选官制度，尤其是地方上的选官规则，被宦官势力彻底破坏，而地方上的官吏选拔任用主要由"清流"士大夫和外戚这两方势力把持，更何况宦官"托请任用"的大多是无才无能贪婪之辈，这如何能不激起"不甚富而有知"的"清流"的愤怒，于是，"清流"和"浊流"的血腥对抗也随之开始，最终造成了桓帝和灵帝交替之际的党锢事件。

第 13 章 郑玄

13.1 拜师马融

公元 159 年，桓帝杀梁翼，夺回皇权的这年，马融已经 81 岁高寿了，远离政治，马融在学术的造诣上，当时基本已经无人可比，他的名气早已响彻关内关外，也就在这一年马融招收了慕名而来，也是他日后最有名的弟子——郑玄。

郑玄，字康成，北海国高密县人……郑玄少年时在乡中是掌管诉讼和收税的小吏，只要在家中休息的时候，就一直在读书学习，并不喜欢只做一名小吏。他的父亲多次因此发怒，也不能禁止他。于是他到京城太学里学习，拜京兆人第五元先为师，于是精通《京氏易》《公羊春秋》《三统历》《九章算术》。他又从东郡张恭祖学习《周官》《礼记》《左氏春秋》《韩诗》《古文尚书》。后来，郑玄在山东已经无人可以求教，于是他向西行进入函谷关，经过涿郡卢植的介绍，拜扶风马融为师。　　——《后汉书·郑玄传》

传说郑玄在只有十一二岁的小时候，有一次他随母亲到外祖家做客，当时客人很多，在座的十多位客人都衣着华美，一个个美服盛饰，能说会道，唯独郑玄神情漠然，一言不发。母亲暗中几次提醒郑玄，让他也跟同席人说说话，郑玄却回答母亲："这不是我的志向，也是不是我所期望的。"[1] 可见郑玄从小就对书籍学问感兴趣，有别于常规的孩童，这种自发的兴趣对他今后在学术上作出的成绩是决然不可分的。在后来的一生中，他几乎把当时所有的经书都注解了一遍，在中国的经学史上，他的名气远远超过了老师马融。

---

[1] 《太平广纪》第 215 卷，李昉，中华书局，2021 年版。

郑玄所注释的书，有《周易》、古文《尚书》、毛氏《诗经》《仪礼》《礼记》《论语》《孝经》《尚书大传》《中候》《乾象历》。郑玄自己撰写的书有《天文七政论》《鲁礼禘祫合义》《六艺论》《毛诗谱》《驳许慎五经异义》《答临孝存周礼难》，共一百多万字。——《后汉书·郑玄传》

从他学习的内容就可以看到，几乎无所不包，除了经学，还有天文、算术和谶纬，在乡里当小吏时，已经是"博极群书，精历数图纬之言，兼精算术"的一位年轻学者了。

公元 145 年，北海国国相杜密到高密县检查春耕生产，赈济贫困，发现担任乡佐（乡吏的职称）的郑玄是一个旷世异才，随即就给郑玄在郡府安排了职务（但无须工作，只是以职务的俸禄作为资助），让郑玄到京都洛阳的太学院学习。——《后汉书·杜密传》

由此郑玄在公元 147 年来到京都，进入太学院学习，这年正是梁冀杀李固，掌控朝政这一年，郑玄在后面的 12 年，到公元 159 年，都一直来往于各地，向当时各地的名师求学。

（郑玄）往来于幽州、并州、兖州、豫州，觐见那些在世的博古通今的大师，和隐居的著名学者，最使我（郑玄）得意的是这些通儒接受了我的请教，对我有所传授。——《后汉书·郑玄传》引郑玄书信

郑玄游学范围之广，可以说郑玄拜尽了当时天下的名师，所以郑玄求教的大师绝不止第五元先和张恭祖，还有很多隐居大师和未被记录的经师，他们都给予了郑玄点拨和教授。12 年的游学后，在函谷关的东部已经没有人可以再为郑玄授业解惑了，在公元 159 年，经过卢植的介绍，郑玄西出关外向当时最富盛名的大师马融学习。

卢植，字子干，涿郡涿县人。身长八尺二寸，声音如钟。年轻时与郑玄同学于马融，通古今之学，喜欢精研经文，有时也不遵守章句的解释。马融属外戚豪家，讲席的前面，时常会安排侍女的歌舞，卢植跟马融学习几年，眼睛珠子也没有转一转，马融因此敬重他。学完归家，闭门教学。——《后汉书·卢植传》

卢植是和郑玄同一时代的另外一位经学大师，此时和郑玄一样都还是布衣学生，受教于马融。卢植的为人正直无私、刚正不阿，深得马融的赏识，所以通过卢植的介绍，郑玄顺利地成为马融的弟子。这年郑玄 33 岁左右，

卢植的年龄不详（史料没有任何有关他年龄的记载），马融已经81岁高寿，《后汉书》点评了马融的一个缺点，说马融自持"骄贵"，骄傲而又自觉身份高贵，因此郑玄拜入师门后，三年都还没见到马融，言外之意，是马融并未完全以学识的深浅来对待郑玄。

马融此时有学生四百多人，能够登堂入室，得到马融亲自教导的只有五十多人。马融秉性骄傲而自居高贵，郑玄在他的门下，三年也没有见到过他。马融只是派遣他的高足弟子来传授郑玄。郑玄日夜攻读，从不懈怠。
——《后汉书·马融传》

我们现在已经不可能知道当时郑玄对马融的想法了，我们也不知道此时郑玄的经学功力和那些能见到马融的五十多个高足相比，处于一个什么水平。但有一点是肯定的，马融经学的学问和对经学理解的开阔程度远远超过郑玄。尽管郑玄曾经也在太学院学习过，但朝廷中秘藏书之地，没有皇帝的诏令，都不能进入东观阅读皇家藏书的，而马融一生三进东观，仅仅他的书籍资源就远远超过各地的经师。即使郑玄拜遍了当时的名师和隐士，但和马融相比，仍然是稍逊一筹的，尤其在融会贯通上，是无法和马融相比的。

笔者认为，此时的郑玄正处于形成自己对经文理解和贯通的阶段，但仍有不通之处，所以马融才对他如此重要，郑玄才继续日夜愤读。郑玄读的也不会是经文本身，这在过去的12年，他早已熟悉，他阅读的应该是马融收藏的，只有东观才有的书籍，比如记录白虎通会议中各家观点的完整记录等。郑玄有着得到马融传授的强烈愿望，换句话说，郑玄有着解开自己对经学的疑惑和不通之处的强烈愿望，让他坚守在马融的师门。终于在三年后，见到马融的机会来了。

有一次，马融召集他的学生研讨图谶和纬书，听说郑玄精通算学，便在楼上召见了他。
——《后汉书·张曹郑列传第二十五》

《后汉书》记录郑玄终被召见的原因是因为他善于算术，《世说新语·文学篇》描述了更多的细节，说："郑玄在马融门下，三年不得相见，高足弟子传授而已。有一次计算浑天，结果一直不对，诸弟子莫能解。有人说郑玄或许可以，马融召令郑玄计算，一转便决，众咸骇服。"

《世说新语》的记录是比较符合逻辑和可信的，清朝乾隆年间的学者王鸣盛又进一步推测到，"郑玄精通《九章算术》，《九章算术》中的勾股定理是计算浑天所必需的方法，用勾股定理计算圆的周长（当时称勾股割圆法）又是勾股定理使用的精髓，郑玄能计算出来，使得马融自叹不如"。"浑天仪"是古人制造的一种仪器，用来模拟和确定天空中恒星和行星的位置。但史书《后汉纪》记录郑玄被马融召见的原因并无此事，没有这样的戏剧化。

> 玄讲习弥笃（郑玄研习经文愈加发奋），昼夜不倦。融见奇之，引与相见。

　　　　　　　　　　　　　　　　　　——《后汉纪·献帝纪第二十九》

这个原因更加朴实，就是因为郑玄的异常勤奋引起了马融的注意，让马融了解到郑玄的志向，乃是经学学问本身，而非大多学生的出仕为官。从此，在后面的 4 年时间里：

> 自篇籍之奥，无不精研。

　　　　　　　　　　　　　　　　　　——《后汉纪·献帝纪第二十九》

郑玄终于得以在其后的 4 年时间中，可以向马融探讨学习经文篇籍的深奥大义，其实马融又何尝不是。郑玄在马融门下共求学 7 年，此时郑玄年近四十，已经成为真正的鸿儒硕学，在当时的东汉，已经无人所及了，公元 166 年，郑玄向马融辞别，回到家乡高密。不久，马融在当年以 86 岁的高寿离开了人世，但马融开创的经学研究思想，由郑玄传承了下来，随着郑玄一起走出了函谷关。

> 郑玄辞别马融后，马融对他的弟子说："郑玄现在离开了，我的学问也跟着他前往东方了。"

　　　　　　　　　　　　　　　　　　　　——《后汉书·郑玄传》

13.2 第一次党锢

就在郑玄辞别马融的当年，桓帝继位的第 20 年，延熹九年（公元 166 年），在帝国中央朝廷，"清流"和"浊流"的血腥对抗来到了最高潮时期。此时"清流"的精神领袖是太尉陈蕃、司隶校尉李膺，两位都是朝廷高官后代，陈蕃的祖父曾经是河东郡太守，陈蕃即由大名鼎鼎的李固举荐，在公元 165 年，代替去世的太尉杨赐，升任太尉。李膺的祖父李修在安帝朝曾经担任过太尉，父亲李益曾担任过赵国国相，李膺性格清高，不喜欢官场虚伪的结交互拜，嫉恶如仇。郑玄的"伯乐"杜密已经升任太仆，在清流中与李膺的名声不相上下，两人有着"李杜"的美称。

李膺在升任司隶校尉前，担任河南郡大尹（太守），当时在河南郡有一位擅长观察天文气象进行占卜的人叫张成，连桓帝也多次向张成占卜问事，因此张成和宫中的宦官关系非常的密切。有一次，宦官透露给张成，朝廷马上要颁布大赦令和颁布的时间，张成得知后，随即让他的儿子把他们的仇家杀了，然后被河南官府抓捕。没过多久，果然大赦天下，张成的儿子被放了出来。李膺知道此事后，愤恨不已，竟然不顾皇帝的大赦令，坚持处决了张成的儿子。这件事，宦官是肯定不敢到桓帝那儿告状的，泄露大赦令更是死罪，但李膺已经成为宦官心中的目标。

延熹九年（公元 166 年），李膺升任司隶校尉，有人告发宦官张让的兄弟、野王县（今河南泌阳）县令张朔贪污勒索、暴虐无道，连孕妇也杀。李膺立刻要查办张朔，张朔逃到京都洛阳，躲进他弟弟张让家里的夹墙当中。李膺亲自带领公差到张让家搜查，在张家的夹墙里搜出张朔，直接投入洛阳大牢。李膺随即把案子审理清楚，当时就把张朔杀了。张让只能向汉桓帝哭诉，但桓帝一问事情的经过，了解了真相，并没有难为李膺，却对张让说："这本来就是你哥哥有罪，司隶校尉有什么罪？"如此一来，李膺的名声更加显赫。很多读书士人都希望能拜于李膺门下，要是受到李膺的接见，就被看作很光彩的事，士人还为能被李膺接见起了一个名称，叫"登龙门"。

但李膺作为宦官的目标更加突出了，宦官们在背后早已开始了"倒膺"的谋划。就在当年 6 月左右，宦官教唆张成，因当年李膺处决了他的儿子而一直怀恨在心，安排他的弟子牢修，向桓帝上奏，诬告李膺和太学生、名士结成朋党，诽谤朝廷，讥讽朝政，惑乱舆论。因为已经谋谋很久，这次他们成功了，桓帝震怒，立刻下令三公府（太尉、司徒、司空）抓捕李膺等人，杜密首当其冲，他们的门生故吏，史上记载一共有二百多人受到牵连。

在太尉、司徒、司空三府办理抓捕的公文时，太尉陈蕃展现了非凡的气魄，拒绝了皇帝的抓捕诏令，并据理力争，说道："现在要审理的，都是天下赞誉的名士，忧心国事忠诚无私的大臣，这样的人即使到了十世以后，仍然应该得到宽宥，岂能罪名不明就收捕？"不肯在公文上签名。桓帝得知后，更加愤怒，竟然绕开三公府的批捕审理环节，直接让宫内宦官将李膺等抓入皇宫内的黄门北寺狱。北寺狱是用来关押皇宫内犯罪犯错的人员，与洛阳监狱关押朝廷和民众犯罪人员，是完全两套系统，桓帝和宦官们已经不管章法了，欲加之罪，何患无法。

李膺、杜密入狱后，陈蕃继续向皇帝上奏，极力谏言，劝桓帝释放李膺等名士，言辞激切，说如果皇帝能采纳他的谏言，即使自己身首异处，也无所怨恨。至此，桓帝也要顾忌朝堂的舆论，不敢连陈蕃也抓捕，只能罢免他。

延熹九年（公元 166 年），7 月，罢免太尉陈蕃。

——《后汉书·桓帝纪》

而李膺等人只能在皇宫内的北寺狱继续被宦官们审问，但宦官不敢置于他死地，因为桓帝也要顾忌"清流"的舆论，没有明确的罪证是不敢杀李膺的。在狱中，李膺不但没有屈服，还不停地检举宦官子弟的违法罪行，宦官们没有皇帝的同意，也不敢私自杀了李膺，而李膺的口供对他们却越来越不利，万一传到桓帝的耳朵里，那是引火烧身。同时，宦官也揣摩出桓帝忌讳触犯"清流"的想法，审问李膺等人一直延续到第二年的 6 月，公元 167 年，如果桓帝决定杀李膺，早就可以杀了，到了这时，恒帝的窦皇后的父亲窦武也正式上奏为李膺求情，在这样的局势下，宦官们屈服了，他们请求皇帝按照天时颁布大赦令，大赦天下，这应该也正好是皇帝的意愿，李膺等人这才被免罪出狱，回到故乡，住在阳城山中。

但涉事的二百多党人，官府将他们的名字全部登记在案，诏令这些人全部禁锢，不能出仕为官，这就是历史上著名的"党锢之祸"。太仆杜密也同样在这年，公元 167 年 6 月，被禁锢，因此后代学者推测，因为郑玄是被杜密推荐的，所以在郑玄离开马融后，随即也被禁锢在家，以种田和教书为生。

郑玄家中仍然贫穷，到东莱租田耕种。　　——《后汉书·郑玄传》

郑玄此时虽然被禁锢在家，但估计心中仍然期盼有朝一日风波过去后，还能出仕为官。郑玄年老时在写给儿子的告诫书中说道：

过了四十岁，才回家供养父母，租田耕种以度时日。碰上宦官独揽权势，我因党人牵连而遭禁锢，共有十四年。　　——《后汉书·郑玄传》

从这句话中，我们可以感受到郑玄对宦官和党锢的怨恨，绝对不是说郑玄对高官厚禄有所期望，郑玄 12 岁已经说了，这些都"非他所愿"，像他这样学问深厚的大儒，志向是治理国家，高官权势只是他们的工具之一而已，郑玄怨恨的是他施展学识的机会被剥夺了。

党锢发生后不到半年时间，公元 167 年 12 月，36 岁的汉桓帝驾崩，此时的窦皇后升为窦太后，临朝称制。窦皇后名叫窦妙，也是窦氏家族的后人，父亲就是上一年为李膺和杜密求情的窦武。汉桓帝没有自己的子嗣，所以新的皇帝又要从宗室中挑选，此时新皇帝还未选出，但窦太后先立刻下诏，重新启用陈蕃，直接升任太傅。窦太后如此看重陈蕃，是因为在两年前，公元165 年，当时桓帝要册封皇后时，已经准备册封一位他真正宠信的但出身卑微的田贵人，田贵人当时依仗皇帝的宠爱，让窦妙在宫内艰难而委屈，双方钩心斗角，但在册封皇后的关键时刻：

（当时的太尉）陈蕃向皇帝反复拼命谏言（应该册立窦妙为皇后），汉桓帝不得已，才立了窦妙为皇后。　　　　　　——《后汉书·陈蕃传》

所以此时窦太后是在报答陈蕃的封立之功。然后再和父亲窦武推举了刘氏宗族子弟刘宏继任皇帝，是为汉灵帝，年仅 12 岁，其家族关系参见图 23。

13.3 第二次党锢

公元 168 年 1 月，灵帝继位，随即拜窦武为大将军。虽然身为大将军，但朝政大权仍然被宦官钳制，尽管窦武有铲除宦官权势的愿望，但并不强烈，一来，女儿窦妙在当皇后期间，宦官们已经通过阿谀奉承和各种手段获得窦妙的信任；二来，自己一家已经是高官厚禄，同样奢靡不堪，已经胸无大志，不愿意折腾了。与宦官势力势同水火的是陈蕃。

在朝堂会议时，陈蕃悄悄地对窦武说："中常侍曹节、王甫等，在先帝时就操弄国家权柄，把天下搞得乌烟瘴气，百姓纷扰，罪祸就是他们。现在不诛杀曹节等人，以后就难办。"窦武非常认同他，陈蕃大喜，（激动的）用手推开座席一站而起。　　　　　　——《后汉书·窦武传》

作为外戚的窦武，在"清流"领袖陈蕃的激励下，最终与清流联合了，开始准备铲除宦官势力。首先就是人事的安排，这种部署让人一目了然，重新启用李膺和杜密等人，李膺担任长乐宫少府，负责管理太后的所有事物，但是宦官们因为深得窦太后信任，竟然并未重视。

灵帝继位第 5 个月，168 年 6 月，窦武和陈蕃开始动手，窦武上奏罢免宦官中常侍管霸和苏康，他们都是负责宫中事物的宦官首领，窦太后同意了，罢免后就处死了。紧接着，就上奏诛杀宦官最大的头领曹节，这次窦太后没有同意。她认为，自古宦官都有奸猾擅权的，但不是所有的都是如此，岂能全部斩尽杀绝。事情就暂停在这儿，但窦武和陈蕃并未善罢甘休，准备从挖出曹节贪赃违法的证据入手。

这种胶着的状态维持了 3 个月，到了 9 月，窦武再次动手，抓了罪恶多端的长乐宫尚书郑飒，严刑审问后，果然供出了曹节和王甫，随即依据供词，写成收捕曹节的奏书，准备再次奏请窦太后。奏书要通过太后宫殿专门负责文书的官员，长乐五官史，承送太后御览。此时的长乐五官史名叫朱瑀，他偷看了奏书，一看吓一跳，奏书除了要杀曹节等宦官，连他也要满门抄斩，这让他愤恨不已，大骂道：

宦官中放纵犯法的，当然可以杀，我们这些人有什么罪呢，为何要将我等一起诛灭？《后汉书·窦武传》

朱瑀迅速将此奏书交给了曹节，并编造好了杀窦武的罪状"陈蕃和窦武奏请太后废黜皇帝"的大不逆之罪。曹节当即立刻开始部署行动，而此时窦武和陈蕃都还在家中等候宫中的消息。曹节首先在 12 岁的汉灵帝周围建立防卫，假装外面有人叛乱，关闭全部宫门。然后，收取执行皇帝诏令的信符，这样只有他才能对外颁布命令。紧接着，派人到宫中北寺狱释放郑飒，当场斩杀不肯就范的窦武的人员。最后到太后的宫中，劫持了窦太后，并夺取了窦太后的印玺。至此，经过了大半个夜晚，皇宫内的部署完毕，这才开始准备正面的交锋。

当晚后半夜，派郑飒等人持皇帝的诏令和命符，和侍御使、谒者到窦武的家中收捕窦武等人。窦武当然不会听从诏令，杀了使者，连夜召集北军五校尉，数千将士，会聚在皇宫外都亭之下。曹节也同样部署王甫召集宫廷侍卫近一千多人，聚集在皇宫北宫朱雀门内。此时此刻，皇帝颁布诏令的信符起了关键作用，因为当时，正巧平定西部凉州羌族叛乱的大军刚刚凯旋回到京都，大军就驻扎在京都，领军首领是护匈奴中郎将张奂。张奂刚刚回到洛阳，还不清楚朝廷局势，在深更半夜接到皇帝的诏令，又有符信的证明，自是深信不疑，接诏出兵。

这位张奂正是前文提到的，将四十五万多字的尚书《牟氏章句》删减到九万字的学者张奂。

张奂，敦煌郡渊泉县人……年轻时跟随太尉朱宠学习欧阳《尚书》。后来，《牟氏章句》浮辞繁多，有四十五万多字，张奂删减为九万字。张奂接受大将军梁冀府的征召，在府上担任掾吏，在此期间上书桓帝，呈上他（删减后的）尚书《章句》，桓帝看后，诏命任职东观。后来，因病辞去东观的职务。

——《后汉书·张奂传》

张奂病好了以后再次被拜为议郎，随后转到安定郡担任都尉，从此由文官进入了军旅生涯，这反而展现了张奂军事的才能，加上张奂正义清廉，恩威并用，使得西部凉州边境地区羌族和匈奴纷扰恢复平静。只是梁冀倒台后，张奂受到牵连而被罢免，在家闲赋4年。后来在同僚友人皇甫规举荐了7次后，才被朝廷重新任用。公元166年，边境羌人威胁再起，其中一支羌族部落的队伍已经进入到京都附近的三辅地区，于是桓帝再次任命张奂为护匈奴中郎将。直到公元167年，大败羌族军队，京都洛阳周边的三个州才重新安定下来。第二年，168年凯旋而归，刚到到洛阳，就碰到了窦武、陈蕃和宦官的武力争斗。

让我们再回到那个晚上，后半夜，双方都在调动自己的军队，直到天亮，双方在皇宫外的阙门才开始武力冲突，只是胜负非常明朗，张奂的军队是在边境和野蛮的羌族、匈奴实战多年的军队，而窦武的军队只是防卫京城的士兵，实力相差是很明显的。另外，两边都叫喊着对方是在造反，但窦武却没有诏令和信符，以致战斗到清晨时，窦武大多数的将士都临阵倒戈，这样大势即去，窦武最后无处可逃，只能自杀。

陈蕃在清晨听到窦武遇难的消息后，立刻率领自己属下官员和学生八十多人，带上武器，向皇宫冲击。陈蕃身为太傅，光学生就至少几百人，何以在此关键时刻只有八十多人，笔者认为这八十多人和陈蕃一样，知道他们的反抗只是螳臂当车，但宁为玉碎，不为瓦全，他们的冲锋就是去赴死的。最后七十多岁的陈蕃被抓投入北寺狱，被宦官折磨致死。

这次斗争以宦官的绝对胜利告终，窦武和陈蕃的家族全部被杀，门生故吏全部禁锢，窦太后也被软禁。宦官在把窦武和陈蕃的势力清洗后，到了下一年，公元169年，开始清洗其他不归附和效忠的官员，掀起第二次更大规模的党锢，李膺和杜密再次首当其冲，被投入狱中，此时灵帝才13岁，宦官不用像第一次党锢时，要听命于桓帝，现在是肆无忌惮，李膺和杜密双双被杀，所有和他们相关的士人全部被禁锢。正是在这样的情况下，郑玄第二次被禁锢，一直延续到公元184年，整整14年。

尽管在解除党锢的公元184年后，各方势力都仰慕郑玄的学问，而纷纷征召他出仕为官，但郑玄都尽量一一回避了。从刚刚回到家乡高密，对出仕为官有所期盼，到一一婉拒各方出仕的邀请和诏令，这14年的禁锢时间对郑玄是有重要影响的。

这14年是东汉朝政最腐败的时期，经过第二次党锢，基本上大多数的"清流"学者都被禁锢，朝廷官场完全由宦官一统天下，官员选拔和升迁的正规渠道几乎丧失殆尽，我们只举一例，当时官场的腐败即可一览无遗。

灵帝时，张让和赵忠是最得宠的两位宦官，扶风人孟佗，家产富足，同张让的家奴结为朋友，倾尽家产贿赂张让的家奴，没有剩下一点儿自己所爱的东西。家奴感激他，问孟佗："您有什么要求呢？我都尽力为您办啊！"孟佗说："我只希望你们为我一拜而已。"当时请求见张让的宾客很多，门口经常停着数百辆车子。孟佗那也去见张让，因为后到，还不能进去，家奴就率领各奴仆在门口的路上迎拜孟佗，并且和他一起驾车进门。其他宾客们大为震惊，认为孟佗和张让很相好，都争着用珍宝奇玩贿赂孟佗。孟佗分出一些给张让，张让很高兴，让孟佗当了凉州刺史。　　——《后汉书·宦者列传》

刺史、二千石，及茂才、孝廉的提拔任用，都责令先拿出钱资助军需和修建宫室，大郡需要两三千万，其余各有差别。官员上任之前，都必须先去皇宫西园评定缴费的金额，然后才能上任，有的钱交不够，甚至自杀。那些保持清廉的人只能请求不去上任，但也都被强行派出。——《后汉书·宦者列传》

官场的腐败至极不会不触动郑玄的思想，在禁锢的14年中，他出仕为官的愿望应该是渐渐地被官场的腐败减弱。在紧接着学成归来后的14年时间，让郑玄的学术深度更加通透和深厚，实际上，正是这十几年的禁锢，反而成就了郑玄成为一代经学大师。如前文所述，东汉时期，对贯通五经、学问深厚的学者称为"通儒"，而对郑玄，则专门另外起了一个称号，称他为"纯儒"。

（郑玄）对于经籍和传记的博学洽闻，他能称为纯儒，齐鲁一带的人们都尊奉他为宗师。　　　　　　　　　　　　——《后汉书·郑玄传》

13.4 纯儒郑玄

郑玄在禁锢的14年中，主要注解了《周礼》《礼记》和《礼》，从此这三部经书又被统称为"三礼"。在公元 184 年解除党锢后，主要注解了古文《尚书》，毛氏《诗经》《论语》和《周易》。就《尚书》而言，除了注古文《尚书》，还注解了《尚书大传》，并著写了《书赞》，是一篇郑玄为自己注解古文《尚书》撰写的书序，为避免和古文《尚书》的序文混淆，另起名为《书赞》。郑玄还编著了《尚书义问》《尚书释问注》《六艺论·尚书论》《尚书纬书 7 部注》《尚书纬·中侯注》，但都已经亡失了。另外，郑玄的弟子模仿孔子的弟子，记录下了郑玄言论，并汇编成书——《郑志八篇·尚书部分》《郑记六卷·尚书部分》。

郑玄注解古文《尚书》的底本和老师马融一样，都是"孔献本"。郑玄并未进入过皇宫东观，所以手上不会有皇宫藏书，他阅读的应该是老师马融手上的副本。

扶风杜林传下《古文尚书》、杜林同郡人贾逵为《古文尚书》作训诂，马融作传，郑玄作注解，由是《古文尚书》在世上变的越来越重要。

——《后汉书·儒林列传》

《后汉书》的这句叙述古文《尚书》的记录，实际是对古文《尚书》在整个东汉时期被研究的总结。从杜林时期，继刘歆之后重新研究古文《尚书》开始，贾逵开始更精细地研究《尚书》古文文字的训诂，在章帝的要求和启发下，开始与今文三家比较有不同解释的地方，写出了第一部汇合古文和今文三家的《欧阳，大、小夏侯，古文尚书同异》。这种比较的研究思路和方法，又启发了马融，他真正地将今文三家和古文融汇在一起，将《尚书》的三家章句形式基本改编成了"集注"的形式，这也是融会贯通之"通儒"的学术规模和高度，代表了当时《尚书》研究的最高境界。最后到了郑玄的时代，他的博大精深再次扩大了《尚书》研究的深度和广度，定型了这种"集注"形式的研究方式，今文三家和古文各自的章句已经成为研习的基础，《尚书》各家和多部经书的融汇贯通，成为经书研究成就的标志。

郑玄没有政务的纷扰，比他的老师马融有更充分的时间和精力来钻研经学，所以他几乎注遍了所有的经书和儒家书籍，他的学术又很少受到现实政治的影响，这也是称他为"纯儒"的原因之一。郑玄注解《尚书》，与马融有相同之处也有不同之处，但郑玄研究经文的方式是完完全全传承老师马融的，同时以今文三家和古文为基础，采用他认为正确的一种进行注解，如果都不满意，就根据自己研究的想法注解。因此，如同前文叙述的，以后的学子向一位老师学习一经一家，自然更愿意跟随一位老师学习多经多家。很明显，采用这种方式教授必须要有一位经学深厚的"通儒"老师作为前提。郑玄正是通过自己深厚的经学，把这种研究经文的方式和教授方式继续发扬光大，让真正有志于经学的学子可以更加有效率和深入地学习。

郑玄的学问在东汉末年名声越来越响，在中央朝廷几乎无人不知。尽管后来担任尚书的卢植，在公元 178 年向灵帝的谏言中举荐过郑玄，但受限于党锢，汉灵帝也并未理睬。在公元 184 年解除党锢之前世风日下，前文已举例讲述，腐败的官场也直接影响了大部分学子的风气。当时大多数来学习的子弟，主要还是为了做官，混个一官半职，这些学子认为要出仕为官，学问已经不重要了，能略有所知即可，重要的是要结识各路"英雄豪杰"。抱以这种目的学习的学子，马融和郑玄的教授方式，反而没有吸引力。在灵帝朝的后期，经文三家以及其他经文的教授，尤其是在太学院，充满着歪风邪气，里面的学子也是趋炎附势。

13.5 熹平石经——《尚书》经文底本考

仕途中最重要的节点自然是入仕和升迁，对于太学院的儒学子弟，通过朝廷的策试，进入官场，仍然是大多数中下层官员子弟入仕的最重要途径之一。从桓帝到灵帝朝，太学院的学生已经增长到了上万人，。

本初元年（公元 146 年），梁太后下诏说："大将军以下至六百石官员，都派家中子弟入太学学习，（这些学生）每年就在举行乡射礼的这个月集合在一起（对所学的学问进行检验），以此为常。"自此（到太学）游学（从家乡到京都）的人增加了，多到三万余生。　　　　——《后汉书·儒林传》

三万多的学子，自然是良莠不齐、鱼龙混杂，其竞争的激烈程度可想而知，于是各种败坏之事随之发生。

甚至有人暗中进行贿赂，修改兰台漆书经字，从而使官方标准的经文文字符合自己学习的经文文字。　　　　——《后汉书·儒林传》

如果不是有史书记载，我们很难想象古人作弊的胆子和想象力能如此之大。由此造成的纷争，也是可以想象的。既然用漆书写在丝帛和竹简上，作为朝廷标准的经文可以被改动，那么就有人想到了一了百了的方法，刻在石板上，没想到，败坏的学子和官员造就了中国历史上第一个"五经石碑"。熹平四年（公元175年），灵帝继位后第7年，诏令将五经文字刻于石碑上，史称汉石经，因为刻碑的时间是在熹平年间，又称熹平石经。

当时，宦官济阴丁肃、下邳徐衍、南阳郭耽、汝阳李巡、北海赵等五人，名为清忠，都住在里巷中，不争权夺利，李巡认为众多博士子弟考试甲乙科，争第高下，互相告语，甚至有行贿改定兰台漆书经字，以合他的文章的，于是向皇上说明了这种情况，让诸儒共同刻《五经》文于石上，（于是汉灵帝）诏令蔡邕等校正文字。自后《五经》一定，争论就停息了。

——《后汉书·宦官列传》

熹平四年（公元175年）春三月，诏令诸儒校正《五经》文字，刻石碑立于太学门外。 ——《后汉书·灵帝传》

蔡邕认为经籍距圣人著述的时间久远，文字错误（仍然）很多，俗儒牵强附会，贻误学子，熹平四年（公元175年），与五官中郎将堂溪典、光禄大夫杨赐、谏议大夫马日磾、议郎张驯、韩说、太史令单飏等，奏请正定《六经》文字。灵帝同意了，蔡邕用红笔亲自写在石碑上，让工人刻好立于太学门外。于是后来的儒者学生，都以此为标准经文。石碑新立时，来观看和摹写的人，一天之内，车子就有上千辆之多，街道都堵塞了。 ——《后汉书·蔡邕传》

蔡邕，陈留郡圉县（今河南开封杞县）人，少年时博学，从太傅胡广学习，喜好文辞、数术、天文，还擅长音乐……建宁三年（公元170年），被司徒桥玄府征召入仕，桥玄对他很好，后来离开京都，补任河平县县长。不久又被灵帝拜为郎中，校书东观，升任议郎。 ——《后汉书·蔡邕传》

从以上的记载，可以发现，有两个不同的雕刻石经的原因，除了防止败坏的子弟作弊，篡改写在丝帛简册上的经文，史书记载的另一个是朝廷颁布的官方原因，是为了正定经书文字，故刻于石碑。那么刻碑的真正原因是哪一个呢？近代学者程元敏经过考证，确认真实的原因就是"防止作弊"之说，而不是校验经书的结果，解释了为什么会存在两个原因。

唯一代学术大业，不便由宦官具章奏行，于是乃托由文臣联名备疏上奏，以蔡邕署首，堂溪典等共六臣，请正定经字，坎石树碑，以垂永久，帝报许焉。
——《汉经学史》程元敏

笔者认为，除了雕刻石经这样的学术大事不便由宦官提出，另外还有一点就是，"防止舞弊"这样的真实原因实在难登大雅之堂，于是另外换了一个正大光明的理由，正式颁布出来。在《隋书·经籍志》中记载，提议雕刻石经的李巡著有"《尔雅》注"三卷，可见李巡尽管是宦官，但不属于"浊流"，而是"不甚富而有识"之士，这才会关心此类问题，才能提出这样创学术之大业的建议。而蔡邕更擅长的应该是书法，灵帝特别喜好辞赋和书法，将蔡邕从河平县县长直接调入中枢担当郎中，笔者推测，正是因为蔡邕擅长辞赋和书法的长处。

熹平石经总共雕刻了《周易》《尚书》《鲁诗》（诗经）《仪礼》《春秋经》《春秋公羊传》《论语》七部经书，用当时的隶书一种字体雕刻，所以也称一字石经，总共有48块石碑，其中46块雕刻经文，2块雕刻"后记"，总共用了8年时间雕刻完毕，到公元183年，全部竖立在太学院的门外。

石碑的2块"后记"，相当于石经的序文，当时著书，序文是放在最后的，而不是像今天放在最前。"后记"主要描述雕刻石经这件事的前后始末，程元敏先生考证到，在出土的汉石经"后记"残碑中，有"因缘生奸，无以防范"，"猾吏以人事相阴阳，或竞"，可见"防止舞弊"这个原因是真实可靠的。

在46块经文石碑中，《尚书》经文占用4块石碑。

因此推知《尚书》共占四碑八面。——《汉石经尚书残字集证》屈万里

石碑在唐朝就已经基本消失殆尽了，近代的学者都是依靠出土的石碑残石，以及过去历代学者记载的残碑拓本，进行复原研究的。如果石碑能幸存下来，那么对我们现在研究《尚书》会有巨大的帮助。但现在，即使像每部经文所占的碑数，这样的基本信息也只是推定，学者屈万里在书中也表达了，四块石碑这个数字只是比较接近于真实的情况，比如还有学者认为《尚书》占五块碑文，所以在没有更多出土的碑文出现前，还是很难还原石经的原样。

那么石碑上雕刻的《尚书》经文，又是采用哪一家的呢？首先，肯定是采用了立于学官的版本，所以古文《尚书》是肯定没有被采用的，此时立于学官的《尚书》仍然是欧阳，大、小夏侯三家。尽管三家经文文字大多相同，但仍然有不同的地方，所以石经会采用其中的一家用于雕刻，称作底本，然

后再参考另外的两家，比对异同，刻录在"校记"部分。

比较幸运的是，在众多残碑中，有一块碑文，也是唯一的一块，正好刻写了"篇数"，碑文的拓本和文字如图25：

图25 汉石经《酒诰》残文

摘录于《汉石经集存》，马衡。

十字下一字，虽已磨灭，但"六"字之笔画，尚依稀可辨。

——马衡《汉石经集存》

这就说明石经《尚书》底本的"酒诰"这篇排在第十六，那么我们回顾一下前文已经推论的《尚书》的各家篇数：

《欧阳经》三十二卷。《欧阳章句》三十一卷。

《经》二十九卷。大、小夏侯二家。

大、小《夏侯章句》各二十九卷。

——《汉书·艺文志》

表19 今文三家卷数

	尧典	皋陶谟	禹贡	甘誓	汤誓	盘庚3篇合1卷	高宗肜日	西伯戡黎	微子	伪泰誓3篇3卷	牧誓
欧阳经文	卷1	卷2	卷3	卷4	卷5	卷6	卷7	卷8	卷9	卷10~12	卷13
欧阳章句	卷1	卷2	卷3	卷4	卷5	卷6	卷7	卷8	卷9	卷10~12	卷13
大、小夏侯经文和章句	卷1	卷2	卷3	卷4	卷5	卷6	卷7	卷8	卷9	卷10	卷11

	洪范	金滕	大诰	康诰	酒诰	梓材	召诰	洛诰	多士	无逸	君奭
欧阳经文	卷14	卷15	卷16	卷17	卷18	卷19	卷20	卷21	卷22	卷23	卷24
欧阳章句	卷14	卷15	卷16	卷17	卷18	卷19	卷20	卷21	卷22	卷23	卷24
大、小夏侯经文和章句	卷12	卷13	卷14	卷15	卷16	卷17	卷18	卷19	卷20	卷21	卷22

	多方	立政	顾命	康王之诰	柴誓	吕刑	文侯之命	秦誓
欧阳经文	卷25	卷26	卷27	卷28	卷29	卷30	卷31	卷32
欧阳章句	卷25	卷26	卷27		卷28	卷29	卷30	卷31
大、小夏侯经文和章句	卷23	卷24	卷25		卷26	卷27	卷28	卷29

很明显，在"酒诰"前面的"盘庚"或"伪泰誓"，只要其中有一篇是分作三卷，"酒诰"的次序就会是第 18，而不是第 16，那么现在碑文拓本是第 16，这就证明了《尚书》石经采用的是大夏侯或小夏侯版本作为底本。

同时另外一块残碑的碑文正好是"盘庚中"和"盘庚下"分隔的位置，如图 26：

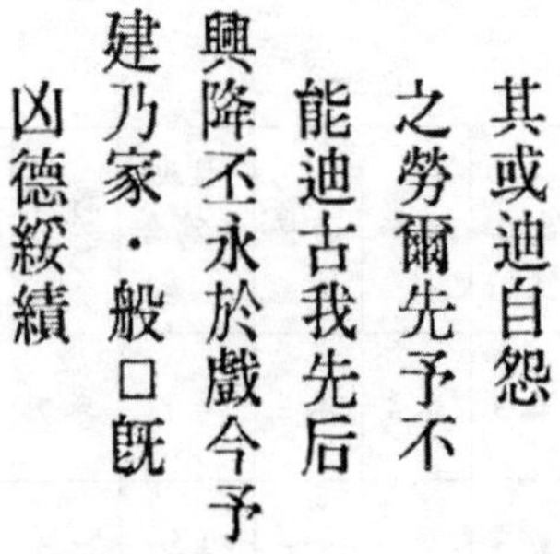

图 26　汉石经《盘庚》残文

《汉石经集存》（马衡著）引用《隶释》（第十四卷）。

在南宋期间，鄱阳县人洪适对汉碑有极大的爱好，用数十年之力搜集碑石

相关的资料, 在 1166 年著成《隶释》, 搜集了汉魏隶书石刻文字一百八十三种,
此后又陆续搜集到一批石刻, 又编为《隶续》二十一卷。是现存年代最早的一
部集录和考释汉魏晋石刻文字的专著, 也是同类著作中的姣姣者,《四库全书
总目》评说:"自有碑刻以来, 推是本为最精博。"(笔者注)

学者已经考证, 石碑经文如果是分篇的, 那么下一篇会独立一行, 不会
续接在前一篇。对于一个篇题分隔成几个部分的, 是采用分隔点 "·",
所以根据碑文 "盘庚" 和 "酒诰" 就证明了 "盘庚" 是一篇分成三个部分。

到了 1962 年冬, 在河南偃师县太学村又出土了一块熹平石经的残石,
编号为 6278, 碑文是《尚书》经文, 后来社会科学院考古研究所学者许景
元先生对这块残碑, 从碑文内容的角度进行了考证, 发现碑文的内容, 有一
部分是属于 "校记", 其中出现有 "大、小夏侯, 大夏侯言, 大夏侯无, 小
夏侯" 的碑文, 如前文所述, 如果 "校记" 出现大、小夏侯, 则说明是采用
"大、小夏侯" 校对, 那么底本经文就肯定是欧阳《尚书》, 这样就和前文
得出的 "大、小夏侯" 为底本相矛盾了。

同时, 在《尚书》经文的最后, 是单独一篇 "书序", 是将 29 篇书序
汇总在一起, 单独成一篇。因为有这一篇 "书序", 让很多学者更加相信石
经的底本就是欧阳《尚书》了, 其原因是认为欧阳《尚书》是有一篇 "书序",
他们对《汉书·艺文志》篇数的解释如下列表:

表 20 部分学者对今文卷篇组成的观点

类别＼篇目	无争议 27 篇	顾命	康王之诰	泰誓	书序	总计
欧阳经文	27	1	3	1		32
欧阳章句	27	1	3	书序无章句		31
大小夏侯	27	1	1	无书序		29

认为欧阳有书序, 而大、小夏侯无书序, "书序" 是不需要章句解释的,
但又作为单独的一卷计算在经文卷数内, 所以欧阳的经文比章句多一卷。只
是这种说法最难解释的一点是, 欧阳和大夏侯都是传承于伏生, 何以一位有
书序, 一位没有呢? 当时《尚书》刚刚从废黜中兴起, 弟子是绝对听从老师

伏生的传授，除了误听和误解，绝对不会自己增加或删减整整一篇文字（书序），所以笔者认为这种说法是不符合逻辑的。笔者认为"书序"是跟随古文的出现而出现的，伏生教授的29篇今文《尚书》中是没有"书序"这一篇的。

所以石经中最后的一篇"书序"并不能证明石经底本是欧阳今文，这只是当时雕刻石经的学者们把已经盛行的"古文"书序引入到"今文"中作为补充。时间来到2006年，学者程元敏通过考证6278碑文的每个文字，从文字的角度证明了6278残石是一块后代伪造的石碑。程元敏先生运用深厚的文字学和文献学的功底，考证了这块石碑的残石至少是唐代以后才出现的，当然刻碑的人不一定是伪造汉石经，可能只是模仿汉石经，按照当时的文字，雕刻了一批石经，其意图，我们已经无法得知。其考证的过程因为细密而复杂，就不在此引用，我们仅举两个程元敏先生考证的例子，有兴趣的读者可以另行参读原文。

6278碑文：后稷，其中的"后"字在今文尚书中是"居"，石经是采用立于学官的今文经文，因此此处不符

6278碑文：皋陶，其中"皋"字是在唐朝的"唐石经"以后才在经文中使用，"皋"是"皋"字逐渐误传形成的，在东汉的官方是没有这个字的，即使有，也是只存在于民间使用。到唐朝这个误传的字由于已经被经常使用，就被收录到正式的字体中，以后就被使用在经文和唐石经中。

6278碑文：根食，其中"根"字是马融版古文《尚书》的用字，在今文《尚书》中是"艰"字。　　　　　　　——程元敏《程氏经学论文集》

因此以6278碑文为证据，认为汉石经《尚书》底本采用欧阳《尚书》就不成立了，这样就可以确定底本采用的是大夏侯或小夏侯的版本。但是如前文描述的，东汉一朝，《尚书》今文三家中，桓氏的欧阳《尚书》章句的盛行远远超过大、小夏侯。

（桓帝去世，汉灵帝刘宏继位，年仅12岁）灵帝正当学习的年龄，诏令太傅、三公，推举通晓桓氏《尚书》章句的儒学大师担任（灵帝）老师。三公推举杨赐，此后杨赐予在华光殿为灵帝侍讲《尚书》。

杨赐是前文提到的"关西孔子杨伯起"杨震的孙子，杨震是桓郁的学生，杨赐又娶了桓郁的孙女，都是精通桓氏欧阳《尚书》的世家。皇帝指名要桓氏欧阳章句，可见大、小夏侯的没落。所以按照这个状况，碑文底本应该选

用欧阳版本更加符合当时的情况。

笔者推测，底本采用大、小夏侯的版本原因正是因为欧阳章句的繁盛，尤其是在太学院，学习欧阳章句的弟子肯定是占大多数，从而作弊改动的经文文字也主要集中在欧阳经文，经文纷争最多的也自然主要集中在欧阳版本，如果把欧阳的经文刻于石碑，需要解决的争论肯定远比大、小夏侯要多得多，所以就采用了大夏侯或小夏侯的版本，可以减少大量的争论。

要确定三家的经文文字，必定要召集当时最精通三家的大儒，学者马衡和程元敏考证出当时 29 位参与的人员，在此不一一罗列，其中和《尚书》有关的，除了杨赐外，还有谏议大夫马日磾、议郎张驯、议郎卢植。

马日磾，马融的下一代族子，年轻时就传承了马融的学业，以才学进入仕途，历位九卿，遂登台辅。　　　　　——张澍辑《三辅决录注》

张驯，济阴郡定陶县（今山东菏泽）人，年轻时在太学院学习，通晓《春秋左氏传》。用《大夏侯尚书》教授门生……与蔡邕共同奏定《六经》文字。　　　　　　　　　　　　　　　　——《后汉书·儒林列传》

卢植，前文已经介绍，是马融所尊敬的学生，在公元 168 年，灵帝刚刚继位，窦武为大将军时，曾经写信谏言和规劝窦武，但窦武并未理会，因此可能没有被纳入禁锢的名单，未被算作"党人"。由此在后面的 3 到 4 年中，被灵帝拜为博士而进入仕途。卢植和张奂很像，也是一位文武兼备的将才，熹平四年（公元 175 年），他刚刚在九江太守任上成功地平定当地蛮夷后，回到家中，正在家中著述《尚书章句》和《三礼解诂》。

可见，张驯精通大夏侯，马日磾和卢植都以通儒著称，朝廷此时尽管党锢了大量的儒生学者，但仍然有知名的学者可供调遣，在参与石经的学者和官员中，除了张驯，明文记载了他传承大夏侯学，再无其他被记载的学者，至于小夏侯学者的记载，更是一位都没有。仅仅在 1924 年，洛阳出土过的一块三角石碑残石，上面刻有：

（郎）中孙进《尚书》小夏侯。　　　　——吴维孝《新出汉魏石经考》

程元敏将此条碑文读为"一位姓孙的郎中进上小夏侯《尚书》"，并以此推断《尚书》的底本就是小夏侯。笔者认为这略微牵强，首先，众所周知在朝廷东观是藏有今文三家的经文和章句，所以再让官员和学者进献各家的经文，肯定是为了加倍谨慎地校对。"后记"只是严谨地记录用于校对的经本和它的来源，为了准确校对，对同一家的经文，也需要寻求几部来自不同学者的经文，在碰到模棱两可的经文文字时，自然就可以相互比对和参考。所以不能因为有一条"进献小夏侯尚书"的记录，而断定底本就是小夏侯的。看来底本的真相和更多的碑文残石还埋没在洛阳的土地之中。

公元183年，历经8年时间，石经终于全部雕刻完毕。

立（石碑）于太学门外，于是以后的儒生学子，都以此为标准经文。在石碑刚刚立起来的时候，来观看和临摹抄写的人，一天之内，车子就有近千辆之多，街道都堵塞了。　　　　　　　　——《后汉书·蔡邕传》

如果这48块石碑能遗传到现在，这将是难以想象的文化历史遗产，以后历朝历代对《尚书》的争论也会大大减少，但令人痛心疾首的是，以蔡邕为首的这批学者用了8年时间让石经竖立在太学院门口，但它也只站立了8年。

第 14 章 古籍的第三次劫难

14.1 黄巾起义，董卓

石碑完成的第二年，巨鹿（今河北平乡）人张角领导的"太平道"宗教组织的反汉起义开始席卷全国。张角在汉灵帝继位初年就已经开始了他的"太平道"的传教，到了公元184年，信徒已经遍布东汉各地，这一年正紧锣密鼓地准备起兵反叛朝廷，但张角的一位弟子的叛变导致计划泄露，张角只能被迫在当年3月5日提前起兵。以"苍天已死，黄天当立，岁在甲子，天下大吉"为口号，"苍天"是指东汉，"黄天"指的就是"太平道"，这是根据当时的五行相生说，汉为火德，火生土，而土为黄色，所以起义信徒都头绑黄巾为记号，象征着要取代腐败的东汉，这就是中国历史上规模最大的、以宗教形式组织的"黄巾起义"。

整个起义军有近三十万之多，遍布各州郡。汉灵帝危急中派出时任北地郡太守皇甫嵩、谏议大夫朱儁和尚书卢植出征黄巾起义军。同时迁升何皇后的同父异母的哥哥何进担任大将军，护卫京都。皇甫嵩多年在西北凉州的北地郡驻守，经常与当地的匈奴和羌族进行攻防战斗。朱儁在4年前公元178年，被灵帝拜为交趾州（东汉最南端，今越南区域）刺史，讨伐当时贼寇与南海郡太守的联合叛乱，几个月就斩杀敌寇首领，平定叛乱。卢植，已在前文介绍，文武兼备，在熹平四年（公元175年），被朝廷拜为九江郡太守，也是为了平定九江当地蛮夷的叛乱。后又担任庐江郡太守，再次出兵平定当地蛮族的叛乱。可见这三位都深谙军事，关键是都指挥过真刀真枪的战斗，也都有过出色的战绩。

果不其然，三位大将当年就把黄巾起义军的主力基本剿灭。

卢植连战连胜，击破贼帅张角军队，斩获万余人。张角等逃到广宗县，卢植包围广宗县，搭建围墙，深挖壕沟，建造云梯，广宗县随时可以被攻破。

——《后汉书·卢植传》

就在此时，还未开始攻城时：

皇帝派小黄门左丰到军队里了解战况形势，有人劝卢植要向左丰贿赂，卢植不肯。左丰回到朝廷对灵帝说：“在广宗县的叛军很容易攻破，但卢中郎却坚固营垒，停止进攻，等待上天诛灭叛军（言下之意就是不肯出战，等叛军自行瓦解）。”灵帝听了，大怒，派囚车把卢植召回洛阳判罪，刑罚只比死罪少一等。

——《后汉书·卢植传》

随即，灵帝派出当年张奂手下的一员大将董卓，代替卢植继续攻打张角。当年张奂正是派遣董卓平定了三辅地区羌族的叛乱。但这次董卓攻打张角却以失败告终，被免官抵罪。灵帝不得不于184年8月，将另外一位大将皇甫嵩，在他攻打东郡告捷后，命令他再继续北上进攻张角。张角当时已经重病，由他的弟弟张梁在指挥起义军，公元184年10月，皇甫嵩大破黄巾军，斩杀张梁，此时张角已经病逝，最后汉军大获全胜。

皇甫嵩剿灭黄巾起义军后，（向灵帝）盛赞卢植指挥军队的谋略，并说自己完全依靠卢植的规划计谋，才获得成功，（当年为公元184年）灵帝才赦免卢植，重新任命为尚书。

——《后汉书·卢植传》

只是宦官中的一个小角色，一个诬蔑的小报告就让身为将军的卢植费这么大周折才保全性命和官职，征战反叛起义军已经是事关国家存亡的大事，一个得宠信的小宦官就敢为一己私利污蔑最高军队领导人，更何况对其他没有此重要的国事，这群宦官还有什么不敢做的。

在黄巾起义这年，朝廷还启用了一位叫王允的侍御史（司空御史大夫的属官，主要负责监督和弹劾有罪官员），升任豫州刺史，协同三位将军一起平叛起义军。

在黄巾军中缴获的档案书信中，得到宦官中常侍张让与黄巾军来往的书信，发现宦官尽然私下在和黄巾军交往。于是王允彻底揭发宦官的奸情，报告了朝廷。灵帝极其愤怒，斥责张让，张让叩头请罪（将罪责推给其他的宦官），灵帝居然没有治他的罪，张让却开始对王允怀恨在心。

——《后汉书·王允传》

　　这位张让就是前文已经提到的，接受孟佗贿赂，把凉州刺史一职给了他的宦官，在灵帝朝后期，张让已经成为灵帝最宠信的宦官。被王允告状后，张让开始极力地陷害王允，第二年，185 年，王允就先后两次被投入监狱，并不停地催促灵帝处死王允，幸亏大将军何进、太尉袁隗和司徒杨赐，三公共同联名上书保王允，才救下王允，直到公元 186 年，才从监狱释放出来。这样一位平叛功臣只能隐姓埋名地在各地辗转，以保性命，此时朝廷之黑暗、皇帝之昏庸可见一斑。

　　黄巾起义终于结束了朝廷的党锢政策，184 年 3 月诏令解除党锢，因为朝臣和部分宦官都谏言如果继续禁锢士人，士人很可能被黄巾军所用。黄巾起义当年就被平定，但当年冬天，凉州的北地郡和金城郡，以北宫伯玉、韩遂为首的贼寇又发起反叛，到第二年 185 年，已经有上万人的军队开始骚扰京都三辅地区，驻扎在这些地区的官员，比如金城郡太守，都被叛军杀害，耐人寻味的是，叛军的口号不是推翻汉朝，而是诛灭宦官。这可以说明这些地方的贼寇军事势力非常了解当时朝廷内的情况，朝廷再次派出皇甫嵩，并重新启用已经罢免的董卓担任皇甫嵩的副将。

　　董卓字仲颖，是陇西郡临洮县人。性情粗猛，但有谋略。年轻时曾在羌人的部落生活，喜欢与羌人的头领们结交。后来回到家乡以种地为生，有羌人头领来投奔他的，董卓就为他们宰杀耕牛，和他们一块饮宴作乐，头领们感谢他的情意，回去后收罗各种牲畜千余头赠送给他。从此他以勇健侠义知名当地。后来，被任用为凉州的兵马掾吏，在边塞巡逻守备。董卓力气过人，在马上佩带两个箭匣，骑马飞奔时，还可以左右开弓射杀，羌人和胡人都害怕他。

　　　　　　　　　　　　　　　　　　　——《后汉书·董卓传》

　　（公元 167 年）羌人再次抢掠三辅地区，张奂派手下司马军尹端、董卓迎击羌人，把他们打得一败涂地，并斩杀羌寇首脑，俘虏一万多人，三辅地区平定下来。

　　　　　　　　　　　　　　　　　　　——《后汉书·张奂传》

　　很明显董卓已经成为当时朝廷平定西北凉州地区最权威的军事人物，不但了解西北当地和羌胡民族的情况，还有着实战经验，董卓的军队逐渐成为朝廷数一数二的军事力量。但 185 年的这次贼寇平叛，汉军出师不利，皇甫嵩被免职，而董卓被拜为破虏将军，战局处于对峙状态。后面两年中，韩遂在贼寇内部的争斗中成为首领，贼寇的规模又再次扩大，于是当地的官员都反叛朝廷，陇西郡太守反叛，联合韩遂杀了凉州刺史，刺史的军马司也投靠韩遂。到 188 年，贼寇军队已经开始进攻军事要地陈仓，一旦失守，就可以长驱直入到达京都洛阳了。

灵帝不得不再次启用皇甫嵩，任命为左将军，董卓为右将军，这才将叛乱平息。但反过来，朝廷已经无法节制董卓了。189 年灵帝诏令董卓担任少府，实际就为拿掉他的兵权，董卓心中也非常清楚，随之就拒绝了。这让朝廷非常忧虑，不久后，朝廷再次诏令董卓升任并州牧，这相当于把整个并州全部的朝政大权交给董卓，董卓再次抗命，上书拒绝了任命，继续在凉州拥兵自重。而与此同时，东汉各地已经叛乱四起，黄巾军的残余部队也在不停地攻城略地。全国战火纷飞，中央朝廷内部的斗争同样激烈。国乱兵则重，汉灵帝在大将军何进（何皇后的同父异母兄弟）的建议下，改制了京都防卫军队的结构，灵帝亲自担任"无上将军"，下设八个校尉，其中袁绍，太尉袁隗的亲侄子，为中军校尉，曹操为典军校尉，袁绍同时又在何进大将军府担任掾吏。但同时，宦官们随即私下谏言灵帝，要防止何进的军权过大。最后，灵帝任命八校尉之一的上军校尉、宦官蹇硕，为元帅，统领其他校尉，即使何进也要受到蹇硕的节制。宦官还想继续排挤何进，建言灵帝派何进西进凉州增援董卓，但何进看出了后面的阴谋，随即上书灵帝，请求先平定东部复起的黄巾军残余后，再西进凉州，灵帝同意了，这才破了宦官的阴谋。而何进与蹇硕的关系也就变得势同水火，在这无论是朝内还是朝外都极度纷乱交错的时局下，公元 189 年 4 月，汉灵帝驾崩，年仅 34 岁。

14.2 何进、董卓进京

灵帝去世时有两个儿子，长子刘辩 17 岁，何皇后所生；次子刘协 9 岁，王贵人所生，王贵人生下刘协后，就被何皇后毒杀，当时灵帝知道后，几乎要废黜何皇后，但在宦官张让等苦苦哀求后，才保留了何皇后，还是婴儿的刘协由灵帝的亲生母亲董夫人抚养长大。因此，在灵帝去世前，病重的几个月时，已经将刘协托付给了握有兵权的宦官蹇硕，以免何氏家族的迫害。但是蹇硕尽然有野心，想推举刘协为皇帝。

灵帝逝世时，蹇硕在宫内，想先杀何进，然后立刘协为帝。当何进从外进入，蹇硕的下属潘隐与何进很早以前就是好友，潘隐用眼睛示意（危险），何进惊恐，随即骑马从近道归营，带兵入驻百郡邸，因此托病不再进宫。蹇硕的阴谋没有实现，皇嫡子刘辩于是继皇帝位（汉少帝）。何太后临朝听政，（拜袁隗为太傅），何进与太傅袁隗共同辅政，兼领尚书事。

——《后汉书·何进传》

　　汉少帝刘辩刚继位，何进便立刻捕杀了蹇硕，同时兼并了他统管的军队。在随后的两个月中何进首先清洗了灵帝生母董夫人的势力。

　　五月初六，骠骑将军董重（董夫人的侄子）监死狱中。

　　六月初七，孝仁皇后董氏（灵帝的生母）逝世。——《后汉书·灵帝记》

　　随之而来的就是大将军何进、太傅袁隗和宦官势力的对峙，此时，宦官主要的首领是张让和赵忠，其余当权的还有段珪、郭胜、夏恽、孙璋、毕岚、栗嵩、高望、张恭、韩悝、宋典，这 12 位是被皇帝授予列侯爵位的中常侍。居中的是何皇太后，这和 21 年前灵帝继位时的局势几乎一样。只是此时双方的关系更复杂一些，宦官中也有何进信任的自己人，比如十二列侯之一的郭胜，何进能够顺利铲除蹇硕，完全是有了郭胜的帮助。

　　（汉少帝继位后）蹇硕怀疑不安，写信给中常侍赵忠等说："大将军兄弟执政专权，现在与天下党人谋划诛杀先帝左右亲近的侍从，消灭我们这些人，只因为我统领禁兵，所以暂时犹豫不决。现在应当共同在宫中尽快捕杀之。"中常侍郭胜、何进同郡人，深受何太后和何进的信任和厚遇，所以郭胜也有一定的权势。因此郭胜亲信何氏，于是与赵忠等商议，不依蹇硕的计策，并且把蹇硕的信交给了何进。何进随即让黄门令逮捕蹇硕，杀了，兼并了蹇硕统领的军队。

——《后汉书·何进传》

　　可以看到，宦官头领之一赵忠也倒向了何进，我们可以推测赵忠、张让与蹇硕之间也是面和心不和，蹇硕是有兵权的宦官，除掉他，在宦官内部就可以保证赵忠和张让的绝对权势，而与此同时，又拉拢和增进了与何进的关系，一举两得。21 年前在皇宫的血腥冲突，宦官只是侥幸胜利，如果没有不知情况的张奂替宦官出兵，被剿灭的就很可能是宦官们了。赵忠和张让应该是从中汲取了教训，所以这次很主动地和大将军何进增进关系，只要手握兵权的何进不反对宦官，加上和何太后已经建立的牢固信任关系，这样朝廷最顶层的权力格局就顺畅稳定了。此时宦官们还进一步拉拢何太后的母亲和何太后的同胞弟弟何苗，让他们俩游说何太后，让何进打消灭杀宦官的念头。张让的养子还娶了何太后的一位妹妹，这样何太后和何进已经和张让是亲戚了。

此时此刻最想消灭宦官势力的并不是何进，而是汉少帝的太傅袁隗。袁氏家族兴盛于袁安，他经历了汉明帝、章帝、和帝三朝，官至三公之司徒。从此以后，家族的后代都有位列三公的人物，已经成为当时累世大族。此时的袁隗已经升任为太傅，只要皇帝亲政，如果没有宦官的势力，他的影响力就可想而知了。这对袁隗的吸引力之大，不言而喻。他的侄子袁绍又在何进府上任职，非常受到何进的信任。此时此刻，袁隗和袁绍叔侄俩也正在全力谋划如何利用何进铲除宦官势力。

袁隗和袁绍充分研究和汲取了在21年前灵帝继位时，诛杀宦官失败的教训。他们认为的教训就是，必须有足够的军事力量作为后盾，才能保证诛杀的万无一失。

袁绍劝说何进："从前窦武想诛杀宦官，而反为所害，是因为他的谋划泄露，而宫外五营将士和百官都畏惧宦官。但现在将军有皇上大舅这样高贵的地位，兄弟（袁绍自称）又同样统率朝廷禁军，部下将吏又都是英豪名士，都愿意尽力报命，事情都在掌握之中，这是天助的时机啊！将军应当为天下除去祸害，名垂后世。即使周朝的申伯和您比，又何足道哉？"

——《后汉书·何进传》

于是何进把袁绍的谋划告诉何太后，但何太后明确反对，何进也不敢违背太后的意思。

何进自己也是刚进入朝廷不久，平常也敬畏宦官，虽然在外有大名，但心中不能决断，所以（诛杀宦官）事情一直不能定下来。

——《后汉书·何进传》

何进此时与何太后的相处也是比较微妙，他和太后虽是同父异母的兄妹，但何苗和太后却是同胞兄妹，现在太后母亲和同胞弟弟与太后共同反对诛杀宦官，这当然让何进暂时不能轻举妄动。在外面，他和太后是一家人，但在家里他又不是最亲近的，这也让何进有种说不出的滋味。

很快，袁绍也从何进这里得知了何太后的态度，随即和叔父袁隗进行了商讨，此时正处于189年6月17日汉灵帝下葬的前后一个月左右的时期，袁隗和袁绍之间商量的情况已经无法得知了，但结果是明确的，就是让何进调动外地军队入京，以优势军力让何进压迫何太后和何苗，逼迫他们同意。袁绍立刻将这个新计谋告诉了何进，何进非常爽快地同意了。这表明何进自己也想消灭宦官势力，其次他可能也想压制住同父异母的兄弟何苗，而巩固自己的地位。

调动外地军队入京，很多人都认识到其中巨大的风险，首先何进自己的心腹属官就全力谏言调军的危害，何进根本不听。并立刻付诸实施，偏偏还调动了最不应该调动的部队——凉州董卓兵团。如前文已述，当时董卓拥兵自重的反迹早就暴露，以致尚书卢植立刻出面谏言何进，因为他了解董卓，秉性凶悍，难以制约，极力劝止何进，何进和袁绍仍然一意孤行。

没多久，董卓率领三千左右凉州兵团跨过黄河，进入京都近郊，在上林苑驻扎下来。何进还调动了泰山郡的部分军队，并让手下官兵在孟津渡口燃起大火，好让何太后感觉到事态的严重，告诉太后这些军队都是要诛杀宦官才发起骚乱的。但何太后仍然不松口，何苗也再次前来劝说何进，何进更怀疑何苗已经和宦官串通一气，袁绍更担心何进此时再改变注意，一旦何进变卦，他和他的叔父太傅袁隗迟早是要被宦官谋害的，袁绍只能全力向何进讲清楚当时已经是你死我活的厉害关系。

袁绍向何进表明此时的厉害关系说道："现在我们和宦官已经形成水火之势，双方都已经清楚这种形势，夜长梦多，将军还在等什么，为何还不下决心？"

——《后汉书·何进传》

事已至此，何进决定行动。首先任命袁绍为司隶校尉，这样京城和三辅的执法权就在手上了，接着任命王允为河南郡太守，王允在汉灵帝驾崩时已回到京都奔丧，然后就被何进招入大将军府，这样京都外围的行政大权也部署好了，最后他就开始调动军队往皇宫集结，这一下太后才被迫罢免了宫中的宦官，只留下了何进信任的宦官，但太后并没有批准诛杀宦官。

宦官手中没有官兵，但绝不会坐以待毙，被罢免后，知道绝不可能归乡养老这么简单。

张让（此时已经被罢免）向儿媳（何太后的妹妹）叩头说："老臣有罪，应该与你们一起回归家乡。但想到世代受恩，现在要远离宫殿，恋恋难舍，请求再进一次宫，能够暂时再看望太后和皇上，然后再回家乡，死也无遗憾了。"儿媳告诉了何太后的母亲，太后母亲再告诉了太后。于是诏命各常侍都再次进宫。　　　　　　　　　　　　　　——《后汉书·何进传》

张让等一批主要的中常侍宦官在被罢免后，再次回到皇宫，这应该就是罢免后几天之内发生的事情。宦官们准备鱼死网破，铤而走险，他们预计何进在罢免他们后，就会再请旨诛杀他们，宦官的计谋是先杀何进，再假传旨意，调换关键官员，从而翻盘，再次控制朝局。

八月，何进入宫，请奏太后诛杀中常侍以下宦官……张让派人偷听何进与太后的谈话，于是带领中常侍段珪、毕岚等几十人，拿着兵器悄悄地从侧门进入，埋伏在宫中。等到何进出来后，便假称太后还有事要和他说，何进再次入宫，坐在殿中等待。这时张让出面，先责问何进说："天下大乱，也不仅仅是我辈的罪。先帝曾经与太后不和，几乎把太后废了，我们哭泣求情，各人拿出家财千万作为礼物，和悦皇上之意，只想依靠您何氏家族。现在居然要杀灭我们，是否太过分了吧？您说宫中污秽肮脏，公卿以下忠诚廉洁的又有谁呢？"于是尚方监渠穆拔剑斩何进于嘉德殿前。　　　——《后汉书·何进传》

何进入宫时，双方其实已经处于剑拔弩张的状态，何进一方在明处，军马官员在何进进入皇宫时，都已会集在皇宫外，就等太后的批准了。但这批军队都是何进和袁绍的，并没有通知董卓，董卓和部队仍然驻扎在上林苑，可见他们对董卓也有防范。一旦诛杀宦官得逞，即可以让皇帝下旨让董卓退兵，董卓只有三千兵马，孤军在京，一时是不敢明着反叛。

而宦官张让是在暗处，何进大意了，以致在宫中被杀。张让随即和何进一样，立即编造圣旨，重新任命了司吏校尉和河南郡太守，但这次宦官的计划落空了，因为皇宫外集结的何进和袁绍的部队，知道何进被杀后，立刻开始火烧宫门，进攻皇宫，此时政令已经没用了，要靠武力了。连身为尚书的卢植也手持戈矛和军队一起进攻皇宫的南宫。

张让只能垂死挣扎，劫持了何太后，皇帝刘辩和刘协，一起从复道逃往北宫，被已经冲到复道下的卢植发现，卢植立刻开始怒斥宦官，宦官于是把何太后推出廊道，卢植等自然要去扶持解救太后，这样宦官们才得以有机会带着皇帝和刘协逃亡北宫。进入北宫后，宦官们再从北宫北面的榖门逃离皇宫，穿越北邙山，向黄河岸边的小平津逃亡。此时卢植亲自骑马追赶，王允派的人也一起追赶，他们最后在黄河岸边追上了无法过河的一部分宦官。此时张让已经投河自尽，但卢植却没有找到皇帝刘辩和皇兄刘协。

皇帝（刘辩）与陈留王刘协跟着微弱的萤光在黑夜中步行走了好几里，在一户民家找到一辆没有车盖的车子，两人共同乘坐这辆车。

——《后汉书·灵帝纪》

根据记录，应该是张让投河自尽后，已经 17 岁的皇帝刘辩带着 9 岁的刘协便准备自己步行走回皇宫，卢植赶到黄河岸边时，他们已经离开黄河岸边一段时间了。

然而刚才袁绍为了攻入皇宫，点燃了宫门的那把火，一会儿就变成了熊熊大火，火光冲天，不幸的是，火太大了，被远在上林苑的董卓看见了。

董卓从远处看到（皇宫方向）大火，立刻领兵火速前往皇宫，深夜到城西，听说少帝在北芒山（皇宫北面），于是前去迎接。——《后汉书·董卓传》

皇帝刘辩带着 9 岁的刘协坐上车后，应该就是走在大道上，所以很快便被董卓找到了。

汉少帝（刘辩）看到董卓带着兵马来到，害怕到哭了出来。董卓和他说话，少帝都无法对答，但和陈留王刘协说话（刘协却可以讲清楚事情），董卓才弄明白当晚祸乱的来龙去脉。 ——《后汉书·董卓传》

14.3 董卓迁都和火烧洛阳，"孔献版"16 卷逸书亡失

汉少帝的不幸是没有在黄河边遇到卢植，而遇到了董卓，回到皇宫后，董卓就挟持了汉少帝。一个多月后，董卓为了建立自己的地位，在朝廷上提议废黜汉少帝刘辩。

百官群集，董卓昂首说道："天下最大的是天地关系，其次为君臣关系，这是为政的根本。现在皇帝糊涂懦弱，不能够事奉宗庙，做天下的君主。如今想依照伊尹、霍光的旧例，改立陈留王刘协为帝，如何？"公卿以下无人敢说话。

只有尚书卢植挺身而出说道："从前太甲即位以后昏暗（伊尹辅佐的商代君王），昌邑王罪过有一千多条，所以有废立的事。当今皇上尚且年轻，行为没有不当之处，不能和以前的事例相比。"董卓大怒，离席而去。

——《后汉书·董卓传》

卢植刚正不阿，董卓一时也无法发作，但也阻挡不了董卓。董卓随意更换了一个理由，第二天就胁迫何太后颁布策令，废黜了汉少帝，立9岁的刘协为帝，是为汉献帝。随即就想诛杀卢植。

卢植素来与（负责"熹平石经"的）蔡邕友好，蔡邕（在灵帝朝末年）被流放朔方，卢植曾经上书为他申诉。蔡邕这时与董卓亲近，因此去为卢植说情。另外，议郎彭伯也谏言董卓说："卢尚书是海内的一位大儒，众人所望之人物，现在把他杀了，天下都会为之震惊恐惧。"董卓才没有杀害他，但罢免了卢植的官职。然后，卢植以年老多病请求回归故乡。回乡时，怕遭到董卓的暗害，就假称从镮辕山的山道离开，董卓果然派人追他，追到怀县，也没找到卢植，才放弃。卢植就隐居在上谷县，不与世人来往。

——《后汉书·卢植传》

当年卢植被宦官小黄门所害，从征战黄巾义军的战场上回到朝廷东观，就是和蔡邕等学者一起修编《后汉纪》。蔡邕在刻立"熹平石经"后，因为父亲与宦官的矛盾，被灵帝流放，隔年即被大赦回归家乡。现在又被董卓强行启用，担任侍中，从而救下卢植一命。

董卓当权，袁隗和袁绍的谋划全部打乱，袁绍和董卓的关系随即从合作成为敌人。袁绍的军力绝对不敌董卓，很快便逃出洛阳，远赴北方冀州。第二年，献帝初平元年，公元190年正月，袁绍即以渤海郡为基地，汇集数十州郡的联盟，以"讨伐董卓"为口号，举兵起事。与此同时，洛阳附近地区的黄巾军残余军事力量又开始复起，有近十万人左右。面对两股军事压力，董卓开始担心，首先考虑到自己的军事优势是在西北，于是决定将京都从洛阳迁往长安。其次，因为袁绍反叛，随即诛杀了他叔叔袁隗的全族。

公元190年二月，献帝和全部洛阳的百姓被强制迁往长安。

于是把洛阳数百万百姓都迁往长安，步兵和骑兵一路驱赶逼迫，互相践踏，又遭饥饿掠夺，路上堆满了尸体。董卓自己还驻留在洛阳毕圭苑中，把洛阳皇宫、祭祀庙宇、官署、民宅全部烧毁，二百里以内的建筑荡然无存。

——《后汉书·董卓传》

这是董卓以断后路的方法逼迫官民迁都，经过东汉朝近两百年建设的洛阳城就这样被付之一炬，这又是一次对中国古代辉煌的文明、建筑和书籍的彻底破坏。才竖立了8年的"熹平石经"就在这场浩劫中被毁坏了。在献帝离开洛阳前，是王允抢救了一部分的皇家藏书。

王允把兰台、石室的图书和秘密的纬书中重要的收集起来带到关中。到了长安，再分门别类，收集汉朝建国以来的典章制度，都一一上奏给献帝。经籍得以保全，王允是有功的（原文：经籍具存，允有力焉）。

——《后汉书·王允传》

从以上记载看，"经籍具存"，说明五经的经文，当然也包括《尚书》的经文，应该是被王允抢救了下来，但祸不单行，在运往长安的道路上又丢失了一半。

当初，光武帝迁都洛阳，经书和秘书用两千辆车子运载，自此以后，（经过历代收集）已经是三倍于前。到了董卓迁都的时候，下层官吏和百姓纷纷抢夺在辟雍、东观、兰台、石室、宣明、鸿都所收藏的典册文章，使之纷纷散失。那些（用珍贵的）缣帛制作的画有图案的帛书，大的缣帛可以连成遮阳的帷盖，小的缣帛可以制为存放物品的袋子。（此时）王允收集运到长安的书籍，才七十余车，道路艰远，又丢了一半。 ——《后汉书·儒林传》

公元190年二月，献帝迁都长安，王允是随献帝一同前往的朝臣之一，而董卓仍然留在洛阳指挥战役。王允此时正得到董卓的信任，从3月献帝到达长安一直到下一年191年4月董卓来到长安，这一年中长安的朝政基本由王允在秉持处理。

当时董卓还留在洛阳，朝政大小，都托王允处理，王允（对董卓）假情屈意，各种政事都尽可能地符合董卓的旨意，因此董卓对王允也推心置腹，非常信任王允。所以能够扶持王室于危乱之中，天子、朝臣，内内外外，没有不依靠他的。 ——《后汉书·王允传》

第二年，公元192年，董卓来到长安后，其僭逆之心昭然若揭，王允便开始谋划刺杀董卓，在一年后，公元192年4月，通过诱劝董卓最信任的，也是负责护卫董卓的吕布，成功刺杀了董卓，并将董卓全家诛杀，朝政一时由王允主持。王允也由此变得自负和专断。

董卓被歼灭之后，自己认为（政局）再不会有什么困难了，在公共场合，也很少有温润的颜色，尽管是主持正道持重，也不用权宜之计，因此在他下面的人，也不很拥护他了。 ——《后汉书·王允传》

负责"熹平石碑"的蔡邕即死在王允手上。

董卓被诛杀后，有一天，蔡邕在司徒王允家作客，不知不觉说起董卓，并为之叹息，脸上露出哀伤的神色。王允勃然大怒，骂蔡邕说："董卓国家大贼，几乎把汉朝都覆灭了，你为臣子的，应与大家一样为之愤怒，只是因为他对你好，你竟然把大节也丢了，现在诛杀有罪的董卓，你反而悲伤哀痛，难道不是与他共为叛逆吗？"随即就逮捕了蔡邕，交廷尉审讯。

在狱中，蔡邕承认自己有罪，请求能否只黥首断脚，饶一条命，让他能继续修成汉史。不少士大夫怜悯他，为他求情，王允都不同意。太尉马日磾也向王允说情："蔡邕有举世无双的才华，知道很多汉朝的历史，可以让他继续完成后汉史，著成一代重要的典籍。他忠孝素著，以董卓的罪名牵连他，却没有实际的罪名，这样杀了他，恐怕失去了人心呢！"王允说："从前汉武帝不杀司马迁，这让他有机会写谤书（书中有诽谤的内容），而流传到后世。现在国家的命运中衰，皇位不稳固，不能让谄媚的人在幼主身边执笔编写史书。对皇上没有好处，我们这般人也要受到他的蒙骗。"

马日磾出来告诉别人说："王允不为后人考虑吗！善待贤者是国家的纲纪，著书立史是为国家建立典范。毁灭纲纪废除典范，国家如何能够长久？"蔡邕最终死在狱中。后来王允心中有所悔意，想不杀蔡邕，已经来不及了。蔡邕死时六十一岁。士大夫和诸儒生没有不流泪的。北海郑玄听说蔡邕死了，叹息说："汉朝的历史，谁来考定啊！" ——《后汉书·蔡邕列传》

诛杀蔡邕这样的文臣固然容易，但对付仍然盘踞在各地的董卓的残余部将，王允的自负和不变通，以及对形势的误判，让他功亏一篑。董卓有两位部将——李傕和郭汜，他们在得知董卓被诛杀后，向献帝朝廷乞求特赦，而王允以一年之内不能有两次大赦为由拒绝了。这就逼迫李傕和郭汜起兵造反，开始以为董卓报仇的名义，进攻长安。

192年6月，李傕和郭汜攻破长安城，打败吕布。王允诛杀董卓后才3个月，即被李傕和郭汜杀害，李傕和郭汜掌握朝政。而李傕和郭汜只是匹夫之勇的军人，很快他们两人内部就产生矛盾，发展到公元195年，两人彻底破裂，开始互相攻杀。此时谁能控制皇帝，谁就有话语权的优势，李傕在得知郭汜想劫持献帝后，率先带领数千兵马包围皇宫，将汉献帝劫走，安排在他的军营内，同时将长安的皇宫又一把火烧尽。

公元195年3月，皇帝被劫持到李傕的军营中，杨彪等人都跟随进入军营。

乱兵进入（长安）皇宫内，抢劫宫女财物，李傕又把宫廷里的黄金、丝帛、车辇、器物、服饰搬走，而后放火把宫殿和官署全部烧光。

——《后汉书·董卓传》

王允收集运到长安的书籍，才七十余车，道路艰远，又丢了一半，后来长安又大乱，仅剩的典籍也被焚烧而空，荡然无存。——《后汉书·儒林传》

从这段记录中看，不知王允从洛阳运来的，仅剩的书籍简册，七十多车的一半，是否就在这场大火中荡然无存了。但动乱还远远没有结束。长安的局势进入极其纷乱的状态，军队首领互相猜忌、互相攻杀。李傕把皇帝劫持在军营，为了防止郭汜把献帝再抢回去，又迁移献帝和九卿官员的驻地。李傕很快也知道自己将要成为众矢之的，毕竟把皇帝强行软禁在军营是所有人讨伐他的最好借口。到公元 195 年 7 月左右，长安皇宫已经烧毁，于是献帝请求李傕重新迁回洛阳，经过数十次的来回劝说，李傕才同意。李傕同意的当天，汉献帝就起驾上路了。

汉献帝回都洛阳的过程更像是逃难的过程，惊心动魄。首先献帝出发不久，李傕和郭汜又都后悔了，于是出兵去追赶献帝，追上后与护卫献帝的卫队大战。

（李傕和郭汜）一起追赶皇帝车驾，大战于弘农郡东涧一带，（护卫献帝的）董承、杨奉被打败，死了的官员和士兵不计其数。宫中的妇女和辎重都在沿途被丢弃，（奔逃中）皇帝用的器物、符节、策命、法典、书籍全部丢失殆尽。

——《后汉书·孝献帝纪》

献帝的车队应该是为了减轻重量，以更快的速度奔逃，才连人带物都丢弃了。至此，从公元 190 年 2 月献帝迁出洛阳，到公元 196 年 7 月献帝从长安迁回洛阳，东汉皇宫所藏的书籍和档案丧失殆尽。朝廷收藏的，作为国家标准的，立为学官的各家经文和章句，全部遗失。

就《尚书》而言，尽管皇宫中今文《尚书》三家的经文和章句已经丧失殆尽，但今文《尚书》已经在东汉朝经过了近 200 年的充分发展，所以在民间，尤其是经学官宦世家中，仍有收藏。但古文《尚书》经文被民间收藏的数量就远不如今文经文了，主要原因还是古文《尚书》并没有被设立学官。尤其是古文的"逸 16 卷 24 篇"经文，既不是学官的经文，又没有先师章句的传承，所以这"逸 16 卷 24 篇"经文被民间收藏的就更少之又少。因此，笔者推测，从此以后，存世的"逸16卷24篇"就如同濒危动物一样，很快就在世间绝迹了。

在抵抗不住李傕和郭汜凶猛进攻的时候，护卫献帝的董承和杨奉暗中请来黄巾军的残部和南匈奴的部落军，才抵制住李傕和郭汜的追击，经过千辛万苦后，经过近一年的时间，终于在第二年，公元196年7月回到了洛阳。此时的洛阳仍然是一片萧条，残垣断壁，献帝只能先住在原来宦官的家府中，抢修了一座宫殿后，皇帝才有了自己的住处。同时，洛阳荒弃已久，此时连朝廷官员和士兵的粮食也供应不上。

这时，宫室烧尽，百官只能斩除荆棘，住在残垣断壁中。州郡各自拥有强兵，也不运送粮物给洛阳，众多官员饥乏，尚书郎以下官员，要自己外出采取野菜充饥，有的饿死在残壁住处，有的被兵士所杀。

——《后汉书·孝献帝纪》

14.4 杨氏世家

在这最为艰难的时刻，曹操来到了洛阳。曹操的想法和李傕、郭汜一样，尽管皇帝已经毫无威信，各路州郡的头领已经不会听从旨意，但至少可以让自己的行动都借献帝之口而名正言顺。献帝在洛阳住了一个月都不到，就再次被曹操接到他的大本营许昌。

经过这段献帝迁都又回都的浩劫后，朝廷的藏书荡然无存，中国古代的思想只能保存在民间累世经学的家族之中了。经学世家就是家族世代都出知名大儒的家族，比如孔氏、桓氏和杨氏等。在当时，普通中下层官吏家的孩子，如果要学习经文，在学业上的第一步就是要抄写经文，当时还没有印刷术，尽管已经有了初步的纸张和丝帛，但经文书籍的主要载体仍然是竹简，如果家中没有的话，只能誊抄一份，前提还是老师要同意。老师和学子之间的经文传授和手工技艺的师徒传授是有一些相似的，对经文传授的深浅，老师也是因人而异的。于是，对经学世家的人来说，就有先天的优势，家中不但拥有充足的各类书籍简册，受到的点拨自然也和普通学子不一样，如果是一位勤勉的学子，很容易又成为一位大儒。而他的下一代又具备了这些优势，从而累世经学家族就产生了，显而易见，累世经学家族通常也伴随着是累世为官的簪缨世胄，在朝廷中世代都有家族成员出任三公九卿要职，桓氏和杨氏就是最好的代表。

能够成为一位身为三公九卿的大儒的学生，那么对学生将来自己出仕为官当然更加有益。但在灵帝后期和献帝时，这已经不能得到任何保证了，连三公的职位都可以花钱买卖，以学出仕这条正路已经不像以往通畅了。尤其是到了献帝朝，从献帝离开洛阳，连稳定的中央朝廷都没有了，太学院和博士就都已废置，学官彻底地停止了下来。但幸运的是，还有像杨氏家族这样的私学继续传承着经学。

我们简单地回顾和介绍一下杨氏这家簪缨世胄。杨震是桓郁的学生，精通桓氏欧阳《尚书》，有着"关西孔子杨伯起（杨震字伯起）"的美名。汉安帝在位第 4 年（邓太后掌权），公元 110 年，杨震担任太仆、太常，到公元 120 年，仍然是邓太后掌权，杨震升任三公司徒，第二年安帝亲政后，公元 121 年，杨震转任太尉。公元 124 年，杨震被宦官陷害，自杀去世。

桓帝继位，杨震次子杨秉进宫为桓帝讲授《尚书》（桓氏欧阳《尚书》），汉桓帝在位的第 15 年，公元 162 年，杨秉升任三公太尉，公元 165 年去世，桓帝将自己陵墓旁边的一块地赐给杨秉作为他的墓地。

杨秉的儿子杨赐，从小继承父亲的学术，灵帝继位，三公共同举荐杨赐教授灵帝桓氏欧阳《尚书》。灵帝继位第 5 年，公元 173 年，升任司空，175 年和蔡邕一起进行了熹平石经的制作，公元 176 年杨赐代替袁隗担任司徒，公元 182 年，杨赐转任太尉，185 年去世，灵帝身穿素服，三天不上朝，以示哀悼。

杨赐的儿子杨彪继承爵位，同样是从小继承家学。董卓推立献帝当年，杨彪升任司空。但杨彪并不阿附董卓，与他就迁都事宜据理力争，忤逆了董卓，被降为九卿大鸿胪。随后跟随献帝西迁长安，再一同千辛万苦回到洛阳，最后又随同献帝来到曹操的许昌。

杨氏传承桓氏的欧阳《尚书》学，四代传承，代代都有出任三公九卿的人物，这正是学术和仕途交替互相促进的最好代表。而大、小夏侯的传承人物的记载却是凤毛麟角，并不是因为到东汉末年没有大、小夏侯的学者，而是这些学者既没有在学术上达到出类拔萃的地步，在仕途上也没有出任关键的官职。

京都洛阳的学者很多，难以全部详细记载，仅记录那些能通贯多部经文的著名学者，作为《儒林传》，对有自己专门列传的学者，在《儒林传》中就不重复记录。 ——《后汉书·儒林列传》

当然，欧阳《尚书》的流行远远超过大、小夏侯，这也只是在今文三家中比较，如前文所述，当时经文学术的佼佼者已经是由"通儒"占据，仅仅精通一家、一经，已经不够了，从马融的博通开始，郑玄继续把马融研究和注释经文的方式再次充分地发展，后代学者普遍认为郑玄超越了马融，如前文所述，《后汉书》作者范晔专门给了郑玄一个称号"纯儒"。从"通儒"变为"纯儒"，如前文所述，笔者推测范晔认为郑玄从来没有出仕为官，一身全部用在经学的研究上，他对五经的理解和阐述没有受到任何政治因素影响的，是最为"纯粹"的学术，所以称作"纯儒"。

14.5 献帝在许昌时期的郑玄

在公元 184 年解除党锢之后，面对纷乱的世局，郑玄已经无心再出仕为官。像郑玄这样的大儒，如前文所述，出仕为官的最大心愿就是学以致用，治国理政，而不是荣华富贵。而此时，国已不国，乱世的仕途官场更多的是谋略、结交和贪腐，郑玄应该已经看透了此时的朝局。

党禁解除，大将军何进得知郑玄的名声，便征召（当时已 60 岁）郑玄入仕。州郡官员知道何进是有权势的贵戚，不敢违背他的意愿，于是迫使郑玄听从召唤，郑玄不得已就前去应诏。何进为他设置了几案手杖，礼遇非常优厚。郑玄没有收下朝服，而是戴着头巾以儒者服饰来见何进。他住了一个晚上，便离开了。 ——《后汉书·郑玄传》

郑玄应该是在见了何进后，向他解释了不能出仕为官的原因，只可惜我们现在已经无法知道郑玄是给出什么原因，让何进能完全接受，放郑玄回乡。如果何进不同意，郑玄一时半会儿也是走不成的。

再后来袁隗也举荐郑玄，任命郑玄为侍中，郑玄以父亲去世为由，婉拒了袁隗。到董卓把持朝政时，朝中的公卿又再次举荐郑玄担任赵国国相，郑玄以道路阻隔为由，也没有去上任，当时还有黄巾军的残部在侵扰青州，郑玄就前往徐州躲避战乱。郑玄在给儿子的告诫书中写道：

党锢解禁后，多次以贤良、方正、有道被推举给朝廷，又被大将军、三司府征召任职，两次被朝廷征召。当时和我同时被征召的人，有的早已做了宰相。想到那几位具有美德高才的人，他们能够胜任天子大臣的职责，因此应当任用。而我暗自忖度，自己没有担任这类职务的才能。只想阐述先圣孔子儒家学说的本意，思整百家之不齐，希望能竭尽自己的才智，所以接到征召而没有应命。

——《后汉书·郑玄传》

此时的郑玄，一心只想"阐述先圣孔子儒家学说的本意，思整百家之不齐"。

北海国国相孔融非常崇敬郑玄，（到任后）就很快来拜访郑玄。孔融指示高密县令为郑玄特别设立一个乡，说："从前齐国设置过'士乡'，越国设有'君子军'等，都是特别优礼对待贤人的意思。郑玄君好学，又有崇高的德行。昔者太史公、廷尉吴公，谒者仆射邓公，都是前汉的名臣。又南山四皓，如有园公、夏黄公，才德隐伏不露，世人敬重他们的清高，都称他们为'公'。既是这样，那么所谓'公'就是具有仁德之人的正当名号，不必一定做太尉、司徒、司空的大夫才称为'公'。现在郑玄这个乡应该取名为'郑公乡'。"

——《后汉书·郑玄传》

孔融是孔氏家族的后人，在公元 176 年，就是熹平石经开始雕制后一年，杨赐升任司徒，向朝廷举荐了孔融，孔融由此出仕为官。在董卓把持朝政时（公元 190 年和 191 年），孔融并不阿附董卓，经常发出匡正朝纲的言辞，而得罪了董卓，被董卓暗中调往黄巾军正在侵扰的北海国，担任国相。郑玄的故乡高密就在北海国的管辖内，而有了以上这段"郑公乡"的故事，孔融还向朝廷举荐了郑玄的儿子郑益恩，从此郑玄和孔融结下了深厚的友谊和信任。

公元 196 年，献帝从长安回到洛阳，又迁往曹操的许昌，这年郑玄 70 岁，落叶归根，从逃难的徐州回到家乡高密。在回乡的路途上，《后汉书》还记载了一段插曲。

郑玄从徐州回到高密，路上遇到数万黄巾军，黄巾军见了郑玄都下拜，大家相约不抄掠高密县。

——《后汉书·郑玄传》

近代学者王利器在他的《郑康成年谱》中提到，明末清初儒学大家顾炎武认为黄巾军礼遇郑玄这件事并不可靠，而王利器是相信有此类事件的，并举出黄巾军礼遇另外一位名士的一例，同时笔者也发现一例。

孙期，字仲彧，济阴郡成武县人。年轻时为儒生，学《京氏易》《古文尚书》。家里贫困，对母亲很孝，在大泽中放猪，以之来奉养母亲。远方人跟他学习的，都拿着经书在田垄旁边跟随他学习，乡里为他的仁义所感化。黄巾贼起，经过孙期乡里，彼此相约不侵犯孙先生住宅。郡里举他为方正，派遣吏员送羊和酒请孙期，孙期赶着猪群入草泽中，不接受诏请。当时司徒黄琬（公元 189 年，董卓立汉献帝时，拜黄琬为司徒）诏请他，也不去，在家中去世。

——《后汉书·儒林列传》

如同《郑康成年谱》推论，黄巾军是肯定有礼让名士的政策和军规，因为他们知道"得名士"是"得天下"的条件之一，这也是朝廷解除"党锢"，争取名士的原因。郑玄回到高密，身体已经非常不好，因此他最重要的愿望之一就是将自己的学问全部传授给自己唯一的儿子郑益恩，但最不幸的事发生在郑玄家中。根据学者王利器《郑康成年谱》考证，就在当年 196 年，已经投降于袁绍长子袁谭的一队黄巾军匪性不改，又在侵扰青州，将刚刚担任青州刺史的孔融团团包围，于是郑益恩带领家兵前往支援，孔融从包围中逃出，但他的妻子儿女都被俘获，而郑益恩在解救中殉难。

就在郑益恩殉难前几个月，刚回到家乡的郑玄因担心自己的身体，写下了带有遗书性质的"诫子益恩书"，这封书信被记录在《后汉书·郑玄传》中，结果没有几月就变成白发人送黑发人。郑玄的悲伤是可想而知的，还好郑益恩留下了一个遗腹子，能使郑玄稍有慰藉。

益恩有一遗腹子，郑玄看到这个孙子的手纹与自己的手纹相似，便给他取名叫郑小同。

——《后汉书·郑玄传》

我们能想象郑玄握着唯一的孙儿的小手，在深情地抚摩中，如同是看着儿子益恩，心中是多么复杂的情感。

孔融离开青州后，在许昌的献帝朝担任将作大匠，第二年，197 年，被献帝派遣前往袁绍驻地，代表朝廷授袁绍为大将军。袁绍在驻地大会宾客。

袁绍派使者邀请郑玄，大会宾客。郑玄最后到达，袁绍请郑玄坐在上座。郑玄身材高大，能饮酒一斛，眉清目秀，容貌仪表，温和伟岸。袁绍的客人大都是俊秀豪杰，有才气，善辩论，他们看到郑玄是个儒者，有些还不知道他的渊博。于是大家向郑玄提出各种刁钻古怪的问题，和诸子百家的观点。郑玄依照儒家正统的观点，一一逐条答辩应对，不仅回答了提问，还对相应的问题（的来龙去脉）作了扩展的解释。这是大家从来闻所未闻的知识，没有人不叹服敬佩郑玄的。

　　当时在座的，有原来的泰山郡太守、汝南人应劭（字中远）、刚刚归附袁绍，于是向郑玄自我介绍道："前泰山郡太守应中远，向您北面称弟子，可以吗？"郑玄笑着说："孔子收学生，是要考德行、言语、政事、文学四科，颜渊、子贡这些学生是不称自己的官衔的。"应劭听了感到很惭愧。

——《后汉书·郑玄传》

　　我们只能说应劭面对大儒郑玄稍微有些唐突和激动，而并非是自傲。应邵自己也是一位儒家学者，只是他注重经文中的法律思想和事件。他从担任何苗的掾吏进入仕途（如前文已述，何进同父异母的哥哥），献帝到达许昌后，所有的典册和书籍都全部遗失，正是应邵自己编辑了一套律法相关的典册上承给了献帝。

　　建安元年（公元 196 年）应劭上奏："国之大事，没有比载籍更重要。载籍是为了决嫌疑，明是非，赏罚的分寸……逆臣董卓，颠覆王室，烧毁书籍，没有剩下一点，开天辟地以来，没有比这更残酷的。今大驾东征，巡视许都，拔出险难，其命唯新。臣几代受恩，受福不浅，窃不自量力，贪少云补，撰写《律本章句》《尚书旧事》《廷尉板令》《决事比例》《司徒都目》《五曹诏书》和《春秋断狱》共二百五十篇。删去重复之处，成为简洁之文……愿陛下日理万机之余，可随意翻阅。"献帝非常赞赏。

　　第二年（公元 197 年），应劭为袁绍军谋校尉。这时刚迁都许昌，旧章既不存在，书记也少有。应劭慨然叹息，于是整理所闻，著《汉书官礼仪故事》，凡朝廷制度、百官典式，多是应劭所立。　　——《后汉书·应邵传》

　　像应劭这样一位学者碰到郑玄这样的大师，如何会不动心拜师学艺。郑玄是否教授了应劭，我们并不知道，但袁绍确实盯上了郑玄，希望这位当时最有名的大儒能为他的势力集团效劳，以对抗曹操在许昌的阵营，但郑玄对给与的各种官职都一一回绝了。三年后，公元 200 年，袁绍和曹操在官渡对峙，这次袁绍不再顺从郑玄，而是派儿子袁谭强行逼迫郑玄随军跟行，一来是壮自己的声威，二来是希望在应对被曹操掌握的献帝，以及献帝的名士，如杨赐等的时候，能得到郑玄的帮助。郑玄已经 74 岁，但没有办法，只能带着病动身前往，当年 6 月不幸在途中病逝。

曾在郑玄门下当过学生的郡守以下官员，有近千人，都穿着隆重的丧服前来送葬。

——《后汉书·郑玄传》

其实在郑玄的独子益恩为孔融战死后，就已经注定郑玄的学术没有办法在家族内传递下去，郑玄去世时，唯一的孙子郑小同才4岁，远没有到学习的年龄。幸好，郑玄的学生广布天下，如上文记载的，光是郡太守以下的官员就有近千人，倚靠这些学生，郑玄的学术得以幸存。

14.6 曹操杀孔融和杨修

郑玄因袁绍的逼迫去世七年后，公元207年，孔融以及他的两个年幼的孩子也一同被曹操杀害，协助曹操杀害孔融的还是郑玄的学生，名叫郗虑。孔融被杀，是因为经常触犯曹操。

（在许昌的献帝朝廷）孔融已经看到曹操奸雄诡诈，渐渐显露，多不能忍受，所以说话偏激，常常触犯了曹操。

孔融又曾经上奏，认为应当遵照古时京师的体制，千里以内，不分封诸侯。曹操担心孔融的谏言过多，而影响朝廷的舆论，更加忌讳他。然而，因为孔融名重天下，曹操只能能表面上装着容忍，暗中却忌恨他的谏言，担心会阻挡他的大业。

山阳郡人郗虑揣摩曹操的心意，按蔑视国法奏免孔融的官……后来曹操对孔融的猜疑忌讳积怨成恨，郗虑又不停诬陷孔融各种罪名，于是（曹操）指使丞相府的军谋祭酒路粹上奏朝廷献帝弹劾孔融（实际朝廷和献帝就是曹操控制），孔融随即被杀，当年才五十六岁，随后妻子和儿女都一起被杀。

——《后汉书·孔融传》

孔氏家族的累世经学就在孔融这一代断档了，尽管孔氏还有别的氏族弟子传承血脉，但孔氏家学，不仅仅是《尚书》学，都再没有人传承。而传承欧阳《尚书》的世家杨氏家族，在孔融被杀之前就已经和曹操发生激烈矛盾。如前文所述，杨氏传承人杨彪跟随献帝一路西迁长安，又回到洛阳，最后和献帝来到曹操的许昌。公元196年到达许昌后，杨彪的官职是尚书令，曹操此时在朝堂上还不敢为所欲为，对献帝以及和献帝一同患难来到许昌的文职高官仍然保持敬畏，因为此时外面还有袁绍强大的军事威胁。

献帝迁都许昌完毕（196 年 8 月），大会朝中公卿，曹操在大殿上，看到杨彪面有凶色，顿时害怕杨彪要动手加害于他，还未等酒宴开始，就假装要去厕所，逃回了军营。杨彪看曹操已经退席，也只能作罢。

——《后汉书·杨彪传》

从此段记载推测，杨彪已经看穿曹操的不臣之心，已经动了杀心，曹操自己心虚也是肯定的，曹操反应迅速，才躲过一劫。但曹操"宁可我负天下人，不可天下人负我"的性格，他还是决定杀杨彪。另外一个杀杨彪的原因是，杨彪的夫人是袁术的妹妹，而袁术此时已经成为一股单独的势力要与曹操共争天下，曹操不想留下内部的隐患，随即在 196 年当年 9 月左右，诬陷杨彪要废黜献帝，将他收捕入狱。献帝也无可奈何，在关键时刻，孔融得知此事，立刻求见曹操为杨彪求情。

孔融得知此事，来不及换上朝服就去见曹操，说道："杨彪家族，四代享有清明的德望，为天下士人所瞻仰……您这样做，不是自欺欺人吗？"……天下人之所以也仰慕明公（曹操），是认为明公聪慧、仁义，辅佐汉朝，能起用正直者而罢黜奸邪者，而使天下和悦平安。现在如果滥杀无辜，天下士人定大失所望，孔融是鲁国男子，明日便当拂衣而去，不再上朝参政。"曹操不得已，只能释放了杨彪。　　　　——《后汉书·杨彪传》

献帝迁都许昌第四年，建安四年（公元 199 年）袁术大势已去，当年去世，近 60 岁的杨彪又重新被启用为太常，但曹操当年杀心已露，因此内心始终对杨氏大族保持着警惕和提防。杨彪的儿子杨修聪慧有才，也被曹操任用，担任行军主簿，是曹操的高级参谋和负责文书起草发送等的职位。这是紧贴曹操的官职，所以杨修的一切也都在曹操掌控中。而杨修对父亲和曹操之间心中的恩怨几乎没有任何顾忌，年轻气盛，根本不知曹操用人城府之深。曹操对杨修，可以在任用中观察，如果杨修实际无才能，自然就不为所虑；如果确实有才，则让杨修处于一种可用可杀的状态，一切都可以看朝局情况而定。可惜杨修恃才放旷，到曹操晚年时期还陷入了曹丕和曹植继位的竞争当中，太子之争也是王子身后幕僚的竞争，而杨修正是曹植的心腹之一。

曹丕是曹操的长子，而曹植又有过人的才智，被曹操宠爱，因此曹操很长一段时间都没有定下太子的人选。

这个时期（211 年），曹丕还是五官中郎将，而临侯曹植有才华并且名声远扬，两人各有党羽势力，朝廷上下都在私下议论他们争夺太子地位的事情。 　　　　　　　　　　　　　　——《三国志·魏书十贾诩传》

曹植既因为有才而受到曹操宠爱，丁仪、丁廙、杨修等人都是曹植的心腹羽翼。曹操有些犹疑，好几次几乎要立曹植为太子。 　　　　　　　　　　　　　　　　——《三国志·曹植传》

曹操最后还是选择了自己的长子曹丕，这样杨修过去恃才放旷显露出来的聪明和才能反而是曹操所顾虑的了。

曹操顾虑曹植的势力太大，会成为今后曹丕继位的后患，而杨修既有才能又有智谋，又是袁术的外甥，于是罗织罪名杀了杨修。 　　　　　　　　　　　　——《三国志·魏书十九·曹植传》

曹操杀了杨修后，父亲杨彪还在世，为了保护整个杨氏家族其他的人，杨彪只能强忍悲痛，不敢和曹操决裂。

曹操看见杨彪，问："公为何如此消瘦？"杨彪答："臣惭愧缺少金日磾的先见之明，又心怀老牛舐犊之情。" 　　　——《后汉书·杨震传》

金日磾是投降汉武帝的匈奴太子，作为匈奴的人质在武帝宫中供职，金日磾的大儿子仗着汉武帝的宠爱，长大以后行为很不检点，在内宫里面与宫女戏耍，被金日磾撞见以后，就把大儿子杀了。因为他深知伴君如伴虎这个道理，也是为了明哲保身，保护金氏全族。而杨彪又何尝不是呢？他回答曹操的话，火候和分寸的掌握，不愧是世代大儒。

第 15 章　今文《尚书》学的消亡

15.1 魏国初立时的经学

　　曹操在公元 220 年的正月去世，曹丕继曹操王位，当年 10 月，汉献帝禅位于曹丕，东汉正式灭亡，曹丕称帝，是为魏文帝，改年号为"黄初"。按照五行更替，汉为火德，魏代之为土德，因而尚"黄"，"初"即是"初始"的意思，所以年号"黄初"。第二年，221 年，刘备在成都称帝，国号"汉"，以显示是继承大汉的正统。孙权尽管暂时向曹丕的魏国称臣，但已经是东南一方的割据势力，中国进入三国时代。

　　曹丕即王位，随即诛杀丁仪、丁廙（曹植亲信）和他们家族全部的男子。　　　　　　　　　　　　　　——《三国志·魏书十九·曹植传》

　　可见曹丕对辅助曹植的幕僚的仇恨，但对近 80 岁的杨彪却完全不同，曹丕想拜他为三公之太尉，自然是想显示对四世三公家族的尊敬，但杨彪以年老多病而婉言拒绝了，于是曹丕拜杨彪为光禄大夫，以示尊重，实际杨氏家族的政治影响力已经随着杨修的被杀而烛尽光穷。

　　进入三国时代，无论是曹丕的魏帝国，还是刘备"蜀汉"、孙权的东吴，朝廷政治的主题绝对是军事，在这样一个极不稳定的战争大环境下，国家是无心于经学和学校的，经学的延续完全是倚靠着东汉经学最强盛时期的惯性，战乱让大多数的学者士人避乱唯恐不及。

　　汉末国家倾颓，礼乐典章被破坏，雄争虎斗，战争频繁，致使文人学士不受重视。　　　　　　　　　　——《三国志·魏书二十四·高柔传》

　　在三国中，经学文化相对突出的还是魏国，四十多年的三国时期，经学文化的中心还是在魏国。

到黄初元年之后，新的皇帝开始清扫太学的灰尘，修补旧石碑的缺坏，重新招录博士，依照汉朝的制度，以甲、乙两课考查学生。并诏告各个州郡，有想学习的弟子，都可送往太学院学习。太学院重开之时，有弟子数百人。

——《三国志·魏书十三·王肃传》裴松注引《魏略》

黄初五年（公元 224 年），夏四月，设立太学，制定五经考试的规则，设置《春秋穀梁传》博士。

——《三国志·文帝纪》

作为新朝新气象，曹丕恢复了传统的经学学习和考试录取官员的制度。首先重新设立了五经的学官，如前文讲述，《尚书》的学官在西汉是今文三家，在平帝朝和王莽新朝短暂地立了古文《尚书》，王莽灭亡，东汉自然沿袭西汉，立了今文三家，没有再立古文《尚书》）。

但史料并未记载文帝曹丕这一朝，五经立为学官的具体情况，只有记载特别说明策立了《春秋穀梁传》，因为《春秋》的主流是《公羊传》，至少说明当时曹丕的魏朝廷，对是否立春秋穀梁的学官是专门讨论过的。曹丕在建立魏国第五年，于公元 226 年 5 月就去世了，文帝"黄初"时期只有短短的五年，史料没有直接的关于《尚书》在文帝黄初年间，哪家被立为《尚书》学官的记录。

不过我们可以从黄初朝廷聘用的博士和前来学习的弟子来一探当时的情况。关于博士的具体信息，在《后汉书》和《三国志》中也都没有直接的记载，只能通过间接的信息来了解。

当时太学初立，有博士十余人，学问多偏狭，又不熟悉（经学），知道一个大概，是没有能力教授弟子的，只是备员而已。

——《三国志·魏书十六·杜恕传》裴松注引《魏略》

这条记载尽管稍微言过其实，但可以让我们感觉到，战乱对经学学术的严重影响，太学院的博士都不能全部是合格的了。而太学院的学子，情况更是糟糕。

刘靖，黄初年间（公元 220～226 年）的庐江太守，刘靖曾上疏陈说儒家教化的根本，他说："学问之道，乃是关系到治乱的法则仪制，是圣人最重要的训诲。自从文帝黄初年间推崇建立太学，到现在已有十多年，但罕见培养出有成就的人才，原因就在于选用的博士学问不深厚，而进入太学院的儒生弟子又是为了逃避兵役而来，高门贵族的子弟已经鄙视太学，以入太学院（和这些逃避兵役的弟子为伍）为耻辱（原文：高门子弟，耻非其伦），

所以没有真正来求学的弟子。"　　　——《三国志·魏书十五·刘馥传》

　　从以上的记载，我们可以了解到，黄初的太学院只是徒有其名，而有名无实，和汉朝全盛时期的太学院相比，已经是天壤之别了。就《尚书》的学官而言，众多学者认为，在黄初时期，最大的变化就是，欧阳、大、小夏侯三门今文《尚书》学都没有被单独设立学官。但黄初的博士不只是限于讲授一部经文，也有真材实料的博士能讲授几门经学的，而大多的博士是为新朝装点门面，如记载的，只是"备员而已"，只有个别经学学问深厚的博士。

　　当时太学初立，有博士十余人……只是备员而已。只有乐详（一位当时的学者）可以同时教授五经（《诗经》《尚书》《礼经》《春秋》《周易》），在教授过程中，也会碰到他自己也不能解释的经文字句，但乐详可以讲解大义，而留存不能解释的字句，仍然面色从容，用一根手杖，在地上画出不同经书之间的联系，经常用比喻和归类的方法加以解释经文，以致废寝忘食，因此而名震一时。　　——《三国志·魏书十六·杜恕传》裴松注引《魏略》

　　只可惜，我们并不知道这位乐详是如何讲解《尚书》的，但我们可以从以上这段记录推测，他的《尚书》学肯定是类似于郑玄，将今文三家和古文结合起来，以融会贯通的形式讲解经文。而此时经学学术的另外一个极端是在"经学世家"中，以郑玄学术为代表的"通儒"型学者，代表着当时经学学术的最高峰，经学上的海纳百川是当时经学最深厚的标志，因此，目前历史学界基本都认同，黄初时期《尚书》学官的册立已经变为郑玄的《尚书》学，而再没有设立今文三家。

　　每门经学都有多家学派，每家又分有不同的家法，家法章句繁冗，甚至达到百万言。学习的弟子费尽辛劳，刻苦用功，但得到的学问却很有限，以致后来的学生对如此学习产生疑问，莫衷一是。郑玄囊括各种朝廷典规制度，汇总各家学说，兼收并蓄，删繁就简，订正谬误，校勘遗漏，从此，学习的子弟才开始有了清晰的学习方法和学术目标（原文：自是学者略知所归）。
　　　　　　　　　　　　　　　　　　　　　——《后汉书·郑玄传》

15.2 郑玄的历史机缘，今文三家学官消亡

　　笔者认为，如果没有汉魏更替，东汉没有灭亡，而是继续延续下去，即

使已经有了郑玄这样的经学成就，但《尚书》的学官将仍然是今文三家。如果东汉继续存在，郑玄的经学一时还不能替代三家今文学官，这其中主要还是政治和人的因素。一家之说要设立学官，其难度，在前文讲述刘歆欲立《左传》时已经提到，这将要面临在朝的各种学者的巨大挑战和各种牵连的政治因素的阻挡，绝非是学术自身能够决定的，而现在汉魏更替，改朝换代，这些因素全部烟消云散，清朝著名学者皮锡瑞评论道：

盖以汉时经有数家，家有数说，学者莫知所从，郑君兼通今古文，沟合为一，于是经生皆从郑氏，不必更求各家，郑学之盛在此，汉学之衰亦在此。

——皮锡瑞《经学历史》

皮锡瑞认为"郑学之盛在此"，笔者是认同的，但"汉学之衰"，笔者认为却不全部在于此，有一半的原因在于汉魏改朝换代的几十年战争和政治动荡。

历史从完整有序的汉朝，进入了极其动荡的三国，同时，经学的研究发展已经被马融和郑玄两人相继推到当时的最高水平，从公元 200 年郑玄去世，到 220 年曹丕建立魏国重新设立太学院，郑玄的经学代表了经学的制高点，他注解的各部经书又具备"兼采择优，兼通古今，沟合为一"的学术优势，可以说是恰逢其时，得到当时学者的普遍认同，关键是此时此刻，战乱和动荡创造了一个历史的机缘，将郑玄的经学和研究方式推到了经学舞台的中央。所谓的历史机缘，我们换一句话说，如果没有马融和郑玄的学术，没有糅合了今文三家学和古文《尚书》学的郑玄《尚书》学，没有经学这种新的"贯通"研究方式，以及相比繁冗的今文章句所具有的优势，那么即使汉魏更替，到了三国时期，以及后来的西晋，《尚书》的学官将仍然还是今文三家的面貌。相反的，即使有马融和郑玄，如上文所述，如果没有汉魏更替，《尚书》学官也仍然是今文三家。历史的机缘就是郑玄《尚书》学和汉魏更替同时出现，才使得今文三家退出经学舞台，而只有部分存在于郑玄的《尚书》学之中，郑玄学由之兴起。

15.3 郑玄经学册立的原因

在曹操还在世的时候，他曾经给曹丕请过一位叫崔琰的老师，正是郑玄的学生。

崔琰字季珪，清河郡东武城县人。年少时性格朴实，言辞迟钝，喜好去剑，热衷于武功。二十三岁时，乡里按规定将他转为正卒，才开始感慨发奋，研读《论语》《韩诗》。到了二十九岁时，与公孙方等人结交，到郑玄门下求学。学了没有一年，徐州的黄巾军攻破了北海，郑玄与其弟子到不其山躲避兵难。那时买进的粮谷十分缺乏，郑玄只好停止授学，辞谢众学生，崔琰即被遣散。　　　　　　　　　　　——《三国志·魏书十二·崔琰传》

太祖（曹操）征讨并州，留下崔琰在邺城（今河南安阳北部）作为文帝的师傅（辅佐文帝曹丕）。　　　——《三国志·魏书十二·崔琰传》

作为郑玄的学生，那么崔琰对曹丕的教授肯定会涉及郑氏经学，这对曹丕在建立魏国后策立郑氏经学作为学官不会不产生影响。同时在曹操重要大臣中也有郑玄的学生，其中帮助曹操支持屯田政策的国渊就是其中一位。

国渊，字子尼，乐安国盖县人（今山东寿光），曾师从郑玄……被太祖（曹操）征召任司空掾属，每次在曹公府上议论政事，常常正色直言，谦让无私。太祖想广泛地兴办屯田，派国渊主持这项事务……太祖提升国渊为太仆。国渊虽居于列卿之位，但是仍穿布衣、吃素食，把俸禄赏赐都分给亲朋故旧，自己却保持着谦恭节俭，最后在官任上去世。

　　　　　　　　　　　　　——《三国志·魏书十一·国渊传》

郑玄在世时曾经称道国渊，"国子尼，美才也，吾观其人，必为国器"，可见郑玄对他的评价之高。郑玄直接教授的高徒出仕于曹操的府邸，对曹丕的经学学术认识自然也会产生影响。因此笔者推测，这些因素也都对郑氏《尚书》学，在魏文帝曹丕建国伊始的黄初时期（公元 220~226 年），被设立了学官起着一定的作用。《尚书》之学从汉朝的今文三家之学和古文《尚书》之学，发展为糅合了以上四种学说的郑玄《尚书》学，实际上，郑玄注释《尚书》，对其他四部经文、谶纬等书籍都无所不用，尽显他"通儒"深厚的功底。

曹丕建立太学院后，尽管博士中有"备员博士"，但也有真材实料的博士，如上文提到的乐详，其中也有郑玄的学生，学者程元敏考证到，郑玄的弟子宋均、田琼和韩益在黄初时期即为十几位博士中的三位。

宋均几乎注遍所有的纬书，有《周易》《尚书》《诗经》《礼经》《乐书》《春秋》《论语》和《孝经》的纬书……对于《尚书》纬书，既有《书纬注》，又作有《尚书（纬）中侯注》……得到郑师谶纬学传，同时又是学得古今第二大家，而仅次于师说。　　——程元敏《〈尚书〉学史》

宋均为魏博士，注解纬书……其目的却在于证明以魏代汉的合理性。
——王志平《中国学术史·三国时期的经学》

博士田琼和韩益著有《尚书释问》四卷。

《尚书释问》四卷，王粲问，田琼、韩益正。——《旧唐书·经籍志》

这本书，程元敏先生考证，最先是王粲将自己对郑玄的《尚书注》提出的疑问编写成两卷，编录在自己的《王粲集》中。王粲也是"累世经学"世家的弟子，他的曾祖父是汉顺帝时的太尉，祖父是汉灵帝时的司空，父亲王谦是何进大将军府的长史，相当于是何进的幕僚长。王粲自身也跟随汉献帝从洛阳迁徙到长安，在长安深受蔡邕的赏识，蔡邕还赠送了几车的书籍给王粲。

当时学术界对郑玄的评价是"伊水和洛水以东，淮水和汉水以北，唯郑玄一人"，那时缺少儒学大师，郑玄对经学的研究又非常的完备，因此王粲特地专心研究了郑玄的《尚书注》，王粲研究后，对郑玄《尚书注》中有一些疑惑不解的地方，或者是他认为郑玄的注解有不对的地方，把这些有疑问的地方编辑成两卷放入自己的文集中。

公元217年，王粲在随从曹操征伐孙权的路上病逝，后来，田琼和韩益两人就将这两卷"王粲尚书问"单独拿了出来，两人共同针对王粲的疑问撰写了"答疑书"两卷，就形成了这本四卷的《尚书释问》，实际是他们通过解释疑问，来阐明和捍卫自己老师郑玄的学术。

扶风杜林传《古文尚书》，林同郡贾逵为之作训，马融作传，郑玄注解，由是《古文尚书》遂显于世。　　　　——《后汉书·儒林列传》

《尚书》九卷（郑玄注）。　　　　　　　——《隋书·卷三十二》

《古文尚书》九卷（郑玄注）。　　　　　——《旧唐书·卷四十六》

郑君《自序》云："遭党锢之事，逃难注《礼》。党锢事解，注《古文尚书》《毛诗》《论语》。为袁谭所逼，来至元城，乃注《周易》。"《〈尚书〉学史》，程元敏考证《唐会要》卷77记载刘知己上奏的《孝敬注议》中引用郑玄的《自序》，郑玄原来习研《小戴礼》（属于今文经学），后来又用古文《礼经》校释它，取其中义理相比《小戴礼》更有长处的注释，所以称郑玄的经学为郑氏学。　　　　　　　　　　　　　——《后汉书·儒林列传》

从以上的四段记录，我们知道郑玄和老师马融一样，是用古文《尚书》

作为底本进行研究和注释的，同时也是采用和注释今文《小戴礼》一样的方法进行了研究和注释，这也正是前文一再强调的，是当时最高的研究水平。清朝儒学大师皮锡瑞评价道：

> 郑君杂糅今古，使颛门（各家师法）学尽亡……郑君从党遍天下，即经学论，可谓小统一时代。　　——皮锡瑞《经学历史》

我们从郑玄研究和注释经文的方法可以推知，郑玄经学能有"小统一"的成就，并不是古文胜出今文。这个时期确实存在古文和今文对经文解释的争论，《尚书》也同样存在今古的争论，但郑氏经学是"杂糅今古"，而绝不是以"古"代"今"。郑玄和西汉末期刘歆完全不同，刘歆乃是用政治力量将"古文经学"设立了学官，而郑玄纯粹倚靠的是他的经学对学者士人的吸引和认可，否则，是形成不了"小统一"的成就的，皮锡瑞也具有同样的观点。

> 郑君博学多师，今古文道通为一，当时两家相攻击，意欲参合其学，自成一家之言，虽以古学为宗，亦兼采今学，以附益其义，学者苦其时家法繁杂，见郑君闳通博大，无所不包，众论翕然归之，不复舍此趋彼，于是郑易注行而施、孟、梁丘、京之易不行，郑《尚书注》行而欧阳、大、小夏侯之书不行矣。　　——皮锡瑞《经学历史·经学中衰时代》

郑玄的《尚书》学因此开始流行于世，今文三家的学说章句在学术界几乎以断崖的方式消沉下去，从《尚书》学术上说，这是个有利有弊的一个发展进程。

> 汉学衰废，不能全部怪罪于郑君，而郑采今古文，不复分别，使两汉家法亡不可考，则亦不能无失，故经学至郑君一变。　　——皮锡瑞《经学历史·经学中衰时代》

郑玄在注释《尚书》时，如果采用了今文三家的注释，但不会标注来自今文三家的哪一家，如果今文三家仍然单独在世上传授，这并没有多大的问题，但实际情况是今文三家在后面几十年很快被郑玄学说代替，在世上的传授几乎冰消汽化，这样就造成后代学者无法知道，今文三家原来真正章句的内容，尤其是各家完整的内容。所以皮锡瑞清楚地写道，郑氏经学对经学历史最大的伤害，就是"使两汉家法亡不可考"，他的经文学术和研究方法让今文三家之说快速消沉，以致不久后，单独的三家章句完全失传，只有凤毛麟角被后代的学者校勘出来。

郑玄的学术思想受制于时代的局限，经文只是他研究的对象，经学是当时社会最高的思想水平之一，他不会有意识地从保护历史思想的角度，专门去保留过去师门家法的章句，反而是想超越前人的思想。而从历史学的角度对待经文，是要了解经文的各个篇章被撰写时，撰写者最初的意思和思想，无论这种学说是合理的还是不合理的，这时最早的章句注释就显得弥足珍贵了。对《尚书》来说，今文三家是离历史上作者思想最接近的解说。当经文注释众说纷纭的时候，自然会想知道最初的意思。但正如前文叙述的，郑玄的学术和汉魏朝代更替的历史结合让今文三家很快地消亡了，只可惜了最远古的注释和思想，最接近《尚书》各篇作者原意的注释章句未被保留下来，只能疏漏地残存在郑玄和马融的《尚书》注解之中。

15.4 反对郑玄的学者

郑玄和老师马融一样，在研究和注释经文时，也同样提出自己的说法，同时郑玄还引用了不少《尚书》纬书的说法，因此在当时经学的高层研究学者中，也还是有对郑玄经学有看法的学者。我们现在举几个简单的例子，即可略知一二。

郑玄以为，孔子撰书，尊而命之曰尚书，尚者上也，盖言若天书然。

——《经典释文·序》

郑玄将《尚书》的书名直接按照《尚书》纬书解释成《天书》。

尚者，上也，上天垂文象，布节度，如天行也。（尚者，上也，上天显示日月星辰的运行，展示天体和季节变化的规律，如同上天的运行。）

——《书纬·璇玑钤》

唐代学者孔颖达在他主持编撰的《尚书正义》中对郑玄如此定义《尚书》评论如下：

郑玄沉溺于《书纬》之说，何曾有人说《尚书》之名要和天联系在一起？《尚书正义》孔颖达

我们再看郑玄注解《尧典》开头的四个字"曰若稽古"，如前文讲述的，在西汉末年许小夏侯说的秦延年，用了两万字解释的这四个字。

郑玄信纬，训"稽"为"同"，训"古"为"天"，言"能顺天而行之，

与之同功"。 ——孔颖达《尚书正义》

而实际上,历代学者基本都认同的解释是,"曰若"是文章开头用的虚词,"稽古"是"参考古时",贾逵和马融的注释也是"参考古时",这又是郑玄根据纬书的意思自己创造的,解释成"尧能顺天而行",对此孔颖达评论如下:

《书》是在世上用来教育人的,应当牵之于人事,把人事牵涉于天,对于理解大义并无可取之处,况且把"古"解释为"天",经文从来没有这样的解释。 ——孔颖达《尚书正义》

不光是唐朝的孔颖达认为郑玄如此注解,对理解《尚书》"大义"并无益处,就是当时和郑玄关系非常好的孔融,对郑玄的注释也颇有微词。

孔融在《与诸卿书》中写道"郑康成多臆说,但学者弟子都因为郑玄的名气,自然都以为他的注解都有依据和出处。而依据的关键(孔融的观点),是要出自五经和四部书,如果不是这样,那么郑玄的注释就接近荒谬了"。 ——《太平御览》

此处,孔融提出的对经文理解和研究的观点,笔者称作"历史观经学",就是说对经文的解释必须要有从历史上传承下来的学说和经文作为依据,而不是谶纬类的书籍,不能毫无根据地推演和猜测,比如把《尚书》说成《天书》。能够发展的地方,比如某部经书中有不清楚的经文,而在其他经书中发现了相同或相关的思想和意思,又有明确的解释,那么就可以进行有逻辑地推测,同一句经文或文字在不同的经书中都能用相似的训诂解释,使得经文意思顺畅,这就是有根据。其实这才是以师门家法为基础的发展,而郑玄不是仅仅依靠文字的解释,有时他是通过经文字句下深层的大义来贯通其他经书有疑问的经文,这样发展的尺度就大多了,因此就有了把"稽古"解释为"顺应上天"的注释,这也是郑玄过多研究纬书而产生的结果。

正因如此,也就不难理解郑玄对经文的注释很多都不同于他的老师马融。郑玄完全不被师门家法之说所束缚,所以笔者相信郑玄也会用自己的解释替代今文三家的注释,但这也正说明,郑玄是用自己对经文的理解来注释经文,而这种解释和孔融说的"臆说"仅一纸之隔,如果没有理解郑玄注释后面的大义,很容易认为这是"臆说",而实际并不是"臆说",是经过郑玄的思考后得出的,但郑玄对大义的理解如果是错误的,尤其是他的思考是基于纬书的学说，那么就必定导致"臆说"的注释了，这是时代对学术造成的局限。因此在当时研究经学的高层，实际上是有不少学者对郑氏经学提出异议的，认为他的经书存在很多大的错误。

虞翻，字仲翔，会稽郡余姚县人，个性通直，从不向世俗妥协，在汉献帝被董卓迁往长安的期间，虞翻被会稽郡太守王郎招入府中，进入仕途。虞翻同样属于"累世经学"世家，虞氏家族连续四代研究和传承《周易》，到虞翻这一代已经是第五代了。虞翻自己也注释了《周易》，还把自己的《周易注》寄给了孔融参阅，孔融读后的评价如下：

> 过去延陵季子到鲁国能闻乐辨声，今天拜读您对《周易》的研究，才知道东南人才之美，并非只有会稽郡的竹箭……可谓是探究天地玄妙之贯通学者。 ——《三国志·吴书十二·虞翻传》

可见虞翻《周易》经学的深度，因为他的学识和才气，虞翻被三国之吴国孙权任命为近侍他身边的骑都尉，我们看看虞翻对郑玄《周易》学说的评论：

> 对北海郑玄、南阳宋忠，虽然各自都注解了《周易》，宋忠的注解比郑玄的差一点点，但都没有得到《周易》的真髓（原文：而皆未得其门），难以向士人展示。 ——《三国志·吴书十二·虞翻传》裴松注引《翻别传》

从此段记录可见，虞翻基本上否定了郑玄的注释，说的直接一点儿，就是虞翻认为郑玄并不懂《周易》，尽管我们不能完全认同虞翻的评论，但我们可以在一定程度上了解郑玄的《周易》和"累世《周易》"世家之间是有很大差异的。同时虞翻对郑玄《尚书》的注释也举出三个不正确的地方，并在奏文中写道：

> 如果这个注释不进行更改，臣（虞翻）去世后，后代百世，尽管肯定会有知道的学者，但他们可能心怀谦逊而不会上奏矫正此错误。 ——《三国志·吴书十二·虞翻传》裴松注引《翻别传》

虞翻自己也知道自己的性格是耿直不妥协的，唯恐后世无人改正郑玄这三处错误，才自己上奏提出矫正，除此之外，他在奏文中还写道：

> 郑玄注释五经，违反经书大义十分大的地方有一百六七十个地方，绝不可以不矫正，如果就这样传到学校，传承到将来，臣私下认为是可耻的。 ——《三国志·吴书十二·虞翻传》裴松注引《虞翻别传》

但可惜的是，虞翻并不在当时经学文化的中心曹魏，只能向吴国孙权这个小朝廷奏言几句，只能和孔融这样的经学大家沟通几封书信，在经学的传授过程中，影响是小之又小。郑玄的经学尽管有孔融和虞翻指出的不足，甚至是可能有严重的错误，但绝对无法盖过他对整个五部经书注释的深厚经学，他言简意赅的注释，对没有累世经学传承的普通官宦家庭子弟是有绝对吸引力的。根据前面虞翻的奏书，我们可以推测在东南的吴国也是立郑玄的经学为学官的。而虞翻也因为性格耿直，差点儿被孙权杀了。

孙权当上吴王（公元221年），在欢庆宴会快结束时，亲自起身巡行敬酒，虞翻趴在地上装醉，不端酒杯。孙权一离开，他就坐了起来。孙权于是非常愤怒，当场就要抽剑刺他，陪坐的人无不惶恐惊惧，只有大司农刘基起身抱住孙权劝说："大王因酒过三巡之后亲手杀死有名望之人，虽说虞翻有罪，但天下人又怎么知道呢？况且大王因为能容纳养蓄众多贤士，所以海内仰望大王风采。今日一下子因此事而将其抛弃，值得吗？"孙权说："曹操尚且杀死孔融，我对虞翻又有什么怜惜的。"刘基说："曹操轻率地杀害士人，天下人都非议他。大王躬行仁德恩义，期望与尧、舜相比肩，怎么能自比曹操呢？"虞翻这才免去一死。孙权因此事告喻左右，自今以后，酒后说杀的人，都不得杀。

——《三国志·吴书十二·虞翻传》

但孙权对虞翻积压的怒气已不是一次，最后还是将他流放到交州（现在越南区域）。

虽然因获罪而流放他乡，但虞翻却讲学不倦，学生常多达数百人。又为《老子》《论语》《国语》作注释，都流传于世。虞翻在南方十几年，七十岁时去世，灵柩运回余姚祖先墓地安葬，妻子儿女也得以返归故里。

——《三国志·吴书十二·虞翻传》

虞翻彻底离开了学术中心区域，郑玄的《尚书》学在当时，黄初期间，已经是被认为优于今文三家，又没有能够对他的经学提出挑战的学者，所以郑玄的《尚书》学和经学成为朝廷认可的学术，广泛地被学者和学生接受，"小统一"了当时的学术。我们如果从另一个角度考虑，要产生能和郑氏经学相互竞争的一家之学确实是困难的，郑玄几乎终身没有出仕为官，一生在潜心研究经学，仅仅以他对经学的痴迷，付出的时间和精力，就很难找出一位有相似优势的学者。

第16章　梅赜献书，"伪孔版"

16.1 三体石经

　　文帝于公元 225 年去世，曹睿继位，是为魏明帝。在明帝执政的 13 年间，抵挡了诸葛亮五次进攻，又平定了东北公孙渊的反叛，到公元 239 年，明帝去世时，魏国基本没有了战乱的威胁。公元 240 年，明帝去世，年仅 8 岁的曹芳继位，由抵抗了诸葛亮的进攻和平定公孙渊的功臣司马懿和宗室曹真的儿子曹爽辅助治国。曹芳即位后，应是基于新朝新气象的要求，学习西汉灵帝朝的"熹平石经"，在正始元年（公元 240 年），曹芳继位的第一年，开始雕刻"三体石经"。

　　"三体石经"碑文不同于"熹平石经"仅用隶书一体，而是以古文、小篆和汉隶三种不同的字体刻写，故名"三体石经"。"三体石经"只刻有《尚书》和《春秋》两部经文，共约二十八块碑石，是继东汉"熹平石经"后竖立的第二部石经。"三体石经"在每一碑面刻有纵横线条为界格，一字三体直下书刻。

　　石经采用了古文，很明显是因为被立了学官的郑玄《尚书》学是以古文经文为底本的，所以"三体石经"《尚书》的底本自然就是古文《尚书》，既是西汉、东汉两朝收藏的"孔献版"古文《尚书》经文。如前文所述，从汉武帝朝孔安国献上古文《尚书》后，一直收藏在皇宫内，以后历代记载的与古文《尚书》有关的学者，尤其是东汉初期的杜林、郑兴和卫宏，都是有权力和机会仔细翻阅这部"孔献版"的古文《尚书》的学者。现在通过三体石经，我们终于可以看到，在秦始皇以前，战国六国中的某国的古文字，这种古文字是鲁国和齐国的可能性较大，尽管经历了多次转抄，笔画书写可能有所变形，但毕竟是倾国家之力，聚众多学者之学，校勘出来的版本，在当时，应该是最接近古文原样的版本了。

从此以后，《尚书》的学术主流变成了以古文《尚书》经文为底本的，以马融和郑玄的注释为主体的学说。如前文所述，尽管经文的底本是古文，但经文的注释糅合了今文三家的学说和以前对古文《尚书》的学说，郑玄更是糅进了谶纬和诸子学说。今文三家的章句在学官中，已经退出了经学舞台，只在经学世家中还可能作为家学继续传承。

16.2 "梅献版"出现到《五经正义》

公元 220 年文帝曹丕替代了东汉刘氏建立魏国，到公元 265 年，魏国曹氏又被自己的权臣司马氏替代，魏国消亡，西晋建立。西晋随后灭亡了蜀汉和东吴，三国时期结束，再次统一了中国。然而不到 40 年，在公元 304 年，因为皇室司马家族内部权力的争斗，国土再次开始分裂。皇室司马氏的各派势力又各自联合了当时战斗力强劲的周边少数民族部族，以加强自己的军事力量，从而把少数民族的势力也全部带入中原西晋王朝的内斗中，征战连绵不断，直到公元 317 年，西晋最后一位名义上的皇帝晋愍帝被杀，西晋灭亡。在同一时期，公元 307 年，已经开始镇守建邺（今江苏南京）的司马家族司马睿，于公元 318 年，在建邺正式称帝，司马睿一心偏安于南方，国土大致相当于原来三国时期的蜀国加上吴国，延续了西晋，史称东晋。而北方则逐渐进入了五胡十六国时期的征战和对峙，实际上天下再次大乱。

从公元 220 年魏国黄初时期到西晋灭亡的 317 年之间的近一百年，《尚书》的传授即是以古文《尚书》经文为底本，而古文《尚书》的传授，无论是学官之学，还是经学世家的私家之学，经文的版本都是以"孔献版"为基础的。各个学者都持有各种传抄的版本，尽管有多位"通儒"不同的注释和学说，如贾逵、马融和郑玄，有着对经文中部分文字和大义的争论，但古文经文的基础版本始终是一样的，即是"孔献版"，他们具有相同的篇章和篇数。

直到公元 317 年到 318 年，东晋在建邺建立时，当时的豫章郡（今江西南昌）内史梅赜向刚建立的东晋朝廷献上了一本据说是由孔安国注解的古文《尚书》，才出现了第二个古文《尚书》版本，一个从汉武帝到此时，从来没有被历史文献记载过的古文《尚书》版本，而且还有一套孔安国的注解。

这个版本的篇数和"孔献版"是一样的，共 58 篇，但篇章并不完全相同，和今文《尚书》相比有 25 篇不同（详细组成将在后文解释），我们称它为"梅献版"，其中包括了古文《尚书》经文和孔安国注解。梅赜献上的时候，实际只有 57 篇，缺了一篇《舜典》，当时即使通过对民间进行广泛地征集购买，也没有得到这篇《舜典》。在此情况下，因为在西晋被设立了学官的魏末大儒王肃的古文《尚书》注解和"梅献版"的孔安国注解有很多相同的地方，于是就只能暂时从王肃注解的《尧典》这篇中，分出从"眘徽五典"以下部分的经文和注解，暂时代替作为《舜典》，以凑成 58 篇，再献给朝廷的。

目前学术界对它的称呼是"伪孔版"，从这个称呼就能感觉到近代和现代学界对梅赜献上的这部古文《尚书》的经文和孔安国注解的真实性的怀疑。但从献书的 318 年左右，到南宋 1130 年左右，近八百年左右的时间，"梅献版"经文都几乎无人怀疑，被认作真正的"孔献版"古文《尚书》，其注解也被认为是孔安国所作，学者们对此深信不疑，而被代代相传。

从"梅献版"出现后，郑玄注解的"孔献版"和孔安国注解的"梅献本"古文《尚书》，同时开始在世上流传。在当时偏安南方的东晋是盛行"梅献版"的，而在北方中原地区仍然盛行郑玄的"孔献版"，并因此在进入南北朝后，仍然保持着这样的格局，南朝传学"梅献版"孔安国注，北朝传学"孔献版"郑玄注，直到隋朝建立，再次统一中国。尽管《尚书》的这两个版本在隋朝仍然同时并存，但郑玄的学说日趋没落，更多的学者倾向于"梅献版"的孔安国注解。

> 至隋，孔、郑并行，而郑氏甚微。 ——《隋书·经籍志》
>
> 经学统一后，有南学，无北学。 ——皮锡瑞《经学历史》

隋文帝统一中国，新朝建立，为了破除南北朝时期贵族门阀操纵政治势力的局面，取消了一切地方贵族世袭地方政府高官的特权，由中央朝廷任命地方高级官员。这需要中央朝廷后备大量具有担任官吏能力的人才，于是废除了魏晋南北朝中施行的"九品中正制"选官制度，开始采用分科考试的方式选拔官员，建立了科举制度的雏形，一直延续到清朝结束才被废除。因为考试有各种科目，官员按照科目的考试被选举出来，到了唐朝，这种制度逐渐完备，渐渐形成了"科举"的简称。

古文《尚书》郑学的趋微也一直延续到唐朝。公元 617 年 5 月，隋朝镇守晋阳（今山西太原）的李渊趁隋朝在长安的中央朝廷发生变乱，在晋阳起兵，一路势如破竹，当年11月占领长安，公元618年3月，隋炀帝死，5月，李渊称帝，建立唐朝，是为唐高祖，隋朝灭亡。此后，李渊册长子李建成为太子，次子李世民为秦王，四子李元吉为齐王。

8年后，唐初整个国家的局势基本平定后，秦王李世民与太子李建成开始争夺皇位。公元626年李世民发动玄武门之变，在皇宫正门玄武门击杀太子李建成与齐王李元吉，控制长安。唐高祖李渊深知形势，于是在两个月后禅让帝位，成为太上皇。李世民继位，是为唐太宗，开创了中国历史上第二个黄金时代。

随着政局的稳定，接着就要巩固这种局势，进而发展国家，以致千秋万代，文教的工作自然又要全面展开。

唐太宗以经籍去圣久远，文字差错谬误，诏令当时的大儒颜师古于秘书省考定"五经"文字，于是颜师古对五经文字进行考证和修订，最终成书。唐太宗又招集当时朝中儒家学者，对颜师古校订的五经重加详议，学者们用自己的经学学问，对师古提出各种质疑，师古则依据晋朝和南朝宋以来古今传本，对诘问一一答复，解答中援引的证据简明透彻，所有的答复都能深入浅出、旁征博引，将意思和来龙去脉都解释的非常清楚，让众学者无不折服……随后就颁布其所定之书于天下，令学者学习。

——《旧唐书·列传第二十三·颜师古传》

贞观七年（公元633年）十一月，颁布新定《五经》。

——《旧唐书·本纪三·唐太宗纪》

颜师古出生于经学世家，雍州万年（今陕西西安）人。从小就博览群书，尤其精通于文字训诂学，因此被唐太宗选中校订五经文字。颜师古校订《尚书》采用的底本正是"梅献版"的古文《尚书》。从此古文《尚书》的"梅献版"就成为国家官方正式《尚书》经文的唯一版本。

不久之后，唐太宗又开始让另外一位儒家学者孔颖达，负责对五经的注释进行整定。孔颖达，字仲达，冀州衡水（今河北衡水）人，八岁就从师学习，长大以后，精通服氏《春秋传》、郑氏《尚书》《诗经》《礼记》，王氏《易经》，擅长写文章，精通历法。在公元638年，唐太宗拜孔颖达为国子祭酒，是当时朝廷中负责文化教育的最高行政官职。

孔颖达和颜师古、司马才章、王恭、王琰奉诏撰写《五经》义训共百余篇，起名为《义赞》，皇帝下诏改为《正义》。《五经正义》虽然包罗各家学说，很是广博，但其中不可能没有谬误，当时一位博士马嘉运就批驳指正他们的失误，以至于互相讥讽诋毁。唐太宗只能下诏又命令重新裁定此书，以致在公元648年孔颖达去世，公元649年唐太宗去世后，书仍然没有定稿。永徽二年（公元651年），唐高宗下诏命令中书门下与国子三馆博士、弘文馆博士再次共同考核订正此书，这时尚书左仆射于志宁、右仆射张行成、侍中高季辅加以最终增减，《五经正义》才颁行天下。——《新唐书·孔颖达传》

永徽四年（公元653年，唐高宗继位第4年）三月壬子朔，颁布孔颖达《五经正义》于天下，每年明经令依此考试。　　——《旧唐书·唐高宗纪》

《五经正义》中的《尚书正义》的底本自然也是采用了已经官定的"梅献版"，也就采用了孔安国的注释作为《尚书正义》的注释底本。根据对孔颖达的记载，我们知道他首先精通的是郑玄注释的"孔献版"古文《尚书》，也就是说，孔颖达摒弃了"孔献版"古文《尚书》经文和郑玄《尚书》学。其主要原因有两个：首先"梅献版"的经文已经是朝廷的官定本，而且校订"梅献版"的颜师古也一同参与了此次注释的校订；其次，就是他们认为孔安国的经文和注释更加真实。因此，《尚书正义》颁布后，"每年明经令依此考试"，这部在东晋建国之初突然出现的"梅献版"经文和孔安国注释成为了唐朝朝廷科举考试必须遵照的《尚书》标准，并且传承了1200多年，直到清朝时期，仍然在使用这个版本。正是因为"梅献版"被定为国家的考试标准用书和注释，所以完整的郑玄注释的"孔献版"，和其他的注释，如马融的注释，自唐朝以后就慢慢失传，以致到宋朝就最终消亡了，我们现在阅读的《尚书》版本正是这个"梅献版"。

16.3 对"梅献版"疑伪的兴起

读到此处，我们可以回想一下前文的描述，在所有的史书记载中，如《史记》中，并没有孔安国注解古文《尚书》这件事。尤其是《汉书·艺文志》，更是没有记录下孔安国注解古文《尚书》的传解书籍，这不免让人怀疑在公元318年左右，司马睿在建邺称帝时，梅赜献出的这本由孔安国注解的古文

《尚书》的真伪性。

最先对"梅献版"古文《尚书》孔注提出质疑的是南宋第一位皇帝宋高宗时期的学者吴棫，在大约公元 1131~1162 年期间，他担任朝廷的太常丞，是太常卿的副手，太常卿是太常的正职，太常仍然是朝廷负责祭祀礼仪和文教等事宜的最高官职。吴棫是音韵训诂学家，非常精通文字的音、韵和训诂。因此他对"梅献版"古文《尚书》经文的评论：

"（孔）安国所增多之书（古文相对伏生今文以外的 25 篇），今篇目俱在，皆文从字顺，非若伏生之书佶屈聱牙，至有不可读者（以致有些都无法阅读）。"

吴棫觉得，"梅献版"《尚书》中，与伏生今文相同的 29 篇（卷），文句佶屈聱牙、晦涩难通，伏生没有的 25 篇，反而文从字顺，词语平缓卑弱，因此吴棫认为有作伪的嫌疑。吴棫撰写有《书裨传》十三卷，可惜已经失传。后来吴棫因触怒奸相秦桧，被免职，转任泉州通判，在职位上去世。

随后，比吴棫晚一辈左右的南宋大儒朱熹（1130~1200 年）也对"梅献版"真伪提出质疑。朱熹是自东汉郑玄以来唯一可以与他相提并论的儒学大家。他延承了吴棫对"梅献版"的疑问，认为"梅献版"经文的辞气和相对应的时代之间不相匹配，强调了经文言语气象的卑弱，与西汉伏生时代文句的厚重有力，大不相同。另外，和今天的读者一样，朱熹也对过去记载中从来未有出现过"梅献版"的这个情况表示怀疑。

朱熹曰："孔书至东晋方出，前此诸儒皆不曾见，可疑之甚。"

——《朱子语类》卷七十八

朱熹对"梅献版"的怀疑，以及他在经学上无人比拟的影响力，又引起他的学生蔡沈和同时代学者如洪迈、晁公武、陈振孙等强烈的共鸣，于是"梅献版"古文《尚书》和孔安国注是伪书的说法开始发酵和扩展开来。

到了南宋末年，元朝初年，学者赵孟頫（1254~1322 年）开始将"梅献版"中与伏生今文相同的 29 篇和增多出来的古文篇章分开编注。

赵孟頫对"梅献版"认真地校核，并为之集注，初步完成《古今文辩》，大约在 1279 年的时候，经过近二十年的订正，再次易稿，又经过二十多年，第三次易稿，而后著成《书今古文集注》，前后经过四十多年成书，第一次将"梅献版"的 58 篇按照疑似的真伪分开编注。——刘起釪《〈尚书〉学史》

当时比赵孟頫大 6 岁的另外一位学者，吴澄（1249~1333 年）同样认同赵孟頫，并更加直接地认为"梅献版"增多的 25 篇就是伪造的经文。

吴澄撰写的《书纂言》直接去除全部增多的 25 篇，而只注释今文 29 篇……吴澄写道，伏氏《书》（指的是"梅献版"中与伏生今文相同的 29 篇）虽然难尽通，然辞义古奥，其为上古之书无疑。梅赜所增 25 篇，体制如出一手，采集补缀，虽无一字无所本，而平缓卑弱，殊不类先汉以前之文。夫千年古书最晚乃出，而字画无脱误，文势略无龃龉，不亦大可疑乎？……而断断然不敢信此 25 篇之为古《书》。 ——刘起釪《〈尚书〉学史》

吴澄敏锐地指出 25 篇"采集补缀，虽无一字无所本"（是指先秦的其他古书中引用了这 25 篇的语句，而"梅献版"的 25 篇是将这些引用的语句摘录抄写，并集补在一起凑合出来的），更为有识。启发了后代学者找出"所本"（是指精确地找出这些先秦古书中引用了的《尚书》语句）。

——刘起釪《〈尚书〉学史》

至此开始，从元朝到明朝，对"梅献版"真伪进行辨别的学者和著作层出不穷，在辨伪的进程中，下一个有着重要阶跃性发展的是明朝学者梅鷟（约公元 1483~1553 年）。

梅鷟同样认为古文《尚书》（"梅献版"中增加的 25 篇）中所有的文句皆是从先秦两汉典籍中抽绎出来的，并且他实质性地找出了具体的文献证据，比如《古文尚书·君陈》这篇中"凡人未见圣，若不克见。既见圣，亦不克由圣"，是袭自《礼记·缁衣》。 ——刘起釪《〈尚书〉学史》

另外他通过"梅献版"中引用的地理名称与历史时间不相符，来证明此书是后来才出现的。比如，"梅献版"《尚书·禹贡》的注释写道："伊（水）出陆浑山，洛（水）出上洛山，涧（水）出沔池山，瀍（水）出河南北山，四水合流而入河。"梅鷟指出瀍水是从谷城县发源流出的，而谷城县直到晋代才归河南县，而在西汉的孔安国却把发源的谷城县直接说成河南县，从而露出马脚。 ——刘起釪《〈尚书〉学史》

梅鷟将以上的辨伪内容编成《尚书考异》，充分得到当时和后来清朝学者的认可。

到明朝末年，"梅献版"古文《尚书》是伪造之书，已为一些有识的学者所公认，（明朝最后一位皇帝崇祯皇帝）崇祯十六年（1643 年），国子助教邹镛疏（向崇祯皇帝）请旨，只用今文（"梅献版"中与伏生相同的 29 篇卷）

来选取士人。

——刘起釪《〈尚书〉学史》

　　由此可见当时学术界对"梅献版"的态度是笼罩在"梅献版"是一部伪书的说法之中的，辨伪的氛围愈加浓厚，辩伪的学术思想也愈加成熟。直至清朝康熙年间，终于出现一位学者——阎若璩，他用了近 30 年的时间沉潜钻研，著成经学史上极富盛名的《尚书古文疏证》，这部书唯一的目标就是将"梅献版"《古文尚书》及其孔安国注证明为后世伪作。

　　阎若璩，字百诗，生于明崇祯九年（1636 年），清康熙四十三年（1704 年）去世，祖籍山西太原人，侨居江苏淮安府山阳县。一生治学，并未出仕为官从政，不仅精通经学，还精审于地理，凡山川、形势、州郡沿革，了如指掌，著有《四书释地》等地理书籍。

　　《尚书古文疏证》对"梅献版"的真伪考证，终于使学术界的主流意见大多倾向支持"梅献版"是伪书之说，这种对"伪书"之说的认同，从清朝一直延续到新中国时期，尽管也有一些反驳的学者和意见，但按照当时的说法，阎若璩的《尚书古文疏证》让"梅献版"是伪书之说成为铁板钉钉的定论。

　　阎若璩在撰写《尚书古文疏证》的过程中，心中已经认定"梅献版"是伪造的，他的心中是满怀一腔激动的热情，毕竟他将要证明当前已经研究了 1500 多年的《尚书》是一本后代伪造的版本，这在当时以经学为最高学术和思想的时期，能为他获得的学术成就和名声是难以想象的，当然令人激动。正因为他一心想证明其伪，以致他在证伪中使用的 128 条证明论点，有许多是不严谨的，甚至有一些是牵强的，随即被反对"梅献版"是伪书的学者反驳。

　　几乎在同时，就有学者毛奇龄（1623~1713 年，比阎若璩大 13 岁）撰写《古文尚书冤词》，但反驳方的力量相对比较单薄，后继的清朝顶尖学者基本都认同"伪书"之说。但对于支持阎若璩"伪书"之说的力量，在现代学者张岩先生的考证下，被认为是融入了清朝朝廷的政治力量。

　　究其原因，可以注意到如下事实。首先，乾隆的祖父康熙说过："阎若璩学问甚优。"（从而使）乾隆之父雍正与阎若璩有特殊关系。雍正为皇子时，得知阎氏命其子跪迎康熙"恳请御书"，就写信他入京，设法代求御书。阎氏不顾年老病衰，赶赴京城，被雍正请进府邸，尊为上宾，但不久就病重辞世。雍正"遣使经纪其丧"，并"亲制挽诗……复为文祭之"，其祭文有："下笔吐辞，天惊石破。读书等身，一字无假……孔思周情，旨深言大。"其挽诗有："一万卷书维子读，三千里路为余来。"

——张岩《审核"古文尚书"案》

张岩先生认为，乾隆之父（雍正）和祖父（康熙）对阎若璩的表彰（学问甚优，一字无假）已经为四库馆臣定下评判基调。从而，纪昀（1724～1805年）等四库馆臣，旗帜鲜明地支持阎若璩，对毛奇龄的见解则一概否定："阎若璩之所辨，毛奇龄百计不能胜"，"毛奇龄撰写《古文尚书冤词》百计相轧，终不能以强词夺正理"。到乾隆时期，"伪书"之说几乎在当时已经成为定局，但"梅献版"已经传承了1500多年，这又让当时的经学学者在心理上和思想上都还不能，也不敢舍弃"梅献版"，于是又推出"梅献版"虽然是伪书，但它的"思想和大义"是经典的说法。

"钦定"的《四库总目》在《古文尚书冤词》条下的简介，代表了这一正统经学的普遍观点，一方面指明伪孔本（即"梅献版"）的确非孔氏之原本，则验证多端，非一手所能终掩；一方面又说梅赜之书，行世已久，其文本采缀逸经，排比连贯，故其旨不悖于圣人，断无可废之理。

——刘起釪《〈尚书〉学史》

近代历史学家钱穆考证到，在毛奇龄撰写了《古文尚书冤词》后，阎若璩阅读了这本反驳他的书后，随即修改了他的《尚书古文疏证》，原来有128条的证论，实际刊印时只有99条。由此可见阎若璩急于求成、急于求证的急切心理，造成他的论证带有主观和客观的偏袒和疏漏，自然成为反驳他的学者们的争辩焦点。从此以后，对"伪书之说"的反驳和论证一直延续到今日，从未有过停止，最终成为中国经学历史上最大的诉讼之案。

第17章 王肃、郑冲和"梅献版"

17.1 王肃的父亲王朗

"梅献版"古文《尚书》和孔安国注，也就是我们今天读到的《尚书》版本，是真的，还是伪造的？如果是伪造的，是谁伪造的？到现在仍然没有定论。让我们带着这些问题重新回到郑玄去世后，三国曹魏时期，来一探这部"梅献版"古文《尚书》和孔安国注。

公元220年，曹操去世，长子曹丕继位，随即让汉献帝禅让位给他，汉魏更替，三国的魏朝建立。魏文帝曹丕拜王朗担任三公之御史大夫（司空）。

王朗字景兴，东海郡郯县人，通晓经书，拜太尉杨赐为师，拜为郎中……（汉灵帝末年）在遴选三署郎官补任县长时，王朗（被选为）丘县县长。
——《三国志·魏书十三·王朗传、臧洪传》

王朗没有深厚的家族背景，和东汉的桓荣一样，是依靠自己和他的老师，太尉杨赐，进入仕途。王朗自然传承了杨赐家族正宗的今文欧阳《尚书》学说。

（随后）徐州刺史陶谦推举王朗为茂才（东汉的公卿和州郡高官每年都要各举荐秀才一名，意为优秀人才。东汉因避光武帝刘秀名讳，遂改称茂才），当时汉献帝在长安（192~196年），关东起兵，王朗是陶谦的侍从（参谋），与陶谦的副手赵昱等劝说陶谦："《春秋》的要义认为，诸侯最重要的职责就是效忠王室。现在天子远在西京（长安），应该派遣使者去接受皇上的命令（表示效忠）。"陶谦于是派赵昱拿着（效忠的）奏章到长安。天子赞美他们的忠心，授予陶谦安东将军。让赵昱担任广陵太守，王朗担任会稽太守。
——《三国志·魏书十三·王朗传、臧洪传》

如前文所述，经学大家虞翻的家乡就在会稽郡，在公元192年左右，正是刚刚被献帝任命为会稽郡太守的王朗将虞翻招入仕途。虞翻侍从王朗不久，就面临着孙策（孙权的哥哥）的进攻，虞翻劝王朗避开孙策，但王朗认为他是汉家的朝臣，有责任保卫城池，坚持出兵迎战，但被孙策打败。王朗带着自己的母亲和虞翻逃到现在的福州附近。王朗因虞翻的父亲刚刚去世，还在守丧时期，虞翻母亲也需要人照顾，就让虞翻回到家乡会稽，虞翻也就归顺了孙策。

而孙策对王朗继续穷追猛打，王朗只好投降，此时已快到公元195年了，一年多后，献帝被曹操迁往许昌，到公元198年，曹操即用献帝的名义将王朗诏令到许昌，拜为谏议大夫。从此以后，两人一个侍从曹魏，一个侍从孙吴。

杨赐是欧阳《尚书》学的宗正，王朗作为他的学生，自然精通欧阳《尚书》，必定也收藏有今文的欧阳《尚书》经文和章句的抄本。尽管董卓之乱让官方的藏书丧失殆尽，造成魏朝廷几乎没有一部标准的经书和章句，但毕竟《尚书》今文三家的学术已经开枝散叶三百多年，此时的王朗，假如曹操让他讲授欧阳《尚书》，对王朗来说，无论是他的政治地位，还是作为欧阳《尚书》学的传承，应该都是绰绰有余的。如前文所述，虞翻同样精通经学，两人都精通《尚书》，因此两人在会稽郡相处的几年当中，相互交流和切磋《尚书》学说是必定发生的事情，由此笔者推测，虞翻对郑玄经学，比如郑玄的《尚书》注释，持有的质疑必定影响了王朗。

同时王朗和当时的孔融也有相互的书信交往，曹操起初征召王朗的时候，王朗还屈从在孙策手下，王朗一时没有应召前往，而是在孔融写信给王朗，加以劝说后，王朗才归顺曹操的。

> 朗被徵（被曹操征召）未至。孔融与朗书曰："世路隔塞，情问断绝，感怀增思。前见章表……主上宽仁，贵德宥过。曹公辅政，思贤并立。策书屡下，殷勤款至……谈笑有期，勉行自爱。" ——《三国志·王朗传》裴松之注

如前文所述，孔融尽管和郑玄是生死之交，但对郑玄的经学同样持有质疑，所以笔者认为，王朗在与虞翻和孔融的学术交流中，自然受到他们的影响，尤其是虞翻，由此使王朗对郑玄的经学学术也同样持有一定的质疑态度。

在曹魏的朝廷中，王朗的官职一路升迁，从军祭酒兼魏郡太守，再迁为少府、奉常（太常，负责文教祭祀）、大理寺正（廷尉，负责诉讼判狱），直到曹丕继位，王朗从大理寺正迁升为御史大夫（司空），成为三国魏朝的

三公之一。不久以后，就在黄初年间（220~225 年），他的长子王肃也进入朝廷中央担任散骑黄门侍郎。

王朗在会稽担任太守时，于公元 194 年，生下王肃。王肃 18 岁（公元 212 年），跟随宋忠学习《太玄》。　　　　——裴松之注《三国志·王肃传》

郑玄的经学能够"小统一"的原因之一，是他注遍各部经书，而在郑玄之后，第一位有记载的注遍五经的学者是王肃的老师宋忠，第二位能达到这样学术高度的人正是王肃，他除了继续完成父亲王朗的《周易》注以外，自己还对《尚书》《诗经》《三礼》（《礼经》《礼纪》《周礼》）《左氏春秋传》《论语》都作了注解。成为在曹魏时期，在经学学术上唯一能和郑玄相提并论的大儒，而且王肃的经学明确地立异与郑玄的经学。

笔者先简单地介绍一下"立异"和"反对"的区别，"立异"指的是自己对经文的理解，有一部分，或多或少地和另外一位学者的理解不一样，存在分歧，但也有部分的理解和解释是一样的，只是不是全盘接受，这就是对另外一位学者的经文解释的立异。"立异"不同于"反对"，"反对"是从根本上不接受对方的学说，比如虞翻对郑玄的《易》学就是反对，如前文所述，虞翻认为郑玄没有掌握《易》学的真髓，这是从根本上否定了郑玄的《易》学，所以就是"反对"。而王肃对郑玄的《尚书》学所持的态度只是"立异"。

因为王肃在经学学术上立异于郑玄学说，但当时郑玄的学说的影响力非常大，所以后代就有学者推测，王肃为了驳倒郑玄的一些注释，自己伪造了相关孔氏的书籍，比如《孔子家语》《孔从子》，用伪托孔子的语言来否定郑玄的学说。进而又发现，王肃对《尚书》的注解和"梅献版"的孔注有很多相同的地方，于是在唐朝，就有学者刘知几（661~721 年）开始怀疑王肃伪造了"梅献版"。

"肃亦注今文《尚书》，而大与古文《孔传》（"梅献版"）相类，或肃私见其本而独秘之乎？"　　　　——刘知几《史通》

到了清代，学者惠栋（1697~1798 年）在他的《古文尚书考》中说"宗王肃之所伪撰，以驳郑义，而伸肃说者耳"，直接怀疑"梅献版"的孔注就是王肃伪造的，以用来反驳郑玄。随后更多学者开始支持"王肃伪造"这个说法。

"疑古文《尚书》乃肃私为之。"　　　　——戴震《尚书今文古文考》

"伪书非王肃作，即皇甫谧作，大约不出二人手。"

————王鸣盛《尚书后案》

这些学者相继指出王肃一手伪造"梅献版"孔安国注，但都还只停留在学术上的怀疑和讨论上。直到学者丁晏（1794～1875年）写出《尚书余论》，他认为以上学者议论尚未明确地论证他们的想法，因此丁晏专门撰写《尚书余论》加以申辩和论证。丁晏用21条的论点，论证了孔安国只传授古文，但并没有撰写"注释"，当时的"梅献版"孔安国注，及《论语注》《考经传》都是王肃依托伪造的。

对王肃伪造《孔子家语》和《孔从子》，现在大多的学者是认为王肃只是修改和增加了其中的内容。但王肃是否伪造了"梅献版"的古文《尚书》经文和孔安国注，目前仍然没有主流定论，笔者的观点是王肃并没有伪造。

17.2 王肃的学术传承

我们带着这样的问题，先了解一下王肃的学术传承。教授王肃的人，除了他的父亲王朗，还有他的老师宋忠。在郑玄之后，第一位有记载的注遍五经的"通儒"正是王肃的老师宋忠。

宋忠的身世和学术传承的历史记载非常得少，现代学者王志平考证到《经典释文·序录》中记载，宋忠是南阳郡章陵县（今湖北枣阳）人。他为了躲避东汉末年的战乱，来到相对安稳的荆州，此时的荆州正被刘表统治。

刘表，山阳郡高平人，鲁恭王的后代。在汉灵帝继位后的党锢案中，他是有名的"八顾"之一，当时朝廷下诏要捉拿他治罪，刘表逃跑才没有被抓。党锢以后，刘表自己招兵买马，聚集兵众。首先占据了襄阳城，不久后，基本平定长江以南，占据荆州。

建安三年（公元198年），长沙郡太守张美率领零陵、桂阳三个郡背叛刘表，刘表派军队镇压，打败了张美，平定了这些地区。刘表因此拓展的地区更广，南接五岭，北连汉川，方圆几千里，有盔甲的战士有十多万……（刘表治理当地武装势力非常成功），荆州很快就恢复平静。地方上的大、小豪杰都来归附刘表（和战火纷飞的关中相比，荆州算是当时的一方净土）。关西、兖州、豫州的学者文人来投奔的有几千人，

刘表都给予安抚周济。 　　　　　　　　——《后汉书·刘表传》

刘表本来自己就是"党人"，也是学者，所以不光对前来归附的学者加以资助，在他相对安稳的荆州还大兴文教。

于是刘表建立学校，广泛招纳儒家学者，像綦母闿、宋忠等人撰成《五经》章句，称为《后定》。刘表爱护百姓，供养学者士人，因此从容地守住了荆州。 　　　　　　　　　　　——《后汉书·刘表传》

从记载可知，宋忠等学者在刘表的荆州，撰写了他们自己的《五经》章句，称为《后定》，也就是根据他们自己的研究，而确定的章句注释，有别于早先各版的章句，就称为后定。只可惜这部书早已消亡，我们甚至无法知道其中《尚书》章句的经文底本是今文的，还是古文的。现代学者王志平考证到相关此书的一些信息。

《刘镇南碑》：（刘表）笃志好学，吏民子弟，受学之徒，盖以千计。洪生巨儒，朝夕讲诲，訚訚如也。虽洙泗之间，学者所集，方之蔑如也。深愍末学，远本离质，乃令诸儒，改定五经章句，删划浮辞，芟除烦重，赞之者用力少，而探微知机者多。又求遗书，写还新者，留其故本，于是古典旧籍必集州间。

所谓"洙泗之间，学者所集，方之蔑如也"，是指孔融为北海相时而形成的学术中心，（以郑玄为主要中心学者）……依碑之所云，荆州学派的章句之学是一种简易之学。 　　——王志平《中国学术史·三国两晋南北朝》

非常明显，荆州刘表和宋忠等的《五经章句》就是针对"洙泗之间"以郑玄学说为主的章句而编纂出来的。因为他们认为郑玄的章句仍然"浮辞、烦重"和"远本离质"，所以要"删划、芟除"，由此让学习的人能"用力少，而探微知机者多（能获得更多的经文大义）"。当然笔者认为刘表和宋忠对郑玄经学的批评实际是稍微过重了，但考虑到郑玄注解经文综合采用谶纬和诸子百家等，他们有这样的评论也符合情理。我们可以很容易地判断，宋忠的《尚书》学同样是对郑玄《尚书》学持有异议的。作为王肃的老师，《五经章句》这种简明扼要的注经方式，不会不对王肃的经学产生影响。王肃注解经文的最大特点之一，简明切要，正是传承了老师宋忠《五经章句》的特点。

由此笔者可以明确地推断，王肃的父亲王朗因为虞翻而对郑玄的经学持有质疑，王肃的老师宋忠更是立异于郑玄经学，他们都是对郑玄经学章句立异的学者，王肃在这样的经学教育下，我们可想而知，自然会使他先天就有对郑氏学抱有质疑的学术态度。不过，这只是质疑，也就是在一部分的经学学问问题上会有自己的见解，而不是全盘否定。除了父亲和宋忠，王肃自己也学遍郑玄、贾逵和马融的学说，王肃在《孔子家语》的序中写道：

> 郑玄的学说风行天下已五十年了，我从童年开始，就有志于学问，而学习的就是郑玄的学说。
>
> ——《孔子家语》

王肃对郑玄经学的质疑很大一部分的原因来自教授他的父亲和老师的学术态度，以致这种对郑玄经学批判的学术思想，在王肃学术的道路上一直伴随着他。

> 根据他（郑玄）的著作，考证其文句表述的历史，考察文章字里行间表达的大义，发现不妥和违背经文原意的地方很多，因此我就把这些不妥的地方改正了过来。
>
> ——《孔子家语·王肃序》

> 起初，王肃喜好贾逵和马融的学说，而不好郑玄的，王肃采会同异，为《尚书》《诗》《论语》《三礼》《春秋左氏传》作了注解，又撰定父亲王朗的《易》传，都被列为学官。
>
> ——《后汉书·王肃传》

因此笔者认为王肃对郑玄学说的立异，最主要的原因有两个：首先就是学术的本身，是经学学术上的分歧；其次是王肃出仕为官后，将经学应用在朝政礼仪上的客观需求，这点将在后文详细叙述。所以笔者认为，并非是后代一部分学者推测的，王肃在仕途中出于政治原因去反对郑玄，这个因素有，但微乎其微。笔者认为，这是因为在三国时期，整个政治环境是以战争为主导，文教思想和经学学术对政治的影响力甚小，而绝非如在西汉和东汉的稳定时期，皇权和政治环境长时期的稳定，此时的政治才会更多地受到文教思想的影响，因为政局稳定时需要治理天下，文教是其主要的工具，也是理论依据，而三国时期是争夺天下的政治环境。

17.3 曹丕继位的纷扰

公元220年2月，曹操在洛阳去世，此时太子曹丕身在邺城。在曹操还未去世，临终重病时，紧急召回身在长安的另外一位儿子曹彰，是曹操的第四子，曹丕的同母弟弟。

在一年多前，建安二十三年（公元218年），代郡的乌丸族反叛，曹操任命曹彰担任北中郎将，行使骁骑将军的职责进行平叛，同时又让夏侯尚共同参与了曹彰的这次军事行动。夏侯尚是夏侯渊的侄子，和当时太子曹丕的交往非常密切，夏侯渊是曹操刚刚起兵时，就跟着曹操南征北战的心腹大将。

太祖（曹操）还未出仕时，曾因一件诉讼案将被治罪，夏侯渊替了（曹操）的重罪，曹操又设法营救了他，他便也免受灾祸。——《三国志·夏侯渊传》

这一仗，曹彰和夏侯尚平定了代郡，大胜而归。

曹彰出击大获全胜，斩首俘虏几千人……当时鲜卑族的首领轲比能率领几万人马观望双方强弱，看到曹彰奋力冲杀，所向披靡，便请求臣服。这样北方便平定了。当时，曹操在长安，召曹彰到自己的行营（进行表扬）……（然后）曹操回京都，任命曹彰行使越骑将军职权，留在长安。

——《三国志·任城陈萧王传十九》

曹操召见曹彰，但曹彰还未到洛阳，曹操就去世了。

曹彰到洛阳后，对曹植说："先王召我者，是想立你为太子。"曹植说："不可，难道没看到袁绍和袁术氏（兄弟相争）的下场吗！"

——《三国志·任城陈萧王传第十九》裴松之注引《魏略》

贾逵统领主持（曹操）丧事，这时候越骑将军鄢陵侯曹彰，从长安赶来，问贾逵先王的玉玺印绶存放的地方。贾逵正颜厉色地说："太子在邺县，国家已经有了储君，先王的玺绶，不是君侯您所应当问的。"

——《三国志·贾逵传》

贾逵曾经是曹操的府中的主簿，是深得曹操信任的朝臣，负责曹操的文书，相当于最贴身的机要秘书长，他应该有曹操的遗诏才能统领丧事。很明显，贾逵将一次内部的继位不稳定因素，消灭在萌芽状态，尽管曹彰和曹植对话的记录不一定完全可靠，但除此之外，当时身在邺城的曹丕，要继承王位仍然是有隐患的。

（当时）士兵和民众颇苦劳役，又有疾病在传播，于是军中扰动。（曹操去世）群臣恐天下有变，想先不发丧。但贾逵认为不可以保密，于是发出丧事，命令内外官员都进入宫中哀悼，进入后，即各自安叙不得擅动。而此时青州在洛阳的驻军，却擅自离开洛阳，并沿途击鼓以增加影响。

——《三国志·贾逵传》裴松之注引《魏略》

历史学家田余庆先生分析了这个"青州军鸣鼓擅离洛阳"事件。在曹操生前，在多支归降的地方军阀中，只有徐州和青州当地的军队，还没有完全接受曹操的调配，他们的首领是臧霸。

曹操在世时，这两部分军队尚能接受驾驭，未出大的问题，曹操死，矛盾便立即爆发了……所以，这件事不同于一般的军中鼓噪，而是青徐地方势力在汉魏易代之际的一次重大干扰，造成严重的政治混乱。曹丕应变是否得宜，对局势将有重大影响。 ——田余庆《秦汉魏晋史探微》

面对此时紧张的形势，有部分朝臣建议追讨擅离的青州军，并且更换洛阳城防守的人员，但当时更加持重的贾逵和徐宣主张此时应采取安抚政策，反对讨伐。

曹府众官员认为应该立刻禁止青州驻军的行为，如果青州军不接受命令，即可发兵征讨。但贾逵以为"此时正是大丧在殡，嗣王未立，安抚青州军更加合适"，于是发出命令，让青州兵所经过的地方都要向他们提供粮草食物。

——《三国志·贾逵传》裴松之注引《魏略》

曹丕此时的策略是先稳住局势，控制要害，尽快继承王位。要继承王位，首先要将曹操的遗体尽快送到邺城（今河北临漳），因为曹操的陵墓"高陵"是修建在邺城，然后才能进行葬礼和王位继承的仪式。

贾逵主持统领曹操的丧葬，而具体负责管理和实施的是司马懿，同时夏侯尚被派手持符节，护送太祖的灵柩回到邺都安葬。

司马懿，河内郡温县孝敬里人。司马懿少年时即有奇节，聪明而有谋略，博学而多闻，潜心于儒学研究。曹操征召他为丞相府文学掾，让他与太子（曹丕）一起相处以切磋学问，后迁为黄门侍郎，又转为议郎、丞相东曹属，不久转为主簿。公元216年5月（汉献帝加封曹操为魏王），迁为太子中庶子，每次参与议定大事，总有奇策异谋，为太子所信任和重用。——《晋书·宣帝纪》

可见负责曹操丧葬的人员，都是和太子曹丕关系极其密切的人员，在内紧外松的氛围下，曹丕控制住了局势，"青州军鸣鼓擅离洛阳"的事态没有被扩大，没有造成更大的混乱。只是青州和徐州军队不受节制的事成为曹丕内政的最大隐患，因为曹丕担心内患和外忧结合在一起，对魏国将是毁灭性的打击，这个外忧就是在长江以南的孙权。

魏国的徐州和孙权吴国的地界相连，双方大致以长江为界，孙权手下负责长江此段区域（江北为徐州）的大将是孙韶。

孙韶任边将几十年，善于养待士卒，兵士们都尽命效力。他全心致力于边界警备，派人深入敌后侦察敌情，预先探知敌军动静而相应做好准备。故此，很少打败仗……孙权问及魏国青、徐地方各处军营要害之处，远近人马布置多少，魏军将领姓甚名谁，孙韶全都清楚，有问必答。——《三国志·吴书》

可见孙权对徐州施加的影响很大，一旦徐州和青州的军队投靠孙权，或者被孙权策反，其后果都是不可想象的。因此曹丕在继承曹操的王位后，不到半年，在汉献帝还没有禅让帝位时，就亲自发兵南征。

延康元年（公元220年）6月7日，魏王（曹丕）在东郊操练士兵，26日，开始南征。

大军南征，到精湖，满宠（曹丕的将军）率诸军在前，与贼（孙权的军队）隔水相对。　　　　　　　　　　　　　——《三国志·满宠传》

田余庆先生分析认为，这次南征的目的是探测青、徐州虚实，或者是为了汉魏换代的预防警戒措施。笔者更进一步推测，曹丕出军除了警示孙权，也有可能派遣使者过江谈判，尽管这没有史料的依据，但笔者推测是有这种可能性的。因为曹丕大军还未返回时，孙权已经派遣使者奉献（即称臣之意），曹丕改朝换代后，孙权继续宣布称臣，一时两国边界平稳，这很可能就有两方事先的谈判。所以此时曹丕大军压境长江之边，很有可能就是以战促谈，派遣使者过江，为即将的改朝换代进行谈判。其次就是为了威震青、徐州的军队，而更深一层的目的是为了阻断青、徐两州的军队和孙权可能的联合，为即将的汉魏交替消除这个心腹大患，此次南征应该是得到了曹丕期望的多个目标。

文帝曹丕在当年10月，取代东汉，建立魏朝，年号"黄初"。半年后，公元221年4月，刘备在成都称帝，并明确宣告是承接汉室正宗，是为蜀汉，又直指曹丕是窃居帝位。当年7月，刘备即开始进攻孙权，到第二年，公元222年的5月左右，孙权在夷陵打败了刘备，由此孙权的信心大增。而曹丕对孙权臣服的疑心也随之增大，几次让重臣与孙权接洽，要求他把儿子孙登作为人质送到魏朝廷做官，孙权都托词决绝了。于是公元222年的9

月，曹丕再次兵分三路征伐孙权。其中东路军由曹丕的叔父曹休节制，而被节制的东路军大将之一，正是青、徐州地区的军队首领臧霸，他的军队作为东路军的主力攻打孙权。此次战役，双方各有胜负，但都未有实质性的战果。然而，曹丕通过这次征讨，压制了孙权称帝的想法，让他仍然保持表面上的臣服。另外，田余庆认为曹丕借助此役，在战后收取了臧霸青、徐州军队的兵权，让他留在洛阳中央朝廷，担任执金吾。执金吾在武帝前称作中尉，是负责皇宫以外京都的治安，武帝太初元年后改名为执金吾，到东汉时职能已经大大缩减，曹魏之时，京都治安已经完全由中护军担任，已经完全是一个虚职了。

文帝曹丕怀疑臧霸与曹操去世时"青徐军擅离洛阳"的事有关联……"因臧霸来到朝廷，而夺取了他的兵权"。

——《三国志·臧霸传》裴松之注引《魏略》

下一年，223 年 4 月刘备去世，17 岁的太子刘禅继位，受刘备临终遗托，诸葛亮辅助刘禅。诸葛亮出掌大权后，短期内的战略是发展农业和平定蜀国后方南方的地区，以解决将来讨伐曹魏的后顾之忧。对曹丕来说，能够影响魏国的内忧和外患都基本得到了控制，与他继位的时候相比，整个政局和政权相对稳定了下来。正是在这样的大环境下，曹丕开始分出部分精力来考虑国家长治久安的问题。

17.4 司马懿的崛起

黄初五年（公元 224 年）4 月，曹丕设立太学，制定五经考试的规则，如前文所述，此太学院只是徒有虚名，大多进入太学院的儒生弟子是为了逃避兵役而来，当时无论是饱学之士还是高门贵族的子弟，都已经鄙视进入太学。而当时 30 岁的王肃，是曹魏时任的开国御史大夫（司空）王朗的儿子，自然也不原意在这个既无实权又无学问实质的太学任职。但笔者推测正是朝廷准备恢复建立太学院，需要学者为皇帝和朝廷出谋划策办理具体事宜，才使王肃有了机会，依靠父亲的背景和自己的才学进入仕途，就在这年，王肃被任命为散骑黄门侍郎。

王肃一生的期望就是能像父亲一样成为朝廷的三公之一。

王肃六十二岁这年（公元256年）病得很重，很多医生看了都认为无法医治。王肃的夫人问王肃有什么遗言，王肃说："朱建平（一位在魏国非常知名的相面先生，曹操和曹丕都相信他，把他作为郎官养在宫中）给我相面，说我能活过七十，位至三公，而今都未兑现，有什么忧虑的呢？"但王肃还是去世了。

                        ——《三国志·魏书二十九方技传》

实际上，因为三国鼎立，战争为主要国事，在魏国朝廷的太尉、司徒、司空这三公都没有很多的政务，权力和东汉相比也削弱不少，只是仍具有很大的政治和议事的影响力。通常在每月初一、十五奉诏入殿讲议朝政，即使对战事也可以出谋划策。而布衣出生的王朗，作为累世经学世家杨赐的门生，依靠自己的能力能够担任三公而荣耀至极，由此，也成为王肃的毕生追求。

王肃出仕后第二年，公元226年5月，文帝曹丕就在洛阳去世了。

黄初七年（公元226年）正月……五月十六日，文帝病重，召中军大将军曹真、镇军大将军陈群、征东大将军曹休、抚军大将军司马懿，他们都接受遗诏辅助继位的皇上……十七日，文帝在嘉福殿驾崩，年四十岁。

                            ——《三国志·魏书二·文帝纪》

从附政人员就可以知道，明帝曹睿继位后，朝臣权力地位的格局，曹真和曹休代表曹氏宗室把握核心的军权，陈群和司马懿是朝政上的辅助。这四位辅国重臣中，除了陈群，其他三位，在曹丕还是太子的时候就已经和曹丕非常亲密，深得信任。

（司马懿）迁为太子中庶子，每次参与议定大事，总有奇策异谋，为太子所信赖重用，与陈群、吴质、朱铄号称"四友"。   ——《晋书·宣帝纪》

司马懿和陈群已经共事二十多年，陈群来自颍川郡的大族，年少的时候就已经有所名气，连长他一辈的孔融都对他赏识不已。自从跟从曹操后便一路升迁，期间制定了著名的九品官人法（即九品中正制），代替了汉朝的"察举"选官制度，成为魏晋南北朝近四百年的选官制度。明帝继位时陈群和司马懿已经建立起极其密切和信任的关系，成为朝廷主要的一股政治力量。

曹真和曹休都是从小就失去了父亲，年幼时就被曹操收养，都是和曹丕从小一起生活长大的（参见图27）。

（曹操）让他（曹休）与文帝（曹丕）在一起，待他如亲骨肉。

                              ——《三国志·曹休传》

太祖（曹操）因为他（曹真）从小失去父亲而同情他，便收养了他，视同亲骨肉，让他与文帝生活在一起。 ——《三国志·曹真传》

他们成年后就跟随曹操南征北战，在他们的长辈曹仁（曹操的堂弟）去世后，军权自然由他们掌握。如前文所述，公元222年，文帝让曹休出征东吴孙权，从而收回青、徐军队首领臧霸的军权，以后文帝便让曹休担任扬州牧。因此在明帝继位之时，在中央朝廷，实际是有两股掌握实权的政治力量，陈群与司马懿为一股，另一股即是曹真。与此同时，明帝也开始启用自己的亲信，比如兼职散骑常侍的中书监刘放、中书令孙资、中护军将军蒋济等，但随之而来的外部战事立刻成为明帝曹睿最重要的政事。

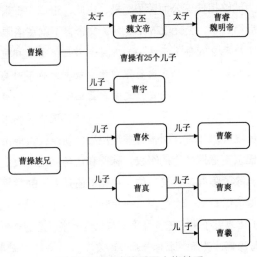

图27　曹氏家族重要人物关系

（文帝去世后两个月，公元226年）秋七月，孙权听说魏文帝曹丕去世，兴兵征讨江夏郡，围攻石阳城，无功而返。——《三国志·吴书二·孙权传》

这次进攻被江夏太守文聘和当时正好在代表明帝慰劳戍边将士的治书侍御史荀禹共同击退。

（当年同时）孙权又派将军诸葛瑾、张霸等率部进犯襄阳（这次明帝派出司马懿迎战），抚军大将军司马懿指挥魏军大破吴军，斩张霸。

——《晋书·帝纪第一·宣帝司马懿》

孙权的图谋全部被粉碎，明帝曹睿一一论功行赏。征东大将军曹休为大司马，中军大将军曹真为大将军，司徒华歆为太尉，司空王朗为司徒，镇军大将军陈群为司空，抚军大将军司马懿为骠骑大将军，加都督荆、豫二州诸军事。

通过这次外部的军事行动，司马懿显示了他的军事才能，更关键的是，获得了军权。陈群则被调任司空，王朗迁任司徒，他们和太尉华歆专职国家内政的管理，而司马懿从文职调入武职。在第二年的年底，公元 227 年 12 月，司马懿又出征讨伐叛乱的新城太守孟达，

太和二年（公元 228 年）正月，司马懿率兵攻破新城，斩杀叛将孟达，首级送往京都洛阳。

——《三国志·明帝纪》

尽管司马懿离开了朝廷中枢的位置，但连续两次的军事胜利让司马懿巩固了他的武职地位。

但司马懿打破了自从曹操时代以来，军权一直掌握在曹氏和夏侯氏一系手中的传统，是为曹魏政治的一大巨变，也是司马懿个人权势扩张的一个重要机遇。

——仇鹿鸣《魏晋之际的政治权力与家族网络》

而这种机遇接踵而至，公元 227 年，诸葛亮经过近三年的战备，将蜀汉的大军集结到了与曹魏的西部边界。公元 228 年春季，诸葛亮开始进攻曹魏，其最终目的就是取得曹魏的首都洛阳。

诸葛亮从公元 228 年春季到 234 年 8 月去世，几乎连续不断地对曹魏进行了 5 次大规模的进攻。第一次和第二次都在 228 年，明帝曹睿派出曹真，两次都抵抗住了诸葛亮的进攻，让诸葛亮几乎无功而返。第 3 次，公元 229 年，诸葛亮亲自率军出击，这次明帝只是让雍州刺史郭淮抵抗，由此曹魏失败，失去武都和阴平两个郡。因此，公元 230 年，曹真带兵征讨诸葛亮，并且让司马懿一同参与，但这次主动出征遇上三十多天不断的连绵大雨，入蜀的道路行走艰难，明帝曹睿只能下诏让曹真撤兵。

第二年，公元 231 年 2 月，诸葛亮再次发起第 4 次进攻，此次曹真再次出兵阻击，但在当年 3 月，曹真因重病返回洛阳，不久就去世了。此时，司马懿临危受命，紧急从驻扎的宛县奔赴西部前线。在司马懿的谋划下，两军对峙数月，当年 6 月，诸葛亮耗尽粮草，只能退兵。

3 年后，公元 234 年 4 月，诸葛亮率领十万大军展开第 5 次进攻，司马懿作为大将军统率曹军抵抗，双方再次陷入对峙，但这也是明帝曹睿和司马

懿的战略之一，无论诸葛亮如何挑战，司马懿都按兵不动，直到当年8月，诸葛亮在军营中病逝，蜀汉的军队才撤退。

在经过多年抵抗诸葛亮军事进攻的过程中，司马懿已经成为掌握实权的重臣。

司马懿能获此权力实由外部机缘促成之。诸葛亮的频频北伐是明帝时代曹魏最大的外部威胁，为了应对蜀汉的军事进攻，不得不打破惯例，将专制一方的权力授予司马懿。　——仇鹿鸣《魏晋之际的政治权力与家族网络》

而司马懿的政治影响力也很快超出了重臣的范围，公元226年文帝曹丕去世时给明帝曹睿安排的四位辅国大臣，曹休在公元228年、曹真在231年、陈群在236年都相继去世，这让司马懿的政治资历已经无人匹敌，加上抵抗诸葛亮的战功和军权，所以司马懿在朝中的影响力已经是首屈一指了。其中，曹真在231年的去世对司马懿的地位抬升最为关键。

曹真的去世与司马懿地位升降关系最密，曹真地位本在司马懿之前……是曹魏宗室中的干才，也是文帝、明帝时代控制军权的核心人物……但随着曹真病重无法任事，关中留下一个关键的人事空缺，魏明帝需要寻找一个足以稳定关中局势、对抗诸葛亮军事威胁的人物（一位有实际才干的人物）。

　　　　　　　　——仇鹿鸣《魏晋之际的政治权力与家族网络》

17.5 王肃在明帝曹睿时期，嫁女

司马懿以自己的才干，完美地抓住了这个历史机遇。在这个司马懿政治实力彻底转变的期间，也是明帝朝廷政治势力重大变化的期间，王肃也同样抓住了机遇，但不是在战场上，而是在官场上。在诸葛亮第二次进攻曹魏的前一个月，公元228年11月，王肃的父亲王朗去世，王肃继承嗣位，为父亲服丧后，在第二年，升任散骑常侍，朝廷总共四位散骑常侍，这个职位被认为是通向三公九卿之高官的跳板。

公元231年，诸葛亮第4次攻势开始的这年，曹真去世，而就在当年，37岁的王肃将自己15岁的女儿元姬嫁给司马懿的次子司马昭，司马昭当时21岁。对此，我们可以解读成王肃决定依附司马懿，也可以认为是司马懿通过婚姻扩大政治联结，总之是一桩让两个家族都满意的婚姻。

　　司马懿在上一年，公元 230 年已经被委任协同曹真共同讨伐蜀汉诸葛亮，作为陪伴明帝曹睿左右的王肃，是非常清楚司马懿在当时朝局中的分量，而随着曹真的去世，联合司马懿将是政治上最好的选择。

　　但同时，王肃选择这个结婚的时间点，也不能完全说，是出于政治上的因素，也有出于王肃对婚嫁仪礼主张上的原因。王肃立异郑玄的经学，最主要是在"礼学"，即郑玄的"三礼"注解。其中婚礼是重要的礼仪之一，"三礼"的经文对婚礼的各个方面都有涉及，比如大到皇帝嫁娶的仪式步骤，小到结婚的年龄，而这结婚的年龄也正是王肃不认同郑玄注解的之一。

　　"三礼"之一的《周礼》中《地官·媒氏》写道："令男三十而娶，女二十而嫁。"郑玄的注解认为婚嫁的年龄，男方必须是三十岁、女方必须是二十岁，方可嫁娶，他用谶纬的思想作为他的理由，认为"二三者，天地相承覆之数也"。而王肃认为男三十、女二十是男女婚嫁年龄的上限，嫁娶不得过此年限，他的依据是《孔子家语》中孔子的语录"夫礼言其极，亦不是过。男子二十而冠；有为人父之端；女子十五许嫁，有适人之道。于此以往，则自昏也矣"，所以王肃认为男子从二十至三十、女子从十五至二十，都是结婚的年龄范围，只要不超过其这个年龄范围即可。王肃在自己的女儿刚满十五岁时就嫁给了二十一岁的司马昭，不得不说这是王肃用实际的行动反对郑玄婚嫁年龄的注解。当然选择司马昭作为对象，自然是政治的考量，这桩婚姻糅合了政治和学术两个因素。

　　当时明帝身边位列首位的重臣正是陈群，而陈群和司马懿，如前文所述，从文帝曹丕还是太子时就已经是密友，双双共事十几年，又同为文帝托付的辅国大臣，一个在朝廷中枢，一个手握军权在边关。诸葛亮在公元 229 年第 3 次进攻，赢得武都和阴平两个郡后，公元 230 年，曹真向明帝曹睿提出征讨诸葛亮，当时陈群是极力反对的，理由是进入蜀汉的道路艰险，后勤粮草也难以保障，但明帝没有听他的。曹真随即发兵，还让司马懿协同作战。但陈群仍然继续坚持谏言反对，此时王肃全力支持陈群，用完全一样的理由上书，谏言撤回大军。这其中，我们已经依稀可见陈群、司马懿和王肃这股政治联结。王肃能够担任散骑常侍，这其中非常可能有司马懿和陈群推动的因素。总之，王肃在父亲王朗去世两年多后，在明帝的朝廷中已经有了联合力量，不再相对孤立。

17.6 郑冲和"梅献版"

大约最晚到公元234年左右，正是司马懿统帅抵御诸葛亮第五次向魏朝发起进攻的这一年，朝廷中新升迁了一位常侍，名叫郑冲。皇帝配备四位常侍，地位比散骑常侍要略低。

郑冲字文和，荥阳开封人。出身于贫寒低微，但超越常人树立节操，清恬寡欲，沉迷经学和历史，对儒学及百家之言有广博的研究。举止儒雅，行为遵循礼节，真率自守，从不追求所住乡里的美誉，因此州郡很久没有发现他的才能，而举荐他。

魏文帝（曹丕）为太子时，搜求提拔隐没在民间的人才，任命郑冲为文学，多次升迁为尚书郎，又出京补任陈留太守。郑冲以儒雅为美德，任职不求美名，对自己吃饱穿暖即可，不经营私人资产，世人因此看重他。

——《晋书·郑冲传》

可见郑冲不像王肃，更像他的父亲王朗和当年东汉的桓荣，没有家族背景，依靠自己的才学和清正廉洁获得认同，进而在仕途中升迁。在公元234年，王肃正担任散骑常侍，和常侍郑冲同朝为官，但王肃已经是司马懿的亲家，在朝中的地位要比郑冲高得多，史料没有记载王肃和郑冲之间的来往。依据唐朝孔颖达的《尚书正义》记载，"梅献版"古文《尚书》和孔安国注最早就出自郑冲。

《晋书》又云："晋太保公郑冲以古文授扶风苏愉，愉字休预。预授天水梁柳，字洪季，即谧之外弟也。季授城阳臧曹，字彦始。始授郡守子汝南梅赜，字仲真，又为豫章内史，遂于前晋奏上其书而施行焉。"

——《尚书正义·虞书》疏文

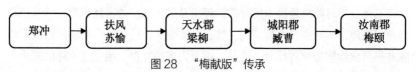

| 郑冲 | → | 扶风苏愉 | → | 天水郡梁柳 | → | 城阳郡臧曹 | → | 汝南郡梅颐 |

图28 "梅献版"传承

这是我们现在对"梅献版"流传唯一的和最早的记载。"梅献版"最早出自郑冲，郑冲又是从哪里得到这部"梅献版"的呢？

（唐玄宗时期的徐坚），在他的《初学记》中引用《尚书正义》道："安国书成后，遭汉盅惑，事不行。至魏、晋之际，荥阳郑冲私于人间得而传之，独未施行，东晋梅赜奏上，始列学官，此则古文矣。"今天孔颖达《尚书正义》这个版本并没有这段文字。　　　　　　　——《〈尚书〉学史》程元敏

《初学记》是唐玄宗（公元712~756年在位）为方便他众多皇子习作时引用典故、检查事类而命集贤院学士徐坚等编辑的一部知识分类书籍。可以说，是在皇子们练习学问基本功时所用的小百科，所以取名为《初学记》。

从记载可知，郑冲是自己从民间收集得到这本"梅献版"，再以私学的方式开始传授这本"梅献版"。同时，后代的学者认为王肃也阅读研究过这部"梅献版"，王肃在《孔子家语》的序文中自己说道：

孔子的二十二孙有一位叫孔猛的，他家藏有先人的书。他过去曾跟随我学习，不久前从家里回来，把先人的书拿给我看，书中所记载的和我的见解如出一辙。　　　　　　　　　　　　　　——《孔子家语》

但王肃说"孔猛给他看过孔氏藏书"的话是否真实，我们不能确定，即使真实，"孔氏藏书"中是否有真正的"孔献版"古文《尚书》，我们更无法知道。那么对这些信息，我们就有以下这些问题：

1. 郑冲从民间得到"梅献版"，阅读和研究了"梅献版"是否可靠？

2. 王肃是否阅读和研究过"梅献版"？

3. 郑冲和王肃如果阅读过，那么他们自己是否相信他们读的版本就是"孔献版"。

首先，对郑冲是否阅读和研究过"梅献版"，从记载的文献看，记载这件事的是《尚书正义》和《初学记》，这两本书分别是唐太宗（627~649年）和唐玄宗（712~756年）两位皇帝诏令编撰的书籍，如前文所述，是由一批学者共同编撰和审校完成的，所以笔者认为记载是可靠的。

"梅献版"的传承脉络的原始记录最有可能的就是来自梅赜，在他献上这本书的时候，同时上奏这本书的来历，以证明这部古文《尚书》的真实性，是非常符合逻辑的。由此，问题就是梅赜上奏的传承信息是否真实了。但有一点是毋庸置疑的，那就是谁将这个"梅献版"伪托成"孔献版"，谁就是陈述这条传承信息的人，我们将在后文叙述"梅献版"卷篇结构和梅赜时，更详细地分析这个问题。

其次，王肃是否阅读研究过，后代学者们发现，王肃的《尚书》注释有

部分是和"梅献版"完全相同的，所以普遍认为王肃是阅读过"梅献版"的，甚至认为是王肃伪造了"梅献版"。

《经典释文·序录》写道："王肃注解《尚书》，注解大致与古文（'梅献版'）相类似，难道王肃私下见过《孔传》（'梅献版'），并秘藏了这部书？"

孔颖达《尚书正义·舜典》也写道："王肃 的《尚书》注解，其言大多与《孔传》（'梅献版'）相同。"

学者们考证到一个例子，证明王肃是研究过"梅献版"的。《左传》在哀公六年这一节引用了《夏书》"有此冀方，今失其行，乱其纪纲，乃灭而亡"这句话，贾逵和服虔等学者，都将《夏书》的"乃灭而亡"发生的时间解读为"夏桀"的时候。夏朝大约有17位皇帝，所以当时各家自然认为是亡于夏朝最后一任帝王"夏桀"。但在"梅献版"的《五子之歌》中，这篇描述了夏朝第三位皇帝太康因为贪图享乐而失去国家，被五个弟弟和母亲所怨恨，篇中有这样一句话"有此冀方，今失厥道，乱其纪纲，乃底灭亡"，而唯独王肃对《左传》这句话的注解："是太康的时候"。在王肃的时期，皇宫中"孔献版"16卷24篇中的《五子之歌》已经在献帝迁都过程中亡失，而"梅献版"也有一篇《五子之歌》，所以众多学者认为王肃是研读过"梅献版"的。

那么郑冲和王肃是否就认为他们读到的这个不同于郑玄注解的版本，就是当年真正的孔安国献上的古文《尚书》"孔献版"呢？笔者推断，在王肃和郑冲阅读时，连是否是"孔献版"这个问题都不存在，王肃和郑冲更没有认为这个版本就是"孔献版"。王肃对这个版本只是参考。我们在下文将通过王肃和郑冲之间关系的分析，以及"梅献版"卷篇结构分析时，进一步证明这一点。

17.7 王肃任崇文观祭酒

如前文所述，王肃的女儿元姬在231年嫁给了司马懿的次子司马昭，在政治上已经彻底属于司马懿的阵营。同年，曹真去世，他的长子曹爽继承他的爵位。曹爽和明帝曹睿是同辈，在明帝还是太子的时候，就和曹爽非常友好。曹真去世后，不久就将曹爽任命为武卫将军。武卫将军，曹操设置的，起初名为武卫中郎将，文帝曹丕改为武卫将军，都督中军宿卫禁兵，直接负责皇帝和皇宫中的护卫工作，皇帝的安危就掌握在武卫将军手中，明帝曹睿对曹爽的信任可见一斑。只是曹爽此时还未成为司马懿的政治对手，曹爽对司马懿尊重有加，他是以对待父亲的礼节和司马懿相处的。

公元 234 年，诸葛亮去世，蜀汉退兵后，司马懿在朝中的政治资历和影响力无人可及。与此同时，明帝也从战争的政治环境进入国家治理的环境，此时政局趋于稳定，明帝开始引进儒生，建立文馆，设置学士，准备以“文”治国。

青龙四年（公元 236 年）四月，明帝诏令设置崇文观。

————《三国志·明帝纪》

王肃以常侍领秘书监，兼崇文观祭酒。　　————《三国志·王肃传》

王肃的职官任命，以散骑常侍“领”秘书监，“兼”崇文观祭酒。“秘书监”属太常，是文帝曹丕恢复的官职，掌管皇宫历代收藏的文书图籍。此时担任太常的人名叫常林，是司马懿的同乡。

常林，字伯槐，河内郡温县人……明帝曹睿即位后，常林被晋封高阳乡侯，升光禄勋、太常。　　　————《三国志·常林传》

景初二年戊午，公元 238 年，春正月……帝问吏部尚书卢毓：“谁可为司徒者？”毓荐处士管宁。帝不能用，更问其次，对曰：“敦笃至行，则太中大夫韩暨；亮直清方，则司隶校尉崔林；贞固纯粹，则太常常林。”二月，癸卯，以韩暨为司徒。　　　————《资治通鉴·卷七十四·魏纪六》

崇文观祭酒这一职，就是崇文观的总负责人。曹睿的崇文观的具体性质，史料中没有明言。但根据湖南科技大学中国古代文学与社会文化研究基地在“馆阁制度与北朝文学研究”中的分析，依靠后代的史料推断，它实际是魏国在皇宫内设立的一个贵族学校，并不是因明帝曹睿好文而设的文学馆。学子来源不是朝官，而是皇族和贵族的子弟。征集的不是文坛的“鸿笔之士”，也不是“经学大家”，而是皇族和贵族中的那些已经初步了解经文篇章的子弟。但此时曹魏已经有了太学院，为何还要设置一个“崇文观”呢？

崇文观的设立是为了让皇室子弟粗知经学、懂得文艺、能赋诗文，而不是让大臣中的能文者跟着皇帝属文赋诗。馆中学子都是皇族子弟，既不是皇帝侍臣，也不具备官员身份。曹睿在国家政局趋稳后，就设置此馆，来培养他们经史文艺方面的知识和能力，以使后代有能力以"文"治国，这应当就是明帝设置崇文观的初衷。而触发明帝曹睿这个初衷的真正原因，笔者认为是他要准备培养自己的继位人。

早在明帝刚刚继位之后，公元227年左右，司徒王朗就因为明帝的几个皇子都早早夭折而上奏明帝，在奏书中谏言明帝要养精蓄锐，专一于一小批后宫嫔妃，才能多得后代，还建议养育婴儿，被褥似乎不可以太厚，因为太热对弱小身体不适宜，反而难以防护，如果用普通的被盖，不要太厚，肯定能保护好皇子的金玉身体。我们可以看到司徒王朗对皇族后代的关心，已经到了被褥厚薄的细节，但明帝始终还没有皇子，到了公元229年，明帝颁布了一道诏书，其主要的大义是，按照礼法，皇帝如没能生养嫡子继承皇位，可在近亲旁支中选择贤德者以承嗣大宗。但这种非正宗而继承皇帝大位的人，不能借皇威加封自己亲生的父亲和母亲。明帝特此告知公卿百官，一定要引以为戒。今后万一出现近亲旁支的非正宗入朝嗣位的情形，务必使他明白是作为先帝后人继位的大义。如果有人以歪门邪道引诱和阿谀这位新君主，随意加封新君的亲生父母亲，那么朝廷的股肱大臣可以诛杀他。

这道诏书说明，在公元229年明帝已经在为后继无人做准备了，可惜在后面的5年多时间中仍然没有皇子出生，于是在公元235年明帝决定先过继两个男孩作为自己的后代。

青龙三年（公元235年）8月24日，册立皇子曹芳为齐王、曹询为秦王。

——《三国志·明帝纪》

而这两位皇子的出生背景，无人知晓。

明帝无子，抱养了齐王芳和秦王询。此为宫中的秘密，无人知其底细。

——《三国志·魏书四·三少帝纪第四》

而紧接着在下一年，公元236年4月，就在皇宫内建立了学校崇文观，因为无论从学术上还是安全上考虑，皇宫外的太学院都不合适，所以笔者推断崇文观就是明帝为培养继位人而设立的皇家学校。既然是要教授将来的皇位继承人，教授的老师自然是重中之重，候选人需要同时包括两个因素：一是学问深厚，二是政治背景，而王肃作为当时经学的魁首和司马懿的亲家，担任总负责（祭酒）这一职，自然也就顺理成章了，王肃同时担任的"秘书监"而具有的检阅皇家藏书的权利，正是为了教授皇子们而配套的"职位"。

更关键的是，王肃肯定非常清楚设置崇文观其中实际的缘由，担任此职，实际就是将来皇帝的老师，就是帝师，按照历朝历代的传统，只要新皇帝继位，原来的帝师至少是皇帝的辅助大臣。这其中的分量，王肃清楚，司马懿清楚，而朝局也清楚。

而郑冲当时还是常侍，明帝仍然只是将他当作"礼仪和经史"的专家任用，而不授予实事和实职。当时（公元 236 年或 237 年），侍中卢毓，卢植的孙子，在担任了三年的侍中后，得到明帝的肯定和信任，升迁他为吏部的尚书，是管理官员的委任和升迁的最高官职，同时让他再推荐一位来代替他侍中的职位，卢毓推荐了郑冲。

明帝说："郑文和（郑冲，字文和），我自己已经很了解他了，你可以举荐我没听说过的人。"

——《三国志·卢毓传》

明帝以寻觅新人为借口，非常婉转地拒绝了郑冲，郑冲仍然担任常侍，而王肃此时以散骑常侍、秘书监和崇文观祭酒这些职务让他离九卿之太常只有一步之遥。此时担任太常的人叫常林，是河内郡温县人，和司马懿是同乡，比司马懿要长一辈，和司马懿的父亲司马防是好友，此时即使司马懿的权位远超过常林，但每次见到常林都要以长幼之礼向常林跪拜，但常林认为这是司马懿向年轻人作出榜样，也坦然接受司马懿的跪拜。而此中的关键，是表明司马懿已经把常林以同乡至交的形式，笼络为同一政治阵营。

17.8 明帝去世时的波折

公元 238 年，明帝曹睿再次派遣司马懿发兵出征辽东，彻底解决当时最大的内部威胁。在曹操时代，辽东郡太守是公孙康，他去世后，因为两个儿子公孙晃、公孙渊年龄都还小，于是由他的弟弟公孙恭继位，成为一方军阀。但在公元 228 年 12 月，公孙渊发动政变，夺取叔叔公孙恭的政权。而在此之际，正是诸葛亮在魏国西部展开第二次猛烈进攻的时期，明帝曹睿为了稳定后方，只好先承认此事，任命公孙渊为辽东太守。随后几年公孙渊在曹魏和孙吴之间又表现出首鼠两端。待到诸葛亮去世，与蜀汉的战事平息后，明帝曹睿决定秋后算账，铲除这个内患。

征伐公孙渊一旦失败，公孙渊必定和孙吴会重新勾结，成为更严重的安全问题，所以此次征伐必须胜利。司马懿出发那天，景初二年（公元238年）正月，明帝曹睿亲自把司马懿送到洛阳城的正西门"西明门"，目送司马懿带着他曾经与诸葛亮战斗的主力部队出发，开始了一年的辽东远征。

当年（238年）九月七日，太尉司马懿挥师将公孙渊包围在（辽东）襄平，全歼叛军，公孙渊的首级被砍下送到洛阳示众。辽东叛乱被平息，诸郡重新归属于朝廷。

——《三国志·明帝纪》

司马懿斩首公孙渊的三个月后，12月8日，明帝曹睿重病，开始准备后事，其中最重要的就是辅佐新皇帝的人选，明帝原本想安排曹宇、曹爽、曹肇、夏侯献、秦朗，五人共同辅佐朝政，其中关键的是曹氏的三位族亲，参见图27。曹宇是明帝叔叔，从小和明帝曹睿就非常的亲近，明帝继位后，对叔叔曹宇的照顾和赏赐就明显不同。曹肇是曹休的儿子，与曹爽的父亲曹真，都是明帝当年继位时的辅政重臣。我们看到，其中并没有司马懿。

但曹宇却坚持辞让辅政大臣的重任，明帝曹睿于是问他的心腹重臣，中书监刘放和中书令孙资。

曹宇性情谦恭良善，陈述诚意坚持辞让。明帝召见刘放、孙资，到了卧室里面，明帝问道："燕王（曹宇）坚持辞让的实际原因是什么？"刘放、孙资回答说："燕王实在是因为知道自己不能担当这么大的责任的缘故罢了。"

——《三国志·刘放·孙资传》

明帝曹睿的想法随之发生变化，曹宇不愿意，但其他的几位都是愿意的，和他从小就亲近的曹爽成为他的第二候选人。另外，曹肇等人在以前已经和刘放、孙资产生了矛盾，刘放和孙资对将来曹肇掌权，心中非常地担忧和恐惧。曹宇既然辞让，明帝随即考虑启用曹爽为首辅重臣，而刘放和孙资立刻借此机会立刻支持曹爽，并推出了司马懿。

明帝（问刘放和孙资）："曹爽可以代替曹宇吗？"刘放、孙资随即表示赞成，又竭力陈述应该迅速召回太尉司马宣王，以维持护卫皇室。明帝接受了他们的意见，随即给刘放黄色专用纸张，让他书写诏书。

——《三国志·刘放·孙资传》

但曹肇立刻向明帝曹睿提出反对，笔者推测曹肇担心手握重兵的司马懿会对此关键时刻的局势产生影响，强烈建议明帝曹睿让司马懿结束辽东战事后，不要来洛阳，直接前往关中驻扎，同时曹休也支持司马懿应该直接前往镇守关中的建议，明帝于是又改了主意。

刘放、孙资离开后，明帝的主意又有变化，下诏制止司马懿，不让他来（京城洛阳）。

——《三国志·刘放·孙资传》

平定公孙渊后，天子先下诏让司马懿走便道去镇守关中。

——《晋书·宣帝纪司马懿》

刘放和孙资知道后，立刻再次劝说明帝曹睿，史书没有记载他们用了什么理由，但他们说服了明帝曹睿。

（明帝）又召见刘放、孙资说："我自己要召回太尉（司马懿），而曹肇等人反让我止住他，几乎败坏了我的大事！"命令他们再次书写诏书（召司马懿到京城洛阳）。

——《三国志·刘放·孙资传》

时间已经到了下一年，景初三年（公元239年）正月，司马懿率师已经从辽东回到黄河以北的河内郡驻扎。

明帝传令以驿马急召司马懿入朝。　　——《三国志·明帝纪》

由此可见，整个过程中，朝廷向司马懿至少发出了两份相互矛盾的诏令。

三日之内，诏书五次下达……宣帝（司马懿）大为震惊（已经担心朝中有大的变化），乘追锋车日夜兼行，白屋至京都（洛阳）四百余里，一个晚上便到了。

司马懿到了洛阳，在明帝去世前见到了他，由此尘埃落定。

司马懿匆匆赶到，马上被引入内宫。明帝拉着他的手嘱咐说："我的病已经很重了，现在把后事托付给您。你和大将军曹爽共同辅佐太子吧！我在死前能见到你，也没什么遗憾的了。"司马懿痛哭流涕，连连磕头，答应了明帝托付的嘱咐。当天，明帝驾崩于洛阳宫嘉福殿，年仅三十六岁。正月二十七日，被安葬在高平陵。　　——《三国志·明帝纪》

当司马懿在明帝曹睿前痛哭流涕时，齐王曹芳、秦王曹询就站在身边，曹睿特意指着齐王曹芳向司马懿说："这位就是新的皇帝，不要弄错了。"还让8岁的曹芳过去抱住司马懿的脖子。曹睿当天就病逝了，公元239年正月，年仅8岁的曹芳继位，改年号为"正始"。

17.9 王肃任太常考

司马懿和曹爽成为辅政大臣，曹爽是司马懿的晚辈，无论从政治资历和经验都还无法和司马懿相提并论，但曹爽作为皇族曹氏宗亲，骨子里高人一等的优越感，并没有因为司马懿的政治优势，而减慢他争夺权力的步伐。当然在表面上，至少在共同辅政的初期，曹爽在表面上还是非常尊重司马懿的。在曹芳继位的下一个月，公元239年2月，在曹爽的心腹丁谧建议下，司马懿担任太傅，位置在三公之上，实际是间接地削弱司马懿的政治权力，因为太傅向皇帝的上奏必须通过尚书台，这样曹爽就可以事先知道司马懿的奏疏，权力的争夺已经开始。而司马懿对待曹爽，一直是用隐忍和示弱的战略。

司马懿政治影响力的升降也直接影响了当时王肃的官职。

> 正始元年（公元240年），王肃出为广平太守。因为公事召回京都，拜为议郎。很快，升为侍中，迁为太常。　　——《三国志·王肃传》

新皇帝只有8岁，还在学习当中，实际就是由司马懿和曹爽两位执政，那么作为给皇帝应答咨询的散骑常侍，他的功能自然就微乎其微了，没有史料说明王肃为何会离开中枢朝廷，前往广平郡出任太守。几乎同时，同样是经学大家的郑冲，也是同样的原因，离开常侍的职位，被曹爽调入大将军府，担任从事中郎。

从王肃的记载看，"因为公事召回京都"，而正始元年（公元240年）正是"正始三体石经"开始筹备雕刻的时间，所以笔者推测王肃被召回京都的"公事"，应该和"正始三体石经"直接相关。另外一个同样重要的原因，此时太常常林的年龄已经很高，常林和司马懿是同乡，又是司马懿父亲的友人，司马懿一直对常林尊重加笼络，在公元238年明帝朝三公之丞相（司徒）空缺时，司马懿向明帝推荐的就是时任太常的常林出任丞相。

> 景初二年戊午，公元238年，春正月……帝问吏部尚书卢毓："谁可为司徒者？"毓荐处士管宁。帝不能用，更问其次，对曰："敦笃至行，则太中大夫韩暨；亮直清方，则司隶校尉崔林；贞固纯粹，则太常常林。"二月，癸卯，以韩暨为司徒。　　——《资治通鉴·卷七十四·魏纪六》

> 魏略曰：太傅（司马懿）每见林，辄欲跪……及司徒缺，太傅有意欲以林补之。　　——《三国志·常林传》裴松之引魏略

（已经是太傅的）司马懿因常林是同乡中德高望重的长辈，每每遇到他便跪拜行礼。

——《三国志·常林传》裴松之引魏略

所以笔者推测，常林和司马懿共同筹划了王肃接替常林出任太常的事宜。王肃被"召回京都"，没有朝廷中枢司马懿的政治影响和运筹，是不可能办到的。

由此笔者推测，在从正始元年 240 年到公元 244 年之间，王肃回到京都后，先经历了议郎和侍中的两次按部就班地加官。在此期间，常林以太常职位告老还乡，朝廷给常林加官"光禄大夫"，以表示敬重和优待，而王肃随即接替常林出任太常，但具体的年月，文献并无记载。太常的主要职责就是负责国家祭祀和文教，而国家祭祀的关键就是祭祀的"礼仪"，这是经学在实际政治中最关键的应用之一，王肃的学术声望和司马懿的政治影响是王肃担任太常缺一不可的因素。

与此同时，曹爽也在启用一批和他关系密切的人员进入朝廷中枢。

南阳的何晏、邓飏、李胜，沛国的丁谧和东平的毕轨，在当时都有一定的名望，他们想求进用，但明帝曹睿认为他们表面过于奢华而不务实际，没有重用他们。及至曹爽秉持朝政，就得到了进用，成为心腹。

——《三国志·曹爽传》

尤其是何晏，他正是汉灵帝时期大将军何进的孙子，何晏出生后，他的母亲嫁给曹操，从小在宫中生活长大，和曹爽一样，养尊处优，习惯于浮靡奢华。

起初，曹爽因司马宣王年事、德行俱高，经常向对待父亲那样敬重他，不敢专断行事。

——《三国志·曹爽传》

但在曹爽启用了这批与自己亲密的人后，在他们的怂恿和建议下，曹爽开始加快全面掌握权力的步伐。

及至何晏等人被任用，他们都拥戴曹爽，并告诉曹爽，重要职位不应交给外人。后来任命何晏、邓飏、丁谧为尚书，何晏主管官员选举，毕轨为司隶校尉，李胜为河南县令。从此后，他们决定的各种政事很少再和司马懿商议了。

——《三国志·曹爽传》

而明确作为司马懿派系的王肃，自然对何晏等这批人为所欲为的施政方式毫无顾忌地加以指责。

时大将军曹爽专权，任用何晏、邓飏等。王肃与太尉蒋济、司农桓范论及时政，王肃正色地说道："此辈即是弘恭、石显之类的人，还需要再说明吗？"曹爽听闻后，告诫何晏等人说："你们都要小心谨慎，公卿（王肃）已经把各位比作前代恶人了。"《三国志·王肃传》

其中司农桓范是曹爽的心腹，王肃并不忌讳，一来可以说明王肃的派系明确，二来说明这时双方的势力已经处于针锋相对的状态中了。王肃说出这句话时，已经在九卿之太常的职位上，因为在曹爽告诫何晏等的话中，称呼王肃为公卿，太常是九卿之一，才称呼为卿。如前文所述，此时司马懿对待曹爽是采用回避和示弱战略，王肃的攻击性言语自然很快招来曹爽和何晏的报复，也是他们扩展权力的一步，在司马懿回避和示弱的策略下，王肃当然没有也不会有任何的抵抗。

（王肃）因为宗庙（祭祀和礼仪）的事被免职。——《三国志·王肃传》

正始六年（公元245年）8月，曹爽找了一个理由免除了王肃太常的职位，接任王肃的是当时的九卿之一，廷尉高柔。高柔以判案治狱公正而被曹操所赞誉，在典刑上享有很高的名誉，在接任王肃太常前已经担任廷尉（负责判案治狱）达23年。

正始六年（公元245年）……八月丁卯，以太常高柔为司空。

——《三国志·三少帝纪第四》

黄初四年（公元223年），高柔升迁为廷尉……高柔在廷尉官位上二十三年，转任为太常，十天后又升为司空，后来又改任司徒。

——《三国志·高柔传》

以上两条记录明确地记录了王肃担任太常一段时间后，在公元245年8月被免职。而代替他的廷尉高柔擅长的是法典，而非经学，所以也是曹爽用来过渡的人选，10天后即升迁为三公之司空。王肃后来被任命为光禄勋，在曹魏时，光禄勋的职权已经大大削弱，只是负责宫殿中的门户。

曹爽夺取司马懿的权力，减弱他的影响力，可以说是明目张胆。就在同一个月内，正始六年（公元245年）八月。

曹爽撤销中垒军和中坚军，将这两军归属于其弟中领军曹义，司马懿以这是先帝旧制为理由，劝阻曹爽这样做，曹爽不听。——《晋书·司马懿纪》

17.10 王朗《周易》册立

按照学者考证，当时都城洛阳的警戒以皇宫宫墙为界限，负责皇宫宫墙内部警戒的是中领军，洛阳城的城墙和皇宫宫墙之间的洛阳城区域的警戒是由中护军负责，而当时率领中护军的首领正是司马懿的嫡长子司马师。

中垒军的职能基本沿袭汉朝，它并非战斗职能，而是类似于军队内的司法部门，主要是监管军官士兵，监督军队内部事务（营垒中的事务），实施军法，因此中垒军的监督对象不仅仅是中领军，还包括中护军，本有专职人员担任，现在曹爽将此权力直接划拨给他的弟弟曹羲，原来中垒军不归属中领军，现在改为直属中领军曹羲，自然是增加了他们直接对司马师中护军的控制，所以司马懿不得不出来和曹爽争议一番，尽管毫无作用。

面对如此直接的权力冲突，曹爽一方也需要缓和一下双方的气氛。

同年，245 年 12 月辛亥日，诏令已故司徒王朗所作的《易传》，作为学官，学者以此作为课试的标准。

同年，245 年 12 月乙亥日，诏令："明日大会群臣，其令太傅（司马懿）乘座轿上殿。"
——《晋书·宣帝司马懿纪》

但曹爽这种给虚夺实的伎俩，司马懿心中实际是非常清楚的，只是司马懿深藏若虚，并不和曹爽产生明面上的冲突。到了正始八年，公元 247 年，曹爽和他的兄弟们完全掌握皇宫内的禁卫，培植亲党，经常随意改变制度，司马懿也无法制止他们，和曹爽已经产生嫌隙。但是，司马懿仍然保持示弱的战略，当年 5 月，司马懿开始称病，不参与政事，曹爽的专断独行更无阻力。

正始八年（公元 247 年）五月，宣帝声言有病，不参与朝政。
——《晋书·宣帝司马懿纪》

曹爽的"培植亲党，改变制度"不仅与司马懿产生嫌隙，与当时其他的曹魏老臣也同样产生了嫌隙，比如在明帝曹睿弥留的关键时刻支持曹爽的刘放、孙资，都在下一年，公元 248 年年初，辞去了官职。尽管曹爽已经几乎握有了全部的权柄，但毕竟政治经验还不够深厚，没有发觉在朝局中已经弥漫着一股对他不满的氛围。

17.11 高平陵政变，郑冲未受牵连的分析

公元 249 年，大年正月初六，曹爽陪同皇帝曹芳前往洛阳城以南四十公里左右的明帝曹睿的陵寝高平陵，进行例行的祭拜，随行的还有中领军首领曹羲等。高平陵与洛阳城之间隔着洛水，司马懿和他的长子司马师、次子司马昭早已密谋妥当，以迅雷不及掩耳之势，发动军事政变。司马师率领中护军和死士占领皇宫内部，司马昭随即控制皇太后的宫殿永宁宫，即控制了皇太后，这样可以以皇太后的名义发出各种诏令。最后司马懿和太尉蒋济亲自率军出洛阳城南门，在洛水浮桥的北面布阵，切断了曹爽从洛水返回皇宫的路线。双方隔着洛水，经过一个夜晚的对峙和沟通，第二天早晨，曹爽投降，这就是历史上著名的"高平陵政变"。

四天以后，司马懿的清洗就开始了，曹爽、曹羲、何晏、邓飏、丁谧、桓范等人都相继被处死，并株灭三族，司马懿彻底掌握曹魏的军政大权。

王肃随即出任关键的实权职位——河南尹。洛阳城以南既是河南尹管辖区域，又是保卫洛阳城的关键。王肃出任此职是很容易理解的，但在曹爽大将军府中担任从事中郎的郑冲，却并没有受到任何的影响，这看上去是比较难以理解的。

曹爽的核心骨干人员都遭到诛灭，即使曹爽大将军府中下层的官员也至少是先受到免官，然后根据各自的情况被重新启用。唯独郑冲，至少在史料中没有记载他受到任何的牵连。

大将军曹爽引为从事中郎，转散骑常侍、光禄勋。——《晋书·郑冲传》

从这条唯一的，简单的记载中可以看到，郑冲以曹爽大将军府从事中郎转为散骑常侍，有可能晋代的史学家没有记载郑冲受到的牵连，即使有，可能也很快就被重新启用。此时朝政掌握在司马懿的手中，所以皇帝曹芳的散骑常侍，只是一个无权实干的职位。但在名誉上仍然是很受尊敬的位置，如前文所述，是通往三公九卿的跳板。

而笔者更倾向于认为，郑冲确实没有受到曹爽的任何牵连。如前文所引，郑冲出身毫无家族背景，他被世人看重，完全是依靠自己的为人和美德，吃饱穿暖即可，不经营私人资产，任职不求美名。其中最重要的就是"任职不求美名"，郑冲不眷恋权力，所以郑冲无论在朝中，还是在曹爽的大将军府，

只是一位为人师表的大学者，是朝廷树立的道德和学术的楷模，与政治没有任何瓜葛，也就没有任何政治派系所属，即使曹爽倒台两年后，郑冲已经被迁升到三公之司空的高位，也仍然不参与政治事情。

> 郑冲虽然已经官至三公之位，但并不参与世事……制定朝廷的礼仪、律令，都先咨询于郑冲，然后再加以施行。 ——《晋书·郑冲传》

所以郑冲可以独立于政治斗争之外。但是，曹爽的亲信何晏等人是从小在皇宫中长大，崇尚享受和奢靡。

> 何晏等人滥用职权，擅自将洛阳野王属下的桑田分割，又破坏了（皇家）汤沐地并据为己有，倚仗权势攫取公物，还向各州郡索要财物。各地方官慑于他们的威势，无人敢抗……（曹爽）挖造一座窟室，用漂亮的丝绸装饰四壁，经常与何晏等人在里面饮酒作乐。 ——《晋书·曹爽传》

可见，曹爽、何晏等人和郑冲完全不是一路人。

另外一个同样重要的原因，是郑冲和王肃同朝为臣的几年中，已经和王肃建立了非常好的关系。其中最关键的是，在经学上和实际的实践中，郑冲是支持王肃学说的，而并非郑玄之说。王肃的学说不同于郑玄的根本原因是：

> 乔秀颜在《郑王礼说异同》写道："郑玄的目标在建立一套能够完整解释一切经文的理论体系，王肃欲使理论体系更适合制度的实践，这是经学研究的两个最重要的目标以及研究方法。"指出郑玄和王肃解经的角度不同，学者若忽略两者之不同，来比较郑、王，则侧重分析经文者，所得出的结果为"郑是王非"，侧重礼制实践者，所得出的结果为"郑非王是"。 ——叶纯芳《中国经学史大纲》

> 郑玄的分析是对（经文）文献概念进行理论研究的结果，离现实人情甚远，王肃则直接参与朝廷礼制的讨论，更关心现实的礼制，所以其礼说必须具有实践性，要求合情合理，不能只顾理论上的完美……郑玄虚心接受（经文）文献，要求我们改变观念；王肃则从当时的观念出发，要求调整文献的表面意义，方向正好相反。 ——叶纯芳《中国经学史大纲》

这非常清晰地分析了王肃和郑玄研究经文的不同和各自的侧重。在实际朝政中，郑冲不参与政事，如上面引文叙述，他主要就是承担着朝廷各类章程制度和礼仪等的事务。对王肃来说，在司马懿政变之前，曹爽掌权的时期，尤其是王肃第一次担任太常时期，王肃在朝中实际的工作也类似于郑冲的工作。

郑冲和王肃一样，都需要面对和保证经学在朝廷实际应用中的可操作性，这是他们共同的最大需求，所以郑冲在经学上是支持王肃的。

通过以上的分析，我们可以断定因为郑冲在经学上是支持王肃的，再加上郑冲政治上的独立性质，完全不在曹爽的政治圈内，所以王肃很可能在"高平陵政变"后的清洗中保下了郑冲，从而郑冲没有受到任何的牵连。

在后代的学者中，有人认为郑冲伪造了"梅献版"的古文《尚书》和孔安国注，然后献媚于王肃，支持王肃的学说，以达到保护自己的目的。从以上我们对郑冲的为人处世的叙述和分析，可以断定郑冲是不可能作出伪造和任何献媚于权贵的事情。

17.12 司马昭继位

"高平陵"政变两年后，公元251年，司马懿去世了，由长子司马师继承嗣位，并掌握曹魏的政权。同年12月郑冲升任为三公之司空。在司马师掌权第三年，公元254年，司马师破除了张皇后的父亲张辑和中书令李丰密谋推翻司马师掌权的事变，由此司马师怀疑皇帝曹芳在后面支持了这次未遂的宫廷政变。司马师果断地在当年3月废黜张皇后，9月废黜了皇帝曹芳。

当年，公元254年，司马师派出王肃，以河南尹兼太常的身份，前往元城（今河北省大名县东部），接迎文帝曹丕的孙子曹髦到京城继承皇帝位。

司马师对皇帝的废立引起了在淮河以南镇守的曹魏宿将的不满，随即起兵反对司马师。在王肃等的建议下，司马师亲自率师征伐反叛，虽然平定了叛乱，但在战场中因为眼睛的疾病，在许昌去世。此时司马师的儿子司马攸还年幼，于是，司马师的亲弟弟、司马懿的次子——司马昭，迅速而匆忙地前往许昌继承司马氏的嗣位。

尽管匆忙，还有小的波折，但司马昭最终顺利继承了司马氏的嗣位和权力，掌控了曹魏的政权。

正元二年（公元255年），大将军司马师此时病死在许昌，2月5日，提升卫将军司马昭为大将军，总领尚书事务，代其兄主持朝政。

——《三国志·三少帝纪》

王肃作为司马昭的岳父，随即升迁到重中之重的位子，中领军加散骑常侍。

17.13 曹髦问经

就在同年，公元255年：

9月，皇帝曹髦学完《尚书》，对执经讲课的司空郑冲、侍中郑小同等人分别予以赏赐。 ——《三国志·三少帝纪》

郑小同正是郑玄唯一的孙子，几乎可以断定他主要讲解的就是郑玄的古文《尚书》，由此笔者推断，郑冲很可能是讲解王肃的古文《尚书》，因为王肃的《尚书》学已经设立了学官，自然需要教授。

就在下一年，甘露元年，公元256年：

4月，皇帝曹髦来到太学院问学。

讲完《易经》，皇上（曹髦）又命学者们讲授《尚书》。他问道："郑玄说：'稽古同天，言尧同于天也。'而王肃说：'尧顺考古道而行之。'三种意思（实际是两种）并不相同，哪一个才算是正确的呢？"博士庾峻答："先儒的说法，各有其不同。我们做臣子的不好说哪个正确哪个不正确。然而《尚书》的'洪范篇'说：'三人占卜，从两个人的说法。'贾逵、马融与王肃等人都以为'顺考古道'为是，那按《洪范》的说法，应以王肃的说法为优。"

皇上（曹髦对博士庾峻的回答并不满意）又继续追问："孔子说过'唯天为大，唯尧则之'。尧之所以至善至美，在于他顺应和参照天意，遵循古代的做法，并不是尧最根本的原则。现在《尚书》的开篇即为了说明其含义，以明确尧帝的圣德，却舍其大而言其小，这可以说是作者的意思吗？"庾峻回答："臣只是遵奉老师教过的说法，不能理解更深的含义。至于两种说法如何统一起来，还取决于圣上自己的判断。" ——《三国志·三少帝纪》

很明显皇帝曹髦对郑玄和王肃的学说都非常了解，作为皇帝自然要全面地了解当时的经学。这也证明了郑冲在经学上是支持王肃的，王肃的《尚书》学已经设立了学官，教授此学是正大光明的，此中也没有任何献媚的成分。

　　"梅献版"的孔安国注对"曰若稽古"的注解和王肃、贾逵、马融是一样的，很明显郑冲和郑小同在教授皇帝曹髦时，对此注解是留存异议的，并未定下谁对谁错。假设郑冲手中有孔安国的注解版本，完全也可以拿出来作为一个权威的参考，为何皇上曹髦还要步步紧逼，质疑王肃、贾逵和马融三家的解说。有后代学者认为这是皇帝曹髦借支持郑玄学说打击王肃学说，以反对司马氏。这种说法将一个小的经文解释问题，拉伸到如此大的政治问题，笔者认为比较牵强。同时也不符合逻辑，因为在曹髦问学《尚书》前，先讨论的《易经》中，曹髦同样挑战了郑玄的经学。

　　皇帝问："孔子为《易经》作传（《象传》《象传》共十篇），郑玄为《易经》作经注，虽然他们是不同时代的圣贤，但对《易经》经义的解释是相同的。现在孔子的《象传》《象传》，不和《易经》的正文放在一起，而是与郑玄的注文合为一体，这又是什么原因？"（博士）淳于俊说："郑玄把孔子的传和自己的注文合在一起，大概是便于学习《易经》者明白好懂。"皇帝问："说郑玄把传和注结合起来是为方便和理解《易经》，那在他之前的孔子为何不把他的传与文王所作的《易经》合在一起呢？"淳于俊答："孔子担心把他的传和《易经》合在一起会引起混淆，所以没那样做，这是圣人以不合经文和传文表示谦虚。"皇帝又问："如果说圣人以不合经文和传文表示谦虚，那郑玄为何独独不谦虚呢？"淳于俊说："古代经典意义弘深，圣上您所问的又如此深奥玄远，不是臣下我所能解释清楚的。"

——《三国志·三少帝纪》

　　由此我们可以看到皇上曹髦只是在讨论他对经文疑惑的地方，无论是对王肃也好，对郑玄也罢，只要有疑问的都会提出来，曹髦只是在纯粹地讨论经学，其中并无政治内涵。

　　因此，我们可以基本推断郑冲在教授曹髦时，并未提及"梅献版"的孔安国注。而孔安国作为古文《尚书》的创建人，如果此时，郑冲有他的章句注解，而毫不提及，确实是不符合逻辑。在此，我们再回顾一下《汉书·艺文志》关于《尚书》的记载：

　　刘向以中古文校欧阳，大、小夏侯三家经文，《酒诰》脱简一，《召诰》脱简二。率简二十五字者，脱亦二十五字，简二十二字者，脱亦二十二字，文字异者七百有余，脱字数十。

《尚书古文经》四十六卷。为五十七篇。

《经》二十九卷。大、小夏侯二家。《欧阳经》三十二卷。

《传》四十一篇。（《尚书大传》）

大、小《夏侯章句》各二十九卷。

大、小《夏侯解故》二十九篇。

《欧阳说义》二篇。

《欧阳说义》应该是对经文大义进行阐述的篇籍，笔者推测是对经文更深一层次含义的解读。而《夏侯解故》，"故"就是"诂"，是对经文文字的训诂篇文。我们不由想起孔安国古文《尚书》的学术主体就是"以今文读之"得来的训诂类学术内容。如果有作为古文《尚书》创始人孔安国为《古文尚书》作的一部传解（当时经文和传解还是分开的），而不记录下来，是非常不符合逻辑的。

因此，笔者推断，从西汉孔安国献书以来，在皇宫中并没有这样一部孔安国对古文《尚书》的传注。

第18章 "梅献版""在野版"

18.1 "梅献版"由来的推测，卷篇和篇文考析

如果按照我们前面得到的推论，"梅献版"的孔安国经文和传注是不存在的，那么如何解释王肃可能研读过"梅献版"的孔注呢？其实这也就是最根本的问题，这部伪托孔安国的"梅献版"经文和注解是从哪里来的呢？笔者的观点是，当年"梅献版"古文《尚书》经文和孔安国作的传注是没有的，但在郑玄于公元200年去世后的一段时间内，有一位不知名的学者，他以郑玄注解的今文三家34篇为基础，去除了3篇已经被马融识别是假的《泰誓》，余31篇，然后再对当时各种书籍中引用到的《尚书》的语句，尽可能地搜集和摘录出来，按照这些"引语"内容各自对应的历史时代、历史事件，所出篇章的上下文语境，可能对应的大义主旨，等等，再以《百篇书序》中每篇序文的内容为主干线索，对"引语"进行分门别类，综合考虑，最后进行组织编排，再模仿《尚书》的字词和语气，写出连接这些"引语"的句子，最后汇聚成一篇篇，类似早年张霸的"辑本"，总共27篇，31篇加上27篇，总共58篇，完美地对应刘向校对古文《尚书》的记录58篇，我们将在下文详细介绍篇数以及合并的卷数。

这位学问深厚的学者，如同当年张霸一样，绝不是用伪造书籍来骗取利禄，他完全是一位沉溺在经学中的学者，这是在他的学问深厚到一定程度后，自然而然产生的对亡失经文的向往。如上文叙述的，在东汉献帝迁都长安，回都洛阳之后，古文《尚书》的"逸16卷24篇"在皇宫中再无收藏，而民间的收藏，因为"逸16卷24篇"既非学官又无传解，所以笔者断定，到了这位学者的时期，"逸16卷24篇"的经文已经杳无音信，不知所踪。而能

够复原这批《史记》和《汉书》中都记载的 58 篇古文《尚书》，对这位学者来说有着极大的吸引力。

因此，编辑这套古文《尚书》的动机和动力绝对是这位学者对经学的深度兴趣和沉溺。他对经学的研究，用通俗的话说，既是研究又是一种兴趣的把玩，浑然一体。这正是当时史书对这类学者的描写，"耽玩经史"，沉溺其中如同玩乐，而乐在其中。对达到这样境界的经学学者，能够进行对亡失经文的辑补，如同古玩学者将远古的残片碎瓷，修复成一个完整的器物，把玩于手中，以致得到精神上无比的享受和满足。

与此同时，他又为这部《古文尚书》作了注解，和郑玄的注解相比，更加简明清晰，最大的一个不同是，完全摒弃了"谶纬"书籍对《尚书》经文的解释，这非常清楚地表现了这位学者对古文《尚书》有着自己鲜明的见解。此时，这部古文《尚书》并未被伪托成是"孔献版"，当时魏国后期和西晋时期被设立学官的仍然是郑玄《尚书》学，所以我们简称它为"在野版"，在被伪托成是孔安国的献书和传注后，"在野版"才成为"梅献版"，我们也就称这位学者为"在野版辑补学者"。

笔者以上的推测和观点是基于从郑玄到王肃和郑冲这个时期的经学研究特点而得出的。我们再次看一下史料对王肃经学的描述。

起初，王肃喜好贾逵和马融的学说，而不好郑玄的。王肃采会同异，为《尚书》《诗》《论语》《三礼》《春秋左氏传》作了注解（原文：初，肃善贾、马之学，而不好郑氏，采会同异，为《尚书》《诗》《论语》《三礼》《左氏》解），又撰定父亲王朗的《易》传，都被列为学官。

——《后汉书·王肃传》

"采会同异"正是当时经学研究的最大特点。自从贾逵和马融以来，研究经文的学者就趋多和趋广，完全摒弃了今文三家的家法约束，对经文解释的学者越来越多，《尚书》从今文三家，到古文《尚书》、贾逵说、马融说、郑玄说，这都还是曾被列于学官的，而没有被列于学官的，并且有记载的，还有前文提到的王肃的老师宋忠编写的《五经章句》中的《尚书章句》。还有宋忠的另外一位学生李仁，他的儿子李譔在传承了父亲的学术后，也撰写了自己的《尚书》章句。

公元 238 年，后主刘禅（刘备的儿子）册立太子，以李譔为庶子，升任为仆，后调任为中散大夫、右中郎将，伺候太子……李譔平生著有古文《易》《尚书》《毛诗》《三礼》《左氏春秋传》《太玄指归》，都以贾逵、马融之说为准则，而异于郑玄之说。他与王肃相隔较远，故王肃没有读过他的著述，然而他们的见解有颇多相同之处。 ——《三国志·李譔传》

　　从记载看，李譔也著有《尚书》的章句，他对《尚书》的传解肯定与他的父亲，以及宋忠会有不同，必定有着他自己的见解。他的章句自然是在宋忠章句的基础上，加上自己的研究，然后"采会同异"贾逵、马融等各家学说，编著的章句。"采会同异"即是对经文每一字、每一句、每一处的解释，从各家的学说中选择一个学者自己认为正确的注解，如果学者认为没有正确的，同时学者有自己的意见，就会采用自己的学说。这样这部传解章句编写完后，就再次融汇了各家的学说，又有作者自己创新的注解，从而产生一部新的章句。

　　如果这位学者还教授弟子，那么他的某位弟子会以这位学者的章句作为自己学术的基础，再次"采会同异"，深入研究，又会产生一部自己的章句注释。当时任何一位潜心研究经学的学者都会以编著一部自己的经学章句为荣，这正是当时经学研究的氛围。如宋忠自己编著了一部章句，就牵带出王肃和李譔两部各自发展的新章句，由此笔者推断出前文"梅献版"出现的观点。

　　对于"在野版"古文《尚书》经文本身，如上文所述，"在野版辑补学者"并没有把新辑补的古文《尚书》伪托成当年孔安国献出的经文，不是"伪造"的性质，而是"辑补"的性质。因此笔者认为，到了魏国的末年，王肃和郑冲正是因为这部"在野版"的经文与郑玄"孔献版"的不同，由此具有的独特学术价值，才产生了极大的兴趣去阅读和研究。"在野版"的篇章构成和当时郑玄"孔献版"古文《尚书》是不一样的。在此我们先列出这两个版本的经文卷篇表格（表格21），然后再来详细介绍他们的不同，并以此探讨他们的真伪。

表 21 卷篇数全表
虞夏书

类别＼篇目	尧典	舜典	汩作	九共	大禹谟	皋陶谟	益（弃）稷	禹贡	甘誓	五子之歌	胤征
文艺志夏侯经文卷数	1					2		3	4		
文艺志欧阳经文卷数	1					2		3	4		
孔颖达的28篇+1	1					2		3	4		
"孔献版"篇数58篇	1	2真舜典	3	4~12	13	14	15	16	17	18	19
"孔献版"卷数47卷	卷1	卷2	卷3	卷4	卷5	卷6	卷7	卷8	卷9	卷10	卷11
"孔献版"34篇	1					2		3	4		
"孔献版"16卷24篇	1	1真舜典	2	3	4		5			6	7
"梅献版"同"孔献版"33篇	1	2（从尧典中分出）				3	4（从皋陶谟中分出）	5	6		
"梅献版"25篇					1					2	3
"梅献版"卷数46卷(无书序)	卷1	卷2				卷3		卷4	卷5	卷6	卷7
"梅献版"篇数58篇	篇1	篇2			篇3	篇4	篇5	篇6	篇7	篇8	篇9
"梅献版"按照篇题分卷	卷1	卷2			卷3	卷4	卷5	卷6	卷7	卷8	卷9

商书

类别 ＼ 篇目	汤誓	典宝	仲虺之诰	汤诰	咸有一德	伊训	肆命	太甲	原命
文艺志夏侯经文卷数	5								
文艺志欧阳经文卷数	5								
孔颖达的28篇+1	5								
"孔献版"篇数58篇	20	21		22	23	24	25		26
"孔献版"卷数47卷	卷12	卷13		卷14	卷15	卷16	卷17		卷18
"孔献版"34篇	5								
"孔献版"16卷24篇		10		8	9	11	12		13
"梅献版"同"孔献版"33篇	7								
"梅献版"25篇			4	5	10	6		7、8、9	
"梅献版"卷数46卷（无书序）	卷8		卷9	卷10	卷11	卷12		卷13	
"梅献版"篇数58篇	篇10		篇11	篇12	篇13	篇14		篇15、16、17	
"梅献版"按照篇题分卷	卷10		卷11	卷12	卷13	卷14		卷15	

商书

类别 ＼ 篇目	盘庚	说命	高宗肜日	西伯戡黎	微子
文艺志夏侯经文卷数	6		7	8	9
文艺志欧阳经文卷数	6		7	8	9
孔颖达的28篇+1	6		7	8	9
"孔献版"篇数58篇	27、28、29		30	31	32

类别 \ 篇目	盘庚	说命	高宗肜日	西伯戡黎	微子
"孔献版"卷数47卷	卷19		卷20	卷21	卷22
"孔献版"34篇	6、7、8		9	10	11
"孔献版"16卷24篇					
"梅献版"同"孔献版"33篇	8、9、10		11	12	13
"梅献版"25篇		11、12、13			
"梅献版"卷数46卷(无书序)	卷14	卷15	卷16	卷17	卷18
"梅献版"篇数58篇	篇18、19、20	篇21、22、23	篇24	篇25	篇26
"梅献版"按照篇题分卷	卷16	卷17	卷18	卷19	卷20

周书

类别 \ 篇目	泰誓	牧誓	武成	洪范	旅獒	金縢	大诰	微子之命
文艺志夏侯经文卷数	10	11		12		13	14	
文艺志欧阳经文卷数	10、11、12	13		14		15	16	
孔颖达的28篇+1	10(后加入)	11		12		13	14	
"孔献版"篇数58篇	旧33、34、35	36	37	38	39	40	41	
"孔献版"卷数47卷	卷23	卷24	卷25	卷26	卷27	28	29	
"孔献版"34篇	旧12、13、14	15		16		17	18	
"孔献版"16卷24篇			14		15			
"梅献版"同"孔献版"33篇		14		15		16	17	
"梅献版"25篇	新14、15、16		17		18			19

续表

类别＼篇目	泰誓	牧誓	武成	洪范	旅獒	金縢	大诰	微子之命
"梅献版"卷数46卷（无书序）	卷19	卷20	卷21	卷22	卷23	卷24	卷25	卷26
"梅献版"篇数58篇	篇27、28、29	篇30	篇31	篇32	篇33	篇34	篇35	篇36
"梅献版"按照篇题分卷	卷21	卷22	卷23	卷24	卷25	卷26	卷27	卷28

周书

类别＼篇目	康诰	酒诰（熹平石经）	梓材	召诰	洛诰	多士	无逸	君奭	多方	周官
文艺志夏侯经文卷数	15	16	17	18	19	20	21	22	23	
文艺志欧阳经文卷数	17	18	19	20	21	22	23	24	25	
孔颖达的28篇+1	15	16	17	18	19	20	21	22	22	
"孔献版"篇数58篇	42	43	44	45	46	47	48	49	50	
"孔献版"卷数47卷	30	31	32	33	34	35	36	37	38	
"孔献版"34篇	19	20	21	22	23	24	25	26	27	
"孔献版"16卷24篇										
"梅献版"同"孔献版"33篇	18	19	20	21	22	23	24	25	26	
"梅献版"25篇										21
"梅献版"卷数46卷（无书序）	卷27		卷28	卷29	卷30	卷31	卷32	卷33	卷34	
"梅献版"篇数58篇	篇37	篇38	篇39	篇40	篇41	篇42	篇43	篇44	篇45	篇46
"梅献版"按照篇题分卷	卷29	卷30	卷31	卷32	卷33	卷34	卷35	卷36	卷37	卷38

周书

类别 \ 篇目	立政	君陈	顾命	康王之诰	毕命	君牙	冏命	蔡仲之命	柴誓	吕刑
文艺志夏侯经文卷数	24		25						26	27
文艺志欧阳经文卷数	26		27	28					29	30
孔颖达的 28 篇 +1	24		25						26	27
"孔献版"篇数 58 篇	51		52	53			54		55	56
"孔献版"卷数 47 卷	39		40	41			42		43	44
"孔献版"34 篇	28		29	30					31	32
"孔献版"16 卷 24 篇							16			
"梅献版"同"孔献版"33 篇	27		28	29					30	31
"梅献版"25 篇		22			23	24	25	20		
"梅献版"卷数 46 卷(无书序)	卷 35	卷 36	卷 37	卷 38	卷 39	卷 40	卷 41	卷 42	卷 43	卷 44
"梅献版"篇数 58 篇	篇 47	篇 48	篇 49	篇 50	篇 51	篇 52	篇 53	篇 54	篇 55	篇 56
"梅献版"按照篇题分卷	卷 39	卷 40	卷 41	卷 42	卷 43	卷 44	卷 45	卷 46	卷 47	卷 48

周书

类别 \ 篇目	文侯之命	泰誓	书序
文艺志夏侯经文卷数	28	29	无
文艺志欧阳经文卷数	31	32	无
孔颖达的 28 篇 +1	28	29	无
"孔献版"篇数 58 篇	57	58	不计篇数
"孔献版"卷数 47 卷	45	46	47
"孔献版"34 篇	33	34	

类别　　　　　　　篇目	文侯之命	泰誓	书序
"孔献版" 16 卷 24 篇			/
"梅献版" 同 "孔献版" 33 篇	32	33	/
"梅献版" 25 篇			/
"梅献版" 卷数 46 卷（无书序）	卷 45	卷 46	无单独一卷书序，书序放入各篇开头
"梅献版" 篇数 58 篇	篇 57	篇 58	
"梅献版" 按照篇题分卷	卷 49	卷 50	

通过表格 17 我们看到，当时这个在野的版本（以后的"梅献版"），也是 46 卷 58 篇，"在野版辑补学者"也对三个史书记载的篇数信息作了仔细地考量：

1. 刘向和刘歆记录的"古文尚书的 58 篇"；

2. 班固《汉书·艺文志》记录的"古文尚书 46 卷、57 篇"，"得多十六篇"；

3. 一篇"武成"在王莽新朝和刘秀东汉过渡的战乱年间亡失。

如前文已经讲述，班固在《汉书·艺文志》记录"古文尚书 46 卷、57 篇"的时候，已经失去"武成"一篇一卷，那么在失去之前自然就是"46+1=47 卷、57+1=58 篇"（"百篇书序"计入卷数，不计篇数），去掉"百篇书序"，即是"46 卷、58 篇"。

"在野版"经文有 58 篇，但"在野版"辑补者并未说明如何分卷。而孔颖达在《尚书正义·尚书序》的疏文中写道："（梅献版）云 46 卷者，不见孔安国说明，盖以同序者同卷，异序者异卷。"那么按照孔颖达这个"同序者同卷，异序者异卷"的分卷方法，58 篇共有 46 卷。所以"在野版"经文也是 46 卷 58 篇，没有百篇书序，因为书序都各自插入到每卷各自的卷首。另外，如果按照郑玄注解的"孔献版"一个篇题一卷的分卷方法，"梅献版"有 50 卷，明显是不对的，所以"在野版"辑补学者的分卷方法只能是孔颖达认为的"同序者同卷，异序者异卷"的分卷方法。

尽管"在野版"古文《尚书》也是 46 卷 58 篇，卷数和篇数同历史的记录完全相符，但这并不能说明"在野版"就是当年的"孔献版"。我们先介绍一下孔颖达对"梅献版"（即"在野版"）和郑玄注"孔献版"篇章组成的认识和观点。

> 案壁内所得，孔为传者凡五十八篇，为四十六卷。三十三篇与郑注同，二十五篇增多郑注也。
>
> ——《尚书正义·尧典》

因为孔颖达是认为"梅献版"就是"孔献版"，所以在他的《尚书正义》中就称"梅献版"为"孔为传者"，并与当时郑玄注解的"孔献版"34篇相互比较，比较的结果：

58篇中，33篇与郑注同；

58篇中，25篇增多郑注。

当时郑玄注解的"孔献版"，即"郑注"，代表在孔颖达时仍在传授的郑玄注解的34篇古文《尚书》，即与今文《尚书》相同的这34篇。真正"孔献版"的16卷24篇的"逸书"和"孔献版"的《泰誓》在"在野版辑补者"的时期就已经亡失了，在孔颖达时期就更不可见了。所以此处用来比较的"郑注"篇文，一共就是这34篇。孔颖达对"郑注"的这34篇经文，描述如下：

> 郑玄则于伏生二十九篇之内分出《盘庚》二篇，《康王之诰》，又《泰誓》三篇，为三十四篇，更增益伪书二十四篇为五十八。

此处的"伏生二十九篇"，如前文所述，就是孔颖达对司马迁记载的"伏生二十九篇（此处为'卷'的意思）"组成的观点：

> 孔颖达疏：而言二十九篇（卷）者，以司马迁在武帝之世见《泰誓》出而得行，入于伏生所传内，故为史总之，并云伏生所出，不复曲别分析……但伏生虽无此一篇……
>
> ——《五经正义》

> 伏生又以《舜典》合于《尧典》，《益稷》合于《皋陶谟》，《盘庚》三篇合为一，《康王之诰》合于《顾命》，复出此篇，并序，凡五十九篇，为四十六卷。"梅献版"
>
> ——《尚书·孔安国序文》中孔颖达注文

孔颖达的意见非常清楚，他认为伏生当年只得到28卷，《泰誓》在武帝时期由民间献上后，就把《泰誓》加入到了伏生的今文28卷中，司马迁在撰写《史记》的时候，没有区别这28卷和后得到的1卷3篇《泰誓》这两件事，就一笔统写成"伏生求其书，亡数十篇（卷），独得二十九篇（卷），即以教于齐鲁之间"。

孔颖达认为"伏生29篇（此处为'卷'的意思）"中，伏生失误将《盘庚》3篇合为1卷，《康王之诰》与《顾命》合为1卷，后出的今文《泰誓》3篇合为1卷，而郑玄将以上几篇篇文都拆分了出来，成为34篇。对"《舜典》合于《尧典》，《益稷》合于《皋陶谟》"，孔颖达认为郑玄没有将它们拆分，但也未解释和讨论其原因，我们将在下文具体解释"《舜典》合于《尧典》，《益稷》合于《皋陶谟》"，孔颖达认为的"伏生29篇（卷）"，参见下表：

表 22　孔颖达"今文 29 篇（卷）"观点

孔颖达认为的司马迁篇（卷）的组成		
篇题	篇数	卷数
尧典	1	1
皋陶谟	1	1
盘庚	3	1
顾命	1	1
康王之诰	1	
康诰	1	1
酒诰	1	1
梓材	1	1
单篇单卷的篇文，也是经文分卷无争议的篇文	21	21
小计：	31	28
今文《泰誓》	3	1
总计	34	29

　　我们再介绍一下"《舜典》合于《尧典》，《益稷》合于《皋陶谟》"的情况。"在野版"流传到西晋末年，梅赜在计划将"在野版"伪托成"孔献版"献上的时候，按照史书记载，已经亡失了一篇"在野版"《舜典》经文和传注，于是梅赜将当时"孔献版"《尧典》经文中"慎徽五典"以下的经文分离出来，作为"梅献版"的《舜典》。

　　江左中兴，元帝时豫章内史枚赜（字仲真，汝南人）奏上孔传古文《尚书》，亡舜典一篇，购不能得，乃取王肃注尧典，从"慎徽五典"以下，分

为舜典篇以续之。　　　　　　　　　——《经典释文》序录引用《晋书》

　　按照"梅献版"书序自己的描述，"伏生又以《舜典》合于《尧典》，《益稷》合于《皋陶谟》"，以及后代学者对《益稷》经文的研读，基本都认同"在野版"《益稷》的经文也是从"孔献版"《皋陶谟》的经文中分离出来的。但《舜典》和《益稷》这两篇经文是原来"在野版辑补学者"在辑补的时候，就已经拆分《尧典》和《皋陶谟》得来的，还是因为后来丢失了，梅赜自己拆分的吗？

　　我们通过上段《经典释文》序录引用《晋书》的引文可以推断，实际是这位"在野版辑补学者"在辑补的时候就从《尧典》和《皋陶谟》分离出了《舜典》和《益稷》。因为这段引文并没有提到《益稷》，只提到了《舜典》，那么既然《晋书》记录了《舜典》丢失和梅赜替补的事宜，没有理由不同时记录《益稷》的丢失和替补，这就说明梅赜计划献书时，《益稷》这篇没有丢失，所以《益稷》这篇在梅赜时就已经从《皋陶谟》中分离了出来，所以也就不是梅赜作的分离和替补，从而推出在"在野版辑补学者"辑补的时候，就用分离的方式，增出了《益稷》和《舜典》这两篇，而其中的《舜典》流传到梅赜时已经丢失。

　　"在野版辑补学者"不仅仅从《皋陶谟》中分离出《益稷》的经文，还修改了篇题。

　　马、郑、王所据《书序》此篇名为《弃稷》。——《尚书正义·益稷》

　　根据孔颖达的记录，"孔献版"此篇的篇名原来是《弃稷》，孔颖达根本不承认曾经有过一篇《弃稷》的经文。

　　谓其别有《弃稷》之篇，皆由不见古文，妄为说耳。

　　　　　　　　　　　　　　　　　　　——《尚书正义·益稷》

　　"孔献版"《弃稷》经文早已亡失，我们也无法判断"孔献版"《弃稷》是否是完全不同于《益稷》的一篇经文。而"在野版"经文的内容中既提到了"益"，也提到了"稷"这两位传说中的历史人物，所以"在野版辑补学者"把篇题改为《益稷》。而整篇《益稷》对益和稷也就各提到一次，剩余的都是大禹和皋陶的讲话，所以后代很多学者偏向认为曾经有过《弃稷》这篇经文，而没有《益稷》这篇经文。但无论如何，《益稷》是"在野版辑补学者"从《皋陶谟》中分离出来的，很明显是用来补足 58 篇这个篇数。由此我们得知"在

野版"的《舜典》和《益稷》是由"郑注"的《尧典》和《皋陶谟》中分离
出来的经文形成的，再根据孔颖达记载的增多的25篇的篇名和"同序者同卷，
异序者异卷"的分卷方法，进而我们得出"在野版"古文《尚书》的篇卷，
如下表：

案壁内所得，孔为传者凡五十八篇，为四十六卷。三十三篇与郑注同，
二十五篇增多郑注也。其二十五篇者，《大禹谟》一，《五子之歌》二……
《泰誓》三篇十六……《冏命》二十五。　　——《尚书正义·尧典》疏文

表23　孔颖达"梅献版"卷篇数观点

孔颖达认为真古文（"梅献版"）的篇卷		
篇题	篇数	卷数
尧典（郑注《尧典》上半部经文）	1	1
舜典（郑注《尧典》下半部经文）	1	1
皋陶谟（郑注《皋陶谟》上半部经文）	1	1
益稷（郑注《皋陶谟》上半部经文）	1	
盘庚	3	1
顾命	1	1
康王之诰	1	1
康诰	1	
酒诰	1	1
梓材	1	
单篇单卷的篇文，也是经文分卷无争议的篇文	21	21
小计：	33	28
"在野版"增多郑注的25篇		
泰誓	3	1
22篇"在野版"（同序同卷）	22	17
总计	58	46

以上是孔颖达认为的古文《尚书》的篇卷组成，我们再将前文已经叙述

的真正的"孔献版"的篇卷组成按照同样的格式列于表。在真正的"孔献版"已经亡失的"逸书"16卷24篇中也有《舜典》和《弃稷》各一篇,我们将"孔献版"的"逸书"16卷24篇加入"郑注"的34篇中,就是"孔献版"的46卷58篇经文的篇卷组成,如下表,当时郑玄和王肃注解的古文《尚书》经文都是一样的,只是注解不一样。

表24 "孔献版"卷篇数

魏国末西晋时期"孔献版"46卷58篇(不含"百篇书序")		
篇题	篇数	卷数
"郑注"《尧典》	1	1
"郑注"《皋陶谟》	1	1
盘庚	3	1
顾命	1	1
康王之诰	1	1
康诰	1	1
酒诰	1	1
梓材	1	1
单篇单卷的篇文,也是经文分卷无争议的篇文	21	21
小计:	31	29
"孔献版"古文3篇《泰誓》以丢失		
今文《泰誓》	3	1
总计	34	30
"孔献版"逸16卷24篇 丢失		
22篇 丢失	22	14
1篇"孔献版"《舜典》丢失	1	1
1篇"孔献版"《弃稷》丢失	1	1
小计:	24	16
总计	58	46

如上文引述，孔颖达将当时"在野版"58篇与郑注"孔献版"34篇相互比较的，比较的结果：

58篇中，33篇与郑注同；58篇中，25篇增多郑注。

33篇与郑注同，是指"经文"相同，而非注解。郑注"孔献版"34篇中的3篇今文《泰誓》与"梅献版"的《泰誓》是不同的，所以34–3=31。"梅献版"的《舜典》和《益稷》，是从郑注"孔献版"中的《尧典》和《皋陶谟》中分离出来的，经文当然是相同的，所以31+2=33。如下图33，这就是"33篇与郑注同"。

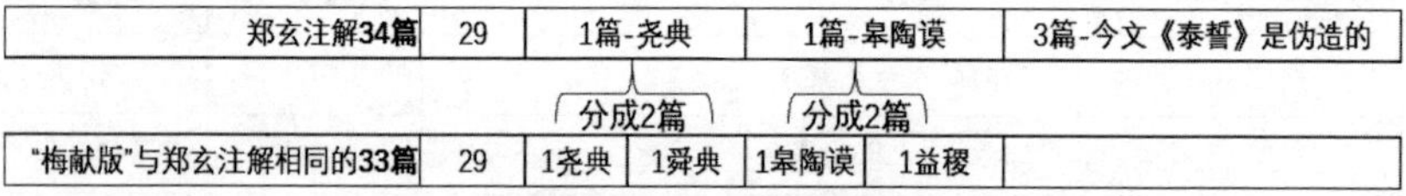

郑玄注解34篇	29	1篇-尧典	1篇-皋陶谟	3篇-今文《泰誓》是伪造的
		分成2篇	分成2篇	
"梅献版"与郑玄注解相同的33篇	29	1尧典	1舜典	1皋陶谟	1益稷	

图29 相同33篇组成

"三十三篇与郑注同"，那么"在野版"58篇剩下的就是"二十五篇增多郑注也"，而孔颖达的这句"二十五篇增多郑注也"，就成为后代学者证明"梅献版"不是"孔献版"的证据。如前文叙述的，将"梅献版"是伪书之说证成是铁板钉钉的阎若璩，在他的《尚书古文疏证》中，"二十五篇增多郑注也"不符合《汉书》记载的"多得十六篇"就是他的第一条证据。换句话说，他认为"梅献版"的"33+25"结构和史书记载的"34+（16卷）24"的结构不符合。

"二十五篇增多郑注也"实际是因为孔颖达深信"梅献版"经文就是历史上真实的"孔献版"而造成的，由此他对"梅献版"经文的卷篇进行错误的统计，从而造成错误的卷篇结构信息，进而使孔颖达后代的学者跟随并误解了"梅献版"的卷篇组成。

我们以3篇《泰誓》作为解释"梅献版""33+25"结构的切入点。首先我们知道"在野版"25篇中包括3篇"在野版"的《泰誓》。郑玄注34篇中3篇《泰誓》是武帝后期出的3篇今文《泰誓》，"在野版"的这3篇新辑补的《泰誓》经文，和郑玄注的3篇今文《泰誓》当然不一样。这非常的好理解，自从马融说了："吾见书传多矣，凡诸所引，今之《泰誓》皆无此言"这句话之后，只要是经学深厚的后代学者都已经怀疑郑注34篇中3

篇今文《泰誓》是假的了，所以"在野版"辑补者自然就摒弃了郑注3篇今文《泰誓》，自己重新辑补了3篇泰誓，即"在野版"的《泰誓》。

同时，我们也已经知道，"在野版辑补学者"通过分离《尧典》和《皋陶谟》的下半部，新增得到了25篇中的《舜典》和《弃稷》。那么如果以"篇题"为统计的准则，"在野版辑补学者"在"郑注"34篇的基础上，新辑补的篇题的篇数实际也是24篇：

首先：25减3篇《泰誓》=22，因为"篇题"是一样的，如上文所述，"在野版辑补学者"只是因为"郑注"的今文《泰誓》是假的，所以摒弃不用而重新辑补，并替代。

然后：22+2篇（《舜典》和《弃稷》）=24篇。

按照以上的信息，我们就可以还原这位学者实际辑补"在野版"的过程了。首先他摒弃了郑注"孔献版"34篇中已经被马融识破是伪造的3篇今文三家《泰誓》，自己重新辑补出3篇《泰誓》经文（即"在野版"《泰誓》），剩余31篇"郑注"经文不变，加上他自己新辑补的3篇《泰誓》，仍然是34篇。然后再辑了24篇新"篇题"的经文，其中《舜典》和《益稷》的经文是直接从《尧典》和《皋陶谟》中分离出来的。

所以我们看到，这位学者在辑补"在野版"时，同样是采用了"34+24"的结构。但孔颖达却只是简单地将"梅献版"58篇和郑注的34篇，以经文是否相同，进行了比较，这就得出了33篇相同，25篇不同的比较结果，我们通过图30展示出"在野版"（即"梅献版"）原本"34+24"结构是如何被孔颖达通过比较被扭曲成"33+25"结构的。

从而，"33+25"的结构将后代很多的学者带入歧途。那么对于刘向、刘歆、贾逵、马融、班固《汉书》都记载的16篇（卷）24篇，即郑玄在《百篇书序》中标注的这16卷24篇，孔颖达是如何解释的呢？

郑玄则於伏生二十九篇之内分出《盘庚》二篇，《康王之诰》、又《泰誓》三篇，为三十四篇，更增益伪书二十四篇为五十八。所增益二十四篇者，则郑注《书序》，《舜典》一，《汩作》二，《九共》九篇十一……《冏命》二十四（具体如前文表格所列）。

——《尚书正义·尧典》

前汉诸儒知孔本有五十八篇，不见孔传，遂有张霸之徒于郑注之外伪造《尚书》凡二十四篇，以足郑注三十四篇为五十八。其数虽与孔同，其篇

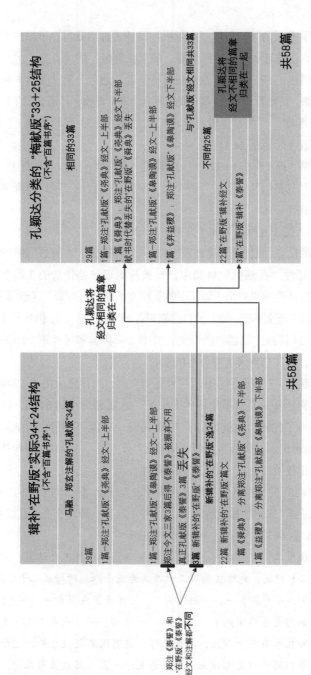

图30 "34+24" 与 "33+25" 对应关系

有异。

——《尚书正义·尧典》

由此可见，孔颖达直接认为这16卷24篇是类似于张霸这样的人伪造的。孔颖达叙述到，在西汉孔安国献上古文《尚书》后，一些儒家学者就知道了献上的篇数是58篇，所以就有人在当时设立了学官的今文三家34篇外，伪造了16卷24篇，"以足郑注三十四篇为五十八篇"。这里的"郑注"并不是指在郑玄注解34篇之后，才有造伪者伪造这16卷24篇，这里"郑注"的意思是同郑玄注解相同的今文三家34篇经文，也就是设立了学官的今文三家34篇。

孔颖达认为刘向、刘歆、贾逵、班固、马融和郑玄，他们都没有读到过"梅献版"的25篇逸书，孔颖达对此给出的原因是：

> 又刘歆、贾逵、马融之等并传孔学，云十六篇逸，与安国不同者，良由孔注之后，其书散逸，传注不行。以庸生、贾、马之等惟传孔学经文三十三篇……《汉书·儒林传》云，安国传都尉朝子俊，俊传胶东庸生，生传清河胡常，常传徐敖，敖传王璜及涂恽，恽传河南桑钦。

孔颖达认为孔安国献书后，其中这25篇的经文和传注在后来就"散逸"了，"散逸"的原因是"传注不行"，即这25篇没有设立学官，传授和流传的就少，"以庸生、贾、马之等唯传孔学经文三十三篇"，就是说在传承到"胶东庸生"的时候就只有"唯传孔学经文三十三篇"了，25篇已经"散逸"殆尽了。所以孔颖达认为"庸生、贾逵、马融"根本不知道孔安国献上的古文《尚书》是"33+25"的结构，他们只看到后人伪造的16卷24篇和设立了学官的34篇，所以刘向的《别录》和班固的《艺文志》中都记录的是16（卷）篇。

> 以此二十四为十六卷，以《九共》九篇共卷，除八篇，故为十六。故《艺文志》、刘向《别录》云"五十八篇"。《艺文志》又云："孔安国者，孔子后也。悉得其书，以古文又多十六篇"，篇即卷也，即是伪书二十四篇也。刘向作《别录》，班固作《艺文志》并云此言，不见孔传也。

——《尚书正义·尧典》

孔颖达推测到东汉时期，马融也没有见到过这25篇，就更别提他的学生郑玄了。

> 马融《书序》云："经传所引《泰誓》，《泰誓》并无此文。"又云："逸十六篇，绝无师说。"是融亦不见也。

——《尚书正义·尧典》

到此，我们简单的小结一下孔颖达的观点。孔颖达认为伏生壁中只有28卷33篇，伏生又以《舜典》合于《尧典》，《益稷》合于《皋陶谟》，《盘庚》三篇合为一，《康王之诰》合于《顾命》，将这几篇重新分拆出来后，就是28+5=33篇。武帝末后出的1卷3篇今文《泰誓》是伪造的，但司马迁并未区别，由此记录为29卷。

孔颖达认为"梅献版"就是当年孔安国献上的58篇古文《尚书》经文，这58篇中的33篇经文对应今文三家的31篇经文，因为33篇中的《舜典》和《益稷》的经文是从31篇中的《尧典》和《皋陶谟》中分离出来的。孔颖达认为孔安国献上的古文篇章在此33篇上增多了25篇，这25篇中包含了"梅献版"3篇古文《泰誓》。

孔安国献书后，这25篇因为没有传解，又没有为之设立学官，以致无人问津，就"散逸"的流失殆尽。古文《尚书》在后来的传授中，只有33篇。

同时孔颖达全盘否定郑玄在《百篇书序》中标注的16卷24篇，认为这是在孔安国献书以后，类似张霸这样的人，看不到朝廷中真正的58篇，就在设立学官的今文34篇外，伪造的16卷24篇，而马融、郑玄等都是没有读到过真正的孔安国的献书，他们读到的是朝廷外类似张霸这样的人伪造的16卷24篇。

通过将孔颖达的观点和他对自己观点的解释，我们可以很容易发现几个不符合逻辑的地方。首先就是"同序同卷"的分卷方法。伏生从墙壁夹层中取出《尚书》简册，它的分卷应该是和"孔献版"古文《尚书》是一样的。按照孔颖达的说法，伏生误合了五篇。

伏生又以《舜典》合于《尧典》，《益稷》合于《皋陶谟》，《盘庚》三篇合为一，《康王之诰》合于《顾命》，复出此篇，并序，凡五十九篇，为四十六卷。"梅献版"
　　　　　　　　　　　　　——《尚书·孔安国序文》

如果按照"同序同卷"的分卷方法，《益稷》合于《皋陶谟》，《盘庚》3篇合为1卷，这是可以理解的，因为《益稷》和《皋陶谟》同序，《盘庚》3篇同序。

皋陶矢厥谟，禹成厥功，帝舜申之，作大禹、皋陶谟、益稷。
　　　　　　　　　　　　　　　　　　　——《尚书正义》

盘庚五迁，将治亳殷，民咨胥怨，作盘庚三篇。　　——《尚书正义》

　　伏生将原来就在一卷上的经文转抄时，也抄写在一卷上是没有问题的。但《舜典》和《尧典》，《康王之诰》和《顾命》各自是不同的序文，那么伏生壁出的简册应该是被分别写在不同竹简之上，也就是4卷竹简，这种情况下，伏生如何会失误合到2卷之上呢？

　　以上是"误合"的问题，但按照"同序同卷，异序异卷"，笔者认为伏生还有"误分"的问题，《康诰》《酒诰》和《梓材》这三篇是同一篇序。

　　成王既伐管叔、蔡叔，以殷馀民封康叔，作康诰、酒诰、梓材。

——《尚书正义》

　　那么伏生壁出的时候应该是1卷，伏生如何可能失误抄写在3卷之上。进一步，孔颖达认为伏生壁出经文只有28卷31篇（未计算后出的1卷3篇《泰誓》），如果按照"同序同卷，异序异卷"，那么31篇应该只有27卷，如下表25：

表25　"同序同卷，异序异卷"对伏生篇文分卷

篇题	尧典	皋陶谟	禹贡	甘誓	汤誓	盘庚3篇	高宗肜日	西伯戡黎	微子	牧誓
篇数	1	2	3	4	5	6、7、8	9	10	11	12
同序同卷	1	2	3	4	5	6	7	8	9	10

篇题	洪范	金滕	大诰	康诰	酒诰	梓材	召诰	洛诰	多士	无逸
篇数	13	14	15	16	17	18	19	20	21	22
同序同卷	11	12	13	14			15	16	17	18

篇题	君奭	多方	立政	顾命	康王之诰	秅誓	吕刑	文侯之命	秦誓	今文泰誓3篇
篇数	23	24	25	26	27	28	29	30	31	32、33、34
同序同卷	19	20	21	22	23	24	25	26	27	

　　所以"同序同卷，异序异卷"是自相矛盾的一种说法，更无法解释刘向同时记录的欧阳《尚书》经文和章句相差1卷的问题。

　　其次是25篇的散逸，孔安国的书已经被朝廷收藏，如果"梅献版"就是孔安国当年献上的58篇古文《尚书》，那么孔安国的某些学生因为25篇没有在"学官"的范围中，从而放弃学习和传承，以致在民间，这25篇渐渐"散逸殆尽"，这种可能性是有的，但是，难道孔安国所有的学生都如此功利吗？这是民间的传授，那么在皇宫中，从公元前92年武帝末期到公元前8年成帝刘向去世，西汉的这段时期，皇宫中没有任何动乱，收藏在皇宫的"孔献版"如何会"散逸"？"类似张霸的人"伪造的16卷24篇是如何窜入皇宫，成为皇家的收藏？如前文所述，被皇宫收藏的书篇是要经过朝廷各个经学学者严格仔细检验的，张霸的100篇被收藏和废黜都有记录，反而之后新入皇宫被收藏的16卷24篇却只字未提，这些都是无法解释的。

　　所以孔颖达认为"梅献版"就是真正的孔安国当年献上的古文《尚书》是明显错误的，他有这样错误的观点，首先当然是他自己没有仔细地分析。但最关键的，仍然是因为他非常的相信"梅献版"，自然也就非常相信这篇伪托孔安国撰写的"序文"。我们要明确的是，以孔安国名义撰写的"序文"并不是当时辑补"在野版"的学者撰写的，因为他并没有伪托孔安国，这篇序文是后代的伪托者撰写的。

　　悉以书还孔氏。科斗书废已久，时人无能知者，以所闻伏生之书考论文义，定其可知者，为隶古定，更以竹简写之，增多伏生二十五篇。伏生又以《舜典》合于《尧典》，《益稷》合于《皋陶谟》，《盘庚》三篇合为一，《康王之诰》合于《顾命》，复出此篇，并序，凡五十九篇，为四十六卷。

　　　　　　　　　　　　　　　　　　——《尚书正义·孔安国序文》

　　从这段引用了多次的话可以推测到，实际是"伪托者"误导了孔颖达。而"伪托者"所处的西晋末时期，郑玄和王肃注解的34篇经文都在世上传授，所以"伪托者"自身也未对"在野版"的篇文结构作仔细地分析和对比，也没发现"在野版辑补学者"的初衷，实际也是按照西汉"34+24"的结构来辑补整个古文《尚书》的，反而错误地认为"在野版"是增加25篇，是"33+25"的结构。

　　通过以上叙述和分析，我们可以从这位"在野版辑补学者"的时期开始，

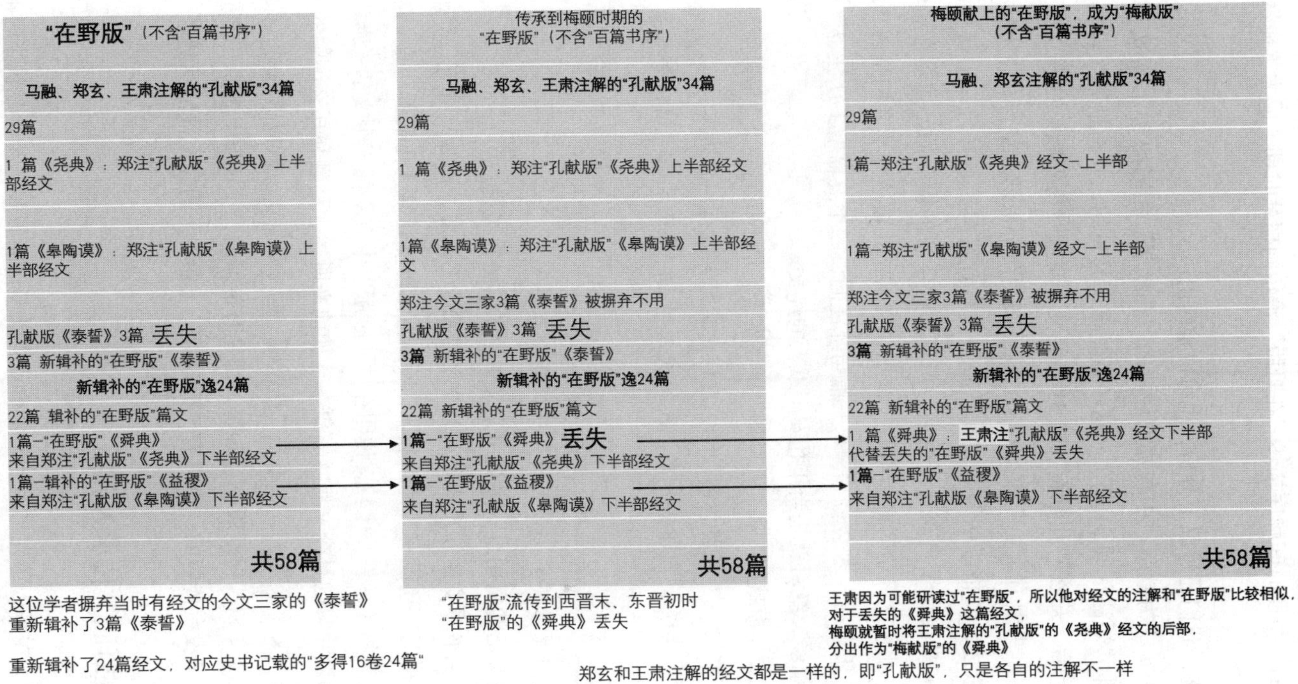
“在野版”（不含“百篇书序”）
马融、郑玄、王肃注解的“孔献版”34篇
29篇
1 篇《尧典》：郑注“孔献版”《尧典》上半部经文
1篇《皋陶谟》：郑注“孔献版”《皋陶谟》上半部经文
孔献版《泰誓》3篇 丢失
3篇 新辑补的“在野版”《泰誓》
新辑补的“在野版”逸24篇
22篇 辑补的“在野版”篇文
1篇–“在野版”《舜典》
来自郑注“孔献版”《尧典》下半部经文
1篇–辑补的“在野版”《益稷》
来自郑注“孔献版《皋陶谟》下半部经文
共58篇
这位学者摒弃当时有经文的今文三家的《泰誓》
重新辑补了3篇《泰誓》
重新辑补了24篇经文，对应史书记载的“多得16卷24篇”
传承到梅颐时期的
“在野版”（不含“百篇书序”）
马融、郑玄、王肃注解的“孔献版”34篇
29篇
1 篇《尧典》：郑注“孔献版”《尧典》上半部经文
1篇《皋陶谟》：郑注“孔献版”《皋陶谟》上半部经文
郑注今文三家3篇《泰誓》被摒弃不用
孔献版《泰誓》3篇 丢失
3篇 新辑补的“在野版”《泰誓》
新辑补的“在野版”逸24篇
22篇 新辑补的“在野版”篇文
1篇–“在野版”《舜典》丢失
来自郑注“孔献版”《尧典》下半部经文
1篇–“在野版”《益稷》
来自郑注“孔献版《皋陶谟》下半部经文
共58篇
“在野版”流传到西晋末、东晋初时
“在野版”的《舜典》丢失
梅颐献上的“在野版”，成为“梅献版”
（不含“百篇书序”）
马融、郑玄注解的“孔献版”34篇
29篇
1篇–郑注“孔献版”《尧典》经文–上半部
1篇–郑注“孔献版”《皋陶谟》经文–上半部
郑注今文三家3篇《泰誓》被摒弃不用
孔献版《泰誓》3篇 丢失
3篇 新辑补的“在野版”《泰誓》
新辑补的“在野版”逸24篇
22篇 新辑补的“在野版”篇文
1 篇《舜典》：王肃注“孔献版”《尧典》经文下半部
代替丢失的“在野版”《舜典》丢失
1篇–“在野版”《益稷》
来自郑注“孔献版《皋陶谟》下半部经文
共58篇
王肃因为可能研读过“在野版”，所以他对经文的注解和“在野版”比较相似，
对于丢失的《舜典》这篇经文，
梅颐就暂时将王肃注解的“孔献版”的《尧典》经文的后部，
分出作为“梅献版”的《舜典》
郑玄和王肃注解的经文都是一样的，即“孔献版”，只是各自的注解不一样

图 31 “在野版”到“梅献版”的过程

通过图31，按照时间顺序描述"在野版"流传到梅赜时期，成为"梅献版"的过程。

最终，我们通过以上分析，也可以推断出：

第一，"梅献版"中与郑玄注解的"孔献版"相同的33篇经文肯定是真的（即"郑注"的31篇）。这一点是显而易见的，"梅献版"自从东晋初被献上后，郑玄"孔献版"的31篇经文（对应"梅献版"33篇）都还完整地在世，并且郑玄、王肃的经文和注解在当时都被列为学官在世上传授，如上文叙述，"梅献版"与"孔献版"自东晋建国后，并行在世传授。这33篇经文是接受了自东晋开始后，历朝历代学者的检验的，尤其在唐朝唐太宗时，孔颖达等学者奉旨编写《尚书正义》，孔颖达等学者们是认真地比对这两个版本后，才会写"三十三篇与郑注同，二十五篇增多郑注也"，所以这33篇经文绝对就是当年孔安国献上的经文。

第二，"梅献版"和"孔献版"的《泰誓》是不相同的，"梅献版"《泰誓》是"在野版"作者新辑补的，这样《泰誓》就有三个版本：

今文《泰誓》，即武帝末，民间献上朝廷，博士聚而研读，加入今文的《泰誓》；

孔献版《泰誓》（唯一的真《泰誓》）；

梅献版《泰誓》（今天我们读到的《泰誓》）。

如前文已经引用过，《尚书正义》记录马融曾经说：

"吾见书传多矣，凡诸所引，今之泰誓皆无此言，而古文皆有。"

在马融时，还没有"梅献版"，所以他只可能是拿"孔献版"的《泰誓》与今文三家的《泰誓》比较，说明在"孔献版"中有不同于今文的《泰誓》，也说明马融注解的是今文版《泰誓》。如前文所述，马融和郑玄注解的《泰誓》都是今文《泰誓》，而不是"孔献版"的《泰誓》。所以这三个《泰誓》的版本，今文和"梅献版"《泰誓》都是有传解的，反而"孔献版"真正的《泰誓》是没有传解的，而只有"梅献版"《泰誓》的经文被传承到今天。

18.2 "在野版"传承人介绍

这部"在野版"在当时的学术价值自然是毋庸置疑，至少是被当时的学者作为一部可参考的经文和传解，因此这部书也被当时的学者向后代的学生传授了下去。如前文所引，这部书流传到东晋梅赜的过程，《尚书正义》引用了《晋书》中的记载而保留了下来。

《晋书》又云："晋太保公郑冲以古文授扶风苏愉，愉字休预。预授天水梁柳，字洪季，即谧之外弟也。季授城阳臧曹，字彦始。始授郡守子汝南梅赜，字仲真，又为豫章内史，遂于前晋奏上其书而施行焉。"

——孔颖达《尚书正义·虞书》

这其中被记载的传承人苏愉、梁柳、臧曹和梅赜，他们的历史信息都非常的稀少，即使是献书人梅赜的历史记载也是寥寥无几。而《晋书》的这段传承记录在当今版本的《晋书》中也是没有的，这自然引起近代一些学者的怀疑。比如清朝乾隆年间的学者崔述，就直接认为这些传承人都是子虚乌有。实际上，这只是这些怀疑的学者考证的还不够仔细。

《五经正义》撰成于贞观十六年（642年），而流传到现在的正史《晋书》是在公元646年，由唐太宗下诏重新开始编纂的，而当时在世上流传的《晋书》多达18种，其中某个版本有这段记载是有可能的，只是孔颖达引用的哪个版本，我们并不知道。而记载了"梅献版"流传的内容没有被编辑到新《晋书》中，是因为这本唐太宗下诏重修的《晋书》只用了两年就编纂完毕，因此时间短、作者多、取材有问题等都是这部《晋书》的缺点，这与编纂人员希望在唐太宗病逝前能让他读到此书的想法也有很大关系。唐太宗一直相信"以史为镜，可以知兴替"，因此对西晋王朝快速灭亡的原因抱有很大的兴趣，这也在一定程度上造成在短时间里编纂的《晋书》，它的取材和编写没有太多的时间和篇幅放在学术的历史方面。如此而来，"梅献版"流传的遗漏，对唐太宗的《晋书》来说也就并不奇怪了。

不过近代的学者还是考证出了这些传承"梅献版"学者们的历史记录，尽管是寥寥无几，但证明了绝不是"子虚乌有"的。而他们的历史记录之所以如此之少，正是因为他们所处的时代正是西晋分崩离析、战乱滔天地进入五胡十六国的时期，是整个中国历史上最为混乱和动荡的历史阶段。

皇帝曹髦在太学院和博士讨论经学的这年，公元256年，王肃去世，郑冲由司空转任司徒，司马昭掌握朝政。我们从皇帝曹髦和太学院博士讨论经文的话语中，可以看到曹髦非常有自己的见解，对经文尚有自己的见解，对国政更会有他自己的想法，但国政掌握在司马昭的手中，身为皇帝的曹髦，其心中治国理政的想法就得不到施展。同时，更让曹髦担心的是前任皇帝曹芳被废的现实，他非常清楚，只要稍有不慎，自己也同样有可能被废黜。曹髦继位后就是处于这种矛盾和忐忑不安的心理之中，时间久了，自然对司马昭有所怨恨，这种怨恨终于在他继位后第六年爆发了出来。

曹髦认为司马昭作为宰辅，国家政事自己都不能做主，心中忿忿不平，又经常忧虑被废受辱，打算在殿上召集百官废黜司马昭。

景元元年（公元260年）五月初六夜里，曹髦下令让冗从仆射（冗从类似与散骑常侍，居则宿卫，直守门户；出则骑从，夹乘舆车）李昭等在陵云台部署卫兵，召侍中王沈、散骑常侍王业、尚书王经，从怀中取出用黄纸写成的诏书给他们看，让他们戒严到天亮。王沈、王业急速将此事告知司马昭，司马昭立即命令护军贾充等做戒备。曹髦知道事情泄露后，率领左右进攻司马昭所在的丞相府，声称要讨伐有罪之人，敢有骚动抵抗者灭族。（皇帝亲自出战）丞相府中的兵将都不敢迎战，贾充呵斥诸将说："主公（司马昭）平时养活你们，正是为了今天啊！"于是太子舍人成济拿起戈向天子车驾进攻，刺中天子，戈刃从背上穿出，天子死于车中。 ——《晋书·文帝司马昭传》

皇帝曹髦的"政变"可以被认为是有勇无谋，"政变"就这样干脆地失败了。随后司马昭和皇太后策立曹奂为帝，他是当年辞让明帝辅政大臣之位的燕王曹宇的儿子，当时年仅15岁。司马昭策立了新皇帝后，经过3年的稳定和准备，在第4年，公元263年8月，出征三国之蜀汉，当年11月，蜀汉的皇帝刘禅，刘备的儿子，向司马昭投降。司马昭彻底地固定了自己在朝中的威望，在刘禅投降的前一个月，10月，由于各路报捷，胜局已定，郑冲就已经率领百官进劝司马昭接受皇帝曹奂的封赐。当年12月，郑冲就拜为高于三公之位的太保。下一年，公元264年，司马昭被封为晋王，一切礼仪和皇帝一样，并开始修改国家的官制、礼仪和律法，整个过程全部由太保郑冲总揽和裁决。当年将年号由"景初"改为"咸熙"。

咸熙二年，公元265年八月初九，司马昭去世，终年五十五岁。他的儿子司马炎继承嗣位，并于当年12月，让曹奂禅让帝位，魏国灭亡，晋朝建立，改年号位为"泰始"。在"咸熙"的这两年间，太保郑冲的学生，即接受了郑冲"在野版"古文《尚书》传授的苏愉在即将亡国的魏朝廷中担任尚书。笔者推测郑冲很可能与苏愉的父亲苏则交好，才会教授苏愉。苏则已经在 42 年前，公元 223 年去世。

苏则字文师，扶风郡武功县人。少年时就以学问和德行闻名乡里，被推举为孝廉和茂才……后来出任酒泉郡太守，调任安定郡、武都郡，所在的地方都传颂他的成名。曹操征伐张鲁，经过苏则所管辖的郡，见到苏则，对他很欣赏，命他担任部队的向导。打败张鲁以后，苏则平定安抚住在下辩一带的各氏族部落，安定了整个河西走廊，然后转任金城太守……后来陇西郡的李越发动叛乱，苏则率领羌人等少数民族军队包围了李越，李越请求投降。曹操去世，西平郡的麹演谋反，苏则领兵讨伐，麹演害怕而请求投降。

魏文帝（曹丕）因为苏则的功劳，加封他为护羌校尉，赐予他关内侯的爵位。后来麹演又勾结邻郡叛乱，张掖郡的张进扣押了太守杜通，酒泉郡的黄华不接受太守辛机的统治。张进、黄华都自称太守响应麹演，再加上武威郡的三种胡族（匈奴部族）趁势掳掠，河西的道路又断绝了……苏则便和羌族的大户酋长商议（出兵征讨反叛），最后苏则杀了麹演和张进，黄华随之投降，河西一带再次被苏则平定……朝廷晋封他为都亭侯……征拜苏则为侍中。

——《三国志·苏则传》

从苏则的记载可以看到，他的仕途和功劳主要就在平定凉州，其中更主要的是，他和羌族的大户酋长们保持着友好信任的关系，这是他平定凉州几个郡反叛的关键实力。苏则从而被魏文帝曹丕升调到身边担任侍中，自然是作为皇帝在西北凉州和此区域少数民族事务的参谋。此时郑冲也在曹丕朝廷中任职，如前文所述，郑冲在公元 217 年，曹丕称帝前三年就被任命为曹丕的"文学掾吏"（替曹丕起草撰写各类文书），大概到明帝后期升任到常侍，直到公元 240 年，明帝去世，曹芳继位，才离开中央朝廷，进入曹爽的幕府。

另外苏则既然在少年时就以学问和德行闻名乡里，那么他也肯定精通经学，因此笔者推断郑冲和苏则应该是相互交好的友人。由此郑冲才会收纳他的儿子为自己的学生。到了司马炎建立晋朝时，如前文所述，郑冲总揽负责了当时为新朝建立做准备的官制改革，因此笔者推测，郑冲很有可能也向司马炎推荐了一些关键职位的人选，苏愉很可能因继承了父亲和羌族部落的关系，而被郑冲推荐为负责西北事务的人选，因为此时的西北，少数民族的侵扰从未中断过。晋朝建立后，司马炎就让苏愉出任凉州刺史。可惜的是，在晋朝建立第6年，公元271年，苏愉被在西北的鲜卑族部落打败，并非羌族部落，结果晋朝失去大片的凉州土地。

泰始中，（鲜卑族在西北的部落首领孙树机能）杀秦州刺史胡烈于万斛堆，败凉州刺史苏愉于金山，尽有凉州之地，武帝司马炎为此事昼夜操心。

——《晋书·载记第二十六秃发乌孤传》

但苏愉战败后，司马炎并未惩罚和处置他，而是以苏愉的学问又让他出任九卿之太常，并加封光禄大夫头衔。

苏愉字休豫，历位太常光禄大夫。——《三国志·苏则传》裴松之注文

笔者推测司马炎没有追究苏愉的责任，是因为打败他的是鲜卑族部落，而非羌族。当时中国西北和北方主要的少数民族有匈奴、羌族、鲜卑、肃慎和回族等。在魏晋时期，鲜卑族的战斗力最强，即使匈奴部落的骑兵也甘拜下风，因此苏愉败给鲜卑也算是在常理之中，而边关复杂的少数民族关系和事务，也不是几场战斗的胜负能说明局势的好坏，司马炎非常了解苏愉和当时的西北局势，并未在战局失利的情况下处置主将。而随即任命苏愉为九卿之太常，则充分说明了苏愉的深厚学问，非常符合苏愉研读过当时"在野版"古文《尚书》的史实。

司马炎了解苏愉，是离不开郑冲的，苏愉担任太常，充分说明司马炎和郑冲对苏愉学问和品行的信任。当时"竹林七贤"之一的山涛，官至吏部尚书、尚书右仆射，领吏部十余年，山涛选用官吏，都亲自撰写评论，以供晋武帝司马炎参考选择，这些评论汇编成一部书，当时称《山公启事》。

《山公启事》称：苏愉忠诚敦厚而有智慧。——程元敏《〈尚书〉学史》

"敦厚"不正是郑冲最主要的品行吗？物以类聚，人以群分，苏愉的学生梁柳也是有着同样品行的学者。

18.3 皇甫谧和"在野版"

按照《尚书正义》的介绍，梁柳是天水人，在当时并不出名，但他的母亲和舅舅是皇甫嵩的后代，如前文所述，皇甫嵩是汉灵帝时打败黄巾军的大将，官至太尉。到晋武帝司马炎时，在皇甫嵩的后代中，最出名的是以学问得到晋武帝司马炎垂青的皇甫谧。

皇甫谧，字士安……汉代太尉皇甫嵩的曾孙……在伯父家长大，二十岁以前还不好学，每天东游西荡，无所事事……后来在他伯母谆谆告诫下，皇甫谧才幡然醒悟……从此勤奋不怠。家中贫穷，要自己耕种，就带着经书务农，于是博通典籍和百家之言。皇甫谧沉稳闲静、清心寡欲，开始有了高尚的志向，以著述为务……后来得了风痹疾（脑栓塞）而手脚麻木，还是手不释卷。

（皇甫谧认为）如果不是圣人，谁能够做到入仕为官和隐居修学并存呢？居住在田野乡里之中也可以尧舜之道为乐，又何必崇尚世利，烦劳于官事，然后才成名呢……于是婉拒出仕为官，沉溺于学习典籍，废寝忘食，当时的人称他为"书淫"。有朋友告诫他过分笃学，会损耗精神，他却说："早晨得知真理，就是晚上死去都可以，何况寿命长短是上天注定的呢？"

——《晋书·皇甫谧传》

皇甫谧最终因他的著作《帝王世纪》而闻名于后世，《帝王世纪》是继司马迁《史记》之后，第二部整理历代帝王世系的历史书典，将中国历史的帝皇谱历推前到"五帝"之前的"三皇"时期，尽管皇甫谧撰写的部分历史内容采自谶纬书籍，以致此书并不是全部的内容都得到当今的史学界的认可，但《帝王世纪》却是当时对大量书籍史料的一次汇编，对史学的价值自然是不言而喻。

尤其是皇甫谧在历史地理上作了很多研究，由于战争、移民、迁徙、王朝更迭等各种原因，历史地名往往变化很大，为历史研究带来不少困难。而皇甫谧在《帝王世纪》中对上迄三皇，下至汉魏时期的历史地名作了比较系统的研究和考证，澄清了许多由于地名变更而造成的历史疑难问题，对历史的研究有着极大的帮助。

同样可惜的是，此书早已失传，目前只有近代学者的辑本，主要是从《北堂书钞》《艺文类聚》《初学记》《太平御览》等类书和《水经注》《史记》三家注、《十三经注疏》《太平寰宇记》等经籍史志中辑录出来的内容。

又《晋书·皇甫谧传》云："姑子外弟梁柳边得《古文尚书》，故作《帝王世纪》，往往载孔传五十八篇之书。" ——孔颖达《尚书正义》

这也是孔颖达从某部失传的《晋书》中引用的一句记录，其中"孔传"既是"梅献版"古文《尚书》，也就是笔者认为的当时的"在野版"。在孔颖达的唐朝初期，《帝王世纪》仍然完整地在世，他引用《晋书》叙述皇甫谧在撰写《帝王世纪》中引用了"梅献版"的内容，而孔颖达对"梅献版"的专精，更无须多笔，同时撰写《尚书正义》是应皇帝的诏令，孔颖达没有把握，绝不会凭臆想随笔写下这条记录。程元敏先生也对此作了完整的考证。

"伪孔版"中的逸25篇，残本《帝王世纪》至少引用其中十篇，于仲虺之诰、汤诰、伊训、太甲、君牙、冏命六篇明举其篇名。

——程元敏《〈尚书〉学史》

所以笔者认为"书淫"皇甫谧研读过"梅献版"（即"在野版"），并在《帝王世纪》中引用了此书，这是非常符合逻辑而可以相信的。但是也有学者，比如刘起釪先生，因为否定"梅献版"在魏晋期间存在过，而认为皇甫谧没有阅读过"梅献版"，并在他的《〈尚书〉学史》中举出一部分例证，但并不充分。在他举出的例证中，一部分认为《帝王世纪》所引用"梅献版"的内容并非出于"梅献版"，而是出于其他的古书，比如：

皇甫谧云："'伊训'曰：造攻自鸣条，朕哉自亳。"

——《尚书正义·汤誓序》

刘起釪先生引用陈梦家的考证，认为"造攻自鸣条，朕哉自亳"被《孟子·万章篇》引用过，所以皇甫谧实际是引用《孟子·万章篇》。笔者认为这种可能性是存在的，只是皇甫谧直接引用"在野版"经文的可能性同样存在。

另外，刘起釪先生引用康熙年间学者朱彝尊撰写的《经义考》的意见，认为既然皇甫谧得到了这部"梅献版"，并相信这部书，所以《帝王世纪》的说法应该都与"梅献版"的说法相同，而实际上《帝王世纪》许多内容都和"梅献版"不同，比如尧和舜的年龄等，所以皇甫谧是没有读到过"梅献版"的。

朱彝尊的推论是明显不符合逻辑的，首先，皇甫谧相信"梅献版"的内容，是朱彝尊自己臆想的，皇甫谧并不一定会全部相信。而朱彝尊考证出《帝王世纪》和"梅献版"不同的地方，正好说明了，皇甫谧撰写历史，对当时各种书籍的内容有所比较，这自然会对所参考书籍中的观点和说法有认同的，也有否定的，进而根据他自己的研究和判断进行取舍后，将他自己的意见写入书中。这和任何历史学家都是一样的，司马迁写《史记》、班固写《汉书》等，都会对众多的史料进行比较、甄别和选择，绝不会完全相信一部书而全盘照抄，即使现在也是这样，这是常识。

所以笔者认为皇甫谧是肯定研读过当时的"在野版"古文《尚书》的，

而进一步的问题是，皇甫谧当时研读的"在野版"的传解是否已经被伪托成是孔安国撰写的。我们看李贤，唐朝武则天的次子，在注解《后汉书》中对《帝王世纪》的引用。

（光武帝刘秀在途经野王县时，打猎游玩，在路上遇到两位老者）光武帝问："在哪里有禽兽出没？"（老者）举手西指说："此中多虎，我每次上山打猎，老虎都会追赶我，大王勿往也。"光武帝说："我打猎准备的很充分，虎亦何患？"老者说："大王此话可错了！昔汤即（攻打）桀于鸣条，而在亳建筑大城。"（李贤注解：《帝王世纪》曰：案《孟子》，桀卒于鸣条，乃在东夷之地，或言陈留平丘今有鸣条亭也，唯孔安国注《尚书》云鸣条在安邑西。考三说之验，孔为近之。）

——李贤注《后汉书·逸民列传第七十三》

学者程元敏认为皇甫谧的《帝王世纪》列出了帝桀去世地"鸣条"三个可能的地址："东夷之地""陈留郡平丘县""安邑（之）西"，其中"安邑（之）西"是皇甫谧引自"在野版"古文《尚书》的孔安国注，这就说明皇甫谧已经读到"孔安国注"。但学者刘起釪认为，《帝王世纪》只列出了"东夷之地"，而后面的两个地址不是《帝王世纪》引用的，是李贤自己的注释，也就是说是李贤引用了孔安国注《尚书》的"安邑（之）西"，而不是《帝王世纪》。这段引文的标点符号是现代加入的，在古代是没有标点符号的，可以参见图32，是北宋刻本的《后汉书·李贤注》的此句话。

我们仔细阅读此句，对于"或言陈留平丘今有鸣条亭也"这句是比较容易辨别的，因为句中提到"今陈留平丘今有"，陈留郡平丘县是魏晋时期的地名，在唐高宗时期已经没有此地名，所以是属于《帝王世纪》的内容。

关键是"唯孔安国注尚书云鸣条在安邑西"这句话是《帝王世纪》的内容，还是注解者李贤自己另外的引用，理论上是都可能的。但如果我们参照一下李贤注解《后汉书》的其他类似语句，如下：

1. 勇唯鹰扬，军如流星。（李贤注解：《毛诗》曰："时唯鹰扬。"注云："如鹰之飞扬也。"）

2. 立候隔北，建护西羌。（李贤注解：扬雄《解嘲》曰："西北一候。"孟康注云："敦煌玉门关候也。"）

3. 朔南暨声，诸夏是和。（李贤注解：《尚书》曰："朔南暨声教。"

注云："朔，北方也。"）

4.盖夫燔鱼剸蛇，莫之方斯。（李贤注解：《尚书·今文太誓篇》曰："太子发升舟，中流，白鱼入于王舟，王跪取出，以燎。群公咸曰'休哉'。"郑玄注云："燔鱼以祭，变礼也。"）

体会文句中的语气，"曰"通常是接正式的引用，而"注云"通常是接李贤另外引用的注解，所以我们可以倾向于认为"唯孔安国注尚书云"之后的"鸣条在安邑西"是李贤的引语，而非《帝王世纪》皇甫谧的引用。

与此条引用相类似的还有唐玄宗时期徐坚的《初学记》对《帝王世纪》的引用：

《帝王世纪》曰：汤娶有莘氏女为正妃，生太子丁、外丙、仲壬。太子早卒，外丙代立。（徐坚的注解：皇甫谧云：商之享国也三十一王。是见居位者实三十王，而言三十一者，兼数太子丁也。自汤得位至纣，凡六百二十九年。成汤一，外丙二，仲壬三，太甲四，沃丁五，太庚六，小甲七，雍巳八，太戊九，仲丁十，外壬十一，河亶甲十二，祖乙十三，祖辛十四，沃甲十五，祖丁十六，南庚十七，阳甲十八，盘庚十九，小辛二十，小乙二十一，武丁二十二，祖庚二十三，

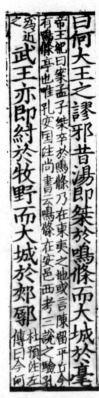

图32 《后汉书》
李贤注

祖甲二十四，廪辛二十五，庚丁二十六，五乙二十七，太丁二十八，帝乙二十九，纣三十。《商书》（"伊训"书序）曰：成汤既没，太甲元年。孔安国注云：太甲太丁子，汤孙也，太丁未立而卒，及汤没而太甲立，称元年，谥法，残义损善曰纣，败于牧野，悬首白旗。从黄帝至纣三十六世。纣二年纳妲己，二十年囚文王，三十年武王观兵于孟津。） ——《初学记》

同样，我们要辨别"商书曰，成汤既没，太甲元年"和"孔安国注云，太甲太丁子，汤孙也，太丁未立而卒，及汤没而太甲立，称元年，谥法，残义损善曰纣，败于牧野，悬首白旗"，这两段话是《帝王世纪》引用的，还是唐朝徐坚引用的。

商朝第一任皇帝商汤，他的太子是太丁，商汤去世后，对后续继位的人，

存在两种说法,一种是说商汤的太子"太丁"已经去世,没有继位,而是由他的弟弟"外丙"继承帝位,3 年后外丙去世,再由他的弟弟"仲壬"继位,4 年后去世,再由"太丁"的儿子"太甲"继位。第二种认为,商汤去世后,太甲就直接继位了,中间并没有外丙和仲壬的继位。

从以上《帝王世纪》的引文即可知道,皇甫谧是支持第一种说法,司马迁的《史记》也支持第一种说法。而"在野版"古文《尚书》和孔颖达是支持第二种说法,孔颖达的依据就是"在野版"《尚书》"伊训"篇的书序,"成汤既没,太甲元年"。

据此经序(伊训书序)及《太甲》之篇,太甲必在商汤后继位,而《殷本纪》云:"汤崩,太子太丁未立而卒,于是乃立太丁之弟外丙。三年崩,别立外丙之弟仲壬,四年崩。伊尹乃立太丁的儿子太甲。"与《尚书》经文不同,《殷本纪》肯定是错误的。刘歆、班固不见古文,草率而错误地跟从了《史记》。皇甫谧既然得到此经文(指"梅献版"),作《帝王世纪》,却仍然叙述司马迁的话,是他疏漏的地方。顾氏亦云:"只可依经语大典,不可用传记小说。"

——《尚书正义》

在此,我们对"商汤继承人"问题不作讨论,我们主要是从孔颖达的疏文,可以确认皇甫谧是认同第一种观点,由此可以推断,在《初学记》引用皇甫谧云的语句中,"商书曰,成汤既没,太甲元年"和"孔安国注云以后的语句",是徐坚自己的引用,其目的是讲述"商汤继承人"是有两种观点。而不会是皇甫谧的引用,假设是皇甫谧引用了和自己不同的观点,却不作任何说明,这并不符合逻辑。而徐坚的《初学记》就是给皇族子弟学习提供各类知识的,在举出皇甫谧比较完整的商朝帝王谱后,再讲出其他不同的说法,是顺理成章的学术论述。

从以上的分析,我们可以推断皇甫谧在当时肯定是研究过这部"在野版"《古文尚书》,但此时还未伪托成是"孔献版"和孔注。皇甫谧在编写历代帝王的世系、年代及事迹时,必定会尽可能多地查阅当时能得到的书籍,而"在野版"25 篇经文所具有可参考的史料内容,对皇甫谧而言,吸引力是可想而知的,这是完全符合逻辑和在情理之中的。

另外,后代还有学者怀疑是皇甫谧伪造了"梅献版"古文《尚书》,从以上我们对皇甫谧的介绍以及《帝王世纪》引语的分析,皇甫谧为何要伪造一部与自己观点不同的书籍（商朝帝王继承人的顺序，皇甫谧与"在野版"的观点不同）。而皇甫谧的为人处世，让他不会，也没有任何动机去伪造或者伪托一部古文《尚书》，这种怀疑经过仔细分析是没有逻辑的。

18.4 司马衷和司马攸的继位

司马炎建立晋朝的第 10 年，公元 274 年，郑冲去世，当年皇甫谧已经 60 岁。这年苏愉也已经从凉州回到中央朝廷任职了 3~4 年，他的学生梁柳也已经出任郡太守的职位，按照年龄，他的表哥皇甫谧已经 60 岁，梁柳的年龄也不会小了。梁柳最先出任的是城阳郡（大致在今山东省东南区域）太守。

城阳太守梁柳，是皇甫谧远房姑妈的儿子，要上任时，别人劝他为梁柳饯行。他说："梁柳当百姓时拜访我，我送迎不出门，吃的不过是腌咸菜，贫穷的人不用酒肉为礼。现在他当郡太守，我去送行，这是看重城阳太守的职位而轻视了他梁柳这个人，哪里合乎古人之道呢？这不是让我能心安理得的事。"

——《晋书·皇甫谧传》

按照此条记录推测，梁柳第一次担任比较高的官职就是城阳郡太守，因为在此之前还是"百姓"。

就在郑冲去世后的第二年，公元 275 年 12 月，京城洛阳经历了一次大规模的瘟疫，按照《晋书》的记载，整个洛阳城有超过一半的百姓染病死亡，皇宫内也未能幸免，连晋武帝司马炎也被传染了，重病卧床。以至于中央朝廷宣布停止上朝，宫门紧闭，直到下一年春才恢复上朝。司马炎此时身体上正遭受着病痛的折磨，但更让司马炎寝食难安的是，他的重病让太子的问题变得洞悉无遗。司马炎忧深思远的继位问题随着自己的重病变得更加迫切。

太子司马衷是司马炎的皇后杨艳于公元 258 年所生，到了建立晋朝的第二年，公元 266 年，司马炎就册立了 8 岁的司马衷为太子，此时太子已经 17 岁了。司马衷还是孩童的时候，他的智力问题并没有表现出来，而随着年龄的增长，他在智力上的缺陷就逐渐显露了出来，从起初只有皇宫内部的成员知道，到现在几乎所有朝廷大臣都已有所耳闻。太子将来能否承担大业，这种怀疑的舆论气氛已经日渐趋浓。

而让太子的智力问题雪上加霜的是，司马炎还有一位亲弟弟司马攸，因为司马炎的伯父司马师没有儿子，在司马攸还是孩童的时候，就已经过继给司马师当嫡子，也就成为礼法上司马懿的嫡长孙，关系如图33：

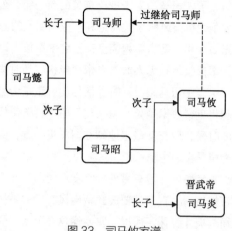

图33 司马攸家谱

所以从当时的礼法上说，司马攸是司马懿的嫡长孙，代替智力有问题的司马衷继承大业，是完全可行的。司马攸现在早已成年，并在朝廷中享有很好的名声，此时的朝局也已经大致分出支持太子和支持司马攸的两派。但司马炎是绝对不想让帝业传承到弟弟的家族。而此时，司马炎因瘟疫重病在床的时候，就已经有重臣开始准备万一司马炎病逝，就由司马攸继位的事宜。因此，在这场瘟疫后，让晋武帝司马炎最为关心、最急需解决的问题就是继位问题。

当初皇帝病重，朝廷归心于司马攸。　　　　　——《晋书·贾充传》

这非常清楚地说明了，当时朝廷中有很大一部分重臣认为由司马攸继承大业是正确的选择。晋武帝面对如此的局势舆论，经过深思熟虑，认为要战胜这种朝局的倾向，自己必须建立更加卓越的功劳，为自己的家族奠定更深厚的功勋基础和威望，才能让帝业保留在自己的家族手中。而此时能创造如此之大的功勋的机会，就只有三国中最后一个还未归顺的东吴了。

瘟疫后的第三年，公元279年11月，晋国出动二十多万的军队，兵分六路，开始进攻东吴。而东吴此时早已是弱不堪击，不到半年，公元280年3月，晋国大将王濬从水路直攻东吴都城建邺，东吴皇帝孙皓随即投降，从东汉末年开始分裂的中国再次统一。

晋武帝司马炎建立的功勋和威望，让他有足够的底气坚持太子司马衷的继位，同时太子司马衷的儿子司马遹的健康和聪慧，也让司马炎对自己家族能继承大业更有信心了。司马遹生于进攻东吴的前一年，公元278年，但并不是和太子正室太子妃贾南风所生，而是和一位叫谢玖的普通宫女所生。

贾南风是贾充的女儿，是当年魏朝皇帝曹髦率军攻击司马昭丞相府时，保护司马昭的中护军首领，在无人敢与皇帝曹髦接战的时候，正是贾充向在场的将领大喊：“主公（司马昭）平时养活你们，正是为了今天啊！”太子舍人成济这才有胆将皇帝曹髦刺死。后来司马昭在将嗣位传位于司马攸还是司马炎犹豫不决的时候，贾充又坚定地站在司马炎一方，由此贾充在司马炎建立晋朝后，成为司马炎的中枢重臣。

贾南风生性嫉妒又暴虐，曾有另外的宫女和司马衷怀上了孩子，却被贾南风杀害。晋武帝知道后，直接就要废黜贾南风，后来被杨皇后和几位重臣劝说后，晋武帝司马炎才罢休。所以，宫女谢玖怀上太子的孩子后，被获准离开太子的东宫，回到晋武帝司马炎的西宫生育和抚养。直到司马遹三四岁时，司马衷才知道自己有一个儿子。

司马炎再次统一中国后的第二年，公元282年，皇甫谧去世了，享年68岁。梁柳已经转任到司州的弘农郡担任太守。

今山侧附路有石铭云：“晋太康三年（公元282年），弘农太守梁柳修复旧道。” ——程元敏《〈尚书〉学史》

就在当年，司马炎就继位的事宜询问时任尚书的张华，而张华仍然坚持司马攸是最佳的继位人选，完全不顾忌司马炎的内心期望。

武帝问张华：“以后的国家大事谁可寄托？”张华回答说：“有明德而又是至亲的人，莫如齐王司马攸。” ——《晋书·列传六张华传》

武帝心中非常不满，加上支持太子司马衷的大臣从中推波助澜，结果张华被调离中枢，贬出都城洛阳到幽州任职。司马炎也开始决心要将亲弟弟司马攸送出洛阳，彻底减少他在朝局中的影响力。但朝中的阻力仍然不小，更关键的是，司马攸也不愿意离开，甚至提出去为母亲守陵，这就让司马炎更加怀疑司马攸，立刻拒绝了司马攸的提请，坚决要求他离开洛阳，前往他的封国。《晋书》记载司马攸此时又得病，而且愈加变重，但司马炎派去帮司马攸诊断的太医又报告司马攸并无大病，司马炎再次催嘱司马攸尽快上路离京。就在司马攸向司马炎辞行后，很短的时间里，司马攸就吐血而亡，年仅 36 岁。

至此，司马炎的继位问题彻底解决，接下来的问题就是如何能够保住江山大业在智障太子司马衷的手中不被夺走，从而顺利地传承到智力正常的皇孙司马遹手上。能夺走大业的势力，司马炎权衡后，也就是外戚（太后和皇后的家族）和司马氏宗族。于是司马炎为太子司马衷设计的权力格局是外戚掌握朝政，宗室掌握军权。

军权由各个宗室的宗亲担任，分别驻扎在帝国的各个军事要害，这相对比较容易布置，而朝政的辅佐之人就比较难以决断，因为如果辅佐朝政的外戚强而不忠，像西汉末年的王莽，势必会挟持弱主司马衷，一旦和宗室发生大的矛盾，又会祸起萧墙而构怨连兵，智障的太子如何能控制局势保住帝业。经过司马炎的反复权衡，最终的人选落在了杨皇后的父亲杨骏身上。

18.5 杨皇后之父杨骏

杨骏字文长，弘农郡华阴县人。是东汉汉安帝时期三公之太尉，有着"关西孔子杨伯起（杨震，字伯起）"杨震的后代，是累世经学大族。杨俊在杨氏家族不是大宗，他是被曹操杀了的杨修的侄子。但杨骏却没有经学大族传人的才学，属于才疏学浅，这一点远不如当年的王莽，能力也属平庸。

尚书褚磓、郭奕都上表说杨骏是小器之能，不能承担治理国家的重任。武帝不听从这些意见。

——《晋书·杨骏传》

但司马炎正是看中杨骏的"小器"和平庸无能，而且杨骏没有自己的儿子，又和司马宗室之间有着各种矛盾，司马衷是他的亲外孙，现在的皇后，将来的太后是他的亲女儿，所有这些看上去都能保证杨骏对将来的弱主皇帝司马衷会真心的忠诚，他只要能平衡好和司马宗氏人员的关系，就能保证司马衷可以善终，将帝业传到智力正常的皇孙司马遹手上，这就是司马炎的权力规划。

由此，在283年司马攸去世后，司马炎就开始把朝政逐渐地托付给杨骏。杨骏还有两个弟弟，叫杨珧和杨济。

武帝从太康（统一中国后改了年号，公元280年）以后，以为天下无事，不再操心政务，只是沉湎于酒色，开始宠信后党，请托贿赂之风公开盛行。杨骏及其弟杨珧、杨济揽尽天下大权，当时人们称之为"三杨"。

——《晋书·杨骏传》

想当年，杨骏的祖上，东汉汉安帝时的"关西孔子"杨震，以自己的满腹经纶、公正廉明而官至三公之太尉。现在的杨骏竟然是因为他的才疏学浅才被皇帝看中，要依靠自己的女儿加官进爵，掌握朝政。如果杨骏有能力揣摩司马炎的心思，应该是无地自容，只是他没有这样的能力。家族传承四代，已经是天壤之别了。

如引文中描述的，在司马攸去世后，司马炎在酒色中挥霍着自己的身体，6年后，公元289年时已经油尽灯枯。朝政完全由杨骏把持，应该在这一年的前几年，梁柳已经从弘农郡转任到阳平郡。

太康十年（公元289年）夏四月……阳平太守梁柳有政绩，各赐谷千斛。

——《晋书·武帝纪》

史书并未记载梁柳的年龄，以他的表哥皇甫谧作为参照，如果此时皇甫谧还在世，已经75岁了，所以梁柳此时至少已经是一位六十多岁的老人了。按照记录，梁柳将"在野版"传授给臧曹，臧曹在正史《晋书》中没有记录。只有在"梅献版"的传承记录中知道他是城阳郡人，而梁柳最先是在城阳郡出任太守，有可能是在那个时期收了臧曹这位学生。

公元290年，晋武帝司马炎驾崩，司马衷继位，杨骏掌握朝政。贾南风升为皇后，但贾家没有人在朝中担任要职，所以皇后的贾家对朝政并无多少野心，但杨骏仍然防着皇后贾南风，首先皇帝下的诏书都要送到皇太后杨芷处批准后，才能下发朝廷，这样一来杨骏掌握了所有的皇帝诏令，对贾皇后利用皇帝干涉朝政人事也起到了控制的作用。紧接着，杨骏任命自己的外甥段广驻扎在宫中，其任务就是监视贾皇后和皇帝司马衷。这些都让贾南风心里对杨骏极其的反感，但并没有太大办法，整个皇宫都被杨骏的人控制着，或者说贾南风也是在刚刚成为皇后之时，对身边的局势还处于克制和隐忍的状态。

但在司马衷继位一年左右后，公元290年8月，在杨骏立13岁的司马遹为太子后，贾南风对杨骏彻底失去最后的忍耐和一丝期望。如前文所述，司马遹不是贾南风所生，是宫女谢才人生养的，按照宗族礼法，是司马衷的庶子。而贾南风才是正宫皇后，她此时33岁，如果将来他为司马衷生下一个儿子，这就是司马衷的嫡长子，这个嫡长子才是合法的帝位继承人。贾南风的想法一点儿都没有错。

而杨骏此时册立司马遹为太子，实际应该是在履行晋武帝司马炎的遗愿。司马炎是否要求过杨骏，在他去世后，要立司马遹为太子，我们不得而知，但这种可能性是不小的。皇帝司马衷的智力有缺陷，所以杨骏除了要帮司马衷稳住朝局，更重要的是册立司马遹为太子，以正视听，让任何可能的皇族势力死了夺位的念头，所以杨骏的行动也没有错。

但司马遹被册立为太子却直接威胁着贾南风将来的生死，贾南风决定出手扳倒杨骏。她能利用的就只能是宗室的势力，因为宗室人员对杨骏一手遮天也同样不满，这就是历史上著名的"八王之乱"的开始，我们先将当时参与"八王之乱"的主要司马氏皇室人员的家谱列于图 34。

18.6 八王之乱

贾南风首先联系了司马氏的"宗师"司马亮。"宗师"这个职位设立于公元 277 年，是司马炎染上瘟疫，大病初愈后设立的职位，由司马氏宗族中年龄高的长辈出任。皇帝司马衷是司马亮的孙辈，但司马亮不敢起事和参与。在司马炎临终之际，本来就让司马亮和杨骏共同辅助朝政，但司马炎传唤司马亮的诏书被杨骏扣留，以致司马炎去世的时候，司马亮因没有诏书就不敢进入宫中，同时也担心杨骏会对他先下手为强，所以连进入皇宫哭丧也不敢，只在皇宫司马门之外向司马炎哭丧，没几天就跑回了许昌。现在让司马亮对杨骏政变，他自然没有这个胆量。

于是贾南风又联系了皇帝司马衷的弟弟，楚王司马玮，此时司马玮年少气盛，立刻就同意了。公元 291 年 3 月，司马衷继位两年不到，司马氏皇族在司马玮的带头下在洛阳起兵，起事当晚即杀了杨骏，随后再诛灭了他的党羽。参加政变的司马家族人员，有楚王司马玮、下邳王司马晃、东安公司马繇、高密王世子司马越、长沙王司马乂。

被杨骏牵连的人太多，仅仅三族之内的亲属就有几千人，被杀的人太多了。于是贾皇后在张华极力劝说下，让皇帝司马衷赦免杨骏的属官，在刑场排队等候被杀的人才逃过了鬼门关。当时在杨骏的属官中有一位叫阎瓒的人，政变时已经转任安复县的县令。在得知杨骏被杀后，辞去官职，专程回到洛阳为杨骏收尸埋葬，在修建墓地的过程中，有人上表要朝廷杀了这些埋葬杨骏的人，只有阎瓒一个人坚持了下来，用自己的钱修建完墓地，埋葬了杨骏。随后，阎瓒投靠河间王司马颙，成为他的西戎校尉司马。

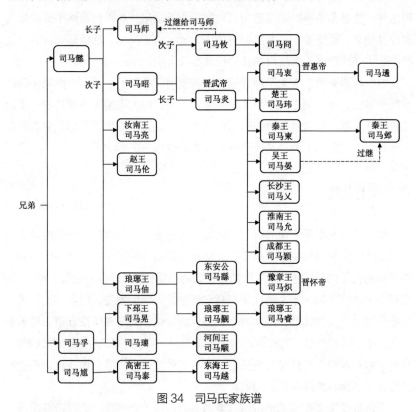

图34　司马氏家族谱

杨骏和杨太后倒台后，皇后贾南风随即推出司马氏"宗师"司马亮和先朝老臣卫瓘，辅佐朝政。贾皇后推出他们两位，于公于私都说的过去，也是为了暗地里排挤扳倒杨骏的真正功臣楚王司马玮。而司马玮对这位家族"宗师"司马亮并不买账，他非常清楚司马亮躲避了扳倒杨骏的政变，而现在又来抢夺政变的成果和权力，司马玮对此愤愤不平。司马亮虽然年高资深，但如前文所述，是一位平庸无才的"宗师"，却又贪恋权力。

司马亮在291年3月辅政后，也开始排挤司马玮，不到3个月，291年6月，司马亮即提出由老臣裴楷接替司马玮担任负责皇宫禁军的北军中侯，在司马炎时期，将负责皇宫禁军的中领军改为北军中侯。裴楷和司马亮、卫瓘是儿女亲家，裴楷的长子娶了司马亮的女儿，裴楷的女儿又嫁给了卫瓘的儿子，皇宫的安全交给他自然放心。但他们只考虑了自己，却忘了裴楷是贾皇后父亲贾充的政敌，更没想到裴楷会坚决推辞出任。裴楷老谋深算，知道此时朝局是深渊薄冰的时候，除了坚决推辞北军中侯以外，还请求离京外放。

剥夺司马玮的军权就不了了之，但已经打草惊蛇，司马亮毫无政治敏感性可言，竟然还继续要求各个分封的王侯回到封国。司马玮坐不住了，就在当月，291年6月，司马玮拿着皇帝司马衷的诏令，再次起兵，绞杀司马亮和卫瓘。参与这次行动的有楚王司马玮、长沙王司马乂、清河王司马暇。短短3个月，国家两届辅政大臣被杀，但在血洗司马亮和卫瓘两府的第二天，在朝堂之上，皇帝司马衷并不承认自己曾经下过诏令捕杀司马亮和卫瓘，最后认定是司马玮伪造诏书，但司马玮控制着禁军，即使定罪，又如何让他服罪。而此时司马玮也在犹豫和权衡是否要继续把贾皇后也一起推翻。

另一边，在皇宫内的朝堂上，当年支持司马攸的老臣张华向贾皇后提出一个夺取司马玮兵权的方法，使用只有皇帝才能使用的停战旗帜——驺虞幡。一种在战争时期，皇帝向士兵传达停战的传令旗帜，上面绣着类似白老虎的仁兽，士兵只要看到这面旗帜，就可以立即解散和撤离战场。张华的建议，是派遣一位宫中的将军，打着驺虞幡，冲入司马玮禁军军营，这样禁军士兵就会自行解散，司马玮的军权就没了。贾皇后决定铤而走险，采纳了张华的建议，派遣殿中中将王宫打旗前往，并同时大声呼喊"楚王伪造诏令，不要听从"。结果十分有效，司马玮的禁军全部都解散跑了。随即司马玮被抓入廷尉，当月，291年6月，就被斩首处死。参与的长沙王司马乂贬为常山县王，被赶出洛阳。

至此，朝局中压制贾皇后的三大势力，杨骏、司马亮和司马玮都被去除掉了，晋朝的政局终于得到片刻的稳定，朝廷中几乎所有关键的位置都换成了和贾家有亲属关系的人员。从当年公元291~299年的这9年中，贾皇后和她的外戚与司马宗室成员保持着脆弱的平衡，因为贾皇后一直期望能和皇帝司马衷生出一个儿子，这样就可以顺理成章地将现在的太子司马遹替换掉，但9年中，天不如人愿，贾皇后为司马衷生了4个女儿，却未生出一个儿子。到了公元299年时，贾南风已经42岁了，即使在今天也是高龄产妇了，而太子司马通却已经是一位21岁年轻气盛的成年人，太子的政治势力也已经开始成长。再不行动，即使生出一位皇子，到时要替换太子也将是一件困难的事情。终于在当年，贾皇后对自己生出一位皇子失去了最后的耐心和期望，开始再次出手。

首先，贾皇后声称她和皇帝司马衷已经有了一个儿子，并借口说是司马衷在为晋武帝司马炎服丧的时候生的，因为按照古代的孝礼，父亲去世后的三年要保持沉痛三年，在此阶段是不能生养孩子，否则就是不孝。当时为了维护皇帝司马衷的声誉，就没有宣布此事。贾皇后宣布以后，朝臣表面都是祝贺，但几乎没有人相信，几乎所有大臣都意识到贾皇后马上要对太子司马通动手了。

贾皇后随即当机立断，在299年12月，设计陷害太子司马通造反，群臣无人敢提出异议，当月，太子司马通就被贬为庶人，不出几天，进而把司马通逐出洛阳，软禁在许昌，并且禁止朝臣送别太子，但也有忠心的太子手下走出几十里地，到洛阳城之外，跪地相送。其中就有太子舍人王敦，此时他的堂哥正是位高权重的尚书令王衍，王衍也是太子司马通的前岳父，他们都出自琅琊国王氏家族，后来王敦因此得到世人的赞誉。王衍的女儿是太子司马通正妃，就在太子被废黜后，王衍随即要求女儿和太子离婚，所以现在是太子的前岳父。

废太子司马通也并没有失去信心，仍然坚强地支撑着，并写信给自己的前岳父王衍求救，但王衍藏起了太子的信，沉默了。与此相反，在前面曾经为杨骏收尸埋葬的阎瓒，得知太子被废后，再次来到洛阳，这次他带着一副为自己准备的棺材，在宫门前为太子喊冤，并上书朝廷，为太子申辩和求得宽恕，但奏折送入皇宫后就杳无音信了。这是中国历史上第一次抬棺谏言，以后历朝历代的忠臣，比如明朝的海瑞，都是以阎瓒为榜样的。阎瓒抬棺是为了国家、为了朝廷，虽然职位卑微，但义举光明正大，而在阴暗的角落，也有身居高位、高门大族的人员，赵王司马伦和他的心腹孙秀，正为着自己的权力，忙于计划着阴谋，他们的阴谋在《晋书·赵王司马伦传》中完整地记录了下来。

太子司马通被废弃后，让司马伦担任右军将军。当时左卫司马督司马雅以及他的武官许超，都曾侍奉东宫太子，二人伤感太子无罪被废，便与殿中中郎士猗等商量废贾后，复太子之位，因为张华、裴颜不愿废贾后，难以与他们图谋，而赵王伦执掌重要的兵权，性情又贪功冒进，可借他的力量成事，便劝说司马伦的心腹臣子孙秀说："中宫贾皇后凶狠嫉妒，与贾谧等人一起废了太子。现在国家没有嫡子继嗣，社稷危险了，大臣们很可能会起事造反。而你名义上侍奉中宫，与贾皇后和郭氏（贾皇后亲生母亲）亲善，太子被废，（舆论）都说你们也参与了此事，一旦另起事端，灾祸一定会牵连你们。为何不事先谋划一下呢？"孙秀同意，告诉司马伦，司马伦采纳了这个意见。

于是（司马伦）告诉通事史令（掌管呈递奏章、传达皇帝旨意的职位）张林和省事（高官配备的办事属吏）张衡、殿中侍御史殷浑、右卫司马督路始，让他们当内应。事将要发起时，孙秀知道太子聪明，如果回到东宫，会与贤人谋及政事，估计自己的计谋不一定能实现，便又劝司马伦说："太子为人刚猛，不能随便私下与太子谋划。明公（司马伦）您一向侍奉贾皇后，大家都认为您是贾后的私党。现在虽然想为太子建大功，可太子心中对您已有宿怨，一定不会承认您的功绩。会借口说是被百姓的愿望所逼迫（而打倒贾皇后），对您最多是将功折罪罢了，这只会招致灾祸的。所以，现在要暂且缓慢行事，贾皇后必定会加害太子，然后我们再废弃贾皇后，既（可以借口说）为太子报仇又足以立功，这就不是仅仅避免灾祸了。"司马伦听从了他的意见。孙秀便稍稍泄露废贾后复太子之位的计策，让贾谧的同党都知道，司马伦、孙秀于是劝贾谧等人及早杀死太子，以杜绝众人之望。

——《晋书·赵王司马伦传》

与此同时，朝局的变化也确实没有按照贾皇后的期望发展，当初司马玮反杨骏是宗室反外戚，后来司马亮和司马玮之间是宗室内部的不和与争斗，贾皇后都巧妙地躲在幕后，现在不同了，她走到了台前，成为众矢之的。贾皇后和她的心腹现在需要无时无刻地密切注意那些明里暗里支持太子司马遹的势力。这让她反而整日地惶恐不安、心力憔悴，再被司马伦一怂恿，最终贾皇后下定决心，认为所有这一切的根源就是太子司马遹。

公元300年3月，废黜太子后的第3个月，贾皇后秘密派遣的黄门孙虑出发前往许昌，唯一的任务就是杀害太子。3月22日，太子司马遹奋力抵抗，但寡不敌众，被孙虑用石制的药杵活活砸死在厕所中。

一切都在司马伦和孙秀的计划中，那么就继续按照计划行动。司马伦和孙秀不仅如引文中记载的，联系了殿中的禁卫中层负责人，还联系了齐王司马冏，司马冏是继承了司马师齐王爵位的儿子。

太子遇害后一个月，300年4月4日的凌晨，赵王司马伦和自己的孙辈齐王司马冏发动政变，司马冏亲自抓捕了贾南风，整个政变过程非常的顺利。第二天，贾南风即被贬为庶人，五天后就被赐死，同时又开始清洗贾皇后的党羽，血雨腥风再次覆盖洛阳。太子司马遹随即被追谥为"愍怀太子"，惠帝司马衷为太子服丧。到了5月，司马伦和惠帝司马衷册立皇孙司马臧为皇太孙，也就是将来的皇位继承人。此时，阎瓒又为此上了一道奏折，其中写道：

现在相国（司马伦）已经是太孙的太傅，可以保护他的安危。对于（太孙）每日的训诲和辅导，选取寒苦出生的士人更加合适，他们忠贞清正，老而不衰，比如城门校尉梁柳、白衣南安朱冲比者，可以担任（太孙）师傅。

——《晋书·阎瓒传》

从阎瓒的奏文中可以了解到，梁柳此时已经从外任的郡守调入到中央朝廷担任城门校尉，作为年龄参考，去世的皇甫谧如果在世，已经86岁，所以此时梁柳也已经是一位暮年老人，但却是"忠贞清正，老而不衰"，这是抬棺谏言阎瓒的评论，我们可以充分地相信他，梁柳清正的为人和他的师祖郑冲如出一辙。能被推荐担任皇太孙的老师，自然也是满腹经纶，说明梁柳在当时朝廷的学者中，学问是出类拔萃的。同样进一步地从侧面说明，梁柳研读过"在野版"古文《尚书》经传的史实是符合逻辑的，《晋书》记载的"梅献版"的流传过程是可信的。

只可惜梁柳处于政局极其动荡的时期，大师学者没有通经致用、治国理政的机会。所以《晋书》对这个期间的学术历史和学术人物，记录的都很少，因为学术历史的内容本来就很少，此时历史的主要内容是权斗、阴谋和战争。

司马伦和孙秀开始当权，孙秀担任中书令，东海王司马越担任中书监。王衍因为隐藏太子的亲笔求救信的这件事被暴露，而被司马伦终身禁锢不能为官。司马伦和孙秀同时也密切地注意着司马氏族的少壮派，淮南王司马允和齐王司马冏等，尤其是淮南王司马允。

当年，惠帝司马衷在废黜太子时，想立淮南王司马允为皇太弟（将来的皇位继承人），赵王司马伦废黜贾南风后，任命司马允担任骠骑将军、开府仪同三司，统领中护军。

——《晋书·列传三十四司马允传》

孙秀还发现司马允正秘密地收养死士,于是司马伦和孙秀决定对司马允动手,首先就是收回他的兵权,下诏任命司马允担任虚职太尉,同时解除他担任的中护军一职。但正如司马伦和孙秀担心的那样,司马允绝不会束手就擒。

（同年公元300年）秋八月,淮南王司马允起兵讨伐司马伦,没有取胜,司马允及其二子秦王司马郁、汉王司马迪都遇害。——《晋书·列传三十四司马允传》

司马允在起兵攻打司马伦时,没有经过周密的计划,靠着自己一己之力,几乎没有任何援助,齐王司马冏也都按兵不动,司马允自己也是在3个月前才刚担任中护军一职,他对军队的控制,尤其时皇宫内的禁军,还并不牢固,以致攻打到皇宫时,宫门紧闭。

司马伦的儿子司马虔是侍中,在门下省,找来身强力壮的兵勇,以富贵为约定。于是派遣司马督护伏胤领骑兵四百从皇宫中出,举着空白的诏书,诈言有皇帝诏令帮助淮南王司马允,司马允没有察觉,下令卫队让开,亲自下车接受诏书,结果被伏胤杀害,时年二十九岁。——《晋书·列传三十四司马允传》

司马伦赢得了这次兵变,权威更加熏天,但整个兵变也让他受惊不小,当月,公元300年8月,就让齐王司马冏离开洛阳,镇守许昌。另外,成都王司马颖镇守邺城,河间王司马颙镇守长安。这样整个洛阳再也没有谁可以对司马伦产生威胁,终于可以实行计划的最后一步了,公元301年正月,司马伦强迫司马衷禅位,强行夺走了司马衷手中象征皇权的玉玺,将司马衷送入金墉城软禁。

将司马衷监送到金墉城的皇族人员是25岁的琅琊王司马睿,他在10年前,公元291年,父亲去世后,继承了琅琊王爵位。当年正是司马玮推翻杨骏,西晋动荡的开始,一直到现在,年少的司马睿经历了西晋全部的皇族血腥斗争,而自己的家族已经离皇族比较疏远,因此为了避免杀身之祸,司马睿尽量恭俭退让,尽管他贵为琅琊王,但在朝中的官职还只是员外散骑常侍,相当于没有官职。

我们从司马氏家族谱中可以看到,和司马睿相比,称帝的司马伦和皇族司马炎家族一样疏远,这就给与司马炎血统最近的司马冏有了起兵造反的最好的理由，勤王。响应他最积极的就是司马炎的另外两个儿子，镇守邺城的司马颖和被贬的司马乂（原来的长沙王），还有镇守长安的司马颙。齐王司马冏同时还向各个郡县发出檄文，号召讨伐司马伦。

司马伦称帝才两个月的时间，东、南、西、北四个方向，四个镇守的宗族晚辈同时起兵造反，司马伦立刻变成孤家寡人，而他洛阳的朝廷内部也早已是一盘散沙。比如王敦，此时是黄门侍从，司马伦知道兖州刺史王彦是他的叔父，便派他前往兖州拉拢他的叔父，但王彦也受到齐王司马冏的檄文，王敦反而劝说叔父王彦站在齐王司马冏一方。

最后连司马伦的心腹禁军左卫将军王舆也倒戈反水，与他一起反水的还有司马睿的亲叔叔司马漼，他们冲进皇宫，只要不是姓司马的，就当场斩杀，整个皇宫成为一个大屠宰场，在这种情况下，司马伦只能下诏退位。王舆立刻从金墉城迎回皇帝司马衷，301年4月，司马衷重新登上皇位，没过几天，司马伦被赐死。

几个月前，劝说叔父王彦支持司马冏，讨伐司马伦的王敦，被朝廷嘉奖。

晋惠帝反正，王敦被升迁为散骑常侍、左卫将军、大鸿胪、侍中，出任广武将军、青州刺史。

——《晋书·王敦传》

不久司马颖、司马颙和司马冏的军队都到达了洛阳，新的危机开始浮现。最终司马颖决定离开洛阳，主动退出，回到邺城，避免了一次与司马冏的争斗。司马颙也退回长安，齐王司马冏完全控制了京都洛阳，开始主持朝政。

司马冏掌朝不到一个月，粉碎了一次亲哥哥司马蕤和左卫将军王舆密谋的政变，王舆被株灭三族，应该此时王敦填补出任左卫将军一职，而琅琊王司马睿还只是一个名义上的员外散骑常侍。王衍也重新被司马冏起用为中书令，他的另一位堂兄王戎担任尚书令。王敦、王衍、王戎和王导都是堂兄弟的亲属关系，可以说朝政完全由琅琊王氏家族在辅佐司马冏。因为司马冏是齐王，而王氏是琅琊大族，琅琊和齐王的封国都在齐鲁地界，所以司马冏和王氏有着密切的关系。另外，司马睿是琅琊王，所以也和在自己封国的大家族王氏有着良好的关系，其中司马睿和王敦的堂弟王导关系最为亲密。

301年4月惠帝司马衷复位后，齐王司马冏主持朝政。可是就在当年，他的威信和声誉就开始急转直下，也是同样的原因，骄奢、专权、僭越礼制等。到了302年3月，司马炎的最后一位孙子司马尚病逝，由此引出的皇位继承人的问题，让司马冏和司马颖、司马乂的关系也处于破裂的状态。镇守在长安的司马颙，在推翻司马伦后离开洛阳时就已经是满心怨愤。齐王司马冏主政不到一年，又再次处于危机之中。

推翻齐王司马冏的号召是由镇守长安的司马颙首先掀起的，302年12月，他向皇帝司马衷上奏要求罢免司马冏，同时向邺城的司马颖发出共同进攻洛阳的邀请，又向在洛阳的司马乂发文要他废黜司马冏，如果司马冏不顺从，军法从事即可。待联络完毕后，司马颙立即派遣手下大将张方，率领两万大军作为先头部队向洛阳进发。

司马冏得知消息后，左右权衡，但别无他法，只能以武力抵抗。而在洛阳的司马乂成为司马冏首先担忧的隐患，在大战一触即发之际，司马冏决定先拿下司马乂再说，当即派出一支亲信队伍前往司马乂府邸，但已经晚了一步。司马乂在收到司马颙的来信后，已经感觉到司马冏将要对他动手，所以立即赶在司马冏之前，已经带着一队人马冲入皇宫，然后紧闭宫门，控制了皇宫和皇帝司马衷。司马冏的部队随即掉头扑向皇宫，双方剑拔弩张。

很快，司马冏决定进攻皇宫，双方在皇宫大战三天，双方各有进退，在最紧要的关头，司马冏的部将，长史赵渊临阵倒戈，并生擒司马冏，战火这才熄灭。尽管皇帝司马衷看在司马冏过去的功劳上，想免去他的死刑，但司马乂根本不同意，在皇帝司马衷还在含糊不清的时候，就把司马冏斩首了。而此时，司马颙的张方两万人马还在路上，出兵的目的是推翻司马冏，现在司马冏已经死了，那么师出之名也就没有了，本来想分得朝廷大权的计划落空，反而成就了司马乂，司马颙的军队只能非常懊恼地回师长安，而在邺城的司马颖自始至终都没有出兵。

302年12月底，洛阳被司马乂控制，但他吸取了教训，并未大肆地为自己加官进爵，反而对很多重要的朝政，都和镇守邺城的兄长司马颖报告，然后才发布实施。内部的权力暂时变得稳定，但外患又起。

多年的征战造成了严重的饥荒，饥荒又形成了大批逃荒的饥民和流民，这些饥民和流民一旦成群结队，就形成了流寇军队。在303年春，荆州义阳郡有一个叫张昌的小吏，在江夏郡安陆县开始招募饥民，并迅速发展，到了5月，影响已经覆盖荆州、豫州、扬州、徐州，到6月的时候，以张昌为名号的流寇军队已经占据了大半个南中国。只是张昌的部队是由一群流民和饥民组成，在司马乂知道严重性后，随即任命67岁的重臣刘弘担任镇南大将军出征张昌，此时张昌的流寇军队又迅速破败，在当年的7月，刘弘的手下陶侃在竟陵郡彻底击溃张昌的主力，至此张昌叛乱才被平定，刘弘随而镇守荆州。

在平定张昌叛乱的时期，荆州重镇襄樊被张昌进攻失守后，朝廷曾经诏令镇守长安的司马颙发兵一万前往剿灭，但司马颙根本不听诏令，甚至还剥夺了想发兵的将领刘沈的兵权。司马乂这才不得不把远在北方镇守的刘弘调往荆州平叛。因此司马乂平定了变乱后，开始在洛阳清洗司马颙的党羽，由此和司马颙的关系破裂。

而在平叛张昌的战局已经完全倒向司马乂派出的刘弘时，邺城的司马颖却又突然说也要派兵平叛，这明显是司马颖想抢占荆州的地盘。已经68岁的刘弘根本不理会司马颖的部队，直接派出使者告诉司马颖的平叛将领，荆州平叛已经完成，你们不用来了。

就在这个阶段和形势下，已经和司马乂关系破裂的司马颙向邺城的司马颖提出了合作的邀请，让司马颖和他共同攻打洛阳，成功之后，司马颖继位皇帝，自己担任宰相。这次司马颖没有拒绝，当皇帝的诱惑太大了。

公元303年7月，张昌叛乱被平定。8月，司马颙和司马颖开始各自发兵进攻洛阳，司马颙的前锋将军张方从长安由西面，司马颖从邺城由东面，夹持进攻洛阳司马乂。两王的兵力加在一起有三十多万，远远超过洛阳司马乂的兵力，尽管如此，司马乂仍然坚守了半年之久。守城期间，司马乂在东线打败了司马颖，但西线张方断绝了洛阳的供水和粮食，致使司马乂在洛阳城内陷入困境，在最危难的时刻，部分禁军将领崩溃，决定倒戈，他们联合了时任中书监的东海王司马越，在304年正月二十五日，在殿中劫持了司马乂，但又不敢杀司马乂，于是司马越秘密地把司马乂软禁的位置告诉了城外的张方，随后张方再派自己的部将，把司马乂抓到自己的军营中，随即处死。

司马乂被杀后，司马颖和司马颙即按照事先的约定，开始分享胜利的果实。公元304年3月，司马颙上奏请立司马颖为皇太弟，确立了司马颖继承皇位的身份。8天后，惠帝下诏任命司马颙担任太宰。同时还任命司马越为尚书令，但司马越在这次政变中是司马乂这方的，最后又出卖了司马乂，让他感觉整个朝堂有着蔑视他的气氛，让他感觉在朝局中危机四伏，内心非常恐惧，于是上奏想离开洛阳前往封国，但被拒绝了，只能心惊胆寒地面对当时的局势。

皇太弟司马颖开始正式全面主持朝政，但司马颖却在安排和任命好一批官员后，回邺城了，朝政由他在邺城遥控指挥。对别人会觉得匪夷所思，但对司马颖而言是可以理解的。首先，如前文所述，在过去司马乂控制洛阳的3年中，朝政也是由司马乂送到邺城，由他作最终定夺后才发布实施的，所以司马颖对遥控处理朝政的流程，尽管效率比较低，但已经驾轻就熟了。推测司马颖认为过去仅仅凭着地位和威望就可以遥控，现在是法定的皇位继承人，更不会有什么问题了。另外司马颖是一个孝子，他的母亲也不愿意离开邺城。离开洛阳是司马颖过于自信和疏忽，他在洛阳的空缺给反对他的势力创造了空间。

结果不出3个月，304年七月初三，惠帝司马衷下诏，剥夺司马颖继承皇位的地位，并宣布将御驾亲征邺城。这道诏令的幕后，明的是司马越和禁军的一些中层将领，但暗中是否有司马颙的势力推动就不得而知了。司马颙在这次推翻司马乂的政变中起着最重要的作用，当时洛阳东线的司马颖部队是被司马乂彻底打败的，如果不是司马颙的部将张方，还很难定下胜负。只是史料中没有关于司马颙在这次司马越组织的御驾亲征中起着什么样角色的任何记录。

7月21日，皇帝司马衷的大军一路畅通无阻地到了邺城以南的荡阴县，距离邺城只有几十里地。这时，司马颖的军队冲出来了，整个战斗毫无悬念，皇帝的军队一触即溃。连主要的将领都逃跑了，司马越也从战场逃回了自己的封国东海国（今山东）。皇帝司马衷本来是御驾亲征，现在却只剩下他一个人，司马颖的部将把司马衷从战场上接回军营安顿好，第二天司马颖用皇帝的礼仪将司马衷迎入邺城，跟随司马衷进入邺城的还有左将军司马睿、豫章王司马炽和司徒王戎等。也只有智力有缺陷的司马衷才可以这样稀里糊涂地接受这一切。

司马颖安顿好皇帝后，8月3日，立即杀了在自己府中供职的司马繇，这是因为在得知皇帝要御驾亲征时，只有司马繇坚持司马颖应该素衣出城向皇帝司马衷投降，司马颖杀一儆百，告诉所有人他才是将来的皇帝。而司马繇是司马睿的嫡亲叔叔，作为俘虏的司马睿立刻惊慌起来，自己的生死就在司马颖的一念之间。

（司马睿）升迁为左将军，参与讨伐成都王司马颖，荡阴之役王师失败，司马睿的叔父东安王司马繇被司马颖杀害。司马睿担心灾祸临头，决定出逃。当天夜里月光明亮，警戒严密，元帝（司马睿）无法脱身，处境窘迫。过了一会儿，黑云蔽空，雷雨大作，巡逻的人都松懈了，因而才能暗地逃出。此前司马颖下令各关口不让贵人通过，元帝（司马睿）到了河阳关口，被关口上的官吏阻拦。侍从宋典从后面赶来，用鞭子打了一下元帝的马，笑着说："舍长！官家禁止贵人通过，你也被拘留了嘛！"官吏（以为司马睿只是一个舍长）这才让司马睿过去了。到了洛阳，接上母亲一同回到封国。

——《晋书·元帝纪》

司马睿的封国在琅琊国，紧贴着司马越的东海国，共同的形势让司马睿投靠了司马越。但在邺城的司马颖也并不安稳，驻扎在北方幽州蓟城（今北京）的王浚率领着鲜卑族的骑兵开始南下进攻司马颖。因为前不久，由司马颖派出的幽州刺史策划了刺杀王浚的计划，但计划暴露了，本来司马颖和王浚两人已经互相猜忌，这就直接导致王浚决心进攻司马颖，如前文所述，连匈奴的骑兵都恐惧的鲜卑骑兵，西晋军队和鲜卑骑兵交战就是以卵击石。

司马颖只能逃跑，皇帝司马衷刚刚稀里糊涂地被俘虏到邺城，却立刻又要和司马颖逃回洛阳。在司马颖逃跑前，在司马颖府中有一位叫刘渊的匈奴人，他是匈奴部落留在晋朝的人质。刘渊立刻抓住这个机会，向司马颖说，他可以回到匈奴部落，召集匈奴五部军队来支援司马颖，此时司马颖是病急乱投医，尽然同意了。而刘渊回到左国城（今山西离石）后，随即称帝，国号为汉，史称汉赵。因为刘渊的后代继位后，将国号改为"赵"，所以用"汉赵"来统称。

304年8月15日，皇帝司马衷御驾亲征后才1个月，皇帝司马衷和被征讨的司马颖双双狼狈地逃回了洛阳。王浚的军队血洗邺城，而在洛阳，此时驻守的是司马颙的张方两万人马，司马颖大势已去，洛阳落入司马颙的武将张方手中，而张方此时已经不太服从司马颙的权威了。张方在洛阳烧杀掠夺3个月，到了当年11月，在没有司马颙的命令下，张方决定回师，并迁都长安，他要将皇帝司马衷一同带回长安。

张方是一介武夫，他只知道有皇帝在手，所有的政令都可以从己出，但他忘记了皇帝在手的弊处，那就是让司马颙成为众矢之的。不到一年的时间，到公元 305 年 8 月左右，司马越已经在下邳招兵买马形成了独立的军事力量，还联合了几乎全部的洛阳以东的州郡，推举司马越为盟主，直指长安的司马颙。司马颙随即杀了张方，用以向司马越求和，司马越根本不同意。仅仅半年，在 306 年 2 月，司马越的联合军队就重兵压向长安，司马颙进行了阻击，到 5 月，司马颙的防线被攻破，只能逃离长安，司马越的军队占领长安。

在司马越准备攻打西面的长安时，开始起用司马睿，先为辅国将军，不久又加上平东将军、监徐州诸军事，镇守下邳。很快又迁为安东将军、都督扬州诸军事。

司马越西上迎接皇帝，让元帝（司马睿）留守东方。

——《晋书·元帝纪》

5 月底，司马越的将领将皇帝司马衷送回洛阳。留守长安的是太弟太保梁柳，被封为镇西将军，以长安为据点，镇守关中。

东军入长安，大驾旋，以太弟太保梁柳为镇西将军，守关中。马瞻等出旨柳，因共杀柳于城内。——《晋书·东海孝王司马越传》

如果这位梁柳仍然是传授"在野版"古文《尚书》的梁柳，我们再用皇甫谧的年龄作为参考，如果他在世的话，已经 91 岁了，那么梁柳至少也是八十多岁的老人了，确实是"老而不衰"。只可惜，司马越的主力撤离后，司马颙的一位逃跑的主干部将马瞻又杀了一个回马枪，将梁柳杀害，重新占领了长安，随后司马越只能再次派兵攻占长安。

公元 306 年 6 月 1 日，惠帝司马衷回到洛阳。随后在 8 月，司马越被任命为录尚书事，总领尚书省事宜。到 10 月时，司马颖被杀，一个多月后，11 月 18 日，皇帝司马衷突然暴毙，终年 48 岁，后代史学家基本都认为是司马越毒死了司马衷。

公元 306 年 11 月 21 日，皇太弟司马炽继位，他是晋武帝司马炎最小的儿子，是为晋怀帝。在 12 月中旬，司马颙被杀。到 307 年，改年号为永嘉，正月初一，新皇帝司马炽颁布诏令，太傅东海王司马越辅政，司马越开始执掌朝政。到此为止，西晋司马皇族的内部争斗渐渐以强弩之末的态势平息，司马氏内成年的皇族子弟基本已经在过去的六年死去，尽管司马越面对朝廷内部的压力减轻许多，但整个帝国已经千疮百孔，连年的征战已经引发了作为农耕社会的最大问题，粮食的缺乏和饥荒。饥荒又产生无尽的流民和流寇，造成境内暴乱四起。但还有比这更严重的问题，前文已经提到，司马颖和司马越的争斗中为了加强自己的实力，双方都联合了北方少数民族的军事势力，他们已经打开了潘多拉的盒子。

18.7 司马越主持朝政

从司马颖邺城出奔的刘渊已经建立了匈奴政权，直接与司马越为敌。而幽州的王浚早已联合了东北的鲜卑族，支持司马越。少数民族从起先的被动参与中原的皇族内斗，渐渐地丢弃苟延残喘的西晋皇族，开始在西晋的中原恃强争霸。此时的司马越要对付的是皇族内斗造成的更大灾难。

司马越正月初一掌握朝政，不出一个月，307年二月初一，东莱人王弥起兵反叛，在青、徐二州攻城略地。实际青州在去年已经发生叛乱，公元306年3月，青州东莱郡恓（今山东黄县）县令刘伯根，号召和组织了上万余人起兵反晋。王弥本来是郡太守家庭出生，当时王弥就带着手下参加了刘伯根的反叛，被刘伯根任命为长史。但不久刘伯根的反叛就被王浚鲜卑军团剿灭，刘伯根被斩杀，王弥逃入当时的长广山中成为流寇，大量的流民使他的势力再次迅速成长，307年2月王弥再次起兵进攻时，几个郡太守都在抵抗中被杀，地方官府已经不能遏制王弥叛军。

到当年五月，又发生汲桑反叛，自称大将军，以羯人石勒为扫房将军，攻打郡县，释放囚徒，打败魏郡太守冯嵩，最终竟然攻陷邺城，杀害了司马越的弟弟司马腾，并火烧邺城宫殿，大火十日不灭。汲桑和羯人石勒，曾经都投奔在司马颖部属之下，败亡后，回到牧区，互相组织自保，结果发展壮大，再次举起叛旗。司马越不得不全力备战，两个月后，7月1日，司马越出发北进，屯兵官渡，准备讨伐汲桑。

邺城是魏晋时期，除洛阳和长安后最重要的城市，它的沦陷对朝廷肯定是触目惊心的。尤其是对朝廷实际情况了如指掌的王氏家族，他们对司马越能否持久掌握朝局，出击反叛能否成功，并没有多大的信心。此时王氏家族在朝中主要的人是王衍、王澄、王敦、王旷和王导，王弥之乱，再加上邺城之灾，让怀帝新朝在他们的心中仍然处于摇摇欲坠的状态。

司马越的封国在东海国，紧邻琅琊国以南，因此和司马睿一样，同样会任用王氏家族的人。回到一年多前，王衍的官职最高，是尚书左仆射，仅次于录尚书事。大约在公元305年8月司马越开始在下邳重整旗鼓之后，到306年6月将惠帝司马衷从长安迎回洛阳之后的这段时期，王衍对司马越说：

中国（中原地区）已经大乱，此时应当依赖各州郡地方上的首领，选择那些文武兼备的人才加以任命。由此任命其弟王澄为荆州刺史、堂弟王敦为青州刺史。　　　　　　　　　　　　　　——《晋书·王衍传》

王衍为自己家族的平稳是费尽心机，同时王衍又私下对王澄和王敦说：

"荆州有长江汉水之固，青州有背海之险，你们两个在外，我留京师，这就足以成为保证安全的三窟啊！"　　　　　　——《晋书·王衍传》

王衍对司马越的话，其中的心机比较简单，劝说司马越联合地方的首领，然后又设法让自己氏族的兄弟出任地方首领，这样就在"联合地方首领"的大政策下，融进了自己的利益。

王衍对王澄和王敦说的话，确实是王衍对当时局势深思熟虑后的策略。王衍的三窟并不是简单的狡兔三窟，兔子的三窟是三个地方，天敌一来，直接就跑到另外两窟。王衍的三窟是由氏族兄弟构建的多方权势结构，让任何想侵害某一方的权势，包括皇权，在动手前必须权衡另外几方。

王衍在过去的几年中，目睹了一个接一个主政洛阳的皇族子弟的兴衰生死，司马越能否成功，能支撑多久，谁也不知道，那只能未雨绸缪，建立自己尽可能牢固的势力和实力基础。因此，王衍从文，在中央朝廷总揽局势，氏族兄弟从武，在各州郡建立真正的实力，即军阀武装，这就是王衍当时面对乱世的策略。从王衍这样的考虑出发，王敦任职青州刺史应该在306年6月惠帝司马衷被司马越迎回洛阳之后。只可惜王敦运气不佳，出任青州刺史就发生刘伯根叛乱。但惠帝的驾崩，让王衍之前的谋划付之东流，白费心机，又要重新策划。怀帝司马炽继位后，307年年初，王敦被调回中央朝廷，在最高的权力部门中书台担任中书监，而中书台权位第一的中书令由怀帝的心腹缪播担任。这很明显是王敦成为司马越在朝中中枢的代表。

面对突变的朝局，王氏家族不得不再次商量对策，根据史料记载，王氏家族在司马炽继位之初，几位主要的家族成员在密室开会商讨最新的局势。笔者推测，他们要商讨的已经从如何应付变幻莫测的掌朝人，变为洛阳政权沦陷后的对策，笔者认为这个秘密的会议，就发生在307年5月邺城沦陷之后。

王敦、王导诸人在此时闭户共同筹划谋生之计，王旷也来了，但大家却不想让他进来参与。王旷于是从墙缝中窥视偷听，一会儿喊道："天下大乱，诸君准备如何计划图谋？"并威胁要报告朝廷，这才把王旷迎入室内，王旷随即建言江左之策。

——裴启《语林》

王旷就是书法家王羲之的父亲，王氏兄弟讨论的谋生之策，必然牵涉司马家族的生与灭，及王氏家族如何应对，绝对不会以效忠和保卫皇帝为原则，绝对是如何保存自身安危为原则。因此这种讨论如果泄露了出去，肯定是株灭三族的定罪，由此即使是族内兄弟商讨，也是人越少越好，王旷因此差一点儿被排除在外。但按照上文记载，江左之策是王旷提出的，江左之策就是万一怀帝和司马越被刘渊的匈奴政府消灭，他们将撤退到长江以南，推举某一位司马皇族后代，重新建立晋政府，而司马睿是他们当时最好的人选。

在出发剿灭汲桑和羯人石勒前的几个月，司马越除了备战，还布置好了帝国其他关键的要塞城镇的防守，其中，琅琊王司马睿在各方面的认同和推荐下，司马越决定让他镇守整个长江以南。

（永嘉元年，307年）7月1日，东海王司马越北进屯兵官渡，准备讨伐汲桑。

（永嘉元年，307年）7月11日，以平东将军、琅琊王司马睿为安东将军、都督扬州江南诸军事、假节，镇守建邺。 ——《晋书·司马越传》

司马睿能够被司马越信任而独当一面，镇守江南，与交好的琅琊国王氏家族是密不可分的。但司马睿也是王氏家族在乱世自保的一个重要棋子。王氏兄弟的秘密会议后，他们的谋划很可能由权势三窟改为由王衍和王敦辅佐司马炽和司马越，王导辅佐司马睿（王导原来就和司马睿交好），两边下注的策略，以保王氏家族的安全。

怀帝朝此时国内外局势的变化果然如他们的预料，内斗刚结束，外患就紧跟其后，王衍想不到自己都要披甲上战场了。前文提到的汲桑和石勒火烧邺城后，当年8月左右终于被司马越剿灭。但只有半年多，到了下一年，公元308年4月，王弥又攻下许昌，一个多月后，5月20日左右，王弥已经兵临洛阳城下。王弥军队驻扎在洛阳城门外，开始建造攻城工事，全城惊恐。而司马越此时却没有驻守在洛阳，他刚刚把大本营搬迁到鄄城，司马越只能立刻先派遣左司马王斌率甲士五千人前往洛阳增援。

石勒、王弥侵扰京师，皇帝司马炽以王衍为都督征讨诸军事、持节、假黄钺以抗敌。王衍使前将军曹武、左卫将军王景等攻打王弥，打退了王弥，截获敌军辎重。迁为太尉，尚书令如故。 ——《晋书·王衍传》

王衍在最紧要的关头打退王弥，立了大功，王弥败逃，随即投靠刘渊，当年公元308年10月3日，刘渊在平阳（今山西临汾）正式称帝，仍然号称汉（汉赵）。王衍的这次胜利应当给了包括怀帝在内的所有朝廷官员一次有力的鼓舞，尤其是怀帝司马炽的自信大增。

惠帝之时，宗室诸王争权夺利，怀帝冲淡朴素，自守清操，门无宾客，不涉世事，专心研究史籍，在当时受到人们的称誉。——《晋书·怀帝纪》

怀帝也是一位枕籍经史的皇帝，作为这样的皇帝，又如何会没有自己治国理政的想法，这就必然又会和司马越，以及他在朝中的代表王敦发生摩擦。这种摩擦日积月累，而笔者认为王敦在其中又没有起到调和与缓解的作用，因此在不到半年的时间里，竟然形成了怀帝司马炽和司马越之间不可调和的矛盾。

（公元309年）东海王司马越从荥阳（司马越刚把大本营迁到荥阳）回朝，王敦对他的亲信说："如今天下大权集于太傅（司马越）一身，可是选拔人才、上表奏章，尚书还是沿用原来的程序裁决（即让皇帝裁决），现在太傅来到，必定会进行诛罚。"不久，司马越便逮捕并杀掉了中书令缪播等十余人。 ——《晋书·王敦传》

（公元309年3月）十八日，东海王司马越回京师。二十六日，率兵入宫，在怀帝跟前逮捕了近臣中书令缪播、怀帝之舅王延等十余人，并把他们杀害。 ——《晋书·怀帝纪》

司马越杀尽怀帝朝中的心腹，从此双方关系彻底破裂。而此时匈奴前汉刘渊已经早已不是抢劫性的骚扰西晋，而是全面地开战，意图很明显，要消灭西晋，取而代之。司马越也已经意识到此时的危局，皇帝的亲信杀完了，皇帝司马炽那一点点的势力也就没有了，朝廷中枢已经无关紧要，现在要面对生存下去的挑战，已经不是内政的忧患了，而是外患。所以王敦已经没有必要继续留任朝廷中枢，于是被调往扬州担任刺史，其意图应该是加强司马睿在江南的基础，确保军队的后勤补给。

当年，309年7月，刘渊再次派出王弥和儿子刘聪，进攻紧靠洛阳以北的上党郡，围困壶关（今山西潞城以西），并州刺史派兵援救上党壶关，被刘聪打败。淮南内史王旷、将军施融、曹超与刘聪交战，又被打败，曹超、施融战死，王羲之的父亲王旷生死不明，最后上党太守庞淳献地降贼，洛阳北面失守。刘聪继续进攻，到9月，攻陷洛阳以东的浚仪（今河南开封），司马越立即和他的主力回防洛阳，不久，刘聪就再次攻到洛阳，这次被司马越击败，西晋得以继续苟延残喘。

但是，洛阳已经几乎成为一座孤岛，四周大多的城池和交通几乎都被匈奴刘渊的军队占领，京城洛阳开始短缺粮食，发生饥荒。到第二年，公元310年5月，祸不单行，又发生蝗灾。

> 幽、并、司、冀、秦、雍六州蝗虫成灾，草木被吃光，连牛马的毛都被吃光了。
> ——《晋书·怀帝纪》

洛阳的饥荒变的极度严重，不仅仅是京城百姓饿死，发生人吃人的现象，在皇宫内都因为没有粮食而死尸纵横。而司马越手下还有帝国主力的重兵，粮食补给的缺乏，让军队的哗变随时可能发生，到了310年10月：

> 东海王司马越发出紧急檄文，征召天下各地兵马援救京师，怀帝对送檄文的使者说："代我告诉各方镇将军，国家局势现在还可以挽救，再晚了就不行啦！"檄文发出后，没有一处军队响应援救京师。——《晋书·司马越传》

实际并不是没有援助的地方将领，早在檄文发出前一个多月，就有征南将军山简（山涛的儿子）、荆州刺史王澄、南中郎将杜蕤，同时派兵援救京师，但在路途上被西晋自己反叛的地方官员打败，援兵随即逃散。现在紧急檄文发出，也再无任何增援，坐等的话只有死路一条，司马越当机立断，在控制不住军队之前，决定放手一搏，主动出击，寻找粮食。同时还带上了朝廷中的主要官员，并组成临时流动政府（行台），太尉王衍担任行台的首脑。尽管皇帝司马炽强烈反对，因为司马越的军队一离开洛阳，洛阳就成为无人防守的空城，司马越回复皇帝司马炽的理由也很简单，出击尚有一线希望，坐等只会饿死。

310年11月，司马越留下自己的心腹潘滔，用以监控皇帝司马炽，大军就离开了洛阳，对皇帝司马炽而言，唯一的好处是，就是行动相对自由了一些。于是司马炽开始秘密联系与司马越不和的青州刺史苟晞。两个月后，311年正月初，皇帝司马炽即给青州刺史苟晞发出秘诏，让他发兵讨伐司马越。

但是司马炽和苟晞互相联系的使者被已经起疑心的司马越抓获了，司马越怒火中烧，双方彻底撕破脸皮，只一个多月后，皇帝司马炽发出孤注一掷的诏令：

（311 年）三月初一，怀帝下明诏，列举东海王司马越罪状，号召各方镇兴兵讨伐他，以征东大将军苟晞为大将军。 ——《晋书·怀帝纪》

苟晞也随即派遣了一支骑兵进入洛阳，收捕司马越的手下。潘滔逃了出来，但其他的人都被生擒斩首。司马越得知后，应该是愤怒加焦虑，以致重病卧床，将权力移交给了王衍，3 月 19 日，司马越在项县（今河南省沈丘县）病逝。在此进退两难的状况下，王衍决定将大军带往东海国，一来这是司马越的封国，二来也是自己氏族的根据地，但千里迢迢谈何容易。

匈奴汉赵的大将石勒在得知消息后，立即和自己的轻装骑兵追赶这支没有统帅的晋军主力，于当年 311 年 4 月在宁平城追上这支大军，按照史书记载，十几万的晋军主力被石勒骑兵包围，互相残踏，损失殆尽。西晋最强大的主力军团，在缺乏统领的状态下，瞬间土崩瓦解，包括王衍在内的所有随行官员全部被石勒杀害。

18.8 永嘉之乱，古籍第四次劫难

消息立即传回了汉赵朝廷，汉赵开国皇帝刘渊已经在去年公元 310 年 7 月病逝，其子刘和继承汉赵帝位，不久，刘和的弟弟刘聪杀死刘和，登上帝位，改国号"汉"为"赵"。此时刘聪得知晋军主力被消灭的消息后，即刻发出向洛阳总攻的命令。刘聪的中央军从汉赵都城平阳，由北向南，刘曜（刘渊的侄子）和王弥的军队从襄城出击，石勒从宁平城出击，由南向北，在 311 年 6 月初洛阳沦陷，怀帝司马炽被俘。

刘曜和王弥再次在洛阳城和皇宫内烧杀掠夺，《晋书》记载百官、士人和百姓被杀者三万多人。如前文所述，王弥本来是晋朝郡太守家庭出生，此时在洛阳，他对刘曜建议道：

"洛阳位居天下中心，四方有山有河，可作为自然的屏障，有现成的城池宫殿，不必去修建，最好是奏请主上（刘聪），把都城从平阳迁到洛阳。"刘曜认为全国还没平定，洛阳四面都是敌人，不能固守，拒绝了王弥的建议。

王弥愤怒地骂道："屠各崽（'屠各'是匈奴的一支部落的名称，匈奴的贵族和皇族都出于屠各），怎么会有帝王的眼界。"——《资治通鉴》(柏杨版)

掠夺完毕后，刘曜即放火焚烧皇宫、皇家历代的祭祀庙宇，各个官署，全部化为灰烬，这就是史称的"永嘉之乱"。

晋世秘府所存，有古文《尚书》经文，今无有传者，及永嘉之乱，欧阳，大、小夏侯《尚书》并亡。

——《隋书·经籍志》

笔者在痛心之余，也想咒骂刘曜一句 "屠各崽"。《隋书》也是由唐太宗李世民（贞观 627~649 年）发起修撰的史书，以当时尚书左仆射房玄龄总领，同时颜师古和孔颖达都参与了编撰。但他们只参与了《隋书》的帝王本纪和人物列传的编写，这一部分在公元 636 年已经完成，其中没有《隋书》的"志"的部分。直到 641 年唐太宗才再次下诏编写史"志"，其中既有《经籍志》。编写《经籍志》的学者以魏徵为主，他是"总领其事，最后删定"的人，具体编写的还有李延寿和敬播等，都是当时的一代史学和经学大师。

《经籍志》记载"及永嘉之乱，欧阳，大、小夏侯《尚书》并亡"，按照我们前文的描述和分析，此时亡失的是由皇宫收藏的完整的、独立的《尚书》经文和传，尤其是独立的三家今文《尚书》的章句。自东汉末郑玄以来，单独研学的人就越来越少，最终在这次永嘉之乱中，作为国家标准的最完整的版本也消亡了。从此，欧阳，大、小夏侯这三家今文《尚书》的原本章句传解，伏生以前《尚书》学最原本思想所依存的完整简册，不复存在，只能从后期的学者，如马融、郑玄等的书中略知一二，无论从《尚书》学的本身还是历史学，都是无可弥补的巨大损失。

万幸的是，按照刘向校书的记录，以及我们前文的分析，"梅献版"古文《尚书》和今文《尚书》的 28 卷 31 篇的经文还是相同的（去除 1 卷 3 篇的《泰誓》），这 31 篇的经文还是保留了下来。《经籍志》记录的"晋世秘府所存，有古文《尚书》经文，今无有传者"中的古文《尚书》是否是指"孔献版"古文《尚书》，还不能完全确定，因为在永嘉之乱的时候，马融、郑玄的古文《尚书》经和传，也就是真的"孔献版"都还在世上传授。因此，这部"今无有传者"的"古文《尚书》经文"，是一部没有史书记录的，我们不知道的晋朝皇宫藏本。笔者推测这是一部没有被隶书转写的，用战国古文字书写的《尚书》版本，但无论如何，都在"屠各崽"刘曜的大火中毁于一旦。

第19章 "在野版"成为"梅献版"

19.1 王氏家族和陶侃

公元311年6月，刘曜火烧洛阳后，就把皇帝司马炽带回了汉赵的都城平阳（今山西临汾）。此时王导正在建邺（今南京）全力辅佐司马睿，他的堂弟王敦正担任扬州刺史。在当年初，巴蜀地区的难民首领杜弢发动了叛乱，声势浩大，攻陷了长沙，随后又攻陷零陵郡、桂阳郡，又向东进攻武昌郡，紧邻扬州的几个郡战乱四起，

当年6月，怀帝被劫持到平阳后，从洛阳逃出来的司空荀藩、他的弟弟荀祖和侄子荀崧，在密县（今河南新密）向各地发出檄文，推司马睿为盟主。但在江南腹地扬州、建邺西南区域的江州刺史（今江西省和福建省大部分区域）华轶不肯服从司马睿，加上杜弢在江州西面的荆州的大规模叛乱，北方汉赵的军队气势正盛，这些都让司马睿偏安江南建邺，建立霸业受到很大的挑战。司马睿随即任命王敦为左将军、都督征讨诸军事、假节，将主要的军权交给了王敦，讨伐华轶。王敦随后即和豫章内史周访、前江州刺史卫展一同进攻华轶，华轶战败，和他的五个儿子一同被斩首。从此，王敦开始掌握司马睿的军权。

司马睿和王敦平定了江州后，接下来就要平定西面的荆州，因为北面的敌人，匈奴汉赵，一时还没有实力和信心打回去，所以平定荆州和荆州以南的湘州是能否在建邺开基立业的关键。司马睿随即启用前几年剿灭张昌叛乱的大将陶侃，陶侃当时正担任龙骧将军领武昌太守。

陶侃字士行，原本鄱阳郡人，吴国灭亡后，迁到庐江的寻阳县。父亲陶丹，在吴国任扬武将军。陶侃年幼时孤贫，任县中小吏。——《晋书·陶侃传》

陶侃的女儿正是东晋后期著名诗人陶渊明的外婆。陶侃在他功勋最卓著的时候统领八个州的军队，如记载，在他年幼的时候，由于父亲去世的早，家境非常贫寒，是寻阳县的小吏。当时在寻阳县里担任功曹的正是周访，与陶侃是非常好的朋友，周访推荐了陶侃担任县主簿这一职。后来周访把自己的女儿嫁给了陶侃的儿子陶瞻，结为了儿女亲家。

陶侃后来被刘弘征召，在剿灭张昌的叛乱中建立了功业。到了公元313年，杜弢在荆州和湘州叛乱时，陶侃已经身为武昌郡太守。当年2月1日，怀帝司马炽在平阳被刘聪杀害，到了4月，身处长安的司马邺被推上帝位，年仅13岁，是为晋愍帝。

当年313年8月，陶侃在武昌打败进攻武昌的杜弢，杜弢战败退入长沙。王敦即上奏拜陶侃为使持节、宁远将军、南蛮校尉、荆州刺史。杜弢只是此时叛乱中声势最大的一支，此时西晋已经没有中央权威，其实荆州境内叛乱四起。陶侃刚担任荆州刺史时，在武昌郡西北的竟陵郡（今湖北钟祥），太守杜曾就是叛乱后自立的。

> 杜曾，新野人（今湖北省襄樊市新野县）……年轻时骁勇绝人，能穿着盔甲游于水中……曾担任华容县令，至南蛮司马。凡有战阵，勇冠三军。会永嘉之乱，荆州荒乱……杜曾斩杀了当时竟陵郡叛将胡亢，合并了他的军队，自号南中郎将、领竟陵太守（石头城）。
> ——《晋书·杜曾传》

陶侃作为荆州刺史，自立的竟陵郡太守杜曾根本不服从他，陶侃刚刚打败杜弢，心气也非常得高，对不服从的杜曾，随即派兵讨伐，将竟陵郡（石头城）围了起来。但陶侃轻敌了，也不听下属的劝告，执意进攻。陶侃围城的全部是步兵，没有骑兵，而杜曾却有很多骑兵。某日，杜曾偷偷地突然打开城门，大队骑兵猛烈冲击城门前陶侃的步兵阵营，这如何抵挡得住，骑兵随即冲到围城步兵阵营的后方，然后从后方再开始猛烈攻击，这样的话，陶侃的排兵布阵全部大乱，关键时刻陶侃的部将张奕又反叛，军队瞬间溃败。陶侃立即坐船从沔江撤退，但船只被杜曾的士兵用铁钩钩住，陶侃紧急之下换到一条小船上，才得以逃出战场，差一点儿被敌人活捉。杜曾得以继续盘踞竟陵郡。

陶侃因此次战败被免职，但王敦还是上奏，让陶侃以布衣身份任职领导军队，继续和杜弢在荆州相互攻伐，314年3月，杜弢的部将又在林彰（今武汉汉阳区域）战败陶侃，陶侃战败逃往溇阳县（今武汉北部区域）。直到

315年2月，陶侃出奇兵在巴陵（今湖南岳阳）降伏杜弢的部将，导致杜弢内部将领发生内讧，陶侃趁此机会，一路向南进攻，杜弢一路逃亡，最后不知所踪，陶侃于当年315年8月攻下长沙，至此，荆州和湘州平定。

在陶侃剿灭杜弢的同一年，公元315年，陶侃的亲家周访正在扬州的豫章郡反攻杜弢的另一部将张彦的军队，当时张彦已经攻陷豫章，而王敦就驻扎在北面一百公里左右的盆口（今江西九江），于是立即调遣周访出击，到315年3月，周访战胜，并在战场上斩杀张彦。与此同时，杜弢的另一位部将杜弘也进攻到海昏县（今江西南昌以北50公里区域），离王敦驻扎的盆口只有50公里左右，周访再次出击，杜弘战败向南逃亡，周访一路向南追杀杜弘到250多公里外的南康（今江西南康）。为此，王敦上奏迁升周访为豫章太守，加征讨都督，赐爵寻阳县侯。

但是对陶侃，王敦确完全是另外一个态度。315年8月荆州和湘州平定后，因为王敦是主帅，司马睿晋升王敦为镇东大将军、开府仪同三司，加封都督江、扬、荆、湘、交、广六州诸军事、江州刺史，封为汉安侯。可见几乎整个东晋版图的军事都归王敦节制了，"开府仪同三司"使王敦可以自己选拔官吏，官阶等同三公。但王敦此时却非常忌惮陶侃的实力。

陶侃要返回江陵，准备向王敦告辞，皇甫方回和朱伺（陶侃的部下）等人劝谏，以为不能前往，陶侃不听。王敦果然扣留了陶侃，不让他离开，降职为广州刺史、平越中郎将，让王廙任荆州刺史（王廙是王敦的亲表弟，王羲之的亲叔叔）。陶侃在荆州的僚属请求王敦留下陶侃，王敦发怒，不许。陶侃手下的部将郑攀、苏温、马鲶等将领不愿南下广州，（竟然从西边）迎来杜曾（当年在竟陵郡打败陶侃的杜曾）以抵制王廙（很明显这是兵变了）。

王敦认为郑攀这样干是奉陶侃的旨意，穿上铠甲手持兵器，想要杀掉陶侃，进退往复好几次还是拿不定主意。陶侃却严肃地对王敦说："使君雄毅果断，能裁决天下事，今天怎么这样犹豫不决？"便起身入厕。王敦的咨议参军梅陶、长史陈颁对王敦说："周访和陶侃为姻亲，如同一左一右两只手，哪有砍他左手而右手不来帮忙的！"王敦这才作罢。于是设宴为陶侃钱行。陶侃连夜出发。王敦又留下他儿子陶瞻（也是周访的女婿）为参军（实际为人质）。陶侃到达豫章，见到周访，流着泪说："若不是有你做外援，我就性命难保了。"

——《晋书·陶侃传》

19.2 梅赜和梅陶，豫章内史考

从记录中可见，王敦的谘议参军梅陶的建言救了陶侃一命。梅陶是梅赜的堂兄，而梅赜正是在司马睿称帝后献上古文《尚书》和孔安国注的人，我们再回顾一下流传的记录。

> 晋太保公郑冲以古文授扶风苏愉，愉字休预。预授天水梁柳，字洪季，即谧之外弟也。季授城阳臧曹，字彦始。始授郡守子汝南梅赜，字仲真，又为豫章内史，遂于前晋奏上其书而施行焉。孔颖达《尚书正义》引用某失传版本《晋书》

按照记录，梅赜是城阳郡太守的儿子，同为城阳郡人的臧曹是梅赜的老师，臧曹是梁柳传授的，那么传授的时间，最有可能就是梁柳担任城阳郡太守的期间。只可惜，到目前为止，还没有发现更多关于臧曹的史料。对献书的梅赜，史学家李学勤先生还考证道：

> 刘孝标，南朝梁国学者兼文学家，平原人，在注《世说新语》中引用道："《晋诸公赞》曰：'颐字仲真，汝南平西人，少好学隐退而求实进止。'"
>
> ——李学勤《古文献从论》

从这段记载中可见，梅赜年少时好学不倦，这与他学习"在野版"古文《尚书》的记录相当符合，因为"在野版"是一部额外的古文《尚书》经和传，在研习"在野版"之前，首先要学习正式地设立了学官的郑玄古文《尚书》学，只有对学问感兴趣的"好学"学者，才会额外花费更多的精力去研究其他版本的经文和经传。

在梅赜献上孔安国注解的《古文尚书》时，职位是豫章内史（郡最高官职），豫章郡属于江州，正是江州牧王敦最直接管控的郡，郡内的官职自然由王敦决断。他的弟弟梅陶是王敦的咨议参军，咨议参军这个职位就是王敦的贴身幕僚，通常都是亲信担任，也就是说梅赜和梅陶堂兄弟两人都直接在王敦手下供职，都是王敦信任的人，用现在通俗的话说，他们都是王敦自己的人。

兄弟中，梅赜很可能是因为他的学问，而被王敦派遣为管理郡县日常事务的官职，尽管在当时，军事和权谋是绝对的第一政务，但日常的民生百姓事务仍然还是需要有人处理，在豫章内史的职位空缺出来时，梅赜作为王敦自己的人被任命为豫章内史，任命的时间最有可能是在公元 317 年 10 月。

　　如前文所述，315 年 8 月陶侃平定荆州和湘州后，王敦因忌惮陶侃的军事实力，将陶侃贬为广州刺史，任命自己的堂弟王廙为荆州刺史。陶侃向王敦辞别时，王敦没有杀陶侃，陶侃离开后还是前往了广州，担任广州刺史。陶侃的部下谏言王敦没有任何作用，还是王廙担任荆州刺史，他上任后，随即开始诛杀陶侃原来的部下，一来以此削弱陶侃的实力，二来建立自己的威信。这其中就有在荆州非常有名的士人皇甫方回，他正是皇甫谧的儿子，是在战乱中来到荆州避乱的。陶侃对皇甫方回是尊礼有加的，每次拜访他都是穿着普通的民服，他的车驾只要能看到皇甫方回的房子，陶侃就下车步行走到皇甫方回家门口，以示尊重。王廙正是因为陶侃非常尊重皇甫方回，就借口皇甫方回没有来参拜自己，把他杀了。

　　在这种情况下，陶侃的部将马俊和郑攀等就直接被逼反了，出兵袭击王廙，王廙逃到江安（今湖北公安）。时间到了 317 年，马俊和郑攀等开始联合曾经的敌人，打败过陶侃的杜曾，共同抵抗王廙和王敦。并一同推举由长安愍帝任命的荆州刺史第五猗为首领，而长安已经在去年公元 316 年 11 月，被匈奴汉赵刘聪攻破，愍帝被俘虏到汉赵的都城平阳。

　　（公元 317 年）八月十五日，荆州刺史第五猗为贼军首领杜曾所推举，于是与杜曾一起反叛。　　　　　　　　　　——《晋书·元帝纪》

　　所以杜曾推举第五猗只是牵强地打着愍帝的招牌，使自己看上去没有反叛，名正言顺而已。但这是一股明显反叛司马睿和王敦的军事势力，这是绝对不能容忍的，王敦随即派出自己的将领讨伐。

　　（公元 317 年）九月，王敦使武昌太守赵诱、襄阳太守朱轨、陵江将军黄峻讨伐第五猗，被第五猗的部将杜曾打败，赵诱等人都战死。

　　　　　　　　　　　　　　　　　　　　——《晋书·元帝纪》

　　结果王敦战败了，更关键的是，战败的时机非常的不好。当年，公元 317 年 3 月，司马睿已经接受"晋王"的称号，接受天命称帝是势在必行的，如果此时让这种态势继续发展，王敦的军队很可能将被杜曾和陶侃的部下联合消灭掉。王敦和陶侃已经不和，这样发展的话，陶侃都有可能被迫反叛自立。王敦战败的 317 年 9 月之时，晋愍帝司马邺在匈奴汉赵的朝廷受尽欺辱，身处建邺的司马睿正全神贯注于局势的发展，如果此时失去王敦和陶侃，就基本等同失去主力和实力，所有的计划都将难以付诸实施，别说称帝登基，甚至连建邺都难以守住。

同时，比司马睿更加担心的是王导，此时王氏家族的安全和权势，完全是依靠王敦的军事实力和王导辅佐司马睿而掌控建邺朝局的权力，互为犄角。因此无论对司马睿，还是王导，王敦的军队都是至关重要的，是不能被消灭的，不然全盘皆输，于是司马睿出手了。

元帝（司马睿）命令周访出兵攻击杜曾。　——《晋书·周访传》

周访最后打败杜曾，将其斩杀于军中。

周访以此战的功劳，从豫章太守迁升为南中郎将、督梁州诸军、梁州刺史，驻兵襄阳。　——《晋书·周访传》

在两年多前，公元315年3月时，周访打败杜弢的部将张彦后，被王敦晋升为豫章太守，自从那以后，豫章太守就一直是由周访担任，直到此时，317年的9~10月间，打败杜曾，才被转迁为梁州刺史，而空缺出的豫章太守一职，王敦随即让自己人梅赜出任。有近代的学者提出东晋时只有豫章太守，而无豫章内史一职，并以此作为"梅献版"古文《尚书》流传记录不真实的依据之一。所以在此先解释一下，当时郡太守和郡内史的区别。

晋武帝太康十年（公元289年）十一月，将封国的相改为内史。郡王封国的内史，相当于郡太守。县王封国的内史，相当于县令、县长。后废除县王，只保留郡王，内史职责相当于郡太守。

诸王国以内史掌太守之任。　——《晋书·志第十四·职官》

后来的怀帝司马炽，正是在这一年，太康十年（公元289年），被封为豫章王。到公元307年，司马炽被推立为皇帝时，他的儿子司马诠已经嗣承了豫章王的爵位。

永嘉元年（公元307年），三月十二日，立豫章王司马诠为皇太子。

　——《晋书·怀帝纪》

而司马诠在匈奴汉赵的都城平阳一直活到公元320年，即司马睿在建邺称帝后两年。

太兴三年（公元320年），五月初三孝怀帝太子司马诠在平阳被害，元帝哭吊三日。　——《晋书·元帝纪》

所以从理论上，豫章郡存在封王一直要到公元320年，那么理论上，在公元 320 年前掌管豫章郡的首领就是称呼为"内史"。但正如前文所述的，此时晋王朝的皇权早已倾覆，郡王就更是形同虚设。因此在当时，两种称呼同时被混淆使用的情况，是合乎逻辑的，尤其是在史料的记录中，两种称呼同时存在的情况都是有的。但是在用来记录帝王历史的《纪》中，用词是很精准的。比如周访的称呼，如前文所述，在周访于公元 315 年 3 月左右打败杜弢两员大将——张彦和杜弘后，王敦提升他为豫章太守，在《晋书·周访传》中写道：

帝（司马睿）又进访（周访）龙骧将军，王敦表为豫章太守。

——《晋书·周访传》

在这条记录中，称呼是豫章"太守"，我们再看同一事件在《愍帝纪》中的记录：

（建新三年，公元 315 年）三月，豫率（"率"应该是"章"的误写）内史周访击杜弘，走之，斩张彦于陈。 ——《晋书·愍帝纪》

在此处的称呼是"内史"，可见当时记载历史的官员，在记录帝王的历史时，要谨慎认真得多。由此可见在"梅献版"的流传记录中梅赜担任内史是完全真实和可信的。梅赜被任命为豫章内史的时候在公元 317 年 10 月，司马睿已经在当年的 3 月接受晋王的封号，此时所有的大臣都知道司马睿称帝是势在必行，纷纷开始附势迎逢。

（公元 317 年）三月……即王位……于是设置百官，在建康建立宗庙和社稷。当时各地竞相献上符瑞，作为吉祥之兆，元帝说："我肩负四海重任，未能自责思过，有什么吉祥征兆可言。" ——《晋书·元帝纪》

司马睿登基只是一个在当时的局势中选取合适时机的问题，登基称帝的事宜都在紧锣密鼓的准备中。

19.3 司马睿登基，梅赜献书

就在这准备的期间，王敦的军司马，相当于是他的参谋长，戴邈向司马睿上奏。

"帝王之至务，莫重于礼学。是以古之建国，有明堂辟雍之制，乡有庠序黉校之仪……今末进后生（现在的年轻士人）目不睹揖让升降之仪，耳不闻钟鼓管弦之音，文章散灭，图谶无遗，此盖圣达之所深悼，有识之所嗟叹也……"

——《晋书·戴邈传》

要重建帝业和朝纲，教育需要先行，戴邈的意图非常清楚明了。与此同一时期，王导也同样建言司马睿。

先王的大道离我们越来越远，而浮华虚伪的风气却日益盛行……现确实应该以古人之法来治理天下，新兴学校提倡学业，以教导培养后进……现今依照古代圣王的法则崇尚礼义教化之道，择取朝中子弟入学，选拔博通礼学之士为师，成教化，定风俗，没有比这更重要的事了。——《晋书·王导传》

在司马睿登基前后一年左右的时期，王导在司马睿的建邺朝中是一人之下，万人之上。从司马睿渡江镇守建邺，到司马睿在江南获得当地的威望，进而站稳脚跟，基本都是王导在主导。

王导为政讲求清静，常劝元帝克己励节，辅佐君主安宁邦国。于是元帝越发器重他，两人之间的感情日益深厚，朝野之中都为之倾心，称王导为"仲父"。元帝曾经真诚地对王导说："你就是我的萧何呀！"

到元帝正式登基的时候，文武百官列队陪侍，元帝让王导上来和自己一起坐在御座上。王导坚决推辞，以致于元帝请了三四次，王导说："如果太阳也和地下万物一样，那么老百姓该到哪里沐浴光辉呢？"元帝这才作罢。

——《晋书·王导传》

王导的地位可见一斑，所以当时的人评价时局朝政是"王与马，共天下"[①]。司马睿随即在登基前就采纳了王导和戴邈建言，在建邺（今南京）建立了太学院。

（公元317年）11月19日，朝中设置史官，建立太学。

——《晋书·元帝纪》

诏令建立太学院后不久，登基称帝的最合适的时机到来了。公元317年12月20日，晋愍帝司马邺在匈奴汉赵的都城平阳被汉赵皇帝刘聪杀害，年终18岁。三个多月后，公元318年3月初，愍帝死讯传到建邺，司马睿按照礼仪为愍帝守丧三天后，于公元318年3月10日继皇帝位，是为晋元帝，改年号为"太兴"，成为东晋第一位皇帝。

---

① 《晋书·王敦传》，房玄龄，中华书局，2018年版。

新朝建立，太学院也在加紧筹建，而选出合适的博士，确定传授的经文和设立学官，是最基本的。这些应当在司马睿下达建立太学院的诏令后，就开始筹备了，到司马睿登基后一年多时：

太兴二年，（公元 319 年），六月初七，设置博士员五人。

——《晋书·元帝纪》

按照这条记录的字面理解，就是说太学院配备五名博士，但另外一条记录却有 9 人，在《晋书》的《荀崧传》中记录了当时设立了学官的经文的详细情况。

元帝（司马睿）继位，征拜（荀崧）尚书仆射……迁转太常，时方修学校，简省博士，置《周易》王氏、《尚书》郑氏、古文《尚书》孔氏、《毛诗》郑氏、《周官》《礼记》郑氏、《春秋左传》杜氏、服氏、《论语》《孝经》郑氏博士各一人，凡九人。　　　——《晋书·荀崧传》

《荀崧传》中各部经文的被立为学官学派的学者，有王氏（王肃）、郑氏（郑玄）、孔氏（孔安国）、杜氏（杜预）、服氏（服虔），正好五人，所以笔者认为在公元 319 年 6 月时"设置博士员五人"是指东晋朝廷定下的学官出自五位先贤学者，而并非指只有五位博士。

荀崧，颍川郡颍阴县（今河南许昌）人，是荀彧的玄孙，荀彧是曹操最重要的谋臣和功臣，为曹操推荐了大量的人才，比如制定九品中正制的陈群，就是荀彧推荐给曹操的。后来因反对曹操称魏公，被调离中枢，于寿春忧郁而终。

荀崧成年后，喜好经学，在洛阳时就与王敦结交为好友。

（荀崧）与王敦、顾荣、陆机等友善。　　　——《晋书·荀崧传》

在赵王司马伦篡位时，得到任用，他被任命为相国参军，累官至侍中、中护军。到"八王之乱"的末期，司马越当政的晋怀帝时期，荀崧担任过秘书监，是专掌皇家藏书与书籍编校工作的官员，已经在中枢权力圈之外，但可以接触到珍贵的西晋皇家藏书。

王弥攻破洛阳时，荀崧与百官逃奔到密县，并推立司马睿为盟主。后来担任襄城太守，迁都督荆州江北诸军事、担任平南将军，镇守宛城。在叛军杜曾进攻和包围宛城时，还好周访出兵相救，才幸免遇难，随后渡江至司马睿建邺朝廷。

在司马睿登基称帝当年，荀崧被任命为尚书仆射。

太兴元年（公元318年），六月初九，平南将军、曲陵公荀崧为尚书左仆射。

——《晋书·元帝纪》

一年以后，在太兴二年（公元319年）七月二十六日，太常贺循去世，荀崧最有可能在此时由尚书左仆射转任太常。按照记录，"元帝（司马睿）继位……迁转太常，时方修学校（当时刚刚修建太学院），简省博士，置……凡九人"，所以我们可以确定，这九门经文是在荀崧担任太常前已经设置好的，即在太兴二年（公元319年）7月前，这九门经文，其中就包括"古文《尚书》孔氏"，已经被朝廷设立了学官。我们把几个主要事件的时间点罗列如下：

公元317年3月：司马睿接受"晋王"称号，为建国开始准备设立太学。

公元317年10月：豫章内史周访打败杜曾，迁梁州刺史，梅赜接替豫章内史。

公元317年11月：朝中设置史官，建立太学。

公元318年3月10日：司马睿登基称帝。

公元319年6月：设置博士员五人。

公元319年7月26日：太常贺循去世，荀崧接任太常。

此时，古文《尚书》孔氏，即"梅献版"，已经被设立了学官。

梅赜在公元317年10月之后才出任豫章内史，在公元319年7月之前"梅献版"已经被东晋朝廷设立学官，所以笔者断定，梅赜正是在这两个时间点之间将"在野版"作为"孔献版"献上东晋朝廷。

梅赜只是作为献书的人，但没有权力决定他献的书可以被朝廷采纳，并设立学官。有权决定的是人自然是担任太常的官员和皇帝。按照通常的推想，要将某一经文和学派设立学官，朝中有经学声望的学者和官员都有可能参与其中进行讨论，通常由太常主导，最后上奏皇帝，由皇帝定夺并下诏正式将某一经文和学派设立学官。在此期间，担任太常的是当时被称作"儒宗"的贺循，他的继任者正是荀崧。

贺循，会稽郡山阴县（今浙江绍兴）人，祖上原来姓庆，在西汉时他的先祖庆普传授《礼》经，创立了《礼》经"庆氏学"，是典型的累世经学门第。贺循的高祖贺纯，同样学识渊博享有盛名，在汉安帝时期为了避讳安帝父亲河孝王刘庆的"庆"，改为贺姓。

在西晋武帝时期,扬州刺史嵇喜察举他为秀才,出任阳羡县令,后来又转任武康县令。但因贺循在朝中无人举荐,所以一直无法进升。公元 291 年,杨俊被杀后,当时同样来自江南的名士陆机在迁升为著作郎后,上疏举荐贺循,此时正是贾南风当政,朝廷在许久后,才召贺循补任太子舍人。在同一时期,王敦也同样担任着太子舍人,贺循和王敦当时共同在太子司马遹的府上任职,在太子司马遹被废黜后,才各奔前程,离开太子府的。驸马王敦仍然留在宫中,担任给事黄门侍郎,而贺循以患病为由离职回家。在随后的"八王之乱"和"永嘉之乱"的两个时期,贺循也都以患病为由拒绝了各方的官职邀请。

在司马睿镇守建邺的期间,贺循仍旧拒绝了司马睿的封拜,即使司马睿亲自写信劝说,他也没有应召上任。到公元 317 年年初,司马睿接受晋王的称号后,贺循才接受太常的职位。

建武初,为中书令,加散骑常侍,又以老疾固辞……于是改拜太常,常侍如故。贺循……唯拜太常而已。

——《晋书·贺循传》

我们再回顾一下主要的时间表:

公元 317 年 3 月:司马睿接受"晋王"称号,为建国开始准备设立太学。

公元 317 年 3 月之后:贺循出任太常。

公元 317 年 10 月:豫章内史周访升任梁州刺史,梅赜接替豫章内史。

公元 317 年 11 月 19 日:朝中设置史官,建立太学。

公元 318 年 3 月 10 日:司马睿登基称帝。

公元 319 年 6 月:设置博士员五人。

公元 319 年 7 月 26 日:太常贺循去世,荀崧接任太常。

此时,《古文尚书》孔氏,即"梅献版",已经设立了官学。

由此,我们得知,在公元 317 年 9 月到公元 319 年 7 月这个梅赜献书的时期,贺循正担任太常,因此在司马睿朝廷中负责办理梅赜献上的古文《尚书》和孔安国注设立学官的就是太常贺循,同时荀崧也极有可能参与了其中,共同参与了设立"梅献版"学官的事。

从以上的历史记录可以看到,所有与献书相关的学者都与王敦有着密切的关系,向司马睿上奏建立太学院的是王敦的军司马戴邈,献书的梅赜是王敦直接的亲信下属,太常贺循曾经和王敦都是司马遹太子府的同僚,同时在太子府担任官职相同的太子舍人,循崧在洛阳时就和王敦是好友。

梅赜作为王敦直接的下属，在献书之前是不可能不经过王敦同意的，而笔者更进一步推测，献书一事就是王敦授意的。而献书和设立学官期间的最大历史背景正是司马睿登基称帝。将这些事件和发生时间汇总在一起，梅赜献书的目的就浮现了出来，笔者推断，由王敦和王导共同主导的梅赜献书，正是为了庆祝司马睿登基和东晋新朝建立的"献礼"，是王氏家族献给司马睿的"符瑞"。与那些大家心知肚明的，由各地竞相进献的玉璧怪石之类的符瑞相比，作为与司马氏"共天下"的王氏家族，当然要献出更理性的和更有意义的重器。

梅赜在王敦的授意下，将"在野版"伪托成孔安国当年献上的经文，在东晋新朝建立之时献上此书，为司马睿的登基称帝增添一片祥云瑞彩。整个献书的具体事宜由豫章内史梅赜负责，王敦和王导在背后谋划和支持梅赜，负责和朝中德高望重的学者型官员沟通商讨，事先要得到他们的认同和支持，尤其是被称作"儒宗"的太常贺循和荀崧，两位都是他们的故交，这是为了确保献上的"梅献版"《尚书》能够被新朝设立为学官。在正式献书之前，王敦事先将"梅献版"的誊抄本交给王导，让王导主导在建邺朝廷中事先和各个学者官员沟通此事。王导当然首先会让自己下属中的学者和属官研读这套古文《尚书》和孔注，以确保献书之事的可靠和万无一失。而王导手下就有一位在当时首屈一指的古文训诂的专家，他正是中国历史上著名的文学家、训诂学家和卜筮家郭璞，此时他正担任王导手下的参军。

郭璞字景纯，河东郡闻喜县人（今山西闻喜县人）……郭璞喜好经书学术，学问渊博而有大才，但不善于言语表达，但他的词赋自中兴（公元317年，东晋建立之时）以来首屈一指。他喜好古文奇字，精通阴阳术数及历法算学……王导非常器重郭璞，引他任自己的参军。

郭璞记载先后占卜灵验的六十几件事，名为《洞林》，又摘抄京房、费直诸家著述的精要，新著《新林》十篇、《卜韵》一篇。注释《尔雅》，又为《尔雅》作了《音义》《图谱》，又注《三苍》《方言》《穆天子传》《山海经》及《楚辞》《子虚》《上林赋》数十万言，都流传于世。所作诗赋诔颂也达数万言。

——《晋书·郭璞传》

如前文叙述贾逵时介绍的，我们知道《尔雅》和古文《尚书》之间的关系。郭璞"喜好古文奇字"，所以精通《尔雅》，对它作了最新的注解。在明清时期的十三经注疏中,《尔雅注疏》正是采用了这本郭璞注释的《尔雅》,后代学者对所有《尔雅》注解的书籍,都认为郭璞的注释最得六经之旨,最能详细地解释百物,最为称首。郭璞在《尔雅注释》的序文中写道:

我(郭璞)不度量自己的愚笨寡闻,从小开始学习,对《尔雅》穷极钻研,已经十八年了(二九载矣)。即使为此书作注的有十几家,但仍然不能详细而完备,反而注解众说纷纭,有很多错误,也有忽略遗漏之处。所以我再次进行注解,汇集最新的各种知识,以及前人的注解,考察各地的方言和歌谣俗文中的信息,综合樊光、孙炎的注解,去其糟粕,碰到深奥难懂的地方,就援引证据来注释说明。对容易理解的地方,就一笔而过。又另外作了《尔雅音》和《尔雅图》,以供未晓悟的人用来研读《尔雅》。

——《尔雅注释·郭璞序》

笔者认为正是郭璞替王导研读了"梅献版"古文《尚书》的孔安国注,于是他将孔注的内容也引用到了他自己的《尔雅注释》之中。在郭璞的《尔雅注释》中有两处引用了"梅献版"的孔安国注解:

鸟鼠同穴,其鸟为鵌,其鼠为鼵。

郭璞注释:孔氏《尚书传》云:"共为雄雌。"张氏《地理记》云:"不为牝牡。"

狗四尺为獒。

郭璞注释:《公羊传》曰"灵公有害狗,谓之獒"也。《尚书孔氏传》曰:"犬高四尺曰獒。"即此义。 ——连镇标《郭璞研究》

现代学者连镇标在它的著作《郭璞研究》中考证并认为,《尔雅注释》是在公元310年完成的,他的原因如下:

(《尔雅注》的成书时间)答案可以从郭璞《尔雅注》中找到。《尔雅注》"释兽"类中,郭璞有三条注解标明了与其生活同时的晋朝年代。

……

其三,"碱"条:"䋆,黑虎。"郭注:"晋永嘉四年,建平拂归县槛得之,状如小虎而黑,毛深者为斑。《山海经》云:'幽都山多玄虎、玄豹也。'"按,晋怀帝永嘉四年(公元310年),郭璞三十五岁。

换言之……《尔雅注》的最后定稿当在永嘉四年(公元310年)。

——连镇标《郭璞研究》

可见连镇标先生是因为在《尔雅注释》中，郭璞引用了公元310年发生的事情，所以认为定稿就在当年。笔者并不认同这样的推测，连镇标先生的考证非常细密，但推测稍微牵强。

首先，笔者认为，像《尔雅》这类字词解释类的注解，只要作者发现新的知识和信息，有助于书中字词的解释，即使在作者已经撰写了代表成书的《书序》后，仍然可以在当时任何时候将其加入书中。

其次，郭璞引用的公元310年的事情是在当时建平郡拂归县抓到一只小黑虎，建平郡在今天四川省巫山县区域，而其他学者考证到，郭璞当时正在洛阳或者安徽省宣城，按照当时的通信水平，不可能这么快就能知道。实际应该是这件事情被建平郡拂归县记录了下来，相隔一段时间后，郭璞阅读到这份记录才摘录引用到他的注释中。

所以笔者认为，郭璞引用了公元310年当年发生的事，就认定是当年成书定稿，稍有牵强。郭璞在公元324年去世，笔者也不能确定，《尔雅注释》成书定稿的时间，但正如笔者上文推测的，即使成书定稿的《书序》完成，郭璞仍然可以向书中加入最新的内容。因此并不能认定《尔雅注释》就成书在公元310年，所以也不能认定被伪托的"梅献版"古文《尚书》和孔安国注在公元310年前就已经在学者中流传。反而笔者认为郭璞对孔注的引用，相辅相成地从侧面证明了"梅献版"出现的过程。

王导在经过郭璞的研读和确认后，王导和王敦继而和建邺朝中精通经学的学者和官员，如贺循和荀崧等，开始相互研究和沟通此事。尽管没有史料记录，但笔者推测，这种可能性非常大。因为梅赜献书后，这本"梅献版"就被立为东晋开国的第一批九门学官之一。而其中的关键是，"梅献版"中有25篇从来没有被世上研习过的全新经文，我们回想西汉末年和东汉光武帝时期，要把《左氏春秋传》立为《春秋》的一门学官是何等的艰难。带有全新25篇经文的"梅献版"能如此顺利被立，这和在梅赜背后的王导和王敦的权威，以及事先的沟通，不会没有关系。

近二十年的天下大乱，皇权尽丧，现在帝王大业再次新建，百废俱兴，儒学教化的兴起代表着皇朝将再次走向兴盛，在此帝业初创的时刻，这本由古文《尚书》的鼻祖孔安国曾经献出的经文和他亲自撰写的注解，经历了四百多年后重现天日，对新朝的建立绝对是一件祥云瑞彩而又意义无限的事情。

19.4 舜典

如前文所述，梅赜献书的时候，实际只有 57 篇，缺了一篇《舜典》，即使通过征集购买也没有得到。

江左中兴，元帝时豫章内史梅赜（字仲真，汝南人）奏上孔传古文尚书，亡舜典一篇，购不能得，乃取王肃注尧典，从"昚徽五典"以下，分为舜典篇以续之。　　　　　　　　　　　　　　　——《经典释文》序录

通过这段文字记录，可以体会到，梅赜献书是有目的的，更关键的是有时间限制的，也就是需要在一个特定的时间之前献上此书，在实在得不到的情况下，只能拆分了。这也从侧面印证了献书的目的，庆祝新朝，当然要在特定的时间献出，不然就没有意义了。

所以在没有购得这篇《舜典》后，就只能暂时从王肃注解的《尧典》中，分出从"昚徽五典"以下的经文和传注，暂时代替作为《舜典》，以凑成 58 篇，再献上朝廷。不过《舜典》的替换，在献书时，笔者推测是说明清楚的，但这并不会影响它庆祝和吉祥的意义。

但我们今天读到的"舜典"还不是从王肃"尧典"借来的这篇：

齐明帝建武中，吴兴人姚方兴采马、王之注，造孔传《舜典》一篇，云："于大航头买得上之。"梁武时为博士议曰："孔序（'梅献版'伪托孔安国写的序文）称伏生误合五篇，皆文相承接，所以致误，《舜典》首有'曰若稽古'，伏生虽昏耄，何容合之？"遂不行用。　　——《经典释文》序录

至南朝齐明帝萧鸾建武四年（公元 497 年），吴兴人姚方兴在大航头得孔氏传古文《舜典》，亦类太康中书，乃表上之。事未施行，方兴以罪致戮。　　　　　　　　　　　　　　——《尚书正义·舜典》孔颖达疏文

如以上引文记载，在"梅献版"孔安国注和这篇临时替代的《舜典》流传了一百八十年后，在南朝齐国明帝萧鸾时期，又出现了一篇伪造的《舜典》，伪造的人是吴兴人姚方兴。他用马融和王肃的注解，又编造了一篇《舜典》的注解，伪托成是孔安国的注解，欺骗朝廷说是花钱买来的，献给了朝廷。

但还是露出了马脚，被通晓经文的齐明帝发现了，姚方兴为了以假乱真，自己为经文增加了开头，按照后代学者的推测，他仿照《尧典》的开头，增加了《舜典》开头的 12 个字：

曰若稽古，帝舜，曰重华，协于帝。

但反而弄巧成拙，因为在"梅献版"中伪托孔安国写的序文写道，当时伏生失误合并了五篇经文，在前文中已经详述，但姚方兴的这篇《舜典》以"曰若稽古"开头，"曰若稽古"明显是一篇新的篇文的开头，齐明帝认为伏生再老、再昏聩也不至于把这最明显的地方弄错，失误合并这篇《舜典》，因此就没有采纳。但这篇姚方兴写的传解的《舜典》却留存了下来。

在唐朝史学家刘知几的《史通》中记载，在后来动荡的环境中，姚方兴的这篇《舜典》经文（增多 12 个字）和传解从建邺流传到了中原，最后被隋朝学者刘炫得到，将这篇放入古文《尚书》中。

公元 581 年，杨坚建立隋朝，是为文帝，隋朝开国之初，隋文帝比较重视儒学文化，开始征召一些民间学者。牛弘，时任散骑常侍、秘书监，经牛弘举荐，刘炫进入隋朝朝廷，主要是协助撰修国史等。当时因文献典籍散失，牛弘上表朝廷，请求开民间献书之路，隋文帝采纳了他的意见，于是下诏，献书一卷，赏缣一匹。当时刘炫已经研读了南朝梁国学者费甝的"梅献版"古文《尚书》的义疏（书名为《尚书义疏》），就是在这个时期和背景下，刘炫献上了"梅献版"古文《尚书》，其中采纳了姚方兴的《舜典》注解，而后代学者推测，在姚方兴增多的 12 字后面的 16 个字，"濬哲文明，温恭允塞，玄德升闻，乃命以位"，就是由刘炫增入的。

在隋朝与刘炫同享盛名的还有刘焯，刘炫与刘焯年少时已经结为好友，共同闭户研读经学，十年不出，在隋朝并称"二刘"。不远千里前来向"二刘"求学的学者，史载"不可胜数"，其中就有孔颖达。后来孔颖达的《尚书正义》中的《舜典》也是采用了姚方兴的注释，一直流传到现在。所以我们今天在"梅献版"《尚书》中读到的《舜典》传解，并不是"在野版"学者采汇异同撰写的，更不是孔安国撰写的，而是南北朝时期齐国吴兴人姚方兴编写的。

后 记

　　本书能够完成写作，离不开父母在背后的默默支持。在研究和写作的过程中，我经常遇到学术上的困难，困难大时，只能暂时停下，在深夜，独自站在阳台上，看看夜空，整理一下自己的思绪。但是，几乎每次面对夜空，灵感都会不约而至，一而再再而三，渐渐地我猜到了原因，灵感或许是在天上的祖父和祖母给我的，即使他们在另一个世界，还在不停地宠爱着我。

　　本书最终得以出版，在好友何军先生的帮助下，我有幸结识了新华出版社的匡乐成先生。匡先生对籍籍无名的我并没有另眼看待，始终支持着我，最终使我的心血之作得以出版。在此还要感谢本书的编辑徐文贤先生，徐老师夜以继日地校读和修改，才让艰涩的书稿变得圆润顺畅。在此向各位表示由衷的感谢！

作者

2023 年 6 月